Heinz Schilling

KARL V.

Heinz Schilling

KARL V.

*Der Kaiser,
dem die Welt zerbrach*

Biographie

C.H.Beck

Mit 3 Karten (© Peter Palm, Berlin)
und 40 Abbildungen

2., durchgesehene Auflage. 2020
© Verlag C.H.Beck oHG, München 2020
www.chbeck.de
Umschlaggestaltung: Rothfos & Gabler, Hamburg
Umschlagabbildung und Frontispiz: «Allegorie auf Kaiser Karl V.
als Weltherrscher». Um 1604, von Peter Paul Rubens nach dem Gemälde
von Parmigianino (um 1530). Salzburg, Residenzgalerie. © akg-images, Berlin
Satz: Janß GmbH, Pfungstadt
Druck und Bindung: Druckerei C.H.Beck, Nördlingen
Gedruckt auf säurefreiem, alterungsbeständigem Papier
Printed in Germany
ISBN 978 3 406 74899 8

klimaneutral produziert
www.chbeck.de / nachhaltig

INHALT

Prolog 9

1 Gent 24. Februar 1500 –
Kind der Freude und der Stolz Burgunds 15

Glückliches Heiraten und rechtzeitiges Sterben in der Welt der Fürstenstaaten 15 – *Burgund – Realität und Mythos* 20 – *Karl der Kühne und sein Vermächtnis* 25 – *Gent, 24. Februar 1500* 30 – *Erziehung und Bildung der Burgunderkinder* 33 – *Eheprojekte, neues «Gouvernement» und die Charakterprägung des Prinzen* 44 – *Der Herzog von Burgund* 48 – *Niederburgund im Herrschaftssystem des Kaisers* 58

2 Valladolid 23. November 1517 –
Ein Europa und die Welt umspannendes Erbe 63

Der spanische Erbfall 63 – *Karls Charakter und Erscheinungsbild* 64 – *Ein Liebesbrief und die erste Entscheidung als Familienoberhaupt* 71 – *Juana und Ferdinand – die innerdynastische Abstimmung mit Mutter und Bruder* 73 – *Valladolid 23. November – Übernahme der Herrschaft über Kastilien* 78 – *Das Murren der Untertanen und die ersten Berichte über das neue Goldland* 81 – *Eine weitere Königskrone* 87 – *Aufstand in Spanien* 90

3 Frankfurt 23. Juni 1519; Aachen 23. Oktober 1520 –
Deutscher König und Erwählter Römischer Kaiser 93

Die Wahl zum Deutschen König 93 – *Krönung in Aachen* 98 – *Das deutsche Königtum in Karls Herrschaftssystem* 102 – *Logistische Probleme eines überspannten Herrschaftsraumes* 105 – *Regieren als Familienunternehmen* 109 – *Räte und Vertraute* 114 – *Minderheiten und Minderheitenpolitik* 119

4 Worms 1521 –
Verteidiger der von den Vorfahren
ererbten Religion   123

Schützer des reinen Glaubens – mit dem Papst oder mit Luther 123 – Das in Gott gefangene Gewissen des Reformators 129 – Das in Tradition und Glauben der Vorfahren gefangene Gewissen des Kaisers 132 – Der Weg in die religiös-kulturelle Differenzierung Europas 136 – Universelles Kaisertum als Ordnungsprinzip für den auseinanderstrebenden Kontinent 138

5 Pavia 24. Februar 1525 –
Triumph über Franz I. und ein nicht endendes Ringen
um die Vormacht in Italien und Europa   147

Ringen um die mächtepolitische Ordnung 148 – Entscheidung über Italien? 154 – Nötigung zu Frieden und Freundschaft 158 – Ein Frieden innerer Widersprüche 162 – Erneut Krieg um Italien und der «Sacco di Roma» von 1527 164 – Das kaiserliche Klientelsystem in der Po-Ebene, Mantua und die Gonzaga-Dynastie 170 – Krieg – Freundschaft – Krieg 176 – Der Friede von Crépy 1544 als Vorbereitung zum Schlag gegen die Protestanten 183

6 Sevilla 10. März 1526 –
Liebesdinge und politisches Kalkül
der Casa de Austria   185

Erotik der frühen Jahre 185 – Eheprojekte 187 – Hochzeit in Sevilla und «luna de miel» in Granada 189 – Maurischer Zauber, höfische Feste, Musik und Jagd 193 – Familienleben im Schatten der Politik 198 – Margarete von Parma und Don Juan de Austria 202 – Sakrale Überhöhung der Ehe 204

7 Bologna und Augsburg 1530 –
Kaiserkrönung und Konfessionsreichstag   209

Ein Friedensfest für die zerrissene Christenheit 209 – Verhandlungen über die Neuordnung Italiens und die Einberufung eines Konzils 213 – Kaiser und

Päpste 217 – Der Augsburger «Konfessionsreichstag» 221 – Versuch einer außerkonziliaren Lösung 226 – Reichsrechtliche Weichenstellungen jenseits der Glaubensfrage 230 – Flandern, wieder Deutschland und die Rückkehr nach Spanien 233

8 Tunis 1535 – Auftakt zum Kreuzzug gegen die Türken? 235

Der Sieg vor Tunis – Realität und Propaganda 236 – Karl V. und Suleiman der Prächtige 238 – Chaireddin der Rote 240 – Triumph als neuer Scipio Africanus 245 – Rückkehr in den mächtepolitischen Alltag 249 – Das Ende des Kreuzzugsplans und die Katastrophe 1541 vor Algier 252 – Eine gemischte Bilanz im Ringen der Weltmächte 256

9 Leyes Nuevas 1542 – oder der Streit um die Seelen und das Gold der Indios 261

Reichtum und Prestige aus dem amerikanischen «Goldkastilien» 262 – Das Reich der Inkas und die Inseln der Gewürze 267 – Um Recht und Ordnung in den neuen Besitzungen 270 – Besinnung auf Gottes Gebot der Menschlichkeit 276 – Las Casas gegen Sepúlveda – der erste freie Disput über Kolonialpolitik 278 – Der realpolitische Vorrang Europas 283

10 Mühlberg 24. April 1547 – und der geharnischte Reichstag von Augsburg 1547/48 285

Veni, vidi, Deus vicit – Triumph des Miles christianus 286 – Schonung des Luthergrabes in Wittenberg und Demütigung des Landgrafen in Halle 293 – Der Höhepunkt der Macht – von Tizian inszeniert 299 – Ein geharnischter Reichstag 305 – Das Interim, das Interim, der Teufel, der steckt hinter ihm – Karls Scheitern am lutherischen Stadtbürgertum 312

11 Villach, Mai 1552 –
Herabgeschleudert vom Rad der Fortuna 315

Die Rächer der deutschen Freiheit und der widerrechtlich gefangenen Fürsten 315 – *In der Falle – Flucht aus Innsbruck* 318 – *Villach und Passau* 321 – *Wieder ein Franzosenkrieg* 324 – *Kaiser der Endzeit* 328

12 Brüssel 1555 / 56 –
Zeremoniell des Rückzugs 331

Das ermüdende Ringen um die Nachfolge oder das Gespenst der «spanischen Sukzession» 333 – *Die englische Ehe Philipps II. – die Vision eines katholischen Großreiches in Westeuropa* 336 – *Abdankung und Neuaufstellung der Casa de Austria* 341 – *Machtverzicht zur Sicherung des Seelenheils?* 347

13 Yuste 21. September 1558 –
Sterben in Christo 349

Die letzte Reise des Kaisers 349 – *Frömmigkeit und Muße* 354 – *«Lebensfülle, (die) niederklingt in meine Ruh»* 357 – *Jetzt, Herr, komme ich* 361 – *Der Tod Kaiser Karls V. und die Wende in den Konfessionalismus* 365

Epilog 373

Europa vereint in Trauerfeiern 373 – *Vision einer hegemonialen Weltherrschaft* 379 – *Ein Europapolitiker der frühen Neuzeit?* 383

Anhang

Forschungslage und Positionsbestimmung 393
Anmerkungen 397
Karte: Europäer in der Neuen Welt zur Zeit Kaiser Karls V. 423
Bibliographie 425
Bildnachweis 439
Genealogie 441
Personenregister 445
Ortsregister 453

PROLOG

Karl V. hat alles erreicht, was ein Mensch seiner Zeit erreichen konnte. Drei Jahrzehnte an Rang und Ansehen der Erste in der Christenheit, herrschte Kaiser Karl V. über ein Reich, «in dem die Sonne nicht unterging» – eine bewundernde Charakterisierung, die ihm bis heute anhaftet wie dem Stauferkaiser Friedrich II. der «*stupor mundi*», das Staunen der Welt. Karl war Haupt der ehrwürdigsten und mächtigsten Dynastien Europas: Erbe der glanzvollen Herzöge von Burgund aus dem französischen Hause Valois; der Katholischen Könige aus der Trastámara-Dynastie, die das neuzeitliche Spanien geformt und das Tor zur Neuen Welt aufgestoßen hatten; nicht zuletzt des deutschen Hauses Österreich, das nach ihm die Römische Kaiserwürde erhielt und behalten sollte, bis der Höllensturz des Ersten Weltkriegs der Fürstengesellschaft Alteuropas definitiv ein Ende setzte. Keines der europäischen Königs- und Fürstenhäuser konnte sich mit diesem «edlen Blut» messen, als das man Karl bei seiner Wahl zum Deutschen König gefeiert hatte.

Das burgundisch-spanische Hofzeremoniell wurde an den europäischen Höfen bewundert und nachgeahmt. Die spanischen Tercios, mit Lanzen bewehrte Infanterie-Blöcke, die einem Uhrwerk gleich die Gegner überrannten, beherrschten die Schlachtfelder Europas. Die dynamischste Wirtschaftsregion der Zeit war Teil seiner Herrschaften – die Niederen Landen an den Mündungsgebieten der großen Ströme Schelde und Rhein mit dem rasch expandierenden Handelsplatz Antwerpen im Zentrum. Seit Beginn des zweiten Jahrhundertdrittels landeten in Sevilla, dem bedeutendsten Überseehafen der Welt, alljährlich reichbeladene Silberflotten aus Südamerika, mit sprunghaft ansteigenden Frachtraten.[1]

Bereits mit 19 Jahren zum Römischen Kaiser erwählt, stand er zusammen mit dem Papst an der Spitze der Christenheit oder Europas, was damals noch dasselbe war. Als Kaiser war er verantwortlich für die Reform von Kirche und Glauben ebenso wie für die Sicherung

Europas nach außen. Als Miles christianus, christlicher Glaubenskrieger, wies er in Tunis die islamische Vormacht der Osmanen in die Schranken und triumphierte in Mühlberg an der mittleren Elbe über die Häresie der Luther-Anhänger. Unübertroffen auch sein symbolisches Kapital – als Großmeister des burgundischen Goldenen Vlies Ordens wie des spanischen Ordens de Calatrava, der beiden vornehmsten Ritterorden der Christenheit, dazu Auftraggeber für die ersten Künstler seiner Zeit. Noch heute künden Tizians Gemälde «Karl V. nach der Schlacht von Mühlberg» und «La Gloria» / «Der Triumph der Dreifaltigkeit» von seinem Ruhm und seiner von Gott gegebenen Majestät. Beide zählen heute zu den Staatsikonen in der spanischen Ruhmeshalle des Prado. Die gewaltigen von Jan Vermeyen entworfenen Wandteppiche aus der Brüsseler Manufaktur Willem de Pannemakers, deren Kartons das Kunsthistorische Museum Wien bewahrt, berichten von seinen Taten in Nordafrika – Inszenierung seines ritterlichen Kampfes gegen den islamischen Glaubensfeind wie Demonstration des hohen Stands der Künste und des Luxusgewerbes in seiner burgundischen Heimat. Und das sind nur zwei Beispiele eines über ganz Europa verstreuten Kunstschatzes, der den Zeitgenossen wie der Nachwelt ständische Erhabenheit, Prestige und Tatenruhm dieses Kaisers verkündet.

Karl V. ist das Wichtige fehlgeschlagen. Hinter der heroischen Majestät, die er wie kein zweiter Herrscher repräsentierte und die er hundertfach in Marmor, Bronze, auf Leinwand und Tapisserien darstellen ließ, verbarg sich ein Mensch, der mehr Leid, Elend und Krankheit zu ertragen hatte als viele seiner Untertanen – die angeborene Missbildung seines Kiefers; die dadurch bedingte Behinderung seiner Sprache; schwere Gichtanfälle, die ihn schließlich zwangen, zur Fortbewegung statt des herrschaftlichen Pferdes eine Sänfte zu benutzen; frühe Zahnlosigkeit, die ihn seine Mahlzeiten alleine einnehmen ließ. Als Ergebnis von alldem eine menschliche Einsamkeit, die mit fortschreitendem Alter die gewollte und inszenierte Distanz zu den Menschen ins Pathologische steigerte.

Tragisch der Gegensatz zwischen prätendierter Majestät und erbrachter Herrscherleistung. Der Kaiser hatte am Ende die Ziele, die er sein Leben lang als von Gott erhaltenen Auftrag verfolgte, verfehlt:

Statt der neuen Friedensordnung für das Heilige Römische Reich und Europa war Deutschland im Innern zerrissen, und die europäischen Mächte standen sich unversöhnlicher denn je gegenüber. Statt der ersehnten Einheit und Unversehrtheit der Kirche war die Christenheit in die Fundamentalfeindschaft der Konfessionen zerfallen. Die für ihn und sein Haus allein heilige, katholische und apostolische Kirche war zu einer Partikularkirche geworden. Statt in einer mächtigen Kreuzzugsbewegung den Islam aus den christlichen Kernzonen Byzanz und Kleinasien wieder zurückzudrängen, musste er sich mit einer labilen Waffenruhe zufriedengeben: Der Balkan war verloren, Ungarn, das Reich des Heiligen Stephan, zweigeteilt, in einen östlichen, osmanischen Teil mit den Königsstädten Buda und Pest und einen kleineren westlichen Teil, in dem sein Bruder Ferdinand als ungarischer König herrschte. Im Mittelmeer und an den Küsten Nordafrikas waren die Träume christlicher Dominanz zerbrochen, denen seine spanischen Vorgänger im ersten Hochgefühl der Reconquista angehangen hatten und denen auch er auf dem Höhepunkt seiner Macht noch nachgejagt war.

Der erste Kaiser eines Weltreiches musste vor den Fliehkräften der neuen Zeit kapitulieren und sich eingestehen, dass ihm seine Welt zerbrochen war. Wo er Eintracht, Recht und Ordnung stiften wollte, wurde er Partei, im Streit um die mächtepolitische Ordnung Europas ebenso wie im Ringen um die Reform der Kirche. Statt der einheitlichen Lobpreisung der Christenheit, die er sich in seinen frühen Herrscherjahren hochgemut zu verdienen gehofft hatte, war er im Alter Hass und Verleumdung des einen Teils der gespaltenen Christenheit ausgesetzt, in ihren Pamphleten öffentlich angegriffen als «Metzger aus Flandern»; als sündhaft Verantwortlicher für die grauenvolle Explosionskatastrophe in seiner Heimatstadt Mechelen, mit der ihn Gott gestraft und gezeichnet habe; ja als Blutschänder mit Schwester oder Tochter, ein Anwurf, der wie kein zweiter die ständische wie die ganz persönliche Ehre beschmutzte.

Als Einziger in der langen Reihe Römischer Kaiser legte Karl V. sein Amt nieder – für Zeitgenossen wie Nachwelt ein unerhörtes Geschehen, entfernt vergleichbar dem rätselhaften Rücktritt Papst Benedikts XVI. in unseren Tagen. In nur fünf Jahren hatte ihn das Rad der Fortuna von der Höhe des siegreichen Imperators, der 1547/48 auf dem «geharnischten Reichstag» von Augsburg den Besiegten seine Bedingungen diktierte, herabgerissen ins Elend eines Flüchtlings. Ein sächsischer Herzog, eben durch ihn zum Kurfürsten erhoben, hatte ihn in die Enge der Alpentäler getrieben, fast aus der Welt hinaus. Dessen Verbündeter, der König von Frankreich, den er endgültig in die zweite Reihe gewiesen wähnte, hatte vor Metz über seine als unschlagbar geltenden spanischen Truppen triumphiert. Mit den Protestanten wurde über einen dauerhaften Religionsfrieden verhandelt. Seine Seele wollte er damit nicht belasten und überließ es der säkularpolitischen Klugheit seines Bruders Ferdinand.

Misslungen auch die einheitliche Vererbung seiner Reiche. Die mit bewundernswerter Energie und Klarsicht zustande gebrachte Bewahrung des Erbes durch die Aufspaltung in zwei Linien, der spanische und der deutsche Zweig des Hauses Österreich beziehungsweise der Casa de Austria, war ihm nur Notlösung. Quälend offen schließlich auch die humane Gestaltung und die Rettung der Indioseelen in den neuen Welten, derer sich der Kaiser persönlich angenommen, die er aber immer wieder hintangestellt hatte, um die machtpolitischen Notwendigkeiten in Europa nicht zu gefährden.

Verbunden mit der psychischen Last des Versagens waren Angst und Sündenbewusstsein, dem Bösen nicht entschieden genug entgegengetreten und der von Gott verliehenen kaiserlichen *auctoritas* nicht gerecht geworden zu sein. Anders als die Herrschaftsämter ließ sich diese Qual nicht ablegen. Sie verfolgte ihn in Yuste, seinem spanischen Alterssitz, bis in die letzten Lebenstage hinein.

Gescheitert war auch – eine berührende Parallelität in der Biographie dieser weltgeschichtlichen Gegenspieler – Martin Luther.[2] Anders als der Reformator hinterließ der Kaiser aber keine ihm emphatisch verbundene Gemeinde, die im Scheitern ihres Helden den kommenden Triumph der Wahrheit über das Verlogene, des Guten über das Böse erblickte. Dieser Unterschied bestimmt bis heute die Stellung der beiden in der europäischen wie der globalen Erinnerung: Der Mönch wurde 2017 erneut gefeiert als Heros der Neuzeit, der der Menschheit Freiheit, Selbstbestimmung und Fortschritt brachte. Der Kaiser hingegen erschien 2000 bei den Feiern zu seinem 500. Geburtstag in gedämpftem Licht, in wissenschaftlicher Distanz. Die Gebrochenheit des Menschen Karl V. trat hervor, und damit ein Zug seiner historischen Persönlichkeit, die zur Widersprüchlichkeit der Moderne passt.

Karl V., Herrscher und Mensch zwischen den Zeitaltern und Welten. So strahlend die kulturelle Repräsentation Karls in seiner eigenen Zeit war, so bescheiden seine Position in der europäischen Erinnerungskultur. Ihm wird keine ähnliche identitätsstiftende Kraft zugeschrieben wie seinem Namensvetter Karl dem Großen, der gleichzeitig nationale Größe und europäische Eintracht versinnbildlicht, das eine im Reiterstandbild vor Notre Dame in Paris, das andere im Aachener Karlspreis. Die Erinnerung an den Kaiser der beginnenden Neuzeit blieb begrenzt. In Deutschland gedenkt man seiner vorwiegend im Umkreis der Reformation wie auf den Historienbildern «Luther auf dem Reichstag zu Worms» oder «Karl V. am Grab des Reformators» des Leipziger Historienmalers Adolf Friedrich Teichs. In Österreich vereinnahmte ihn der Habsburgermythos als Begründer der Weltgeltung des Hauses und reduzierte ihn damit auf eine Herkunfts-/Identitätslinie, die er selbst kaum als die wichtigste angesehen hatte.[3]

Die Person, die dieses glücklich-unglückliche Leben lebte, lässt sich nur schwer fassen. «Nimm doch Gestalt an!» – dieser inständigen Bitte so mancher Biographen an die historische Person, die sie begreifen und begreifbar machen wollen, entzieht sich kaum jemand so entschieden wie Karl V.[4] Sein Aussehen ist in Dutzenden von Gemälden, Stichen, Statuen, Reliefs, Münzprägungen überliefert. Was Abbildung, was Stilisierung ist, bleibt aber in der Schwebe. Kaum ein anderer Herrscher hat so viel Briefe hinterlassen wie er, und doch ist Karl V. «*un Empereur taciturne*»,[5] ein Schweiger in eigenen Dingen, den inneren Handlungsmotiven wie den Emotionen. In den vielen tausend Stücken seiner Korrespondenz findet sich kaum ein Brief privaten Inhalts. Über die persönliche Frömmigkeit gibt «nicht einmal der Briefwechsel mit den Beichtvätern» deutlich Auskunft.[6]

Der Biograph hat diese Ambivalenzen auszuloten, Karl Gestalt zu geben, indem er aus den Verlautbarungen, Abbildungen und dem Handeln des Kaisers die Person herausschält. Verfehlt wäre es allerdings, seine Biographie auf eine eindeutige Linie festzulegen. Für sie gilt nicht die Trennung zwischen Mittelalter und Neuzeit, wie sie spätere Historiker vornahmen. Er war geistig-kulturell fest an den alten

Kontinent gebunden, hat nie in Erwägung gezogen, selbst nach Amerika aufzubrechen. Die Neuen Welten, über die er herrschte, haben ihn gleichwohl fasziniert. An dem Prozess, der neues Weltwissen nach Europa brachte und zur Formung von Neuzeit und Moderne beitrug, hatte er persönlich Anteil.

Hinzu kommt die vergleichsweise lange Regierungszeit von rund vier Jahrzehnten, in denen sich sein Herrschaftsbereich dramatisch ausweitete – von Niederburgund, heute Belgien und Holland, über Spanien mit Süditalien und den Ländern in der Neuen Welt hin zum Römischen Reich. Eine Ansammlung von Herrschaften mit politischen, religiösen und kulturellen Traditionen, wie sie unterschiedlicher nicht sein konnten. Der Kaiser sah sich immer aufs Neue vor überstürzende Veränderungen und neue Probleme gestellt. Er war «*Empereur d'une fin des temps*» (Denis Crouzet), doch auch Kaiser der Anpassung oder genauer, des Versuches der Anpassung von Politik und Kultur an die neu aufgezogenen Bedingungen. So kann er als einer der Gründungsväter der neuzeitlichen Staaten- und Weltordnung gelten, wenn auch eher ungewollt und als Folge seines Scheiterns. Da es eine übermenschliche Aufgabe war, die auseinanderstrebenden Partikularkräfte, zumal in dieser geographischen Weite, zu bändigen, wurde die Lebensleistung dieses ersten Kaisers der Neuzeit zwangsläufig zu einer «Geschichte eines übergroßen Wirkungsbereiches» (Ernst Schulin).

Auf dem Lebensweg Kaiser Karls V. werden uns Glanz und Triumph, scheinbar unbegrenzte Macht, skrupellos eingesetzte Gewalt, jäher Absturz und tiefe Depressionen begegnen, aber auch die nie abgelegte, tief persönliche Religiosität, die ihm gerade in der endgültigen, klar erkannten Niederlage Kraft gab, dem Gesetz, unter dem er angetreten war, treu zu bleiben. Macht, Glanz und Majestät waren ihm viel, nicht aber genug, um sein Gewissen für einen Kompromiss zu verraten, so unausweichlich er realgeschichtlich sein mochte.

I

GENT 24. FEBRUAR 1500 –
Kind der Freude und der Stolz Burgunds

*Glückliches Heiraten und rechtzeitiges Sterben
in der Welt der Fürstenstaaten*

Die Fülle der Macht, über die er als Kaiser verfügte, war Karl V. nicht in die Wiege gelegt. Geboren wurde er am 24. Februar 1500 im Prinzenhof der flämischen Stadt Gent als Erbprinz von Burgund. Zusätzlich war er Erzherzog von Österreich und Infant von Spanien. Aber das waren Titel, die jedes Kind in der Familie seines Vaters, des burgundischen Herzogs Philipp des Schönen, aus dem Hause Österreich, und seiner Mutter Juana, geborene Infantin von Spanien, trug. Ein Anspruch auf Herrschaft war damit nicht verbunden. Dass der Neugeborene knapp zwei Jahrzehnte später die Länder seiner burgundischen, deutschen und spanischen Vorfahren zu einem Herrschaftskomplex zusammenfassen würde, der Europa vom österreichischen Osten bis zum atlantischen Westen, vom friesischen Norden bis Neapel und Sizilien im mediterranen Süden überspannte, wird kaum einem vor Augen gestanden haben – den Eltern nicht und auch nicht den Großen Burgunds oder gar der Bevölkerung.

Der «Aufstieg» zum unbestritten mächtigsten Herrscher in der lateinischen Christenheit war die Realisierung einer ganz ungewissen Möglichkeit eines Ehebündnisses, wie es die europäischen Fürstenhäuser zu Hunderten untereinander abzuschließen pflegen, um politische Allianzen zu bekräftigen und ihren Dynastien Wege zum Zugewinn von Herrschaften durch Erbfolge zu eröffnen. Nur in wenigen Fällen aber wurde aus Möglichkeit Wirklichkeit, und dann häufig nur durch teure und verlustreiche Erbfolgekriege. Nicht anders sollte es

Philipp
der Schöne
(1478–1506).

sich mit der Kaiserwürde des Heiligen Römischen Reiches verhalten, mit der Karl neben den Papst an die Spitze der Christenheit trat. Und schon gar nicht war abzusehen, dass Karl als erster Herrscher eines europäischen Weltreiches würde verkünden können «in meinem Reich geht die Sonne nicht unter». Hatte man im Moment seiner Geburt doch noch keinerlei Vorstellungen, welche Ländermassen jenseits der Westindischen Inseln lagen, auf die Kolumbus sieben Jahre zuvor gestoßen war und die erst näher erschlossen wurden, als Karl bereits König von Kastilien war.

Das Haus Österreich oder die Casa de Austria, wie es nach Antritt des spanischen Erbes in Europa genannt wurde, hat später ihre Ehepolitik propagandistisch wirkungsvoll überhöht. In einem an Ovid[1] angelehnten, wohl auf ein Bonmot von Matthias Corvinus, dem ungarischen Rivalen der Habsburger, zurückgehenden[2] Distichon wurden die erheirateten Zugewinne als höhere, göttliche Fügung dargestellt:

Johanna von Kastilien
«Johanna die Wahnsinnige»
(1479–1555).

Bella gerant alii,
tu felix Austria nube.
Nam quae Mars aliis,
dat tibi diva Venus.

Kriege lass andere führen,
du, glückliches Österreich, heirate!
Denn was den anderen Mars, Venus,
die Göttin, gibt es dir.

So sehr dieser Habsburger Mythos die historische Legitimität und staatsrechtliche Stellung des Hauses über Jahrhunderte hin ideologisch rechtfertigte, letztlich beruhten der Aufstieg des Hauses und die damit verbundene politische Neuordnung Europas auf Zufall. Der Erfolg des glücklichen Heiratens trat häufig nur durch unvorhersehbar «glückliche» Todesfälle ein.

Das trifft im Fall Karls V. in einem besonderen Maße zu: Der Ehevertrag, der seine Machtfülle rechtlich begründete, war erst 1495 abgeschlossen worden. Vertragspartner waren der deutsche Großvater Kaiser Maximilian I., der zugleich als Rechtsnachfolger seiner verstorbenen Frau Maria von Burgund, Karls Großmutter, handelte, und die Katholischen Könige Spaniens aus dem Haus Trastámara, Isabella von Kastilien und Ferdinand von Aragon, Karls Großeltern mütterlicherseits. Im Vordergrund stand die Befestigung des politischen und militärischen Bündnisses, das man eingegangen war, um die jeweiligen Interessen auf der Apenninenhalbinsel gegen die Militärinvasion der französischen Valois-Dynastie zu sichern: Maximilian in Oberitalien, wo einige Herrschaften zum Reichsverband gehörten; die spanischen Könige im Süden, wo es die Königreiche Neapel und Sizilien gegenüber den französischen Ansprüchen zu verteidigen galt.

Auf eine große Erbschaft des Genter Säuglings lief das alles aber kaum hinaus. Denn 1495 wurde eine doppelte Eheverbindung verabredet – zum einen zwischen dem spanischen Thronfolger Juan und Margarete von Österreich, der Tochter Maximilians, und zum anderen zwischen der spanischen Infantin Juana, Juans Schwester, und Maximilians Sohn Philipp, den man den Schönen nannte, den Eltern Karls. Das spanische Erbe stand dem ältesten Sohn der Katholischen Könige, also dem Infanten Juan und seinen Nachkommen zu. Erst Juans Tod noch im Jahr der Eheschließung 1497 – infolge zu intensiven Liebesgenusses, wie es in der Familie kolportiert wurde[3] – öffnete dem zu diesem Zeitpunkt noch gar nicht geborenen Karl einen Spalt weit die Tür zur spanischen Thronfolge. Ganz geöffnet wurde sie erst durch eine Reihe weiterer vorteilhafter Todesfälle. Im Europa der Fürstenstaaten hingen Herrschaft und politische Führung von biologischen Zufällen ab, und damit auch der Gang der Geschichte, die sich eben in jenen Jahren zur Weltgeschichte ausweitete.

Fürs Erste hatte alle Hoffnung noch auf der Schwangerschaft Margaretes gelegen. Wenige Wochen nach dem plötzlichen Tod ihres Mannes brachte sie ein Kind zur Welt, aber ein totes. Damit war nun Isabella, älteste Tochter des Katholischen Königpaares und Ehefrau des portugiesischen Königs Manuel, die erste in der spanischen Thronfolge. Aber auch sie starb bereits im Folgejahr, als sie – hochschwanger – im spanischen Saragossa die Huldigung der Stände als Thronfolgerin einholte. Da sie im Kindbett bei der Geburt eines Sohnes, Miguel da Paz, gestorben war, stand bei dem spanischen Königspaar neben der Trauer um die Tochter die Freude über den endlich geborenen männlichen Thronfolger, dem Spanien und Portugal zufallen würden. Sein Vater König Manuel einigte sich mit den spanischen Großeltern, dass das Kind am spanischen Hof bleiben und dort in der Tradition seiner Erbreiche erzogen werden solle.

Als Karl am 24. Februar 1500 in Gent das Licht der Welt erblickte, war nicht er, sondern der junge spanisch-portugiesische Prinz Thronfolger auf der iberischen Halbinsel. Doch auch er starb früh, am 20. Juli 1500 in Granada, fünf Monate nach der Geburt seines Vetters in Gent. Nicht genug mit diesen vier Todesfällen. Vor Karls Herrschaft in den spanischen Königreichen stand nun die zweite Ehe, die sein Großvater Ferdinand von Aragon nach dem Tod Isabellas von Kastilien mit der französischen Prinzessin Germaine de Foix im März 1506 einging, um noch in letzter Minute die iberischen Herrschaften an ein eigenes Kind vererben zu können. Erst als der im Mai 1509 geborene Thronfolger Johann noch am Tag seiner Geburt starb, war für Karl der Weg gebahnt. Allerdings war als letzte Voraussetzung noch nötig, dass Karls eigene Mutter Juana, die zweitgeborene Tochter des spanischen Königpaars, an die nach dem Tod ihres Vaters Ferdinand im Frühjahr 1516 die Thronfolge fiel, so schwer erkrankte, dass sie unfähig zu eigener Regierung war.

Am Beispiel Kaiser Karls V. zeigt sich eindrücklich die Offenheit geschichtlicher Entwicklung im Moment scheinbar schicksalhafter Vorprägung durch Dispositionen der Fürstenhäuser, biographisch wie staatenpolitisch. Dem in Gent geborenen burgundischen Erbprinzen wäre persönlich wie als Herrscher ein ganz anderer Lebensweg beschieden gewesen, hätten nicht mehrere Todesfälle die vorrangig auf die Vereinigung der iberischen Königreiche ausgerichtete Ehepolitik seiner spanischen Großeltern durchkreuzt. Auch die Geschichte Europas und der Welt hätte ohne die durch Karls Erbfolge geschaffene Verklammerung der weit nach Osten reichenden Mitte des Kontinents mit seinem Südwesten und dessen transatlantischen Besitzungen, die sich erst durch das Scheitern der portugiesischen Erbstrategie ergab, einen anderen Verlauf genommen. Das Leben des Genter Fürstensäuglings zu schildern, wäre trotzdem interessant gewesen; eine die Grundlagen der modernen Welt berührende Biographie würde das aber nicht abgeben.

Burgund – Realität und Mythos

Sicher war immerhin eines – am 24. Februar 1500 war in Gent der Erbe Burgunds geboren worden. Als Herzog von Burgund würde er über jenes von seinen französischen Vorfahren im späten Mittelalter zusammengezwungene Reich zwischen der Krone Frankreichs und dem Heiligen Römischen Reich Deutscher Nation herrschen, das wegen seiner Wirtschaftskraft, gesellschaftlichen Modernität und kulturellen Blüte in Europa hoch angesehen war. Karl blieb dem Burgundertum zeitlebens emotional verbunden, so sehr sich das Zentrum seiner Herrschaft auch verschob. Das zeigt sein erbitterter Kampf mit dem französischen König Franz I. um die Rückkehr des Herzogtums Burgund unter die Herrschaft seines Hauses. Die Chartreuse von Champmol bei Dijon blieb lange Zeit der ersehnte Ort seiner letzten Ruhe, jenes fürstliche Kartäuserkloster, das seine Vorfahren durch die ersten Künstler Flanderns und Burgunds zum Zeugnis einer eigenständigen Kulturblüte zwischen Frankreich und Deutschland hatten ausbauen lassen. Neben den Grabmälern der Burgunderherzöge mit ihren expressiven Skulpturen von Engeln und Trauermönchen hoffte Karl seine eigene Grabstätte zu finden.

Heute sind die in ewiger Trauer und Anbetung versunkenen «*Pleurants*» Objekte musealer Bewunderung, nachdem der Hass der Französischen Revolution auf alles Sakrale die Grablege der Burgunderherzöge niedergerissen hat. In Champmol zeugt allein der einsam übriggebliebene Mosesbrunnen des Haarlemer Bildhauers Claus Sluter (1350–1405 / 06) von der zur Zeit Karls V. noch lebendigen kulturellen und politischen Größe der burgundischen Tradition. Dass der Kaiser heute im Escorial, der Klosterburg seines Sohnes Philipp II., ruht, ist die Folge der im Einzelnen zu schildernden Wende nach Südwesteuropa, die er mit der Übernahme der Kronen von Kastilien und Aragon vollzog. Zugleich spiegelt das die Höhen und Tiefen seiner Lebensleistung wider, die sein Haus weit über das Burgundertum hinaushob, dabei aber nicht verhindern konnte, dass ihm das Stammherzogtum Burgund an der Saône endgültig verloren ging und fest in das Gebiet der französischen Krone eingefügt wurde.

Ein Herrschaftsgebilde wie das mittelalterliche Burgund hatte schon

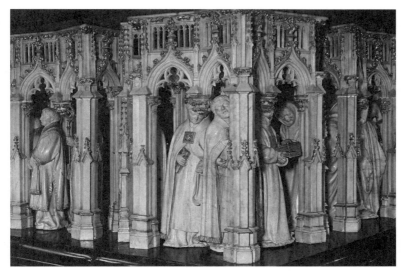

Sarkophag des Burgunderherzogs Philipp des Kühnen (1342–1404) aus der Chartreuse de Champmol, heute im Musée des Beaux-Arts, Dijon.

einmal unter den Erben Karls des Großen im 9. Jahrhundert Gestalt angenommen, als im Vertrag von Verdun 843 dem ältesten Enkel Lothar mit dem Kaisertum der mittlere Reichsteil zugesprochen wurde, der sich von Friesland bis hinab in die Provence und weiter nach Italien erstreckte. Zwischen dem ost- und dem westfränkischen Reich seiner Brüder Ludwig des Deutschen und Karl des Kahlen gelegen, hatte es jedoch keine politische Dauer gewinnen können. Als Vision indes wirkte es fort und beflügelte ein halbes Jahrtausend später die Herzöge von Burgund aus einer Nebenlinie der französischen Valois-Dynastie. Diese Vorfahren Karls aus der Linie Marias von Burgund, seiner Großmutter väterlicherseits, gingen in der zweiten Hälfte des 14. Jahrhunderts daran, von ihrer Hauptstadt Dijon aus erneut ein Mittelreich aufzubauen. Italien konnten sie zwar nicht mehr einbeziehen. Das hochmittelalterliche Burgund sollte sich aber immerhin vom holländischen Ijsselmeer im Norden bis zur südlichen Kulturlandschaft Burgunds an Doubs und Saône erstrecken.

Formell waren die Herzöge aus der Linie Valois-Burgund lehnsabhängig, teils von ihren königlichen Vettern der Pariser Hauptlinie, teils vom Deutschen König. Faktisch schalteten und walteten sie in ihren Ländern jedoch nach Belieben; und mit den Lehnsherren verhandelten sie von gleich zu gleich. Ausgehend von dem Herzogtum Burgund, dem französischen Lehn ihres Hauses um Dijon und die Saône entlang, zwangen Philipp der Kühne (1363–1404), Philipp der Gute (1419–1467) und Karl der Kühne (1467–1477) durch Heirat, Kauf, Pfand oder schiere Gewalt ein drittes mitteleuropäisches Großreich zusammen, das sich zwischen Deutschland und Frankreich schob. Auf seinem Höhepunkt um 1475 erstreckte es sich von den oberburgundischen Besitzungen Mâcon, Nevers, dem Herzogtum mit der strahlenden Hauptstadt Dijon und der Freigrafschaft Burgund um Dole im Süden über eine soeben dazu gezwungene Verbindungsbrücke Elsass, Breisgau, Lothringen und Bar in der Mitte zum Norden nach Flandern, Artois, Mechelen, Antwerpen, Namur, Limburg, Brabant, Seeland, Holland, Hennegau, Picardie und Luxemburg.

Niederburgund, wie die nördlichen Herrschaften der Herzöge bald genannt wurden, war ausgangs des 15. Jahrhunderts neben Norditalien die wirtschaftlich und gesellschaftlich dynamischste Region Europas. In seinen südwestlichen Provinzen blühte das Textilgewerbe, teils auf traditionell zünftischer Basis wie in den Städten Flanderns und Brabants, teils mit modernen Betriebsformen außerhalb des Zunftwesens wie in den Landgebieten Walloniens. Antwerpen hatte den Aufstieg zum führenden Handelsplatz nördlich der Alpen angetreten und zog die Wirtschaft der umliegenden Zonen mit.[4] Davon profitierten auch die nördlichen Grafschaften Holland und Seeland, die Fischfang und Seefahrt in Nord- und Ostsee beherrschten. In der Regierungszeit Karls V. sollte diese Wirtschaftszone, in der Atlantik- und Ostsee-Schiffahrt sich trafen, einen nachgerade kometenhaften Aufstieg erleben, als die Osmanen im östlichen Mittelmeer den Orienthandel blockierten und der Handel ins neuentdeckte Amerika in Fahrt kam. Daraus resultierte eine weltgeschichtliche Drehung der europäischen Haupthandelsrouten – von der bislang dominierenden Nord-Süd-Linie aus der Levante über Venedig nach Oberdeutschland und von dort in den Nordwesten beziehungsweise Nordosten hin zu der nun expandierenden Ost-West-Linie von den baltischen Agrarzonen über die Niederlande nach Spanien und über den Atlantik in die Neue Welt. So wurden die niederburgundischen Herrschaften dank ihrer günstigen Lage zwischen Ostsee und Atlantik zur Schaltstelle der sich rasch entwickelnden frühneuzeitlichen Weltwirtschaft.[5]

Faszinierender noch als ein solcher Wirtschaftsaufschwung waren Kulturblüte und hohe politische Beteiligung der Einwohner, vor allem in Niederburgund beziehungsweise den Niederlanden. In den wallonischen Herrschaften war es vorrangig der an der Herrschaft partizipierende Adel; in Flandern, Brabant und Holland maßgeblich das Bürgertum der vielen Städte. Angeführt von Brabant hatte sich in dieser Zone bereits früh jene Tradition von Herrschaftsverträgen, Wahlkapitulationen und festumrissenen Fundamentalgesetzen durchgesetzt, mit der sich die Stände in den europäischen Ländern eine Beteiligung an den Staatsgeschäften sicherten. Festgeschrieben war das in der berühmten *Joyeuse Entrée* oder *Blijde Inkomst* von 1356. In dieser nach dem feierlichen Einzug des Herrschers benannten Verfassungsurkunde musste jeder Herzog Brabants bei seinem Regierungsantritt den Ständen das Vertretungsrecht für das Land und weitere konkrete Freiheitsprivilegien bestätigen. Erst danach galt er als rechtmäßiger Herrscher des Landes.

Das kulturelle Profil Burgunds hatte sich zunächst in den südlichen, französischen Landschaften Oberburgunds ausgebildet, war aber mit den Herzögen auch in die niederburgundischen Herrschaften vorgedrungen und dort rasch zum Eigenen geworden. Gleichgültig, ob man in der Hochblüte dieser Kultur seit Mitte des 15. Jahrhunderts mit dem niederländischen Kulturhistoriker Johan Huizinga einen «Herbst des Mittelalters» sieht oder wie die jüngere Forschung ein zweites, nördliches Zentrum der Renaissance,[6] die kulturelle Gestalt Burgunds war glänzend und braucht den Vergleich mit der uns heute näheren Renaissance Italiens nicht zu fürchten. In den Gemälden Rogier van der Weydens, der Gebrüder van Eyck, Hugo van der Goes, auch Hans Memlings, des in Brügge tätigen Deutschen, nicht zuletzt in der zur Hochblüte gereiften Buchmalerei fand die Gotik ihre Vollendung, ebenso in der Flamboyance von Maßwerk und Gewölben der Kathedralen.

Vorbildlich war vor allem das Musikleben der burgundischen Herzöge, die hohen Wert auf den Ausbau ihrer Hofkapelle legten. Die dort gepflegte Polyphonie gelangte mit der Erbtochter Maria von Burgund, die die Hofkapelle des Vaters übernahm, im letzten Viertel des 15. Jahrhunderts nach Norden in die Niederlande. Institutioneller Kern des europäischen Musiklebens der Zeit waren klerikale beziehungsweise semiklerikale Knaben- und Männerchöre, da Mädchen und Frauen an öffentlichen Auftritten nicht beteiligt waren. Neben diesen bald vorbildlichen Chören wirkten in den Niederlanden auch die ersten Komponisten und Instrumentalmusiker der Zeit wie Josquin des Prez (1450–1521) oder der Organist Hendrik Bredemers (1472–1522), der unter Philipp dem Schönen und Margarete von Österreich die burgundische Hofkapelle leitete, gefolgt von Nicolas Gombert und Cornelius Canis. Bei Verschiedenheit und Variation im Einzelnen waren sie alle einem gemeinsamen stilistischen Prinzip verbunden: «Durchimitation, die abwechselnde kontrapunktische Wiederholung eines einzelnen Motivs in jeder Stimme. Nach der Eröffnung, wo die einzelnen Stimmen noch erkennbar bleiben, entwickelt sich eine komplexe, subtile Vielstimmigkeit, die eher nach der Schönheit der melodischen Linienführung strebt, denn nach Verdeutlichung des Textes. Sobald das erste Motiv ausgeschöpft ist, führt der Komponist in der gleichen Weise das nächste ein. Da dieses neue Motiv schon von einer Stimme vorgetragen wird, während das alte noch in den anderen Stimmen nachhallt, zeichnen sich diese Werke durch eine nachdrückliche Verschleifung der musikalischen und textlichen Strukturen aus.»[7]

Es war nicht zuletzt die Musik, die den Burgunderherzögen die kulturelle Führung in der europäischen Fürstengesellschaft sicherte. Von den Niederlanden strahlte die franko-flämische Polyphonie weit aus und beherrschte das Musikleben Europas, auch und insbesondere an den Renaissance-Höfen Ungarns und Italiens.[8] Die Fürstenhöfe des Reiches zogen erst seit Mitte des 16. Jahrhunderts nach.[9]

In manchem drängte die burgundische «Herbstzeit» aber längst zu einem neuen Frühling. Ins Auge springt das etwa bei der von Karls Tante und Erzieherin Margarete in den 1520er Jahren errichteten Neuanlage des Klosters Brou bei Bourg-en-Bresse, in Savoyen hart an der Grenze zu Frankreich gelegen. Unter aktiver Mitwirkung der Fürstin von niederländisch-burgundischen und westdeutschen Künstlern entworfen und errichtet, ist sie einem Übergangsstil verpflichtet – nicht mehr ausschließlich Herbst des Mittelalters und noch nicht ganz Neuzeit.[10] Das als Ausdruck eines erstarrten konventionellen Geschmacks oder gar eines rückwärtsgewandten Geistes zu bewerten, hieße die Komplexität der Stilentwicklung, vor allem aber der menschlichen Seele verkennen. Dass Margarete italienische Meister durchaus zu schätzen wusste, hatte sie beim Bau ihres Palasts in Mechelen bewiesen. Nun aber, für das religiöse Zentrum Brou, das zugleich savoyardische Herrschaftsgeste gegenüber dem nahen Frankreich war, hielt sie die Kunst ihrer burgundischen Heimat für angemessen. Es sind insbesondere die Grablegen der letzten Generationen des Hauses Burgund, in denen sich Altes und Neues verbinden – stilistische Reife und überzeitliches Majestätsbewusstsein mit expressiver Emotionalität und persönlicher Frömmigkeitsgeste des in den Vordergrund tretenden Individuums. Das gilt für die Anlage in Brou mit ihren raffinierten, rational berechneten «Blickachsen, Bildinszenierungen und Materialtranszendenz»,[11] in anderer Konstellation auch für das eine knappe Generation später in der Brügger Onze-Lieve-Vrouwekerk neben dem gotischen Sarkophag Marias im Auftrag Karls V. errichtete Prunkgrab Karls des Kühnen.

Viel bewundert und an den anderen europäischen Höfen eifrig nachgeahmt wurden vor allem Burgunds Aufbau einer neuzeitlichen Bürokratie, das Zeremoniell und die Finesse seiner höfischen Selbstdarstellung. Das war kein Widerspruch, wie man aus heutiger Sicht anzunehmen geneigt ist. Im Übergang von den alten feudalen zu neuzeitlichen Formen politischer Herrschafts- und Staatsfunktionen ergänzten sich Rationalität der Verwaltung und kulturelle Eleganz der Repräsentation aufs Beste.

Karl der Kühne und sein Vermächtnis

Bereits Karl der Kühne, Karls V. Urgroßvater, war bemüht gewesen, dem bislang allein aus personal-dynastischen Wurzeln emporgeschossenen Länderagglomerat eine feste politische Form zu verschaffen, konkret, seine Besitzungen zu einem Staat umzuformen, der sich auf Dauer Frankreich gegenüber würde behaupten können, dem in der frühmodernen Staatsbildung fortgeschrittenen Nachbarn. Neben der staatsrechtlichen Formierung im Innern musste es um die äußere Absicherung gehen, was in der Zeit des Fürstenstaates vor allem Verbesserung des Rangs, der Reputation und der politisch-dynastischen Allianzen bedeutete. Da die verfeindete französische Königslinie ausschied, war hierfür der Römische Kaiser Friedrich III. der richtige Ansprechpartner. Mit ihm trat Karl in Verhandlungen mit einem doppelten Ziel ein: eine Heiratsallianz zwischen den Häusern Burgund und Österreich und die Erhebung Burgunds zum Königtum. Zwischen Herzog und Kaiser fanden direkte Unterhandlungen statt. Augenzeugen zufolge sollen sich beide 1473 in Trier so nahegekommen sein, dass man bereits die Insignien herbeischaffte und im Trierer Dom die Krönungszeremonie vorbereitete. Im letzten Moment ließ Kaiser Friedrich III. dann aber doch wieder alles in der Schwebe und suchte den Rat der Kurfürsten.

Realisiert wurde aber der Eheplan, den der Kaisersohn Maximilian energisch verfolgte. Seine 1476 abgesprochene und 1477 vollzogene Hochzeit mit der burgundischen Erbtochter Maria wurde in doppelter Weise ein Schlüsselereignis: Sie verlieh dem Burgundertum Bestand in einem Moment, in dem sein staatlicher Untergang unausweichlich schien, und sie eröffnete dem Haus Österreich jene große Zukunft, die mit dem Namen Kaiser Karls V. verbunden ist, dem Enkel des Brautpaares. Als die Ehe am 19. August 1477 in jenem Genter Schloss Ten Walle, wo 33 Jahre später die Wiege des Enkels stand, vollzogen wurde, lag der erträumte Burgunderstaat in Trümmern: Allseitig von Feinden bedrängt, die sich von seiner Expansionspolitik bedroht sahen, hatte Karl der Kühne mit «von Zorn und Hektik gesteigertem Waffenmut»[12] die Entscheidung gesucht. Nach Niederlagen 1474/75 vor Neuss gegen ein Reichsheer und 1476 in Grandson und Murten gegen die Eidgenossen war er nach Lothringen geeilt, um das eben dem jungen Herzog René abgejagte Herzogtum und damit die Brücke zwischen seinen ober- und niederburgundischen Besitzungen gegen den Ansturm seiner vereinten Feinde zu sichern. In einer denkwürdigen Schlacht wurde das stolze Ritterheer Burgunds am 5. Januar 1477 vor Nancy nahezu vernichtet, behindert durch Schneetreiben und wegelosen Morast.[13] Karl selbst fand den Tod, eben 44-jährig, hingeschlachtet von Schweizer Fußkämpfern, gegen deren Hieb- und Stichwaffen die Ritter-Krieger hilflos waren. Die der Rüstung und aller Herrschaftsinsignien beraubte, durch Wunden entstellte Leiche des kühnen Herzogs wurde erst zwei Tage später unter den vielen namenlosen

*Karl der Kühne,
Herzog von Burgund (1433–1477).
Gemälde von Rogier
van der Weyden,
um 1460.*

Schlachtopfern gefunden. Mit der triumphalen Geste des Siegers ließ ihn Herzog René im eben zurückeroberten Nancy beisetzen.

Später sollte der Urenkel Karl V. einen politisch günstigen Moment nutzen, um mit Renés Sohn Anton II. von Lothringen (1489–1544) die Überführung des Burgunderhelden nach Brügge zu vereinbaren. Vollzogen wurde die Umbettung dann 1550 unter tatkräftiger Förderung von Antons Schwiegertochter Christina von Dänemark, Karls Nichte. In Brügge fand der rastlose Herzog seine letzte Ruhestätte, wohl auf der Burg in der im Zuge der Französischen Revolution niedergerissenen St. Donaas Kathedrale. Zurück zu Pracht und Ruhm gelangte er durch das Kenotaph, das ihm Karl in der städtischen Onze-Lieve-Vrouwekerk errichten ließ, neben dem Prunksarkophag seiner Tochter Maria von Burgund und der Herz-Urne Philipps des Schönen, Marias Sohn und Vater Karls V. So waren in der niederburgundischen Residenz die fürstlichen Zeugen der großen burgundischen Tradition im Tode präsent – pietätvolle Würdigung der Vorfahren und Repräsentation kaiserlicher Macht, aber auch Eigenverpflichtung Karls auf das burgundische Erbe und dessen an Frankreich gefallenen Teil, wo im Mausoleum von Champmol bei Dijon die älteren Burgunderherzöge der Auferstehung harrten.

Die Vision eines Burgunderstaates als westmitteleuropäisches Zwischenreich war 1477 vor Nancy grausam zerstoben. Nach anderthalb Jahrzehnten militärischen Ringens, in dem Maximilian den Ambitionen Frankreichs auf Gesamtburgund zähen Widerstand entgegensetzte, einigte man sich 1493 im Frieden von Senlis auf eine Teilung der Ländermasse, die drei aufeinanderfolgende Burgunderherzöge zusammengebracht hatten. Frankreich erhielt das aus seinem Lehnsverband herausgebrochene Herzogtum an der Saône, das fortan direkt bei der Krone blieb und nicht mehr als Lehen an ein Adelsgeschlecht ausgegeben wurde. Das Haus Burgund-Österreich, konkret Herzog Philipp der Schöne, erhielt die Freigrafschaft / Franche-Comté mit der Hauptstadt Dole und die niederburgundischen Erbländer, die westlich der Schelde von der französischen Lehnspflicht entbunden wurden. Endgültig befriedet waren die Gegensätze damit allerdings nicht. Im Gegenteil, beide Seiten sannen auf Revision. Die spätmittelalterlichen Burgunderkonflikte wurden zur neuzeitlichen Rivalität zwischen der französischen Königsdynastie Valois/Bourbon einerseits und den Häusern Burgund-Österreich-Trastámara andererseits. Ein deutsch-französischer Gegensatz, wie häufig anachronistisch behauptet, war das nicht.

Gleichgültig ob die burgundische Staatsbildung an Karls des Kühnen «Entgleisung ins Pathologische» (Johan Huizinga) scheiterte oder weil die Zeit bereits vorbei war, in der sich Reiche und Staaten ganz neu zuschneiden ließen – feststeht, dass «Burgund» vor Nancy nicht untergegangen ist. Es blieb Vorbild im höfischen Zeremoniell und in dem neuen bürokratischen Stil des Regierens, selbst für seine erbittertsten Gegner Frankreich und die Schweizer Eidgenossen. Vor allem aber setzte sich die burgundische Tradition in den niederländischen Herrschaften direkt fort. Das war die Leistung zweier ebenso kluger wie entschiedener Frauen – der jungen Burgunder Herzoginnen Maria, Karls des Kühnen Tochter, und seiner Witwe Margarete von York, der Stiefmutter Marias, die die junge, politisch unerfahrene Erbin beriet und durch ihre Verbindungen zum heimischen

Maria, Herzogin von Burgund (1457–1482). Flämische Schule, 15. Jahrhundert.

England gegen die äußeren Feinde absicherte. Indem beide an der Eheabsprache mit Erzherzog Maximilian festhielten und noch im Todesjahr Karls des Kühnen die Hochzeit realisierten, schufen sie die entscheidende Voraussetzung dafür, dass in den nächsten Jahren das neue österreichisch-burgundische Herrscherhaus wie ein Phönix aus der Asche aufsteigen konnte.[14] Maximilian, der den Rechtssatzungen und den Vorstellungen der Zeit zufolge für seine Ehefrau Maria und die gemeinsamen Kinder das Erbe durchzufechten hatte, nahm den Kampf um die Sicherung des Burgundererbes mit Umsicht und einer nie wankenden Entschiedenheit auf – nach außen gegen die französischen Ansprüche und nach innen gegen die selbstbewussten Stände. Als Maria von Burgund eben 25-jährig 1482 nach einem Reitunfall starb, hatte Maximilian noch nahezu zehn Jahre mit dem offenen Widerstand der Untertanen zu ringen, gelegentlich unter Lebensgefahr, wie Anfang 1488, als die Bürger Brügges ihn mehrere Monate ins Gefängnis warfen. Der militärische Einsatz seines kaiserlichen

Vaters Friedrich III., seine eigene Reputation und sein politisches Geschick ließen ihn schließlich die Krise überwinden. Ausgangs des 15. Jahrhunderts war durch den Vertrag von Senlis das niederländische Burgundererbe für Philipp den Schönen gesichert, Marias und Maximilians 1478 geborenen, inzwischen großjährigen Sohn. Und mit dessen bereits erwähnter, 1496 vollzogener Ehe mit Juana von Kastilien war jener weltgeschichtliche Erbhorizont eröffnet, der ihren erstgeborenen Sohn zu Kaiser Karl V. werden ließ.

Gent, 24. Februar 1500

So hochgespannt ihre Kultur und ihr Machtwille auch waren, frühabsolutistische Herrscher waren die Burgunderherzöge nicht. Ihre Herrschaft ruhte auf der Zustimmung der Stände, nicht zuletzt der ökonomisch starken Städte Flanderns, Brabants, zunehmend auch Hollands. Das hatten auch Philipp der Schöne und Juana im Auge zu behalten. Sie werden daher mit Bedacht Brüssel verlassen und im flämischen Gent den Prinzenhof bezogen haben, als die Geburt ihres zweiten Kindes bevorstand. Denn im Genter Prinzenhof hatten 23 Jahre zuvor Philipps Eltern, die burgundische Erbtochter Maria und der österreichische Erzherzog Maximilian, die Ehe vollzogen und damit ihren Willen bekundet, nach dem Schlachtentod Karls des Kühnen vor Nancy den Glanz Burgunds wiederherzustellen. Gent als Hochzeitsort zu wählen, war eine symbolische Geste des Selbstbehauptungswillen gegenüber der französischen Krone gewesen, lag die Stadt doch rittlings auf der Grenze zwischen französischem und Reichslehen, die entlang der Schelde quer durch Gent verlief.

Indem sich Philipp und Juana zur bevorstehenden Niederkunft nach Gent begaben, stellten sie die Geburt ihres zweiten Kindes, des Thronfolgers, wie sie hofften, demonstrativ in die Burgundertradition. Darüber hinaus versicherte sich Philipp des göttlichen Beistands, indem er aus dem wallonischen Kloster Anchin eine der Gottesmutter zugeschriebene Reliquie in die Genter Geburtsstube bringen ließ.[15] Unmittelbar verbunden mit dieser Gottesbeziehung war für Philipp – und das werden wir 1521 in Worms bei seinem Sohn genauso wiederfinden – die Achtung der Dynastie und der Vorfahren. Konkret bedeutete das nicht das Haus Österreich seines Vaters, sondern das Haus Burgund seiner Mutter. Es war die Burgundertradition, die die niederländische Machtbasis sicherte und damit auch die Ambitionen auf eine eventuelle Nachfolge in Spanien. Und so wollte Philipp seinen Thronfolger in der burgundischen Herrschaftskultur verankert wissen und gab ihm den Namen des Großvaters Karls des Kühnen von Burgund, dessen Strahlkraft auch die Niederlage von Nancy nicht hatte verdunkeln können. Der Wunsch der spanischen Großeltern, den Neugeborenen zur Vorbereitung auf eine mögliche iberische Thronfolge nach Spanien zu bringen, hatte keine Chance auf Gehör.

Symbolisch verdichtet kommt diese Verpflichtung auf Burgund und auf die Aufgabe, die 1477 zerfledderten territorialen Grundlagen wiederherzustellen, in Karls Wiege zum Ausdruck, die mit den Wappen Maximilians und Marias von Burgund sowie der Devise Kaiser Maximilians I. «Halt Maß in allen Dingen» verziert war. Im 16. Jahrhundert nachweislich im Genter Prinzenhof, an den heute nur noch der Straßenname erinnert, gehört die Staatswiege längst zum musealen Erinnerungsschatz der königlichen Kunst- und Geschichtskammer in Brüssel.[16]

Nach der Geburt des ersten Kindes Eleonore 1498, die Karl stets besonders nahe sein sollte, hatte die Bevölkerung Niederburgunds besonders hohe Erwartungen an die zweite Schwangerschaft der Herzogin geknüpft. Als dann Ende Februar die Nachricht von der Geburt eines Thronerben verkündet wurde, bereiteten Magistrat und Bürgerschaft sogleich ein großes höfisches Freudenfest vor. Das war in den europäischen Fürstenstaaten üblich. In Gent erhielten die Feierlichkeiten aber einen besonderen Akzent. Denn in Niederburgund stand neben der traditionellen Adelskultur längst eine aufblühende bürgerliche Kultur, die in den Städten sogar den Ton angab. Speziell in Gent hatte sich bereits früh im 15. Jahrhundert eine im Handwerk verankerte Dichter- und öffentliche Vorlesetradition herausgebildet, ja für einige Jahre stand den Bürgern sogar eine privat organisierte öffentliche Bibliothek mit kommerziell zum Lesen angebotenen Manuskripten zur Verfügung – also lange vor der von Reformationshistorikern vielgerühmten Medienrevolution des Buchdrucks. Nach der Jahrhundertmitte fand diese bürgerliche Dicht-, Vortrags- und Lesekultur eine feste organisatorische Basis in den genossenschaftlich organisierten Rederijkerkamern,[17] Rhetorikgesellschaften nach Art der Meistersinger in den oberdeutschen Reichsstädten. Unter Leitung des Meisterpoeten der Sankt Barbara Kammer Lieven Bautkin, Vikar an St. Peter, nahmen die Rederijker sogleich die öffentliche Gestaltung der Geburtsfeierlichkeiten in die Hand – mit tableaux vivants, Ehrenreden und Gedichten. Bautkin selbst dichtete eine Ballade mit 21 Strophen auf den «*paeyselick Prince*», der dem Land «*vreudge en groote verblidijnghe maeckt*», auf den «alle zufriedenstellenden Prinzen, der dem Land Freude und große Beglückung bringt». Und einen solchen Prinzen haben die Bürger als gute Untertanen immer zu ehren – so die Quintessenz aller öffentlichen Aufführungen und Reden.

Abschluss und Höhepunkt der öffentlichen Feierlichkeiten war die Taufe am 7. März in der St. Jans Kirche, der heutigen Kathedrale St. Bavo, mit einer großen Prozession durch die Stadt. Die Bürgerhäuser waren geschmückt, auf den Straßen Ehrenpforten und Triumphbögen errichtet, auf den Flüssen und Kanälen lagen Prachtschiffe, mit kostbaren Tapisserien behangen und durch Fackeln erleuchtet. Angeführt wurde die Taufprozession von hohen mütterlichen und väterlichen Verwandten, unter denen vor allem Margarete von Österreich, die Tante und Taufpatin Karls, Beachtung fand.

Zum Kern der burgundischen Herrschertradition gehörte die Verpflichtung auf die Religion und den Schutz der Kirche. Daran erinnerten die hohen Prälaten Flanderns mit ihrem Taufgeschenk – eine Prachtbibel mit der kunstvollen Aufschrift auf dem Einband «*Scrutamini Scripturas*» / «Erforschet mit Leidenschaft die Schrift». Ein Taufgeschenk, das die besondere Schriftfrömmigkeit der Niederlande, wo die Alphabetisierungsrate der Bevölkerung europaweit am höchsten lag, zum Ausdruck bringt. Zugleich übertrug damit der niederburgundische Klerus dem zukünftigen Herrscher «die treue Vorsorge in Religion und Glaubenssachen».[18] Auch der Rederijker Lieven Bautkin ließ seine Tauf-Ballade mit einer Wendung an Gott ausklingen: *«Ick bidde den Heeren, den maker der Zonnen / Dat hy onsen Prince met gratien verlichte: / Gods gratie te vriende hebben, gheen stercker ghestichte.»*[19] / Ich bitte den Herrn, den Schöpfer der Sonne / dass er unseren Prinz mit Gnade erleuchte / Gottes Gnade als Freund zu haben, einen stärkeren Schutz er nicht bräuchte.

Neben dem Verweis auf die göttliche Gnade war es vor allem die Beispielhaftigkeit seines Vorfahren Karl des Kühnen, an die der Täufling allseits gemahnt wurde. «Während seines ganzen Lebens wird er diesem Vorbild nacheifern und den einst so bedeutenden, 1477 zerstückelten Staat wiederbeleben wollen.»[20] Wie er sich mit der burgundischen Tradition, speziell auch mit seiner Geburtsstadt Gent identifizierte, belegt seine propagandistisch gekonnte Herausforderung an Franz I. von Frankreich, dem er mitteilen ließ, er werde Paris in seinen «Gant» stecken, mit dem Gleichlaut des französischen Wortes «gant» für Handschuh und dem Namen seiner Geburtsstadt Gent spielend. Für manche Zeitgenossen, etwa für seine protestantischen Gegner in Deutschland, blieb er zeitlebens schlichtweg Karl von Gent.

Erziehung und Bildung der Burgunderkinder

Karl und seine Geschwister wuchsen nicht bei den Eltern auf.[21] Nach der Geburt erhielt Karl eine Amme und einen eigenen Haushalt mit Bediensteten, die von der Wiege an für ihn verantwortlich waren. Das war in den europäischen Fürstenhäusern üblich. Den in Gent oder Brüssel geborenen «Burgunderkindern» – Eleonore 1498, Karl 1500, Isabella 1501 und Maria 1504, die ihre beiden in Spanien geborenen Geschwister Ferdinand (1503) und Katharina (1507) erst spät kennenlernten – wurde diese Elternferne in einem ganz besonderen Maße zuteil. Die Gründe dafür waren die persönliche Disposition und die außergewöhnlich verwickelten politischen Verpflichtungen des burgundisch-spanischen Herzogpaares. Der Vater Philipp der Schöne war in einem lustreichen Leben am Brüsseler Hof gefangen, ebenso die Mutter Juana, die ihrem umschwärmten Gatten in tiefer Liebe und quälender Eifersucht nicht von der Seite weichen wollte und bereits früh Anzeichen seelischer Verwirrungen zeigte, ein Erbe ihrer Mutter Isabella von Kastilien, bei der die Eifersucht ähnlich ungezügelt auszubrechen pflegte. Kinder waren ihr als Frucht der Liebe willkommen; ein mütterliches Verhältnis hat sie zu ihnen nicht entwickelt. Hinzu kamen die politischen Pflichten im fernen Spanien. Als das Paar im Spätherbst 1501 aufbrach, um die Erbhuldigung der kastilischen Stände einzuholen, verfügte Philipp die Übersiedlung Karls und dessen beider Schwestern – die zweite, Isabella, war erst wenige Wochen alt – nach Mechelen unter Aufsicht und Fürsorge von Margarete von York, der Stief-Urgroßmutter, die bereits Philipp selbst nach dem Tod der Mutter 1482 aufgezogen hatte. Als Juana im März 1504 nach dreijähriger Abwesenheit endlich aus Spanien an den Brüsseler Hof zurückkehren konnte, war sie glücklich, wieder mit ihrem vorweggereisten Mann vereint zu sein. Ihre drei Kinder aus dem benachbarten Mechelen herbeibringen zu lassen oder sie zu besuchen, kam ihr nicht in den Sinn.

Mechelen sollte für lange Zeit Wohnort der Burgunderkinder bleiben – mit der Geburt Marias 1505 waren es vier. Denn die Eltern begaben sich im Frühjahr 1506 nach dem Tod Isabellas von Kastilien erneut nach Spanien, wo Philipp der Schöne noch im September desselben Jahres überraschend starb. Juana, seelisch endgültig erschüttert, aber als Königin Kastiliens Garantin dynastisch-herrschaftlicher Stabilität, war in Spanien unabkömmlich, zudem nicht interessiert, zu ihren Kindern in die Niederlande zurückzukehren. Karl, eben sechsjährig, wird das emotional kaum berührt haben. Wie bei allen Fürstenkindern war die mütterliche Bezugsperson die Amme. Ihr fühlte er sich auch noch als Erwachsener verbunden, setzte ihr eine Pension aus und protegierte noch deren Sohn, mit der Begründung, *«weil mir seine Mutter neun Monate lang als erste Milch-Nährerin diente»*.[22]

Die Erziehung der Burgunderkinder hat durch den frühen Tod des Vaters und die Abwesenheit der Mutter nicht gelitten. Im Gegenteil, Mechelen bot ihnen die denkbar besten Voraussetzungen für eine behütete Kindheit und gute geistige Entwicklung – ein im Vergleich zu den großen Handels- und Gewerbestädten Flanderns und Brabants ruhiger und von sozialen Unruhen freier Gerichts- und Verwaltungssitz, zudem als Wittum Margaretes von York eine eigene geschützte Herrschaft. Hinzu kam, dass nach dem tief betrauerten Tod ihres zweiten Ehemannes Herzog Philibert von Savoyen im September 1504 auch Margarete von Österreich, Tante und Patin Karls, hier ihren Witwensitz nahm. Als die Urgroßmutter York Ende 1503 und der Vater Philipp im Sommer 1506 starben, übertrug Kaiser Maximilian Margarete die Vormundschaft über die Kinder zusammen mit der Regentschaft über die Niederlande. Karls Erziehung als von Männern der alten Generation geprägt zu charakterisieren, geht somit doppelt in

Karl mit seinen Schwestern Eleonore und Isabella, Gemälde vom Meister der St. Georgsgilde, 1502. Karl im Alter von zweieinhalb, Eleonore von vier Jahren, Isabella von einem Jahr und drei Monaten.

die Irre. Prägend waren zwei Frauen und deren Höfe mit einem ganz eigenen religiösen, kulturellen und sozialen Umfeld.

Margarete von Österreich ließ sich am locker bebauten Rand der Stadt ein Palais mit Gartenanlage errichten und nannte es Hôtel de Savoy – eine Erinnerung an die guten im Süden verbrachten Jahre. Das Hôtel de Bourgogne, die Residenz Margaretes von York, wo die Burgunderkinder wohnten, liegt nur wenige Schritte gegenüber auf der anderen Straßenseite. Wer die beiden Palais heute in Augenschein nimmt, kann noch etwas von der produktiven Spannung erahnen, in der der zukünftige Kaiser heranwuchs: auf der Nordseite der Ausfallstraße die mittelalterliche Anmutung des ab 1480 errichteten hochgotischen Burgunderhofes; auf der Südseite der zwei Jahrzehnte jüngere, im Übergangs-, teilweise schon im modernen Renaissancestil errichtete Palast Savoyen, geprägt durch hohe, lichte Fenster, einen eleganten Arkadenhof mit italienischem Bogengang und südlich gestaltetem Garten. Ähnlich die persönliche Ausstrahlung der beiden eng vertrauten Frauen: Auf der einen Seite die Urgroßmutter, Mitte Fünfzig, die illuminierte Handschriften religiösen Inhalts liebte, aufmerksam die Entwicklungen in Kirche und Theologie beobachtete, keineswegs rückwärtsgewandt, sondern an der Devotio moderna wie an den Ordensreformen interessiert, voran bei den «intellektuellen» Franziskanern. Der tägliche Gottesdienst in der dem Palast benachbarten Parochialkirche St. Peter, zu der es einen direkten Zugang über eine Verbindungsbrücke hoch über die Straße hinweg gab, prägte ihren Haushalt ebenso wie die Fürsorge für die Bedürftigen, die sie mit Stiftungen bedachte.[23]

Auf der anderen Seite die jüngere Margarete, Renaissancemensch und femme de lettres, Kunstmäzenin, versiert in Regierungs- und Finanzangelegenheiten, auf der Basis neuzeitlicher Rechenhaftigkeit, gelegentlich bis hin zum Geiz, wie Albrecht Dürer erfahren musste, als er ihr eines seiner Werke verehrte.[24] Ihr Palais in Mechelen wurde zum Treffpunkt von Politikern und Diplomaten, aber auch von Künstlern und Humanisten, darunter Adrian von Utrecht, Cornelius Agrippa, Erasmus von Rotterdam. Ihre Kunstsammlung wurde bald europaweit gerühmt. Sie selbst betätigte sich in der polyphonen Musik Burgunds, als Dichterin, mit beachtlichem Erfolg selbst als Malerin von Portraits. Vor allem aber wurden höfische Sitten und Umgangsformen nirgendwo vollkommener gelebt als an ihrem Hof, so das Urteil des Italieners Baldassare Castiglione in seinem berühmten höfischen Sittenkodex «Libro del Cortegiano». Kurz, in Mechelen wuchs Karl anders als viele Königskinder Alteuropas behütet und von den Umbrüchen der Zeit weitgehend unbeeinträchtigt auf. In einem kulturell außerordentlich anregenden Umfeld entwickelten sich die emotionalen und geistigen Grundlagen seiner Persönlichkeit. «Eine bessere Erziehung hätte Karl und seinen Geschwistern nicht zuteilwerden können als durch den täglichen Umgang mit Margarete, die ihnen vorlebte, was sie von ihnen erwartete.»[25]

Für ihre geistigen und leiblichen Belange erhielten die Geschwister je einen Hofstaat von mehreren Personen, darunter immer auch gleichaltrige Kinder aus hohen Adelsfamilien, die mit den Burgunderkindern lebten und erzogen wurden. Dem Hof des Erbprinzen kam natürlich eine hervorgehobene Stellung zu, hinsichtlich des Ranges ebenso wie der Größe und des Budgets. Zu Karls persönlicher Sicherheit beorderte der Großvater Maximilian eine stattliche Zahl von Bogenschützen als Leibwache nach Mechelen, um der steigenden Gefahr eines französischen Überfalls vorzubeugen, aber sicherlich auch aufgrund seiner eigenen Erfahrung mit den rebellischen Ständen. In den wenigen Monaten, die Kaiser Maximilian 1508/09 und 1512 in den Niederlanden verbrachte, hielt er Karl möglichst lange in seiner Nähe – aus Freude an dem Enkel, vor allem aber, um den heranwachsenden Erbprinzen mit den Ländern und ihren Bewohnern bekannt zu machen, die er bald regieren sollte. Auch für Karls Schwestern war der Besuch des Großvaters eine Attraktion. So beeilt sich Eleonore, die Älteste, bei einem solchen Besuch Margarete, «*ma tante et ma bonne mère*» / «meiner Tante und meiner guten Mutter» mitzuteilen, «*welch Pläsier wir hatten, als unser Großvater uns besuchte, und uns eine große Freude gemacht hat*».[26]

Der Alltag in Mechelen wurde immer wieder durch festliche Ereignisse unterbrochen – durch Prozessionen und andere kirchliche Feste, aber auch durch Tanz und Karnevalbelustigungen. Karl nahm an alldem teil – immer an hervorgehobener Stelle, als Sonder-Kind gleichsam. Das heißt nicht, dass er sich Dinge herausnahm, die seinen Kameraden nicht erlaubt waren. Die Sonderstellung bedeutete eher Distanz, die sich Schritt für Schritt zu jenem sakral fundierten Majestätsbewusstsein steigerte, das sein Auftreten als Herzog, König und Kaiser auszeichnete und ihn zeitlebens Abstand zu den Menschen halten ließ.

Über die Erziehung des Erbprinzen wachten Männer, die zu den führenden Köpfen in Staat, Kirche oder Wissenschaft zählten: Zum Kämmerer des Hofstaates, Präsident des Regentschaftsrats und Gouverneur über Karls Erziehung ernannte Kaiser Maximilian Guillaume de Croÿ, Seigneur de Chièvres, Angehöriger einer der großen Adelsfamilien des wallonischen Hennegaus, der bereits unter Herzog Philipp dem Schönen zu einem der führenden Politiker Niederburgunds aufgestiegen war. Chièvres führte den Erbprinzen klug in die politischen Zusammenhänge ein und – vielleicht wichtiger noch – gewöhnte ihn an regelmäßiges Arbeiten, vor allem beim täglichen Unterricht, der in der Hand von speziellen Lehrern, teils Niederländern, teils Spaniern lag. So lernte der Jüngling Pflichterfüllung und Herrscherverantwortung, Maximen, denen er bis ans Lebensende folgte.

Bei aller Strenge und Entschiedenheit gelang es Chièvres, das Vertrauen seines Zöglings zu gewinnen. Karl berief ihn dann auch gleich nach der Thronbesteigung in Burgund und Spanien zum ersten Berater und Chef seiner Regierung.

Verantwortlich für die religiöse und geistige Bildung war Adriaan Florisz. Boeyens (1459–1523), oder Adrian von Utrecht, Dekan an St. Peter in Löwen und Prorektor der dortigen Universität, einer der bedeutendsten Theologen und Humanisten der Zeit, der später für wenige Monate als Hadrian VI. den Stuhl Petri besteigen sollte. Was genau vermittelt wurde und in welcher Weise das geschah, lässt sich nicht sagen. Überhaupt wissen wir wenig über die damalige religiöse Erziehung von Kindern, zu selbstverständlich war der religiöse Grundbestand einer jeden Pädagogik. Bei Karl dürfen wir davon ausgehen, dass Adrian von Utrecht seinen Zögling mit der einfachen, ernsten, gewissenhaften, im Humanismus gründenden Frömmigkeit der Devotio moderna vertraut machte, in der er selbst lebte. Wie tief Karl den Geist dieser auch die Laien erfassenden religiösen Aufbruchstimmung aufnahm, lässt sich nicht genau ausmachen. Allein, wenn der Kaiser Jahre später in einem Schreiben vom 7. März 1522 den ehemaligen Lehrer und eben gewählten Papst an die Zeit erinnert, in der «*estant vostre escolier*», und die Hoffnung ausspricht, «*que estant le papat en votre main, et lempyre en la myenne est pour faire par ensemble beaucop de bonnes et grandes choses*»,[27] so darf man davon ausgehen, dass diese diplomatischen Worte zugleich Verbundenheit mit der religiösen Erziehung der Kindheit bezeugen.

Wie das «Mechelner Chorbuch» von 1515/16, eine illuminierte Prachtschrift aus dem Besitz Margarete von Österreichs, belegt, war eng mit der religiösen die musikalische Erziehung verbunden. Auf einer in die Notenschrift eingeblendeten Miniatur ist der fünfzehnjährige Herrscher beim Hören des Kyrieeleisons zu sehen, umgeben von seinen Geschwistern und Vertretern der Stände. Der Vorsteher der Hofkapelle, der Organist Hendrik Bredemers, unterrichtete die Burgunderkinder in Mechelen täglich am Manicordion, einem Vorläufer des Klavichords und damit des Klaviers. Wie regelmäßig und mit welchem Engagement der Thronfolger selbst an diesen Musikstunden teilnahm, wissen wir nicht. Seine Schwestern, vor allem Eleonore, spielten das Instrument noch als Erwachsene gerne und mit Talent. Für Karl selbst wird man das nicht annehmen dürfen, da ein musizie-

Chorbuch Margaretes von Österreich, um 1515/16. – Eingeblendet in die Notenschrift ist eine Miniatur, die den fünfzehnjährigen Herzog Karl auf dem Herrscherthron zeigt, umgeben von den niederburgundischen Ständen, die ihm huldigen. Sein Bruder Ferdinand und die ältere Schwester Eleonore sitzen ihm zu Füßen. Die drei jüngeren Schwestern spielen auf der Wiese: eine fiktive Darstellung, insbesondere weil Ferdinand und die jüngste Schwester Katharina zu diesem Zeitpunkt in Spanien weilten.

render Fürst in dieser Zeit noch ganz ungewöhnlich war. Seine Liebe zur Musik kam in der kenntnisreichen Pflege der Hofkapelle zum Ausdruck, deren Kunst er gelegentlich auch befreundeten Höfen vorführen ließ. So bereits im Frühjahr 1520 beim Antrittsbesuch bei Heinrich VIII. von England. Gleich danach spielte die burgundische Hofkapelle unter Hendrik Bredemers wohl auch bei der Aachener Krönung Karls zum deutschen König und erwählten Römischen Kaiser. Von 1527 bis 1540 ist der damals berühmte Komponist Nicolas Gombert Hofkomponist und Leiter der Chorknaben. Als er wegen Missbrauch eines Zöglings auf eine Galeere verbannt wurde, folgte ihm der ebenso kunstvolle Cornelius Canis. Von nahezu allen Hofkomponisten und Chorleitern, die Karl im Laufe seines Lebens beschäftigte, sind Musikeditionen, häufig aus Venedig, überliefert.[28]

Später, als Karl großjährig war, wurde – vor allem von seinem Kanzler Sauvage betrieben – sogar Erasmus von Rotterdam als «Lehrer» aufgeboten: Seine 1516 als burgundischer Hofrat in Löwen verfasste, Karl gewidmete Schrift «Institutio Principis Christiani» / «Erziehung des Christlichen Fürsten» sollte den jungen Herrscher das ethisch richtige, auf den Frieden gerichtete Regieren lehren. Das war allerdings längst keine spezifisch burgundische Erziehung mehr, sondern ein allgemein christlicher Verhaltenskodex für einen Monarchen, dessen Herrschaftsbereich sich in eine europäische Dimension ausweitete. Dasselbe gilt für die wenig später verfasste Friedensschrift des Rotterdamers. Sie wurde zwar von den Leitern der Brüsseler Politik Guillaume de Croy und Jean le Sauvage in Auftrag gegeben und sollte die burgundische Position für die Friedensverhandlungen mit Frankreich in Cambrai stärken.[29] Dass es eine Auftragsarbeit war, ist dem im Spätjahr 1516 abgefassten, nach Erscheinen 1517 rasch berühmt gewordenen Traktat «Querela pacis undique gentium ejectae profligataeque» / «Die Klage des Friedens, der von allen Völkern verstoßen und vernichtet wurde»[30] durchaus anzumerken. Das taktisch-politische Kalkül der burgundischen Regierung ist aber beileibe nicht das vorrangige Interesse der Schrift. Vielmehr zielt Erasmus immer wieder ins allgemein christlich Ethische und philosophisch Grundsätzliche. Nicht Fürstenberatung für den konkreten Fall ist seine Absicht, sondern Verpflichtung Karls, und mit ihm aller Herrscher auf den Frieden.

Was Karl als Knabe konkret aufgenommen hat, ist schwer zu sagen. Ein eher fernstehender Politiker kritisierte den Deizehnjährigen, er sei so «*majestieus und von seinem Willen besessen, dass er nicht zu führen und zu regieren*» sei. Dem steht aber das Lob für tadellose Folgsamkeit eines seiner Lehrer gegenüber.[31] Auch ist unklar, welche konkrete Wirkung die genannten philosophischen Schriften des Erasmus auf den jungen Fürsten machten. Ja selbst die Frage, ob er sie überhaupt gelesen hat, muss offenbleiben.

Sicher ist, dass von Anfang an neben der Bildung von Geist und Seele die Adelserziehung durch die alltägliche Praxis des Hofes stand. Vor allem in Brüssel, wo Karl von seinem zehnten Lebensjahr an meist die Sommerzeit verbrachte, erfreute er sich an Jagd, Reiten, Waffenübungen, Galanterie, Tanz – Ferien von den strengen Unterrichtsmonaten in Mechelen. Damit vervollkommnete er sich zugleich in den Adelstugenden der Beherrschung von Körper, Gestik und Mimik. Diesem höfisch-adeligen Leben mag Karl bereits früh Vorrang eingeräumt haben. Wissenschaft und Kunst wurden ihm aber nicht fremd, zumal er auch nach Abschluss der Erziehungsphase Humanisten als Berater wählte, voran Mercurino di Gattinara.[32]

In die tiefe sakrale Schicht seines Herrscherauftrags wurde Karl durch das Ritterideal der exklusiven Gemeinschaft des Ordens vom Goldenen Vlies eingeführt, des *Ordre de la toisson d'or*, den sein burgundischer Vorfahre Herzog Philipp der Gute 1430 gestiftet hatte. Das war eine jener spätmittelalterlichen ritterlich-religiösen Gemeinschaften, die den Hochadel darin einüben sollten, sich «auch gegenüber den himmlischen Mächten... höfisch, förmlich und korrekt» zu verhalten.[33] An der Seite der Ordensbrüder wurde der Monarch auf ein vom religiösen Ideal her bestimmtes Handeln in der Welt verpflichtet, zur Sicherung und Verteidigung von Religion und Kirche, aber auch zur Festigung von Majestas und Herrschaft des Fürsten. Als Vlies-Ritter, zu dem ihn sein Vater Philipp schon als Kleinkind geschlagen hatte, und als Großmeister des Ordens, zu dem er gleich 1506 nach dem Tod Philipps als Sechsjähriger aufrückte, wuchs Karl in einen religiösen Traditionalismus hinein, der aber mehr als ein sakral verbrämter Gestus des Höfischen und Wohlanständigen war.

Der Orden vom Goldenen Vlies vermittelte ihm das sakrale Fundament des christlichen Ritters; später in südlicher Glaubensglut vertieft durch die spanischen, von der Rekonquista geprägten Ritterorden, voran der St. Georg- und der St. Jakob-Orden. Konkret bedeutete das zum einen den glühenden Willen, gegen Ketzer und Beschmutzer des reinen Christenblutes zu Feld zu ziehen; zum anderen das Bewusstsein, dass dieser Kampf nur zu gewinnen sei, wenn die Kirche von innen her erneuert und gestärkt würde. In Spanien war diese Erneuerung bereits im Umkreis des Kardinalprimas Cisneros, Erzbischof von Toledo, in Angriff genommen worden,[34] in den Niederlanden durch die Humanisten und die Devotio moderna. Hinzu kam ein Weiteres: Die westeuropäischen Ritterorden, vor allem der Vlies Orden Burgunds, waren bedingungslos auf den Fürsten, den Hof und den sich herausbildenden frühmodernen Staat bezogen. Das gab all ihrem Tun einen eminent politischen Charakter, auch ihren kirchlichen Diensten und ihrer Religion. Daraus resultierte jene Mischung von bewusster Beibehaltung der Lebens- und Glaubensformen der Vorfahren und aktiver Gestaltung, auch Umgestaltung von staatlicher und machtpolitischer Ordnung, die Karl wie allen Mitgliedern seines Hauses zu eigen war.[35] Die Kreuzzugsidee als Kampf gegen die Ungläubigen war mit dieser Ritterkultur direkt verbunden – bei dem Großvater Maximilian I., gesteigert noch bei seinem Enkel Karl V., für den der Kampf gegen Türken, Mauren und protestantische Häretiker gleichermaßen Glaubens- wie Ritterpflicht war. Das wird uns noch wiederholt begegnen – bei Karls Tunis-Feldzug gegen die Muslime ebenso wie bei dem Sieg über die Protestanten im sächsischen Mühlberg.

Mag man die Erziehung in Mechelen insgesamt als gelungen oder als nur oberflächlich ansehen, eine Fähigkeit hatte sie dem zukünftigen Welt-Monarchen nicht vermittelt: die Kenntnis der Sprachen derjenigen Länder, auf die sich seine Herrschaft über den burgundischen Raum hinaus ausweiten sollte. Die beiden Höfe in Mechelen waren ganz und gar burgundisch-romanisch bestimmt, so dass Karl und seine Geschwister französischsprachig aufwuchsen. Mag sein, dass die Kinder von den Ammen, Dienstmägden oder Dienern Flämisch hörten. Vertraut wurde Karl mit dieser Sprache nicht, galt sie dem Hof doch als minder vornehm. Ähnlich das Deutsche, das unter Fernhändlern und Financiers gesprochen wurde, in Kreisen, die dem Knaben aber ganz fremd blieben. Natürlich wurde er im Lateinischen unterrichtet, und es ist davon auszugehen, dass er lateinische Texte lesen und Ansprachen, wie der des Reformators Luther 1521 in Worms, folgen konnte. Vergnügen bereitete ihm die Latinität nicht, und schon gar nicht kam er auf die Idee, wie seine Tante Margarete klassische Verse zu schmieden.

Dass Karl Spanisch nicht als Muttersprache erlernte, ergab sich aus den Verpflichtungen seiner Eltern. Erstaunlich gleichwohl, dass der spanische Gesandte am Brüsseler Hof, Bischof Alonso Manrique, noch 1516 in einem Moment, als Karls Brüsseler Entourage diesen bereits zum König von Aragon und Kastilien proklamiert hatte, klagen musste, dass «*seine Hoheit nicht ein einziges Wort in Spanisch sprechen kann, wenngleich er es ein wenig versteht*».[36] Dass die Sprache seiner Mutter nicht auf dem Lehrplan stand, ist der wohl schockierendste Beleg für den Hochmut Burgunds und seiner politischen Elite. Ähnliches gilt für das Italienische, lag doch mit Neapel und Sizilien fast ein Drittel des aragonischen Erbes auf der Apenninenhalbinsel. Hinter diesem französischen Sprachenhochmut verbarg sich die wohl folgenschwerste politische Schwäche Burgunds, das Unverständnis für die aufbrechende nationale Identität, die alle Völker Europas, Untertanen wie Eliten, empfindlich auf die Missachtung der eigenen Sprache reagieren ließ. In gewisser Weise war das eine strukturelle Schwäche jenes politischen Gebildes, das von den Burgunderherzögen rücklings auf der Völker-, Sprachen- und Kulturgrenze zusammengezwungen worden war. Das Französisch der Dynastie war jedenfalls nicht Ausdruck einer «nationalen» Zugehörigkeit im aufstrebenden modern-staatlichen Sinne. Karl selbst stand in dieser Ambiguität, so sehr er auch – wie gleich zu hören ist – im Laufe seines Lebens die politisch-diplomatische Bedeutung der einzelnen Nationalsprachen erkennen sollte. Ja, die Spannung zwischen der vor-nationalen Kultur, in der er aufwuchs und der er zeitlebens nicht entkam, einerseits und zunehmend nationaler und damit verbundener «konfessioneller» Realität des Politischen andererseits trug am Ende wesentlich zum Entschluss seiner Abdankung bei.

Schon in jungen Jahren wurde das Sprachversäumnis seiner Erziehung offenkundig: Sogleich als der junge Prinz Ende 1517 sein spanisches Erbe antrat, bekundeten die spanischen Granden offen ihren Unwillen, der flämischen Kamarilla «*nach dem (französischen) Mund zu reden»*, also sich dem Anspruch der Fremdlinge auf kulturelle Überlegenheit zu unterwerfen. Die politisch-diplomatische Bedeutung der Sprache hat Karl dann auch rasch begriffen: Als er 1536 am zweiten Ostertag, dem 17. April, im Großen Saal des Vatikans vor Papst, Kardinälen und Gesandten der europäischen Fürsten eine programmatische Rede hielt,[37] sprach er frei auf Spanisch, genau gesagt auf Kastilisch. Als sich der französische Kardinal Mâcon darüber beschwerte, soll er ihm einer späteren Notiz zufolge geantwortet haben: *«Senior Bischof, erwarten Sie nicht von mir, anders zu sprechen als in meiner spanischen Sprache, die so edel ist, dass sie verdient, von allen Völkern der Christenheit verstanden zu werden.»*[38]

Eheprojekte, neues «Gouvernement» und die Charakterprägung des Prinzen

Als Erbprinz war Karl von Geburt an eine gewichtige Größe in der niederländischen wie in der internationalen Politik. Alle seine Person betreffenden Entscheidungen waren von höchstem öffentlichem Interesse, die Vormundschaftsregelung, der Aufenthaltsort, die Berufung der Erzieher und natürlich sein seelisches und körperliches Wohlbefinden. Vor allem Kaiser Maximilian überwachte streng, welcher Arzt den Enkel betreute. Aus Angst vor einem Anschlag ordnete er 1509 angesichts einer ernsten Erkrankung an, der von den niederländischen Betreuern vorgesehene venezianische Arzt sei unter allen Umständen vom Krankenbett fernzuhalten. Als die auf den 15. Geburtstag festgesetzte Mündigkeit näher rückte, verschärfte sich das Ringen um Einfluss auf den Thronfolger, in Niederburgund ebenso wie in Spanien. Aufs engste mit den inneren Parteiungen verflochten waren die Interessen auswärtiger Fürsten, voran der verfeindeten Könige von England und Frankreich. Da Bündnispolitik im Fürstenstaat zugleich Heiratspolitik war, ging der Wettbewerb um Eheabsprachen bereits im Kleinkindalter los, im Extremfall sogar schon vor der Geburt. Für den Erbprinzen Burgunds sind gleich mehrere solcher internationaler Eheverträge überliefert – bis zu seiner tatsächlichen Hochzeit 1526 nicht weniger als ein rundes Dutzend!

Im Sommer 1501 wurde in Lyon im Rahmen der frankreichfreundlichen Politik seines Vaters Philipp mit dem französischen König Ludwig XII. ein Vertrag über eine Ehe Karls mit Ludwigs Tochter Claude de France geschlossen, beide Brautpartner im Säuglingsalter. Fünf Jahre später wurde das Versprechen aufgekündigt, weil beide Seiten inzwischen andere außenpolitische Interessen verfolgten. Das nächste Eheprojekt, der Bräutigam inzwischen neunjährig, betraf die 1496 geborenen Mary Tudor, Schwester König Heinrichs VIII. Zur symbolischen Befestigung der Absprache bekam Karl im Februar 1509 im Brüsseler Schloss feierlich den englischen Hosenbandorden verliehen. 1513 wurde der Termin für die Hochzeit festgelegt, und da die Braut inzwischen 17 Jahre alt war, hätte auch dem Vollzug nichts im Wege gestanden. Doch auch dieses Eheprojekt scheiterte in letzter Minute, weil Kaiser Maximilian, der eben noch im August/September 1513 an der Seite Heinrichs VIII. die Franzosen in der Picardie besiegt hatte, plötzlich eine außenpolitische Wende vollzog. Heinrich näherte sich daraufhin politisch Frankreich an, und Maria Tudor wurde zur Besiegelung der neuen Allianz im Oktober 1514 mit dem alten und hinfälligen König Ludwig XII. vermählt. Solche Volten fürstlicher Eheperspektiven waren keineswegs selten. So war Karls Tante Margarete mit drei Jahren dem französischen König Karl VIII., dem Vorgänger Ludwigs XII., formell angetraut worden und sogleich an seinen Hof übergesiedelt. Doch mit zehn Jahren war sie von dort vertrieben worden, weil ihr Bräutigam in der Ehe mit Anne de Bretagne eine politisch günstigere Partie sah.[39] Gleichwohl war die Aufkündigung des englischen Eheprojektes für Karl eine abrupte Veränderung im Kern seiner Zukunftserwartung. Denn als Vierzehnjähriger war er durchaus bereits erotisch interessiert und emotional von Mary Tudor eingenommen, die allenthalben als schönste Prinzessin ihrer Zeit gepriesen wurde.

Ein knappes Jahr vor diesem Bruch hatte Karl auf seinem ersten «Staatsbesuch» Heinrich VIII. persönlich kennengelernt, seinen zukünftigen Schwager, zugleich sein Onkel als Gemahl Katharinas von Aragon, jüngere Schwester von Karls Mutter. Das Treffen fand in der englischen Exklave Lille/Tournai statt, die Heinrich gerade mit militärischer Hilfe Kaiser Maximilians gegen Eroberungspläne Frankreichs gesichert hatte. Ein ungleiches Paar stand sich gegenüber – der joviale, lebenspralle Heinrich, zweiundzwanzigjährig, in den Höhen und Tiefen der Politik versiert, und der dreizehnjährige Karl, Beobachtern zufolge eher schmächtig, blass und zurückhaltend. Als er 1550 seine Memoiren skizzierte, beginnt er den Rückblick mit eben dieser Zusammenkunft: Nachdem sich Tournai den englisch-kaiserlichen Truppen ergeben hatte, «*zog Erzherzog Karl, Enkel des Kaisers, nach Tournai ... und nach Lille, wo er sein erstes Zusammentreffen mit dem englischen König hatte, und wo unter anderem seine Mündigkeit (émancipation) besprochen und entschieden wurde*».[40] Ob er sich beim Diktat der Memoiren noch erinnerte, wie die mächtige Persönlichkeit des englischen Königs damals auf den politisch unerfahrenen Jüngling gewirkt hatte?

In Lille wurde auch eine neue Ordonanz über das «Gouvernement der Person des Prinzen»[41] verabschiedet. Sie legte fest, dass jede der drei (noch) verbündeten Parteien – der Kaiser, Ferdinand von Aragon und Heinrich VIII. – einen Gouverneur berufen solle, deren jeder einen Schlüssel zu den Gemächern Karls erhalten und im Wechsel bei ihm schlafen solle. Zusammen sollten sie ein Kollegium bilden, das unter Vorsitz Margaretes von Österreich über das Wohl des Prinzen zu wachen und vor allem darauf zu achten habe, dass er nicht dem Einfluss anderer Parteiungen unterliege. Konkret ging es um die Burgunderpartei seines Erziehers Chièvres, die den Ausgleich mit Frankreich zu fördern suchte, und um die Altkastilische Partei, spanische Flüchtlinge und Anhänger des verstorbenen Herzogs Philipp des Schönen, die nach dessen frühem Tod vor dem Rollback unter dem in Spanien nun zur Alleinregierung gelangten Ferdinand von Aragon geflohen waren und in Brüssel auf eine Chance für Kastilien unter Philipps Sohn Karl warteten. Karl selbst wird zu dieser Regelung kaum gehört worden sein. Er stand längst unter dem prägenden Einfluss Chièvres, gegen den er zu diesem Zeitpunkt kaum Position bezogen hätte. Man beachte, wie hochpolitisch – nicht nur innen-, sondern auch außenpolitisch – das Schicksal des jungen Burgunderherzogs war und wie sehr sein Großvater hierbei Rücksicht zu nehmen hatte. Allerdings blieb die Ordonanz von Lille weitgehend Papier.

Hinzu kommt, dass Karl anfing, sich von seiner Tante Margarete zu lösen – ein normaler Vorgang für jeden Heranwachsenden, der sich von seinen Eltern oder seinem Vormund emanzipiert. Im Fall des burgundischen Thronerbes war das aber zugleich ein Signal, das Regiment in die eigene Hand nehmen zu wollen. In einer solchen entwicklungspsychologischen Perspektive erhält Karl Brandis Urteil, Karl habe eine «unfreie Jugend» erlitten, eine neue Beleuchtung. Zwar ist nicht zu bestreiten, dass er – wie wohl alle Fürstenkinder der Zeit – während seiner Unmündigkeit eine passive Figur auf dem politischen wie dynastischen Schachbrett der Zeit war. Das wird den sich herausbildenden Kern seiner Persönlichkeit aber kaum berührt haben. Jedenfalls nicht als Erlebnis der «Unfreiheit» oder gar geknechteter Abhängigkeit. Im Gegenteil, wie wir bereits hörten, hatte er früh das Bewusstsein entwickelt, ein besonderes, ein Sonder-Kind zu sein. Etwa wenn er als Dreijähriger ein – wohl vom Vater dem Schreiber diktiertes – Briefchen unterschreiben musste oder aus Sicht des Kindes wohl eher «durfte», in dem er seinen spanischen Großvater Ferdinand von Aragon bittet, die Mutter doch endlich in die Niederlande zurückkehren zu lassen, weil der Vater sich ohne sie einsam fühle.[42]

Auch wenn er im Kreis seiner Schwestern und adeliger Kameraden erzogen wurde, er blieb immer hervorgehoben, schon durch den eigenen Hofstaat oder die erwähnte öffentliche Präsentation an der Seite des Großvaters und Kaisers. Mochte der Unterrichtsstoff auch derselbe wie bei den Adelskameraden sein – ihm wurde unmissverständlich vor Augen gestellt, dass für ihn die politischen Lehren nicht theoretisch-abstrakt waren, sondern real als Handlungsanleitung für den zukünftigen Herrscher. War die Lehre von der religiös-sakralen Grundlage aller Herrschaft und ihrer Verpflichtung auf den Schutz des Christentums auch Allgemeingut der Zeit, ihm allein verlieh sie eine unteilbare persönliche Aura. In einem solchen auf die sakrale Bedeutung seiner Person und seines Herrscheramtes ausgerichteten Erziehungsumfeld werden innere Kräfte der Selbstbehauptung herangewachsen sein, die ihn sein Leben lang gegen Enttäuschungen, Verletzungen und andere persönliche Beeinträchtigungen abschirmten. Das gilt bereits für die herbe Enttäuschung, gar Kränkung der Jünglingsjahre, als ihm politisches Taktieren die begehrte, weil als einmalige Schönheit gepriesene Braut Mary Tudor nahm.

Die Einsamkeit des «Sonderkindes» und die frühen Wechselfälle des politischen Lebens verstärkten seinen Hang zu Distanz und Unnahbarkeit, aber auch sein Vertrauen auf die von Gott verliehene Majestät. Bei allem daraus resultierendem Glanz und aller Wirkmacht, die die Zeitgenossen schon an dem jungen Herrscher bewunderten, barg das zugleich eine Schwäche, die zum Handikap im politischen Handeln und vor allem im diplomatischen Umgang werden konnte und wurde. Das war die ihm selbstverständliche Erwartung, dass die anderen Akteure diesen Anspruch anerkennen und entsprechend handeln. Tatsächlich ließ ihn diese Schwäche in entscheidenden Momenten die realpolitische Lage aus dem Auge verlieren. Vor allem in seinem Verhältnis zu König Franz I. von Frankreich wird uns das noch begegnen. Offensichtlich ist aber auch, dass Karl früh, wohl schon in der Kindheit, eine ungewöhnliche Fähigkeit entwickelte, Verlust, Enttäuschung, persönliche wie politische Rückschläge zu verarbeiten oder gar in gesteigerte Energie umzusetzen. Dass dies nicht zu unreflektierter Hybris oder abgestumpfter Handlungsroutine wurde, hat er wiederholt bewiesen, am eindrucksvollsten, als er zu Ende seines Lebens erkannte, dass sein Ordnungs- und Friedenskonzept sich nicht würde durchsetzen lassen.

Der Herzog von Burgund

Mit dem Tod des Vaters war für Karl eine erste Statusveränderung eingetreten – vom Thronfolger zum rechtmäßigen Herzog, auch wenn zunächst noch ein Vormund für ihn regierte. Was die neue Würde für ihn persönlich bedeutete, erlebte der zu diesem Zeitpunkt siebenjährige Knabe erstmals in allem Ernst bei den offiziellen Trauerfeierlichkeiten für seinen Vater. Sie fanden am 18./19. September 1507 in Mechelen statt. Philipp war da bereits fast ein Jahr tot. Seine Gebeine ruhten im fernen Granada in der Capilla Real neben denen der Katholischen Könige. Doch es war üblich, dass für verstorbene Fürsten in all ihren Ländern ein *pompe funèbre* gefeiert wurde. Und da das damals in Europa führende burgundische Staatszeremoniell an die Leichenfeier für den verstorbenen die Inauguration des neuen Herrschers anschloss, hatte man warten müssen, bis alle für die rechtmäßige Herrschaftsübertragung notwendigen Erbangelegenheiten geklärt waren.[43] Zwei Tage lang entfaltete Burgund in Mechelen ein religiös-herrschaftliches Ritual. Alle Großen des Landes waren versammelt. Die einzelnen Länder und Herrschaften wurden durch ihre Standarten und andere Symbole repräsentiert. Einen hervorgehobenen Platz nahm der religiöse Ritterorden vom Goldenen Vlies ein, die Schutztruppe für das Land und seinen verstorbenen wie seinen zukünftigen Souverän.

An beiden Tagen begab sich diese Staatsgesellschaft in einem streng nach Stand und Würde geordneten, von Trauermusik begleiteten Prozessionszug vom Hôtel de Bourgogne, dem Sitz des neuen Herrschers, quer durch die Stadt zur Stiftskirche St. Rombout. Im Zentrum des Geschehens stand der siebenjährige Karl, Sohn und Nachfolger des Verstorbenen. Ganz in Schwarz gekleidet, mit dem Trauerhut auf dem Kopf, geschmückt allein mit dem glänzenden Ordenscollier des Goldenen Vlieses, ritt er am Sonntag, dem 18. September, an der Spitze der Abteilung am Ende der Prozession. Ihn umgaben die Ersten seines Hofes und eine Leibgarde aus Bogenschützen, die schon seinem Vater gedient hatte. Die St. Rombout-Kirche, deren gewaltiger Turm die Bedeutung des Regierungssitzes weit ins Land hinaustrug, war vollständig mit schwarzem Samt ausgekleidet und durch tausende von Kerzen und Fackeln feierlich erhellt. Ein Sarkophag, Wappen und Helm sowie sein am Zügel geführtes Leibross repräsentierten den Verstorbenen. Karl saß während der Totenmesse allein auf einem Sessel gleich neben Sarkophag und Altar, so hervorgehoben wie isoliert und ohne Beistand. Seine Tante Margarete, die Statthalterin, saß in ihrer Privatkapelle, ihm wie der Öffentlichkeit verborgen.

Am nächsten Tag zelebrierte der Bischof von Arras erneut eine Messe. Die Leichenpredigt, die der Trauergemeinde das untadelige Leben und die frommen Taten des christlichen Fürsten vor Augen stellte, hielt der Beichtvater des Verstorbenen. Mit den Worten «*mortuus est rex et regnabit filius eius pro eo*» / «*der König ist gestorben und an seiner Stelle wird sein Sohn regieren*» leitete er zur Inauguration Karls über, die der Bischof von Arras leitete. Im Vordergrund stand nun das Staatszeremoniell: Mit dem Zeremonialstab in der Hand richtete der Herold des Ordens vom Goldenen Vlies das zuvor als Zeichen der Trauer um den verstorbenen Herzog niedergelegte Staatsbanner wieder auf und proklamierte den am Altar sitzenden Prinzen zum Herrscher: «*Vive don Charles, par le grâce de Dieu archiduc d'Autriche, prince des Espagnes*». Es folgten Proklamationen für jede einzelne seiner burgundischen Herrschaften, durchgeführt von den Landesherolden mit dem jeweiligen Landesbanner. Zum Abschluss legte der Ordensherold das geweihte Schwert des Ordens in die Kinderhände und wies den neuen Herrscher auf seine von den Vorfahren an ihn übergehenden Pflichten gegenüber dem Recht und der Kirche hin. Karl trug das Schwert mit der Spitze nach oben zum Altar, kniete dort nieder und betete. Das Zeremoniell der Leichenfeier für den verstorbenen und die Herrschaftsübergabe an den neuen Herzog war damit beendet. Geleitet von seinem Oberstallmeister, der ihm das Schwert vorantrug, kehrte Karl im Prozessionszug zum Hôtel der Bourgogne zurück. Als ersten Herrscherakt erteilte er mit dem ihm übergebenen Zeremonialschwert seinem Hofmeister Charles de Latre den Ritterschlag.

Der Biograph hätte nur zu gerne genauere Informationen darüber, wie dieses Zeremoniell auf den siebenjährigen Knaben wirkte oder gar über den Wortlaut seines Gebetes am Altar. Die Chronisten haben hierzu nichts überliefert. Das war auch kaum möglich, da Karl zu diesem Zeitpunkt bereits das distanzierte «Sonderkind» war, das sich seiner herausgehobenen Stellung bewusst und anders als ein gewöhnliches Kind seines Alters nicht bereit war, sein Erleben frei zu bekunden. Darf man generell den Erfahrungsraum und die Psyche von Kindern des 16. Jahrhunderts nicht mit den Maßstäben moderner Pädagogik und Psychologie messen, so gilt das für den siebenjährigen Burgunderherzog Karl in besonderem Maße.

Überliefert ist, dass alle Anwesenden beeindruckt waren, wie das Kind mit wacher Aufmerksamkeit den stundenlangen Ritus verfolgte, und von der majestätischen Würde, mit der er die ihm auferlegten Handlungen vollzog. Das Geschehen, in dessen Mittelpunkt er und seine Familie standen, muss ihn tief beeindruckt haben. Dabei stand anders als heute bei der Beerdigung eines nahen Verwandten nicht die emotionale Nähe zu dem Verstorbenen im Vordergrund. Mit seinem Vater hatte Karl kaum je für längere Zeit in Kontakt gestanden. Die seelischen Eindrücke auf den kindlichen Herzog waren ganz von dem *pompe funèbre* des kirchlichen und herrschaftlichen «Staatsaktes» bestimmt, der in einer Mischung von getragener Düsternis und triumphalem Prunk der Selbstvergewisserung der Dynastie und des Landes galt.

Führt man sich das spätere Verhalten des regierenden Herzogs, Königs und Kaisers vor Augen, wie es uns in den folgenden Kapiteln begegnen wird, dann wird deutlich, dass die 1507 in St. Rombout als Kind empfangenen Eindrücke für Karl ein Leben lang bestimmend waren. Das zeigt sein Denken und sein Glauben ebenso wie sein Handeln, seine Ängste und seine im Alter nahezu zwanghafte Sorge, die geistlichen Pflichten genauestens zu erfüllen. Das Streben nach gewissenhafter Abstimmung von weltlicher und kirchlicher Sphäre, das später die Politik des Kaisers im Kern bestimmte, hatte seinen Ursprung in der inneren Verbindung von politischem Herrschafts- und kirchlichem Sakralakt, die die kindliche Seele in Mechelen tief berührt hatte. Mehr als jede Katechese oder theologische Disputation dürfte es die während der Totenmesse in St. Rombout erfahrene direkte Verknüpfung seiner Herrschaft und seiner Dynastie mit dem göttlichen Heilsplan gewesen sein, die die persönliche Religiosität des zukünftigen Kaisers formte. Wie wir sehen werden, wurde das 1521 in Worms weltgeschichtlich bedeutsam, als der Kaiser auf die reformatorischen Thesen Luthers antwortete und dabei ein sehr persönliches, an den Glauben der Vorfahren anknüpfendes Bekenntnis formulierte. Die im Kindesalter erlebten Riten werden auch bestimmend gewesen sein für die Strenge in der Erfüllung kirchlicher wie staatlicher Pflichten, die Karl V. bis an sein Lebensende auszeichnete und die er allen Mitgliedern seines Hauses abverlangte, Kinder inbegriffen. Das wird uns vor allem bei den Obsequien für die 1539 verstorbene Kaiserin Isabella begegnen.

Gemäß den in Burgund geltenden Coutumes, den Bräuchen und Gepflogenheiten eines Landes, an denen sich jede legitime Herrschaft zu orientieren hatte, wurde Karl mit 15 Jahren großjährig und fähig zur Selbstregierung. Die formelle Erklärung seiner Mündigkeit erfolgte am 5. Januar 1515 vor den Generalständen im Ständesaal des Brüsseler Schlosses. Das war ein im Kirchenjahr hervorgehobener Tag, der mit einer Vigil, einem nächtlichen Stundengebet, den Epiphaniastag, das Hochfest der Heiligen Drei Könige, einleitete.[44] Der Tag war in doppelter Weise von hoher, dem jugendlichen Herrscher sicherlich bewussten Symbolkraft: Zum einen als der Tag, an dem vor 38 Jahren sein Urgroßvater Karl der Kühne vor Nancy zu Tode kam, und damit als Erinnerung an die dynastische Pflicht, Burgund wieder in voller Größe aufzurichten. Zum andern als Verweis auf die sakrale Qualität seines Herrscheramtes durch die auf Christus bezogenen, aber auch ihm als dessen irdischen Stellvertreter geltenden Worte der Epiphaniasliturgie *«Ecce advenit dominator: et regnum in manu eius et potestas et imperium»* / *«Siehe der Weltenherrscher ist gekommen: und das Königtum liegt in seiner Hand und die Gewalt und das Reich.»*

Der neue Herzog machte mit seinen ersten Regierungshandlungen sogleich klar, dass er sich in seiner Selbstregierung nicht durch eine Art Oberaufsicht der Tante Margarete gehemmt sehen wollte. Er nahm ihr kurzerhand das Statthalteramt und ließ sie auch nicht als Beraterin zu. Verdienste um die Regierung und die dabei gesammelten Erfahrungen zählten nichts gegenüber dem Drängen seiner Berater, allen voran Guillaume de Croy, die Regierung in die eigene Hand zu nehmen. Trotz der jahrelangen Nähe hatte er Gefühle wie Dankbarkeit oder gar verwandtschaftliche Liebe nicht entwickelt. Im Hochgefühl gottgegebener Majestät sah sich Karl als regierender Herzog von Burgund im Rang nur noch dem greisen Kaiser Maximilian nachgeordnet.

Politisch gesehen fiel der Bruch umso leichter, als die bislang durchaus erfolgreiche Politik der Statthalterin Ende des Jahres 1513 in eine schwere Krise geraten war, die Englandpolitik ebenso wie die Verteidigungsstrategie gegen Geldern, den aggressiven, mit Frankreich verbündeten Nachbarn im Nordosten. Im vollen Sinn selbst zu regieren vermochte der Fünfzehnjährige natürlich nicht. Das hat er auch gar nicht versucht, vielmehr vertraute er sich der Leitung Chièvres' an, den er zum Ersten Minister ernannte. Dieser wusste den Jüngling zu führen, ohne dass er sich erneut gebunden fühlte. Neben Chièvres standen dem jungen Herzog zur Seite Adrian von Utrecht, auch er ehemals Erzieher und nun für das weite Feld von Kirche, Kultur und Wissenschaften verantwortlich; der Kanzler Jean le Sauvage, der die täglichen Geschäfte leitete; schließlich der spanische Prälat Dr. Pedro Ruiz de la Mota, ab 1516 Bischof von Badajoz, der schon Philipp den Schönen während seiner kurzen Regierung Kastiliens beraten hatte. Nach dessen Tod war er nach Brüssel ins Exil gegangen, um der Politikwende unter dem zur Herrschaft in Kastilien zurückkehrenden Ferdinand von Aragon zu entgehen. Unter diesen Männern konnte Karl in den nächsten Jahren die rechtlichen und politischen Grundzüge des Regierens erlernen, innenpolitisch wie in der Familien- und Mächtepolitik. Das war auch der Moment, in dem die erwähnten Schriften

Karl V., Gemälde von Bernard van Orley, 1516.

des Erasmus bemüht wurden, den Jüngling in die ethisch-moralischen Grundlagen fürstlichen Handelns einzuführen. Dass sich Karl diesen Schriften ausführlich widmete, mag indes bezweifelt werden, stand für ihn doch gerade in diesen Monaten die politische Realität im Vordergrund.

Für diese realen Staatsgeschäfte gab Guillaume de Croy, Seigneur de Chièvres, dem jungen Herzog Rat und Orientierung. Geboren 1458, stand dieser in den 1480er Jahren an der Spitze der Burgunderpartei, die sich gegen Maximilian auflehnte, hatte sich dann aber mit ihm ausgesöhnt. Über seinen Vater Philippe de Croy, der als Erzieher Philipp des Schönen zu Einfluss gelangt war, war Chièvres dann schnell in die höchsten gesellschaftlichen und politischen Positionen aufgestiegen, 1491 Ritter vom Goldenen Vlies, 1494 Rat des Burgunderherzogs. Als nun vollverantwortlicher Leiter der burgundischen Politik verfolgte er Interessen, die von dem bisherigen Kurs der Statthalterin Margarete von Österreich abwichen. Das betraf kaum die

Innenpolitik. Umso deutlicher war die Wende in der Außenpolitik, von Margaretes englandfreundlicher Politik hin zu einer Annäherung an Frankreich. Darin eine Unterwerfung unter die französische Krone zu sehen, wie seine Feinde ihm sogleich vorwarfen, verkennt die Raison d'être Chièvres und der Burgunderpartei. Ihre Handlungsmaxime war, modern ausgedrückt, «Burgundy first». Zur Sicherung der Interessen Burgunds war in diesem Moment aber die Aussöhnung mit Frankreich vordringlich. Dass der junge Herrscher mit dieser Politik «überfahren» worden wäre, dafür gibt es keine Anhaltspunkte. Jedenfalls bewährte sich die Zusammenarbeit bis zum Tod Chièvres im Mai 1521.

Innenpolitisch ging es 1515 zunächst um die Huldigung der Untertanen.[45] Das war der unumgängliche Ritus, der der neuen Herrschaft überhaupt erst Legitimation gab. Gleich nach der Erklärung seiner Mündigkeit brach Karl im Januar 1515 zu seiner Inaugurationsreise auf,[46] begleitet von einer Abteilung Bogenschützen sowie von Chièvres und weiteren Mitgliedern seiner Regierung, die den rechtlichen und politischen Ablauf zu überwachen und zu garantieren hatten. Der Umritt führte bis Ende Juli zunächst in die nördlich Brüssels gelegenen Gebiete, im November dann in die südlichen. Im darauffolgenden Jahr folgten die wallonischen Südprovinzen. Die Huldigungen, die rechtskräftig einzeln an jedem Ort dokumentiert wurden, hatten zwei Seiten. Zum einen bedeuteten sie den prachtvoll-feierlichen Einzug des neuen Fürsten und die erste freudige Begegnung zwischen ihm und seinen Untertanen. In Flandern und den nördlichen Provinzen nannte man das *Blijde Inkomst*, im französischsprachigen Wallonien *Joyeuse Entrée*, also einen freudigen Eintritt. Der Einzug erfolgte auf traditionell festliegenden Wegen, die mit Triumphbögen oder *tableaux vivants* geschmückt waren, in Brügge etwa durch ein von der italienischen Kaufmannschaft bezahltes lebendes Bild König Salomons und der Kardinaltugenden als Versinnbildlichung der weisen Regierung.[47] Zum andern erfolgte eine Reihe von Sakral- und Rechtsakten, die Friede und Ordnung neu befestigten, und zwar von beiden Seiten. Der junge Herzog legte den Eid auf die herkömmliche Verfassung und die darin festgelegten Rechte der Bevölkerung ab, woraufhin ihm die Untertanen huldigten und Gehorsam zusagten.

Seine Geburtsstadt Gent soll als Beispiel für den Ablauf der langen

Inauguralreise dienen.[48] Hier vollzog sich der Huldigungsakt für den neuen Grafen von Flandern am 3. und 4. März 1515. Dem von Antwerpen kommenden Zug traten bereits auf der Landstraße Bittsteller entgegen, um an diesem Freudentag vom Herrscher Hilfe oder Gnade für Vergehen zu erlangen. Nach Karls Gnadenerweisen und einer allgemeinen Amnestie schlossen sich die Bittsteller und eine wachsende Zahl von Schaulustigen aus Stadt und Umland dem Zug an. Der Einzug in die Stadt selbst erfolgte durch das traditionell dafür vorgesehene Tor, wo die Priesterschaft in Messgewändern und mit ihren heilversprechenden Reliquien sowie eine Abordnung des Magistrats zur Begrüßung bereitstanden. Als Erstes trat der höchste Geistliche, der Abt des Genter Klosters St. Bavo und Bischof von Ronse Egidius Boele, mit Bischofsstab und Mitra, vor und bot Karl das Reliquienkreuz zum Kuss dar. Es folgte die Begrüßung durch die weltlichen Repräsentanten der Stadt, mit denen zusammen er in feierlicher Prozession zu der altehrwürdigen Benediktinerabtei St. Peter zog.

Hoch über der Stadt auf einem Höhenzug über der Schelde gelegen, hatte dieses in der Merowingerzeit gegründete Kloster eine hervorgehobene sakrale wie politische Bedeutung für die Grafschaft Flandern, nicht zuletzt als frühe Grablege des Grafenhauses. Von ihrem Abt geleitet, schritten die Mönche der Prozession entgegen und führten den jungen Landesherrn zum Südportal ihrer Kirche. Beim Anblick des «lebendigen, wahren Holzes vom Kreuz Christi», der kostbarsten Reliquie im Besitz des Konvents, saß Karl vom Pferd ab und kniete vor dem Abt nieder. Er küsste die Kreuzesreliquie, ebenso das ihm entgegengehaltene von Weihrauch umwehte, mit Weihwasser besprengte Evangeliar. Es folgte der Einzug in die Abteikirche, wo Karl in einem eigens geschmückten Oratorium dem feierlichen Hochamt beiwohnte. Anschließend nahm er die Fürbitte für eine glückliche Herrschaft und für den Beistand des Heiligen Geistes entgegen. Der Höhepunkt des feierlichen Zeremoniells vollzog sich nach Abschluss der Messe am Hochaltar, als der Abt dem knienden Grafen von Flandern das «Schwert des Glaubens» umgürtete – mit der Formel, die bereits seine Vorgänger verpflichtet hatte: «*Accingere gladio tuo super femur tuum, potentissime, et attende quia sancti non gladio, sed per fidem vicerunt regna*» / *Gürte, Stärkster, dein Schwert um deine Hüfte, und denke daran, dass die Heiligen nicht mit dem Schwert, sondern durch den Glauben Königreiche besiegt haben*. Den Abschluss bildeten die Bestätigung der Rechte und Freiheiten der Abtei sowie das Willkommensmahl, das der Herrscher zusammen mit dem Abt im Abtpalais einnahm.

Angeführt vom Herold mit flandrischer Fahne und Wappen begab sich die Inaugurationsprozession zurück ins Stadtzentrum, um dort die weltlichen, auf die Grafschaft und ihren Vorort Gent bezogenen Rechtsakte vorzunehmen. Vertreter der Bürger geleiteten Karl in die städtische Hauptkirche St. Johannis und St. Bavo, in eben jene Kirche, in der er 15 Jahre zuvor getauft worden war. Hier, und nicht etwa auf dem Marktplatz oder auf dem Rathaus, legte der neue Graf von Flandern wie alle seine Vorgänger unter den Augen der Vertreter der einzelnen Ortschaften der Grafschaft den Eid auf die Rechte und Freiheiten Flanderns und seiner Bewohner ab. Kniend auf den Stufen des Hochaltars, die Wappen der Ritter vom Goldenen Vlies an den Wänden der Kirche im Rücken, gelobte er auf Flämisch, *«gerechter Herr und Graf von Flandern zu sein, dazugehörend der Heiligen Kirche die Rechte zu halten, das Land von Flandern in Frieden, Recht und seinen Gesetzen zu halten, ebenso in seinen Freiheiten».* Schließlich ergriff er das Glockenseil und ließ das größte Geläute der Stadt erklingen, damit die ganze Einwohnerschaft erfuhr, dass die Stadt einen neuen, legitimen Herrn hatte.

Danach begab er sich auf das nahegelegene Rathaus und zeigte sich vom Balkon aus der Menge auf dem Marktplatz. Der Bürgermeister forderte das *«Volk von Gent»* auf, seinem neuen Herrn Gehorsam und Treue zu geloben. Dazu erhob jeder Einzelne die Schwurhand und legte den Schwur in der flämischen Muttersprache ab. Um bei den Untertanen die Freude, vor allem aber die Erinnerung an ihren Schwur zu befestigen, warf der Herold neu geprägte Münzen mit dem Abbild Karls in die Menge, die sich nun den Lustbarkeiten des Tages zuwenden konnte. Karl vollendete derweil die Rechtsakte, indem er die Amtsträger bestätigte, beziehungsweise nach ihrem symbolischen Rücktritt erneut bevollmächtigte, in seinem Namen ihr Amt weiter auszuüben. Der nächste Tag galt der Erholung und der Freude, während die Bürokraten mit der korrekten Beurkundung des Herrschaftsantritts und seiner Rechtsakte befasst waren.

Riten wie der burgundischen *Joyeuse Entrée* sollte sich Karl noch häufig unterwerfen müssen – bei der Herrschaftsübernahme in Kastilien und

Aragon, beim Antritt des römischen Königtums, bei der Kaiserkrönung oder auch nach militärischen Siegen.[49] Das waren für das politische Leben des alteuropäischen Fürstenstaats konstitutive Zeremonien, bestehend aus Einzügen durch Triumphbögen, festlichen Prozessionen, säkularen wie sakralen Rechtsakten und abschließenden Volksfesten. Sie dienten dazu, die rechtlichen und sakralen Fundamente der Herrschaft symbolisch zu repräsentieren, das heißt, den rechtlich wie sozial privilegierten Ständen wie dem Volk insgesamt als legitim und real vor Augen zu stellen. Im Falle Karls V. erhielt die Verpflichtung des Herrschers auf den Schutz der Kirche besonderes Gewicht. Sie weitete sich von Mal zu Mal räumlich weiter aus – von den lokalen Kreisen wie in St. Peter und St. Johannes 1515 in Gent auf das Heilige Römische Reich bei der Königskrönung 1520 in Aachen, schließlich ein Jahrzehnt später bei der Kaiserkrönung in Bologna auf die Christenheit, und das heißt im Verständnis der Zeit auf den gesamten Kosmos.

Bereits zur Zeit des Herrscherumritts nahm die neue Regierung erste Verhandlungen mit Frankreich auf. Bei der kastilischen Partei an Karls Hof läuteten sogleich die Alarmglocken, denn man sah darin nicht nur die eigenen Interessen verletzt, sondern auch eine tiefe Beleidigung der kastilischen Monarchin Juana, Karls Mutter, die stets jede Annäherung an Frankreich als persönliche Kränkung bekämpft hatte. «*M. de Chièvres, die wichtigste Person in der neuen Regierung*», so berichtete der spanische Gesandte in Brüssel an Kardinal Cisneros, zu diesem Zeitpunkt Regent Kastiliens, «*ist geborener Franzose, und alle anderen, die aktuell an der Regierung partizipieren sind auch Franzosen und Frankreich so tief verbunden, dass sie den Prinzen* (also den neuen Herzog Karl) *dem französischen König dermaßen verpflichtet halten, dass er ihm unterwürfig schreibt und unterzeichnet mit ‹Euer sehr bescheidener Diener und Vasall›*». Die Annäherung an Frankreich ließ sich aber nicht verhindern. Zudem sollte sich bald zeigen, dass sie eine reibungslose Thronfolge Karls in Spanien garantierte und damit im Interesse gerade der kastilischen Partei lag.

Niederburgund im Herrschaftssystem des Kaisers

Nachdem Karl im Herbst 1517 von Vlissingen aus nach Spanien in See gestochen war, sollte er seine burgundischen Herzogtümer und Grafschaften nur noch in den wenigen Monaten direkt regieren, in denen er selbst im Land weilte, meist auf dem Weg nach oder von Deutschland. Das waren in den folgenden rund 40 Lebensjahren ganze 55 Monate.[50] Burgund wurde zum Modell für das noch näher zu charakterisierende System des Regierens durch Statthalter. Und wer war aktuell besser zur Regentschaft in den Niederlanden geeignet als Margarete von Österreich, die die Provinzen zur Zeit der Vormundschaft so erfolgreich geleitet hatte und wie kein anderer ihre innen- wie außenpolitischen Stärken und Schwächen kannte? Margarete kehrte also nach zwei Jahren in das Amt zurück, dessen Verlust sie so sehr gekränkt hatte. Musste sie sich in ihrer ersten Statthalterschaft mit ihrem Vater Maximilian abstimmen, so nun mit ihrem Neffen. Mit seinen niederländischen Regentinnen – auf die Tante Margarete folgte 1530 die Schwester Maria – unterhielt Karl eine intensive Korrespondenz.[51] Er verpflichtete sie entschiedener noch als Maximilian auf eine Europa und die Welt überspannende Gesamtpolitik. Besonders deutlich wurde das in der Statthalterschaft Marias von Ungarn zwischen 1530 und 1556.

Die wichtigste und schwierigste Aufgabe der Statthalterinnen waren die Verhandlungen mit den Ständen, zunächst vor allem um die Bewilligung von Steuern, die die Regentin auf jedem Landtag als sogenannte Bede / Bitte eigens einfordern musste. Und da die Abwehrkriege gegen Frankreich im Südwesten und der Offensivkrieg um Geldern im Osten immer größere Steuersummen verschlangen, nahmen auch die Spannungen zwischen der Regierung und den notorisch steuerunwilligen Ständen zu. Seit Mitte der 1520er Jahre verschärften sich die Spannungen durch die Häresiemandate gegen die Lutheraner. In beidem, dem Steuerdruck wie der inquisitorischen Religionspolitik, sahen die Stände, zumal die von Flandern, Brabant und Holland, immer zugleich einen Anschlag auf ihre Freiheiten und Privilegien.

Gleichgültig, wo er sich aufhielt, Karl ließ sich über die Situation in den Niederlanden stets genauestens unterrichten – über die Verhandlungen mit den Ständen ebenso wie über die religiöse Stimmung in der Bevölkerung, wie sie sich in anonymen Spottzetteln an Kirchentüren artikulierte. Er ließ diese Probleme stets ausführlich in seinen Beratergremien erörtern und erteilte den Statthalterinnen entsprechend Rat oder Anweisung. Wo die Stabilität ernsthaft bedroht war, griff er entschieden persönlich ein, etwa in den Kampf gegen die Ausbreitung des Protestantismus, den er nicht nur durch den Erlass von Mandaten, den in den Niederlanden bald verhassten Häresie-«Plakaten», sondern auch durch die Überwachung ihrer Durchführung vorantrieb.

Berühmt-berüchtigt wurde insbesondere sein drakonisches Vorgehen gegen seine Geburtsstadt Gent, das europaweit Aufmerksamkeit fand: Als er 1538 in Spanien erfuhr, dass die Stadt sich den Steuerforderungen der Statthalterin für den Krieg gegen Frankreich widersetzte und in einen offenen Aufstand getreten war, eilte er mit Heeresmacht in die Niederlande und schlug den Aufstand nieder. Mehr noch, er vollzog ein drakonisches Strafgericht, das allenthalben in Europa seinen Gegnern zeigen sollte, was ihnen bei Widerstand gegen seinen Willen drohe. Die Rädelsführer wurden am Grafenstein, der mittelalterlichen Feste der Grafen von Flandern, geköpft. Als der Stadtrat geschlossen um Vergebung nachsuchen wollte, zwang er die Ratsherren zu einer demütigenden Bittprozession im Büßerhemd und mit dem Galgenstrick um den Hals. Doch weder Prozession noch abschließender Kniefall vor dem Monarchen ersparte der freiheitsstolzen Stadt den Verlust der Selbständigkeit. Sie erhielt eine neue Verfassung und eine landesherrliche Zwingburg, für die eigens die altehrwürdige Kathedrale niedergelegt wurde. Noch hundert Jahre später erwähnt Caspar Merian in seiner *Topographia Germaniae-Inferioris* voller Respekt, das *«auf newe Manier gebawet Spaniarden-Kastell»*, gesichert durch spanische Söldner und schwere Kanonen auf *«5 Bollwercken / so aus den Streichen gezogen (aus der Hauptlinie der Festung vorspringend), das ringsherum Wasser hat, und der statt commandiren kann.»*[52].

Trotz seiner entschiedenen, nicht selten brutalen Stände- und Religionspolitik kam es unter Karl V. in den Niederlanden nicht zu einer das gesamte Land erfassenden Erhebung der Untertanen. Und so gelang es dem Kaiser ungeachtet seiner Europa und den Atlantik überspannenden Herrscherpflichten, die ererbten burgundischen Herrschaften im neuzeitlichen Sinne zu arrondieren und zu formieren. Territorial

Leo Belgicus um 1583 – bei Kartographen beliebte zoomorphe Karte der niederburgundischen Provinzen von Claes Janszoon Visscher, Amsterdam um 1615.

erweiterte er die kompakt am Mündungsgebiet der großen Ströme gelegene Ländermasse nach Nordosten hin um Friesland, Groningen, Gelderland, Overijssel und das säkularisierte Hochstift Utrecht. Die staatsrechtliche Konsolidierung erfolgte dann 1548 mit dem den deutschen Reichsständen abgerungenen Burgundervertrag. Damit war territorial wie verfassungsrechtlich jener «Leo Belgicus» geschaffen, den die zeitgenössischen Kartographen als stolzen Höhepunkt einer gemeinsamen Staatsbildung Niederburgunds darstellen.

Allein, die Leistung der Regierungszeit Karls V. wurde rasch verspielt. Schuld war eine Folge eng miteinander verzahnter dynastisch-staatlicher und kirchlich-religiöser Prozesse, aber auch die verfehlte Politik seines Sohnes und Nachfolgers. Philipp II. fehlte jedes Gespür für die politische Kultur der burgundischen Ursprungsländer seiner

Dynastie. Die durch herrschaftlichen Druck und Religionsverfolgung aufgewühlten Provinzen erlebten und bekämpften ihn als landesfremden Spanier, während Karl V. auch noch in den Momenten schroffer politischer Gegensätze als Landeskind geachtet worden war. Hinzu kam der schmerzhafte Abstieg infolge der Aufteilung des Hauses Österreich in eine deutsche und eine spanische Linie. Indem die weiterhin kulturell und wirtschaftlich prosperierenden niederburgundischen Provinzen der spanischen Linie zugeschlagen wurden, fielen sie aus der geographischen wie geistigen Mitte des «Weltreichkaisertums» Karls V. in die Stellung eines peripheren Nebenlandes der südwesteuropäischen Partikularmacht, die ganz von dem neuen Zentrum Madrid aus dirigiert wurde. Dagegen erhob sich ein politisch wie religiös bedingter Aufstand unter Führung Wilhelms von Oranien. Nach achtzig Jahren eines heftig hin und her wogenden Krieges schieden dann die sieben Nordprovinzen als Republik der Vereinigten Niederlande formell aus dem spanisch-burgundischen Staatsverband aus.[53]

2

VALLADOLID 23. NOVEMBER 1517 –
Ein Europa und die Welt umspannendes Erbe

Der spanische Erbfall

Das Jahr 1517 stand ganz im Zeichen der spanischen Erbfolge. Gleich als in Brüssel bekannt wurde, dass Ferdinand von Aragon am 23. Januar 1516 gestorben war, erfolgte im Thronsaal des Schlosses am 14. März die Proklamation seines Enkels Karl zum König von Kastilien und Aragon – «putschartig», wie mancher Historiker meint.[1] Zur Durchsetzung dieses Anspruchs war es aber unerlässlich, dass der proklamierte König in Spanien erschien. Wie bei seinem Regierungsantritt in Burgund ein Jahr zuvor war es auch in den spanischen Reichen für eine legitime Herrschaft notwendig, dass der neue Monarch die Huldigung der Stände persönlich entgegennahm und die hergebrachten Rechte bestätigte. Zudem war rasches Handeln angezeigt, weil es weitere Thronkandidaten gab.

Nun war es vorteilhaft, dass Chièvres den Ausgleich mit Frankreich gesucht hatte und die Verhandlungen im August 1516 in Noyon mit einem formellen Freundschaftsvertrag abgeschlossen werden konnten. Europa hörte mit Staunen von der Versöhnung der bisher verfeindeten Dynastien und Länder: Auf dem nach Brüssel berufenen Generalkapitel der Ritter vom Goldenen Vlies erhielt der französische König Franz I. in einem glänzenden höfischen Zeremoniell das Goldene Vlies verliehen, während der Burgunderherzog Karl im Gegenzug mit dem französischen St. Michaels Orden ausgezeichnet wurde. Das war ein diplomatischer Akt, bei dem der französische König persönlich übrigens nicht anwesend war. Realpolitische Konsequenzen ergaben sich daraus kaum. Beiden Monarchen waren ausdrücklich alle Pflichten des jeweiligen Ordens erlassen, die sie in der souveränen Ausübung ihrer Herrscherrechte hätten beschneiden können.[2]

Sichergestellt war aber, dass der französische König nicht den Sprung des Hauses Burgund nach Spanien blockierte, um die drohende Umklammerung seines Landes noch in letzter Minute zu verhindern. Der Friede hatte allerdings einen hohen Preis – eine jährliche Tributzahlung an die französische Krone; die Rückgabe der südlich der Pyrenäen gelegenen Gebiete des Königreichs Navarra, die Ferdinand von Aragon noch kurz vor seinem Tod erobert hatte; schließlich das Eheversprechen Karls an die französische Prinzessin Louise. Dass diese Hochzeit wirklich zustande käme, werden beide Seiten ausgeschlossen haben, war die «Braut» doch gerade ein Jahr alt! Allein, man trieb moderne Realpolitik, der immer eine gehörige Portion Verschlagenheit oder – wie es bald heißen sollte – «Machiavellismus» beigemischt war. Franz I. war klar, dass die Burgunder sich kaum an die Absprachen halten würden, sitzt Karl in Spanien erst einmal fest im Sattel. England jedenfalls, das unter Kardinal Wolsey seit Jahren eine scharf antifranzösische Außenpolitik betrieb, setzte genau darauf: Statt sich über die französische Wende der burgundischen Politik verärgert zu zeigen, stellte man Karl im Sommer 1517 eine ansehnliche Anleihe von 100 000 flämischen Gulden für die Passage nach Spanien zur Verfügung.[3] Vor der seeländischen Insel Walcheren wurde ein mächtiger Flottenverband zusammengezogen und mit allem Nötigen ausgestattet.

Karls Charakter und Erscheinungsbild

Der proklamierte König von Spanien, eben siebzehnjährig, war auch nach den Maßstäben der Zeit noch jung und unerfahren. In Burgund regierte er gerade ein gutes Jahr, in Diplomatie und internationaler Politik war er ein unbeschriebenes Blatt, sieht man einmal ab von den eher familiären Begegnungen und Verhandlungen mit seinem englischen Oheim Heinrich VIII. So wundert es nicht, dass man an den europäischen Fürstenhöfen, auch an den spanischen, mutmaßte, er sei völlig von Chièvres und seinem Conseil beherrscht. Das traf insofern zu, als sein ehemaliger Erzieher und nunmehriger Erster Minister Chièvres zusammen mit seinem engeren Ratsgremium einen erheblichen Einfluss hatte, in der Innen- wie in der Außenpolitik. Eine innere Abhängigkeit des Monarchen bedeutete das aber nicht. Dazu war Karl längst zu selbstbewusst. Bei aller ihm nachgesagten Schüchternheit, oder besser Zurückhaltung und Distanz, war der Siebzehnjährige von dem unverletzbaren Rang seiner gottgegebenen Majestät überzeugt. Das hatte seine Tante Margarete erfahren, als er ihr die Regentschaft über die Niederlande nahm; und das sollte – wie gleich zu berichten ist – auch seine ältere Schwester erfahren noch bevor die Flotte auslief.

Man darf davon ausgehen, dass Karls Persönlichkeit im Moment des Ausgreifens nach Spanien charakterlich wie seelisch weitgehend ausgebildet war und sich durch spätere Erfahrungen nur noch modifizierte. So erscheint es angebracht, im Moment, an dem die burgundische Flotte für die Überfahrt nach Spanien auf gutes Wetter wartet, einzuhalten, um ein erstes Charakterbild des zukünftigen Königs und Kaisers zu entwerfen: Über Jahre hin hatten Erziehung und Riten, die düsteren Leichenfeiern ebenso wie die strahlenden Einzüge in die Hauptstädte, nicht zuletzt auch der Vorsitz im Generalkapitel des Ritterordens vom Goldenen Vlies, Karls Identität und Charakter geformt. Ein früher Beobachter, der venezianische Botschafter Vicenzo Quirin, beschrieb den Sechsjährigen als ein hübsches und lebhaftes Kind, dem man aber die Fähigkeit ansehe, «energisch und hartherzig wie der verstorbene Herzog Karl von Burgund» zu handeln, sein Urgroßvater väterlicherseits, vor dem eben noch halb Europa gezittert hatte.[4] In gelegentlichen schriftlichen Äußerungen seiner Erzieher gegenüber der Regentin Margarete von Österreich erscheint der Knabe in der Regel als gutwilliger und aufmerksamer Schüler. Nur eine Klage ist überliefert, in der dem Dreizehnjährigen vorgeworfen wird, er sei, *«so auffahrend und voller Eigenwillen, dass er nicht geführt und regiert werden kann».*

Ein widersprüchlicher Charakter also? Oder war die Klage eher Ausdruck unterschiedlicher Möglichkeiten der Pädagogen, sich auf das «Sonderkind» einzustellen? Dass Karl sich früh absonderte und anders als Gleichaltrige verhielt, darin stimmen alle Beobachter überein, ebenso darin, dass er von eher schmächtiger Gestalt war. Über den

Neunjährigen notierte sein Großvater Maximilian irritiert, wenn er nicht wenigstens die Jagd liebte, müsse man ihn für einen Bastard halten. Das war ein ungerechtes Urteil, war doch bereits das Kind ein glänzender Reiter und geübter Schütze. Mit Ausdauer übe er sich im Gebrauch der Waffen, vor allem der Armbrust, wie ein englischer Beobachter begeistert notierte. Am Kaiser sollte man später seine schlanke, herrschaftliche Figur bewundern. Dass er den Haudegen Franz I. von Frankreich zum Zweikampf herausforderte, empfand niemand als lächerlich.

Der Gesichtsausdruck indes war unvorteilhaft, als er erst einmal die weichen Knabenzüge eingebüßt hatte – mager und langgezogen, mit einem zu großen und schweren Kieferknochen, dem Unterbiss des Hauses Österreich und herunterhängender Unterlippe, so dass er den Mund meist geöffnet hielt. Seine Zunge war dagegen zu kurz und schwer. Beides mag erklären, warum Karl sich in fremden Sprachen schwertat, ganz im Gegensatz zu seinem vielsprachigen Bruder Ferdinand. Sein Blick erschien abwesend-nachdenklich, selbst auf den beiden 1547/48 in Augsburg entstandenen Porträts zu Pferd beziehungsweise im Lehnstuhl. Ein besonders kritischer Beobachter notierte, seine Augen wirkten, «*als ob sie angesteckt wären und gar nicht zu ihm gehörten*».[5] Das mag dazu beigetragen haben, dass Karl in politischen Gesprächen und Verhandlungen undurchschaubar oder gar abwesend wirkte. Schon Anfang 1517 klagte Kaiser Maximilian, der eben zur Regierung gelangte Herzog von Burgund wirke «*unbeweglich wie ein Idol*». Als Kaiser zeigte Karl V. dann aber immer wieder, dass diese schweigende Distanz nicht Unkenntnis oder Desinteresse an der zur Verhandlung stehenden Sache bedeutete. Papst Clemens VII. etwa zeigte sich 1530 tief beeindruckt von der Sorgfalt, mit der sich Karl auf die Verhandlungen in Bologna vorbereitet hatte, und von der geistigen Präsenz Karls bei den Gesprächen.

Wie auch immer man sein angeborenes Naturell einschätzt, die Einstellung zum Herrscheramt und die Art, es auszuüben, war vom Umfeld der Kindheits- und Jugendjahre geprägt. Das burgundische Hofzeremoniell verlangte von dem Souverän die makellose Repräsentation von Würde und Hoheit, verbunden mit glaubhaft ausgedrückter ritueller Religiosität. Das war Karl von klein auf anerzogen worden, ebenso die Pflichterfüllung gegenüber seinem Haus wie seinen Ländern, die unerbittliche Kehrseite seiner hervorgehobenen Majestät! Auf dieser Grundlage übte Karl seine Ämter aus und stellte Majestät und Herrschaft öffentlich dar. Herrscherliche Würde, Pflichtbewusstsein und tiefe Religiosität haben ihm über die Jahrzehnte hinweg alle Beobachter zugeschrieben, lässt man einmal die aggressiv parteiische Pamphletistik der Protestanten gegen Ende seiner Regierungszeit beiseite.

Vor der Unterweisung durch seine natürlich ausschließlich männlichen Erzieher und Lehrer verdankte Karl die Grundlagen seiner Persönlichkeit den beiden Fürstinnen, an deren Höfen er die Kindheitsjahre verbracht hatte – seiner Großmutter Margarete von York und seiner Tante Margarete von Österreich. Der großmütterliche Haushalt im Burgunderpalais hatte ihm eine gleichsam natürliche Religiosität vermittelt, die unerschütterlich auf Gott vertraute und die überkommenen Formen der Römischen Kirche in Ritus und Frömmigkeit schätzte. Das war kein, wie später die Protestanten polemisieren sollten, verknöcherter Traditionalismus, sondern eine Religiosität, die ungeachtet aller Bindung an geistliche Führung auf Ehrlichkeit, Reinheit und tätiger Nächstenliebe basierte und ausgerichtet war auf spirituelle wie institutionelle Erneuerung.

Bestärkt und ergänzt wurde die ihm in der Kindheit eingepflanzte Religions- und Kirchentreue durch zwei weitere Erfahrungen: Zum einen hatte ihm die Ritterfrömmigkeit des Ordens vom Goldenen Vlies den streitbaren Willen eingepflanzt, die Reinheit des christlichen Glaubens mit allen Mitteln zu verteidigen, auch und gerade mit militärischen. Zum andern stärkte dann in Spanien der Reformethos der dortigen Kirche seine Sensibilität für die notwendige institutionelle wie spirituelle Erneuerung des Christentums, allerdings verbunden mit der Gewissheit, dass dies ohne jenen tiefen Bruch möglich ist und sein muss, den der deutsche Reformator Martin Luther eben in jenem Jahr provozierte, als Karl die Kronen Spaniens erwarb. Diese Gewissheit sollte er durch alle Irritation über den Reformationssturm der Protestanten hinweg beibehalten. Die Verschmelzung von burgundischer Ritterfrömmigkeit und spanischem Geist der Reform und Reconquista brachte den Miles christianus hervor, als der sich Karl Jahrzehnte später von Tizian darstellen ließ – den ritterlichen Streiter für die Glaubenseinheit unter den Christen und im Kampf gegen die islamischen Türken.

Zwei Dinge begegneten ihm erst in Spanien, die Häresie und die Inquisition. In seiner burgundischen Jugend waren beide so fern, dass der spanische Bischof Alonso Manrique besorgt Kardinal Cisneros berichtet, in Flandern habe man vom Häresieproblem keine Ahnung, so dass dort die Inquisition in Misskredit stehe.[6] Wie sehr beides später das Denken und Handeln des Kaisers, vor allem auch sein Selbstverständnis und dessen bildliche Repräsentation bestimmten, wird uns auf seinem Lebensweg immer wieder begegnen. Ebenso das nicht zu erschütternde Majestätsbewusstsein, das ihm aus der Verschmelzung von dynastischer Geburts- und ritterlicher Sakralmajestät zuwuchs. Das brachte ihm Sieg und Triumph, aber auch Kraft und seelische Selbstbehauptung im Moment der Niederlage.

In seiner Kindheit in Mechelen hatte die religiöse Bildung im Hôtel de Bourgogne ihre Ergänzung gefunden durch die Einflüsse, die er im nur wenige Schritte quer über die Straße gelegenen Palast Savoyen empfing. Dort vermittelte seine Tante Margarete dem Heranwachsenden Selbstbeherrschung und Pflichterfüllung sowie jene radikale Ausrichtung auf die Interessen seiner Dynastie, die die Hausherrin selbst als Lebensschicksal angenommen hatte und alltäglich repräsentierte. Die Tante kam diesen Pflichten in heiterer, philosophischer Gelassenheit nach. Sie pflegte den polyphonen Chorgesang, widmete sich den schönen Künsten und entwarf im savoyardischen Brou für ihren jung verstorbenen Gemahl Philibert eine Grabanlage, die künstlerisch und architektonisch ebenso beeindruckt wie durch den philosophischen Geist: «*Fortune Infortune Fort Une*» / «*Beide, Glück und Unglück machen eine Frau stark*» ließ Margarete in die Kirchenwände einmeißeln.

Karl dagegen hatte solche kreativen Gaben nicht.[7] Philosophische Reflexionen lagen ihm fern; seine literarische Produktion in tausenden von Briefen blieb ganz und gar politisch und geschäftsmäßig; seine seelische Vergewisserung war sakral-religiös, nicht intellektuell-philosophisch. Seine Selbstbeherrschung hatte einen Zug ins Seelenlose; seine im Verlauf des Lebens wachsende Distanz wurde als kalt empfunden. Ein Philosoph auf dem Thron, Marc Aurel vergleichbar, war er nicht. Er stützte sich auf eine erlesene Gruppe von Beratern, deren Einfluss jedoch nie festlag oder vorhersehbar war. 1530, nach dem Tod seines wichtigsten Ratgebers Mercurino di Gattinara, berief er keinen Chefberater mehr. Die im persönlichen Leben längst eingezogene Einsamkeit prägte fortan auch sein Regieren. Abgestimmt hat er sich nur noch im Kreis der Dynastie, mit den von ihm berufenen Regenten und mit seinem Bruder Ferdinand, doch auch in solchen Beratungen in der einsamen Position des Familienoberhauptes.

Über die Jahrzehnte hin kam die Persönlichkeit des Kaisers in sehr unterschiedlichen Entscheidungen und Handlungen zum Tragen, entsprechend den Herausforderungen, auf die er zu reagieren hatte. Dabei setzte er manche Finte ein und vollzog überraschende Wendungen. Im Kern aber blieb er sich gleich. So finden sich in der Charakterisierung, die der Venezianische Gesandte Nicolo Mocenigo 1548 für die Regierung der Venezianischen Republik formulierte, genau jene Züge, die uns bereits an seinem Jugendporträt auffielen. Kaiser Karl V., der sich zu diesem Moment auf dem Höhepunkt seiner Macht befand, sei ein

«Souverän, der in allen Ereignissen, in denen die Staatsräson es nicht verhindert, äußerst gerecht ist. Er will, dass jeder sein Recht erhält; keiner sich mit Gewalt nimmt, was anderen gehört und dass alle ihre Versprechen halten. Er lässt nicht zu, dass irgendeinem Unrecht getan wird. ... Der Kaiser ist desweiteren tief religiös. Er hört zwei Messen pro Tag, eine für die Seele der (verstorbenen) Kaiserin, die andere für seine eigene. Er beichtet und nimmt das Abendmahl mindestens sechsmal pro Jahr, und er verhält sich in allem mit einer so tiefen Devotion, dass man sie kaum qualifizieren kann. ... In Fällen, in denen die Staatsräson im Vordergrund steht, hat mancher den Eindruck, dass der Kaiser nicht immer gerecht ist. ... Es wird aber angenommen, dass er in solchen Fällen seine Gewissensskrupel seinem Beichtvater offenbart und dieser ihn beruhigen muss, dass er keine Ungerechtigkeit oder Sünde begangen habe.»[8]

Für eine psychologische Interpretation mag es bemerkenswert erscheinen, dass Mocenigo just an den Bericht über die skrupulöse Abhängigkeit des Kaisers vom Urteil seiner Beichtväter die Information anschließt, man sage Karl nach, er sei schreckhaft und gerate beim Anblick einer Spinne in Panik und beginne zu zittern. Ausdruck existentieller Verunsicherung oder einfach menschlicher Schreckhaftigkeit? Der Gesandte jedenfalls ergänzt diese Fälle von Angst und Schwäche sogleich um Beispiele kaiserlicher Seelenstärke und militärischer Tapferkeit. In dem Charakterbild des venezianischen Gesandten von 1548 fehlt nicht der Hinweise auf Veränderungen in Karls Verhalten, die dem natürlichen Hochmut und der gnadenlosen Härte und abweisenden Gravität der Spanier in seiner Umgebung zuzuschreiben seien.[9] In der Tat, wenn sich nach dem Abschied aus dem heimatlichen Burgund in die Persönlichkeit Karls V. neue Züge einprägten, dann unter dem Einfluss der kastilischen Hof- und Adelskultur, die sich nicht «burgundisieren» ließ, wie wir gleich sehen werden.

Hispanisiert und dadurch in einen neuen, erweiterten Bedeutungshorizont gerückt wurde auch Karls persönliche Devise *Plus ultra / Darüber hinaus*:[10] Karl hatte sie bereits öffentlich verkündet, als er im Oktober 1516 erstmals als regierender Burgunderherzog in der Brüsseler Stiftskirche St. Michael und Gudula dem Ordenskapitel vom Goldenen Vlies präsidierte – für alle Ordensbrüder sichtbar auf der Rückenlehne des Großmeistersitzes eingraviert. 1518 erscheint «*Plus Oultre*», so die französische Urfassung, erstmals als Regierungsprogramm auf einer burgundischen Münzprägung. Angeregt wohl von dem italienischen Arzt und Humanisten Lodovico de Marliano, der zu Karls Brüsseler Hof gehörte, wurzelte der Wahlspruch im christlichen Ritterideal des Heidenkampfes. Über die Säulen des Herkules an der Meerenge von Gibraltar hinaus sollte die Reconquista vollendet und das Christentum in Nordafrika zum Sieg geführt werden. Die Devise fing die Aufbruchstimmung ein, mit der die burgundische Flotte von Vlissingen nach Spanien absegelte: Die Segel des Flaggschiffes waren mit den Säulen des Herkules geschmückt, um die sich jeweils als Spruchband das «*Plus Oultre*» schlang. Herkulessäulen und *Plus-Oultre*-Devise sollten zu den wenigen Prägungen der burgundischen Kultur gehören, die die Spanier begierig aufnahmen, allerdings lateinisch umgeformt zum «*Plus Ultra*», um den verhassten französischen Ton zu tilgen. Rasch weitete sich die antik-mittelalterliche Perspektive aus in die neuzeitlich universelle Bedeutung der Weltdurchdringung und Welteroberung über die Grenzen des alten Kontinents hinaus. Die kastilisch-amerikanischen Konquistadoren verstanden «*plus ultra*» zunehmend im offensiven Sinne europäischer Expansion hinaus in die neuen Welten.[11] So auch das Staatswappen des heutigen Spanien, das links und rechts von den Herkulessäulen mit den zugehörigen Devisenbändern flankiert ist. Für Karl persönlich aber blieb daneben die ältere burgundische Verwurzelung im christlichen Ritterideal zeitlebens erhalten. Nach seinem Tod sollte dann das große Brüsseler Trauerzeremoniell Ende 1558 neben der Eroberung neuer Welten zu Recht auch die ursprüngliche religiöse Bedeutung der Devise zur Geltung bringen.

Ein Liebesbrief und die erste Entscheidung als Familienoberhaupt

In den langen Sommerwochen, in denen der burgundische Hof 1517 auf der seeländischen Insel Walcheren auf günstiges Wetter wartete, hatte Karl eine Entscheidung zu treffen, die ein bemerkenswertes Maß von Eigenständigkeit zu erkennen gibt. Es handelte sich um eine Familienangelegenheit von höchster politischer Bedeutung, die zugleich eine ganz persönliche Herausforderung war. Betroffen war seine ältere Schwester Eleonore. Verhandlungen über eine Ehe der inzwischen 19-jährigen Prinzessin hatten bislang zu keinem Ergebnis geführt. Eleonore selbst glaubte sich frei, ihren eigenen Emotionen folgen zu können. Unbemerkt von dem ganz in politischen Plänen gefangenen Hof hatte sie ihrer Liebe zu Pfalzgraf Friedrich, dem vierten Sohn des Pfälzer Kurfürsten, Raum gegeben. Friedrich, als Wittelsbacher immerhin Angehöriger des höchsten Reichsadels, war am Burgunderhof erzogen worden und hatte sich später um das Haus Österreich militärisch wie diplomatisch hoch verdient gemacht. Das Paar wiegte sich offensichtlich in der Hoffnung, ihre Beziehung könne in eine Ehe münden. Bei Eleonore mögen Zuneigung und Liebe im Vordergrund gestanden haben. Bei Friedrich, dem Paradies- wie Pechvogel der Wittelsbacher, stand daneben zweifellos die Hoffnung, durch die Burgunder Prinzessin endlich den ersehnten «höfischen Glanz» zu gewinnen, der angesichts seiner «sehr unvollkommenen materiellen Mittel» anders unerreichbar war.[12]

Das Paar flog auf, als Eleonore in den hochsommerlichen Dünen Walcherens bei der Lektüre eines Liebesbriefes von Friedrich überrascht wurde.[13] Ihr Bruder reagierte rasch und entschieden. Sicherlich von seiner engsten Umgebung beraten, aber erkennbar bereits aus eigenem Willen, untersagte er dem Paar jeden Kontakt, auch brieflichen. Beide hatten vor einem Notar zu beurkunden, dass es nicht zum Äußersten gekommen sei, der ehediplomatische Wert Eleonorens also nicht gemindert war. Friedrich hatte den Hof zu verlassen; Eleonore den Bruder nach Spanien zu begleiten. Karl war hier erstmals in einer sehr persönlichen Angelegenheit als Familienoberhaupt gefordert, ausgerechnet gegenüber derjenigen, die ihm nach eigener Bekundung am nächsten stand. Ob ihn die Entscheidung persönlich berührte, wissen wir nicht. Womöglich waren seine Emotionen gar nicht berührt. Er folgte der ihm durch Tradition und Erziehung eingewurzelten Familienraison, der Rücksicht auf persönliche Befindlichkeiten fremd war. Nach den Gesetzen des Fürstenstaates zählte bei den Prinzessinnen des Hauses allein die Rolle in der Heirats- und Allianzpolitik. Das hatte bereits der Großvater Kaiser Maximilian zu nutzen gewusst. Karl perfektionierte das Spiel und setzte die Prinzessinnen des Hauses virtuos als Figuren auf dem gigantischen Schachbrett der europäischen Fürstengesellschaft ein.

Für Eleonore sei das vorausgreifend skizziert: Statt der Liebeshochzeit gab es die übliche Dynasten-Ehe: Zur Absicherung seiner Herrschaft auf der iberischen Halbinsel verheiratet Karl sie mit dem eben am 7. März 1517 verwitweten König Manuel I. von Portugal. Ihr dreißig Jahre älterer Gatte starb im Dezember 1521. Das schien der Liebe der jungen Jahre eine neue Chance zu eröffnen. Doch Karl, inzwischen Deutscher König und erwählter Kaiser, lehnte die nun förmlich vorgetragene Werbung Pfalzgraf Friedrichs ab. Eleonore blieb die wertvolle Dame im diplomatischen Schachspiel und wurde – wie uns die politische Geschichte jener Jahre noch genauer zeigen wird – 1530 mit Franz I. von Frankreich verheiratet. Persönliches Glück brachte ihr das nicht, aber auch dem Hause Österreich nicht den erhofften dauerhaften Ausgleich mit den Valois. Als Franz im März 1547 starb, kehrte die älteste Kaiserschwester zurück an die Seite ihres Bruders.

Pfalzgraf Friedrich, der Liebende ihrer frühen Jahren, erhielt schließlich doch eine Prinzessin aus dem Hause Österreich: Der Kaiser erlaubte 1535 dem inzwischen 53-jährigen Pfalzgrafen (allerdings noch nicht Kurfürsten) die Ehe mit seiner 1520 geborenen Nichte Dorothea, Tochter seiner verstorbenen Schwester Isabella, Königin von Dänemark. Auch das war natürlich eine politische Entscheidung, und zwar von beiden Seiten: Als Regent in der Oberpfalz, die an das böhmische

Königreich Ferdinands angrenzte, und wohlmöglich bald Kurfürst und damit Königswähler, gehörte Friedrich inzwischen zu den wichtigsten Reichsfürsten. Zudem hatte er trotz der Zurückweisung seiner Ehewünsche dem Haus Österreich weiterhin treu gedient. Die Einbindung in den Familienverband stabilisierte Karls Rückhalt im Reich. Umgekehrt hatte der finanziell kümmerlich ausgestattete nachgeborene Pfalzgraf endlich eine einträgliche Heirat erreicht – und die Aussicht auf die Thronfolge in Dänemark. Für Karl ging die Rechnung auf, sein Schwiegerneffe hielt ihm im Reich den Rücken frei und akzeptierte sogar die antiprotestantische Religionspolitik.[14] Friedrich sollte dagegen erneut enttäuscht werden. Statt, wie erhofft, den Anspruch Dorotheas auf den dänischen Thron durchzusetzen, erkannte der Kaiser 1544 über den Kopf des Pfalzgrafenpaars hinweg das Königtum des «Usurpators» Christian III. von Dänemark an.

Juana und Ferdinand – die innerdynastische Abstimmung mit Mutter und Bruder

All das stand dem jungen Burgunderherzog 1517 natürlich nicht vor Augen. Die harte Entscheidung gegen die Schwester wird ihn nur am Rande beschäftigt haben. Ihn fesselte ganz das Spanienunternehmen, und als die Winde endlich günstig standen, wurden am 8. September 1517 vor Vlissingen die Anker gelichtet. Nun, da die Reise des Hofes und der Regierung – damals ein Großunternehmen, den heutigen Gipfeltreffen vergleichbar – diplomatisch, finanziell und logistisch abgesichert war, konnten sich Karl und seine Berater auf das Kernproblem konzentrieren – die möglichst schnelle und reibungslose Übernahme der Herrschaft in den spanischen Reichen.

Da Thronfolgefragen in den großen Reichen das europäische Mächtesystem insgesamt berührten, waren die Fürsten stets um vorherige Absicherung bemüht. So auch im vorliegenden Fall. Seit Jahren hatten Vorklärungen und internationale Verhandlungen stattgefunden, die 1509 in den Vertrag von Blois mündeten. Darin war Karl die Thronfolge in Spanien in Aussicht gestellt; seinem Bruder Ferdinand die Niederlande und Österreich. Diese Reglung war in weitgreifende europäische Absprachen verwoben, die neben Frankreich auch Italien, die Eidgenossen und das Papsttum betrafen. Ihre Verwirklichung hing damit von internationalen Allianzen und Machtkonstellationen ab, die nur zu flüchtig waren. Zudem hatten sich die Partner die üblichen Schlupflöcher offengelassen, um in letzter Minute doch noch andere Interessen geltend zu machen. Zur Absicherung der spanischen Thronfolge hatte die Brüsseler Regierung noch vor dem Ableben König Ferdinands von Aragon Adrian von Utrecht auf die iberische Halbinsel entsandt, den hochangesehenen Kleriker und Humanisten, in dessen Händen die religiös-kulturelle Erziehung Karls gelegen hatte. Ihm war es im Januar 1516 gelungen, König Ferdinand zu Veränderungen seines Testaments zu bewegen, die die Thronfolgeregelung von Blois in wesentlichen Punkten zugunsten Karls modifizierten. Nun, im Herbst 1517, war entschlossenes Handeln geboten, um auf diesen Grundlagen Karl zum legitimen König von Kastilien und Aragon zu machen.

Die Lage war aus zwei Gründen brisant. Zum einen, weil in den spanischen Reichen der Parteiengegensatz weit erbitterter war als in Burgund. Ferdinand von Aragon hatte bis zuletzt versucht, seine besonderen Interessen durchzusetzen und dadurch Teile des Kastilischen Adels gegen sich aufgebracht, wie bereits zu Beginn der Regierung von Karls Vater Philipp rund zehn Jahre zuvor. Nach Philipps frühem Tod waren – wir hörten davon – die Führer der pro-burgundischen und anti-aragonesischen Adelsfraktion ins Exil nach Brüssel gegangen. Sie kehrten nun an der Seite des Thronprätendenten zurück – mit dem festen Willen, die aragonesische Partei aus Kastilien zu vertreiben, um den ihnen zustehenden Einfluss wiederzuerlangen. Zum andern bestand eine Unsicherheit darin, dass neben Karl zwei weitere Personen Anspruch auf die Herrschaft anmelden konnten – seine Mutter Juana und sein Bruder Ferdinand. Gegen beide sprachen zwar persönliche Gründe – Ferdinand zählte gerade 14 Jahre, und Juana war krank. Doch war nicht auszuschließen, dass sich eine kastilische Adelsfraktion zu deren Fürsprecher aufschwingen würde, um die «burgundische» Thronfolge zu verhindern. Im Extremfall durch die Anzettelung eines Bürgerkriegs.

Vor allem Ferdinand[15] war in diesem Spiel schwer einzuschätzen. Denn es war ein offenes Geheimnis, dass der eben verstorbene aragonesische Großvater sich nicht Karl, sondern Ferdinand zum Nachfolger gewünscht hatte. Der jüngere der Brüder war Spanier nach Geburt und Erziehung, Karl aber Burgunder und Fremder. Ihn hatte man ungeachtet des einen oder anderen Spaniers unter seinen Erziehern, nach Ansicht manchen Kastiliers *«fern von der Welt und insbesondere fern von der spanischen»* erzogen.[16] Kein Wunder, dass seine Gegner in Kastilien abschätzig von einer «burgundischen Thronfolge» sprachen.

Ferdinand dagegen war zu diesem Zeitpunkt voll und ganz Spanier. Geboren während des ersten Spanienaufenthaltes der Eltern im März 1503 in der jungen Universitätsstadt Alcalá de Henarez, war der Säugling in Spanien geblieben, als seine Mutter in die Niederlande zurückkehrte. Vormund war sein Großvaters Ferdinand von Aragon, der dafür sorgte, dass er von Angehörigen der ersten Adelsfamilien im Sinne der spanischen Tradition erzogen wurde. Er erhielt eine anspruchsvolle humanistische Bildung, lernte neben dem Kastilischen, seiner «Muttersprache», Französisch und Latein und wurde in die Grundlagen von Staatswissenschaft und Politiklehre, aber auch der Philosophie eingeführt. Es mag zutreffen, dass er «der intelligentere und begabtere der beiden Brüder» war.[17] Jedenfalls war ihr intellektuelles Profil unterschiedlich, sprachlich allemal. Ferdinand eignete sich später leicht das Deutsche, Tschechische und Ungarische an, während Karl, französisch aufgewachsen, sich mit den Sprachen seiner Reiche schwer tat, auch mit dem Deutschen oder Flämischen. Hinzu kam, das wird uns noch begegnen, dass sie auf dem Feld der politischen Handlungsmöglichkeiten stets unterschiedlich blieben. Wo Karl die Unverrückbarkeit der weltanschaulichen Grundlagen berührt sah und politikunfähig wurde, verfuhr Ferdinand mit Pragmatismus und Realitätssinn. Das war womöglich ein Erbe seiner spanischen Jugendjahre und des damals einsetzenden Geistes der spanischen Spätscholastik mit ihrem ausgeprägten Sinn für konkrete Rechtsprobleme, sei es des Natur- und Völkerrechts, sei es des Zivilrechts, das stets darauf bedacht war, Besitzverhältnisse und Wirtschaft konkret zu gestalten.

Eine gewisse Vorentscheidung für die Verteilung der Herrschaften zwischen den Brüdern will mancher in Ferdinands Ehe mit der Jagiellonenprinzessin Anna sehen, der Tochter König Wladislaws von Böhmen und Ungarn, die Kaiser Maximilian 1515 prokura in Wien geschlossen hatte. Dabei hatte man aber ausdrücklich offengelassen, für welchen der beiden Enkel dieser Akt vollzogen wurde. 1517 jedenfalls hatte Ferdinand seine spätere Ehefrau nicht einmal kennengelernt. So oder so – für Karl und seine Berater war und blieb es unkalkulierbar, wie Ferdinand auf das Erscheinen und die Forderungen des Bruders, den er persönlich noch nie getroffen hatte, reagieren würde.

Die Entscheidung sollte sich verzögern. Vor der kantabrischen Küste gebärdete sich die See so ungastlich, dass das Flaggschiff mit dem Monarchen an Bord den Hafen Santander verfehlte und unvermittelt weiter westlich vor der Steilküste Asturiens nahe dem Dorf Villaviciosa kreuzte. Es folgten eine riskante Landung und fast zwei Monate kräftezehrender Reise durch das kaum erschlossene nördliche Hochland. Zudem war der Hofstaat erst wieder zusammenzuführen, da die anderen Schiffe an verschiedenen Orten gelandet waren. Dass sich der Zug des Thronprätendenten nur langsam Kastiliens Hauptstadt Valladolid näherte, war aber wohl auch politisches Kalkül. Die burgundisch-flämischen Räte wollten erst Stimmung und Machtverhältnisse ausloten, bevor sie die offizielle Begegnung mit den kastilischen Granden riskierten. Inopportun schien ihnen auch ein rasches Treffen mit dem greisen Regenten Kardinal Cisneros, der den jungen Thronerben in Roa nordöstlich vor Valladolid ungeduldig erwartete, um ihn in die kastilischen Regierungsangelegenheiten einzuweihen. Doch genau das wollten die flämischen Räte offensichtlich vermeiden, um freie Hand für ihre Politik zu behalten. Sie verzögerten die Reise oder wählten verschlungene Wege. So erreichten sie, dass Cisneros die Regierung nicht mehr persönlich an den neuen König zu übergeben vermochte. Sein Tod am 8. November ersparte dem einundachtzigjährigen Prälaten aber auch die Demütigung, das Entlassungsschreiben zu lesen, das Chièvres, der Leiter von Karls Politik, längst abgefasst hatte.

Vordringliches Ziel der burgundischen Räte war, den Ablauf der Herrschaftsübernahme auf keinen Fall von den noch ungeklärten innerdynastischen Verhältnissen gestört zu sehen. Der Hof zog daher an Valladolid vorbei und begab sich – inzwischen war es Anfang November – nach dem eine gute Tagesreise südwestlich der Hauptstadt gelegenen Tordesillas, dem Witwensitz Königin Juanas von Kastilien. Man traf dort am 4. des Monats ein und verweilte eine Woche. Im Königlichen Klarissinnenkloster Santa Clara, wo Juana wohnte, bezogen Karl und seine Schwester Eleonore zwei prächtige, mit Darstellungen aus den Heiligenleben ausgestattete Apartments. Nach sorgfältiger Vorklärung durch Karls Erzieher und Ersten Berater Chièvres kam es schließlich zu der persönlich wie staatspolitisch gleichermaßen denkwürdigen Begegnung mit der Mutter, die seit dem Tod der Katholischen Könige Isabella und Ferdinand formell die rechtmäßige Königin von Kastilien war. Details über die Begegnung kennen wir nicht. In seinen knappen Lebenserinnerungen erwähnt Karl lediglich die Tatsache des Treffens: «*Die Reise bis Tordesillas fortsetzend, begaben sie sich dorthin, um der Königin, ihrer Mutter, die Hände zu küssen.*»[18] Der Hofchronist Laurent Vital aber, der am ausführlichsten über diese frühe Zeit berichtet, sah sich brüsk ausgeschlossen. Seine Finte, mit einer Fackel mehr Licht in das Gemach zu bringen, um an dem Treffen teilzuhaben, wurde durchschaut. Karl selbst wies ihm die Tür.[19]

In dem Kloster Santa Clara trafen Karl und Eleonore auch erstmals ihre jüngste Schwester Katharina. Sie war 1507 nach dem Tod ihres Vaters geboren, und die Mutter hatte sich mit aller Kraft und Tiefe der Liebe, die sie bis zu ihrem Tod an ihren Gemahl fesselte, an dieses Mädchen als dessen letztes Geschenk geklammert. Niemand hatte es gewagt, ihr das Kind wegzunehmen. Katharina war in weltabgeschiedener Gefangenschaft ihrer gemütskranken Mutter aufgewachsen. In einem kleinen Zimmer hinter dem Gemach Juanas untergebracht und ohne eine ihr angemessene Erziehung aufgewachsen, wirkte die inzwischen Zehnjährige verwahrlost und zurückgeblieben. Das soll Karl erschüttert haben.[20] Seinen Vorsatz aber, ihre Situation zu verändern, setzte er nur halbherzig um; zu sehr standen in den nächsten Wochen und Monaten die politischen Dinge im Vordergrund. Erst 1525, also mit 18 Jahren, entkam sie der mütterlichen Gefangenschaft, als ihr Bruder sie mit König Johann III. von Portugal verheiratete.

Eleonore besaß womöglich vage Erinnerungen an die Mutter; nicht so Karl, der fast noch ein Säugling war, als Juana an der Seite ihres Mannes nach Spanien aufgebrochen und nicht mehr zurückgekehrt war. Ein «natürliches Gefühl» (Karl Brandi) wird es daher wohl kaum gewesen sein, das Karl hieß, vor der Begegnung mit den Ständen in Valladolid seine Mutter aufzusuchen. Es ging um die öffentliche Bekundung der Blutsbande und des Einvernehmens mit der aus Krankheitsgründen an der Ausübung der Herrschaft gehinderten Königin. Im dynastischen Denken der Zeit war das ein symbolisches Kapital von unschätzbarem Wert für die bevorstehenden

Huldigungsverhandlungen mit den Ständen. Bei allem staatspolitischem Kalkül – Karl begegnete seiner Mutter bei diesem ersten wie bei allen späteren Treffen mit der gebührenden Ehrerbietung, wie es sein hohes Verständnis von der Majestät und dem göttlichen Auftrag seiner Vorfahren verlangte.

Am 11. November reiste Karl weiter und traf eine Tagesreise östlich von Tordesillas in dem Städtchen Mojados endlich seinen Bruder Ferdinand, die große Unbekannte in der burgundischen Rechnung, deren Stellenwert man unbedingt bestimmen musste, ehe man vor die Stände treten konnte. Das Treffen mit dem unbekannten Bruder[21] brachte die Entscheidung. Ferdinand stellte sich hinter die Ansprüche des Älteren und distanzierte sich von jeglicher Opposition gegen dessen Herrschaftsübernahme in den spanischen Reichen. Das wurde der ständischen Öffentlichkeit sogleich in einer höfischen Inszenierung vor Augen geführt: Bei Tisch diente Ferdinand dem zukünftigen König als Mundschenk und reichte ihm nach dem Händewaschen das Handtuch – ein symbolischer Akt, der den hohen Rang beider symbolisierte, des Herrschers ebenso wie seines ihm am nächsten stehenden Bruders. Brüderliche Eintracht zum Wohl des Hauses Burgund-Trastámara-Österreich und seiner auf Generationen hin gefestigten Machtdominanz in Europa.

Valladolid 23. November –
Übernahme der Herrschaft über Kastilien

Zunächst blieb noch der schon vor Jahren erörterte Plan im Gespräch, wonach komplementär zum spanischen Königtum Karls Ferdinand in den Niederlanden und als König im Reich zur Herrschaft gelangen sollte. Reale Gestalt nahm das aber nicht mehr an. So präsentierte sich das Brüderpaar am 23. November bei dem zeremoniellen Einzug in die kastilische Hauptstadt Valladolid den Untertanen, den Granden wie dem einfachen Volk, in der ständisch und machtpolitisch gestuften Eintracht, die sie zeitlebens wahren sollten: Karl entfaltete alle Pracht des burgundischen Zeremoniells, wie sie manchem noch aus dem Einzug seines vielbewunderten Vaters, Philipp des Schönen, in Erinnerung war. Ihm zur Seite ritt der Infant Ferdinand, zwar nachgeordnet, aber vom Glanz des Bruders erhoben und bald der zweite zuverlässige Pfeiler der Europa überspannenden Herrschaft des Hauses Österreich. Mitte November 1517 war entschieden, dass Karl unbestritten an der Spitze des Hauses Burgund-Trastámara-Österreich stand und als Erster dessen Ehre und Macht repräsentierte. Mit der Herrschaft über Kastilien übernahm er die zugehörenden Länder in Übersee, die von Jahr zu Jahr mit neuen Entdeckungen anwuchsen. Mit Aragon fiel ihm das Königreich Neapel und Sizilien zu und damit die entscheidende Legitimation, die Interessen seiner Dynastie auf der Apenninenhalbinsel zu verfolgen. Das war der Schauplatz, auf dem sich in den folgenden Jahrzehnten das diplomatische und militärische Ringen um die Vormacht in Europa entscheiden würde, ein Kampf, der vor allem zwischen dem französischen König Franz I. und Kaiser Karl V. auszufechten war.

Das Verhältnis der beiden so ungleichen und dennoch aufeinander angewiesenen Brüder blieb bemerkenswert stabil, trotz zunehmender Irritationen und Unterschiede im politischen Urteil. Ein unschätzbares Talent des Hauses Österreich, bedenkt man die abgrundtiefe Feindschaft, die andere Adelshäuser zerriss, die Wettiner ebenso wie die Wittelsbacher oder das Haus Hessen. Dabei konnten sich beide Brüder durchaus unabhängig entwickeln, ohne dass der andere das zu verhindern suchte. Ferdinand gewann trotz des in Kastilien akzeptierten nachgeordneten Ranges über die Jahrzehnte hin ein eigenes politisches wie persönliches Profil. Das wurde jüngst trefflich ins Bild gesetzt: «So wenig Karl V. ein alles überragender Baum war, so wenig bewegte sich sein jüngerer Bruder nur unter dessen Astwerk. Und je länger Karls Schatten bei tieferstehender Sonne wurde, desto weniger erfasste er Ferdinand, weil dieser sich auf der anderen Seite, der Sonnenseite befand. Dank seiner Intelligenz, Loyalität und Offenheit, seiner Beweglichkeit und Anpassungsfähigkeit, dank seiner Beharrlichkeit und seines Realitätssinnes hat Ferdinand als Römischer König neben Karl V. eigene politische Statur gewonnen, wozu auch der Erzherzog von Österreich und König von Böhmen und Ungarn ihren Beitrag geleistet haben.»[22]

Wie bei der *Blijden Inkomst* in Flandern und Brabant, so war auch der Einzug in die kastilische Hauptstadt ein höfisches Fest.[23] Die Großen in Kirche und Staat repräsentierten durch Glanz und Reich-

«Karolus Rex Hispanie» –
Karl als König von Spanien
mit dem Motto «Plus ultra»
und Wappen, Holzschnitt
von Albrecht Dürer oder
Hans Weiditz, 1519.

tum ihr Ansehen und ihre politische Bedeutung, die burgundische Entourage des Herrschers ebenso wie die einheimischen Granden. Auch die Familie des verstorbenen Herrschers und Angehörige seines ehemaligen Hofes waren zur Stelle, angeführt von der Witwe Germaine de Foix und dem Erzbischof von Saragossa, seinem natürlichen Sohn. Und natürlich war Spanien bedeutend genug, dass der Papst und eine Reihe weiterer europäischer Fürsten Abgesandte geschickt hatten. Der Siebzehnjährige stand auf internationaler Bühne und wird das mehrtägige Fest mit Aufzügen, Turnieren, Bällen und anderen Lustbarkeiten genossen haben. Die ihm von den Einheimischen wie von den auswärtigen Gesandten entgegengebrachte Ehrerbietung konnte ihn nur bestärken in dem herangereiften Bewusstsein, den Weg zur alles überstrahlenden Majestät angetreten zu haben.

Das Murren der Untertanen und die ersten Berichte über das neue Goldland

Gefangen von Glanz und Macht der neuerrungenen Herrschaft, erkannten Karl und seine burgundischen Räte nicht, auf welch brüchigem Boden sie operierten. Der neuzeitliche Fürstenstaat, den sie in den Niederlanden und jetzt auch in Spanien zu etablieren gedachten, war noch keineswegs anerkannt oder gar gefestigt. Im Gegenteil, hätten Karls Berater oder ihre Amtsgenossen in anderen Ländern dafür ein Ohr gehabt, so hätten sie ein besorgniserregendes Murren in der Bevölkerung vernommen. Adel, Stadtbürgertum und Bauern haderten mit den Veränderungen, die sich aus dem staatlichen und gesellschaftlichen Umbau zugunsten der Fürsten für ihre Rechte und Freiheiten wie für das alltägliche Leben ergaben. Innerhalb weniger Jahre sollte sich eine gewaltige Welle des Aufstands auftürmen, die die Fürsten und ihre Helfer zu verschlingen drohte, in Spanien und Deutschland, aber auch anderwärts in Europa. Die Ursachen waren vielfältig und regional verschieden. Gemeinsam war ihnen ein strukturgeschichtlicher Umbruch, der die europäischen Länder seit dem ausgehenden Mittelalter erfasst hatte und den die Historiker Herrschaftsverdichtung und frühmoderne Staatsbildung nennen. Es ging um die Konzentration der politischen Macht in der Hand der Fürsten und um den Aufbau staatlich-bürokratischer Institutionen beim Regieren, im Gerichtswesen und bei der Steuererhebung. Das war eine Formierung und Machtkonzentration zu Lasten der bislang an der Herrschaft beteiligten Gruppen – Kleriker und Adel, aber auch das Stadtbürgertum. In dieser Situation barg jedes unbedachte Handeln der Regierungen, oder auch eine akute Verschlechterung der Lebensbedingungen durch Missernte, stockenden Handel und dadurch bedingte Hungersnöte die Gefahr, dass sich der Unwille der Untertanen über die strukturellen Veränderungen mit Protest und Gewalt Luft machte.

Im Falle Spaniens kam der Unwille hinzu, sich von Fremden regieren und dirigieren zu lassen. Auch das eine in den frühen Fürstenstaaten verbreitete Haltung. Schon an den Tagen der Freude anlässlich des Herrschereinzugs in Valladolid waren Animositäten und Reibereien aufgetreten, bis hin zu blutigen Duellen. Das hing mit den üblichen Schwierigkeiten bei der Unterbringung der vielen Menschen zusammen, die bei solchen Anlässen in die kleine Welt alteuropäischer Städte einbrachen. Vor allem aber war es eine Folge des anmaßenden Benehmens der Fremden, die den Überlegenheitsanspruch von Kultur und Zeremoniell Burgunds demonstrierten und so die Einheimischen provozierten. Schlimmer noch, kaum hatte sich die Hochstimmung des Inaugurationszeremoniells gelegt, wurde deutlich, dass die neue Regierung nicht die Interessen des Landes vertrat und weder die Rechte der großen Adelsfamilien achtete noch diejenige der Städte oder gar der Bauern. Unter Leitung Chièvres' verfolgte sie allein die bereits skizzierte «Burgundy-first»-Politik. Zudem missachtete sie aufs Sträflichste die teils gravierenden Unterschiede der kastilischen und aragonischen zu den burgundischen Verhältnissen. Alles wurde über den burgundischen Kamm geschoren, das Hofzeremoniell ebenso wie die Regierung und die Verwaltung. Ob das aus Unkenntnis oder Unachtsamkeit geschah, zählte für die Einheimischen nicht. Für sie war es Missachtung und Beeinträchtigung ihrer Rechte.

So kam es gleich auf der ersten Versammlung der kastilischen Cortes, die Karl auf den 21. März 1518 in Valladolid zusammenrief, zur politischen Konfrontation.[24] Die Vertreter des Landes, Adelige und Abgesandte der Städte, waren höchst befremdet, als zu ihrem Vorsitzenden nicht – wie unter den Katholischen Königen selbstverständlich – einer der kastilischen Granden berufen wurde, sondern der burgundische Kanzler Jean le Sauvage, also ein Landfremder. Diesen Verfassungsbruch war man nicht bereit zu akzeptieren. Bei der Eröffnungssitzung hinderte man Sauvage am Zutritt zum Versammlungssaal und wies den König unmissverständlich darauf hin, dass er die Gesetze, Freiheiten und Gewohnheiten Kastiliens zu beachten habe: «*Denn der König ist unser Herr, den wir bezahlen, und die Untertanen teilen mit ihm einen Teil ihrer Einkünfte und ihres Vermögens und dienen ihm mit dem Einsatz des Lebens, wenn sie dazu aufgerufen werden.*» Das basiere aber auf einem gegenseitig verpflichtenden Vertrag zwischen Volk und König. Der König müsse gerecht sein und dürfe nicht zulassen, dass seine Ratgeber den eigenen Vorteil in den Vordergrund stellten. Er möge Gottes Mahnung beherzigen: «*Du sollst mein Volk richten und weise Männer erwählen, die Gott fürchten, Verstand haben und die Begierden verabscheuen.*»

Um falschen Rat zu vermeiden und gegenseitiges Verstehen und Vertrauen zu sichern, möge er selbst Kastilisch lernen. Karl antwortete durch einen Orator und versprach, Kastilisch zu lernen und sich im Interesse des Königreiches um Verständigung mit den Deputierten und anderen einheimischen Gremien zu bemühen. Dem Vertreter der Stadt Burgos reichte das nicht. Er verlangte, der König solle förmlich schwören, die «*fueros*», die Privilegien Kastiliens und Leons, zu achten und entsprechend zu regieren. Mehr noch, angesichts der Erfahrung mit dem frühen Tod von Karls Vater, verlangte er zur Vorbeugung vor Wirren einer möglichen erneuten Thronvakanz, dass Ferdinand, der in der Thronfolge Nächste, im Land bleibe, solange Karl unverheiratet und kinderlos sei. Das widersprach aber der eben von der Dynastie selbst getroffenen Entscheidung für Karl und erinnerte Karls Berater nachdrücklich an den Rückhalt, den der Infant in Spanien besaß. Und so mag dieser Vorstoß dazu beigetragen haben, dass man nun schleunigst Ferdinands Abreise in die Niederlande bewerkstelligte.

Auch außerhalb der Cortes regte sich der Unmut der Städte. So hielt man im nordwestkastilischen Zamora Rat, wie der Fremdherrschaft entgegenzutreten sei.[25] In nordwestspanischen Städten, vor allem Hafenstädten, brachen innere Unruhen über die Zusammensetzung der Stadträte auf. Um loyale Magistrate ins Regiment zu bringen, verordnete die Krongewalt neue Wahlordnungen für die Städte, so etwa in Castro Urdiales.[26] Verschärft durch akute Versorgungsengpässe infolge schlechter Ernten und durch eine akute Erhöhung des Steuerdrucks zur Finanzierung der auswärtigen Unternehmungen des neuen Königs, wurde gerade in den Städten die Klage über Missstände des neuen Regiments «in Kastilien zum politischen Programm und damit zur Grundlage des Widerstandes»[27] gegen die traditionsfremden Neuerungen.

Ein besonderes Ärgernis war die Personalpolitik: Hatte man erwartet, nach der Tradition Kastiliens und Aragons an herausgehobener Stelle am Regiment beteiligt zu werden, so musste man erleben, dass Chièvres die wichtigsten Ämter und begehrtesten Pfründen an Burgunder vergab. Damit schob er das den Ständen heilige Indigenatsrecht bedenkenlos beiseite, also die im Testament von Isabella der Katholischen nochmals ausdrücklich bestätigte Bestimmung, dass die Ämter Kastiliens und Leons nur an Einheimische zu gehen hätten.

Hart umkämpft waren vor allem die hohen kirchlichen Ämter, die bedeutende Einnahmen ebenso wie politischen Einfluss garantierten. Bereits im Frühjahr 1516 hatte der spanische Botschafter aus Brüssel gewarnt, dass die burgundischen Räte schon die Vergabe spanischer Bischofsämter vorbereiteten, ja über einige sogar bereits entschieden hätten.[28] Durch die besondere, mit Rom abgesprochene Verfassung der spanischen Kirche war das zwar rechtlich korrekt, verletzte aber die Erwartungen der Spanier.

Als Adrian von Utrecht – eben noch Erzieher des Burgunderprinzen – 1516 zur Vorbereitung von Karls Thronfolge in Spanien eintraf, wurde er bereits im August zum Bischof von Tortosa und im November zum Generalinquisitor für Aragon und Navarra ernannt. Wenig später wurde er sogar dem im Land hochangesehenen Regenten Erzbischof Cisneros als Mitregent zur Seite gestellt. Wer diese Ernennungen konkret förderte, ist schwer zu bestimmen. Von Protest und Widerstand ist in diesem Moment aber nichts bekannt, war Adrian doch als Kirchenführer ebenso angesehen wie als Humanist. Die Stimmung schlug aber radikal um, als es nach dem Tod von Erzbischof Cisneros um die Neubesetzung des Erzstuhles von Toledo ging.

Ohne sich mit den Ständen abzustimmen, beriefen die neuen Herren auf dieses kirchlich wie politisch wichtigste Amt Kastiliens handstreichartig einen der Ihren, Guillaume III. de Croy, einen noch nicht zwanzigjährigen Karrieristen, der bereits Bischof von Cambrai und sogar Kardinal war. Vollends unerträglich wurde seine Ernennung durch die Tatsache, dass er Neffe von Karls allmächtigem, den Spaniern besonders verhassten Berater Guillaume II. de Croy, Seigneur von Chièvres, war. Damit war offenbar, der neue König vergab spanische Ämter nicht nach den Traditionen und Gesetzen des Landes, sondern als Belohnung für die Dienste seiner ausländischen Berater.[29] So repräsentierte der neue Primas Spaniens in besonderer Weise die burgundische Kron-Elite, die man wegen ihres herrischen Auftretens längst als Besatzungsmacht empfand. Die Entscheidung war gleich am 9. November 1517 gefallen, nur ein Tag nach dem Tod des verehrten und im Land verwurzelten Kardinals Jimenez de Cisneros. Als ein einheimischer Kandidat auftrat und sich auf das rechtskräftige Gesetz Isabellas von Kastilien gegen die Ernennung von Ausländern berief, war der burgundische Hof um Rat nicht verlegen. Er naturalisierte den jungen Croy und machte ihn damit kurzerhand zu einem Kastilier. Wie wenig die Burgunder dabei die Interessen Spaniens im Auge hatten, zeigt die Ausnahmeregelung, die man bereits vor der öffentlichen Ernennung bei Papst Leo X. bewirkt hatte: Mit einem unter dem 12. Oktober erlassenen päpstlichen Indult (Gnadenerweis) wurde der zukünftige Erzbischof von Toledo von der Ausübung seiner Pflichten in Spanien befreit und auch seiner Residenzpflicht entbunden.

Den als Politiker wie als Kirchenmann angesehenen Cisneros durch einen flämischen Jüngling ersetzt zu sehen, verbitterte Bevölkerung wie Stände zutiefst. Die Cortes protestierten gleich auf ihrer ersten Sitzung im Frühjahr 1518 und verlangten die Zusicherung, dass weitere Naturalisierungen unterbleiben und Croy in Toledo residieren müsse. Beides sagte Karl zu, scheute sich aber nicht, mit dem unveröffentlichten Indult im Rücken zuzulassen, dass Croy bereits wenige Monate später sein Erzbistum verließ, um an der Seite seines Königs zur Königskrönung nach Deutschland zu ziehen. Was Wunder, dass der kastilische Adel den gleich nach Abreise des Monarchen aus Spanien im Mai 1520 ausbrechenden Aufstand der Comuneros unterstützte, an vorderster Stelle der Bischof von Zamora Antonio de Acuña (1449–1526). Als der junge Croy Anfang Januar 1521 in Worms infolge eines Jagdunfalls starb, feierte man das in Kastilien als Gottesurteil und der Rebellen-Bischof Acuña konnte, auf das aufständische Volk gestützt, kurzzeitig den Erzstuhl von Toledo besteigen.

Nachdem Karl im Frühjahr 1518 den kastilischen Cortes den geforderten Eid auf ihre Rechte und Freiheiten geleistet und diese ihm im Gegenzug die geforderten Steuern in Höhe von 600 000 Dukaten in drei Jahren bewilligt hatten, begab sich der Burgundertross nach Saragossa, der Hauptstadt Aragons, um auch dort die Herrschaft formell anzutreten. Dort traf man auf Stände, die nicht weniger selbstbewusst auf ihre Rechte und Privilegien beharrten als ihre Standesgenossen in Kastilien. Ja, sie verhandelten noch weit zäher, so dass Karl erst am Jahresende die förmliche Anerkennung erreichte und dafür die eher magere Summe von 200 000 Dukaten Steuerbewilligung einhandelte. So blieb Zeit, in Saragossa über die bereits erwähnte portugiesische Ehe von Karls Schwester Eleonore zu verhandeln und Mitte Mai den Vertrag mit König Manuel unter Dach und Fach zu bringen. Damit war er zum einen seiner brüderlichen Pflicht nachgekommen; zum andern hatte er seine Position in Kastilien gefestigt, konnte der oppositionelle Adel doch fortan nicht mehr auf Unterstützung aus dem benachbarten Portugal rechnen. Eine glückliche Verknüpfung von privat-familiären mit öffentlich-politischen Projekten, wie sie fortan Karls Handeln prägen wird.

Noch eine weitere richtungsweisende Entscheidung fiel in Saragossa: Nach dem Tod seines Kanzlers Jean le Sauvage im Juni ernannte Karl Mercurino Arborio di Gattinara zum Nachfolger, und zwar mit deutlich erweitertem Aufgabenbereich als «Großkanzler aller Königreiche und Länder». Empfohlen hatte ihn die niederländische Regentin Margarete, der er als Anwalt und Berater in ihren savoyischen Angelegenheiten gute Dienste geleistet hatte, insbesondere zur Sicherung ihrer Witwengüter gegenüber Frankreich. Der neue Großkanzler vertrat also nicht in erster Linie den Geist Burgunds. Geboren in der Nähe von Vercelli im Herzogtum Savoyen-Piemont, vertrat er eine italienisch-römische Reichsidee; als Anhänger des Erasmus einen christlichen Humanismus. Als Gattinara Mitte Oktober 1518 in Saragossa Karls Siegel übernahm, kündigte das die politische Wende zu einer weitergreifenden Universalpolitik der ersten Kaiserjahre an. Bis zum Tod von Karls erstem Vertrauten Chièvres stand daneben allerdings weiterhin Burgund als Richtschnur der Politik des Kaiserhofs. Die Gutachten und Ratschläge, die der neue Großkanzler in den nächsten Monaten ausarbeitete, machten Karl Schritt für Schritt mit der ihm im Kaisertum zuwachsenden universellen Herrschaftsbefugnis und Herrschaftsverpflichtung vertraut.[30]

Zu Beginn des Jahres 1519 zog die Inaugurationsprozession nach Barcelona weiter. Karl hielt dort das erste Generalkapitel des Ordens vom Goldenen Vlies auf spanischem Boden ab. Wichtige Granden seiner iberischen Reiche erhielten die Kette mit dem Vlies und wurden damit persönlich auf den neuen Herrscher verpflichtet. In der Versammlung der Stände Kataloniens traf er auf ganz ähnliche Forderungen wie in Valladolid und Saragossa. Gleichzeitig wurde er mit zwei neuen Problemen konfrontiert, die seine Regierung über die Jahre hinweg begleiten sollten. Zum einen ging es um die Sicherung der Seefahrt im westlichen Mittelmeerbecken. Dort führten die Barbareskensultane der nordafrikanischen Gegenküste im Auftrag der Osmanen einen verheerenden

Kaperkrieg. Erst kürzlich waren die Seeräuber sogar in den Hafen Barcelonas eingefallen. Zum andern beschäftigte sich Karl erstmals ausführlich mit den Überseeregionen in Mittelamerika, den verheißungsvoll erkundeten «Goldländern», und zwar konkret mit dem ersten Bericht des Hernán Cortés über Mexiko und mit dem Projekt Magellans, durch eine Westpassage zu den Handelsplätzen Ostindiens mit ihren begehrten Produkten vorzustoßen.

Eine weitere Königskrone

So gewichtig all diese Dinge auch waren, sie wurden überlagert von der Nachricht, dass Karls deutscher Großvater Maximilian am 12. Januar 1519 gestorben war. Nun war es das erste Ziel, dem spanischen König, seinem ältesten Enkelsohn, die deutsche Königswürde zu sichern. Mit ihr war traditionell das Römische Kaisertum verbunden, und damit die höchste Stellung in der lateinisch-westlichen Christenheit neben dem Papst. Karl griff mit eben derselben Entschiedenheit nach der Deutschen Königs- und der mit ihr verbundenen Kaiserkrone wie zuvor zu den Kronen Kastiliens und Aragons. Als seine Tante Margarete von Österreich, die Regentin der Niederlande, ihm riet, aus taktisch dynastischen Gründen seinem Bruder Ferdinand das Deutsche Königtum zu überlassen, wies er sie sogleich in die Schranken:

«In Anbetracht der Gelegenheit, die sich uns bietet, werden wir die Wahl nicht für den Infanten Don Ferdinando, sondern für uns betreiben. Wenn wir sie haben, werden wir mehrere große Projekte von Interesse für uns selbst, für den Infanten Don Ferdinando und für die Königreiche und Länder betreiben können, was wir nicht tun können, wenn wir jene Kaiserwahl nicht für uns erlangen, und zwar auch dann nicht, wenn sie auf Don Ferdinando fiele.»[31]

Sicherlich, auch hinter diesem Entschluss des jungen Monarchen standen die burgundischen Räte. Doch muss man darin auch den ganz persönlichen Willen Karls sehen. Seit Kindheitstagen begriff er sich als hervorgehobenes Mitglied einer Dynastie, die sich aufgrund der Mittellage Burgunds zur Neugestaltung Europas aufgerufen fühlte. Wenn er jetzt zum Kaisertum griff, dann nicht nur als Enkel des verstorbenen Kaisers Maximilian. Es war auch, in mancher Hinsicht sogar vorrangig, die Vollendung der durch den frühen Schlachtentod verhinderten Königspläne seines burgundischen Urgroßvaters Karls des Kühnen, dessen Namen er trug und dessen Vermächtnis er in Gent, Mechelen und vor allem Brügge stets nahe gewesen war. Vor dieser Aufgabe war aber nicht Aufteilung, sondern Konzentration der Macht das Gebot der Stunde. Die Größe des Hauses ebenso wie der zukünftige Rang jedes einzelnen Mitglieds hingen, so Karl in seinem Brief, von Größe und Majestät des Familienoberhauptes ab. Folglich waren jetzt alle Kräfte auf dessen Wahl zum Deutschen König und zukünftigen Kaiser zu richten. Hier dem Zweitgeborenen den Vortritt zu lassen, hieße die Chance zum Aufstieg der Dynastie an die Spitze der europäischen Adelsgesellschaft zu verspielen.

Das gesamte Jahr, das der Hof in der katalanischen Hauptstadt verbrachte, war von größter Betriebsamkeit bestimmt, konzentriert zunächst auf die für den Sommer 1519 nach Frankfurt einberufene Wahlversammlung. Anfang Juli – so berichtet der Großkanzler Gattinara in seiner Autobiographie – wurde die Nachricht über den glücklichen Ausgang der Wahl «*durch Eilpost an Kaiser Karl nach Barcelona überbracht. Daraufhin hielt man zunächst Dankgottesdienste ab, dann wurde er unter größtem Jubel der Untertanen überall als Kaiser begrüßt.*»[32]

Der Hof hatte sich nun vorrangig um Finanzierung und Logistik der unumgänglichen Deutschlandreise zu kümmern. Wichtiger noch war ein historisch und philosophisch fundiertes Programm für das angestrebte Kaisertum und seine konkreten inhaltlichen Folgen für die zukünftige, Europa überspannende Herrschaft des jungen Monarchen. Diese Aufgabe übernahm der eben in Saragossa berufene Großkanzler Gattinara. Bereits in seiner ersten Denkschrift setzte er den über mehr als ein Jahrzehnt gültigen Grundton der Karolinischen Kaiseridee:

«*Sire, da Euch Gott der Schöpfer die Gnade erwiesen hat, Eure Würde über alle christlichen Könige und Fürsten zu erhöhen, indem er Euch zum größten Kaiser und König seit der Teilung des Reiches Karls des Großen, Eures Vorgängers, machte und auf den rechten Weg der rechtmäßigen Weltherrschaft verwies, um den ganzen Erdkreis unter einem Hirten zu vereinigen, ist es recht und billig, dass Eure Kaiserliche Majestät sich vor der Sünde des Undanks hüte und den Schöpfer, den wahren Geber aller Güter, erkenne.*»[33]

Auch ohne Krönung besaß Karl bereits die Kaiserwürde, so dass es galt, sich auf Weite und Pflicht kaiserlichen Handelns vorzubereiten. Vornehmste Pflicht waren Gotteserkenntnis und demütiger Dank gegenüber dem Schöpfer, Ehrfurcht vor der Kaisertradition, die auf Karl den Großen zurückging – neben dem großen Burgunderherzog Karl dem Kühnen ein weiterer Karl als Identifikations- und Orientierungsperson. Schließlich die Erhöhung über die anderen Herrscher seiner Zeit, aber nicht als deren Unterwerfung, sondern als eigene Erhöhung in der Würde. Was hier noch eher Glückwunsch mit einem Hauch von Panegyrik war, sollte Gattinara in den nächsten Monaten und Jahren zu einem programmatischen Ordnungskonzept ausarbeiten, das Karl zumindest in den Grundzügen übernahm. Das war allerdings eine Utopie, deren Realisierung nur durch Einsatz von Macht und Gewalt möglich war, also durch Mittel, die dem Geist des Friedens widersprachen. Den militärisch-politischen Widerstand des französischen Königs Franz I. wird Gattinara eingerechnet haben, die Sprengkraft der Reformation dagegen kaum. Rom hatte aus taktischen Gründen den Häresieprozess gegen Luther bis zur Königswahl ausgesetzt. Nun würde die Kurie mit aller Schärfe ein Machtwort des erwählten Kaisers verlangen. Angesichts der Begeisterungswelle, die die Reformation in Deutschland ausgelöst hatte, bedeutete auch das Streit und Spaltung statt Frieden und Einheit.

Der junge Monarch zog einer konfliktreichen Zukunft entgegen, als der Hof Anfang 1520 von Barcelona aufbrach und sich quer durch Spanien an die Nordküste zur Einschiffung begab. Hinzu kam, dass er im eben befriedeten Kastilien erneut auf eine Stimmung der Unzufriedenheit und der Opposition traf. Dass der gerade inthronisierte spanische König bereits wieder das Land verlassen musste, wollte man nicht einsehen. Zwar würde seine Erhebung zum designierten Kaiser des Heiligen Römischen Reiches auch auf die spanischen Reiche neuen Glanz werfen. Das konnte aber nicht die drohende Gefahr aufwiegen, dass Spanien zur Finanzierung der auswärtigen Unternehmungen bluten müsste.

Aufstand in Spanien

Bereits in Valladolid wollte eine gewaltbereite Oppositionsgruppe Karl an der Weiterreise hindern. Erst der Einsatz der Leibgarde konnte den Auszug sichern. Widerstand war auch in Tordesillas zu spüren, wo er ein zweites Mal die Mutter sah, wiederum vorrangig aus politischem Kalkül zur Absicherung seiner Herrschaft während der bevorstehenden Abwesenheit. Auf dem Weiterzug zur Küste zitierte Karl in Benavente, eine Tagesreise nördlich von Valladolid, die Repräsentanten von Toledo und Tordesillas vor sich, klagte sie der Rädelsführerschaft an, drohte mit Vergeltung – und ließ sie stehen, ohne ihnen Gelegenheit zur Antwort zu geben. Ähnlich konfrontativ behandelte er die kastilischen Stände. Auf dem Sprung, dem Land den Rücken zu kehren, zitierte er sie nach Santiago, schließlich sogar noch in die Hafenstadt La Coruña, wo die Flotte bereits ausfahrbereit ankerte. Die spanischen Stände sahen sich gezwungen, ihrem König Gelder für die Reise zu bewilligen – für ein Unternehmen, das die Mehrheit aufs höchste missbilligte. Das war ein politisch äußerst ungeschicktes Verhalten, das sicher auf dem schlechten Rat der burgundischen Umgebung basierte, aber sicher auch auf Karls später noch häufig zu beobachtenden Charakterdisposition, sich nur unwillig auf Verhandlungen oder Diskussionen einzulassen, wo er meinte, kraft seiner gottgegebenen *majestas* Gehorsam erwarten zu können.

Als der königliche Flottenverband am 20. Mai 1520 endlich in See stach, hatten Karl und seine burgundischen Berater hochgestimmt die Erhöhung zur Herrschaft über Europa und den Erdkreis vor Augen. In Spanien indes stand Karl am Rande des Abgrunds. Aus Toledo war bereits vor der Ausfahrt die offene Rebellion gemeldet worden. Valladolid, Tordesillas, Salamanca, Zamora folgten.[34] Doch die Zeit drängte, da der Franzosenkönig bereits feindliche Allianzen schmiedete. Den Kampf gegen die Rebellen hatte Adrian von Utrecht auszutragen, den Karl zu seinem Statthalter berufen hatte. Doch auch diese Ernennung festigte nur den Widerstandswillen der Kastilier. Den Rechtfertigungsversuch, Adrian sei nicht ein förmlicher Regent des Landes, sondern nur persönlicher Stellvertreter des Königs, konterten die Deputierten ebenso knapp wie unnachgiebig: «*Was die Frage des Regenten angeht, so* ist die Tatsache, dass er nicht Spanier ist, gegen die Statuten des Reiches und dient zum Schaden seiner Bürger.»[35] Der Aufstand der Comuneros griff rasch um sich. Bald stand ganz Kastilien in Aufruhr, und Adrian von Utrecht wusste kein Mittel, das Land zu befrieden. Die Rebellion griff längst über einzelne Beschwerden hinaus und zielte ins Mark der eben etablierten Ordnung. Alle Neuerungen zugunsten der Krongewalt sollten zurückgenommen und die traditionellen Rechte und Privilegien von Städten, Adel und einheimischem Klerus restituiert werden.

Als Karl im Herbst 1520 in Aachen zum deutschen König gekrönt wurde, war Tordesillas in der Hand der Aufständischen, und damit auch seine Mutter, die wahre Königin Kastiliens, die man gegen die Fremdherrschaft des burgundischen Sohnes auszuspielen gedachte. Die unglückliche Juana zeigte sich über die respektvolle Behandlung erfreut und unterzeichnete die ihr vorgelegten Dokumente. Wiederum reagierte Karl verärgert. In einem harschen Brief warf er seiner in der Welt unerfahrenen 13-jährigen Schwester Katharina vor, die Unterschrift der Mutter nicht verhindert zu haben und den Rebellen zu freundlich entgegengetreten zu sein. – Ausdruck von «Misstrauen und Feindseligkeit gegenüber seinen ‹spanischen› Geschwistern»,[36] wie zuvor gegenüber dem Bruder, nun gegenüber der jüngsten Schwester? Wohl eher ein Zeichen der Unsicherheit der frühen Regierungsjahre, als die spätere Rollenverteilung zwischen den Mitgliedern des Hauses Burgund-Trastámara-Österreich noch in der Schwebe war.

Der Aufstand der *comuneros*, das sei vorgreifend festgehalten, sollte nur einen Moment lang die innerspanischen Regelungen und die ausgreifende Kaiserpolitik des spanischen Königs in Frage stellen. Als im Juli 1522 der gekrönte Deutsche König und erwählte Kaiser nach Spanien zurückkehrte, waren, so lapidar die Memoiren, *«die communidades in Spanien besiegt».*[37] Besiegt waren sie dank der ebenso entschiedenen wie klugen Politik seines Statthalters. Adrian von Utrecht hatte die Aufständischen bereits im April 1521 bei Villalar knapp nordwestlich von Tordesillas niedergeworfen und die Rädelsführer hinrichten lassen. Das Mitbestimmungsrecht der Cortes hatte er, so die Einschätzung der jüngeren Ständeforschung, jedoch nicht prinzipiell ausgelöscht. Der im Sommer 1522 nach Spanien zurückgekehrte König konnte daran anknüpfen. Er hatte begriffen, dass die iberischen Reiche sich nicht nach fremden Regeln regieren ließen und zur Festigung der Krongewalt eine Formierung und Modernisierung der Verwaltung unabdingbar war. Bis er 1529 erneut das Land verließ, um in Italien vom Papst gekrönt zu werden, trieb er beides entschieden voran: Auf der Ständeversammlung von 1523 erreichte er einen Ausgleich mit den kastilischen Cortes. Die selbstherrliche Widerständigkeit der Stände war damit gebrochen, ihre Vertretungsfunktion aber nicht beseitigt. Die ihnen eigene Integrationskraft konnte fortan der Krongewalt zugutekommen. Ähnlich Karls Verwaltungsreform, die das überkommene System von Ratsgremien modernisierte und mit der Gesamtmonarchie verknüpfte. Staats- und Kriegsrat wurden reformiert und ihr Geschäftsgang vereinfacht. Hinzutrat ein neugegründeter Finanzrat als neuzeitliche Fachbehörde.[38]

Nicht weniger wirkungsvoll für die Konsolidierung des Verhältnisses zwischen Krongewalt und Ständen sowie des spanischen Herrschaftssystems allgemein war ein drittes: Karl selbst wurde Schritt für Schritt vom Burgunder zum Spanier, 1526 mit seiner iberischen Ehe öffentlich befestigt.

3

FRANKFURT 23. JUNI 1519; AACHEN 23. OKTOBER 1520 –
Deutscher König und Erwählter Römischer Kaiser

Die Wahl zum Deutschen König

Anders als die Fürstenkronen Burgunds und Österreichs oder die Königskrone Spaniens fiel Karl die deutsche Königskrone nicht durch Erbe zu. Deutschland war eine Wahlmonarchie. Seit der ersten großen deutschen Verfassungsurkunde, der Goldenen Bulle von 1356, lag die Wahl in der Hand von sieben Kurfürsten – drei geistlichen, die Erzbischöfe von Mainz, Köln und Trier, und vier weltlichen, die Kurfürsten von Brandenburg, Sachsen, der Pfalz und dem König von Böhmen. Sie berücksichtigten in der Regel das Geblütsrecht, nach dem die Krone dem ältesten männlichen Erben des verstorbenen Kaisers gebührt, im vorliegenden Fall also dem Burgunderherzog und spanischen König Karl. Doch die Wahl von 1519 war in verschiedener Hinsicht außergewöhnlich und daher letztlich unberechenbar für die burgundisch-österreichischen Räte, die sogleich im Frühjahr in Frankfurt eintrafen, um die Wahl Karls sicherzustellen.

Kaiser Maximilian I. hatte es versäumt, einen Nachfolger *vivente imperatore,* also noch zu seinen Lebzeiten, wählen zu lassen und damit das Gewicht seines hohen Prestiges für die Wahl seines Enkels verspielt. Wichtiger noch war das große internationale Interesse an der Wahl. Zwar waren auch die deutschen Königswahlen des Mittelalters stets für die Nachbarn von Gewicht. Doch 1519 war die Wahl erstmals Teil des sich herausbildenden frühmodernen Mächtesystems, und das war für Karl ganz und gar nicht förderlich. Denn würde der bereits übermächtige Burgunderherzog und König von Spanien auch noch die deutsche Krone gewinnen, war das noch sehr labile neuzeitliche Mächtespiel aus dem Gleichgewicht gebracht. Das zu verhindern, sahen sich vor allem zwei Mächte aufgerufen – Frankreich, der traditionelle Konkurrent Burgunds wie Spaniens, und der Papst, der eine machtpolitische Umklammerung des Kirchenstaates fürchtete, vom spanischen Königreich Neapel im Süden und den Reichsterritorien, vor allem Mailand, im Norden, über die Karl als Kaiser die Oberherrschaft erlangen würde.

Besonders waren 1519 schließlich auch die finanziellen Umstände. Die hochentfaltete Finanzwelt des Handelskapitalismus war an der Wahl äußerst interessiert – und dies nicht nur als Kreditgeber, war doch das Wort des Königs auch wirtschafts- und finanzpolitisch wichtig, wie bald die hitzig geführte Monopoldiskussion zeigen sollte. All das führte dazu, dass sich neben dem burgundisch-österreichischen Kandidaten Karl auch Heinrich VIII. von England und Franz I. von Frankreich um die deutsche Krone bewarben und Papst Leo X. zusätzlich noch den sächsischen Kurfürsten Friedrich den Weisen ins Spiel brachte.

Durch die diplomatische Ungeschicklichkeit der Engländer und den Verzicht des sächsischen Kurfürsten, der wohl die Mehrheit hätte erringen können,[1] reduzierte sich das Kandidatenfeld auf den französischen und den spanischen König. Umso erbitterter entbrannte zwischen beiden der Wahlkampf. Um jede kurfürstliche Stimme war zu ringen mit allen Mitteln der Diplomatie, der politischen Überredung oder Erpressung und natürlich auch mit finanziellen Zuwendungen oder Versprechungen, für die große Summen aufzubringen waren. Begleitet wurde das – und wie sollte es in der Renaissance anders sein – von einem öffentlichen Wahlkampf, in dem die Hofkünstler all ihr bewährtes rhetorisches und künstlerisches Können einsetzten. Sie übertrafen sich in dem zeitüblichen Herrscherlob, um dem Kandidaten ihrer Partei eine breite Zustimmung zu erkämpfen, unter den Großen des Reiches wie bei den Deutschen insgesamt. Durch die in Burgund wie in Österreich besonders hochentfaltete Hofkultur und Herrscherrepräsentation waren die Agenten Karls bestens vorbereitet. Ob sich aber von einer prinzipiellen Überlegenheit sprechen lässt, erscheint vor der ebenfalls glänzenden Hofkultur Frankreichs fraglich, man betrachte nur das feine Reiterportrait Franz I. von Jean Clouet.

Offensichtlich ist aber, dass in der öffentlichen Meinung Karls Propagandaapparat den Sieg davontrug. Er hatte eine außerordentlich wirksame Botschaft, die man heute womöglich als Fake News einstufen würde: Die österreichisch-burgundischen Flugblätter feierten den Burgunder Karl, der keines deutschen Wortes mächtig war, als «edles teutsches Blut», das allein berechtigt sei, über Deutschland zu herrschen. «Deutsches Blut» floss zwar nur zu einem recht geringen Anteil durch Karls internationale Adern. Denn schon der deutsche Großvater selbst war Sohn einer Portugiesin und Urenkel einer Visconti aus Mailand. Aber «Blut» war nicht im Sinne der biologisch angelegten Rassenlehre des 19. und frühen 20. Jahrhunderts gemeint. Vielmehr ging es um den humanistischen Diskurs, der die europäischen Völker der Zeit auf die antiken «nationes» der Germanen, Gallier, Goten etc. zurückführte und damit in Deutschland wie anderwärts in Europa eine frühnationale Stimmung erzeugt hatte.

Es waren die Jahre, in denen dieser nationale Geist der Humanisten erstmals in der europäischen Geschichte zu einem politisch bedeutsamen Faktor wurde – in der Massenpropaganda zur Beeinflussung der Frankfurter Königswahl, weit mächtiger noch in der fast gleichzeitig aufbrechenden reformatorischen Bewegung. Karl sollte das auf seinem ersten Reichstag 1521 in Worms sogleich persönlich zu spüren bekommen. Nun wirkte die frühnationale Emphase aber gegen ihn – in den «Gravamina deutscher Nation», den Beschwerden der Reichsstände gegen die Ausbeutung der Deutschen durch die welschen Römlinge, ebenso wie in den populistischen Angriffen des Wittenberger Mönchs Martin Luther auf den welschen Papst und seine Helfer. Ähnlich die rasch einsetzende Abneigung der Deutschen gegen die Spanier, die zunehmend als fremd und der deutschen politischen Kultur gegenüber feindlich empfunden wurden.[2]

Doch wählen konnte das Volk seinen König natürlich nicht. So waren im Frühjahr 1519 real nicht der Sieg in der öffentlichen Propaganda entscheidend, sondern die offen, vor allem aber die geheim geführten Verhandlungen der Agenten mit den Kurfürsten und ihren Räten, ein «Pokerspiel, das sich bis Juni 1519» hinzog.[3] Dass dabei Geld eine Rolle spielte, entsprach dem zeitüblichen Verfahren – bei den sogenannten

«Handsalben» für die fürstlichen Räte, die quasi zu deren Gehalt zählten, ebenso wie bei den Zuwendungen an die Fürsten, die nur zu oft in der Finanzklemme saßen und daher für Finanztransaktionen offen waren. Man denke an das Ablassgeschäft, das der Mainzer Erzbischof mit Papst Leo eingegangen war. Bei der Geldbeschaffung zeigten sich die burgundisch-österreichischen Agenten überlegen – eine Folge des besseren Zugangs zur führenden Finanzwelt Oberitaliens und Oberdeutschlands und der Wirtschaftskraft der Niederlande, voran Antwerpens. Vor allem war es der Augsburger Unternehmer und Finanzier Anton Fugger, der den Einsatz wagte – aus «nationalem», mehr noch aus privatem Interesse. Die Wahl soll Karls Haus insgesamt fast eine Million Goldgulden gekostet haben, annähernd die Hälfte davon floss in die Schatullen der Kurfürsten und ihrer Räte.[4]

Unter den Fürsten und selbst im engeren Kurfürstenkollegium hatten beide Kandidaten Anhänger. Manche Dynastie war gespalten. Etwa die Pfälzer Wittelsbacher, von denen Pfalzgraf Friedrich II., eben jener, der Schwager Karls werden wollte, eifrig für dessen Wahl agitierte, während sein Bruder, Kurfürst Ludwig, den französischen König favorisierte.[5] Die Wahl sollte dann aber doch in aller wünschenswerten Klarheit erfolgen: Nachdem das Kurfürstenkollegium am 26. und 27. Juni in der Seitenkapelle des Frankfurter St. Bartholomäus Stiftes nochmals eingehend beraten hatte – abgesehen von dem minderjährigen Böhmenkönig Ludwig II., dessen Stimme ein Vertreter wahrnahm, alle in Person –, entschied es sich am folgenden Tag, am 28. Juni, einstimmig für den Kaiserenkel Karl. Wie stets hatten die Beratungen hinter verschlossener Tür stattgefunden. Details zu Stimmen pro und kontra sind daher nicht bekannt. Umso schneller schossen Gerüchte ins Kraut, insbesondere über Geldzahlungen. Eine genauere Analyse der Interessen und Einflussströme kann aber nachweisen, dass Geld, mag man es Bestechung nennen oder nicht, letztlich nicht den Ausschlag gegeben hat. Das hohe Prestige des verstorbenen Kaisers Maximilian hatte ebenso eine Rolle gespielt wie die nationale Gesinnung. Entscheidend war «für die Kurfürsten als verantwortungsvolle Lenker des Reiches die Verteidigung der östlichen Grenze gegen den Ansturm der Türken sowie Frieden und gutes Regiment innerhalb des Reichs». Beides garantierte nicht Franz I. von Frankreich, sondern das Mitglied des in beidem bewährten Hauses

Österreich, Maximilians Enkel Karl. Wer unter den Kurfürsten Bedenken hatte, hatte sich schließlich der Mehrheit angeschlossen, so offensichtlich der Kurfürst von Brandenburg, der notariell festhalten ließ, dass er «*aus rechter Furcht, nicht aus rechtem Wissen*» gewählt habe.[6] Gemeinsam fiel man in das große *Te Deum* ein, das die Orgel von St. Bartholomäus anstimmte. Als «*die 22 Trompeter des Pfalzgrafen und des Markgrafen von Brandenburg in die Trompeten*» stießen, erhob sich auch in der Stadt Jubel – unter den Einwohnern wie unter den vielen Fremden, die den langen Wahlvorgang beobachtet hatten.[7]

Obgleich vom Wahlgeschehen ausgeschlossen, hatte auch das Volk an der Dramatik der Entscheidung Anteil genommen. Nicht nur über die erwähnte aufwendige öffentliche Propaganda der um die Mehrheit ringenden Parteien. Maximilian war kaum gestorben, da verbreiteten sich in Deutschland und darüber hinaus, etwa in Venedig, Kaiservisionen, die das zum Ausdruck brachten, was die Menschen von dem neuen weltlichen Oberhaupt der Christenheit erwarteten. Dokumentiert ist das in einem Tagebuch, das im westfälischen Augustiner-Chorherren-Kloster Böddeken geführt wurde, weit entfernt von dem Frankfurter Geschehen. Der Laienbruder Göbel, der als Vogt die weitgespannten Rechtsgeschäfte des Klosters leitete und folglich mit den Weltdingen bestens vertraut war, notierte am 13. April 1519, als in Frankfurt noch um die Mehrheit gerungen wurde:

«*Karl, Philipps Sohn aus der hochedlen Sippe der Julier ... wird im Alter von 17 Jahren gekrönt werden, wird ein großes Heer zusammenziehen und alle Tyrannen vernichten. Und es wird Gerechtigkeit mit ihm sein wie zwischen Braut und Bräutigam. Bis zu seinem 24. Regierungsjahr wird er Krieg führen und die Engländer, Spanier, Aragonesen, Gallier und Lombarden unterwerfen. Rom und Florenz wird er mit Feuerbrand vernichten. Er wird eine Doppelkrone erringen, das Meer überqueren, mit einem gewaltigen Heer in Griechenland einfallen und König der Griechen genannt werden. Er wird die Chaldäer, die barbarischen Türken, die Palestines und Georgier unterwerfen. Dann wird er ein Edikt erlassen, dass jeder, der das Zeichen des Kreuzes nicht verehren will, des Todes stirbt. Und es gibt niemanden, der ihm widerstehen könnte. Denn der Arm Gottes wird immer mit ihm sein. Und nahezu den gesamten Erdkreis (universam terram) wird er beherrschen. Er wird nach Jerusalem kommen, den Ölberg besteigen, die Krone vom Haupt nehmen und Gott mit Wunderzeichen (cum signis et miraculis) Dank abstatten. Im 35. Jahr seiner Herrschaft haucht er den Geist aus und wird von den Engeln die Krone empfangen.*»[8]

Infrage für das Kaisertum kommt hier kein anderer als Maximilians ältester Enkel Karl, aber nicht als «deutsches Blut» wie in der offiziellen Propaganda seiner Partei. Die nationale Färbung ist dieser Kaiservision ganz und gar fremd. Stattdessen wird der Burgunderherzog und spanische König einerseits als Spross eines uralten edlen Geschlechts gefeiert, das – wie im Humanismus üblich – auf die Antike und ihre Mythen zurückgeführt wird, konkret auf die Julier, die von Aeneas, dem sagenumwobenen Herrscher über Troja, abstammten und mit dem Römer Julius Caesar den Ahnherrn aller Kaiser hervorgebracht hatten. Andererseits erscheint Karl in apokalyptischem Licht als Endzeitkaiser, der mit Feuer und Schwert das Christentum in Europa und darüber hinaus zum Sieg führt, angesichts der Ängste vor den militärischen Erfolgen der muslimischen Osmanen eine zeitgeschichtlich aktuelle Vision.[9] Ein direkter Einfluss solcher geistlich-politischen Kaiservisionen auf die schließlich vollzogene Wahl lässt sich nicht erkennen. Umso deutlicher treten die Hoffnungen und Erwartungen der deutschen Öffentlichkeit hervor, unter denen der junge Burgunder das Kaisertum antrat.

Krönung in Aachen

Es sollte noch mehr als ein Jahr dauern, bis der Erwählte selbst im Reich erschien. Wie wir sahen, hatte er zunächst die spanischen Dinge zu regeln. Als er im Mai 1520 von La Coruña aus in See stach, nutze er die Gelegenheit in England zu einem fünftägigen Staats- und Familienbesuch anzulanden. Ende Mai[10] traf er in Canterbury Heinrich VIII. und Königin Katharina von Aragon, seine Tante. Politisch ging es um die Befestigung des Freundschaftsvertrags, den die beiden Herrscher geschlossen hatten, um den erneut offensiven französischen König in die Schranken zu weisen. Zudem verhandelte man erneut über die geplante Eheverbindung zwischen beiden Dynastien. Als Braut war wieder Mary Tudor im Gespräch. Aber nicht mehr Heinrichs Schwester Mary, die inzwischen in zweiter Ehe eine Liebeshochzeit durchgesetzt hatte. Nun ging es um Maria I. Tudor, die gerade vierjährige Tochter des Königspaares. Dass auch dieses Projekt nicht realisiert würde, war abzusehen. Hatten doch eben noch die spanischen Stände Karl unter Druck gesetzt, endlich zu heiraten, um die Thronfolge sicherzustellen. Gut dreißig Jahre später kam es dennoch zu der geplanten Verbindung der beiden Dynastien. Nicht Karl, sondern sein Sohn Philipp II. ehelichte die inzwischen als Nachfolgerin ihres Vaters auf den englischen Thron gelangte Mary Tudor (Bloody Mary). Auch das Hauptziel der Verbindung hatte sich geändert – nicht mehr um die Eindämmung Frankreichs ging es, sondern um die Vernichtung des Protestantismus, der sich in den Niederlanden ebenso wie in England rasant ausgebreitet hatte. Darauf werden wir noch genauer einzugehen haben.

Am 31. Mai erfolgte die Überfahrt von England in die Niederlande. Doch die Weiterreise nach Aachen verzögerte sich, weil dort die Pest ausgebrochen war. Karl wollte sich aber nicht bereitfinden, anderswo als am traditionellen Krönungsort – etwa in Köln – die Krone zu empfangen. Während der Wartezeit weilte der Hof meist in Brüssel, von wo aus Karl die niederländischen Städte und Herrschaften bereiste, seine Geburtsstadt Gent, Mechelen, die Stadt seiner Jugend, das Wirtschaftszentrum Antwerpen, schließlich auch die Hafenstadt Calais, wo er nochmals mit Heinrich VIII. von England zusammentraf. Und natürlich war man mit der Vorbereitung der Königskrönung beschäftigt. Mit den Reichsfürsten war zu verhandeln, ebenso mit den niederländischen Ständen, die zur Finanzierung der Feierlichkeiten die stattliche Summe von einer Million Goldgulden beitrugen.

Im Herbst war es endlich soweit. Karl konnte nach Aachen weiterreisen. Sein Einzug in die Krönungsstadt am 22. Oktober überbot alle Pracht und allen Glanz der burgundischen Joyeuse-Entrée-Feste wie der Inauguralfeierlichkeiten Spaniens. In Aachen war das Gefolge gewaltig[II] – burgundische und spanische Granden, Ritter vom Goldenen Vlies, Fürsten und Kurfürsten des Reiches, Prälaten und Kardinäle, die Ratsherren von Aachen, Pagen und Bedienstete, dazu mehrere Eskadrons Reiterei, gestellt unter anderem durch den Herzog von Jülich, den Vogt der Reichsstadt. Herolde warfen in die Menge, die den Zug säumte, Münzen mit Wappen und Konterfei des Monarchen. In Prunkharnisch und Brokatumhang, mit dem ihm eigenen distanzierten, leicht hochmütig wirkenden Mienenspiel, sein Pferd streng zügelnd und vom Erbmarschall von Pappenheim geleitet, repräsentierte der eben Zwanzigjährige glänzend die Majestas des «Erwählten Imperators», wie er sich kraft päpstlicher Genehmigung nach der Krönung zum Deutschen König nennen durfte.

Allein, aller Glanz und alle Ehrenbezeugungen durften Karl und seine Berater nicht übersehen lassen, dass in Deutschland die Königsherrschaft auf einer ganz anderen verfassungsrechtlichen Grundlage ruhte als in Spanien und in den Niederlanden. Die Reichsfürsten überragten die niederländischen und spanischen Stände weit an Macht, Ansehen und Rechten, so widerborstig und rebellisch sich jene auch aufführen mochten. Die deutschen Fürsten waren nicht Untertanen des Königs, sondern eigenständige Herrscher in ihren Territorien; die Kurfürsten waren sogar Mitträger der Reichsgewalt. Ein autoritärer Auftritt, wie ihn sich Karl vor den Vertretern spanischer Städte erlaubt hatte, verbot sich in Deutschland von vornherein. Es kam alles darauf an, ob und wie sich Karl auf diese Situation einstellen würde, aktuell in Aachen und langfristig bei der Regierung Deutschlands. In Brüssel hatte Karl bereits einen der Ersten des Reiches kennengelernt, den Erzbischof von Köln, seinen zukünftigen Koronator, mit dem er den Ablauf des Krönungsaktes sowie die rechtlichen und politischen Verhältnisse im Reich besprochen hatte. Jetzt in Aachen knieten alle anwesenden Kurfürsten vor ihm nieder und küssten ihm die Hand.

Dieser Demutsgeste folgten am Abend vonseiten Karls die formelle Unterzeichnung und der Schwur auf die Wahlkapitulation. Mit dieser in Frankfurt als Bedingung der Wahl formulierten Urkunde, die er schon vor Jahresfrist in Barcelona anerkannt hatte, trafen die Kurfürsten Vorsorge gegen eine mögliche Entartung seiner Regierung zu willkürlicher Fremdherrschaft. Auf sein von der Publizistik gepriesenes «teutsches Blut» allein wollte man sich dann doch nicht verlassen. In 33 Artikeln formulierte die Wahlkapitulation eine Art Grundgesetz des Reiches. Einerseits wurden die Rechte der Reichsstände, insbesondere der Kurfürsten, und namentlich das Mitwirkungsrecht des Reichstags und das kurfürstliche Wahlrecht als Garant gegen Tendenzen zur Erbmonarchie festgehalten. Andererseits und vor allem wurden die Pflichten des Reichsoberhaupts bestimmt: die Amtssprache musste Deutsch oder Latein bleiben; zu Hofämtern und hohen Amtsträgern durften nur Angehörige des Reiches berufen werden; Bewohner des Reiches durften nicht vor auswärtige Gerichte gezogen werden; der Monarch durfte keinen Reichstag außerhalb des Reichs einberufen; vor allem aber war es ihm verboten, ein fremdes Heer ins Reich zu führen, es sei denn die Reichsstände stimmten zu. An erster Stelle aber stand die Verpflichtung des neuen Herrschers auf Kernpunkte der Reichsreform, die unter Maximilian weitgehend versandet war. Karl sollte die «*heiligen reichs ordnungen und gesetz*» nicht nur bestätigen, sondern auch «*erneuen und, wo not, dieselbe mit rat unser und des reichs churfursten, fursten und anderer stend pesseren* (verbessern), ... *Darzue ein löblich, erlich regiment ... aufrichten, damit die mengel, gebrechen und beswerungen allenthalben im heiligen reiche abgelainet* (abgestellt)*, reformirt und in gut wesen und ordnung gebracht werd*».[12]

Früh am nächsten Morgen, dem 23. Oktober 1520, begann die Krönungsmesse. Von der «Familie» war Margarete von Österreich anwesend. In Karls Erhöhung erlebte sie den ersehnten Aufstieg der burgundisch-österreichischen Dynastie, zugleich Vollendung der expansiven Politik Karl des Kühnen, ihres Großvaters, und Festigung des Kaisertums ihres Vaters Maximilian. Geistig wie physisch fernab war die Mutter Juana, das Haupt der Trastámara-Dynastie, zu diesem Moment in Tordesillas Spielball der spanischen Opposition.

Gemäß dem über die Jahrhunderte hin gewachsenen Ritus stellte der Kurfürst von Köln die sechs im Krönungsformular vorgesehenen Fragen – ob er den überlieferten Glauben bewahren, Kirche und Geistlichkeit beschirmen, gegenüber Papst und römischer Kirche Ehrfurcht und Ergebenheit zeigen, das Reich mit Gerechtigkeit regieren, die Rechte des Reichs wahren und sein entfremdetes Gut wiedergewinnen, ein gnädiger Richter und Anwalt der Armen wie der Reichen, der Witwen und Waisen sein wolle. Nachdem er jede Frage mit Ja beantwortet hatte, wurden die Anwesenden gefragt, ob sie sich einem solchen Fürsten unterwerfen und ihm gehorsam sein wollten. Durch ihr dreimaliges «Fiat» war Karl durch das Volk bestätigt. Nun folgten die Salbung an Haupt, Brust, Nacken und Händen und die eigentliche Krönung – die Übergabe von Ring, Szepter, Reichsapfel und des Schwertes Karls des Großen, schließlich der Reichskrone, die ihm die drei geistlichen Kurfürsten gemeinsam auf das Haupt setzten. Dann wurde der Gekrönte in vollem Ornat auf den Lettner geleitet, wo er auf dem Marmorstuhl

Karls des Großen Platz nahm, einigen jungen Männern den Ritterschlag erteilte und abschließend das Heilige Altarsakrament erhielt.

Die Allgegenwart Karls des Großen muss ihn beeindruckt haben, angefangen mit dem Kopfreliquiar, das Kanoniker des Marienstiftes ihm zur Verehrung entgegengetragen hatten, bis hin zur Inthronisierung auf seinem Stuhl. Was fernab in Barcelona Gattinara ihm theoretisch entwickelt hatte, war in Aachen leibhaftig in Erscheinung getreten – die Erhebung in eine alle Fürsten Europas überstrahlende Majestät nach Art des ersten nachantiken Römischen Kaisers. Die politische Realität stellte ihm jedoch rasch vor Augen, dass die in Aachen feierlich heraufbeschworene Tradition in neuer Weise in Besitz zu nehmen und den Umständen einer neuen Zeit anzuverwandeln war. Und so wundert es nicht, dass er in seinen gut dreißig Jahre später verfassten Memoiren der sakralen Präsenz Karls des Großen nicht mehr gedenkt. Nach der Schilderung des Treffens mit König Heinrich VIII. an der Kanalküste fahren die Memoiren nüchtern fort: «*von dort setzte er seine Reise fort bis Aachen, wo er gekrönt wurde*».[13] Allein, dem Vergleich mit dem großen Vorgänger konnte er nicht entgehen: Noch kurz vor seiner Abdankung sollte ihn eine Staatsmotette als «*Carolus maximus*» preisen, ein Superlativ zu *Carlos magnus*, der durch die besondere Frömmigkeit Karls V. gerechtfertigt sei.[14]

Das deutsche Königtum in Karls Herrschaftssystem

Würden sich Karl und seine Räte auf diese besondere Situation des Reiches einstellen? Was würde geschehen, wenn das hohe Majestätsbewusstsein des Kaisers mit seiner unbedingten Gehorsamserwartung auf die «teutsche Libertät» träfe, den ebenso unbedingten Freiheits- und Mitbestimmungsanspruch der deutschen Fürsten und Reichsstädte? Hier mussten sich Wege finden, zunächst auf dem ersten, zum nächsten Frühling nach Worms einberufenen Reichstag, aber auch längerfristig. Dass man in die hierzu angestellten Überlegungen den Bruder Ferdinand mit einbezog, war der vielleicht klügste Schachzug in der Staats- wie in der Familienpolitik, nicht zuletzt, weil der Jüngere, obgleich in Spanien erzogen, bald ganz als deutscher Habsburger auftrat, während sich der Kaiser nie so eindeutig einordnen wollte.

Mercurino Gattinara (1465–1530), Gemälde von Jan Cornelisz Vermeyen, 1532.

Die notwendige Anpassung wurde bereits während des Krönungsmahls auf dem Aachener Rathaus offenbar: Gemäß Reichsrecht musste der Kaiser seine Koronatoren zu Kanzlern der Reichsgeschäfte berufen – den Erzbischof von Köln für Reichsitalien, den von Trier für Burgund und den von Mainz für Deutschland. Von höchster administrativer und politischer Bedeutung war die Übergabe des Siegels für die deutschen Reichsgeschäfte an den Erzbischof Albrecht von Mainz, die noch auf dem Festmahl vollzogen wurde. Allein, vor zwei Jahren in Saragossa hatte Karl die Geschäfte für all seine Reiche und Herrschaften in die Hände von Mercurino Gattinara gelegt und für ihn das Amt eines Großkanzlers geschaffen. Diese Konzentration, die man getrost eine Modernisierung von Regierung und Verwaltung nennen darf, zurückzunehmen beziehungsweise Deutschland und das Reich davon auszunehmen, hätte einen Rückschlag bedeutet. So nötigte man den Mainzer Reichserzkanzler zugunsten von Gattinara auf die Ausübung seines Amtes zu verzichten, es sei denn er hielte sich selbst am Kaiserhof auf.

Die Eide über gute und gerechte Regierung, die Karl am Krönungstag abgelegt hatte, mussten in den folgenden Wochen und Monaten in konkrete Ordnungsstrukturen und Regierungsperspektiven umgesetzt werden. Daran arbeiteten der König und seine Berater in intensiven Verhandlungen mit den wichtigsten Fürsten des Reiches, zunächst in der Reichsstadt Köln, wo der Hof knapp drei Wochen weilte, dann auf dem Weg den Rhein hinauf nach Worms, wo er ab Ende November mehr oder weniger fest residierte. Im Vordergrund standen die notwendigen Abstimmungen für den ersten, nach Worms einberufenen Reichstag sowie die Entscheidung, wie man mit dem rebellischen, inzwischen zum Ketzer erklärten Martin Luther verfahren wollte. Das war ein besonders heikles Problem, war es doch unmöglich, es allen Seiten recht zu machen, dem Papst, dessen Nuntius kurzen Prozess forderte, ebenso wie den Lutherfreunden unter den Reichsfürsten, die das auf keinen Fall zu dulden bereit waren.

Parallel zu den Reichstags- und Religionssachen war die Situation in den österreichischen Erbterritorien zu klären und ein Modell zu entwickeln, wie sie zu regieren und in das burgundisch-spanisch-habsburgische Gesamtsystem einzugliedern seien. Als Erstes waren aber Frieden und Ruhe wiederherzustellen. Wie in Spanien waren auch in Österreich Unruhen und Aufstände ausgebrochen. Die Stände wollten die herrscherlose Zeit zwischen dem Tod Maximilians und dem Regierungsantritt seines Nachfolgers nutzen, um ihre traditionellen Privilegien und Mitwirkungsrechte zurückzugewinnen, die ihnen der unter Maximilian bereits weit vorangeschrittene Ausbau der fürstlichen Administration genommen hatte. Der Ungehorsam war umso beunruhigender, als sich in einigen städtischen Zentren, voran in der Residenzstadt Wien, eine reformatorische Bewegung zeigte, so dass dort der politische Widerstand mit dem religiösen Protest zu einer explosiven Mischung zusammenfloss.[15]

Zwei Entscheidungen lagen auf der Hand. Dem jüngeren Bruder stand ein Teil des Erbes zu und es waren die süd- und südostdeutschen Territorien des Hauses, die hierfür in Frage kamen. Die Regelung erfolgte in zwei Hausverträgen, die 1521 in Worms und Anfang 1522 in Brüssel formell besiegelt wurden. Von Österreich im Osten über Vorarlberg bis zum Breisgau und einzelnen elsässischen Herrschaften im Westen und Tirol im Süden fielen alle deutschen Territorien des Hauses Habsburg an Ferdinand. Damit war die Grundlage für das Herrschaftssystem Karls V. und seines Hauses gelegt, die sich bis zu

Ende seiner Regierungszeit und darüber hinaus bewähren sollte. Hatte Karl anfangs tatsächlich eine «Feindseligkeit gegenüber seinen ‹spanischen› Geschwistern»[16] gehegt, dann war sie spätestens mit dieser Regelung überwunden.

Für die Öffentlichkeit blieben die Verhältnisse noch eine geraume Zeit in der Schwebe. Denn die Hausverträge waren geheim, und Informationen über ihren Inhalt sickerten nur langsam durch. Die österreichischen Stände operierten noch länger im Ungewissen. Fürs Erste fanden sich weder der Kaiser noch sein Bruder bereit, zum Empfang der Huldigung in die einzelnen Herrschaften zu kommen. Die Aufstandsbewegung indes warf die landesherrliche Regierung mit aller Entschiedenheit nieder. Als der neue Herrscher Erzherzog Ferdinand endlich im Land erschien, zog er sogleich nach Wiener Neustadt und berief ein Sondergericht, das zwei Wochen lang auf dem Hauptplatz der Stadt öffentlich tagte. Am 23. Juli 1522 erfolgte das Urteil, das zwei Adelige und sechs Bürger Wiens, darunter den Bürgermeister, mit der Todesstrafe belegte. Die Exekution erfolgte öffentlich; die Leichen wurden nach Wien transportiert und auf dem Fleischmarkt zur Abschreckung zur Schau gestellt; die Haupt- und Residenzstadt verlor alle Freiheiten und unterstand fortan direkt dem landesfürstlichen Regiment.

Der junge, noch unsicher im Sattel sitzende Fürstenstaat wollte und konnte sich keine christliche Barmherzigkeit erlauben – Erzherzog Ferdinand gegen die österreichische Opposition nicht und auch der katholische König Spaniens nicht gegenüber den kastilischen Comuneros-Rebellen. In den deutschen Erblanden hielt die Ruhe allerdings nur kurz – bis zum Flächenbrand des deutschen Bauernkrieges 1525 / 26, der vor allem Tirol erfassen sollte.

Logistische Probleme eines überspannten Herrschaftsraumes

«Wir Carl der fünffte von Gottes Gnaden Römischer Kayser, zu allen Zeiten Mehrer des Reichs, König in Germanien, zu Castilien, Arragon, Leon, beyder Sicilien, Hierusalem, Hungarn, Dalmatien, Croatien, Navarra, Granaten, Tolleten, Valentz, Gallicien, Majorica, Histalis, Sardinien, Corduba, Corsica,

Giennis, Algarbien, Algeziren, Gibraltar, der Canarischen und Indianischen Insulen und der Terrae firmae des Oceanischen Meers etc. Ertz-Herzog zu Oesterreich, Hertzog zu Burgundi, zu Lotterich, zu Braband, zu Steyer, zu Kerndten, zu Krain, zu Limburg, zu Lützenburg, zu Geldern, zu Calabrien, zu Athen, zu Neopatrien und Würtenberg etc. Graf zu Habspurg, zu Flandern, zu Tyrol, zu Görtz, zu Barcinon, zu Arthoys, zu Burgund, Pfaltzgraff zu Hänigau, zu Holland, zu Seeland, zu Pfierdt, zu Kyburg, zu Namur, zu Rußilion, zu Ceritan und zu Zütphen, Landgraf in Elsaß, Marggraf zu Burgau, zu Oristani, zu Gotiani, und des Heiligen Römischen Reichs Fürst zu Schwaben, Catalonia, Asturia etc. Herr in Frießland, auf der Windischen Marck, zu Portenau, zu Biscaja, zu Molin, zu Salins, zu Tripoli und zu Mecheln etc.»

Mit dieser Titulatur ließ Karl seit den frühen 1520er Jahren Verlautbarungen und Befehle in die Welt ergehen. Wenn auch manches lediglich Anspruch oder gar toter Buchstabe war, so macht die Auflistung von Reichen, Territorien und Herrschaften doch deutlich, wie komplex und differenziert das Regierungshandeln in diesen weitgespannten Räumen mit so unterschiedlichen Einwohnern, Kulturen und Bedingungen des Wirtschaftens gewesen sein muss. Karl selbst übte seine Herrschaft als «Reisekaiser» aus – zwischen Spanien, den Niederlanden, Deutschland und Italien, dazu auf Kriegszügen nach Nordafrika. Selbst wenn er sich längere Zeit in einem Territorium aufhielt, ließ sich die Regierung nicht von einer festen Residenzstadt aus führen. In Spanien etwa hielt sich der Hof zwar immer wieder mehrere Wochen in den Palästen der traditionellen Königsstädte auf, vor allem in Valladolid, der offiziellen Hauptstadt Kastiliens, in Toledo oder Madrid und gelegentlich auch in Aranjuez, der Sommerresidenz südlich Madrids am Ufer des Tajo. Ansonsten zogen Kaiser und Hof durch das weite Land – weil sie die regionalen Traditionen Kastiliens wie Aragons zu beachten hatten, aber auch wegen der Finanzierungs- und Versorgungslogistik des umfangreichen Hofstaates.

Hinzu kamen die schwierigen Verkehrs- und Kommunikationswege, auf denen Informationen erst nach mehreren Tagen, bei widrigen Umständen sogar erst nach Wochen von Deutschland nach Spanien oder von Spanien nach Italien gelangten. So hatten der Kaiser wie seine regionalen Repräsentanten immer wieder Entscheidungen auf unzureichender Informationsbasis zu treffen, gleichsam ins Blaue hinein. Karl selbst reflektiert das in einem Brief aus Bologna Anfang Januar 1530, kurz vor der Kaiserkrönung, in dem er seinem Bruder in Innsbruck detailliert seine Entscheidungszwänge und -optionen schildert.[17] Bereits der Entschluss, von Spanien nach Italien aufzubrechen, war mit einer Reihe von Unabwägbarkeiten verbunden. Und als er dann in dem Genuesischen Hafen von Savona landete, *«wusste ich länger als zwanzig Tage nichts vom Frieden mit Frankreich»*, also von dem am 5. August in Cambrai abgeschlossenen «Damenfrieden», der die mächtepolitische Konstellation gerade auch in Italien grundlegend änderte. Für die weiteren Entscheidungen – insbesondere ob es nach Norden Richtung Deutschland oder nach Süden Richtung Neapel gehen sollte – spielten die Nachrichten über die Situation an der Türkenfront eine entscheidende Rolle. Die *«günstige Nachricht, vom Rückzug der Türken, erreichte mich erst, als ich bereits auf dem Weg war»*, nämlich nach Bologna, wodurch zwangsläufig der dringend gebotene Herrschaftsantritt im Königreich Neapel erneut verschoben war.[18]

Doch selbst wenn er vom Friedensschluss rechtzeitig erfahren hätte, wären die Entscheidungsgrundlagen unsicher geblieben. Denn ein überstaatlich verbindliches Vertrags- und Völkerrecht war erst im Entstehen. Angesichts der noch näher zu beleuchtenden Erfahrungen mit Franz I. nach dem Frieden von Madrid 1525 musste Karl zweifeln, *«ob der Friede von Seiten Frankreichs von Dauer sein wird»*. Jedenfalls müsse er gewärtig sein, schrieb er dem englischen König, *«dass der König von Frankreich mithilft und aufreizt, um uns beide in einen Krieg zu verwickeln und im Bedarfsfall auch die Venezianer, den Herzog von Mailand, den Herzog von Ferrara, Florenz und andere Mächte in Italien»*.[19]

All das machte es außerordentlich schwierig oder gar gefährlich, definitive Entscheidungen zu treffen. Die Folge war diplomatisches Lavieren und eine auf strenge Geheimhaltung bedachte Politik, in die nur wenige eingeweiht wurden. In der unübersichtlichen Lage 1529/30 waren Alternativpläne nötig, die Karl undatiert an seinen Bruder Ferdinand verschickte, um diesem je nach Veränderung der politischen und militärischen Konstellation freie Handlungsoptionen zu geben.[20] Solche Operationen ließen sich nur mit Angehörigen der Dynastie und einem ganz kleinen Kreis von zuverlässigen Beratern sicher durchführen. Die Abstimmung erfolgte über die Botschafter, denen die Herrscher in Vorträgen die notwendigen Informationen gaben, vor allem aber durch die politische Korrespondenz.

Das damals jeder größeren Herrschaft gestellte logistische Problem einer möglichst reibungslosen und raschen Überbrückung der räumlichen Distanz, die im Wesentlichen mit Pferden und Segelschiffen zu bewerkstelligen war, stellte sich angesichts der gewaltigen geographischen Ausdehnung von Karls Herrschaftsgebiet – von Spanien bis zum Balkan, von den Küsten der Nordsee bis nach Sizilien – in einem bis dahin nicht gekannten Maße. Hier setzte der Kaiser von seinen frühesten Regierungsjahren an auf das modernste Kommunikationssystem seiner Zeit, auf die Post, deren Ausbau er nach Kräften förderte. Er trat damit in die Fußstapfen seiner Vorfahren: Sein Großvater Maximilian hatte die junge, eben in Oberitalien entstandene Post unter seinen kaiserlichen Schutz gestellt, sein Vater Philipp hatte zu deren Finanzierung wesentlich aus dem burgundischen Staatshaushalt beigetragen, und dessen Schwester Margarete, Karls Tante, hatte diese Politik als Statthalterin der Niederlande fortgesetzt. Karl selbst schloss noch im Jahr seines Regierungsantritts in Spanien in Valladolid und Saragossa, also für Kastilien und Aragon, erste Postverträge mit Franz und Johann Baptista von Taxis, den italienischen Postmeistern des Reiches. Damit war der Grundstein für eine sich rasch verdichtende regelmäßige Verbindung zwischen den burgundischen und spanischen Besitzungen gelegt.

Mit der Übernahme der deutschen Königs- und der Kaiserkrone «nutzte Karl V. ausdrücklich den universellen Anspruch des Kaisertums, um auch auf fremdem Boden, etwa in Venedig oder Rom, auf Reichsboden (Rheinhausen am Oberrhein, Trient, Augsburg), aber auch auf eigenem Territorium, in Antwerpen und Mailand, Kaiserliche Postämter einzurichten».[21] Mit der Regierungsübernahme Ferdinands in Österreich und Böhmen-Ungarn wurde das komplementäre Postsystem in Österreich nach Osten ausgeweitet. Wie sehr dieses Kommunikationsnetz auf die Interessen von Karls Herrschaftssystem ausgerichtet war, zeigt sich darin, dass der Generalpostmeister Leonhard von Taxis seit 1543 in Brüssel ansässig war, der kaiserferne Norden und Nordosten Deutschlands noch über Jahrzehnte hin nicht erfasst wurde und schließlich das Postwesen in eine Krise geriet, als

Karl abdankte und sein Haus in eine deutsche und österreichische Linie auseinanderfiel.

Dem Kaiser selbst stand natürlich ein eigenes Botenwesen zur Verfügung und die Logistik seines «Reisens» wurde vom Hof selbst bewältigt, mit den bereits berührten finanziellen Problemen. Der Ausbau des Wegenetzes der Post kam aber auch ihm zugute. Vor allem seine Regierungen profitierten von dem alltäglichen Kommunikationsfluss, der sich im Laufe von Karls Regierungsjahren enorm verbesserte. Boten, geschäftlich oder privat Reisende, aber auch kleinere Sendungen bewegten sich zwischen den Niederlanden, Österreich, Spanien und seinen Besitzungen in Italien schneller und leichter als in anderen Teilen Europas. Im Sommer 1550 notierte der Kaiser ganz selbstverständlich in seinen Memoiren zur Reise seines Schwiegersohns König Maximilian von Böhmen von Augsburg nach Spanien, er habe sich von Genua über den Seeweg nach Barcelona und von dort «*mit der Post nach Valladolid*» begeben.[22] Diese Postverbindungen waren politisch wie kulturell eine wichtige Klammer zwischen den so verschiedenen Ländern. Langfristig hätten sie durchaus die logistische Grundlage für ein die Länder überspannendes Zusammengehörigkeitsgefühl bieten können.

Wie effektiv die Reiseverbindungen zu Ende von Karls Regierung waren, sollte sich just im Moment seiner Abdankung zeigen, als sein Neffe Ferdinand von Tirol im Auftrage seines Vaters von Augsburg nach Brüssel eilte und dabei die «gut funktionierende Postverbindung mit einem eigenen Wege- und Stationsnetz» nutzte, das «die Niederlande kommunikationstechnisch näher an die österreichischen Gebiete anbinden sollte». Und dass Zeitgenossen wie Dynastie sich des unter Karl erreichten Ausbaus der Verbindungswege bewusst waren, zeigt das repräsentative Gemälde «*Vorstellung einer Postreise des E. H. Ferdinand von Tyrol nach Brüssel*» aus der Sammlung der Tiroler Erzherzöge in Schloss Ambras, das wenige Jahre nach der Reise entstand.[23]

Regieren als Familienunternehmen

Ungeachtet aller administrativen und logistischen Regelungen war es bei der weitgespannten geographischen Ausdehnung des Herrschaftsbereiches unerlässlich, dass der Kaiser sich auf ein straff geordnetes

System regionaler Repräsentanz des Herrschers auf der Basis unbedingter persönlicher Loyalität stützen konnte. Die skizzierte Aufteilung von Territorien und Regierungsbefugnissen zwischen Karl und Ferdinand in den frühen 1520er Jahren, die – das sei vorausgreifend erwähnt – 1530/31 in der Erhebung Ferdinands zum Deutschen König ihre Vollendung erreichte, war nur der deutsche Teil eines Gesamtsystems, mit dem der Kaiser seine Herrschaften regierte und verwaltete. Karls Weltreich war ein Familienunternehmen, darin den großen Handelshäusern der Zeit, den Fugger oder Medici, vergleichbar.

Für Zeiten seiner Abwesenheit aus dem einen oder anderen Reich setzte Karl Statthalter oder Regenten ein. In den Ursprungsherrschaften der Dynastie waren das ausschließlich Familienmitglieder: in Burgund Margarete von Österreich, die Tante, nach deren Tod 1530 bis zu Karls Rücktritt 1556 Maria von Ungarn, die Schwester; in Österreich und im Reich Ferdinand, der Bruder; in Spanien zunächst der Kindheitsvertraute Adrian von Utrecht, im aragonesischen Teilreich Valencia Germaine de Foix, Stiefgroßmutter, eventuell auch kurzzeitige Geliebte Karls, nach der Eheschließung für ganz Spanien die Kaiserin Isabella (von 1529–1533, 1535/36, Frühjahr/Sommer 1538), nach deren Tod der Sohn Philipp, erstmals als Elfjähriger von November 1539 bis Februar 1540 unter der Aufsicht des Erzbischofs von Toledo, Juan Pardo de Tavera. Die anderen Reiche wurden durch Vizekönige regiert, so Neapel, Sizilien und das amerikanische Neuspanien, oder durch Statthalter, so seit 1540 das für den Zugang nach Italien zentrale Herzogtum Mailand. Wie sehr sich Karl bei der Vergabe dieser Statthalterämter auf regionale Klientelnetze stützte, werden wir im Zusammenhang mit seiner Italienpolitik detailliert am Beispiel der oberitalienischen Fürstendynastie Gonzaga erfahren. Ferrante Gonzaga, der jüngere Bruder des regierenden Herzogs Federico II. von Mantua, diente ihm zunächst als Vizekönig von Sizilien, danach als Statthalter von Mailand.[24]

Eine einheitliche Regierung oder gar einen Gesamtstaat strebte Karl nicht an. Selbst in Spanien blieben Kastilien und Aragon gesonderte Herrschaften, die in sich noch einmal untergliedert waren. Zum Königreich Aragon etwa heißt es in Karls Memoiren zum Jahr 1533, dass der Kaiser sich «*nach Monzon begab, um dort die Cortes seiner drei*

Reiche von Aragon abzuhalten».[25] Jede der «grands royomes et grandes terres, que Dieu lui avait donnés»,[26] so Karls Definition seiner Herrschaften, war nach seinen eigenen «coutume» zu regieren, also den historisch gewachsenen Bräuchen und Rechtsgewohnheiten. Die deutschen Reichsstände reagierten bereits in den ersten Regierungsjahren äußerst heftig, wenn sie den Eindruck hatten, der neue König wolle sie «à la façon d'Espaigne» regieren.[27] Später verschärfte sich ihr Argwohn zu dem Vorwurf, der Kaiser wolle sie der traditionellen «teutschen Libertät» berauben und der *«viehischen spanschen servitut»* unterwerfen, also Deutschland und das Reich autokratisch regieren, wie es in Spanien üblich sei. Bei allem Willen zu festen Regeln und Standards in seiner Politik hatte Karl diese Unterschiede zu beachten. Das gilt auch und gerade für die Religionspolitik. Während er im Reich den Protestanten immer wieder Zugeständnisse machen musste, schritt er in Spanien und den Niederlanden von vornherein mit aller Entschiedenheit und Gewalt ein. Auch das wird uns im Einzelnen noch zu beschäftigen haben.

Die Regierung der Statthalter und Vizekönige erfolgte in Karls Namen, unter genau definierten Bedingungen und stets unter strenger persönlicher Beobachtung durch den Monarchen. Die Regenten hatten in eng geführter Korrespondenz Rechenschaft abzulegen. Bei wichtigen Problemen war, wenn die Zeit es zuließ, vorweg Karls Entscheidung einzuholen. Das gilt selbst für den Deutschen König Ferdinand, dem Karl gleich nach dessen Krönung Mitte Januar 1531 in einem bereits im Februar in Brüssel ausgearbeiteten Memorandum detaillierte Bedingungen seiner Regentschaft vorlegte. Namentlich hatte er zuzusagen, *«keine Bünde oder Bündnisse im Namen des Kaisers oder des Reichs einzugehen, ohne sich vorher mit dem Kaiser zu besprechen und seine Einstellung hierzu vernommen zu haben».*[28] Er war demnach gezwungen, bei außenpolitischen Entscheidungen in der Regel vorweg eine schriftliche Abstimmung mit dem Kaiser vorzunehmen.

Unterstützt wurden der Kaiser und seine Statthalter durch eine allenthalben im Ausbau befindliche frühmoderne Bürokratie, deren Achillesferse allerdings noch lange die Steuer- und Fiskalverwaltung war. Die kaiserliche ebenso wie die statthalterlichen Regierungen waren längst in der neuen Zeit der Aktenmassen angekommen, von der sie mehr als alle anderen Regierungen im damaligen Europa produzierten. Wichtiger noch für die Steuerung des Gesamtsystems war die Korrespondenz zwischen dem Kaiser und seinen Statthaltern, die auf weiten Strecken zugleich Familienkorrespondenz war. Davon sind rund 130 000 Briefe auf uns gekommen – eine Fülle, die erst die moderne Datenverarbeitung editorisch erschließen kann.[29]

Auch in den vielen Briefen an Familienangehörige war die kaiserliche Korrespondenz eine politische, die bei aller immer deutlichen Verbundenheit, insbesondere in den Briefen an die Kaiserin, so gut wie nie persönliche Dinge berührte. Die Briefe, die in bewegten Zeiten fast täglich vom Kaiserhof, der nur zu häufig ein durch Europa ziehendes Feldlager war, an die verschiedenen Mitglieder des Hauses gingen, drehten sich um Fragen der Diplomatie, um Vorkehrungen gegen die Häresie, Truppenbewegungen und immer wieder um Geld, Geld und abermals Geld, das der Kaiser bis zum Ruin aus seinen Ländern presste, allen voran aus Spanien, das nach seinem Tod den Staatsbankrott erklären musste. Selbst die Korrespondenz mit seiner Schwester Maria in Brüssel, die ihm nach dem Tod der Kaiserin im Jahre 1539 am nächsten stand, enthält kaum ein Wort zu persönlichen Dingen, ganz zu schweigen von Gefühlen und Stimmungen. Die weiblichen Statthalter – seine Tante Margarete, seine Schwester Maria in den Niederlanden, seine Ehefrau Isabella in Spanien – waren in gleicher Weise Pfeiler im länderüberspannenden politischen System des Kaisers wie sein Bruder Ferdinand als deutscher König oder später sein Sohn Philipp als Stellvertreter in Spanien. Wie wir noch sehen werden, waren es diese weiblichen Mitglieder des Hauses, insbesondere Maria von Ungarn, denen Karl sein besonderes Vertrauen schenkte, als in den späten Jahren Spannungen zwischen den Brüdern auftraten. Umgekehrt war es Maria, die ihm am unverblümtesten für ihn unangenehme Wahrheiten sagen konnte.

Die Korrespondenz, der er sich nach Beobachtung venezianischer Gesandter «*mit der aller größten Sorgfalt*» widmete, beanspruchte einen erheblichen Teil von Karls Arbeitszeit. Nach Phasen intensiver Verhandlungen und Beratungen wie auf Reichstagen setzte er gesonderte Tage zur Erledigung seiner Briefe an. In der Regel diktierte er einem oder mehreren Schreibern. In besonders schwieriger Lage schrieb er eigenhändig, wie den erwähnten Brief an seinen Bruder Ferdinand 1530 aus Bologna,[30] und überhaupt die Briefe an seine Geschwister, es

Maria von Ungarn
(1505–1558), Gemälde
von Hans Krell, 1522.

sei denn es war eilig und er sehr ermüdet, wie nach der Schlacht von Mühlberg im April 1547, als er im Postskriptum an seine Schwester Maria die Schreiberhandschrift damit entschuldigt, «*weil ich vom gestrigen Tag noch sehr müde bin, schreibe ich Ihnen nicht eigenhändig.*»[31]

Wenn es um grundlegende Weichenstellungen ging, wie 1530 auf dem Reichstag von Augsburg oder in den frühen 1550er Jahren zur Nachfolgeregelung, fanden zwischen den Brüdern mehrtägige persönliche Beratungen oder gar ein Familienrat statt. Darüber wird ausführlich zu berichten sein. Ebenso über die Gewohnheit des Kaisers, bei wichtigen Verhandlungen «*ein Memorial oder eigenhändige Notizen über alle Verhandlungsgegenstände vorliegen zu haben, um nichts zu vergessen*».[32]

Noch in einem ganz anderen Sinne war Karls Herrschaft ein Familienunternehmen: Wenn es galt, Friedensschlüsse oder Allianzen durch dynastische Eheverbindungen zu besiegeln, wurden Frauen des Hauses Österreich zu Ecksteinen seiner Politik. Seine 1528 geborene Tochter Maria war bereits Anfang der 1530er Jahre als Pfand für die dann doch gescheiterte Aussöhnung mit Franz I. von Frankreich vorgesehen. Nach weiteren Projekten heiratete sie schließlich ihren österreichischen Vetter Maximilian, um die Achse Wien – Madrid zu festigen. Dennoch wurde das eine glückliche Verbindung, wenn eine Schar von vierzehn Kindern als Maßstab gelten mag. Als Karls Schwester Maria, die Statthalterin in Brüssel, in einem Fall um «Erbarmen» mit einer Habsburger Prinzessin bat, die der Kaiser aus politischem Kalkül im Kindesalter mit einem Jahrzehnte älteren Monarchen verheiraten wollte, wies sie der Bruder mit dem Hinweis in die Schranken, er tue ohne Rücksicht auf persönliche Vorlieben seine Pflicht zum Wohle des Hauses Österreich und das verlange er auch von den weiblichen Mitgliedern der Dynastie. Dynastischer Glanz und machtpolitischer Aufstieg verlangten ihr Opfer, das Frauen wie Männer je nach den Möglichkeiten ihres Geschlechts zu erbringen hatten.

Räte und Vertraute

Mandate und andere Regierungshandlungen erfolgten stets im Namen des Kaisers. Dahinter standen aber in der Regel Gutachten von einzelnen Spitzenräten oder Beratungskollegien. Welchen persönlichen Anteil Karl im Einzelnen an den Entscheidungen nahm, lässt sich nicht leicht sagen. Generell gilt, dass die Grundlinien der Politik der einzelnen Länder, vor allem aber in der übergreifenden Kaiserpolitik, nie ohne seine Zustimmung festgelegt wurden. Das gesamte Personal, auch wenn wir uns auf die Spitze der Hierarchie in Burgund, Deutschland, Neapel, Spanien und so weiter beschränken wollten, kann hier nicht vorgestellt werden. Wir konzentrieren uns auf den Kaiserhof selbst. In den frühen Jahren lag die Initiative deutlich bei den Beratern, voran bei Karls ehemaligem Erzieher Guillaume de Croy, Seigneur de Chièvres, und bei dem Kanzler Jean le Sauvage, auch er ein Vertreter Burgunds. Als Sauvage 1518 starb, trat an seine Stelle – wir hörten es bereits – der Oberitaliener Mercurino Arborio di Gattinara als Großkanzler. Das bedeutete eine deutliche Verschiebung in den Grundlagen der Kaiserpolitik, weg von der burgundischen Tradition und hin zu einem neuzeitlichen Universalkonzept. Wie wir noch sehen werden, war es der Großkanzler, der diese Politik theoretisch begründete und sie in der Praxis vertrat. Doch steht außer Zweifel, dass Karl selbst beides in der Regel mittrug. Mit Gattinaras Tod 1530 endete die frühe Phase starker Berater. Karl ernannte keinen neuen Großkanzler. Theoretische Begründung seiner Herrschaft ebenso wie die Gestaltung der Regierungspraxis lagen fortan im Wesentlichen in seinen eigenen Händen. Für internationale Politik und allgemeine Regierungsfragen stand ihm Nicolas Perrenot de Granvelle zur Seite, ein aus der Freigrafschaft Burgund stammender Jurist, der bereits an der Seite Gattinaras Regierungserfahrungen gemacht hatte. Die Finanzen und Überseeangelegenheiten Spaniens überwachte der beschlagene Andalusier Francisco de los Cobos, der bereits seit 1520 in unmittelbarer Nähe des Kaisers stand und – ein Arbeitstier[33] – sich inzwischen als Staatssekretär für spanische Angelegenheiten unentbehrlich gemacht hatte. Religionspolitik und persönliche Glaubensfragen beriet er mit seinen Beichtvätern, voran mit dem Dominikaner Don García de Loaysa, seit 1524 Bischof von Osma, später Kardinal und ab 1539 Erzbischof von Sevilla, zeitweilig auch Präsident des Indienrats.

In Deutschland lagen die alltäglichen Regierungs- und Verwaltungsarbeiten in der Hand des Reichsvizekanzlers, formell als Vertreter des Erzbischofs von Mainz, der gemäß der Reichsverfassung die Würde eines Erzkanzlers besaß, die Ausübung des Amtes aber bereits bei der Aachener Krönung an die kaiserliche Kanzlei abgetreten hatte. Dementsprechend war der Reichsvizekanzler faktisch von ihm unabhängig und direkt für den deutschen König beziehungsweise den Kaiser tätig. Das gilt insbesondere für Georg Sigmund Seld, den Reichsvizekanzler im letzten Regierungsjahrzehnt Karls V., als der Kaiser sich in Deutschland aufhielt und die deutschen Angelegenheiten im Vordergrund standen. Dabei kam Seld insofern eine besondere Vertrauensposition zu, als er die deutschsprachigen Verhandlungstexte und Vertragsentwürfe für den Kaiser ins Französische übersetzen musste und umgekehrt Karls Antwort und Bemerkungen zurück ins Deutsche zu übertragen hatte, stets ermahnt, «auf exakte Bedeutungsgleichheit zu achten».[34]

Es ist charakteristisch für Karl V., dass er seinen Beichtvätern als Seelsorger und Berater in persönlichen Kämpfen und Nöten eine ganz besondere Stellung einräumte.³⁵ Gelegentlich mag das auch politische, insbesondere kirchenpolitische Entscheidungen, berührt haben. Stets skrupulös darauf bedacht, jedes Abweichen vom kirchlich verfügten Heilsweg auszuschließen, blieb der Kaiser bis zu seinem letzten Atemzug in engstem Austausch mit seinen Beichtvätern. Soweit sich erkennen lässt, gestand er ihnen aber keinen unmittelbaren politischen Einfluss zu. Auch hierin unterscheidet sich Karl V., der vor dem Einsetzen der militanten Gegenreformation infolge des Trienter Konzils lebte, von den katholischen Herrschern des Barockzeitalters, namentlich von Kaiser Ferdinand II. (1619–1637) und Herzog / Kurfürst Maximilian von Bayern (1597 / 1623–1651), deren Beichtväter zugleich politische Berater waren.³⁶

Näheren Einblick in die Beziehungen zwischen Kaiser und Beichtvätern gewährt uns ein Konvolut von rund 80 Briefen, die der erwähnte Dominikaner Juan García de Loaysa zwischen Mai 1530 und November 1532 an Karl richtete,³⁷ also in den Jahren, in denen heftig um einen zeitlich begrenzten Religionsfrieden mit den Protestanten gerungen wurde. Loaysa, aus der Nachbarschaft Toledos gebürtig und rund 20 Jahre älter als Karl, war seit Anfang der 1520er Jahre religiöser Vertrauter und Beichtvater des Kaisers. 1530 nahm er in Bologna an der Kaiserkrönung teil, nicht aber am Konfessionsreichstag von Augsburg. Aus nicht mehr ersichtlichen Gründen hatte Karl das enge Seelsorgeverhältnis aufgelöst und Loaysa nach Rom beordert, wo er in den nächsten Jahren als eine Art Spezialgesandter die kaiserlichen Interessen gegenüber Papst und Kurie vertrat. Dieser räumlichen Trennung verdanken sich die genannten Briefe Loaysas an den Kaiser, die überwiegend Fragen der Kirchenpolitik, der politischen Beziehungen zur Kurie und anderen europäischen Mächten, die Lage in Italien oder Deutschland und ähnliche Probleme der Tagespolitik behandeln. Doch beruft sich der ehemalige Beichtvater auch immer wieder auf das Band geistiger Freundschaft und Liebe,³⁸ um auf dieser Basis das seelsorgerische Gespräch fortsetzen zu können. Die Briefe, für die keine Antwortschreiben des Kaisers vorliegen, berühren auch immer wieder unverblümt Karls Sünden – etwa gegen das Gebot der Mäßigung beim Essen und Trinken oder gegen die sexuelle Reinheit.³⁹ Dabei erinnert ihn Loaysa in nachgerade eschatologischer Sprache an seinen besonderen religiösen Status in Gottes Heilsplan. Er sei «*das einzige Heil der ganzen Christenheit in dieser Zeit» (en estos tiempos es unica salud de toda la Cristianidad*. Das ganze Heil sei verloren, «wenn Eure Kaiserliche Person in dieser Zeit nicht wäre».[40]

Diese Äußerungen fallen in eine Zeit, in der in der Tat alles von dem Reichsoberhaupt abhing, beim Kampf gegen das Lutherische Bekenntnis auf dem Augsburger Reichstag; gegen den kurz darauf geschlossenen protestantischen Verteidigungsbund von Schmalkalden; ebenso bei der Eindämmung der erneut drängenden Offensive der islamischen Osmanen. Um dieser welt- wie heilsgeschichtlichen Aufgabe gerecht zu werden, müsse gerade Karl auf Vergnügungen dieser Welt verzichten und sich geistig auf die wahren Feste im Himmel einstellen, um in dieser Weise gestärkt, unermüdlich für die Errettung des ganzen christlichen Gemeinwesens arbeiten zu können («*que con vuestro contino trabajo se salvase toda la republica Cristiana*»). Daher sei eine ständige Seelen- und Gedankenerforschung nötig, und wenn der Kaiser dabei auf eine Schuld stoße, so solle er nicht zaudern, zur Beichte zu gehen und Gott die Sünde mit Traurigkeit, dem Beichtvater aber mit Scham zu bekennen *(«Mi consejo cuando en vuestros pensamientos sentieredes alguna culpa, no tarde V. Md., de allegarse à la confesión, diciendo vuestro pecado à Dios con tristeza y al confesor con verguenza.»).*[41]

Die Rolle solcher eschatologischen Zusammenhänge für Denken und Handeln des Kaisers lässt sich nicht näher bestimmen. Doch gleichgültig, ob die im frühen 16. Jahrhundert noch allenthalben präsenten prophetischen Visionen eines Joachim von Fiore in der politischen Gedankenwelt des Kaiserhofs zentral waren[42] oder doch eher marginal blieben, fest steht, dass Karl ganz selbstverständlich für sich in Anspruch nahm, von Gott auserwählt und mit einer Sendung beauftragt worden zu sein. Das brachte er aber nie mit den aufgeregten Worten mittelalterlicher oder neuzeitlicher Visionäre zum Ausdruck, sondern realpolitisch gewendet, nüchtern und lapidar, aber mit innerer Sicherheit – so 1521 in seinem Wormser Bekenntnis oder später in seiner Brüsseler Abdankungsrede. Gleichsam als Schattenseite solcher heilsgeschichtlichen Vorstellungen findet sich allerdings auch immer das banalste do-ut-des-Denken: Was Karl im Kampf für das Heil der Christenheit und gegen die Ketzerei einsetze, werde, so sein Beichtvater, «*alles mit Wucher in dieser Welt noch zurückgezahlt, und zwar nicht nur in Ehre und Achtung Eurer Kaiserlichen Person, sondern auch in Dukaten und weltlichem Reichtum».*[43]

Recht gelesen, geben die Loaysa-Briefe sogar Einblick in das Beicht- und Seelsorgegespräch selbst, und damit in jene intime Situation im Angesicht Gottes, die der Katholizismus stets zu verbergen wusste, auch und gerade vor der Neugier von Historikern. Das steht in scharfem Gegensatz zum Calvinismus, dessen Konsistorien und Presbyterien genauestens Protokoll führten und Vergehen wie Buße des Menschen zu einer öffentlichen Angelegenheit machten. Loaysa, der sich immer wieder über die Ferne vom Kaiserhof beklagt und trotzdem oder gerade deswegen weiterhin als kaiserlicher Beichtvater tätig bleiben will, simuliert in seinen Schreiben wiederholt das unmittelbare seelsorgerische Gespräch, wie er es in den vorangehenden sieben Jahren in Spanien geführt hatte: *«Ich würde»*, so heißt es bereits in einem der ersten Briefe nach der Trennung, *«weitläufiger mit Eurer Majestät darüber sprechen, wenn Ihr in Eurem Zimmer auf und ab ginget und ich neben Euch».* Oder rund ein Jahr später: Wenn ich jetzt bei Euch wäre, würde ich in Euch dringen und Euch mit Bitten zwingen, *«dass Ihr gegenwärtig mehr als irgend jemals früher, auf das Wohl Eurer Seele und Eures Leibes sehet, denn nie seid Ihr dessen so benötigt gewesen, als gerade jetzt».*[44]

Es ist anzunehmen, dass das Verhältnis zu den späteren Beichtvätern bis hin zu dem Hieronymitenmönch Juan de Regla, der ihm am Ende seines Lebens in St. Yuste zur Seite stand, ganz ähnlich war, gekennzeichnet durch die Spannung zwischen unberührbarer kaiserlicher Majestät einerseits und menschlicher Nähe im Zwiegespräch im Angesicht Gottes andererseits.

Wichtig waren die Beichtväter und andere Theologen im Umkreis des Hofes für Karl noch in einer anderen Hinsicht, nämlich als Spezialisten in Fragen der Theologie: Ein Kenner Karls V., speziell seiner Religionspolitik, hat jüngst darauf hingewiesen, dass der Kaiser an dogmatischen Fragen kaum interessiert war. Bei den wiederholten Religionsgesprächen zwischen Protestanten und Katholiken war «der eigentliche Gegenstand seines Interesses nicht worauf man sich einigte, sondern dass man sich einigte».[45] Auch dies erscheint charakteristisch für Karls Religiosität: In den Spezialfragen der Dogmatik und der Theologie allgemein wollte er das Gutachten oder das Votum der Spezialisten, etwa während des Regensburger Religionsgesprächs von 1540/41, als er bei seinem Beichtvater ein Gutachten einholte, um «*dicerner les poincts, qui sont de droit divin ou positiv*». Als ihm auch dieses Votum nicht weiterhalf, suchte er die notwendige Sicherheit ganz formalistisch in der Position Roms – «*l'advis du pape et de ses ministres*».[46]

Minderheiten und Minderheitenpolitik

Angesichts der weiten Verteilung der Reiche und Territorien und ihres bunten Völkergemischs mag der heutige Leser einige Bemerkungen zur «Minderheitenpolitik» des Kaisers erwarten. Allgemein gilt, dass eine Minderheitenpolitik im modernen Sinne im 16. Jahrhundert unbekannt war. Die multinationale, multiethnische Zusammensetzung der Untertanen war nicht die Ausnahme, sondern die Regel.[47] Ethnische Geschlossenheit gab es in keiner von Karls Herrschaften, auch nicht in Deutschland. Besonders ausgeprägt war die ethnische und kulturelle Vielfalt in Sizilien, wo seit alters Griechen, Araber, Italiener, Deutsche und Spanier zusammenlebten. «Fremde» oder «Minderheit» waren weniger ethnisch-völkisch als rechtlich definiert, nämlich als diejenigen Gruppen, die nicht die Rechte und Privilegien des Landes oder der Stadt besaßen, in denen sie wohnten. Damit waren sie von der politischen Teilhabe ausgeschlossen, hatten aber auch nicht die Pflichten der Vollberechtigten. Wie wir hörten, musste Karl, der eben noch in seinen burgundischen Herrschaften die jeweiligen Rechte der Einheimischen zu bewahren geschworen hatte, in Spanien gleich zu Beginn seiner Regierung erfahren, wie gefährlich es für den Herrscher war, sich auf eine fremde Minderheit zu stützen. Die kastilischen Stände lehnten sich gegen ihn auf, weil für sie das Regiment von Karls burgundischer Entourage die illegitime, ja tyrannische Herrschaft einer fremden Minderheit war.

Allerdings hatte der Kaiser auch mit der frühnationalen Überlagerung dieser traditionellen Vorstellungen von Fremden und Minderheiten zu rechnen. So bei der Nationalsprache, deren Bedeutung er gezielt einsetzte, als er Ostern 1536 im Vatikan seine programmatische Ansprache auf Spanisch hielt. In Deutschland wurden die Bestimmungen für Deutsch als Amtssprache, das Monopol der Reichsangehörigen auf die Hofämter sowie das Verbot, fremde Heere ins Reich zu führen, zunehmend national gedeutet. Der tiefe Fremdenhass gegen die Spanier, der daraus resultierte, wird uns im Zusammenhang mit Karls militärischem Vorgehen gegen die deutschen Lutheraner noch eigens zu beschäftigen haben, dann bereits in der neuzeitlichmodernen Verbindung von nationaler und konfessioneller Identität.

«Minderheit» und abweichende «Devianz» war für Karl in erster Linie religiös bestimmt – gerichtet gegen die verhassten Protestanten, mehr noch gegen die Muslime und Juden. Doch auch hier hatte er sich an die Gewohnheiten der einzelnen Länder zu halten: Im Reich war der König traditionell der Schutzherr der Juden, die ihm als sogenannte «Kammerknechte» zu dienen, das heißt im Wesentlichen Geldabgaben zu leisten hatten, denen er als Gegenleistung aber Schutz schuldete. So fand sich Karl V. wiederholt bereit, auf Reichstagen mit dem Führer der deutschen Judenheit, Josel von Rosheim, zu verhandeln, um das Leben der jüdischen Gemeinden den Rahmenbedingungen der neuen Zeit anzupassen. Selbst auf dem innerchristlich so konfliktreichen Augsburger Reichstag von 1530 widmete sich der Kaiser intensiv den Belangen der deutschen Judenheit. Auch in den Niederlanden, wo er das Reichsrecht nicht zu berücksichtigen hatte, ließ er jüdisches Leben zu, so in Antwerpen, wo der Stadtrat aus ökonomischen Gründen auf Duldung der aus Spanien immigrierten Conversos drängte.[48]

In Spanien folgte Karl im Großen und Ganzen der negativen Juden- und Muslimpolitik der katholischen Könige. Wie sehr seine dortige Minderheitenpolitik nach konkreten lokalen und regionalen Umständen schwanken konnte, wird das Kapitel über seine Eheschließung 1525 zeigen, als er den Muslimen im Königreich Granada Freiraum gewährte, den er deren Glaubensgenossen im aragonischen Königreich Valencia kurz zuvor mit brutaler Gewalt hatte nehmen lassen, dies allerdings infolge eines gefährlichen Aufstands der Muslime. Flächendeckend setzte die unerbittliche Verfolgung von Juden wie Muslimen unter seinem Nachfolger Philipp II. ein. Mit dem Ziel, endgültig die Limpieza-de-sangre, die «unbefleckte Reinheit» des christlichen Spanien zu sichern, wurden alle Minderheiten, auch die innerchristliche der Protestanten, verfolgt, vertrieben oder gar hingerichtet.

Wie sehr Karls Minderheitenpolitik, und diejenige seines Nachfolgers allemal, «ideologisch» bestimmt war, zeigt ein Vergleich mit dem osmanischen Reich, seinem universellen Gegenspieler: Während für Karl pragmatische, insbesondere ökonomische Duldungsgründe nicht zählten, sieht man einmal von Sonderfällen wie Antwerpen ab, waren die türkischen Sultane bei all ihrer islamischen Entschiedenheit durchaus in der Lage, religiöse Minderheiten zu dulden und deren ökonomische Kraft für die Finanzen und das allgemeine Staatswohl zu nutzen. Ihr Dhimmi-System, basierend auf vertraglich gesicherter «Obhut» oder «Schutz», gab Juden wie Christen einen rechtlichen Status, der ihnen zwar nicht Gleichrangigkeit mit den Muslimen, wohl aber ökonomische Handlungsspielräume und Sicherheit im alltäglichen Leben bot. Während die christlichen Länder in Karls Regierungszeit durch die Vertreibung nicht-christlicher Minderheiten einen folgenschweren ökonomischen Aderlass erfuhren, wurde das osmanische Reich durch die Ansiedlung jüdischer und christlicher Minderheiten nicht unwesentlich gestärkt. Das gilt für Nordafrika wie für die neueroberten Gebiete Griechenlands und des Balkans. Thessaloniki beherbergte durch Zustrom aus dem lateinischen Europa, vornehmlich von der iberischen Halbinsel, schließlich die größte Judengemeinde überhaupt und erfuhr dadurch einen gewaltigen Aufschwung in Handel und Gewerbe. Selbst in Istanbul, dem muslimischen Regierungszentrum der Osmanen, hatten Juden und Christen einen nicht unerheblichen Anteil an Bevölkerung und Wirtschaftsleben.[49]

4

WORMS 1521 –
Verteidiger der von den Vorfahren
ererbten Religion

*Schützer des reinen Glaubens – mit dem Papst
oder mit Luther*

Mit der Kaiserwürde schien der Weg für eine Neuordnung Europas gebahnt. Dem von den Völkern ersehnten Friedenskaiser würde sich keiner der christlichen Fürsten widersetzen. Unter seiner weltlich-geistlichen Führung würden alle vereint gegen den von Osten und Süden anstürmenden muslimischen Feind aufbrechen, wie es Papst, Kaiser und europäische Fürsten eben noch 1517 ins Auge gefasst hatten, als das Osmanenheer Syrien und Ägypten überrannte und eine Invasion Europas drohte.[1] Allein – die lateinische Christenheit war im Innersten erschüttert. Ehe Gemeinsamkeit oder gar Einheit in Europa eine Chance erhalten konnten, war die Zerreißprobe um die religiösen Fundamente zu bestehen – eine Aufgabe, wie sie schwieriger und gefährlicher nicht sein konnte, für den Kaiser wie für den Wittenberger Mönch, der die Erschütterung verursacht hatte.

«Erforsche mit Leidenschaft die Schrift», hatten die Genter Prälaten zwei Jahrzehnte zuvor Karl als Taufspruch mit auf den Lebensweg gegeben. Und wo immer er als junger Mann auf ein neues Herrscheramt vereidigt worden war, war er als Erstes auf den Schutz der Kirche und die Verteidigung des reinen Glaubens eingeschworen worden. Das hatte sich konkret auf die Kirche seiner Territorien bezogen. Nun, als Erwählter Römischer Kaiser war er für die (lateinische) Christenheit

Martin Luther
(1483–1546), Werkstatt
Lucas Cranach d. Ä.,
1529.

insgesamt verantwortlich, und das in einer der schwersten Krisen, die sie je erfasst hatte. Denn eben in jenen Tagen, in denen er sich 1517 nach Tordesillas zu seiner Mutter begeben hatte, um deren Segen für sein spanisches Königtum zu erhalten, war fernab im deutschen Wittenberg ein Augustinermönch aufgestanden und hatte das päpstliche Ablassgeschäft angeprangert. Inzwischen war daraus ein gewaltiger Feuersturm der Kirchenkritik und des Reformwillens geworden, der Papsttum und Römische Kirche zu verschlingen drohte.[2]

Die «causa Lutheri» beschäftigte wie kein zweites Problem den Kaiserhof, vor allem als er nach der Krönung daranging, den ersten Reichstag des neuen Monarchen vorzubereiten. Die Vertreter Roms, der reguläre Nuntius Marinus Caracciolo und der päpstliche Sondergesandte Girolamo Aleander hatten schon am Rande der Aachener Feierlichkeiten, verstärkt dann während des Aufenthalts in Köln, auf rasches und durchgreifendes Handeln gedrängt. Der Kaiser sollte

Luther und seine Lehren, die seit den großen Reformschriften des Jahres 1520 in aller Munde waren, kurzerhand verurteilen und über den aufsässigen Mönch die Reichsacht verhängen. Die Verleihung des Titels «Erwählter Römischer Kaiser» und die Einladung zur baldigen Kaiserkrönung in Rom dienten nicht zuletzt dem Ziel, Karl in dieser Sache auf die Seite Roms zu ziehen. Der Druck verschärfte sich durch die am 18. Januar erfolgte Bekanntgabe, dass Luther mit der Bulle *Decet Romanum Pontificem* vom 3. Januar 1521 exkommuniziert und zum Ketzer erklärt worden war. Karl persönlich wäre den Mahnungen der päpstlichen Gesandten wohl gar zu gerne gefolgt. Häretiker waren ihm durch Erziehung ebenso wie durch die Traditionen des burgundischen und der spanischen Ritterorden verhasst. Mehr noch, er hatte sich in allen bislang abgelegten Herrschereiden öffentlich verpflichtet, gegen die inneren und äußeren Feinde der Kirche zu Felde zu ziehen.

So ließ er dann auch außerhalb der politischen Szene seiner Verachtung freien Lauf: Als ihn im Februar 1521 ein persönliches Schreiben Luthers erreichte, las er es gar nicht erst, sondern zerriss es demonstrativ.[3] Mit dem Ketzer wollte er sich nicht beschmutzen. Wo er, wie in Spanien, den Niederlanden und den deutschen Habsburgerterritorien, als souveräner Landesherr verfahren konnte, war er auch in der Tat unverzüglich gegen Luther eingeschritten. In den universitären und kirchlichen Zentren der Niederlande und des westlichen Deutschland waren bereits 1520 spektakuläre Verbrennungen der Ketzerschriften erfolgt – am 17. Oktober in Lüttich, am 28. Oktober in Löwen, also vor beziehungsweise gleich nach der Aachener Krönung, am 12. November dann in Köln, als dort noch der Hof weilte, und schließlich am 29. November in Mainz.[4]

Im Reich aber war politische Klugheit angezeigt, waren persönliche religiöse Empfindungen hintanzustellen, jedenfalls vorerst. Der erste Reichstag, auf dem alle Großen des Reiches persönlich erscheinen würden, um den neuen König kennenzulernen, durfte nicht durch eine autoritäre Entscheidung belastet werden, die viele Fürsten und nahezu alle Deutschen empören würde. Wichtigster Anwalt Luthers war Kurfürst Friedrich der Weise von Sachsen, der Landesherr des Ketzers. Karl und seine Berater legten auf sein politisches Urteil und seine Unterstützung bei den Reichstagsverhandlungen großen Wert, hatte sich doch eben noch bei der Frankfurter Wahl gezeigt, welch

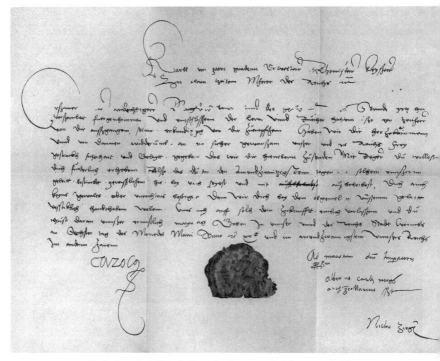

Vorladungsbrief Karls V. an Luther zum Reichstag nach Worms.

großes Ansehen er unter den Fürsten besaß. Friedrich und seine Räte waren fest entschlossen, ihren Wittenberger Professor gegen die als unbillig empfundene Verurteilung durch die Kurie in Schutz zu nehmen. Luther musste Gelegenheit erhalten, seine Lehre öffentlich darzulegen. Erst danach könne entschieden werden, was daran häretisch sei und was nicht. Und wenn Rom zu einer freien Disputation nicht bereit war, welches Gremium war dazu besser geeignet als der Reichstag des Heiligen Römischen Reiches, die vornehmste politische Versammlung in der Christenheit?

Bei Eröffnung des Reichstags am 27. Januar 1521 war noch nicht klar, wie der Kaiser sich in dieser Sache entscheiden würde. Fest steht, dass Karl sich keineswegs auf die Linie des päpstlichen Sondergesandten Aleander festgelegt hatte. Versucht man auszumachen, wann genau und mit welcher Begründung er schließlich Stellung gegen Luther bezog, reicht es nicht, den tatsächlichen Verlauf der Begegnung mit dem Reformator zu betrachten. Vielmehr ist von den persönlichen Voraussetzungen auszugehen und zu fragen, ob eine gemeinsame Position völlig ausgeschlossen war. An diesem geschichtlichen Wendepunkt, so viel steht fest, waren die Hauptkontrahenten nicht Papst und Mönch, sondern Kaiser und Reformator.

Karls religiöses Profil, das wurde wiederholt deutlich, bot der Sympathie mit einem Ketzer keinerlei Spielraum, selbst wenn es politisch opportun gewesen wäre. Andererseits lehrten ihn humanistische Bildung und geistliche Erziehung im Sinne der Devotio moderna, gerade in existentiellen Lebens- und Glaubensangelegenheiten, sich ein eigenes Urteil zu bilden. War er am Ende nicht doch frei, in den Verhandlungen über und mit dem Reformator unabhängig von oder gar gegen Rom zu entscheiden?

Werfen wir zur Klärung dieser Frage einen Blick auf seine in derselben Atmosphäre erzogenen Geschwister: Seine fünf Jahre jüngere Schwester Maria,[5] wie der Kaiser in der humanistischen Religion Burgunds erzogen, war durch ihre Ehe mit dem jungen König Ludwig II. von Böhmen und Ungarn in enge Verbindung mit einem Humanistenkreis am Ungarischen Hof getreten, der mit wachem Interesse die Schriften Luthers las. Eine wichtige Rolle scheint dabei Markgraf Georg von Brandenburg-Ansbach gespielt zu haben, der als naher Verwandter des jungen Königs die geistige Atmosphäre am ungarisch-böhmischen Hof prägte. Luther selbst nahm im Frühjahr 1526 eine Psalmauslegung in Arbeit, um die «*dem Evangelio geneigte*» ungarische Königin Maria «*frisch und frölich an(zu)halten, das heylig Gotts wort ynm Hungarland zufoddern*». Als er dann im September vom Schlachtetod König Ludwigs bei Mohács erfuhr, arbeitete er das reformatorische Mahnschreiben in einen jener Trostbriefe um, die den Seelsorger Luther bald berühmt machen sollten. Natürlich blieb er bei seiner reformatorischen Werbung – Trost könne sie, mahnte er die Königin eindringlich, allein im reinen Wort Gottes finden, wie es in Wittenberg gelehrt werde.[6] Der Brief alarmierte Erzherzog Ferdinand, der als Ehemann von Ludwigs Schwester Anna Jagiello Anspruch auf Böhmen und Ungarn erhob und diese Länder nicht von der reformatorischen Strömung erfasst sehen wollte. Maria beruhigte ihn und erklärte förmlich, beim angestammten katholischen Glauben zu bleiben.

Daran hielt sie sich und zeigte später als Statthalterin in den Niederlanden keine Bedenken, noch die schärfsten Häresiemandate ihres Bruders Karl ausführen zu lassen. Umso bemerkenswerter die geistige Offenheit der jungen Jahre! Wenig später und in anderem Umfeld zeigte die jüngere Schwester Isabella, Königin von Dänemark, eine ähnliche Haltung, von der sie anders als Maria von Ungarn nicht mehr abwich: Ungeachtet aller absehbaren Widerstände in ihrer Geburtsfamilie trat sie mit ihrem Ehemann König Christian II. zum Luthertum über und begleitete ihn 1524 auf seiner Reise nach Wittenberg. Als sie zwei Jahre später, eben 24-jährig, von einer schweren akuten Erkrankung in Zwijnaarde bei Gent auf das Totenbett geworfen wurde, widerstand sie allem Konversionsdruck vonseiten ihrer Familie und nahm – wie einem bewegenden Brief ihres Gatten an den Reformator zu entnehmen ist – in der Sterbestunde das Abendmahl nach lutherischem Ritus. Kurz zuvor hatte sie sich noch ebenso mutig wie vergeblich bei ihrer Tante, der Regentin Margarete von Österreich, für eine Gruppe gefangener Protestanten eingesetzt.[7]

Der Kaiser war in Mechelen in demselben Geist wie seine Schwestern erzogen worden. So dürfte es nicht allzu gewagt sein, bei ihm eine ähnliche religiös-spirituelle Disposition anzusetzen. Zudem waren in den Niederlanden wie in Spanien die führenden theologischen Köpfe unabhängig von und vor Luther überzeugt, dass in Rom einiges im Argen lag und eine Reform überfällig war. Adrian von Utrecht, in Mechelen Karls religiöser Erzieher, sollte das wenige Jahre später öffentlich bekunden, als er – 1522 als Hadrian IV. auf den Stuhl Petri gelangt – Anfang 1523 auf dem Reichstag von Nürnberg seinen Legaten ein Schuldbekenntnis der Kirche verlesen ließ. Es ist unwahrscheinlich, dass Karl selbst von solcher Kritik und Reformsehnsucht unberührt geblieben war.

Die Offenheit, die wir auch bei Karl unterstellen dürfen, schwand erst in dem Moment, in dem der Bruch unheilbar wurde, Wittenberger Reformation und humanistische Kirchenreform sich endgültig als unvereinbar zeigten. Im Frühjahr 1521, als der junge Kaiser in Worms auf den Augustinermönch traf, war das noch nicht der Fall. Der Kaiser hatte durchaus Spielraum für eine eigenständige religiöse Entscheidung, war er doch kein einfacher Laie mehr, der den Kirchenoberen

Folge zu leisten hatte. Als «Erwählter Römischer Kaiser» stand er neben dem Papst an der Spitze der Christenheit und war wie jener durch Gott berufen, sich um deren Heil zu sorgen. Dieses gleichermaßen weltliche wie sakrale Kaisertum bedeutete Recht und Pflicht, dem tiefen Reformverlangen in der Kirche Gehör zu schenken, das in Europa ausgebrochen war. In der Proposition, eine Art Regierungserklärung des neuen Monarchen, ließ Karl im Januar 1521 zur Eröffnung des Wormser Reichstages verlauten: Er habe das Kaiseramt «nit umb aigens nutz willen» angestrebt, sondern zur «aufnehmung und widerbringung des heiligen reichs, auch merung und erhöhung unseres heiligen Glaubens, und damit die veinde desselben dort leichter vertilgt werden». Das durch «irer Mt. Hispanische kunigreich große marcht»[8] reformierte und wiedererstarkte Reich sollte der Vorkämpfer für eine politisch-gesellschaftliche wie geistig-religiöse Neuordnung der Christianitas werden.

Angesichts einer solchen persönlichen und politischen Konstellation wird man nicht fehlgehen, die definitive Entscheidung des Kaisers gegen Luther erst auf das Verhör in Worms selbst anzusetzen. Als klar wurde, dass der Wittenberger nicht bereit war, daran mitzuwirken, das Häresieurteil zu entkräften, hatte ihn der Kaiser als Häretiker zu behandeln. Und mit Häretikern wollte er wie auch andere Papstkritiker nichts zu tun haben – man denke nur an Erasmus. Das gilt übrigens selbst für den vorreformatorischen Luther, dessen erstaunliche Unkenntnis der Schriften des böhmischen Reformators Jan Hus tschechische Historiker plausibel damit erklären, dass der sächsische Mönch Schriften von Häretikern nicht lesen durfte und wollte.[9]

Das in Gott gefangene Gewissen des Reformators

Die erste Begegnung zwischen Kaiser und Mönch erfolgte am 17. April nachmittags um vier Uhr im Bischofshof am Dom.[10] Luther war tags zuvor nach beschwerlicher Reise quer durch Deutschland am Tagungsort eingetroffen. Allen Anwesenden war bewusst, dass es um mehr ging als um eine Unterbrechung der regulären Reichstagsverhandlungen. Für die beiden Gegner, den 21-jährigen Erwählten Kaiser und den Bibelprofessor im fortgeschrittenen Alter von 37 Jahren, war es eine schicksalhafte Begegnung. Sie sollten sich danach nie mehr persönlich treffen. In Worms stand jeder von ihnen am Anfang; beiden ging es um die Erneuerung der Christenheit. Dem Kaiser mit der Vision eines universellen Kaisertums, das Europa Frieden und Einheit bringen sollte; dem Bibelprofessor durch die entschiedene Rückkehr zum evangelischen Urzustand der frühen Christengemeinden, was angesichts der damaligen strukturellen Verschränkung von Religion und Gesellschaft, Kirche und Staat zugleich einen Umbruch in Gesellschaft und politischer Ordnung bringen musste.

Reichstagsakten, Augenzeugenberichte und Briefe geben uns genauen Einblick in den Ablauf der Begegnung beziehungsweise – da auf das erste Verhör am darauffolgenden Tag ein zweites folgte – Begegnungen zwischen Kaiser und Reformator.[11] Das Verfahren am ersten Tag war kurzfristig durch den päpstlichen Gesandten Aleander und Karls Beichtvater Glapion festgelegt worden, und zwar ohne Abstimmung mit Kursachsen. Der Kaiser saß auf einem erhöhten Sessel. Das Wort führte für ihn der kurtrierische Offizial Johann von der Ecken. Ohne Einleitungsformalitäten wies er auf die Bücher, die auf einem kleinen Tisch zusammengetragen waren, und fragte Luther, ob das seine Schriften seien. Als dieser bejahte, verlangte er ohne Umschweife den sofortigen Widerruf der darin enthaltenen Lehren. Luther, so in die Enge getrieben, verlangte Bedenkzeit, um nicht Gefahr zu laufen, unter Christi Verdikt zu fallen, «*wer sich mein schemt auf erden, des werd ich mich schemen vor meinem himmlichen vatter und seinen engeln*».[12]

Nun war der Kaiser am Zuge. War auch er in die Enge getrieben, so dass er im Sinne der kurialen Partei entscheiden musste? – Formal wahrte er seine Unabhängigkeit: Er hieß den Orator, der in seinem Namen sprach, dem Mönch die Anmaßung zu verweisen, als Einzelner die Wahrheit zu beanspruchen und damit Kirche und Reich in Aufruhr zu versetzen. Einen Anspruch auf Bedenkzeit habe er nicht. Doch sei ihm aus kaiserlicher Gnade eine Frist bis zum nächsten Nachmittag zur gleichen Uhrzeit geschenkt.[13] Das war auch eine politische Geste gegenüber den Lutheranhängern unter den Reichsständen. Und es war die Folge des – wie es selbst seine Anhänger sahen – ganz und gar schwachen Auftrittes Luthers. Kurfürst Friedrich der Weise, sein Landesherr, zeigte sich offen enttäuscht. Und der Kaiser kommentierte lapidar: «*Der wird mich nicht zum Ketzer machen.*»[14]

Der Reformator wusste die zweite Chance, die ihm der Kaiser auf der Reichstagsbühne eröffnet hatte, zu nutzen. Ebenso die ihn unterstützenden Publizisten, die die Szene, die sich an diesem zweiten Tag vor den Großen des Reiches abspielte, sogleich propagandistisch zugespitzt in die deutsche und europäische Öffentlichkeit brachten. Die Religionssache wurde wieder zu Ende der regulären Verhandlungen aufgerufen. Müdigkeit kam aber nicht auf, schon wegen der ganz ungewöhnlichen Anwesenheit von Zuhörern aus breiten Volksschichten, die sich mit Luther in den Saal gedrängt hatten. Ohne direkt auf die erneuerte Widerrufsforderung des kaiserlichen Orators zu reagieren, nimmt Luther in wissenschaftlicher Akribie und Distinktion zur Sache Stellung, und zwar zunächst auf Deutsch, dann, das Ganze wiederholend auf Latein, speziell für Karl, der des Deutschen nicht mächtig war.

Von Luthers Ausführungen werden den Kaiser die Anspielungen auf die Ausbeutung der Deutschen Nation durch die «päpstliche Tyrannei» noch am Geringsten berührt haben, waren diese Vorwürfe doch bereits Gegenstand von Ausschussverhandlungen zu den sogenannten *Gravamina Teutscher Nation* gegen die Kurie.[15] Und die Forderung, in seinen theologischen Kernaussagen – dort, wo er «*von der ler Christi disputirt*» habe – solle man ihn aus der Bibel widerlegen, sah er nicht an sich gerichtet, sondern an Theologen und Humanisten. Anders verhielt es sich mit dem durch den Orator provozierten schneidenden Ausfall Luthers gegen die Lehrautorität von Papst und Konzilien. Dieser radikale Angriff auf die gesamte Tradition traf den Kaiser im Kern seines Selbstverständnisses, des religiösen wie des kaiserlichen. Für Karl war der Papst die zweite Universalgewalt, die für den Erfolg der politischen wie der religiös-kirchlichen Neuordnung unverzichtbar war. Als Kaiser konnte er sie politisch und militärisch angreifen – was ja auch gar zu bald geschah. Sie grundsätzlich in Frage zu stellen, hätte die Grundlagen des eigenen Ordnungskonzepts zerstört.

Der bald berühmte Schlusssatz des Mönchs dürfte Karls existentielle Betroffenheit ins Schmerzhafte gesteigert haben: «*So bin ich durch die von mir angeführten Schriftworte bezwungen* [im Sinne: kann meine Meinung nicht ändern, H. Sch.]. *Und so lange mein Gewissen durch die Worte Gottes gefangen ist, kann und will ich nichts widerrufen, weil es unsicher ist und die Seligkeit bedroht, etwas gegen das Gewissen zu tun. Gott helf mir. Amen.*»[16] –

Eine rhetorische Glanzleistung ohne Zweifel, die eine gewaltige reformatorische Bewegung auslöste, basierend auf dem Anspruch, der je eigenen Gewissenswahrheit folgen zu dürfen. Das Verhältnis zum Kaiser indes war damit definitiv zerstört. Hinzu kam Karls Widerwille gegen jede Art – wie er es sehen musste – populistischer Agitation, darin ganz und gar Schüler des elitären Erasmus. In seinem Triumph hatte Luther die von ihm auch nach der Wormser Begegnung nicht ganz aufgegebene Hoffnung auf den jungen Kaiser verspielt.[17] Das umso mehr als die Berichte über seine Rede vor dem Reichstag in Deutschland sogleich eine breite «Volksbewegung» auslösten, die Karl an die Aufstände in Spanien und Österreich erinnern musste, die sein gesamtes Herrschaftssystem niederzureißen drohten. Der skizzierte religionspolitische Spielraum des Kaisers war fortan nicht mehr vorhanden. Dass Karl zwischen Wittenberg und Rom vermitteln oder gar an der Seite des Reformators gegen die Fehler und Irrtümer der Kirche zu Felde ziehen könnte, war nur noch Wunschdenken, ganz und gar irreal.

Das in Tradition und Glauben der Vorfahren gefangene Gewissen des Kaisers

In der ihm inzwischen als Ausdruck seiner Majestät eigenen Distanz hatte Karl auf der Reichstagssitzung nicht zu erkennen gegeben, ob und in welcher Weise ihn die Aussagen des sächsischen Augustinermönchs berührten. Doch war er stärker engagiert, als er und der Hof einräumten. Der Kaiser setzte sich mit dem Gehörten in einer persönlichen Konzentration auseinander, die fast an sein Gegenüber erinnert. Seine Antwort auf die von Luther so radikal gestellte Glaubensfrage fiel indes ganz anders aus – inhaltlich, aber auch rhetorisch. Karl schrieb seine Entgegnung noch am Abend des Verhörs nieder, ohne fremde Hilfe oder Rat, soweit wir sehen können. Am nächsten Morgen ließ er sie durch einen Orator vor dem Reichstag verlesen.[18] Einen Text ohne rhetorischen Glanz oder Zuspitzung, abgefasst im ruhigen Fluss dessen, der sich seiner Sache sicher ist. Der Wahrheit des durch das *Wort Gottes gefangenen Gewissens* des Reformators stellt er die Wahrheit seiner *durch bewährte Tradition und erhabene Vorfahren gefangenen Majestät* entgegen:

Dem individuellen und – wie er es sah – subjektivistischen, in seiner Maßlosigkeit ihm teuflisch anmutenden radikalen Wahrheitsanspruch des häretischen Mönchs stellte er sein eigenes, ganz anders begründetes Wahrheitsverständnis entgegen. Garant seiner Wahrheit und seines Glaubens war die erlauchte Reihe seiner Vorfahren – die Kaiser des Heiligen Römischen Reiches, die Katholischen Könige Spaniens, die Herzöge von Burgund und Erzherzöge von Österreich. Sie waren stets «*Verteidiger des katholischen Glaubens, der heiligen Zeremonien, Gesetze, Anweisungen und der heiligen Gebräuche – zu Ehren Gottes, Mehrung des Glaubens und zum Heil der Seelen*».[19] Er sei bereit, «*zu leben und zu sterben nach ihrem Beispiel. ... Denn es ist gewiss, dass ein einzelner Ordensbruder irrt mit seiner Meinung, die gegen die ganze Christenheit ist sowohl während der vergangenen tausend und mehr Jahre als auch in der Gegenwart; dieser Ansicht nach wäre die ganze genannte Christenheit immer im Irrtum gewesen und würde es heute noch sein.*» Dem Anspruch des selbst ernannten Wahrheitsverkünders setzt er die in seinen Augen bewährte Pflicht der von Gott zum Schutz des Glaubens und der Kirche Berufenen entgegen – des Kaisers und der Reichsstände, «*die edle und gerühmte deutsche Nation ... durch Privileg und einzigartiges Prestige berufen zu Verteidigern und Schutzherren des katholischen Glaubens*». Sein Urteil ist unumstößlich: Ihn reue, «*so lange gezögert zu haben, gegen den genannten Luther und seine falsche Lehre vorzugehen; und ich bin fest entschlossen, ihn ferner nicht mehr zu hören, ... (sondern) gegen ihn zu verfahren wie gegen einen notorischen Häretiker*».

Während sich der Reformator am Tag zuvor ganz auf sein subjektives Gewissen bezogen hatte, stützte sich der Kaiser auf das objektive Recht der zur Wahrheitswahrung berufenen Institutionen und deren Traditionen. Nicht anders als für Luther stand für Karl fest, dass Gott auf seiner Seite war. Und so wie der Reformator sich legitimiert fühlte, für den Sieg seiner Wahrheit mit allen Mitteln zu kämpfen, koste es was es wolle, so nahm der Kaiser in gleich radikaler und bedingungsloser Weise den Kampf gegen die Häresie auf, gegen die «Pestis Germaniae», wie sie bald in seiner spanischen Umgebung genannt wurde.

Das kurze, mit eigener Hand verfasste Schriftstück Karls V. wurde von Zeitgenossen wie Nachwelt nie in gleicher Weise gewürdigt wie die Lutherrede, der man den Rang eines «Schlüsseltextes des Protestantismus»[20] zuschreibt. Das Bekenntnis des Kaisers dagegen wird kritisiert als oberflächlicher Traditionalismus. Das war aber ein Traditionsbewusstsein, hinter dem ebenso wie bei Luthers Aufbegehren gegen Rom eine persönliche Religiosität stand. Auch sein um das Seelenheil besorgtes Gewissen, das uns im Verlaufe seines Lebens immer wieder begegnen wird, trat bereits in Worms hervor. Ebenso seine Ausrichtung nicht nur auf die eigene Person, sondern auf die Christenheit, ja auf die Menschheit insgesamt, auch das eine Parallele zu dem Reformator. Das Gewissen beider Kontrahenten war auf Handeln in der Welt ausgerichtet, das des rebellischen Mönchs auf Erneuerung aus den frühchristlichen, «evangelischen» Ursprüngen, das des Kaisers auf Bewahren der auf das Urchristentum folgenden anderthalb Jahrtausende lateinisch-christlicher Frömmigkeit und Kirchlichkeit, aber auch sie reformiert und von inzwischen unübersehbaren Auswüchsen gereinigt.

In Worms standen sich zwei Reformmodelle gegenüber: dasjenige Luthers der Erneuerung aus evangelischer Wurzel und dasjenige Karls der Erneuerung der Christianitas aus kaiserlicher Tradition. Damit war «ein weltgeschichtlicher Konflikt eröffnet; hatten sich die beiden großen Gegenspieler des Zeitalters gefunden».[21] Das war nicht ausschließlich den Unterschieden geschuldet, die schließlich zu unüberbrückbaren Gegensätzen werden sollten. Vielmehr stand dahinter auch eine Nähe des jeweiligen religiösen Auftrags und nicht zuletzt die Verwandtschaft beider Protagonisten in ihrem unbedingten Willen, ihre Vision der christlichen Erneuerung zum Sieg zu bringen.

Von dem in unverrückbarer Gottesgewissheit formulierten Bekenntnis des Kaisers war die Reichstagsversammlung jedenfalls nicht weniger beeindruckt als von den mutigen Worten des Reformators am Tag zuvor, auch Kurfürst Friedrich von Sachsen, dessen Anwesenheit die Reichstagsakten ausdrücklich erwähnen. Nach Wochen der Zurückhaltung und des politischen Taktierens hatte Karl in sehr persönlicher Weise Stellung bezogen und damit Klarheit über die Maxime seiner Religions- und Kirchenpolitik geschaffen. Mancher Fürst, den Luthers Rede ins Wanken gebracht hatte, erkannte, dass das kaiserliche Bekenntnis von ähnlicher Dignität war. Es standen sich nicht moderner und rückwärtsgewandter Glaube gegenüber, wie die antikaiserliche Propaganda nur zu rasch erklärte. Vielmehr stehen beide an der Wegscheide neuer, neuzeitlicher Glaubens- und Ordnungskonzepte. Wie Luther brachte auch der Kaiser eine ganz persönliche Religiosität zum Ausdruck, die tiefe, der Reform offene Frömmigkeits- und Humanistmustradition seiner niederländischen Heimat. Und es war die dort und in Spanien gemachte Erfahrung, dass die von so vielen ersehnten Reformen der Kirche nicht Widerstand und Gewalt voraussetzt, sondern unter Leitung verständiger Politiker sich von innen heraus entwickeln könne. Das garantierten ihm seine Lehrer Adrian van Utrecht und Erasmus von Rotterdam.

Wenn es einer Klärung seiner Denk- und Handlungsmaxime bedurft hätte, so hätte sie Karl hier in Worms in den wenigen Stunden der direkten Konfrontation mit dem rebellenhaften Anspruch Luthers durchlebt: Erasmus, das hoch verehrte Haupt der Humanisten, hatte ihn, den Kaiser, in seiner vielbeachteten Friedensschrift aufgerufen, Europa und der Christenheit Frieden und Einheit zurückzubringen. Die Königskrönung in der Tradition Karls des Großen hatte diese Aufgabe sakral vertieft. Nun erinnerte ihn Luthers Auftritt und dessen Resonanz in der rebellischen Menge an die Aufstände in Spanien und den Erblanden und rief ihn zur Entscheidung auf. Es war rasch und entschieden zu handeln, um den gewaltsamen Bruch zu verhindern, der nur ein Europa verschlingendes Chaos und die Auslieferung an die eben mit Macht vorangetriebene Offensive der Osmanen bedeuten konnte. Die von so vielen als dringend notwendig erachteten Reformen ließen sich nicht auf der Lehre eines Einzelnen aufbauen. Und vor allem durften sie nicht Separat- oder Partikularkräften überlassen werden, seien es Reichsfürsten, seien es die Könige der aufstrebenden Einzelstaaten. Die Partikularität, wie sie für ihn Luther und seine fürstlichen Fürsprecher repräsentierten, war durch den entschiedenen Universalismus zu bannen. So wie Erasmus die partikularen Zeittendenzen brandmarkte und Einheit und Frieden beschwor, indem er die christlichen Völker Europas daran erinnerte, *«dass alle ein und dasselbe Haus* (nämlich die einheitliche Kirche) *umfasst, alle einen gemeinsamen Herrn* (nämlich Christus) *haben, alle in seinem Dienst stehen und durch dasselbe Sakrament zusammengeschlossen und vereinigt sind».*[22]

Als der Kaiser sieben Jahre nach Worms, am 16. September 1528, in Madrid vor seinen Räten eine programmatische Rede hielt, um seinen Entschluss, erneut Spanien zu verlassen und nach Italien zu ziehen, zu begründen, stand diese doppelte Ausrichtung seines religiösen Standpunkts im Zentrum – die Reformation der Kirche und die Überwindung der Häresie:

«*Um die Wahrheit zu sagen, ist es das Ziel meiner Fahrt nach Italien, den Papst zu einem allgemeinen Konzil zu zwingen in Italien oder Deutschland, gegen die Häresien und für die Reformation der Kirche. Ich schwöre zu Gott und zu seinem Sohn, dass nichts in der Welt mich so bedrückt wie die Häresie Luthers und dass ich das Meinige dafür tun werde, dass die Historiker, die von der Entstehung der Ketzerei in meinen Tagen erzählen, auch hinzufügen, dass ich alles dagegen unternommen habe; ja ich würde in dieser Welt geschmäht und im Jenseits verdammt werden, wenn ich nicht alles täte, die Kirche zu reformieren und die verfluchte Ketzerei zu vernichten.*»[23]

Der Weg in die religiös-kulturelle Differenzierung Europas

Mit der Verlesung seines Bekenntnisses war für Karl die Diskussion über die «Causa Lutheri» beendet, auch wenn er zugestehen musste, dass man noch einige Tage mit dem «Häretiker» – ergebnislos – nachverhandelte. Das von dem päpstlichen Sondergesandten Aleander bereits ausgearbeitete Verdammungsurteil über den Häretiker und die damit verbundene Reichsacht waren jetzt zu vollziehen. Der endgültige Text wurde am 24. Mai vor dem Reichstag verlesen, und am 26. Mai durch Karls Unterschrift als «Wormser Edikt» in Kraft gesetzt, zurückdatiert auf den 8. Mai.

Die politischen Zwänge waren damit aber nicht aufgehoben. Auch nach dem kaiserlichen Bekenntnis war ein wesentlicher Teil der Reichsstände nicht bereit, sich der päpstlichen Maxime «Roma locuta, causa finita» («Rom hat gesprochen, die Sache ist beendet») zu unterwerfen. So war es anders als gut hundert Jahre zuvor im Falle Jan Hus unabdingbar, dem sächsischen Reformator die Zusage des sicheren Geleits zu halten. Der hatte bereits am Freitag, den 26. April, Worms unter dem Schutz des Reichsherolds Kaspar Sturm verlassen und Anfang Mai vor Eisenach das für ihn sichere Gebiet seines Landesherrn erreicht, wo er sogleich auf die Wartburg gebracht wurde.[24] Damit war aber erst ein

Teil des Problems gelöst. Denn wie sollte man mit einem Fürsten Reichspolitik betreiben, der der Reichsacht verfallen war, weil der verurteilte Häretiker unter seinem Schutz weiterlebte? Wollte der Kaiser nicht auf die ihm sehr wichtige reichspolitische Unterstützung des sächsischen Kurfürsten verzichten, war ein Arrangement zu treffen, das beide Seiten unbeschädigt und aktionsfähig hielt. Für dies politisch wie rechtlich heikle Problem hatten die Juristen eine Lösung: Ein Reichsgesetz galt nur dort, wo es publiziert wurde. Schickt man das Wormser Verdammungsedikt nicht nach Sachsen, dann war Luther dort kein Häretiker und kein Gebannter. Vor allem aber war damit die Integrität des sächsischen Kurfürsten gewahrt und dieser weiterhin zur reichspolitischen Kooperation mit dem Kaiser imstande. So muss die Absprache zwischen den Kaiserlichen und Kursächsischen gelautet haben. Quellen gibt es dazu allerdings nicht. Ein beeindruckender Beweis für den Pragmatismus frühneuzeitlicher Politik wie für die Leistungsfähigkeit einer Geheimdiplomatie, die sich nichts nachweisen lässt – in der heutigen Medienwelt ein ganz unvorstellbares Phänomen!

Wie auch immer diese Abstimmung erfolgt sein mag, seit Worms war deutlich: persönliche Gegenspieler im Kampf um die Neuordnung von Kirche und christlicher Gesellschaft waren in den nächsten Jahrzehnten Luther und der Kaiser. Das umso mehr, als die Päpste wechselten – nach Leos X. Tod noch im Jahr 1521 regiert für wenige Monate Hadrian VI. (1522/23), dann für ein Jahrzehnt erneut ein Medici, Clemens VII. (1523–1534), schließlich der Farnese-Papst Paul III. (1534–1549). Der Politik des Kirchenstaates prägen sie jeweils mit Nachdruck ihren persönlichen Stempel auf; die Auseinandersetzung mit Luther blieb eher den Institutionen der Kurie überlassen. Karl nicht anders als Luther folgte bis zu seinem Lebensende im Denken und Handeln wie in seinen Gefühlen dem in Worms vorgelegten Bekenntnis. Und da in dieser Zeit religiöses Bekenntnis immer auch eine politische und gesellschaftliche Positionierung war, hatte der junge Kaiser damit zugleich die Grundzüge seines Handelns in der Welt festgelegt, wie auf der anderen Seite es Luther für die protestantischen Fürsten tat.

Fasst man den jungen Kaiser und den Reformator als gleichrangige Akteure ins Auge und öffnet die Perspektive von der deutschen Reichs-

in die europäische Geschichte, dann erhält der Wormser Reichstag eine neue Bedeutung. Sein historisch entscheidendes Ergebnis ist dann nicht so sehr der Triumph Luthers und der Reformation, als der Beginn der neuzeitlichen Differenzierung Europas im kulturellen Kern. Der war durch die Einheitlichkeit von Kirche und Religion bestimmt, die sich bislang stets hatte sichern lassen, indem Rom die zahlreichen Abweichungen entweder integriert oder zu Häresie erklärt und vernichtet hatte. Dass nun Anfang des 16. Jahrhunderts diese Einheit endgültig zerbrach, dafür waren beide verantwortlich, der Kaiser wie der Mönch. Das war nicht ihre Absicht, es war im Gegenteil die Folge ihres Scheiterns. Kaiser wie Reformator gelang es nicht, ihre jeweils universell angelegten Programme zu realisieren: Luther scheiterte in seinem Ziel, die Gesamtkirche zu reformieren, Karl mit seinem Plan, den Aufstieg neuzeitlicher Partikularstaaten zu bremsen und Einheit wie Frieden Europas durch sein universell verstandenes christlich-römisches Kaisertum neu zu sichern.

Universelles Kaisertum als Ordnungsprinzip für den auseinanderstrebenden Kontinent

So bedeutsam und geschichtswirksam die *Causa Lutheri* auch war, für den Kaiser war sie nur eines der Probleme, die er zu lösen hatte. Neben der Fürsorgepflicht für Religion und Kirche trug er mit dem Deutschen König- und Römischen Kaisertum auch die Verantwortung für die weltliche Ordnung der Christenheit. Diese Pflicht wog umso schwerer, als in eben diesem Moment die europäischen Herrscher und Völker ihre Eigenständigkeit herauskehrten und gegenüber den Nachbarn aggressiv durchzusetzen versuchten, die Zeichen also auf Konflikt und Partikularität und nicht auf Frieden und Einheit standen. Wollte sich der Kaiser in dieser Situation behaupten, war eine überzeugende theoretische, im Zeitverständnis vorrangig historische und theologische Begründung des Kaisertums unabdingbar.

Realpolitisch hatte das im hohen Mittelalter geschwächte Kaisertum bereits unter Karls Vorgänger Maximilian eine gewisse Konsolidierung erreicht. Doch erst die unter dem Enkel versammelte territoriale Machtbasis, die sich mit dem spanischen Weltreich ins Globale öffnete, machte es nötig, eine Kaiseridee zu entwickeln, die propagandistisch wie realpolitisch als Ordnungskonzept für die auseinanderstrebende europäische Fürstengesellschaft und Staatenwelt taugte. Eine bloße Wiederbelebung des mittelalterlichen Kaisergedankens reichte dazu nicht. Das war den von humanistischem Erneuerungsstreben bestimmten Beratern, die in den frühen Jahren die geistigen Grundlagen von Karls Herrschaft entwickelten, ebenso klar wie dem jungen Monarchen selbst. Um als übergreifendes Prinzip für das neuzeitliche Mächteeuropa in Betracht zu kommen, war die tradierte Kaiseridee den neuen politischen und kulturellen Bedingungen anzupassen. Der «letzte Kaiser des Mittelalters», als der er gelegentlich charakterisiert wird,[25] war Karl V. ganz und gar nicht. Dem widerspricht bereits die moderne Logistik seines Regierungssystems, wie wir sie im vorigen Kapitel kennengelernt haben. Wie weit damit auch bereits ein Konzept moderner Politik verbunden war, die den umstürzenden Veränderungen des Zeitalters entsprach, musste sich indes erst noch erweisen.

Um ein solches Konzept hat der Kaiser seit den frühen zwanziger Jahren gerungen. Dabei ging es einerseits um die geistigen Grundlagen eines erneuerten Kaisertums, andererseits um die diesen Grundlagen entsprechende realpolitische Gestaltung des europäischen Mächtespiels. Die hierzu am Kaiserhof entwickelten Ideen oder Theorien waren nie statisch. Nur eines war von vornherein klar: Sein allein durch die dynastische Klammer der *Casa de Austria* zusammengehaltenes Weltreich benötigte ein geistiges Zentrum, eine Idee, die es im Innern organisierte und nach außen in Beziehung setzte zu den anderen Reichen und Herrschaften in Europa. Ein solches geistiges Fundament fand sich im Kaisertum – verstanden als *monarchia universalis*, also überstaatliches und übernationales, gleichermaßen weltliches wie geistliches Amt.

Der genaue Zuschnitt dieses universalen Kaiserkonzepts ist in der Forschung umstritten; zudem veränderte es sich über die Jahrzehnte hinweg nicht unwesentlich – abhängig von den jeweiligen Ratgebern und den Schwankungen in den konkreten mächtepolitischen Konstellationen.[26] Hochfliegend waren die Pläne vor allem in den frühen Jahren unter dem prägenden Einfluss des Großkanzlers Mercurino Gattinara, der – wir erinnern uns – gleich beim Eintreffen der Nachricht von der Königswahl im Sommer 1519 die einheitliche, theoretische Begründung von Karls Herrschaft übernommen hatte. Nach eigener Aussage in seiner Autobiographie war er damals «einzig und allein» der Sorge der spanischen Würdenträger entgegengetreten, die «Wahl werde für Karl und seine Königreiche eher von Nachteil als von Vorteil sein, (und zwar mit dem Argument, dass) der Kaisertitel als stärkster Rechtstitel auf Erringung der gesamten Welt (ad universum orbem consequendum iustissimus) angesehen werde. Denn er (nämlich der Kaisertitel) sei von Gott selbst bestimmt, von den Propheten geweissagt, von den Aposteln verkündet und von Christus selbst, unserem Erlöser, durch seine Geburt, sein Leben und seinen Tod, durch seine Worte und seine Taten bestätigt.»[27] Was war geeigneter für ein Band, das die auseinanderfallende Christenheit einigen sollte, als ein solches auf Christus gegründetes Kaisertum. Nur durch die monarchia universalis, das als universeller Herrschaftsanspruch verstandene Kaisertum Karls, lasse sich in Europa und der gesamten Christenheit Eintracht und allgemeiner Frieden errichten, ja «sogar die Weltherrschaft erlangen».[28]

Das gleichermaßen weltlich-machtpolitische wie religiös-kirchenpolitische Konzept des Großkanzlers wurde mehr oder weniger bestimmend für Karls Politik und Selbstverständnis, als der einzige Konkurrent des Großkanzlers, Karls Erzieher und Berater der frühen Herrschaftsjahre, Guillaume de Croy, Seigneur de Chièvres am 18. Mai 1521 in Worms starb. Bis zu seinem Tod im Juni 1530 war Gattinara erster Berater und Vertrauter des Kaisers, wenn auch nicht mehr in der väterlichen Position eines Chièvres. Das bedeutete einen tiefen Einschnitt für die Politik des Kaiserhofes, ideell, insofern sie sich nun ganz auf die übernationale, in der Katholizität des lateinischen Christentums verwurzelte Einheit der Christianitas ausrichtete; realpolitisch, insofern Gattinara, durch die Gegensätze seiner norditalienischen Heimat bestimmt, einen scharf antifranzösischen und papstskeptischen Kurs steuerte. Der darin liegende Widerspruch zwischen Friedens- und Einheitsideologie einerseits und machtpolitischer Realpolitik andererseits war dem Großkanzler offensichtlich ebenso wenig bewusst wie dem Kaiser. Sie sollten ihn nur zu bald schmerzlich zu spüren bekommen.

Die Zeitumstände, in denen sich Karl politisch wie theoretisch zu behaupten hatte, waren durch zwei – seiner Kaiseridee entgegenstehende – Entwicklungen gekennzeichnet: Einerseits durch den raschen

Aufstieg einer Vielzahl frühmoderner Partikular- und Machtstaaten, für deren Realpolitik die bereits im hohen Mittelalter umstrittene, vor allem von den Päpsten und den deutschen Kaisern propagierte Einheitsidee einer *societas christiana* endgültig nicht mehr Richtlinie sein konnte. Andererseits war mit der Rebellion Luthers die Gefahr einer religiösen Spaltung der lateinischen Christenheit mit einer bislang nicht gekannten Sprengkraft aufgezogen, weil sie sich mit den politischen Partikularkräften verband, mit Königen oder – so in Deutschland – mit Landesfürsten. Um diesen, wie er sicher war, verderblichen Zeittendenzen entgegenzuwirken, war ein neues Ordnungskonzept vonnöten. Es musste einerseits die partikularen Machtstaaten in einen politischen Gesamtrahmen einfügen und andererseits Ansehen und Macht des Kaisers restituieren. Auch in einer veränderten Welt sollte der Kaiser als Oberhaupt der Christenheit über den Königen der neuzeitlichen Machtstaaten stehen. Die *monarchia universalis* war gedacht als ideelle Repräsentation einer neuen europäischen Friedensordnung, die die einzelnen Monarchen und Fürsten unter die *auctoritas* des Kaisers stellte – nicht im Sinne einer Unterwerfung, sondern einer gradualistischen, also geistig abgestuften, hierarchischen Zuordnung. Sollten sie sich der kaiserlichen Friedensordnung widersetzen und nur ihrer partikularen «Staatsräson» folgen, war es das Recht, ja die Pflicht des Kaisers, mit bewaffneter Hand Einheit und Frieden zu erzwingen.

Damit war das geistig-ideologische «Grand Design» einer einheitlichen burgundisch-spanisch-deutschen Großdynastie geboren, das Europa und die spanische Welthemisphäre auf mehr als Anderthalbjahrhunderte beherrschen sollte. Es basierte auf dem machtpolitischen Anspruch und dem geistig-religiösen Auftrag, die lateinische Christenheit zu schützen. Politisch war der Zerfall in die Partikularität von Einzelstaaten aufzuhalten und den von außen anstürmenden muslimischen Osmanen Einhalt zu gebieten, eine Aufgabe ganz im Geiste der in Spanien noch sehr lebendigen Reconquista. Religions- und kirchenpolitisch war die drohende Kirchenspaltung abzuwenden. Dieses Grundmuster sollte Karls Kaiserpolitik bis zu seiner Abdankung bestimmen. Das können wir durchaus frühneuzeitliche Europapolitik nennen, und zwar eine Europapolitik mit weltgeschichtlicher Dimension im damaligen Wissens- und Handlungshorizont. Das realpolitische Kernproblem der Universalmonarchie bestand darin, dass die

Einheitsidee zugleich Machtanspruch war und ihre Realisierung die politischen Kräfteverhältnisse in Europa grundstürzend verändern musste. Das rief sogleich die Gegenkräfte wach, wie bei allen späteren europapolitischen Konzepten bis hin zur Europäischen Union unserer Tage. Karls Gegner sahen in der *monarchia universalis* nicht ein Einheit und Stabilität garantierendes Friedensmodell, sondern ein revisionistisches Herrschaftsinstrument, das den europäischen Fürsten und Völkerschaften die Unabhängigkeit und Freiheiten wieder nehmen würde, die sie in den Jahrhunderten des Spätmittelalters Schritt für Schritt ausgebildet hatten. Dies zu verhindern, fühlte sich in erster Linie König Franz I. von Frankreich aufgerufen, eben noch bei der Frankfurter Königswahl Karl unterlegen. Damit wurde aus dem französisch-burgundischen Gegensatz des späten Mittelalters die europapolitische Erzrivalität der frühen Neuzeit – zwischen der französischen Krone und dem Haus Spanien-Österreich-Burgund. Diese Spannung zwischen ideellem Anspruch als Friedens- und realer Ausprägung als Machtpolitik belastete Karls Kaiser- und Europapolitik von Anfang an. Am Ende sollte er daran scheitern.

Neben der von Gattinara[29] propagierten Aktualisierung und Weiterentwicklung der alt-römischen Kaiseridee standen von Anbeginn andere Kaiserkonzepte, die Karl ohne Zweifel zur Kenntnis kamen. Von den Reserven im spanischen Adel, die Gattinara gleich 1519 zu spüren bekam, hörten wir bereits. Sie brachten nicht nur die Angst vor zusätzlichen steuerlichen Belastungen zum Ausdruck, sondern auch spanische Ansprüche auf Vorrang in der Christenheit.[30] Sie waren verwurzelt in den sakralen und universalen Zielen des Katholischen Königspaares Isabella und Ferdinand, womöglich auch in weit älteren Traditionen des Westgotenreiches, das mehrere einzelne Reiche überspannt hatte, christliche und islamische. In einer Grundsatzrede am 31. März 1520 vor den Cortes in Santiago versuchte der spanische Rat Dr. Pedro Ruiz de la Mota «*grandezza de España*» und neu errungene Kaiserwürde zu versöhnen: Während andere Völker Tribut ins antike Rom schickten, schickte ihm Spanien Kaiser. Diese spanische Tradition habe sich nun wiederbelebt, insofern als das Imperium wiederum seinen Kaiser in Spanien gesucht habe.[31] Ein Kaisertum also nicht der

«Deutschen Nation», sondern Kaiser aus viel älteren Wurzeln der «Spanischen Nation».

Noch mit einer ganz anderen, viel weiter greifenden Begründung seines Kaisertums sah sich Karl konfrontiert: Gleich zu Beginn seines unter dem 20. Oktober 1520 datierten Berichtes über die Eroberung Mexikos, der uns im Zusammenhang mit den *Leyes Nuevas* noch näher beschäftigen wird, schmeichelte Hernán Cortés dem Monarchen: Angesichts der Reichtümer und wunderbaren Beschaffenheit der neu entdeckten Königreiche *«kann Eure Majestät»*, so der Konquistador, *«den Titel eines Kaisers dieser unermesslichen Provinzen* (also Mexikos) *mit demselben Recht führen wie den eines Kaisers von Deutschland, den Eure Majestät durch die Gnade Gottes bereits besitzt».*[32] Das war in der Tat eine revolutionäre, neuzeitliche Vision eines Kaisertums, das Universalität nicht im traditionellen Sinne aus der Antike und dem weltumspannenden Geist des Christentums herleitete, sondern aus der Herrschaft über denkbar verschiedene Teile des Globus.

Dem blutjungen Monarchen wurde damit nichts weniger als die Wende hin zu einer radikal modernen globalen Begründung und Ausdehnung seines Herrschaftsanspruchs angeboten. Darauf eingelassen hat er sich nicht. Dazu war er viel zu sehr durch den mitteleuropäischen Geist Burgunds geprägt. Der Kern seines politischen Denkens und Handelns war und blieb das Römisch-Deutsche Kaisertum, schon allein wegen der Komplementarität zum Römischen Papsttum. Auf ein Kaisertum aus heidnischer Wurzel konnte und wollte er sich nicht stützen. Sein Kaisertum war in einem traditionellen Sinne universell, nämlich gegründet in dem universellen Anspruch des Christentums. Dass das ernst genommen zugleich die Universalität des Naturrechts und der Menschenrechte bedeutet, darauf sollte ihn bald eine radikal christlich denkende Gruppe von Ordensgeistlichen aufmerksam machen. Die unermüdliche Fürsprache des Dominikanermönchs Las Casas für Recht und Freiheit der Indios wird uns das noch näher vor Augen führen. Deutlich ist auch, dass Karls universelle Kaiseridee nicht Imperialismus im Sinne einer imperial begründeten Ausbeutung und Beherrschung der Welt durch die europäischen Nationen des 19. Jahrhunderts war. Gleichwohl war es unerlässlich, dass der spanische König Juan Carlos im Frühjahr 2000 beim Gedenkakt zu Karls 500. Geburtstag in der Kathedrale von Toledo die Qualen und materiellen Verluste in Erinnerung brachte, die die Menschen in Übersee unter der Regierung des Kaisers zu erleiden hatten.[33]

Nach Gattinaras Tod 1530 nahm Karl die geistige Begründung und die konkrete Realisierung der Kaiserpolitik ganz in die eigene Hand. So war es im Wesentlichen seine Leistung, wenn in den 1540er Jahren die Kaisermacht in Deutschland und Europa auf dem Höhepunkt ihrer realpolitischen Macht stand. «Allerdings ließ im Fortgang der Regierung Karls V.», so Heinrich Lutz als Resümee seiner eindringlichen Quellenanalyse der letzten Regierungsjahre, «die Fruchtbarkeit und die Wirkkraft der geistigen Auseinandersetzung ... stark nach. Die eigentliche Höhe wie der entscheidende Schlussabschnitt seiner Herrschaft ist von keiner Diskussion und auch von keiner offiziellen Propaganda mehr begleitet, die sich irgendwie mit jener der ersten Jahrzehnte vergleichen ließe.... Das Gebäude der Macht bleibt zunächst noch in einer gewissen imponierenden Nacktheit bestehen.» Im Triumph über seine Widersacher ist «der Kaiser allein mit seiner ‹Monarchia›, mit seinem Sieg und seiner Verantwortung».[34] Im letzten Jahrzehnt seiner Herrschaft traten der tiefe innere Widerspruch immer deutlicher zutage – das geistige Ordnungskonzept auf der einen und blanke Interessenspolitik auf der anderen Seite. Zwischen diesen Polen musste Karl V. sein Leben lang operieren, in Deutschland wie in Europa. Die einzelnen Stationen seines militärischen und diplomatischen Handelns werden uns das konkret zeigen.

Das war die Janusköpfigkeit von Karls Kaisertum: Verwurzelt in der ideell-sakralen Tradition des Mittelalters, war es schon vom neuzeitlichen Machtkonzept angesteckt. Der Europa überspannende Anspruch dieses Kaisertums stellte in der längst vielgestaltigen europäischen Staatenwelt der aufbrechenden Neuzeit zwangsläufig die Machtfrage. Erst die endgültige Aufgabe des universellen Kaiserkonzeptes in den Jahren 1555/56 schuf die neuzeitlichen Verhältnisse eines allein von den realpolitischen Interessen der Fürsten und Staaten gelenkten internationalen Systems. Karl V. verfolgte mit gebrochener, tragischer Schicksalhaftigkeit eine zutiefst anachronistische Idee der Einheit in einem Augenblick, in dem die Reformation einen geistigen wie politischen Differenzierungsschub erzeugte, der die europäischen Gesellschaften radikal umformte. Der geistige Kern des lateinischen Europa war gesprengt, die Einheit von Kirche und Religion, die ungeachtet aller mittelalterlichen Sonderströmungen bislang hatte gesichert werden können. Mit der Idee des universellen Kaisertums als Basis seiner Politik war Karl V. in den religiös-kirchlichen wie in den mächtepolitischen Grundsatzfragen seiner Zeit festgelegt. Wenn er die religiösgeistige Einheit wollte, hatte er nur beschränkten Spielraum für Kompromisse. Er sah sich zu Krieg und Separation gezwungen, wo er doch Einheit und Frieden versprach und auch anstrebte. Es sollte sich zeigen, dass weder die politische noch die religiöse Spaltung der abendländischen Christenheit heilbar war.

Dieses Unzeitgemäße, das Nicht-Mehr und Noch-Nicht, macht uns heute die tragische Einheitsidee Karls V., des ersten im modernen Sinne global agierenden Römischen Kaisers Deutscher Nation, gleichermaßen vertraut wie fremd.

5

PAVIA 24. FEBRUAR 1525 –
Triumph über Franz I. und
ein nicht endendes Ringen um die Vormacht
in Italien und Europa

«Sire, wir haben gestern die Schlacht geschlagen, und es gefiel Gott, Euch den Sieg zu verleihen, der zur Folge hatte, dass ihr den König von Frankreich zum Gefangenen gemacht habt. Er befindet sich in meinen Händen. ... Ich bitte euch inständigst, an Eure Angelegenheiten zu denken und bald zu tun, was Ihr beschließt. Denn Gott schickt Euch jetzt die Gelegenheit. Nie werdet ihr eine bessere Zeit finden, Euch eure Kronen zu holen, als jetzt. Ihr seid niemandem in Italien verpflichtet und niemand kann dort seine Hoffnungen auf den König von Frankreich setzen, denn Ihr haltet ihn in Eurer Hand. Eure spanischen Reiche sind sicher vor jedem kriegerischen Überfall. ... Daher, Sire, bin ich der Ansicht, dass ihr nach Italien kommen könntet. Ich denke, Ihr werdet Euch des Ausspruches erinnern, dass Gott den Menschen in ihrem Leben nur einen guten Erntemonat schickt. Wenn ihr ihn vorübergehen lasst, ohne die Frucht einzusammeln, lauft Ihr Gefahr, dass er nie wiederkehrt. Ich sage das nicht, weil ich glaube, dass Eure Majestät die Zeit nutzlos vorübergehen lassen wird, sondern in Erfüllung meiner Pflicht, und um Euch zu mahnen, das, was ihr beschließt, bald zu tun.»[1]

Mit diesen Zeilen zeigt der Vizekönig von Neapel Charles de Lannoy dem in Spanien weilenden Monarchen den am 24. Februar 1525 vor Pavia errungenen Sieg und die Gefangennahme des französischen Königs an. Der Triumph über König Franz I., das ist seine eindringliche Botschaft, biete dem Kaiser die von Gott selbst gegebene Chance, das ausgangs des Mittelalters entbrannte Ringen um die Vorherrschaft in Europa endgültig für sich zu entscheiden. Die militärischen Auseinandersetzungen konzentrierten sich seit Jahrzehnten auf Italien, vor allem auf das Königreich Neapel und das Herzogtum Mailand. Seit Neapel Anfang des 16. Jahrhunderts mehr oder weniger fest in spanische Hände gelangt war, ging es jetzt um das Herzogtum Mailand, um das umso erbitterter gerungen wurde, als es angesichts seiner geographischen Lage den nordalpinen Mächten den Zugang zur Apenninenhalbinsel öffnete oder verschloss. In den letzten Jahrzehnten hatten in Stadt und Territorium in rascher Folge die Herrscher gewechselt – von dem einheimischen Geschlecht der Sforza zu den Eidgenossen und immer wieder zu den Franzosen, die von hier aus die Vormacht über ganz Italien zu erringen hofften. Eine rechtlich nicht unbedeutende Rolle spielte dabei der Römische Kaiser. Mailand war Reichsterritorium und vom Reichsoberhaupt als Lehen zu vergeben, damit die dort ausgeübte Herrschaft legitim und dauerhaft war. Jetzt, da der französische König besiegt und gefangen war, war der Hauptkonkurrent um dieses Schlüsselterritorium ausgeschaltet, und die Apenninenhalbinsel stand dem Zugriff Karls offen. So jedenfalls die Einschätzung des spanischen Vizekönigs von Neapel. Gefragt waren Mut und Entschlossenheit, den günstigen Moment zu nutzen.

Ringen um die mächtepolitische Ordnung

Persönlich hatte Karl V. an dem militärischen Triumph vor Pavia ebenso wenig Anteil wie an den anderen Kriegshandlungen der 1520er Jahre. Die Schlachten wurden von seinen Feldherren geschlagen, Spanier, Italiener oder auch Deutsche wie der berühmte Landknechtsführer Georg von Frundsberg. Karl stand erstmals 1535 vor Tunis an der Spitze seiner Truppen, später dann bei so gut wie allen wichtigen Kriegszügen. Nun war der Krieg mit all seinen Strapazen und Grausamkeiten für den Kaiser zur alltäglichen Lebenserfahrung geworden – bis in seine letzten Regierungsjahre, als er sich im Sommer 1554 in der Sänfte auf den niederländischen Kriegsschauplatz bringen ließ und erst das Pferd bestieg, als er das Heer im Hennegau zum Angriff gegen König Heinrich II. von Frankreich führte, den Sohn seines Rivalen der frühen Jahre.[2]

Karl war im Sommer 1522 nach Spanien zurückgekehrt und sollte das Land erst Ende Juli 1529 wieder verlassen. Die Schlachtenwende vor Pavia wie die Italienkriege dieses Jahrzehnts allgemein sind dennoch als Teil seiner Biographie zu behandeln. Denn das «Leben» des Kaisers war längst, eigentlich von Geburt an, mehr als die Geschichte seiner Person. Ihm wurden auch und immer entschiedener die Handlungen seiner Majestät, seines Amtes zugerechnet, die unabhängig von der biologischen Person erfolgten. Die Zeitgenossen sprachen von Sieg oder Niederlage «des Kaisers», auch wenn dieser als Person auf dem Schlachtfeld gar nicht anwesend war. Vor allem aber war Karl selbst überzeugt, dass die politischen und militärischen Ereignisse Teil der Geschichte seiner Person waren, zumal wenn sie, wie der Sieg vor Pavia, an seinem 25. Geburtstag erfochten wurden.

Umgekehrt waren es gerade in der Renaissance, als das neuzeitliche Staatensystem erst im Entstehen begriffen war, das machtvolle Handeln einzelner Personen, das über Bestand oder Wandel der mächtepolitischen Konstellationen entschied. Mit der Wahl des jungen Burgunderherzogs und spanischen Königs 1519 zum Deutschen König und designierten Kaiser hatte sich die europäische Lage grundlegend verändert. Wo bislang ein relativ freies Spiel der Allianzen und Gegenallianzen geherrscht hatte, das – wir erinnern uns – auch für eine Annäherung von jahrzehntelangen Gegnern wie Frankreich und Burgund offen war, da war durch die Konzentration von Status und Macht in Karls Person eine Konstellation entstanden, in der es um Unterwerfung oder Selbstbehauptung ging. Denn es gehört zu den Grundkonstanten Europas, dass seine Völker und Staaten keine Hegemonie eines einzelnen Monarchen und schon gar nicht eine alle Länder und Regionen überspannende Einheitsherrschaft, keinen Einheitsstaat dulden. Das galt im Mittelalter, verstärkt nun aber in der aufziehenden Neuzeit, in der sich die einzelnen Länder und ihre Herrscher profilierten und um Rang und Macht konkurrierten.[3]

Indem Karl unter dem Einfluss seines Großkanzlers Gattinara das Kaisertum als eine universelle Einheitsordnung unter seiner Führung verstand, sahen sich die anderen Herrscher aufgerufen, dem mit allen Mitteln entgegenzutreten. Am entschiedensten der französische König Franz I. Der alte in Frankreich geborene dynastische Antagonismus zwischen französischer Krone und dem Haus Burgund verband sich mit dem neuen Streit um Vormacht oder Gleichgewicht in Europa. Ausgetragen wurde es militärisch und diplomatisch, aber auch propagandistisch als Kampf der Bilder. Es war das Ringen sehr unterschiedlicher Charaktere und Lebensweisen. Auf der einen Seite Franz I., sechs Jahre älter als sein Gegner, ein «grobschlächtiger Gewaltmensch und notorischer Ehebrecher ohne geistige Interessen»,[4] skrupellos bis zur Verschlagenheit, der sich in jeder Lebenslage die eigenen Vorteile zu sichern weiß – sei es der Weg aus Gefangenschaft und vertraglicher Ehrenbindung, sei es die Befriedigung der sexuellen Triebe noch am Tag, an dem er seine ihm eben angetraute Ehefrau in Paris empfing. Ihm gegenüber Karl V., kaum weniger vor Gewalt und diplomatischen Finessen zurückschreckend, doch skrupulös und selbst-reflektiv gegenüber den religiösen und sittlichen Normen. Er litt darunter, dass politisch niemandem zu trauen war, nicht dem Ehrenwort des französischen Königs und selbst dem Papst nicht, wirft sich am Ende aber selbst vor, in der wichtigsten Begegnung seines Lebens sein gegebenes Wort gehalten und versäumt zu haben, die Reformation, das Grundübel der Zeit – wie er es sah – an der Wurzel auszumerzen. Die persönlichen und politischen Höhen und Tiefen werden uns noch im Einzelnen beschäftigen. Zunächst gilt aber unsere Aufmerksamkeit dem weiteren Verlauf der Ereignisse in Italien.

Viermal spitzen sich die Gegensätze zu einem offenen Krieg zu – 1521 bis 1526, 1526 bis 1529, 1536 bis 1538, schließlich 1542 bis 1544. Im Grunde handelte es sich aber um ein nicht enden wollendes Ringen, in dem Phasen direkter militärischer Konfrontation mit solchen des Waffenstillstandes oder flüchtiger Bündnisse und Versuche der Einigung einander abwechselten. Diese Franzosenkriege, wie sie ein wenig plakativ in der deutschen Geschichtsschreibung genannt werden, waren einerseits die Fortsetzung des von Karls Großvater Maximilian I. aufgenommenen Kampfes um das Burgundererbe und um die Sicherung der Reichsinteressen im Norden der Apenninenhalbinsel. Andererseits waren sie Ausdruck eines fast noch älteren Gegensatzes zwischen Frankreich und Spanien, genauer der Krone von Aragon, um die Vorherrschaft in Süditalien und im westlichen Mittelmeer.

Franz I. versuchte seinen im Grunde überlegenen Gegner an jedem nur möglichen Ort zu treffen. Das militärische Geschehen fand sowohl im niederländisch-französischen als auch im spanisch-französischen

Entscheidung in der Schlacht von Pavia – der Stallmeister Pomperant erkennt den französischen König und zwingt ihn, vom Pferd zu steigen. Detail aus der zwölfteiligen Teppichserie zur Schlacht von Pavia von Bernard van Orley, Brüssel 1528–31, heute im Museum Capodimonte in Neapel.

Grenzraum, vor allem aber in Italien statt. Dabei ging Frankreich immer wieder Verbindungen mit den außen- oder innenpolitischen Gegnern des Kaisers ein, schließlich sogar mit dem türkischen Sultan. Eins war der Konflikt allerdings nicht – der Beginn einer deutsch-französischen Erbfeindschaft. Vielmehr ging es um den Vorrang in der Gesellschaft der Fürsten und Dynastien sowie eng damit verknüpft um die Machtverteilung im sich herausbildenden neuzeitlichen Mächtesystem.

Ausgangs des 15. Jahrhunderts hatte zunächst Frankreich die Offensive ergriffen. Karl VIII., der Vorvorgänger von Franz I., war 1494 über die Alpen gezogen, um Erbansprüche seines Hauses auf das süditalienische Königreich Neapel durchzusetzen. Er war damit zwar gescheitert, und in Neapel regierten seitdem aragonesisch-spanische Vizekönige. Frankreichs Blick aber blieb auf Italien gerichtet, wie die Apenninenhalbinsel in diesen Jahrzehnten überhaupt zum Aufmarschgebiet der europäischen Mächte geworden war. König Ludwig XII., der Nachfolger Karls VII., richtete seine Ambitionen auf das Herzogtum Mailand, das Schlüsselterritorium Oberitaliens, auf das er Erbansprüche erheben konnte. 1499 vertrieb er den dort regierenden Ludovico Sforza, obgleich dieser von Kaiser Maximilian I. mit dem Reichslehen Mailand belehnt worden war. Zwar verspielte Ludwig das Herzogtum bereits 1513 in der Schlacht von Novara; Ludwigs Nachfolger ab 1515 Franz I. beharrte aber auf den französischen Ansprüchen. Die hatte er in erster Linie gegenüber den Eidgenossen durchzusetzen, die seit Jahrzehnten mit Erfolg zur Absicherung ihrer Alpenrepubliken nach Süden in die lombardische Ebene vorgestoßen waren und Mailand faktisch beherrschten. Im September 1515 kam es südlich von Mailand bei Marignano (heute Melegnano) zur Entscheidungsschlacht, in der Franz dank seiner Artillerie über die seit ihrem Sieg über Karl den Kühnen von Burgund vor Nancy so gefürchteten Schweizer Fußtruppen triumphierte. Mailand fiel wieder in französische Hand, und damit die Kontrolle über Norditalien. Knapp acht Monate nach seiner Thronbesteigung war es dem gerade 21-jährigen Franz gelungen, die führende Militärmacht Europas vernichtend zu besiegen. Der französischen Armee schien niemand gewachsen.

Für das hochfliegende Selbstbewusstsein Karls V. bedeutete diese kriegerische Fama des Erzrivalen eine heikle Herausforderung. Einerseits war militärische Stärke, besser militärische Überlegenheit zu beweisen. Andererseits durfte nicht der Eindruck entstehen, seine Universalmonarchie sei auf Unterwerfung oder gar Knechtung anderer Fürsten und Völker angelegt. Die gottgefügte Erhöhung Karls V. *«über alle christlichen Könige und Fürsten»*, die der Großkanzler Gattinara bereits in seiner Glückwunschadresse in Barcelona beschworen hatte, war ein Friedens- und Einigungsmodell. Zu verwirklichen war es aber nur aus einer Position der Stärke – ein Dilemma, unter dem Karls Politik von Anfang an stand.

Angesichts der unverblümten Herausforderung in Mailand und 1519 bei der deutschen Königswahl war es unvermeidlich, dass der Kaiserhof gleich nach Beendigung des Wormser Reichstags den Versuch startete, die italienische Machtposition des französischen Königs ins Wanken zu bringen. Das war umso dringlicher, als Franz I. sich mit dem erreichten Gewinn in Italien nicht zufrieden gab, sondern auch anderwärts gegen Karl in die Offensive ging: In Spanien unterstützte er die Aufständischen und drang nach Navarra südlich der Pyrenäen vor, um dieses eben von Karls Großvater Ferdinand von Aragon eroberte Territorium wieder unter französische Oberhoheit zu bringen. An der Grenze zu den Niederlanden ermutigte er den notorisch unberechenbaren Robert II. de la Marck, Seigneur von Sedan, noch während des Wormser Reichstags in das niederburgundische Grenzgebiet einzufallen. Damit war der erste offene Krieg zwischen dem Kaiser und dem französischen König eröffnet.

Da in den Machtkämpfen der Renaissance neben der militärischen Stärke stets auch die Allianzdiplomatie und die damit in der Regel einhergehende Sicherung der finanziellen Grundlage der Kriegsführung entscheidend war, begab sich Karl zunächst in die Niederlande, um in Verhandlungen über ein Bündnis mit England und dem Papst einzutreten. England spielte zwar noch auf längere Zeit in der europäischen Politik nur eine untergeordnete Rolle.[5] Um Frankreich in Schach zu halten, war Heinrich VIII. aber nützlich, nicht zuletzt durch die Restbastion des englischen Kontinentalbesitzes um Calais. Zudem lag die Allianz im Interesse der niederländischen Wirtschaft, die nicht nur der Statthalterin Margarete von Österreich am Herzen lag, sondern auch Karl selbst mit Blick auf die von Anfang an schwierige Kriegsfinanzierung.

Das Ergebnis der unter Leitung von Kardinal Wolsey und Gattinara in Calais und Brügge geführten Gespräche war ein gegen Frankreich gerichteter Geheimvertrag zwischen dem Kaiser, Heinrich VIII. von England und Papst Leo X., der am 24. November 1521 in Brügge unterzeichnet wurde. Das war eine einschneidende Wendung. Das 1520 geschlossene Verteidigungsbündnis mit dem bislang eher zögerlichen und auf Vermittlung bedachten England war in ein Offensivbündnis umgeschmiedet, der Angriff auf Frankreich für 1523 geplant. Fast noch radikaler war der Umschwung in Italien, wo sich der Medici-Papst Leo X. aus seiner Verbrüderung mit Frankreich gelöst hatte.[6] Karls auf dem Wormser Reichstag bewiesene Standhaftigkeit in der Ketzerfrage hatte in Rom offensichtlich politisch Früchte getragen.

Im Juni 1522 segelte Karl in Begleitung der Ersten seines Hofes von Calais nach Dover, um den Geheimvertrag auf Schloss Windsor mit Heinrich VIII. persönlich zu ratifizieren. Die diplomatische Reise wurde wiederum zu einem Familienereignis, das den Neffen mit Tante und Onkel zusammenführte und Karl sogar Anlass gab, Heinrich VIII. als

Vater anzureden. Man vergnügte sich mit Banketten, Hofbällen und Jagden und bestaunte den von Cortés aus Mexiko über den Atlantik gesandten Aztekenschatz, dessen prächtigste Stücke Karl der englischen Hofgesellschaft präsentierte. Schließlich erfolgte die übliche Befestigung der Allianz durch die Verlobung des inzwischen 22-jährigen Kaisers mit Maria Tudor, der eben sechsjährigen Tochter des Königspaares, wir hörten davon. In die Niederlande zurückgekehrt, schiffte sich Karl Anfang Juli 1522 nach Spanien ein, gegen den Rat seiner Umgebung, die ihn drängte, persönlich gegen seinen französischen Rivalen zu ziehen, um die militärischen Erfolge in Oberitalien auszubauen.

Entscheidung über Italien?

Es sollte sich bald zeigen, dass die weitreichenden Ziele der neuen Offensivallianz unerreichbar waren – im Süden die von Karl angestrebte Rückeroberung des an Frankreich gefallenen Herzogtums Burgund mit Dijon als Hauptstadt, ebenso im Norden die Ausweitung des englischen Kontinentalbesitzes auf Kosten der französischen Krone. Der Angriff auf Frankreich, den man bereits in Windsor von 1523 auf 1524 hatte verschieben müssen, wurde fast zur Farce. Der englische Einfall in die Picardie blieb ebenso stecken wie der Vorstoß kaiserlicher Abteilungen in die Provence. Umso rascher stellte sich der Erfolg in Oberitalien ein. Am 19. November 1521, also bereits Tage vor dem formellen Abschluss des Allianzvertrags in Brügge, vertrieben kaiserliche Truppen die Franzosen aus der Stadt Mailand. Nachdem diese am 27. April 1522 bei dem Jagdschloss La Bicocca knapp nördlich Mailands auch in einer Feldschlacht geschlagen worden waren und die Lombardei hatten räumen müssen, wurde das Herzogtum an Francesco Maria Sforza übergeben, Sohn des 1499 durch Ludwig XII. von Frankreich vertriebenen Herzogs Ludovico il Moro. Damit bewährte sich Karl als Schützer des Reiches, war das Herzogtum Mailand doch ein Reichslehen.

Franz I. griff den Fehdehandschuh auf und bot dem universellen Herrschaftsanspruch der Casa de Austria die Stirn. Dabei kam ihm eine rasche Wendung des Glücks zugute: Papst Leo X. starb Ende 1521.

Sein Nachfolger Hadrian VI., eben noch Statthalter Karls in Spanien, weigerte sich, die antifranzösische Allianz fortzusetzen, und lenkte in eine dem Ausgleich und inneren Frieden verpflichtete Politik ein. Vorrangige Aufgabe des Kaisers sei nicht der Krieg gegen einen christlichen Monarchen, sondern die Verteidigung nach außen, gegenüber den muslimischen Osmanen, die eben Belgrad eingenommen hatten und im östlichen Mittelmeer Rhodos bedrohten. Abgesehen von der Enttäuschung über seinen ehemaligen Lehrer bedeutete dieser außenpolitische Schwenk des Kirchenstaates den Verlust der päpstlichen Subsidien und damit einen herben Rückschlag in der Finanzierung der kaiserlichen Armee. Die finanzielle Achillesferse jeder frühmodernen Kriegsführung war bei Karl ganz besonders verwundbar. Als dann der in die Provence vorgedrungene kaiserliche Stoßtrupp vor Marseille scheiterte, war der Weg für den französischen Gegenschlag frei, den persönlich anzuführen, sich Franz I. nicht nehmen ließ. Mit einem taktisch geschickten Schachzug schnitt Franz den kaiserlichen Truppen den Weg ab und konnte so bereits im Oktober 1524 Mailand wieder in Besitz nehmen.

Im Dezember ging der im Jahr zuvor zum Nachfolger Hadrians gewählte Medici-Papst Clemens VII. mit Frankreich und Venedig sogar ein antikaiserliches Bündnis ein. Fast wichtiger noch als die bündnispolitischen und militärischen Rückschläge war für Karl der Verlust an Ansehen und Reputation. Unter geistiger Führung des Papstes wuchs auf «der Apenninenhalbinsel ein antihabsburgischer Patriotismus heran, der die Italienpolitik Karls V. schwer belastete».[7]

Während Karl in Spanien gebunden war, um in Kastilien seine Herrschaft zu festigen, hatten die Franzosen nicht nur Mailand zurückerobert.[8] Ihnen war es auch gelungen, die führenden italienischen Staaten für eine antikaiserliche Allianz zu gewinnen. Selbst die Eroberung des Königreichs Neapel konnten sie bereits wieder ins Auge fassen und ein erstes militärisches Expeditionskorps dorthin senden. Franz I. saß in Italien fester im Sattel denn je. So schien es jedenfalls, bis die Launenhaftigkeit der Fortuna, wie sie die Renaissancekünstler so häufig beschworen haben, das Schicksalsrad erneut weiterdrehte: Um den Besitz des Herzogtums endgültig zu sichern, hatte Franz Ende Oktober 1524 Pavia mit einem Belagerungsring umschlossen.

5. PAVIA 24. FEBRUAR 1525

Diese alte Hauptstadt des Lombardenreiches, eine knappe Tagesreise südlich Mailands in der Po-Ebene gelegen, war die letzte Festung in kaiserlichem Besitz. Über Monate hin gelang es den Franzosen nicht, die Stadt zu erobern. Das gab den Kaiserlichen Zeit, sich neu zu organisieren. Seit Ende Januar 1525 stießen spanische Truppen von Nordwesten und von Frundsberg geführte deutsche Landknechte, die der Kaiserbruder Ferdinand in Innsbruck angeworben hatte, von Nordosten in die Po-Ebene vor, vereinigten sich Anfang Februar in der Nähe von Parma und gingen am 24. Februar zum Angriff auf die Belagerer Pavias über.

Die Operation wurde zu einem der glänzendsten Erfolge des Kaisers. Die Franzosen vermochten ihre Überlegenheit bei der schweren Reiterei und bei der Artillerie nicht auszuspielen. Selbst ihre Schweizer Söldner versagten, wie bereits drei Jahre zuvor in der Schlacht beim Jagdschloss Bicocca. Das Prestige der Schweizer Fußtruppen, die ein halbes Jahrhundert lang die adlige Kriegerelite hatten erzittern lassen, war schwer angeschlagen. Schnell verflogen war aber auch das gerade gewonnene Ansehen Frankreichs, über die schlagkräftigste und in der Artillerie modernste Armee der Christenheit zu verfügen. Die Zeit der deutschen Landknechte war angebrochen, vor allem aber der spanischen Infanterie-Tercios, die mit langen Lanzen bewaffnet in geradezu mechanischer Weise vorrückten und den Gegner überrannten. Sie sollten über ein Jahrhundert lang die Schlachtfelder Europas beherrschen.[9]

So verheerend der hohe Verlust von Menschen und der gesamten Artillerie an die Kaiserlichen auch waren, zur Katastrophe wurde die Schlacht für Frankreich durch die Gefangennahme des Königs. Geleitet von dem Kriegerethos des mittelalterlichen Rittertums, hatte sich Franz I. hoch zu Ross ins Schlachtengetümmel gestürzt, um durch persönliche Tapferkeit seine Truppen zum Sieg mitzureißen. Eliteeinheiten baskischer Arkebusiere stellten ihn und schossen ihm das Pferd unter dem Leibe weg. Es blieb ihm nichts übrig; er musste sich ergeben, ein Opfer der Zeitenwende. Vergeblich auch die noble Tapferkeit seiner Offiziere. Entweder ließen sie ihr Leben – so der Maréchal Thomas de Foix, der Herzog von La Trémouille und der Admiral Bonnivet – oder sie fielen zusammen mit ihrem König in Gefangenschaft, so namentlich der König von Navarra Heinrich d'Albret. Franz I.

übergab sein Schwert dem Vizekönig von Neapel, dem ranghöchsten Vertreter des Kaisers auf dem Schlachtfeld – der Ehrenkodex des mittelalterlichen Rittertums ging in die chevaleresken Verhaltensregeln des neuzeitlichen Offizierskorps über.

Wenn mit dem Sieg vor Pavia die Zeit militärischer Überlegenheit des Kaisers und Spaniens eingeleitet wurde, dann war das zweifellos eine Folge der technischen und disziplinarischen Modernität. Doch spielten auch Wirtschaft und Finanzen eine Rolle. Zwar war Karl meist stärker noch als seine Gegner von der eisernen Regel frühneuzeitlicher Staatsaktivitäten gequält, wonach *pecunia nervus rerum,* das Geld der Nerv aller Dinge war. Der Erfolg der Fürsten hing vom Geld ab, vor allem der militärische. Ungeachtet ständiger Finanznot konnte der Kaiser letztlich aber immer mit der Steuerzahlung seiner Untertanen rechnen, der niederländischen wie der spanischen, aber auch der finanzstarken deutschen Reichsstädte. Zudem sprangen ihm die handelskapitalistischen Großunternehmer immer wieder mit ansehnlichen Krediten zur Seite, allen voran die Augsburger Fugger.

Später kam der rasch steigende Zufluss von Edelmetall aus Südamerika hinzu. Das kam dem Staatshaushalt zwar kaum direkt zugute, steigerte aber die Kreditwürdigkeit. So gelang es Karl, «in den Finanzzentren Anleihen von bislang ungekannter Höhe zu tätigen. Zwischen 1520 und 1532 nahm er 5,4 Millionen Dukaten auf, durchschnittlich 414 000 pro Jahr; zwischen 1552 und 1556 sogar 9,6 Millionen, durchschnittlich fast 2 Millionen pro Jahr.»[10] Das war die entscheidende wirtschaftliche Grundlage für Karls große militärische Unternehmungen und Siege, angefangen mit Pavia, über die Expeditionen 1535 nach Tunis und 1541 nach Algier zur Sicherung der süditalienischen Besitzungen und der christlichen Herrschaft über das westliche Mittelmeer bis hin zum Schmalkaldischen Krieg und zur Schlacht von Mühlberg an der Elbe 1547, wo die spanischen Elitetruppen die protestantische Fürstenopposition zerschlugen. Und auch für die Propaganda und Inszenierung der kaiserlichen Taten auf höchstem künstlerischen Niveau, die wegen der wachsenden Bedeutung der öffentlichen Meinung immer wichtiger wurden, stand hinreichend Geld zur Verfügung – für die Serie großer Tapisserien zum Tunisfeldzug; für Tizians Reiterporträt Karls als Miles christianus in Mühlberg; auch für das gewaltige Bildprogramm des unvollendet gebliebenen neuen Palastes auf der

Alhambra, das den Untertanen in Andalusien «das Versprechen vermitteln sollte, dass der Süden der Iberischen Halbinsel gegen maurisch-türkische Angriffe verteidigt werden würde»[11]; desgleichen für die vielen anderen Darstellungen seiner Größe und Erhabenheit.[12]

Nötigung zu Frieden und Freundschaft

Bei der Gefangennahme hatte sich der französische König dem vornehmsten der an der Schlacht beteiligten Heerführer ergeben, Charles de Lannoy, dem Vizekönig von Neapel. Als Kenner der italienischen Verhältnisse wusste dieser, was zu tun war, um den militärischen Triumph politisch optimal auszuwerten. Karl solle – so sein eingangs zitierter Brief – umgehend nach Italien kommen, um das Land in seinem Sinne zu ordnen und sich bei dieser Gelegenheit endlich mit der Lombarden- und der Kaiserkrone krönen lassen. Doch Karl war in diesem Moment nicht gewillt, Spanien zu verlassen. Lannoy ließ daraufhin seinen königlichen Gefangenen per Schiff nach Barcelona bringen. Von dort ging es weiter nach Madrid, wo Franz I. am 20. Juli 1525 eintraf und unter Arrest gestellt wurde. Karl ignorierte seinen hohen Gefangenen, obgleich der Hof sich nicht weit von Madrid in Toledo aufhielt, zeitweilig auch in Aranjuez und Segovia. Nach den Regeln ritterlicher Rivalität ein Affront; in der Staatskunst der Renaissance aber ein Kunstgriff, den Gegner in der europäischen Staatenöffentlichkeit zu erniedrigen und gefügig zu machen.

Die Verhandlungen über die Bedingungen der Auslösung wurden durch Gesandte teils in Lyon, teils in Toledo geführt und verliefen sehr zäh. Fortschritt brachte weder die Intervention von Margarete, der Schwester des französischen Königs, die im Herbst an den spanischen Hof nach Toledo reiste, noch das Hilfsgesuch der Mutter, Luise von Savoyen, bei der Hohen Pforte in Istanbul – ein zu diesem Zeitpunkt noch ganz außergewöhnlicher diplomatischer Schachzug, zudem gerade als die osmanischen Truppen sich für den Angriff auf das christliche Ungarn rüsteten.

Wie für den Vizekönig von Neapel, so stand auch für den Kaiser fest: Der Sieg am Tag seines 25. Geburtstags war Ausdruck göttlicher Fügung und zugleich Auftrag, die Christenheit und Europa nach seinen Vorstellungen neu zu ordnen. Das war nicht Vorsehungswahn und heidnische Selbstüberschätzung nach Art eines deutsch-österreichischen Diktators vierhundert Jahre später. Der Sieg seiner Truppen vor Pavia war Karl göttlicher Hinweis, dass er sich mit seinen politischen Plänen auf dem gottgefälligen Weg befand – nicht der Eroberung Europas, sondern der Friedensstiftung im Innern der Christenheit und ihrer Sicherung nach außen gegenüber der Offensive der islamischen Osmanen. Als göttlichen Fingerzeig deutete er auch viele andere Ereignisse, militärische wie politische. Zuletzt noch die für ihn überraschende Wahl seines Erziehers Adrian von Utrecht zum Papst als Zeichen seines Willens, «*die Dinge der Christenheit in Ordnung zu bringen und ihnen* (also Karl und Adrian/Hadrian) *gemeinsam zu ermöglichen, den christlichen Glauben auszubreiten*».[13]

Jetzt, drei Jahre später, war ihm erneut ein göttliches Zeichen zuteil geworden. Er war fest entschlossen, die von Gott gegebene Gelegenheit für eine große Neuordnung zu nutzen. Allerdings ging es ihm in diesem Moment, anders als es sich der Vizekönig von Neapel wünschte, nicht um Italien und die Kaiserkrönung, jedenfalls nicht in erster Linie. Vielmehr sollte Frankreich endlich das herausgeben, was er seit Jugendjahren als Besitz seiner Familie ansah, nämlich das Herzogtum Burgund, das Stammland der Linie seiner Großmutter, mit der herzoglichen Grablege in der Chartreuse von Champmol bei Dijon, Zeuge der Größe des Hauses Burgund.

Doch genau das bedeutete einen schweren Angriff auf die Staatsräson des sich herausbildenden frühmodernen französischen Staates, die auf Arrondierung und Vereinheitlichung des Staatsgebietes angelegt war. Bei allen chevaleresken Neigungen war Franz I. ein hinreichend moderner Staatsmann, um sich mit allen Mitteln dagegen zur Wehr zu setzen. Allein, er war in der Hand seines Gegners und musste sich beugen. Nicht im Sinne mittelalterlicher Ritterehre, sondern als neuzeitlicher Machtstaatspolitiker, dem die moderne Lehre von der *ragione di stato* oder Staatsräson immer einen Ausweg wies. Er beschritt ihn schon in der Gefangenschaft, indem er im August 1525 insgeheim notariell beglaubigen ließ, dass alles, was er als Gefangener unter Zwang und gegen seinen Willen zugestanden habe, null und nichtig sei. Am Tag vor seiner Unterschrift unter den ausgehandelten

Vertrag wiederholte er das noch einmal vor einer Gruppe hoher französischer Diplomaten.[14] Für Karl waren die Gebietsforderungen nur die eine Seite. Nicht weniger wichtig für seinen (universellen) Ordnungsplan waren Friede und Einheit der von außen bedrohten *christianitas*: Der «*Sonderfrieden*» zwischen dem «*Kaiser und dem Allerchristlichsten König*», so betonte es der von Franz schließlich anerkannte und unterzeichnete Text, «*soll dazu dienen, zu einem allgemeinen Frieden und ... zu Unternehmungen gegen die Türken, gegen sonstige Ungläubige und die Häretiker, die sich von Unserer Heiligen Mutter Kirche getrennt haben, zu kommen*». Kaiser und Allerchristlichster König verabredeten, gemeinsam den Papst zur Einberufung einer Versammlung der christlichen Fürsten zu bewegen. Ziel sollte es sein, den «*allgemeinen Frieden unter allen Christen*» herzustellen, die nötigen Maßnahmen zum Krieg gegen die Türken zu beschließen und diesen als vom Papst «*bewilligten allgemeinen Kreuzzug*» zu führen. Das knüpfte unverkennbar an das große Friedensprojekt Papst Leos X. von 1517 an, als vom ägyptischen Alexandria aus eine große türkische Invasion drohte.[15] Sollte ein akuter Angriff der Türken «*vornehmlich in Italien*» erfolgen, «*so wird der Kaiser als Haupt der weltlichen Fürsten der Christenheit in eigener Person den Ungläubigen entgegentreten, begleitet von dem Allerchristlichsten König und ihren sonstigen Verbündeten*».[16]

Aus Machtstaatssicht erscheint das als eine «seltsame Überschätzung der eigenen Macht des Kaisers und eine ebenso seltsame Leichtgläubigkeit».[17] Dem Biographen ist es ein Fingerzeig auf die Mentalität, die inneren Beweggründe, das universelle Majestätsbewusstsein und die daraus resultierende Zielsetzung des Kaisers. Karl V. lässt sich eben nicht als neuzeitlicher Machtpolitiker oder kaiserlicher Universalist verrechnen. Er war beides. Und was in der einen Perspektive mit Recht als «Leichtgläubigkeit» zu kritisieren ist, erscheint in der anderen als ideelle Verpflichtung, die ein Wagnis lohnt, ja notwendig macht; Ausdruck des von Erasmus vermittelten Humanisten-Optimismus.

Der Vertragstext, den Franz formell zu billigen bereit war, lag Ende Dezember vor, nachdem Karl seine Maximalforderung durch Verzicht auf die «Rückgabe» der Provence etwas gemildert hatte. Neben der erwähnten Verpflichtung zur Förderung des allgemeinen Friedens und des Türkenkampfes sagte der französische König zu, das Herzogtum Burgund, das Artois und das Herzogtum Mailand auf Dauer an Karl abzutreten, auf die Lehnshoheit über die niederburgundischen Gebiete westlich der Schelde zu verzichten und mit Karls Schwester Eleonore, verwitwete Königin von Portugal, die Ehe einzugehen. Unterschrieben wurde der «Friede von Madrid» wenig später am 14. Januar 1526 in den bescheidenen Appartements, die dem französischen König im Alkazar von Madrid zur Verfügung standen, und zwar von Franz allein. Kein Friedensschluss zwischen gleichen, gemeinsam unterzeichnenden Partnern, sondern ein Friedensdiktat, das ein Besiegter und der Entscheidungsfreiheit Beraubter gezwungenermaßen unterschrieb. Die anwesenden Vertreter des Kaisers zeichneten nicht einmal gegen, sondern protokollierten lediglich die Unterzeichnung des französischen Königs. Die Vertragsbestimmungen waren binnen sechs Wochen nach Rückkehr in sein Reich zu erfüllen und durch das Pariser Parlament zu ratifizieren, also durch die höchste Rechtsinstanz Frankreichs, deren Präsident Jean de Selve übrigens bei der Unterzeichnung in Madrid anwesend war. Zur Sicherung sollten die beiden Söhne des französischen Königs als Bürgen oder Geiseln nach Spanien gebracht werden, Kinder beide noch, Franz 1518, Heinrich 1519 geboren. All das beschwor Franz I. mit heiligem Eid vor dem Hausaltar mit den Heiligen Sakramenten. Damit nicht genug, forderten die Vertreter des Kaisers auch noch den Schwur des Edelmannes ein, sich wieder in die Hand des Siegers zu begeben, sollten ihn äußere Umstände an der Vertragserfüllung hindern.

Jetzt, da das Ziel erreicht war, ging Karl zu dem ritterlichen Verhalten über, auf das der hohe Gefangene Anspruch hatte. Mitte Februar begab er sich persönlich nach Madrid, um mit dem französischen König zu speisen. Von dort ritten sie gemeinsam nach Illescas, ein Tagesritt südlich von Madrid, wo Franz seine Braut traf, sie mit der gebührenden Ehrerbietung begrüßte und zu einem höfischen Ball führte, begleitet von Karl und Germaine de Foix, der jungen Witwe von Karls Großvater Ferdinand von Aragon. Als die Monarchen sich verabschiedeten, um jeder seiner Wege zu gehen, taten sie das als «Brüder», mit Zusicherung der Treue. Ein Ehrengeleit unter Führung eben jenes Vizekönigs von Neapel Charles de Lannoy, dem sich Franz vor mehr als einem Jahr vor Pavia ergeben hatte, begleitete den französischen König nach Nordosten an die Grenze. Am Grenzfluss Biadosa in den nördlichen Pyrenäen bei San Sebastian entfaltete sich am 18. März nochmals ein ritterliches Zeremoniell – der rituell wie rechtlich abgesicherte Austausch des Vaters, der nach Norden in seine Königsherrschaft zurückkehrte, gegen seine beiden Söhne, den Thronfolger Franz und den Zweitgeborenen Heinrich, die nach Süden in die Geiselhaft gingen. «Eure Hoheit sind nun frei, gedenken Sie Ihres Versprechens», gab Lannoy dem König mit auf den Weg, wohl nicht ohne Erleichterung, der seit Pavia getragenen Verantwortung für einen der ersten Fürsten Europas ledig zu sein. Franz bekräftigte noch einmal seine Vertragstreue und überschritt die Grenze.

Ein Frieden innerer Widersprüche

Mit dem Frieden von Madrid wollte Karl ein Ordnungskonzept durchsetzen, das in der seit Jahrhunderten umstrittenen Mittelregion Europas zwischen dem deutschen und französischen Reich die Situation des 14. und 15. Jahrhunderts wiederherstellen sollte. Die staatliche Verfestigung der Grenzen und die sachlich-territoriale Begründung von Staatszugehörigkeit, die in den Jahrzehnten der französischen Herrschaft vorangeschritten waren, sollten rückgängig gemacht werden. Das hatte zugleich tiefgreifende Konsequenzen für die geopolitische Struktur der heraufziehenden Neuzeit – zugunsten Spaniens, auch des Heiligen Römischen Reiches, und zulasten Frankreichs und seiner Dynastie. Die dort regierenden Valois sollten wieder hinter die burgundische Seitenlinie, die sie ein halbes Jahrhundert zuvor niedergerungen hatte, zurückgesetzt werden. Ein zur geographischen Abrundung unverzichtbares Kernterritorium sollte herausgebrochen werden. Im Ergebnis ein Rückschlag in der frühmodernen Staatswerdung Frankreichs, der – wenn überhaupt – nur schwer aufzuholen gewesen wäre, hätte die Reglung Dauer erlangt.

Im historischen Rückblick erscheint es nachgerade zwangsläufig, dass der französische König diesen Vertrag zerreißen würde, sobald er seine Handlungsfreiheit wiedererlangt hatte. Zu Ende des ersten Viertels des 16. Jahrhunderts war die Formierung der größeren unter den sich herausbildenden europäischen Staaten so weit gediehen, dass ein solch radikaler Revisionismus keine Chance mehr hatte. Schon im Mai 1526 geschah, was geschehen musste: Franz ließ dem kaiserlichen Gesandten kundtun, dass er sich nicht an den erzwungenen Vertrag zu halten gedenke. Wenn dieser der französischen Staatsräson geschuldete Schritt den Kaiser überraschte, so war das Ausdruck der zwei Seelen in seiner Brust – zum einen der mittelalterlichen, orientiert an der ritterlichen Größe Burgunds, aber auch an Einheits- und Friedensvisionen der Christianitas; zum andern der neuzeitlichen, die bereits die Wolfsnatur (Thomas Hobbes) der modernen Machtstaaten erahnen lässt, begierig die eigenen geostrategischen Machtvorteile zu sichern oder gar auszuweiten. Der Besitz sowohl des norditalienischen Schlüsselterritoriums Mailand, das den Weg von Nordwesten aus den Niederlanden und nach Nordosten zu den deutschen Habsburgerbesitzungen sicherte, als auch des Herzogtums Burgund, ein Trittstein von und nach Spanien, das damals schon weit diesseits der Pyrenäen im Roussillon begann, hätte dem Kaiser einen geostrategischen Vorteil gebracht, der alle anderen Herrscher und Staaten zur Zweitrangigkeit verurteilt hätte. Für Frankreich ging es um die Existenz, zumal Karls Verbündeter Heinrich VIII. die Gelegenheit nutzen wollte, den im Hundertjährigen Krieg verlorenen englischen Territorialbesitz im Norden Frankreichs zurückzugewinnen. Neuzeitliche Machtstaatspolitik in mittelalterlich feudalem Gewand! Eine für die Akteure offensichtlich mental kaum zu meisternde Gemengelage von traditionellem und neuem Denken, das insbesondere den Kaiser bis zum Ende seines Lebens begleiten sollte. So konnte er sich trotz aller Warnungen, vor allem seines Großkanzlers Gattinara, das Naheliegende gar nicht vorstellen, dass nämlich Frankreich dem nicht tatenlos zusehen würde, schon allein, weil neben dem König auch das Parlament und die Stände mitzureden hatten.

Die Gleichzeitigkeit von ritterlich feudalem und neuzeitlich mächtepolitischem Denken und Handeln war charakteristisch für Franz wie für Karl. Das zeigt auch die berühmte, zuerst von Karl ausgesprochene Forderung zum Zweikampf: *«Besser wäre es»*, so ließ er seinen Konterpart nach dessen Wortbruch im August 1526 wissen, *«diesen Streit zwischen uns persönlich auszufechten, als so viel Christenblut zu ver-*

gießen».[18] Die Herausforderung war Teil eines diplomatischen Schlagabtauschs, der sich über Monate hinzog. Beide Seiten setzten sich öffentlich in Szene. Teils in Paris, teils in den spanischen Königsstädten wurde der Streit «mit der lärmenden Förmlichkeit» ausgetragen, mit der «die homerischen Helden ihre Kriegshandlungen einleiteten».[19] Das Duell wurde nur noch am Rande erwähnt, zuletzt in der französischen Demarche vom 28. März 1528, die Franz durch einen Herold an den Kaiser nach Spanien schicken und dort am 7. Juni öffentlich verlesen ließ, mit der Aufforderung, nunmehr das Feld zum Zweikampf abzustecken. Zu einem solchen Treffen ist es nie gekommen, auch ein knappes Jahrzehnt später nicht, als der Kaiser 1536 in Rom vor dem Papst seine Herausforderung an Franz I. wiederholte.[20] Auf beiden Seiten hatten die Berater, insbesondere die im Römischen Recht geschulten, längst dargelegt, dass der Zweikampf nicht mehr taugte, um die neuzeitlichen, sachlich und nicht personal bestimmten Gegensätze zwischen Monarchen und ihren Ländern auszutragen: Der Zweikampf als Gottesurteil, so ein spanisches Gutachten, sei am Platz bei Lücken im Recht. Im vorliegenden Fall sei die Rechtslage aber eindeutig und klar.[21]

Erneut Krieg um Italien und der «Sacco di Roma» von 1527

Unmittelbar nach Aufkündigung des Madrider Friedensvertrags brachte der französische König die Liga von Cognac zustande, ein großes antikaiserliches Offensivbündnis. Eindeutig ein Bruch des ritterlichen Ehrenwortes, aber konform mit der modernen Lehre von der Staatsräson, wie sie soeben der Florentiner Staatsdenker Niccolò Machiavelli auf der Grundlage der aktuellen Erfahrungen in den italienischen Machtkämpfen entwickelte. Franz I. stütze sich auf eine formelle Absegnung des Vertragsbruchs durch den Papst, der die Abmachung für erzwungen und damit ungültig erklärte – eine gleichermaßen sakrale wie völkerrechtliche Absicherung. Zur Heiligen Liga von Cognac – «heilig», weil ihr der Papst angehörte – hatten sich unter Frankreichs Führung die italienischen Staaten Florenz, Venedig, Mailand und der Kirchenstaat zusammengeschlossen. Mailand war beteiligt, weil Herzog Francesco II. Sforza sich von der lästigen Bevormundung durch den Kaiser befreien wollte.

Die Ziele der Liga von Cognac waren staatenpolitisch kaum weniger umstürzend, als der Vertrag von Madrid: Der Kaiser und Spanien sollten aus Italien vertrieben werden, aus den Königreichen Neapel und Sizilien ebenso wie aus ihren Bastionen im Norden, vor allem dem Herzogtum Mailand. Die Franzosen wollten dort natürlich selbst einrücken, während ihre italienischen Partner sich die Befreiung der Halbinsel von allen ausländischen Potentaten erhofften. Ein innerer Widerspruch auch in dieser Allianz. Franz I. ging es natürlich auch um seine Söhne. Der schleppende Kriegsverlauf bewirkte aber das Gegenteil. Um die französischen Geiseln vor jeder erdenklichen Befreiungsaktion zu sichern, wurden die Prinzen auf die ungastlichsten Festungen Kastiliens verbracht und mussten vier weitere qualvolle Jahre in Geiselhaft verbringen.

Der gleich nach Abschluss der Liga von Cognac einsetzende zweite «Franzosenkrieg» (1526–29) wurde wiederum vor allem in Italien ausgetragen. Eine durchschlagende Entscheidung konnte keine Seite erzielen. Zwar gelang es spanisch-deutschen Truppen im Mai 1527 Rom einzunehmen und Papst Clemens VII. nach längerer Belagerung in der Engelsburg zu Kapitulation und Bündniswechsel zu zwingen. Dem stand aber ein knappes Jahr später, Ende April 1528, der Seesieg bei Amalfi gegenüber, den die vereinigten venezianisch-genuesischen Flotten gegen kaiserliche Verbände erstritten. Kriegsentscheidend wurde der aber ebenso wenig wie zuvor die Einnahme Roms. Denn Franzosen, Venezianer und Genuesen überwarfen sich, und Andrea Doria, der erfahrene Admiral und Staatsmann Genuas, wechselte die Fronten. Das war ein unschätzbarer Gewinn für den Kaiser – kurzfristig durch die Aufhebung der Seeblockade Neapels; langfristig durch die dauerhaft gesicherte Unterstützung Andrea Dorias und der Genuesischen Flotte im Kampf gegen den Vorstoß der Osmanen ins westliche Mittelmeerbecken.

Franz sah sich zum Frieden gezwungen. Er wurde am 3. August 1529 in Cambrai geschlossen, der sogenannte «Damenfrieden», ausgehandelt durch die französische Königsmutter Luise von Savoyen und Karls Tante Margarete.[22] Der Frieden von Madrid wurde in wesentlichen Punkten wieder in Kraft gesetzt, namentlich mit dem französischen Verzicht auf alle Ansprüche in Italien sowie auf seine Lehnshoheit in Flandern westlich der Schelde und im Artois. Gewichtiger aber war eine territoriale Veränderung, die Karl zu akzeptieren hatte, nämlich der Verzicht auf das Herzogtum Burgund. Bedenkt man seine tiefe Verwurzelung in der burgundischen Tradition, kann ihm das persönlich nicht leichtgefallen sein. Und in der Tat, der Damenfrieden von Cambrai besiegelte den dauerhaften Übergang des burgundischen Stammesherzogtums seiner Familie an Frankreich. Zur Auslösung der beiden Prinzen verpflichtete sich Frankreich 2 Millionen Gold-Écu zu zahlen. Die im Frieden von Madrid vereinbarte Ehe zwischen Franz und Eleonore wurde bekräftigt und im Sommer 1530 tatsächlich vollzogen. Wenige Tage zuvor, am 1. Juli 1530, waren die beiden französischen Prinzen in ihre Heimat zurückgekehrt – wie vier Jahre zuvor über den Grenzfluss Bidassoa, nun aber von Westen nach Osten und als freie Männer.

Auch an den Militäraktionen des zweiten Franzosen- beziehungsweise Italienkriegs war Karl persönlich nicht beteiligt gewesen. Gleichwohl wurden ihm wiederum die Taten seiner Armeen zugerechnet – anders als der Triumph vor Pavia nun aber als schwarzer Fleck in seiner Biographie. Seit der Schlacht vor Pavia waren die Soldzahlungen an die deutschen Landsknechte und die spanischen und italienischen Söldner nur stockend und in bescheidenem Umfang geflossen. Selbst die alltägliche Fourage für die Pferde sowie die Lebensmittelzufuhr für die Menschen funktionierte schlecht. Die Armeen mussten sich weitgehend selbst versorgen. Bei Landsknechten und Söldnern wuchs der Zorn über den ausbleibenden Lohn für ihre «Arbeit». Im Frühjahr 1527 geriet die Situation erstmals außer Kontrolle. Im Lager vor Bologna rotteten sich die unzufriedenen Landsknechte zusammen, zogen vor das Zelt ihres Heerführers Georg von Frundsberg und brüllten: «Geld, Geld, Geld!» Frundsberg setzte auf sein viel gerühmtes gutes Verhältnis zu «seinen» Landsknechten und versuchte die aufgebrachte Menge zu beruhigen. Als das misslang und er stattdessen offen mit Spießen und Schwertern bedroht wurde, erregte er sich so sehr, dass er einen Hirnschlag erlitt, von dem er nicht mehr genesen sollte. Für den Augenblick waren die Meuterer betreten und ließen von ihren Drohungen ab. Als die Versorgungslage sich nicht besserte und die Armee im März die außerordentlich harte Belagerung der Stadt Florenz durchzustehen hatte, brach die Meuterei erneut aus, nun aber gegen eine Armeeführung, die bei weitem nicht das Ansehen Georg von Frundsbergs besaß. Die Soldaten verjagten ihre Kommandeure, beschlossen, die Belagerung aufzugeben und zogen nach Rom, um sich in der reichen Stadt für den ausstehenden Sold schadlos zu halten. Auch wollten sie sich direkt am Papst rächen, den sie für den eigentlich Schuldigen an ihren Entbehrungen hielten, insbesondere die durch Luthers Schriften aufgepeitschten Deutschen unter ihnen. Anstelle Frundsbergs führte Herzog Charles II. von Bourbon das Kommando, ein französischer Hochadeliger, der wegen entehrender Behandlung durch seinen König auf die Seite des Kaisers gewechselt war. Das Prestige und die Standhaftigkeit eines Frundsberg besaß er nicht. Außerstande, sich dem Willen der Armee entgegenzustemmen, begleitete er sie nach Rom. Auf nennenswerten Widerstand stieß die Soldateska nicht. Das Kommando der venezianischen Verbündeten des Papstes lag in der Hand von Francesco Maria della Rovere, Herzog von Urbino, der nicht daran dachte, der kaiserlichen Armee entschieden entgegenzutreten. Die Bedrängnis des zweiten Medici-Papstes kam ihm nur zu Recht als Rache für die Schmach, die ihm vor rund einem Jahrzehnt der erste Medici-Papst, Leo X., angetan hatte, als er ihn aus seinem Herzogtum vertrieben hatte.

So erreichte die faktisch führerlose Soldateska bereits Anfang Mai die Heilige Stadt und erstürmte in den frühen Morgenstunden des 6. Mai die Stadtmauern. An einen erfolgreichen Widerstand der Römer war nicht zu denken. Immerhin gelang es einem Verteidiger einen tödlichen Schuss auf Bourbon abzufeuern, als er mit der Sturmleiter die Stadtmauer besteigen wollte. Der Tat rühmte sich später der Goldschmied Benvenuto Cellini, Mitglied der Medici-Klientel. Gewonnen war mit Bourbons Tod für Rom aber nichts. Im Gegenteil, durch den Verlust wutentbrannt und nun vollends führungslos, zog die Soldateska in einem Gewaltrausch brandschatzend, mordend und raubend durch die Heilige Stadt.

Die kaiserliche Armee belagerte über Wochen Papst Clemens VII. in der Engelsburg, ohne seine hochpriesterliche Würde zu respektieren. Die Einwohner Roms, die kein ähnlich fester Schutzwall wie die Engelsburg schützte, wurden durch die Söldner über Wochen mit grausamen Gewaltexzessen drangsaliert, Kirchenmänner oder nicht. Einer der Hauptleute der deutschen Landsknechte Sebastian Schertlin, den der Kaiser später zum Großmarschall des gesamten Fußvolks machte und mit dem Titel «von Burtenbach» in den Adelsstand erhob, hielt das Inferno in seiner Autobiographie fest: «*Den 6. Tag im May haben wir Rom mit dem sturmp gewunnen, ob 6000 Mann darin zu tot geschlagenn und die ganze statt geplündert, in allen kirchen und ob der erd genommen, was wir gefunden, einen guten teil der statt abgebrant und seltsam hausgehalten, auch alle copistreien, register brife und cortisaney* (gemeint wohl die Wohnungen der Kurtisanen / parasitären Höflinge des Papstes, die seit Luthers Adelsschrift den Deutschen besonders verhasst waren) *zerrissen und zerschlagen ... Wurden wir alle reich.*»[23]

Als «Sacco di Roma» ging die Schreckensmeldung von den Ereignissen in der Heiligen Stadt sogleich durch die Christenheit und wurde teils dem Kaiser, teils dem Papst und seiner Uneinsichtigkeit, nicht selten auch beiden angelastet. Die religiös aufgewühlte Zeit deutete das unerhörte Geschehen als Zeichen des drohenden Endzeitkampfes, in dem nichts mehr heilig war und die höchsten Würdenträger der Christenheit gegeneinander wüteten. Nichts dokumentierte deutlicher die Zerrissenheit der christlichen Welt und die Krise der mittelalterlichen Ordnung als diese Selbstzerfleischung der beiden Universalmächte, deren Aufgabe doch nicht Krieg und Terror, sondern Frieden und Ausgleich war. Reformern wie Aegidius von Viterbo, Ordensgeneral der Augustiner, mit dem Luther rund zwei Jahrzehnte zuvor bei seinem Romaufenthalt zu tun hatte, war das eine Gottesstrafe, die die allseits erhoffte grundlegende Erneuerung der Kirche erzwingen werde. Verderblich für Karls Ansehen waren insbesondere die untrüglichen Belege für die Anwesenheit lutherischer «Ketzer» unter den marodierenden Landsknechten: In die noch strahlend frischen Renaissancefresken der Farnesina, des Sommerpalastes der Farnese jenseits des Tibers, ritzten sie antipäpstliche Graffiti und verkündeten mit dem Wort *«Babylon»* Luthers Lehre, dass in Rom die Hure Babylon ihren Sitz habe und der Papst der Antichrist sei. Eine traumatische Erfahrung, die das Verhältnis der Römer zum Kaiser noch lange belasten sollte. Und beim Betrachten der sorgsam konservierten Graffiti in der Farnesina regt sich bei frommen Katholiken und Römern noch heute Widerwillen gegen Protestanten und Deutsche, die sie nur zu gerne in eins setzen.

Sacco di Roma, 6. Mai 1527, Gemälde eines unbekannten italienischen Meisters, 16./17. Jahrhundert.

Weltlich betrachtet war der Gewaltausbruch der kaiserlichen Soldateska Menetekel der bald periodisch ausbrechenden hemmungslosen Grausamkeit der entfesselten Staatenkriege. In den rund anderthalb Jahrhunderten, in denen Rekrutierung und Disziplin der Mannschaften, Professionalisierung und Rechtsgeist des Offizierkorps, Logistik der militärischen Kampagnen, insbesondere aber die solide und stetige Finanzierung der Armeen noch nicht ausgebildet waren, waren Meutereien und Gewaltexplosionen wie 1527 beim Sacco di Roma die Achillesferse der Kriegsführung. Besonders anfällig waren die spanischen Armeen, deren Finanzierung trotz des Edelmetallzuflusses aus Amerika nie gesichert war. Unter Karls Sohn und Nachfolger Philipp II. sollte insbesondere Antwerpen wiederholt die elementare Gewalt der außer Kontrolle geratenen «spanischen Furie» erfahren. Im großen Deutschen Krieg durchfuhr das entfesselte Chaos der kaiserlich-katholischen Armee die lutherische Stadt Magdeburg. Erst die Heeresreformen des

17. Jahrhunderts sollten hier allmählich Besserung schaffen, einsetzend im oranischen Heer der nordniederländischen Republik und fortgesetzt in nahezu allen anderen europäischen Armeen.

Dergleichen Pläne entwickelten die Kriegsherren des frühen 16. Jahrhunderts noch nicht. Umso nachhaltiger die Erschütterung durch den Sacco di Roma. Die tiefe Entfremdung, die er zwischen Papst und Kaiser erzeugte, wurde erst am 29. Juni 1529 im Frieden von Barcelona zwischen Papst und Spanien teilweise geheilt. Wie Frankreich im wenige Wochen später abgeschlossenen Damenfrieden von Cambrai, so gestand auch Papst Clemens VII. in Barcelona dem Kaiser die Dominanz in Oberitalien zu. Dafür erhielt er die 1527 verlorenen Gebiete des Kirchenstaats zurück sowie die kaiserliche Zusage, seine Familie, also die Medici, in die Herrschaft über Florenz zurückzuführen. Insgesamt eine tragfähige Basis, die im Sacco di Roma geschlagenen Wunden vergessen zu machen und in eine ersprießliche Zusammenarbeit einzulenken, beginnend mit der Einladung Karls nach Italien zur Kaiserkrönung.

Das kaiserliche Klientelsystem in der Po-Ebene, Mantua und die Gonzaga-Dynastie

1530 war die Vorherrschaft Spaniens und des Kaisers allenthalben in Italien gefestigt. Nur Venedig hatte sich mit Geschick und Glück die Unabhängigkeit zu bewahren gewusst. – Allein, Fortuna war launisch und das Mächtespiel im Italien der Renaissance unberechenbar. So waren auch und gerade auf dem Höhepunkt der militärischen Macht Wachsamkeit und kluge Vorsorge angeraten. Mit bloßer militärischer Gewalt war wenig zu richten. Das hatte letztlich ja selbst der Sacco di Roma gezeigt – ein Triumph der spanisch-deutschen Militärmacht, aber eben auch die Ursache einer tiefen Vertrauenskrise, die Karls Diplomatie auf Jahre nicht zu meistern wusste. In der labilen Pentarchie der fünf großen italienischen Mächte Neapel, Kirchenstaat, Florenz, Mailand und Venedig war niemandem auf Dauer zu trauen. Die Bündnisse waren stets aufs Neue diplomatisch auszubalancieren, und es war immer mit einem plötzlichen Umschlag der Kräfte zu rechnen, der alles Erreichte zu vernichten drohte. Auch wenn Frieden geschlossen war oder gar formell ein Bündnis bestand, ging Karl von der Unzuverlässigkeit der Mächte einschließlich des Papstes aus. Insbesondere Franz I. bediene sich, so warnte Karl seinen Bruder Ferdinand insgeheim, «*aller Kniffe und Winkelzüge, die ihm möglich sind, obwohl er versprochen hat, sich nicht in Italien einzumischen*».[24]

Gefährdet war weniger der Süden. Die Königreiche Neapel und Sizilien waren militärisch wie politisch weitgehend gesichert. Sorgen bereitete Oberitalien, wo die Interessen der Mächte, der italienischen wie der auswärtigen, aufeinanderprallten. Selbst für kleine territoriale Gewinne griff man dort zum Schwert. Karl suchte im Norden seine Position zu festigen, indem er gestützt auf sein kaiserliches Prestige unter den kleineren italienischen Mächten ein Klientelsystem aufbaute. Selbst die kleine Handelsrepublik Lucca, die als Einzige in der Toskana ihre Freiheit gegenüber Florenz und den Medicis bewahrt hatte, umwarb er. So verlangte er ihre aktive Beteiligung an der antifranzösischen Liga – und handelte sich, für die italienischen Verhältnisse bezeichnend, eine Abfuhr ein: Ihre Loyalität zum Reich stehe wie eh und je außer Zweifel, versicherten die Potentaten der Republik. «*Doch wegen unserer Kleinheit (per la piccolessa nostra), besonders weil wir unbedeutend und ohne jede Macht (potentia) sind*», wäre der Beitritt zu dem geplanten Bund für den Kaiser ohne jeden Nutzen.[25] Weitaus wichtiger als Lucca waren ihm gute Beziehungen zur Seerepublik Genua, «*weil sie für die Sicherheit ganz Italiens und der Königreiche und Länder Neapel, Siziliens und Mailands überaus wichtig ist*» – als Hafen für den Verkehr von und nach Italien, für die Armee ebenso wie für Politiker und Diplomaten, einschließlich des Kaisers selbst, und als Seemacht, ohne die die Sicherheit der spanischen Besitzungen im westlichen Mittelmeerbecken kaum zu gewährleisten war. Wie wichtig ihm die Allianz mit Genua war, hatte der Kaiser bereits 1531 bewiesen, als er die geschichtsträchtige süditalienische Grafschaft Melfi zusammen mit weiteren umliegenden Herrschaften an den genuesischen Staaten- und Flottenlenker Andrea Doria vergab und damit die Dorias auf Jahrhunderte hin in den Kreis der großen Barone des Königreichs Neapel erhob.[26]

Im Norden Italiens war die Lage grundverschieden. Dort hatte es der Kaiser mit unabhängigen Kleinstaaten zu tun. Vor allem den Fürstentümern der kleinen und mittleren Fürsten der weiten Po-Ebene – Ferrara, Modena, Mantua, später auch Parma und Piacenza – war als Pufferstaaten zwischen den italienischen Großmächten Venedig, Mailand, Florenz und Kirchenstaat, vor allem aber durch die Konkurrenz zwischen Franz I. und Karl V. eine Bedeutung zugewachsen, die ihr tatsächliches politisches oder gar militärisches Gewicht bei weitem übertraf. In der notorischen Flüchtigkeit und Unsicherheit der Mächtekonstellation waren sie für Karl ein nahezu unverzichtbarer Sicherungsanker. Umgekehrt war für die Fürsten ein Bündnis mit dem Kaiser von größtem Wert – finanziell, weil damit militärische und politische Ämter verbunden waren, vor allem aber sozial durch die Ehre und den ständischen Rang, die der Kaiser garantierte. Karl stärkte zunächst die Position der d'Este Herzöge von Ferrara, insbesondere *«in den Angelegenheiten von Modena, Reggio und Ravenna gegen Papst Clemens VII.»* Doch war nicht sicher, dass die *«Verwandtschaft (des d'Este) in Frankreich und die Gunst am dortigen Hof ihn (nicht) auf diese Seite neigen lassen».*[27] Zuverlässiger war da der Sicherheitsanker in der Markgrafschaft beziehungsweise dem Herzogtum Mantua, jedenfalls nachdem Isabella d'Este mit ihren Sympathien für Frankreich das Regiment in die Hand ihres Sohnes Federico II. gelegt hatte.

Die in Mantua regierenden Gonzaga bieten ein Paradebeispiel für die Absicherung der kaiserlichen Herrschaft in Oberitalien durch freundschaftliche Beziehungen zu den mindermächtigen Fürsten: Gleich nach der Kaiserkrönung Ende Februar 1530 im nahen Bologna stattete Karl dem regierenden Markgrafen Federico II. einen offiziellen Besuch ab, der zu einem der größten höfischen Ereignisse in der Geschichte des kleinen Fürstentums wurde – mit einem großen Triumph beim Einzug in die Residenz Mantua am 25. März und der anschließenden kaiserlichen Standeserhebung Federicos und seiner Nachkommen zu Herzögen. Es folgte ein Reigen von Festtagen, die dem neuen Herzog Gelegenheit gaben, seinem höchsten Lehnsherrn all das hohe kulturelle Kapital vor Augen zu führen, das der kleine Fürstenhof unter seiner Mutter Isabella d'Este angesammelt hatte, der hoch gefeierten *«prima donna del mondo»* der Renaissance. Neben dem weitläufigen Stadtpalast, wo im Kastell St. Georgio die Privatgemächer Isabellas lagen, mit weitem Blick über den Mittelsee hin, war es der Sommerpalast del Te, dessen raffinierte Architektur und Innenausstattung den Kaiser gefangen nehmen sollten. In den Flusswiesen vor der Stadt gelegen, war der gerade vollendete Bau des Raffael-Schülers Giulio Romano «genau das symbolische Kapital», mit dem der junge Herrscher die kulturelle Repräsentation seines kleinen Territoriums auf einen Höhepunkt brachte, um es damit zugleich «gedankenexperimentell ... gegenüber seinem Umfeld zu emanzipieren – sei es nun die konkurrierenden italienischen Potentaten, der Kaiser oder seine dominante Mutter».[28]

In einem kamen Herzog Federico II. und Kaiser Karl allerdings nicht überein – in dem für Karls Klientel- und Bündnispolitik typischen Plan, den neuen Herzog durch eine Ehe mit seiner entfernten Cousine Giulia d'Aragona auch dynastisch-familiär einzubinden. Die Leidenschaft, die den jungen Gonzaga an Isabella Boschetti, eine wegen Schönheit wie Bildung hoch gelobte Nichte des bewunderten Staatsmannes und Kulturtheoretikers Baldassare Castiglione, fesselte, ließ ihn die notwendigen Finten gegen die Verwirklichung dieses kaiserlichen Wunsches finden. Das war aber nur ein vorübergehendes Hindernis. Denn bereits nach dem frühen Tod Federicos II. im Jahr 1540 kam unter der Regentschaft Kardinal Ercoles für seinen minderjährigen Neffen Francesco III. (1550 gestorben) und Guglielmo die gewünschte Eheverbindung zustande, und zwar jeweils mit Töchtern des Deutschen Königs Ferdinand I., was Karl dann in seinem Testament von 1548 mit Zufriedenheit festhalten sollte.

Die Politik mit dem regierenden Fürsten machte nur einen Teil der Beziehungen zur Gonzaga-Dynastie aus. In kaum zu überschätzenden Maßen profitierte Karl von dem künstlerisch-kulturellen Kapital der Gonzaga, vor allem in seinen letzten Regierungsjahren. Herzog Federico II. hatte ihn, wohl bei seinem zweiten Aufenthalt 1532, auf den Venezianer Maler Tizian aufmerksam gemacht und ihm damit den kongenialen Künstler zugeführt, der wie kein zweiter das politische und geistige Selbstverständnis des Kaisers in Szene zu setzen wusste. Darauf werden wir noch im Zusammenhang mit Tizians großen Augsburger Herrscherporträts von 1547/48 einzugehen haben, die bis heute das Bild Karls V. bestimmen.[29] Bei den kaum weniger bedeutenden Aufträgen an den Bildhauer Leone Leoni, der zwischen 1549 und 1554 vier Bronzestatuen Karls V. anfertigte, war es Federicos Bruder Ferrante, der zwischen Künstler und Kaiser vermittelte.[30]

Karl stützte sich über die Jahrzehnte hin auf die Dienste von zwei weiteren Mitgliedern der Gonzaga-Dynastie – auf Federicos jüngere Brüder Ercole und den bereits erwähnten Ferrante. Ercole, 1505 geboren und 1527 auf Drängen seiner Mutter von Clemens VII. zum Kardinal ernannt, hatte er, vom Bildungssinn Isabella d'Estes geprägt, Philosophie, Literatur und Theologie studiert und sich Grundkenntnisse in Arabisch angeeignet. Während seiner römischen Zeit diente er als Art Verbindungsmann zwischen Kaiser- und Papsthof. 1530 gehörte er sowohl bei der Kaiserkrönung in Bologna als auch bei dem Staatsbesuch in Mantua zum Gefolge Karls. Als Bischof von Mantua, wohin er nach dem frühen Tod Herzog Federicos 1540 als Vormund seines minderjährigen Neffen Francesco III. seinen Wohnsitz verlegte, verfolgte er in seiner Diözese eine katholische Reformpolitik, die in Vielem den kirchenpolitischen Vorstellungen des Kaisers entsprach. Dazu darf man auch die mutigen Kontakte zählen, die er zu führenden Vertretern der italienischen *Spirituali* und selbst zu dem bald offen protestantischen Kapuzinermönch Bernhardino Ochino unterhielt. Das passte zur damaligen Politik des Kaiserhofes, Gegensätze durch Gespräche zu entschärfen. Erst die Wende zur Häretikerverfolgung unter Paul III. und unter dem Carafa-Papst Paul IV. zwang Ercole zu konformem Verhalten. Ein gegenreformatorischer Konfessionalist wurde er aber genauso wenig wie sein kaiserlicher Patron. Auch nicht als er in seinen letzten Lebensjahren als päpstlicher Legat dem Konzil von Trient vorsaß. Doch da war Karl V. bereits tot und Philipp II. hatte die spanische Kirchenpolitik ins aggressiv anti-protestantische Fahrwasser gelenkt. Geschwunden waren damit auch die unter Karl durchaus realistischen Chancen Ercoles auf den Papstthron. Umso reizvoller die kontrafaktischen Überlegungen, wie die europäische Geschichte in einer Zusammenarbeit zwischen Kaiser Karl V. und einem Gonzaga-Papst verlaufen wäre, hätte in den späten 1530er / frühen 1540er Jahren eine entsprechende Papstwahl stattgefunden!

Persönlich am nächsten stand Karl der dritte Gonzaga, Ferrante (1507–1557), der bereits dem Hofstaat des jungen Burgunderherzogs und Königs von Spanien angehörte und seit dem Kapitel von 1531 sein Ordensbruder bei den Vliesrittern war.[31] Mehr als drei Jahrzehnte lang diente Ferrante Karl als Feldherr, meist als Oberkommandierender – so neben dem Admiral Andrea Doria während der Operationen gegen die Osmanen und Chaireddin Barbarossa im Mittelmeer, in den Feldzügen der vierziger Jahre in den Niederlanden und Deutschland, schließlich im letzten Ringen mit Heinrich II. von Frankreich, als er im Sommer 1559, nun bereits unter Philipp II., am spanischen Sieg von Saint-Quentin teilhatte, wenige Wochen bevor ein Sturz vom Pferd seinem Leben ein Ende setzte.

Nicht weniger wichtig war Ferrantes Engagement als Diplomat, Politiker und Regent: Ab 1536 regierte er Sizilien als Vizekönig; Anfang der 1540er Jahre ging er als Sondergesandter nach England, um Heinrich VIII. zu energischeren Aktivitäten im Krieg gegen Frankreich zu bewegen; von 1546 bis 1555 war er Gouverneur des Herzogtums Mailand, das Karl inzwischen seinem Sohn Philipp übertragen hatte. Gerade in Mailand stellte er unter Beweis, wie bedingungslos er die spanische Staatsräson in Oberitalien zu sichern bereit war. Das schloss die «stille Teilhabe» an den dunklen, machiavellistischen Machenschaften ein, die im Italien der Renaissance allen Potentaten vertraut waren, auch wenn gerade Karl V. das stets zu verbergen wusste. So erscheint es heute sehr wahrscheinlich, dass 1547 bei der später noch genauer zu erörternden Ermordung Pier Luigi Farneses, Herzog von Parma und Sohn Papst Pauls III., Karl V. wie sein Gouverneur ihre Hände im Spiel hatten, jedenfalls von den Plänen der Verschwörer wussten.[32] Ziel war die Stabilisierung Oberitaliens gegen einen möglichen Verrat Parmas an Frankreich. Das garantierte dann auch der Gonzaga-Gouverneur, indem er das Herzogtum besetzte, kaum war die Leiche des Erschlagenen in den Wassergraben der Zitadelle von Piacenza geworfen. Die Bande des Vertrauens zwischen Karl V. und Paul III., die nie besonders fest geknüpft waren, hatte er damit aber endgültig zerrissen.

So wichtig die Klientel der kleineren Fürstenhäuser für Karls Position in Oberitalien auch war, politisch zählten letztlich die großen Mächte. Auch hier gelang es Karl in den 1530er und 1540er Jahren, wichtige Weichen zu stellen. Eindeutig in Mailand, das er nach dem Tod des letzten Sforza-Herzogs 1535 einzog und ein Jahrzehnt später an seinen Sohn Philipp verlieh. Wie sich hier spanische Staatsinteressen und oberitalienisches Klientelnetz gegenseitig stärkten, belegt eindrücklich die beschriebene Gouverneurszeit Ferrante Gonzagas. – Florenz wusste Karl an sich zu binden, indem er aufgrund der 1530 in Bologna getroffenen Absprachen mit Papst Clemens VII. militärisch zu dessen Rückkehr unter die Herrschaft der Medici und ebenso zur Festigung der jüngeren Medici-Linie unter Cosimo I. beitrug, den er nach der Ermordung seines Vetters Alessandro de' Medici 1537 zum erblichen Herzog der Toskana ernannt hatte. Als «guten Freund» und «Mann von Verstand und Urteilskraft, der sein Land in guter Ordnung hält», empfahl er 1548 seinem Sohn den Florentiner Herzog, der «durch seine wichtige Lage Euch Hilfe leisten kann».[33] Nur Venedig ließ sich nicht auf Dauer einbinden, ebenso wenig die Päpste mit den zunehmend nach Norden ausgerichteten Interessen des Kirchenstaates.

Krieg – Freundschaft – Krieg

Mit den Friedensschlüssen von Barcelona mit Papst Clemens VII. und dem Damenfrieden von Cambrai mit Frankreich schien im Sommer 1529 ein dauerhafter Ausgleich der Interessen erreicht, auf der Basis einer Hegemoniestellung Spaniens und des Kaisers in Italien einerseits und einer gefestigten Position des Kirchenstaates sowie Frankreichs in den zentralen Räumen seiner Staatsbildung andererseits. Alle Hoffnungen auf einen dauerhaften Frieden sollten sich jedoch als trügerisch erweisen. Der Kampf um Italien war keineswegs beendet. Die latent weiterwirkenden Gegensätze gingen noch zweimal in einen offenen Krieg über, in den späten 1530er und den frühen 1540er Jahren.

Der dritte Schlagabtausch 1536 bis 1538 erfolgte, nachdem der Mailänder Herzog Francesco Sforza am 24. Oktober 1535 kinderlos gestorben war. Ungeachtet seines in Cambrai ausgesprochenen Verzichts erhob Franz I. sogleich wieder Ansprüche auf das Herzogtum. Karl widersetzte sich mit aller Entschiedenheit. Auch alle Vermittlungsversuche schlug er aus, namentlich den Vorschlag seiner Schwester Königin Eleonore von Frankreich, Mailand Charles von Angoulême, Sohn Franz' I. aus erster Ehe, zu übertragen und ihn mit einer Tochter König Ferdinands zu verehelichen. So «scheint es am besten zu sein, dass unsere Schwester es unterlässt, von der besagten Eheschließung zu sprechen», weist er seinen Rat Hannart an.[34] Angesichts seiner Schlüsselstellung für den Zugang nach Italien wollte der Kaiser das Herzogtum unter keinen Umständen dem Einfluss seines Rivalen öffnen. Das machte er gleich zu Beginn des erneut ausgebrochenen Konflikts unmissverständlich deutlich, als er am Ostermontag 1536 in Rom vor Papst Paul III., den Kardinälen und zahlreichen Botschaftern europäischer Mächte seine programmatische Ostermontagsrede hielt. Dass er diese Ausführungen in Spanisch statt wie in der Diplomatie üblich in Latein, Italienisch oder Französisch hielt, war eine allen verständliche Überlegenheitsgeste. Der französische Botschafter legte sogleich Protest ein. Er habe gar nichts verstehen können. Doch die kaiserliche Propaganda sorgte für Übersetzungen in die großen europäischen Sprachen und ließ den Wortlaut der Kaiserrede in Flugschriften in der Christenheit verbreiten.[35]

Der französische König ging erstmals ein formelles Bündnis mit Sultan Suleiman dem Prächtigen ein, dem nach seiner Niederlage im Sommer 1535 vor Tunis alles an einer Schwächung des Kaisers lag. Eröffnet wurden die militärischen Auseinandersetzungen mit dem französischen Einmarsch in das Kerngebiet des benachbarten Herzogtums Savoyen, das traditionell mit den Burgunderherzögen verbündet und verschwägert war. Der aktuell regierende Herzog Karl III., als Ehemann einer Schwester von Kaiserin Isabella Karls Schwager, musste in die südlichen, italienischen Gebiete fliehen. Bei den anschließenden Militäraktionen führten weder die französischen Angriffe auf die niederburgundischen Territorien noch die spanische Intervention in der Provence zu durchschlagenden Erfolgen für die eine oder andere Seite. So konnte der Papst, der dieses Mal neutral geblieben war, im Sommer 1538 den Waffenstillstand von Nizza vermitteln, in dem sich beide Kontrahenten auf zehn Jahre hin zum Frieden verpflichteten. Paul III. glich hier die schwere Niederlage aus, die das Papsttum 10 Jahre zuvor beim Sacco di Roma hatte hinnehmen müssen. In Nizza konnte er nun als *Pater communis*, als gemeinsamer Vater aller Christen, als Schlichter zwischen den Königen auftreten. In einem «imperialen Rekurs» (Alexander Koller), der seine weltliche Macht auf die spätantiken Kaiser zurückführte, gelang es ihm, den Universalanspruch des Papsttums wiederzubeleben.

Beide nun befreundeten Monarchen trafen im Juli 1538 in Aigues-Mortes zu einer kurzen persönlichen Begegnung zusammen, als Karl auf dem Weg zurück nach Spanien war. Noch ein Jahr später bewährte

Franz I. und Karl V. 1540 vor Paris, begleitet von dem päpstlichen Gesandten Alessandro Farnese, Enkel Pauls III., dem Gran Cardinale, der mit Kunstgeschmack die Villa Farnese in Caprarola zur Ruhmeshalle seiner Dynastie ausbauen ließ – Fresco von Taddeo Zuccari (1529–66), um 1559.

sich die von Papst Paul III. vermittelte Freundschaft, als der Kaiser eilig von Spanien in die Niederlande ziehen musste, weil dort in seiner Geburtsstadt Gent der eingangs schon erwähnte Aufstand ausgebrochen war, den es einzudämmen galt. Franz I. lud ihn ausdrücklich ein, statt des inzwischen üblichen Seewegs diesmal die Landroute durch Frankreich zu wählen.[36] Nach einigem Zögern nahm Karl das Angebot an und überquerte am 29. November bei Bayonne die Grenze – von hohen französischen Würdenträgern mit dem Dauphin an der Spitze, der sich seines eigenen Grenzübertritts Jahre zuvor erinnert haben mag, empfangen und nach Paris geleitet. In Poitiers, Orléans und schließlich in Paris fanden feierliche Einzüge statt, wie sie Karl aus den Niederlanden und Italien gewöhnt war. Vor Paris wurde der Kaiser im Januar 1540 von Franz I. persönlich empfangen und beide Herrscher ritten Seite an Seite in die Hauptstadt ein.

Die Gesänge, Lobgedichte und lebenden Bilder, mit denen der Kaiser beim Einzug in französische Städte begrüßt wurde, unterschieden sich in charakteristischer Weise von denjenigen seiner Einzüge in niederländischen oder italienischen Städten. Nicht Triumphgesten für einen antiken Imperator, auch keine militärischen Siegeszeichen, schon gar nicht gegenüber den muslimischen Türken, mit deren Sultan der Gastgeber ja immer wieder paktierte, ehrten ihn, sondern Zeichen des Friedens und der Freundschaft.[37] Sakral überhöht wurde der Frieden durch Alessandro Farnese, den Botschafter Pauls III. in Frankreich, der die beiden Monarchen hoch zu Pferd begleitete und so noch einmal den Anspruch seines Vaters öffentlich kundtat, als Friedenspapst die Freundschaft der verfeindeten Herrscher bewerkstelligt zu haben und für die Zukunft zu garantieren. Noch zwei Jahrzehnte später ließ sich Alessandro, eben jener Nepote, der auf dem Tizianporträt rechts neben Paul III. steht, als Friedensbotschafter feiern – so auf einem wandfüllenden Fresco im Saal der Farnesischen Familiengeschichte im Palazzo von Caprarola, eine knappe Tagesreise nördlich von Rom, den er Ende der 1550er Jahre ausbauen ließ. Hier erscheint der Gran Cardinale, wie der Papstenkel inzwischen gerühmt wurde, im Aussöhnungszeremoniell der beiden Rivalen als Schlüsselfigur. Dass der Bund zwischen Franz I. und Karl V. nur ganze vier Jahre gehalten hatte, kümmerte da wenig.

Ihr vierter und letzter Krieg brach bereits 1542 aus und wurde bis 1544 an den drei neuralgischen Punkten ausgetragen – die Pyrenäen entlang, vor allem um Navarra, in den Niederlanden und in der Po-Ebene. Genau betrachtet, war der in Nizza verabredete Waffenstillstand von vornherein brüchig gewesen. Dem französischen König behagten die Bedingungen wenig, und Karl hatte schon drei Tage nach dem Abschluss seinem Bruder mitgeteilt, er werde sich *«frühzeitig gegen einen Bruch des Waffenstilltandes absichern».*[38] Hinzu kamen die notorischen Absprachen zwischen Frankreich und der Hohen Pforte, die für den Kaiser aktenkundig waren, seitdem auf dem Tunis-Unternehmen entsprechende Schriftstücke erbeutet wurden. Die Schuld für den neuen Waffengang sah der Kaiser aufseiten Frankreichs. Ähnlich in der Regel die deutschsprachigen Historiker. Der englische Spanienspezialist Geoffrey Parker macht dagegen geltend, dass sich «Franz I. zwei Jahre lang an Geist und Buchstabe des Waffenstillstands von Nizza gehalten» habe. Karl sei von ihm bei der Niederwerfung des Genter Aufstandes

1540 und im Kampf gegen die Ausbreitung des Protestantismus unterstützt worden, und den Türken sei Franz in jenen Jahren nicht zur Seite gesprungen.[39]

Es waren zwei den Kaiserlichen zuzuschreibende Ereignisse, die Franz in den alten Konfrontationskurs zurücklenken ließen – die Lehnsvergabe des Herzogtums Mailand an Karls Sohn Philipp; und die Ermordung eines französischen Botschafters. Franz I. wird 1539 bei seiner freundschaftlichen Einladung nach Frankreich durchaus das seit Jahrzehnten umstrittene Mailand im Auge gehabt haben, das eben als Lehen an den Kaiser zurückgefallen war. Und dass Karl sich während ihrer Begegnung ihm gegenüber so freundschaftlich gezeigt hatte, mag seine Hoffnung gestärkt haben, mit dem Herzogtum belehnt zu werden. Stellt man Karls macht- wie familienpolitisches Kalkül in Rechnung, kann man das nur ein irreales Wunschdenken nennen. Die Enttäuschung muss dennoch groß gewesen sein, als Franz ein knappes Jahr nach dem Treffen in Paris erfuhr, dass der Kaiser Philipp, den zukünftigen König von Spanien, mit Mailand belehnt hatte und damit im Norden wie im Süden der Apenninenhalbinsel auf Generationen hin die spanische Vormacht gesichert war.

Im Frühsommer 1541 wurde der französische Botschafter Antonio Rincón ermordet. Rincón, von Geburt Spanier, stand seit den 1520er Jahren in Diensten des französischen Königs. Er hatte äußerst geheime Missionen am polnischen Königshof, in Transsilvanien bei Johann Zápolya, dem Rivalen Ferdinands um das ungarische Königtum, und seit 1530 mehrmals bei der Hohen Pforte durchgeführt, allesamt darauf gerichtet, im europäischen Osten und Südosten gegen den spanisch-deutschen Rivalen Unterstützung zu finden. Besonders intensiv waren die Kontakte mit dem osmanischen Sultan seit Ende der dreißiger Jahre, als Suleiman erneut nach Ungarn vorstieß und schließlich die Festung Buda eroberte. Die Kaiserlichen wussten natürlich von den Kontakten, nicht aber von den Inhalten der Verhandlungen. Und so wundert es nicht, dass Rincón abgefangen wurde, als er im Sommer 1541 auf dem Po durch das inzwischen spanische Herzogtum Mailand reiste – mit, wie man sicher war, Schriftstücken des französischen Königs an den osmanischen Hof. Nur zu dumm, dass der umsichtige Rincón das Gesandtengepäck mit den verräterischen Schriftstücken separat vorausgeschickt hatte!

Über Wochen hin galten der Botschafter und seine Reisegefährten als verschollen, bis ihre Leichen aufgefunden wurden. Der Mord war offensichtlich die Tat eines spanischen Trupps unter der Verantwortung des Gouverneurs von Mailand Alfonso d'Àvolos, Marchese del Vasto, der bei Karls Tunisfeldzug 1535 eine prominente Rolle gespielt hatte und später das Oberkommando über die Armeen in Italien führte. Dass der Überfall gleich mit Mord endete, war nicht nur Ausdruck der verschlagenen Methoden der Politik im Renaissancezeitalter. Dahinter stand der spanische Hass gegen den Renegaten, der sich als Comuneros-Exulant in den Dienst des «nationalen» Feindes Frankreich gestellt hatte. – Dem Kaiser gegenüber stritt der Mailänder Gouverneur zunächst jegliche Verantwortung für die Morde ab.[40] Er konnte aber sicher sein, im Sinne Karls gehandelt zu haben, hatte dieser doch noch kürzlich seinem Bruder geschrieben, seiner Meinung nach hätte Rincón *«längst ertränkt oder erhängt werden müssen».*[41] Umso empörter war der französische König. Propagandistisch wirksam bezichtigte er den Kaiser eines Anschlags auf die völkerrechtliche Immunität von Diplomaten. Karl äußerte sich zu den rechtlichen und moralischen Problemen nicht. Mehr oder weniger ungerührt, rechnete er die Verärgerung der Franzosen über den Gesandtenmord in sein politisches und militärisches Kalkül ein.[42]

Als Franz I. am 12. Juli 1542 unter Hinweis auf die Ermordung seiner Botschafter dem Kaiser den Krieg erklärte, konnte er sich mehrere seit Jahrzehnten ungeklärte Probleme an den Grenzen von Karls Herrschaftsbereich zu Nutze machen. Im Norden hatten sich die Konflikte mit Christian III. von Dänemark zugespitzt: Der Streit über das Erbe von Karls gestürztem Schwager Christian bzw. von dessen Töchtern, Karls Nichten, für die der Kaiser sich in besonderer Weise verantwortlich fühlte. Dazu die Kontroverse über die Reformation, die der Wittenberger Reformator Johannes Bugenhagen zum Ärger des Kaisers systematisch in Dänemark einführte. Last but not least das Gerangel um Schifffahrts- und Handelsrechte durch den dänischen Sund, die für die niederburgundischen Provinzen existentiell waren. – Gefährlicher noch, weil hier der französische König direkt eingreifen konnte, war der seit Jahrzehnten schwelende Konflikt um das Herzogtum Geldern. Unter Karl dem Kühnen bereits einmal kurzzeitig den burgundischen Territorien einverleibt, war das Territorium unter Herzog Karl von

Egmont (1467–1538) wieder eigenständig geworden. Als der kinderlose Egmont im Juni 1538 starb, entbrannte ein heftiger Kampf um die Erbfolge zwischen dem jungen Herzog Wilhelm V. von Cleve-Jülich-Berg, den die Stände Gelderns erwählten, und dem Kaiser, der sich die Arrondierung seiner niederländischen Territorien um Geldern nicht entgehen lassen wollte. Der französische König, von Egmont zum Nachfolger gewünscht, ging mit dem Herzog von Cleve eine Allianz ein. So kam es im Sommer 1542 zu einer gefährlichen Zangenbewegung gegen das Zentrum von Karls niederburgundischen Herrschaften – von Osten stieß Maarten van Rossum mit einem Clevisch-Jülischen Truppenkontingent dorthin vor, von Westen fielen die Franzosen ein. Trotz einzelner Siege erwies sich die Operation für die Angreifer als Fiasko. Der englische König Heinrich VIII. und die Reichsstände sprangen Karl zur Seite. Ende August 1543 erstürmten kaiserliche Truppen Düren, eine der wichtigsten Städte des Herzogtums Jülich, wenig später nahmen sie die strategisch wichtige Festung Roermond ein. Herzog Wilhelm V. von Jülich-Cleve-Berg war gezwungen, sich Anfang September 1543 dem Kaiser im Feldlager zu Füßen zu werfen. Im Vertrag von Venlo musste er auf das Herzogtum Geldern verzichten und darüber hinaus sich verpflichten, die in seinen niederrheinischen Territorien begonnene Reformation rückgängig zu machen.

Im Süden und Westen setzten sich die Kämpfe noch einige Zeit fort – im Sommer 1543 ein spektakulärer französischer Überfall auf das savoyardische Nizza, unternommen im Zusammenspiel mit der muslimischen Flotte Chaireddin Barbarossas; im Frühjahr 1544 eine Niederlage kaiserlicher Truppen im oberitalienischen Ceresolo; im Herbst 1544 die Antwort Karls mit einem Vorstoß hinein nach Frankreich in Richtung Marne. Vor allem die Bedrohung seiner Kernlande zwang Franz I. schließlich am 18. September 1544 in Crépy einen Frieden zu akzeptieren, der weitgehend den Interessen des Kaisers entsprach.

Der Friede von Crépy 1544 als Vorbereitung zum Schlag gegen die Protestanten

In Süd- und Norditalien war fortan die spanische Vorherrschaft nicht mehr zu erschüttern, ebenso wenig in den «indischen Ländern», für die Franz formell die Unverletzbarkeit der spanischen und portugiesischen Rechte anerkennen und den Kaperkrieg gegen die Überseeflotten einstellen musste. Dem stand Karls erneuter Verzicht auf das Herzogtum Burgund gegenüber, ein für die Arrondierung des französischen Territoriums durchaus wichtiger Gewinn. Ein klares Ergebnis also – Italien den Spaniern, Frankreich den Franzosen. Zu zahlen hatte dafür das Reich, dessen Rechte in Italien und der Schweiz beschnitten wurden und das am Niederrhein das Herzogtum Geldern Niederburgund überlassen musste, dessen Distanz zum Reich rasch wuchs.

Wichtiger noch waren die geheimen Zusatzabsprachen: Franz I., bislang notorischer Allianzpartner von Türken, Protestanten und antispanischen Parteiungen im Kirchenstaat, schwenkte ganz auf die Linie des Kaisers ein. Er versprach eine Türkenhilfe von 10 000 Fußsoldaten und 600 Reitern; eine kirchenpolitische Offensive, um den Papst zu den längst überfälligen, vom Kaiser immer wieder geforderten Reformen zu zwingen; schließlich und vor allem die Beteiligung an einem Entscheidungsschlag gegen die deutschen Protestanten sowie – um die drohende Ausbreitung der Reformierten nach Frankreich und in die Niederlande zu stoppen – die geplante Vertreibung Calvins aus Genf zu unterstützen. Damit sah sich Franz I. am Ende ganz vor den Karren der universalistischen, antiprotestantischen Politik Karls V. gespannt. Für Karl war damit im Westen der Rücken frei, um im Reich endlich das Protestantenproblem zu lösen. Als Sieger von Mühlberg stand er bald auf dem militärischen Höhepunkt seiner Deutschland- und Kaiserpolitik.

Allein, Göttin Fortuna blieb auch dem Kaiser nicht treu. Wie noch detailliert zu berichten ist, unterlag er 1552–1555 im letzten militärischen Unternehmen seiner Regierungszeit dem französischen König Heinrich II., der drei Wochen vor Karls Triumph in Mühlberg seinem Vater Franz I. auf dem französischen Thron gefolgt war. Der 1525/26 vor Pavia, in Madrid und am Bidasoa begonnene Kreis hatte sich geschlossen: Die Niederlagen Franz I. waren wett gemacht, jedenfalls teilweise, und Heinrich II. erhielt Genugtuung für die entwürdigende Behandlung in den kastilischen Festungen während seiner Geiselhaft. Karl war der Weg nach Brüssel und zum Verzicht auf Herrschaft und Kaisertum gewiesen. Im europäischen Mächtesystem der frühen Neuzeit, das im Zentrum dieses Kapitels stand, bedeutete diese Niederlage des Kaisers und seines universalistischen Ordnungskonzeptes den Übergang in eine neue Epoche, in der es um die Hegemonie Spaniens beziehungsweise des Kaisersohns Philipp II. und deren Bekämpfung durch die anderen Mächte ging, vorrangig zunächst nicht durch Frankreich, sondern durch Holland und England.[43]

6

SEVILLA 10. MÄRZ 1526 –
Liebesdinge und politisches Kalkül
der Casa de Austria

Erotik der frühen Jahre

Karl und die Frauen – das ist eine eigene Geschichte der Geheimhaltung und der Widersprüche. Es ist die Geschichte seiner kaiserlichen Ehe mit der Infantin Isabella von Portugal, mit der er die himmlische Verklärung und die Ewigkeit teilen will. So zeigt es jedenfalls Tizians Altarbild «Gloria», das dem Kaiser zu Ende seines Lebens tagtäglich vor Augen stand. Darauf ist zurückzukommen. Es ist aber auch die Geschichte früher erotischer Faszination, aufflammender Leidenschaft und eines – anderen Fürsten eher fremden – persönlichen Sündenbewusstseins, wo er die christliche Sexualmoral des Zeitalters verletzt hatte.

Wie wir hörten, war Karl schon als Heranwachsender und junger Burgunderherzog den Frauen zugetan. Liebesbeziehungen der Fürsten vor und außerhalb der Ehe waren üblich. In Karls Familie waren sie besonders ausgeprägt – bei dem spanischen wie bei dem deutschen Großvater, bei Philipp dem Schönen, dem Vater, fast bis zur Liebesgier gesteigert und völlig rücksichtslos gegenüber der Ehefrau. In der äußeren Erscheinung ähnelte Karl seinem Vater kaum. Mit seinem langen, gerade auf den Jugendbildern ein wenig dümmlich wirkenden Gesicht, dem ererbten Unterbiss samt «Habsburgerlippe» und der schweren Unterkinnlade wäre er für heutige Frauen kaum attraktiv – so viel geben auch die stilisierten Bildnisse zu erkennen. Im Europa der Fürsten und Höfe zählte das aber wenig gegenüber Erhabenheit,

Glanz und Majestät, die er schon als Jüngling wie kaum ein zweiter ausstrahlte.

Eine konkrete Liebesbeziehung ist für den Herbst 1521 belegt. Während des Jahres, das Karl nach Abschluss des Wormser Reichstages im Mai in den Niederlanden verbrachte, finden sich in den Monaten Oktober bis Dezember auffallend lange Aufenthalte in Oudenaarde, südlich von Gent am Oberlauf der Schelde – erstmals am 22. Oktober, dann vom 26. Oktober bis zum 5. November, schließlich mehrere Wochen lang vom 9. November bis 11. Dezember. Gastgeber war der Gouverneur von Oudenaarde, Charles I. de Lalaing, Baron von Montigny (1466–1525), seit 1501 Ritter vom Goldenen Vlies. Doch nicht Verbundenheit mit dem Ritterbruder zog Karl in den eher unbedeutenden Ort, und zur Beobachtung der Belagerung von Doornik, französisch Tournai, das er in jenen Wochen dem französischen König entriss, gab es günstigere Quartiere. Grund war die Faszination, die die junge Kammerzofe Johanna van der Gheynst auf den Kaiser ausübte. Sie war Tochter eines Angestellten der Wandteppich-Manufaktur und nach dem Pesttod der Eltern als kleines Kind von Lalaing, der wohl auch «Arbeitgeber» ihres Vaters gewesen war, in seinen Haushalt aufgenommen worden.[1] Johanna wurde schwanger und brachte im Juli 1522 in Oudenaarde ein Mädchen zur Welt, das in der Taufe den Namen Margarete erhielt, nach der Großtante des Vaters, der Statthalterin Margarete von Österreich. Zu diesem Zeitpunkt war Karl bereits zurück in Spanien. Und es war sein Ritterbruder, der ihn brieflich über die Folgen seiner Liebe unterrichtete und ihm die Fürsorge für das Kind ans Herz legte. Karl stellte sich der Pflicht – unter der Bedingung, dass Mutter und Tochter getrennt würden und keinen Kontakt unterhielten. In einem förmlichen Akt erkannte Karl Margarete als natürliche Tochter an und ließ sie standesgemäß erziehen, zunächst in Mechelen im Umkreis der Großtante, nach deren Tod 1530 am Hof ihrer Nachfolgerin im Statthalteramt, Maria von Ungarn, Karls Schwester und somit ihre Tante. Der Weg in die europäische Fürstengesellschaft stand ihr offen, was konkret bedeutete, dass sie der Vater in seine Bündnis- und Ehediplomatie einbezog. Als Herzogin von Parma diente sie später ihrem Halbbruder Philipp II. von Spanien als Statthalterin der Niederlande, in Fortsetzung der Reihe großer Stadthalterfrauen aus dem Hause des Kaisers – nach Tante und Schwester nun die Tochter. Johanna van der

Gheynst wurde zwei Jahre nach der Geburt der Kaisertochter mit einem hohen Beamten verheiratet, mit dem sie neun Kinder hatte. Von weiteren erotischen Beziehungen des jungen Kaisers ist viel geredet worden, mehr als Gerüchte oder Vermutungen waren das nicht. Auch das Ausdruck eines Charakterzugs von Karl, der – anders als viele Herrscher der Zeit – das Persönliche vor der Öffentlichkeit verborgen hielt. Im Sexuellen kam ein ausgeprägtes Sündenbewusstsein hinzu, das er ausschließlich mit seinen Beichtvätern abhandelte. Nur eines dieser Gerüchte mag uns hier beschäftigen – die Beziehung zu Germaine de Foix, der zweiten Ehefrau und Witwe seines Großvaters Ferdinand von Aragon. Die attraktive Frau von Ende Zwanzig gehörte sogleich zur Entourage des jungen spanischen Königs und erschien immer wieder bei Banketts, Turnieren und Bällen an seiner Seite. Als Germaine im Sommer 1518 in Valencia eine Tochter zur Welt brachte, lag die Vermutung nicht allzu fern, Karl sei der Vater. Dass sie im Juni des folgenden Jahres mit dem Markgrafen Johann von Brandenburg-Ansbach-Kulmbach verheiratet wurde, widerspricht dieser Vermutung nicht. Im Gegenteil, der Markgraf war seit Jugendjahren und als Ritter des Ordens vom Goldenen Vlies mit Karl eng vertraut und war damit bestens geeignet, in der üblichen Weise eine Liebschaft zwischen seinem König und dessen junger Schwieger-Großmutter diskret zu verschleiern. Germaine bezeichnete später in ihrem Testament ihre Tochter Isabella als «Infantin von Kastilien» und nannte als Vater den Kaiser. Anerkannt hat Karl das bereits 1537 gestorbene Kind nicht.

Eheprojekte

Liebesbeziehungen solcher Art zählten in der Fürstengesellschaft Alteuropas kaum, zu wichtig waren Heiratspolitik und Ehestrategie. Im Zeitalter des Fürstenstaates war Ehepolitik Raison d'être eines jeden Fürstenhauses – zur Sicherung der inneren Herrschaft, zur territorialen Ausweitung und Arrondierung über den Erbgang, nicht zuletzt für politische Bündnisse zur Festigung seiner Position im internationalen Mächtesystem. Eine kluge Ehepolitik entschied über Vitalität und Rang der Dynastie und nur zu häufig auch über Krieg und Frieden in Europa. Mit Karls Thronfolge in Burgund, Spanien und im Heiligen Römischen

Reich einerseits und dem Regierungsantritt seines Bruders Ferdinand in Österreich andererseits hatte sich ein Gutteil der Chancen realisiert, die die Ehepolitik der Großväter eröffnet hatte. Nun ging es darum, für die nächste Generation Vorsorge zu treffen. Für Ferdinand hatte das noch der Großvater Kaiser Maximilian I. in die Wege geleitet. 1515 vereinbarte er mit König Wladislaw II. von Böhmen und Ungarn jene berühmte Doppelehe der Enkel – Maria und Ludwig; Ferdinand und Anna, die für Jahrhunderte über die politische Gestaltung des südöstlichen Europa entscheiden sollte. Ferdinand und Anna hatten die Ehe inzwischen vollzogen, im Mai 1521 in Linz, und im Juni 1526 sollte das erste Kind das Licht der Welt erblicken.

Karl dagegen war immer noch unverheiratet. Anders als bei Ferdinand hatten sich alle Eheprojekte der Kindheit und Jugendzeit zerschlagen. Zuletzt war er im Sommer 1522, wir erinnern uns, eine Verlobung mit der englischen Königstochter Mary Tudor eingegangen. Doch das war eine bündnispolitische Entscheidung für den Moment, keine vernünftige Eheplanung. Die Braut war sechs Jahre alt und die Realisierung der Hochzeit sollte laut Vertrag erfolgen, wenn sie dreizehn wurde. Weder Karl noch Heinrich VIII. werden davon ausgegangen sein, «dass das Oberhaupt einer so bedeutenden Dynastie das lebenswichtige Geschäft, für einen Thronfolger zu sorgen, um mehr als acht Jahre hinausschieben würde».[2] Karl scheint sich in der Tat um diese Verlobung nicht weiter geschert zu haben, als er vier Jahre später eine ganz andere Ehe einging. So blieb auch die Reaktion des englischen Königs auf den Sinneswandel moderat. Zwar näherte er sich mit dem Geheimvertrag von Westminster 1527 Frankreich an; zu einer tiefgreifenden Belastung der englisch-spanischen Beziehungen kam es aber nicht.

Der Kaiser hatte Verhandlungen über eine Ehe mit Isabella von Portugal aufgenommen, auch sie wie Maria I. Tudor eine Cousine ersten Grades, Tochter seiner Tante Maria von Kastilien und König Manuels von Portugal. Die mit Johann III., Isabellas Bruder und seit 1521 Nachfolger König Manuels, geführten Verhandlungen zerschlugen sich zunächst an der zu hohen Mitgiftforderung des spanischen Hofes und an dem seit längerem schwelenden Streit über die Zugangsberechtigung zu den Molukken. Diese ostindischen Gewürzinseln waren fast dem «Goldland» Mexiko vergleichbar, weil die Küchen der europäischen Fürsten- und Patrizierhäuser gewaltige Mengen der sehr teuren ostindischen Gewürze benötigten, um die damals noch rasch verderblichen Speisen schmackhaft zu machen. Zwar war unbestreitbar, dass portugiesische Seefahrer als Erste die Insel erreicht hatten. Doch war während der Weltumseglung der Magellan-Flotte 1519–22 dort auch ein spanisches Schiff gelandet und hatte eine Gewürzfracht in den Heimathafen gebracht. Im Zusammenhang mit der Entstehung von Karls Überseebesitzungen werden wir die Geschichte dieser ersten Weltumseglung noch genauer behandeln.

Beide Hindernisse wurden rasch überwunden, als Karl im Mai 1525 mit dem Selbstbewusstsein des Siegers von Pavia die Gespräche erneut aufnehmen ließ: Nun reichte eine geringere, aber immer noch außergewöhnlich hohe Mitgift – 900 000 Dukaten, von denen nach Tilgung seiner Schulden in Lissabon 600 000 ausgezahlt werden sollten. Und über die ostasiatischen Besitzrechte sollte wie gut 30 Jahre zuvor bei der Abgrenzung der neu entdeckten Zonen im Westen ein Schiedsspruch des Papstes eingeholt werden. Im April 1529 einigten sich die beiden inzwischen formell verschwägerten Könige im Vertrag von Saragossa auf eine Demarkationslinie auch im Pazifik, die die 1494 im Vertrag von Tordesillas getroffene westliche Abgrenzung im Atlantik ergänzte. Die Gewürzinseln blieben bei Portugal, Spanien erhielt für seine «hochgereizten Ansprüche auf die Molukken»[3] eine Ablösungssumme von 350 000 Dukaten – die Mitgift der Portugiesenprinzessin hatte sich bedeutsam erhöht!

Hochzeit in Sevilla und «luna de miel» in Granada

Bereits im Sommer 1525 erwartete der Hof die Eheschließung; Karl selbst kündigt sie seinem Bruder Ferdinand mit Schreiben vom 25. Juni an.[4] Schließlich wurde sie auf das folgende Frühjahr in Sevilla anberaumt. Nachdem er Ende Januar 1526 im zentralkastilischen Illescas mit dem französischen König Franz I. den Frieden von Madrid besiegelt und seinen Gefangenen nach Norden in die Freiheit entlassen hatte, zog der Kaiser südwärts nach Andalusien, wo er sich bislang noch nicht als Herrscher gezeigt hatte. Seine Braut wurde am 7. Februar am portugiesisch-kastilischen Grenzfluss Guadiana bei Badajoz durch eine Delegation des kastilischen Hochadels unter Leitung des

Erzbischofs von Toledo empfangen und feierlich nach Sevilla geleitet. Dort traf sie am 3. März ein und begeisterte ihre zukünftigen Untertanen durch eine Rede in makellosem Kastilisch. Kurz darauf, am 10. März, zog Karl in die Stadt ein – zugleich Hochzeitsempfang und Herrschereinzug nach Art der brabantischen *blijden inkomst*. Sevilla hatte sich geschmückt und sieben Triumphbögen errichtet. Sie versinnbildlichten in klassischer Weise die Tugenden des Herrschers und feierten – dem spiritus loci des ersten europäischen Überseehafens huldigend – seine Weltherrschaft. Die Trauung fand noch am Tag des Einzugs statt, vorgenommen vom Kardinallegaten Salviati. Zuvor musste er allerdings den päpstlichen Dispens verkünden, also die Ausnahmeerlaubnis zur kanonisch verbotenen Ehe zwischen Blutsverwandten, ohne die eine Verbindung zwischen Cousin und Cousine nicht rechtmäßig gewesen wäre. Am Abend las der Erzbischof von Toledo im Kaisersaal des Alkazars die Brautmesse. Anschließend wurden Kaiser und Infantin ins Brautgemach geleitet.

Karl und Isabella begegneten sich am Tag der Eheschließung zum ersten Mal persönlich, scheinen aber sogleich Gefallen aneinander gefunden zu haben. Für den stets auf Unnahbarkeit bedachten Kaiser ist das bemerkenswert und mag dem mediterranen Frühlingszauber geschuldet sein, den der an der wolkenverhangenen Nordsee Aufgewachsene erstmals an der Seite der jungen Infantin erlebte. Wenn es zutrifft, dass der Burgunderherzog einst einem Vertrauten erzählt hatte, gegen Frauen von der iberischen Halbinsel eine Abneigung zu haben, dann hat er sie in Sevilla überwunden. Das lässt die meisten Biographen nachgerade von einer «Liebesehe» schwärmen. Dem setzt die spanischstämmige englische Historikerin Mia Rodríguez-Salgado nüchtern entgegen: «Diese romantische Verbrämung sollten wir schnell vergessen.»[5] In der Tat, wichtiger als erotische Neigungen war auch bei dieser Fürstenehe das dynastische und politische Kalkül. Gut zwanzig Jahre später sollte der Kaiser seinem Thronfolger die politische Maxime ans Herz legen, dass er bei der Wahl der Ehefrau *«vor allem den Dienst an Gott, das Wohl der Christenheit und den Nutzen und die Zufriedenheit Eurer Länder im Auge haben»* müsste.[6]

Nach dem Triumph von Pavia im Februar 1525 wird sich Karl in den folgenden Wochen der Ruhe klar geworden sein, dass nun, da Spanien innenpolitisch konsolidiert war und der europäische Friede erreicht schien, die dauerhafte Sicherung der Dynastie anstand. Das war für ihn keine Frage der Emotionen, sondern vernunftgemäße Einpassung der persönlich-familiären Verhältnisse ins Gesamtkonzept seiner Herrschaft. In einem solchen Kalkül empfahl sich die portugiesische Heirat in mehrfacher Hinsicht: Sie entsprach den Interessen Kastiliens und war in gewisser Weise der Schlussstein der Neuordnung nach dem Aufstand der Comuneros. Eheverbindungen mit der portugiesischen Casa de Avis waren nicht nur bei seinen spanischen Vorfahren Gang und Gäbe. Auch die deutschen Habsburger hatten portugiesisches Blut in den Adern, seit Kaiser Friedrich III., Karls Urgroßvater, 1452 bei seiner Kaiserkrönung in Rom die portugiesische Königstochter Eleonore geheiratet hatte. Anders als bei der englischen Kinderbraut, mit der Karl noch vor kurzem formell verlobt war, war bei der 1503 geborenen portugiesischen Infantin die alsbaldige Geburt eines Thronfolgers wahrscheinlich, zumal sie einer bekannt fruchtbaren Familie entstammte. Und da Isabella von Geburt und Erziehung mit Sitten und Gebräuchen Kastiliens vertraut war, galt sie dort mehr oder weniger als Einheimische. Damit war sie wie keine zweite der möglichen Ehekandidatinnen geeignet, der Dynastie als Regentin des Landes zu dienen. Ein ganz entscheidender Vorzug, denn Karl wusste nur zu gut, dass ihn seine kaiserlichen Pflichten bald wieder nach Deutschland oder Italien rufen würden.

Karls Entscheidung für die portugiesische Infantin war zugleich eine Entscheidung für Spanien als Sitz seiner Familie und kulturelle Heimat seines Nachfolgers. Die Identifizierung mit Burgund war damit nicht aufgegeben, hatte er doch eben noch den französischen König zum Verzicht auf das Herzogtum Burgund gezwungen. Und als es im Mai 1527 darum ging, dem in Valladolid geborenen ersten Sohn einen Namen zu geben, bestand Karl gegen starke Bedenken unter den kastilischen Granden auf dem Burgundernamen Philipp, nach Herzog Philipp dem Schönen, seinem Vater. Gleichwohl markiert die Geburt des Thronfolgers eine entscheidende Etappe auf dem Weg zur Hispanisierung Karls und zur «Akzeptanz der fremden Dynastie» als spanische.[7]

Politisches und kulturelles Kalkül zugestanden, bleibt unverkennbar, dass Karl seiner Frau in einer bei Fürstenehen außergewöhnlichen Weise zugetan war. «Luna de miel»[8] / Honeymoon mag eine romantische Verfremdung für die Wochen sein, die Karl nach seiner Hochzeit in Sevilla an der Seite seiner Gemahlin verbrachte. Doch fängt das die Leichtigkeit und private Unbeschwertheit ein, die Karl erstmals und später kein zweites Mal geschenkt wurden. In Granada, wohin das kaiserliche Paar über Córdoba und Santa Fé gezogen war, um dort in der Kühle arabischer Gärten und Wasserspiele die heißen Sommermonate zu verbringen, erlebte der Kaiser zweifellos eine Zeit emotionaler Liebeserfüllung.[9] Die damals erfahrene erotische Faszination spricht noch – recht gelesen – aus der lange nach dem Tod der Kaiserin niedergeschriebenen Warnung an seinen Sohn, sich nie zu lange bei seiner Ehefrau aufzuhalten, weil das *«oftmals eine solche Schwäche zu hinterlassen (pflegt), dass ... es ans Leben geht».*[10] Er selbst hatte sich in den Monaten nach der Eheschließung lange von seiner Gattin Isabella fesseln lassen, zu lange für manche Berater, die angesichts der herben Rückschläge, die die Herrschaft Karls noch 1526 allenthalben in Europa erfuhr, eine rasche Abreise des Kaisers zu den Brandherden forderten. Die erwähnte Anweisung an den Sohn fährt dann auch fort: *«Ihr habt Euch sehr in Acht zu nehmen, wenn Ihr bei Eurer Frau weilt, und da das etwas schwierig ist, so ist das Mittel, Euch so viel als möglich von Ihr zu entfernen. Und so bitte und beschwöre ich euch, dass Ihr Euch, nachdem Ihr die Ehe vollzogen habt, unter irgend einem Vorwand entfernet und nicht sobald zurückkommt und nicht zu oft.»*

Wie wenig das kaiserliche Brautpaar 1526 romantische Flitterwochen durchlebte, zeigt bereits ihre Ankunft in Granada. Der Empfang war förmlich und zeremoniell, musste es sein, weil der Herrscher zum ersten Mal in dieses eigengeprägte Königtum Einzug hielt, dessen Integration in die Krone Spaniens noch keineswegs vollendet war. Die feierliche Prozession war Ausdruck der Freude über die fürstliche Eheschließung, aber eben auch politisches Ereignis des Herrschaftsantritts. Auch die Entourage war eine andere als die, die heute selbst ein royales Brautpaar begleitet. Karl übte sein Amt weiterhin als Reisekönig aus, und so war er auch jetzt von einem aufwendigen Hofstaat samt Beraterkreis und Verwaltungsstab umgeben. Als Wohnsitz in Granada kam nur die ausgedehnte Oberstadt der arabischen Alhambra infrage, wobei ein Teil des Personals in der Bürgerstadt untergebracht werden musste. Das Kaiserpaar hatte bald zwei Residenzen.

Denn Isabella fühlte sich in dem Nasriden-Palast nicht wohl, mag sie die Betriebsamkeit des Regierungsapparates gestört haben, mag sie eine Abneigung gegen die Zeugen einer nicht christlichen Kultur erfasst haben. So zog sie mit ihrem Hofstaat in das westlich des Burgberges gelegene Hieronymitenkloster. Das war kein Zeichen der Entfremdung zwischen den Ehepartnern, vielmehr Ausdruck der üblichen Differenzierung der Fürstenhöfe in einen Haushalt des Königs und einen der Königin. Das Kloster hatten die Katholischen Könige als Dank für den Sieg über die heidnischen Muslime gestiftet und der «Jungfrau der unbefleckten Empfängnis» gewidmet. In der Klosterkirche befand sich das Grab des Gran Capitan Gonzalo Fernández de Córdoba y Aguila, des wegen militärischer Tapferkeit und diplomatischen Geschicks bei den Verhandlungen zur Übergabe Granadas hoch verehrten Helden der Reconquista.

Maurischer Zauber, höfische Feste, Musik und Jagd

Der Kaiser scheint sich dem maurischen Zauber der Alhambra geöffnet zu haben, des Sultanpalastes und des Palastes del Generalife mit seinen Alleen, blühenden Gärten und kühlen Wasserläufen. Für spätere Aufenthalte, zu denen es jedoch nie kommen sollte, ließ er zwischen 1528 und 1533 am Nordteil des Nasridenpalastes einen Anbau mit sechs schattigen Räumen errichten, die «quartos nuevos», heute meist «Gemächer Karls V.» genannt. Darüber hinaus wurde südlich des arabischen mit dem Bau eines neuen, eigenen Palastes im erhabenen Renaissancestil begonnen, der aus Geldmangel aber nur im Äußeren fertiggestellt werden konnte.[11] Getragen von den freundlichen Reminiszenzen an die Kultur der Araber und von den glücklichen Stunden an der Seite Isabellas aufgeheitert, zeigte er sogar einen Moment lang Milde gegenüber den Mauren. In Valencia hatte er gerade noch ein scharfes Dekret gegen die Sitten und religiösen Gebräuche der Muslime erlassen. Als ihn in Granada eine maurische Delegation aufsuchte und um die Rücknahme des Verbots bat, konnte er sich dazu zwar nicht bereitfinden. Er ordnete aber an, die Durchführung des Edikts für 40 Jahre aufzuschieben.[12] Die reiche Kultur Granadas war ihm dieses Geschenk an die Nachfahren der Erbauer der Alhambra wert. Und die Abgaben, die die Mauren für diese Gunst zu zahlen hatten, setzte er für sein eigenes Bauprogramm auf dem Burgberg ein. Eine religionspolitische Wende war das nicht. Er blieb entschlossen, die von seinen spanischen Großeltern eingeleitete christliche Reinigung zu vollenden. In eben denselben Wochen verfügte er den Ausbau der Capilla Real, in der die Sarkophage der katholischen Könige aufgestellt waren, zum Mausoleum seiner Dynastie – eine triumphale Geste des christlichen Sieges über den Islam. Hier ließ er später seine Gemahlin, seine beiden früh verstorbenen Söhne Juan und Ferdinand und seine portugiesische Schwiegertochter bestatten; und hier wollte auch er selbst bestattet werden.[13]

Bis das Kaiserpaar Anfang Dezember Andalusien wieder verließ, blieb es für Karl bei der Mischung von Muße an der Seite seiner Gemahlin und Regierungsarbeit im Kreis seiner Berater. Feste wurden veranstaltet, vor allem auch religiöse, mit Banketts, Tanz und Musik, Ausflügen und Jagden. Trotz immer wieder einkommender Schreckensmeldungen aus Mitteleuropa zählen die Monate von Granada in Karls Leben zu den wenigen Momenten persönlichen Glücks und unbeschwerter Hingabe an höfische Freuden. So scheint an dieser Stelle ein kleiner Exkurs zu den persönlichen Neigungen und Vorlieben angebracht, die den Kaiser zeitlebens begleiteten, voran seine Leidenschaft für die Musik und die Jagd.

Die Liebe zur *Musik* – wir erinnern uns – hatte dem Kaiser seine musikbegeisterte Tante Margarete bereits in den Mechelener Kindheitstagen eingepflanzt. Sosehr es mancher seiner auf die Politik konzentrierten Biographen auch in Zweifel ziehen mag, Karl war nicht nur «musikalisch», er war Kenner und Liebhaber der Musik. In Spanien stellte er sogleich nach Regierungsübernahme eine Hofkapelle zusammen, die ihn auf so gut wie allen Reisen begleitete, die Kriegszüge ausgenommen. Durch diese *«capilla flamenca»*, wie sie die Einheimischen wegen ihrer niederländischen Besetzung nannten, fand die vokalische Polyphonie Burgunds auf der iberischen Halbinsel rasch Verbreitung.[14] Karl kümmerte sich um die Auswahl der schönsten Stimmen, auf «subtile Vielstimmigkeit (bedacht), die eher nach der Schönheit der melodischen Linienführung strebt denn nach der Verdeutlichung des Textes».[15]

Abgesehen von den öffentlichen Aufführungen im Gottesdienst und bei Staatsakten bereitete Karl Musik auch eine ganz persönliche Freude. Luis de Narváez aus Granada, Komponist und begabter Vihuela Spieler im Dienst von Karls Sekretär Cobos y Molina, und damit häufiger Begleiter des Hofes, etwa 1530 zur Kaiserkrönung in Bologna, nennt das Lied «Mille Regretz» von Josquin des Prez «*das Chanson des Kaisers*». Ein schöner Beleg für Karls musikalische Kennerschaft, ist des Prez doch einer der besten Komponisten seines Zeitalters, dessen Werke Liebhaber von Renaissancemusik auch heute noch schätzen. Karls Vorliebe für «Mille Regretz» mag eine Erinnerung an den Gleichklang erotischer und musikalischer Faszination in den Monaten seines «luna del miel» in Andalusien sein:[16]

Mille regretz de vous abandonner
Et d'eslonger vostre fache amoureuse.
Jay si grand dueil et douloureuse,
Quon me verra brief mes jours definer.

Tausendfaches Bedauern, dich zu verlassen
und mich von deinem liebenden Angesicht zu trennen.
Ich fühle so große Trauer und peinigenden Schmerz,
dass es mir scheint, meine Tage gehen bald zu Ende.

Neben der «*capilla flamenca*» stand die spanische Hofkapelle der Kaiserin, später des Thronfolgers, die hauptsächlich die Instrumentalmusik pflegte, u. a. unter der Leitung des Organisten Antonio de Cabezón. Karl scheint den Austausch zwischen beiden Kapellen besonders gefördert zu haben, so dass sich burgundische Vokal- und iberische Instrumentalmusik gegenseitig bereicherten. Neben den Aufführungen religiöser Motetten im Gottesdienst, bei denen der Kaiser in den Gesang einstimmte, wurden «Staatsmotetten» komponiert und aufgeführt, «die fast alle Züge der religiösen Motetten aufweisen, dabei jedoch ein weltliches lateinisches Gedicht zur Grundlage haben».[17] Solche Staatsmotetten wurden bei hohen Familienereignissen aufgeführt, bei der Taufe des Thronfolgers und der Trauerfeier für die verstorbene Kaiserin. Ebenso zur Feier militärischer Erfolge wie die Eroberung der Reichsstadt Düren 1543.

Auf zahlreichen Herrschertreffen diente die Musik der symbolischen Repräsentation seiner kaiserlichen Majestät. Namentlich die Übereinkünfte mit den Päpsten erhielten durch eigens dazu komponierte Staatsmotetten eine feierliche Überhöhung. Noch als er auf den weltlichen Glanz der Kaiserwürde verzichtet hatte und zurückgezogen in Yuste der Kontemplation lebte, war ihm die Musik, aufgeführt von Sängern und Organisten des Hieronymitenordens, Freude und Seelenstärkung.

Trotz des Kunstverstandes und der erlesenen Kunstsammlung seiner Tante Margarete, die nicht ohne Einfluss auf seine Kindheit und Jugendjahre geblieben sein können, besaß Karl keinen ähnlich unmittelbaren Zugang zu Malerei und bildender Kunst. Zu einer tieferen Begegnung mit der Renaissancewelt und ihrer modernen Behandlung von Raum, Perspektive und menschlichem Körper kam es in seinen frühen dreißiger Jahren in Italien, insbesondere – wir hörten bereits davon – bei seinem Aufenthalt in Mantua. Als Dank für die Erhebung in den Herzogstand, aber auch mit Stolz auf die kulturelle Überlegenheit seines Hauses führte ihn Federico II. über Stunden durch die Wunderwelt seines Sommerpalastes del Te.[18] Die zu seinem zweiten Besuch 1532 weitgehend fertiggestellten Fresken Giulio Romanos ließ Karl sich detailliert erklären, wobei sein kunstsinniger Führer neben der Ikonographie auch auf die neuartige Maltechnik eingegangen sein dürfte. Der Eindruck auf den Kaiser blieb nachhaltig, so dass wir für seine zweite Lebenshälfte ein verfeinertes Vergnügen auch für die Kunst ansetzen dürfen. Indes, es war nicht die überbordende Erotik der *Camera di Psiche*, die den kaiserlichen Kunstgeschmack prägte. Öffentlich zur Schau gestellte Nacktheit irritierten auch den alternden Kaiser, wie bereits der junge Burgunderherzog bei seiner *Joyeuse Entrée* in Antwerpen vor den spärlich bekleideten Frauen der *tableaux vivantes* den Blick gesenkt gehalten haben soll.[19] Geprägt wurde sein Kunstgeschmack von den in Mantua wie allenthalben in Italien präsenten Staatsakten, insbesondere der römischen Imperatoren. Das sollte dann auch im Vordergrund seiner Bewunderung für Tizian stehen. Doch nicht alleine. Wie wir noch sehen werden, standen daneben sehr intime Schöpfungen Tizians, die von einem geschulten Kunstgeschmack des Auftraggebers und seiner unmittelbaren Beteiligung an der künstlerischen Gestaltung zeugen. So namentlich das Porträt der verstorbenen Kaiserin und das gewaltige Altarbild der «Gloria». Diese beiden Gemälde haben den Kaiser bis in die letzten Lebenswochen hinein begleitet, und erfreuten ihn nahezu alltäglich, allerdings weniger durch ihre ästhetische Meisterschaft als aufgrund ihrer spirituellen Aussage. Darüber ist im Kapitel über die Jahre im spanischen Yuste genauer zu berichten.

1525 in Granada, wie in seinem Leben insgesamt, war es vor allem die *Jagd,* die Karl immer wieder fesselte und ihm Stunden, ja Tage der Muße schenkte – Adelsleidenschaft und Körperertüchtigung in einem. Von Granada aus wagte er sich bis in die wildesten Teile der nahen Kette der Sierra Nevada. Dabei verirrte er sich einmal so hoffnungslos, dass ihn nur die Begegnung mit einem Ortskundigen rettete – zufällig ein Maure, was seine erwähnte Offenheit gegenüber der Kulturvielfalt Granadas gefördert haben mag. Auch später war ihm die Jagd auf seinen langen Reisen durch Spanien und quer durch Europa Ausgleich und Erholung, etwa 1529, als er auf dem Weg von Kastilien nach Barcelona zur Einschiffung nach Italien tagtäglich das Quartier wechselte und am 22. April in Épila westlich von Saragossa einen ganzen Tag auf die Pirsch ging[20] – offensichtlich, um nach den Mühen der Reise Kraft für die anschließenden Wochen der Regierungsgeschäfte in Aragons Hauptstadt zu gewinnen. Abgesehen von gelegentlichen Rückzügen in ein Kloster war die Jagd die einzige Möglichkeit, der Betriebsamkeit des Hofes zu entkommen und sich mit einem kleinen Kreis oder gar allein in die Einsamkeit zurückzuziehen. Sie erleichterte ihm selbst diplomatische Mühen. Etwa 1544 den politisch heiklen Besuch bei Kurfürst Johann Friedrich I. von Sachsen, den er nur zwei Jahre später mit Krieg überzog. Festgehalten hat das der Hofmaler Lucas Cranach auf seinem Staatsgemälde «Hirschjagd zu Ehren Karls V. in der Nähe von Schloss Torgau», das den Kaiser konzentriert mit angespannter Armbrust zeigt. Noch in den Jahren schwerer Gichtschübe ging Karl in Momenten, in denen die Kunst der Ärzte ihm Erleichterung verschafft hatte, auf die Jagd und *«kehrte erfrischt und verjüngt heim»,* wie seine Umgebung 1546 während des Regensburger Reichstags erleichtert registrierte.[21]

Gelegentlich gab sich Karl dem sportlichen Spiel hin, bezeichnenderweise überliefert für seine Aufenthalte in Italien. Dort war mit der Begeisterung der Renaissance für den menschlichen Körper auch der Sport aufgeblüht, präsent in Fresken wie in der «Galerie der Spiele» im Kastell der Este in Ferrara, aber auch in der höfischen Praxis, etwa im Ballspielpavillon des Palastes del Te in Mantua. Während seines Besuchs spielte der Kaiser dort «*das sogenannte Ballspiel etwa vier Stunden lang und lernte dabei die Praxis und die Regeln des Spiels. Sie spielten für 20 Goldscudi pro Spiel. Am Ende hatte seine Majestät 60 Scudi verloren. Doch zog er sich zufrieden in sein Zimmer zurück, wechselte sein Hemd, erfrischte sich und ruhte eine Weile aus.*»[22] Mag sein, dass Karl auch später gelegentlich das damals an den europäischen Höfen vor allem Italiens, Frankreichs und Englands beliebte «Tennis» spielte. Die festlich-freundschaftliche Atmosphäre, die ihn dazu in Mantua animierte, umgab ihn allerdings kaum wieder. Zudem wird ihn bald die voranschreitende Gicht an körperlichen Übungen dieser Art gehindert haben, zumal man Tennis meist noch ohne Schläger mit den Händen spielte.

Familienleben im Schatten der Politik

Zu dem heiteren Leben in Andalusien passten die Ereignisse wenig, die dem Kaiser aus den politischen Brennpunkten Mittel- und Südeuropas berichtet wurden: Der Wort- und Friedensbruch des französischen Königs, der erneut den Krieg um Italien entbrennen ließ. Der Tod der Königin von Dänemark, Karls eben 25-jähriger Schwester Isabella, und die daraus erwachsende Fürsorgepflicht für deren drei kleine Kinder. Der Verzicht auf strikte Durchführung des Wormser Ediktes (der Reichsacht über Luther) auf dem Reichstag zu Speyer 1526, weil die kaiserliche Regierung sich die Hilfe der lutherischen Reichsstände gegen die Türken erkaufen musste. Der Sieg der Türken im Spätsommer 1526 bei Mohács und der Schlachtentod des ungarischen Königs Ludwig, der den Bestand seiner Reiche und die Sicherheit der Königswitwe Maria, Karls zweiter Schwester, in Frage stellte. All diese Turbulenzen zwangen den Kaiser immer wieder zu eingehender Beratung mit seinen Räten, die ihn drängten, persönlich in die mittel- und südeuropäischen Konflikte einzugreifen. Doch dazu konnte er sich fürs Erste nicht entschließen.

Unumgänglich war indes, für die nun nötigen Finanzmittel zu sorgen und für deren Bewilligung die Kastilischen Stände einzuberufen. Im Dezember 1526 verließ der Hof Granada und zog in der üblichen Weise von Station zu Station nach Norden auf Valladolid zu. Zu diesem Zeitpunkt war die Kaiserin bereits im vierten Monat schwanger. Die letzte Etappe der Reise musste sie auf Rat der Ärzte liegend in einer Sänfte zurücklegen, getragen von 24 Männern – «*so wie gewöhnlich ein Leichnam zu Grabe getragen wird*», so ein Augenzeuge. In Valladolid, der Hauptstadt Kastiliens, gebar sie am 21. Mai 1527 im Palast des Herzogs Bernhardino von Pimentel, den die kaiserliche Familie während der von Karl angeordneten Sitzungsperiode der Cortes bewohnte, ihr erstes Kind, einen seelisch wie körperlich robusten Sohn, der später als Philipp II. den spanischen Thron erben sollte.

Es folgten vier weitere Schwangerschaften, die teils sehr schwierig verliefen und die Gesundheit der Kaiserin angriffen: In guter Jahresfrist wurde die Tochter Maria geboren, später die Gemahlin ihres Vetters Kaiser Maximilian II; im November 1529 der Infant Ferdinand, «*groß, rund und hübsch, mit einer kräftigen Stimme und solch munteren Augen, dass man ihn schon für drei Monate halten könnte*»,[23] und doch war das Kind binnen Jahresfrist tot. Die Mutter, die das Kind keineswegs – wie ein unbedachter Autor schließt[24] – in Bologna an der Seite ihres Gatten geboren hatte, sondern in Spanien als Regentin mitten in politischen und administrativen Geschäften, stürzte der Verlust in tiefe Verzweiflung. Im Juli 1535 folgte die Geburt der Tochter Johanna, später die Ehefrau Johann Manuels von Portugal, auch das eine Cousin-Cousinen-Ehe im Dienst der Dynastie. Besonders anrührend dann die letzte Geburt: Nach seinen für ihn persönlich gefährlichen Kriegszügen – gegen Tunis Sommer 1535 bis Dezember 1536 und ab Januar 1538 in der Provence gegen Frankreich – kehrte der Kaiser am 20. Juli 1538 nach Spanien zurück. «*Die Kaiserin fand er besser als er sie verlassen hatte, aber immer noch angeschlagen.*»[25] Das Paar erlebte erstmals wieder eine längere gemeinsame Zeit, und nach genau neun Monaten, am 20. April 1539, gebar Isabella ihren dritten Sohn, Johann. Doch er lebte nur wenige Stunden. Zehn Tage später, am 1. Mai, starb auch die Mutter, gerade 35 Jahre alt, doch physisch wie psychisch ausgezehrt.

Abgesehen von seinen ersten beiden Kindern hat Karl die Schwangerschaften und Geburten seiner Gemahlin in Distanz, oder gar aus der Ferne wahrgenommen. Mit dem Abschied aus Andalusien hatten die politischen Pflichten das Familienleben Schritt für Schritt in den Hintergrund gedrängt. Von seinen 13 Ehejahren hat Karl rund die Hälfte im Ausland verbracht, angefangen im Juli 1529, als er von Barcelona aus nach Italien und Deutschland aufbrach. Anders als die Kaiserin, die unter der Trennung sehr litt, übte er sich in Gleichmut. Aus der natürlichen Nähe der frühen Ehemonate wurde zunehmend Distanz. «Entfremdung» durch Abwesenheit, das war der ganz persönliche Preis, den das kaiserliche Paar für die geographisch so weitgespannten Herrschaftspflichten Karls zu zahlen hatte. Über Geburt und Tod seines zweiten Sohnes, des Infanten Ferdinand, 1529 / 1530 notiert Karl Jahre später in seinen Memoiren: *«Der Kaiser erfuhr in Bologna, dass die Kaiserin ihren zweiten Sohn geboren hatte, dessen Tod ihm im Jahr darauf in Augsburg angezeigt wurde.»*[26] Von Anteilnahme am Schmerz seiner Frau keine Spur, auch in der Korrespondenz nicht. Mag sein, dass die Staatsgeschäfte und die immer aufs Neue ausbrechenden Kriege, die dem Monarchen auch physisch viel abverlangten, Karl emotional ausgetrocknet hatten, so dass der private Schmerz ihn kaum noch erreichte.

Nach den heiteren Tagen in Granada hatten sich die emotionalen Grundlagen der Beziehung zu seiner Gemahlin rasch verschoben – von der erotischen Faszination zum Vertrauen auf die Partnerin bei der Sicherung der Herrschaft. Er schätzte Isabella als Regentin, die in drei Perioden von 1529 bis 1533, 1535 bis 1536, und im ersten Halbjahr 1538 Kastilien pflichtbewusst und geschickt regierte und durch kluge Ehepläne für die eigenen Kinder wie für Nichten und Neffen die Stabilität der Dynastie sicherte. Wie die anderen Regenten, so führte Karl auch seine Gemahlin eng durch umfangreiche briefliche Anweisungen. Erfolgreich war er nicht immer, denn die Kaiserin vertrat durchaus eigene, nicht selten auch widerständige Positionen.[27] Geburten und Mutterpflichten waren nebenher zu erledigen. Diese schicksalhafte Aufteilung zwischen öffentlichen Pflichten und privatem Lebensglück wird auch die erotischen Beziehungen zu ihrem Gatten bestimmt haben, wenn dieser einmal in Spanien weilte.

Während Karl sich manchen seiner kleinen Nichten und Neffen emotional verbunden fühlte, so namentlich den dänischen Halbwaisen seiner 1526 verstorbenen Schwester Isabella,[28] scheint er zu seinen eigenen Kindern engere Beziehung erst aufgenommen zu haben, als sie älter waren. Im Vordergrund seiner Fürsorge stand stets der Thronfolger, den er einmal daran erinnerte, dass «*ich keinen anderen Sohn habe außer Euch*» und in fast anrührender persönlicher Zuwendung, wie er sie nur ausnahmsweise zeigte, hinzufügt «*und auch keinen anderen haben will*». Auch wenn er ihm gesundheitliche Ratschläge «*für das Wachstum des Körpers*» bis hin zu Anweisungen zur Zeugung gesunder Söhne gibt,[29] geht es immer um die Sicherung der Herrschaft. Ähnlich die Sorge um die Töchter, bei denen es um eine der Dynastie förderliche Verheiratung geht. All dies schließt eine persönliche Verbundenheit nicht aus, diese hatte aber andere Grundlagen als die bürgerlich familiäre Innerlichkeit des 19. Jahrhunderts oder gar die individuellen Lebensformen unserer Gegenwart.

Persönlichen Umgang mit seinen Kindern konnte Karl jedenfalls nur selten pflegen, waren seine Aufenthalte in Spanien nach dem Tod der Kaiserin doch noch kürzer bemessen als zuvor. Nach seinem gescheiterten Algier-Unternehmen traf er Sohn und Töchter in den letzten Dezembertagen 1541 in Ocaña bei Aranjuez südlich von Madrid. In den nächsten Monaten verbrachte er viel Zeit mit Philipp, mit dem er die spanischen Herrschaften durchreiste und für den er erste militärische Erfahrungen arrangierte – an der sicheren Seite des Herzogs von Alba.[30] Im Mai 1543 verabschiedete sich der Kaiser wieder, um von Palamós bei Barcelona zu seinem längsten Aufenthalt außerhalb Spaniens aufzubrechen. Philipp, eben sechzehnjährig, hatte ihn in Spanien als Statthalter zu vertreten. Sieben Jahre sahen Vater und Sohn sich nicht, bis Karl seinen Thronfolger nach Brüssel beorderte, um ihn den niederländischen und deutschen Ständen vorzustellen. Die jüngere Tochter Juana, beim Abschied 1543 gerade siebenjährig, sah der Kaiser erst rund anderthalb Jahrzehnte später in Valladolid wieder, als er nach seiner Abdankung nach Spanien zurückkehrte. Doch nur für wenige Tage, da er sogleich in die Einsamkeit der Extremadura weiterzog.

Margarete von Parma und Don Juan de Austria

Von der Kaiserin getrennt, zeigte sich Karl erneut von attraktiven Frauen angezogen: Bereits wenige Monate, nachdem er seine Gemahlin verlassen hatte, sah sich sein Beichtvater Loaysa zu der Mahnung veranlasst, «*sich niemals (zu) gestatten, von Ihrer untreuen Sinnenlust regiert zu werden*». Und als Kritik an einer scheinbaren Bevorzugung der jungen Witwe Egmont aufkommt, versichert er seinem Bruder Ferdinand in ungewohnter Offenheit, er habe sich in dieser Angelegenheit keineswegs «*von meiner Zuneigung zu jungen Frauen*» leiten lassen. Wenig später gesteht er aber ein, er müsse auf die Jagd gehen, «*um überflüssige Lebenssäfte loszuwerden und keusch leben zu können*».[31] Wenn es, wovon wohl auszugehen ist, gelegentlich zu sexuellen Begegnungen kam, dann sah er das als Schwachheit des menschlichen Fleisches an, die er – vermittelt durch seine Beichtväter – allein vor seinem Gott zu verantworten hatte. Zeitgenossen und Nachwelt erhielten davon keine Kenntnis. Denn im Gegensatz zur verbreiteten Publicity-Sucht unter heutigen Hochadligen war Karls kaiserliche Majestät auf Abschirmung und allseits gewahrte Diskretion ausgerichtet.

Aktenkundig wurden vier Fälle: Aus Karls Korrespondenz wissen wir von den Töchtern Juana und Tadea, beide in den frühen 1520er Jahren geboren, also vor der Eheschließung. Sie wurden in die Obhut von Klosterfrauen gegeben, bei denen sich der Kaiser wiederholt nach dem Befinden der Kinder erkundigte. Während seines Aufenthalts in Bologna ließ er die in Oberitalien lebende Tadea sogar vor sich bringen. Zu einer offiziellen Anerkennung konnte er sich aber nicht entschließen.[32] Anders im Fall der bereits erwähnten, 1522 von der Niederländerin Johanna van der Gheynst geborenen Tochter Margarete und des ein Vierteljahrhundert später, 1547 in Nürnberg, geborenen Sohnes Juan. Dieser entstammte Karls Beziehung zu der Regensburger Bürgertochter Barbara Blomberg, ob Kind einer flüchtigen oder doch länger anhaltenden Leidenschaft, lässt sich nicht sagen. Wie zuvor Margarete, so erkannte der Kaiser auch Juan als natürliches Kind an. Auch dessen Mutter wurde, ausgestattet mit einer ansehnlichen Aussteuer, durch eine Ehe versorgt, und zwar mit dem kaiserlichen Kriegskommissar Hieronymus Kegel. Nach dessen Tod gewährte ihr Philipp II.

eine Rente, die es ihr ermöglichte, mit ihren Kindern auskömmlich auf einem spanischen Landgut zu leben. Warum der Kaiser sich seinen unehelichen Kindern gegenüber so unterschiedlich verhielt, lässt sich bei diesem eingefleischten Schweiger in privaten Dingen nicht ermitteln. Mag sein, dass die Intensität der Beziehung zu der jeweiligen Mutter eine Rolle spielte, mag sein, dass die Mitwisserschaft in seiner Umgebung ausschlaggebend war. Letzteres war offensichtlich bei seiner Tochter Margarete der Fall, für die sich – wir erinnern uns – kein Geringerer als sein Ritterbruder vom Goldenen Vlies Charles I. de Lalaing eingesetzt hatte.

Die anerkannten natürlichen Kinder des Kaisers waren Teil der Familie, allerdings in stets betonter Distanz zu den ehelichen Nachkommen. Margarete setzte der Vater in der üblichen Weise in seiner Heiratsdiplomatie ein – 1536 zunächst in einer Ehe mit Alessandro de' Medici, Sohn von Papst Clemens VII., nach dessen Ermordung dann 1538 mit Ottavio Farnese, dem späteren Herzog von Parma, auch er ein Papstnachkomme, Enkel Pauls III., mit dem der Kaiser soeben eine Allianz eingegangen war. Von 1559–1567 und 1580–1583 war Margarete von Parma Statthalterin ihres Halbbruders Philipp II. in den Niederlanden, zuletzt zusammen mit ihrem Sohn Alessandro Farnese, einem der fähigsten Feldherren und Politiker seines Onkels.

Die ersten Lebensjahre von Don Juan verliefen geradezu konspirativ:[33] Karls Kammerdiener Adrian de Bues, der wahrscheinlich als Einziger von der wahren Identität des Säuglings wusste, gab ihn unter dem Namen Hieronymus zur Pflege in die Familie des flämischen Violinisten der kaiserlichen Hofkapelle Frans Massy. Es handele sich, so die Erklärung des Kammerdieners, um seinen eigenen illegitimen Sohn, den er vor seiner Ehefrau verbergen müsse. Später, nach dem Tod Massys wurde der Kaisersohn in die Familie des kaiserlichen Haushofmeisters Don Luis Mendez de Quijada aufgenommen, und damit in ein standesgemäßes Umfeld. Seinen wahren Vater lernte der Jüngling erst 1558 kennen, als er an dessen kleinem Hof in Yuste Page wurde. Nach Karls Tod empfing ihn sein Halbbruder Philipp II. offiziell am Hof, nun unter dem Namen Don Juan de Austria. Zwei Jahrzehnte später, im Herbst 1571, sollte er als Oberbefehlshaber der christlichen Flotte in den griechischen Gewässern den berühmten Seesieg von

Lepanto erringen. Es war also ein Kaisersohn, der die osmanische Vorherrschaft im östlichen Mittelmeer brach – ein Triumph über den Islam, der seinem Vater versagt geblieben war.

So abgeschirmt Karls Affären auch abliefen, ganz verborgen blieben sie nicht. Es traten Gerüchte auf, von denen sich aber nicht abschätzen lässt, wie verbreitet sie zu seinen Lebzeiten waren. Das unwürdigste ist der Anwurf der Blutschande: Die Regensburger Bürgertochter Barbara Blomberg sei als Mutter Don Juans «nur vorgeschoben, um die wahre Mutter nicht preiszugeben, manche sprachen auch offen aus, dass Don Juan die Frucht eines blutschänderischen Verhältnisses des Kaisers mit seiner Tochter Margarete oder seiner Schwester Maria gewesen sei».[34] Nährboden solcher «Eröffnungen» war das – wie wir sehen werden – antikaiserliche Milieu der späten Regierungsjahre. Nach seinem Strafgericht gegen Gent 1540 und dem Triumph von Mühlberg über die Schmalkaldener 1547 entfesselten niederländische Opponenten und deutsche Protestanten eine Schmähpropaganda, die in Vorausnahme der antispanischen *leyenda negra* des 17. Jahrhunderts Karl und Spanien jede erdenkliche Untat zuschrieb. Die Gerüchte über Karls Liebesleben waren nicht sexuelle Schlüsselloch-Berichte, wie sie zu allen Zeiten beliebt sind, sondern ein moralischer Vernichtungsschlag. Als solcher, und nur als solcher, sind sie Teil seiner historischen Biographie, ähnlich einer Inzest-Verleumdung, die seinen Namensvetter Karl den Großen Jahrzehnte nach dem Tod trafen. Historiker erklären sie mit einer im Karolingerreich eingetretenen mönchisch-asketischen Wende, die das ausgeprägte Triebleben des verstorbenen Kaisers mit diesem infamen Anwurf diskreditieren wollte.[35]

Sakrale Überhöhung der Ehe

Tatsache bleibt, dass Karls Verhältnis zu Frauen, Ehefrau wie Geliebten, durch gezügelte Distanz und Achtung geprägt war. Entgegen der in der Öffentlichkeit stets gewahrten Unnahbarkeit kaiserlicher Majestät war der Kaiser in Liebesdingen verführbar und leidenschaftlich, aber von einer gezähmten Sexualität, gezähmt durch sein Sündenbewusstsein und eine psychologisch kluge Seelenführung durch seine

Beichtväter. Offiziöse Nebenfrauen wie etwa sein Schwager Christian II. von Dänemark oder nach Art der berühmten Zweitehe-Affäre Philipps von Hessen hatte er nicht. Auch ging er, mit 39 zum Witwer geworden, keine neue Ehe ein, obgleich eine solche bestens in seine umtriebige Ehediplomatie gepasst hätte. Zudem hatten das royale Witwer weit höheren Alters vorgemacht – sein Großvater Ferdinand von Aragon mit 54; sein Schwager Manuel von Portugal mit 50; Ludwig XII. von Frankreich, der noch am Rande des Grabes die 15-jährige Mary Tudor, Karls erste Verlobte, geheiratet hatte. Selbst die Aussicht auf weitere legitime männliche Erben konnte ihn nicht verlocken: Einen weiteren Sohn begehre er nicht, hatte er – wir erinnern uns – an Philipp geschrieben.

Eine beachtliche, übrigens von seinem Bruder Ferdinand geteilte Haltung in einer Zeit, in der Monarchen ohne Rücksicht auf das Schicksal der Frauen auf sexuellen Genuss aus waren. Der Frauen mordende Heinrich VIII. von England ist das prominenteste Beispiel. Karls Großvater Kaiser Maximilian I. erniedrigte seine zweite Gemahlin Bianca Maria Sforza nur zu häufig vor dem Hof und zeugte ein Dutzend illegitimer Kinder. Markant vor allem der Unterschied zu der bereits kurz erwähnten Brutalität, mit der sein Erzrivale Franz I. von Frankreich in Ehe- und Liebesdingen verfuhr: Noch am Tag, an dem die ihm frisch angetraute Kaiserschwester Eleonore in Paris einzog, begab er sich ungeniert in das Haus seiner Mätresse Anne de Pisseleu d'Heilly – unverfrorene Gier nach Lust und ostentative Beleidigung der Gemahlin.

Für Karl V. war die Ehe Sakrament, und Isabella von Gott gegebene Gemahlin im dies- wie im jenseitigen Leben. Wenn es für seine Abscheu vor der protestantischen «Häresie» eines speziellen Argumentes bedurft hätte, dann wäre es die Entheiligung des von Gott gestifteten Ehebandes gewesen, wie er die Aufgabe ihrer Sakramentsqualität durch Luther sah. Die gleichermaßen religiöse wie existentielle Dimension der Ehe trat mit dem Tod der Kaiserin ganz in den Vordergrund. Als Isabella am 1. Mai 1539 im Alcázar von Toledo überraschend an Wundfieber starb – überraschend, weil die Ärzte trotz der Verletzungen in der schweren Totgeburt schon ihre Genesung angezeigt hatten –, lässt Karl gleich am nächsten Tag seine ihm besonders vertraute Schwester Maria wissen: *«Ich empfinde die Qual und den Kummer,*

*Isabella
von Portugal,
Gemälde
von Tizian,
1548.*

wie Sie sie sich bei einem so großen und außerordentlichen Verlust vorstellen können. ... Nichts kann mich trösten als der Gedanke an ihre Güte, ihr beispielhaftes Leben als Katholikin und ihren erbaulichen Tod.»[36] Für Wochen zog er sich in das in der Gebirgseinsamkeit gelegene Hieronymiten-Nonnenkloster La Sila zurück, um sich seiner Trauer und dem Zwiegespräch mit Gott zu widmen. Aus der Trauer erwachte die Fürsorge um die irdische Memoria der Kaiserin. Seine Schwester Maria wies er an, in der Mechelener Gemäldesammlung ihrer Tante Margarete nach Portraits von Isabella forschen zu lassen und ihm die Bilder sorgfältig verpackt zuzuschicken. Als zehn Jahre später Tizian unter den prüfenden Augen Karls ein Bild der Kaiserin malte, werden ihm diese und andere zu Isabellas Lebzeiten angefertigte Portraits vorgelegen haben.

Allerdings, das ist in heutiger Perspektive hinzuzufügen, ließen Trauer und religiöse Versenkung Gedanken an das Empfinden seiner ja noch kleinen Kinder keinen Raum. Im Gegenteil, die familiäre Repräsentanz bei der Bestattung der Kaiserin lud er ganz auf die Schultern des knapp dreizehnjährigen Philipp. Am 2. Mai führte dieser die Prozession an, die den Leichnam der Mutter aus dem Palast in Toledo nach Granada in die Capilla Real, die Ruhestätte der beiden Katholischen Könige, überführen sollte. Der Infant vermochte den Trauerzug nur eine Strecke weit zu führen und musste sich ins Bett zurückziehen. Zwei Wochen später hatte er in der Stadtkirche St. Juan de los Reyes den Exequien für die Verstorbene zu präsidieren. Die zeitüblichen Trauerkleider abzulegen, erlaubte ihm sein Vater erst nach zwei Jahren im Mai 1541.[37]

«Der Verstorbenen gedachte der Kaiser», urteilt eine auf Nüchternheit bedachte Biographin, «mit solch tiefen Gefühlen, wie er sie zu deren Lebzeiten nie geäußert hatte»[38] – jedenfalls, so fügen wir hinzu, nicht schriftlich oder gegenüber Dritten. Wie nah ihm Isabella am Ende seines Lebens war, wird uns noch in seiner Sterbestunde begegnen. Ganz außergewöhnlich in der frühneuzeitlichen Fürstengesellschaft ist die Repräsentation der überirdischen Verbundenheit der Ehepartner, wie er sie Tizian auf dem gewaltigem «Gloria»-Tafelbild darstellen hieß – der Kaiser und die Kaiserin nebeneinander im Büßerhemd kniend, auf ewig vereint in der Anbetung der himmlischen Dreifaltigkeit. Eine neuzeitliche Fortentwicklung der zahllosen mittelalterlichen Gruppenporträts, die Ehepaare mit ihren Kindern im Gebet vor Heiligen kniend zeigen. Neuzeitlich vor allem durch die Subjektivität, in der der Kaiser die ihm nahen Menschen um sich versammelt zur ewigen Anbetung der Dreifaltigkeit, in abgestufter Nähe von der Ehefrau über die Tante und Erzieherin hin zum Sohn und Thronfolger.

7

BOLOGNA UND AUGSBURG 1530 –
Kaiserkrönung und Konfessionsreichstag

Er ist der gesalbte Kaiser,
er ist derjenige, von dem die Prophezeiung sprach,
er ist der wahre Herr,
der uns den Frieden bringen wird.
Darum werde sein Kommen nun gepriesen.[1]

Mit diesen Zeilen aus einer der vielen Schriften, die seine Propagandaabteilung in die Welt schickte, um die Kaiserkrönung von Bologna ins rechte Licht zu setzen, lässt Karl verkünden, dass sich mit der Kaiserkrönung in Bologna endlich die Prophezeiungen erfüllt hätten, die – wir erinnern uns – bereits seine Wahl zum Deutschen König begleitet hatten. Selbst vor der Gleichsetzung mit dem Heiland schreckte man nicht zurück – etwa in der zweiten Zeile der zitierten Lobpreisung auf den gekrönten Kaiser, mit ihrer damals für jeden erkennbaren Anspielung auf Christus selbst, «*von dem die Prophezeiung sprach*» und von dem Lukas berichtet, dass er mit dreißig Jahren zu predigen anhob, also genau in dem Alter, in dem Karl nun die Kaiserkrone empfängt. Wer konnte den universellen Anspruch seines Kaisertums da noch in Frage stellen?

Ein Friedensfest für die zerrissene Christenheit

Der 24. Februar 1530, sein dreißigster Geburtstag, wurde für Karl zum glanzvollen Höhepunkt auf der politischen Bühne. Schauplatz war Bologna, die elegante nordöstliche Bastion des Kirchenstaates, wo der erwählte Kaiser in der gewaltigen Basilika des Stadtheiligen San Petronio von Papst Clemens VII. die Kaiserkrone empfing.² San Petronio vertrat die römische Peterskirche mehr als respektabel, war jene doch immer noch Abbruchruine. Für den Vatikanpalast stand die der Basilika gegenüberliegende Papstresidenz, heute Bolognas Palazzo Communale. Am Krönungstag waren beide Gebäude durch eine Holzbrücke verbunden – eine gewagte Konstruktion, die dann auch unter Getöse zusammenbrach, als die kaiserliche Leibwache sie schweren Schrittes betrat. Das Krönungszeremoniell begann mit Lobgesängen und einer Papstmesse. Es folgten die Salbung und die Investitur mit Schwert, Reichsapfel und Reichskrone, jeweils angezeigt durch Fanfarenstöße und Kanonendonner.

Ein kirchlich-politisches Ritual ganz wie zehn Jahre zuvor die deutsche Königskrönung in Aachen. Auch der Rückbezug auf Karl den Großen wurde deutlich, insbesondere bei der Krönung mit der lombardischen Eisenkrone in der Kapelle des Papstpalastes, zwei Tage vor der Kaiserkrönung. Und doch war Bologna eine Steigerung. Denn nun war es der Heilige Vater persönlich, der den Sakralakt vollzog und Karl auf der anschließenden Prozession begleitete: Beide verließen gemeinsam die Basilika. Als sie ihre davor wartenden Pferde erreichten, leistete Karl Clemens den Steigbügeldienst, indem er ihm in den Sattel half und das Pferd ein Stück weit am Zügel leitete – eine von den Päpsten gewünschte, aber selten gewährte Demutsgeste des Römischen Kaisers! Wichtiger der anschließende Triumphzug durch die Stadt – Papst und Kaiser Seite an Seite reitend und – wie ein Chronist eigens festhält – immer wieder die Hände haltend! In die Ehre, den beide überspannenden Baldachin zu tragen, teilten sich Mitglieder der ersten Geschlechter Bolognas und der eben mit dem Kaiser versöhnten Republik Venedig, darunter deren Gesandter Gasparo Contarini, dem wir einen aufschlussreichen Bericht über Karls Auftritt in jenen Tagen verdanken.³

Die beiden Häupter der lateinischen Christenheit in Frieden und Eintracht vereint – das war die Botschaft dieses aufwendigen Zeremoniells, gerichtet an die Anwesenden, die Großen Italiens, Spaniens, des Reiches, die Vertreter der auswärtigen Mächte, namentlich Frankreichs und Englands, nicht zuletzt an das jubelnd am Straßenrand stehende Volk. Die Botschaft galt aber auch den nicht anwesenden Fürsten und Völkern Europas, schließlich auch den bedrohlich an-

Krönungs-
prozession 1530
in Bologna –
Papst und Kaiser
in Friede und
Freundschaft
vereint.
Zeitgenössische
Radierung
von Nikolaus
Hogenberg.

stürmenden Osmanen, die die Kunde von der Einigung der Christenheit abschrecken sollte. Dutzende von Gemälden und Graphiken verbreiteten das Ereignis, am erfolgreichsten eine Serie von Drucken des in Mechelen tätigen Graphikers Nikolaus Hogenberg. Zur ewigen Erinnerung hatte der Hof Goldmünzen prägen und von Herolden unter das Volk werfen lassen mit der Aufschrift «*Carolus V Imperator*» auf der einen und Karls Wappen mit den Säulen des Herkules und der Devise «*Plus Ultre*» / «Darüber (über das Bekannte) hinaus» auf der anderen Seite.[4]

Wie war dieses Einheits- und Friedensfest in der notorischen Zerrissenheit der lateinischen Christenheit möglich geworden? In den sieben Jahren von Juli 1522 bis August 1529, als Karl in Spanien seine iberischen Herrschaften reformierte und sich dem Ehe- und Familienleben widmete, hatte sich die Lage in Mittel- und Südeuropa bedrohlich zugespitzt: Ende September bis Mitte Oktober 1529 war Wien durch ein gewaltiges Türkenheer unter der persönlichen Führung Sultan Suleimans des Prächtigen belagert worden. Bis tief ins Reich hinein breiteten sich Angst und Schrecken aus. Das änderte sich nicht, als der Sultan – wohl wegen der ungünstigen Witterung – ganz unerwartet den Rückzug befahl. Jedem war klar, dass das nur eine Verschnaufpause bedeutete. In Deutschland hatte sich die lutherische Häresie gefestigt: In den Fürstentümern waren evangelische Landeskirchen entstanden, und als die Reichsregierung im Frühjahr 1529 auf dem zweiten Reichstag von Speyer versuchte, das Wormser Edikt doch noch durchzusetzen, hatten Luthers Anhänger das Rechtsmittel der Protestation eingelegt und bildeten nun als «Protestanten» eine Widerstandsgruppe innerhalb der Reichsstände. – In dem seit Gründung der Liga von Cognac 1526 entbrannten Krieg mit Franz I. und seinen italienischen Verbündeten zeigten sich die spanisch-kaiserlichen Truppen zwar meist überlegen. Die Plünderung der Heiligen Stadt im Mai 1527 aber war zu einer schweren Hypothek für den Kaiser geworden. Und vor allem schien der finanzielle Notstand unvermeidlich, jedenfalls, wenn weiterhin gleichzeitig gegen die Franzosen und Türken, am Ende auch noch gegen die protestantischen Fürsten in Deutschland Krieg zu führen war.

Angesichts dieser Situation hatten die Ratgeber immer nachdrücklicher gedrängt, der Kaiser müsse sich diesen Herausforderungen persönlich stellen. Wo genau er aber als Erstes eingreifen solle, darüber wurde heftig diskutiert. Karl selbst entschied schließlich, die Verteidigung Wiens seinem Bruder Ferdinand und den deutschen Reichsständen zu überlassen und nach Italien zur Kaiserkrönung zu ziehen. Unabdingbar war das keineswegs. Denn seit der Goldenen Bulle von 1356 stand fest: Wer in dem dort geregelten Verfahren zum deutschen König gewählt wurde, *war* der designierte römische Kaiser. Eine Krönung durch den Papst war dann auch bereits gelegentlich ausgefallen, zuletzt noch bei Karls Vorgänger Kaiser Maximilian I. Doch Karls Ordnungsvorstellungen waren ganz auf die religiös-politische Einheit der Christenheit ausgerichtet, wie sie Weihnachten 800 Karl der Große durch die päpstliche Krönung in Rom begründet hatte. Er ergriff daher sogleich die Gelegenheit, als ihn Clemens VII. Ende Juni 1529 auf der Basis des erwähnten Friedens von Barcelona zur Kaiserkrönung nach Italien einlud. Erleichtert wurde das Unternehmen

durch den wenig später, am 25. August geschlossenen Damenfrieden von Cambrai mit Frankreich, von dem der Kaiser allerdings erst erfuhr, als er bereits in Italien weilte.[5]
Nach langem Zögern – noch im Januar 1530 fragte er seinen Bruder Ferdinand hierzu um Rat[6] – entschied sich Karl für eine Krönung in Bologna statt in Rom. Das hatte eine ganze Reihe von Gründen. Der wichtigste war wohl Karls Wille, als gekrönter Kaiser seinen kirchenpolitischen Pflichten nachzukommen und das «Häresieproblem» zu lösen. Das bedeutete, von Bologna nordwärts über die Alpen zu ziehen und nicht von Rom nach Neapel und Sizilien, wie Gattinara empfahl.[7] Des Weiteren werden Kaiser wie Papst kaum Interesse daran gehabt haben, durch den Einzug spanischer Truppen in die Heilige Stadt die traumatische Erinnerung an den Sacco di Roma gut zwei Jahre zuvor wachzurufen oder das Versöhnungszeremoniell dem Spott der notorisch unruhigen Römer auszusetzen. Eine gewisse Rolle mag auch der akut unwürdige Zustand des Petersdoms oder – präziser gesagt – der Petersdom-Ruine gespielt haben.

Verhandlungen über die Neuordnung Italiens und die Einberufung eines Konzils

Der Krönung im Februar 1530 waren mehrmonatige Beratungen zwischen Kaiser und Papst vorausgegangen. Von Genua durch die Po-Ebene kommend, war Karl bereits am 4. November 1529 mit militärischem Gepränge in Bologna eingezogen. Er hatte im Papstpalast ein Appartement bezogen, das unmittelbar an die Papstgemächer anschloss, ja sogar eine Verbindungstür zu ihnen hatte.[8] Für Karls Absicht, in direkten Verhandlungen mit Clemens VII. eine dauerhafte Friedensregelung für Italien und die Christenheit zu erzielen, war das ein vorteilhaftes Arrangement. Ausgangspunkt waren die Bestimmungen des Friedens von Barcelona, an die er sich geradezu skrupulös hielt.[9] Wie der Papst selbst berichtete, führte der Kaiser die Gespräche kenntnisreich und sorgfältig vorbereitet, mit «*einem Merkzettel, auf den er eigenhändig alle Dinge notiert hat, die er behandelt wissen will, um nichts zu vergessen*».[10] Auf einem dieser Zettel, der zufällig erhalten ist,[11] sind die im engeren Sinne an Papst und Kurie gerichteten Wünsche notiert: An erster Stelle «*die Sache der Köni-*

gin von England», also der Wunsch, Clemens möge Heinrichs VIII. Begehren, von Karls Tante geschieden zu werden, ablehnen, was er dann auch tat. Es folgten Angelegenheiten der spanischen Kirche, der Inquisition und der kirchlichen Einkünfte, voran die ansehnlichen Gelder der Ritterorden von Santiago, Alcántara und Calatrava, über die Karl zu verfügen begehrte. Zwei «Merkposten» betreffen das persönliche Seelenheil des Kaisers, die Bitte um Ausweitung der vom Papst bereits erteilten Absolution wegen des Sacco di Roma, und die Sicherung der finanziellen Grundlagen von Seelenmessen nach seinem Tod. Schließlich die Bitte, es staatlichen Instanzen Spaniens zu erlauben, «*Kleriker und Mönche zu bestrafen, die sich als Wanderprediger betätigen und Ärgernis erregen*», wohl als Schutz vor reformatorischen Tendenzen gedacht.

Insgesamt ein für Karls Einstellung und Handlungsmaxime aufschlussreicher Katalog von Maßnahmen – hemmungsloser Übergriff auf Kirchengut, der ihm aber zur Finanzierung der immer dringlicheren Türkenabwehr legitim erscheint; staatliche Sorge um die Glaubensreinheit, wo kirchliche Instanzen zögern; Fürsorge für das eigene Seelenheil, nicht im Sinne von Luthers Sorge um das Heil, sondern als Vorsorge im Rahmen des Kirchenrechtes. Und das alles nicht als Aufruhr gegen, sondern im Bündnis mit dem Papst und aus tiefer Religiosität: «*Er ist religiöser als je, (und) besucht regelmäßig in Kirchen der Stadt die Messe*», berichtet der venezianische Botschafter aus Bologna.[12]

Das war auch die Grundhaltung, mit der Karl an die Lösung der beiden Hauptziele seiner Italienfahrt ging, die er bereits ein Jahr zuvor in einer Rede vor seinem Rat in Madrid beschrieben hatte – die päpstliche Bewilligung eines allgemeinen Konzils und die dauerhafte Befriedung Italiens.[13]

Seinen Gegnern unter den italienischen Staaten wollte er großzügig begegnen, «*denn erlittenes Unrecht zu verzeihen, halte ich für größer, als es zu rächen*». Er wollte sie nicht erniedrigen oder sich auf ihre Kosten bereichern, nicht «*an den Venezianern, dem Mailänder Herzog Sforza, dem Herzog von Ferrara*», oder einem anderen der norditalienischen Kleinfürsten und städtischen Kommunen. «*Italien hat in acht Kriegsjahren durch meine Heere unbeschreiblich gelitten ...; das ist nicht besser gut zu machen, als durch einen dauerhaften Frieden.*» Vielbeachtet vor allem die Wiedereinsetzung Francesco Sforzas als Herzog von Mailand und die Aussöhnung mit der in Adria und östlichem Mittelmeer immer noch mächtigen Seerepublik Venedig als wichtige Voraussetzung für eine erfolgreiche Türkenabwehr.

Nur an einem Ort hatte Karl erneut zu kämpfen – vor Florenz, nicht trotz, sondern wegen des eben erreichten Friedens mit Clemens VII. Der Medici-Papst bestand auf militärischer Unterstützung bei der Rückeroberung der Arno-Stadt. Unter Führung des Savonarola-Anhängers Niccolò di Piero Cappon hatte dort die republikanische Partei 1527 den Tiefpunkt der Medicimacht in Rom genutzt, um die verhassten Stadtherren aus Florenz zu vertreiben und dort wieder eine Bürgerrepublik zu errichten. Die kaiserlichen Truppen hatten einen zähen zehnwöchigen Belagerungskrieg zu bestehen, bevor am 12. August 1530 die Stadt erobert wurde und die Medici wieder zur Herrschaft gelangten. Der Kaiser hatte da Italien längst verlassen. Die Verluste waren beträchtlich. Einer der jüngsten und fähigsten Generäle der kaiserlichen Armee fand den Schlachtentod, Philibert von Chalon, Prinz von Oranien. Sein Titel fiel an die deutschen Grafen Wilhelm von Nassau, der drei Jahrzehnte später an die Spitze der niederländischen Opposition gegen Karls Nachfolger treten und zum Gründungsvater der Nordniederländischen Republik werden sollte. Florenz erlebte zunächst noch einige unruhige Jahre, bevor mit Cosimo I. aus einer Seitenlinie ein fähiger Herrscher den Thron bestieg. 1537 erhob ihn der Kaiser zum Herzog. Der Traum der beiden Medici-Päpste, ihre Familie auf den obersten Rängen der europäischen Fürstengesellschaft zu etablieren, war Realität geworden. Die Kaiserkrönung von Bologna hatte sich ausgezahlt.

Der italienische Frieden indes war bald wieder brüchig geworden, nicht durch den Kaiser, sondern durch Clemens VII., der weiterhin ganz in Mediceischer Familienpolitik gefangen blieb. Die daraus resultierende Irrationalität des päpstlichen Handelns hatten bereits klarsichtige Zeitgenossen wie der Florentinische Staatsmann und Philosoph Francesco Guicciardini als eigentliche Ursache für die unruhigen Jahre im Kirchenstaat wie im italienischen Staatensystem insgesamt gebrandmarkt. Verheerender noch war das tiefe Desinteresse des Medici-Papstes an den kirchenpolitischen und spirituellen Aufgaben seines Amtes, das mit der Fixierung auf die Familienpolitik verbunden war. Kaum erstaunlich, dass moderne Historiker mit dem zweiten Medici-Pontifikat den endgültigen Verlust der «italienischen Vormacht in der europäischen Zivilisation und Kultur» ansetzen oder gar von «Selbstzerstörung» des Papsttums sprechen.[14]

Und das Konzil? – *«Um die Wahrheit zu sagen»*, so der Kaiser in seiner erwähnten Rede vor seinen Räten in Madrid, *«ist es das Ziel meiner Fahrt nach Italien, den Papst zu einem allgemeinen Konzil zu zwingen, in Italien oder Deutschland.»*[15] Dabei war er durch seinen Botschafter am Vatikan bestens unterrichtet, dass der Medici an einem Konzil nicht interessiert war, ja es geradezu fürchtete. Begeistert habe Clemens den Vorschlag aufgenommen, statt eines allgemeinen Konzils eine paritätisch vom Reich und vom Papst besetzte Arbeitsgruppe einzuberufen und sie in Deutschland die strittigen Glaubensfragen klären zu lassen.[16] Mit welchem Nachdruck Karl im Papstpalast von Bologna sein Verlangen nach einem Konzil vorgetragen hat, lässt sich nicht ausmachen. Konkreten Erfolg hatte er jedenfalls nicht. Es bewahrheiteten sich alle Warnungen – die seines Botschafters, der *«alle Finten der Welt notwendig* (wähnte), *um zu erreichen, dass dieser Mann Stellung bezieht, auch wenn wir* (letztlich) *zu keinem Ergebnis kommen werden».*[17] Ähnlich sein Beichtvater Loaysa: *«Der Papst verabscheut das Wort Konzil, wie wenn man ihm den Teufel nennt»*, und jederzeit sei er bereit mit Karls ärgstem Feind ein Bündnis einzugehen, wenn dieser *«ihn von diesem Concil befreit».*[18]

Um nicht den Friedensplan zu gefährden und einen erneuten Krieg zu riskieren, musste der Kaiser in Bologna seinen Konzilswunsch notgedrungen hintanstellen.[19] Als dann wenige Monate später während des Reichstags von Augsburg sein Staatsrat zur Erkenntnis kam, dass *«ohne Konzil nichts entschieden werden kann»*, bat Karl in einem fast schon beschwörenden Brief Clemens VII. um die Einberufung der Kirchenversammlung[20] – wiederum ohne Erfolg.

Diese Konstellation war typisch für das Verhältnis zwischen Karl V. und den Päpsten, ein Geschehen von tiefer persönlicher wie sachlicher Tragik: Der Kaiser wünschte sich nichts sehnlicher als eine friedliche Versöhnung der aufgezogenen Glaubensgegensätze. Bereits 1521 auf dem Wormser Reichstag war er sich mit den deutschen Ständen einig, dass dazu ein allgemeines Konzil unumgänglich war. Er hielt mit der für ihn typischen Hartnäckigkeit über die Jahre hin daran fest. Selbst gegen Bedenken in den eigenen Reihen wie den beschwörend vorgetragenen Rat seines Beichtvaters Loaysa: «*Ich kann nicht umhin, Euch tausendmal zu bitten, Ihr möget, sobald als nur möglich, von dieser schwarzen Unternehmung, dem Konzil, abstehen, denn aus vielen Gründen ist es für Euer Gedeihen nicht ersprießlich.*»[21]

Alle Zugeständnisse, die der Kaiser den deutschen Protestanten machte, waren bis zum Zusammentritt eines allgemeinen Konzils befristet. So namentlich die sogenannten «Anstände», die eine befristete Toleranz gewährten. Indes, taktische Erwägungen zwangen ihn immer wieder, den Widerstand der Päpste hingehen zu lassen. Sachlich-historisch war das insofern folgenschwer, als zu einem frühen Stadium ein offenes Konzil unter Beteiligung Luthers und der Protestanten manche Glaubensfrage hätte lösen können, ehe sie sich zu unüberbrückbarer Feindseligkeit verhärtete. Die Konzilsunfähigkeit der Päpste durch ein eigenes Modell zu überwinden, dazu war Karl 1530 noch nicht bereit. Dabei hätte das durchaus sowohl in der humanistisch-burgundischen als auch in der spanischen Reformtradition gelegen.[22] Als er sich dann 1547 endlich zu einer imperialen Kirchenreform durchgerungen hatte, da war es, wie wir noch sehen werden, zu spät – trotz aller militärischen Überlegenheit über die protestantischen Reichsstände.

Kaiser und Päpste

Karl aber der Unentschlossenheit oder gar der Unterwürfigkeit unter Rom zu bezichtigen, verkennt die historischen Bedingungen seines Handelns, genauer: den Charakter des alteuropäischen Papsttums. Der Papst war ein «souveräner Pontifex», ein Priesterfürst mit zwei Seelen[23] – einer geistig-religiösen und einer weltlich-staatlichen, die ihn Staats- und Machtpolitik zu treiben zwang, und zwar mit allen diplomatischen Finessen, wie sie die übrigen Fürsten und Könige der Zeit betrieben. Machiavellis Gedanken über die Notwendigkeit verschlagenen Verhaltens galten auch und gerade dem souveränen Pontifex in Rom. Innenpolitisch hatte er immer die Stimmung unter den Kardinälen im Auge zu behalten, um rechtzeitig auf Oppositionsbewegungen reagieren zu können. Das hatte zuletzt noch Leo X. erfahren, als er sich in seinen ersten Regierungsjahren von einer mordbereiten Kardinalsverschwörung bedroht sah.²⁴ Staats- wie kirchenpolitisch entscheidend wurde das Kardinalskollegium, wenn ein Papst starb und aus seinem Kreis ein neuer Pontifex zu wählen war. Formell eine freie Entscheidung, die zudem als Ausdruck des göttlichen Willens sakralisiert wurde, waren die Papstwahlen vor allem des 16. Jahrhunderts real stets ein Machtkampf innerer wie äußerer Interessensgruppen – zwischen den vorrangig römischen Adelsfamilien mit papalem Anspruch einerseits und den auswärtigen Mächten, voran Spaniens und Frankreichs, andererseits, die aus kirchen-, vor allem aber machtpolitischen Gründen Einfluss im Kardinalskollegium suchten.

Karl V. hatte somit in seiner Italien- und Kirchenpolitik sowohl die Interessen der Kardinäle als zukünftiges Wahlkollegium als auch die Familieninteressen der wechselnden Päpste in Rechnung zu stellen und dabei stets der Rivalität Frankreichs gewärtig zu sein. Er selbst wolle «*die Freundschaft der Päpste, wer immer es sein möge, haben und aufrechterhalten*». In der politischen Realität aber habe er stets auf ihm feindliche «*Geheimabreden und Machinationen*» gefasst zu sein.²⁵

Um die Beziehungen zu Rom zu stabilisieren, knüpfte der Kaiser sowohl zu Clemens VII. als auch zu dessen Nachfolger Paul III. eine dynastische Verbindung. 1529 versprach er im Zuge des Friedens von Barcelona Alessandro de' Medici, Neffe, vielleicht sogar Sohn Clemens' VII., seine natürliche Tochter Margarete, zu diesem Zeitpunkt sieben Jahre alt, zur Ehefrau. Die Hochzeit fand Anfang 1536 in Neapel statt, nachdem der Kaiser Alessandro 1532 zum Herzog von Florenz erhoben hatte, auch das eine politische Geste gegenüber dem Papst. Nachdem der Medici-Fürst 1537 einer Verschwörung zum Opfer gefallen war, verheiratete der Kaiser Margarete im November 1538 in zweiter Ehe mit Ottavio Farnese, Enkel des 1534 auf Clemens VII. gefolgten Farnesepapstes Paul III., die Braut inzwischen 16, der Bräutigam 14 Jahre alt.

Eine Garantie für politisches Einvernehmen waren Eheverbindungen mit Papstfamilien allerdings ebenso wenig wie solche mit weltlichen Fürsten. Wie diese waren auch die Päpste ausschließlich der Staatsraison, ja schlimmer noch der Familienraison verpflichtet. Das bei allen Renaissancepäpsten zu beobachtende Streben, ihre Verwandten, insbesondere die eigenen, nicht erbberechtigten Nachkommen mit Herrschaften auszustatten, ließ die Inhaber des Stuhles Petri besonders skrupellos verfahren. Durch Recht und Gewohnheit ließen sie sich nicht stören und schon gar nicht durch die Interessen des Kaisers. Trotz der Eheverbindung entfremdeten sich Kaiser und Papst politisch Schritt für Schritt. Ein Höhepunkt der Feindseligkeit war 1545 erreicht, als Paul III. Parma und Piacenza dem inzwischen an den Kaiser gefallenen Herzogtum Mailand entriss, um seinen Sohn Pier Luigi, Vater Ottavios und damit Schwiegervater der Kaisertochter Margarete, mit einem eigenen Herzogtum zu versorgen und die Farnese zu einer italienischen Fürstendynastie zu erheben. Als Pier Luigi Farnese im September 1547 in Piacenza durch eine Adelsverschwörung ermordet wurde, lastete das Paul III. den Machenschaften spanischer Amtsträger an, wohl nicht ganz zu Unrecht, wie wir hörten.[26] Das politische Einvernehmen zwischen Kaiser und Papst war damit zerbrochen.

Natürlich war auch die Kirchenpolitik direkt von solchen Turbulenzen berührt. Bereits 1541 hatte Paul III. als Reaktion auf Karls Zugeständnisse an die deutschen Protestanten ein «Tadel-Breve» erlassen, in dem er den Kaiser in die Nähe der heidnischen Christenverfolger Nero und Domitian stellte. Das war der Auftakt für einen gewaltigen Propagandafeldzug des antikaiserlichen Lagers unter den katholischen Mächten Europas, der selbst Luther und Calvin zeitweilig veranlasste, Karl V. publizistisch zu verteidigen.[27] Auch die Konzilspolitik war aufs engste mit der Mächtepolitik verschränkt. Paul III. stand dem Konzil persönlich offener gegenüber als sein Vorgänger, wurde aber immer wieder von internationalen Widerständen behindert. Schon der Konzilsort war heftig umstritten. Eine italienische Stadt lehnte der französische König entschieden ab. Denn *«dieweil der Papst und der Kaiser ein groß Kriegsvolk in Italien hätten»*, könne er sich nicht dorthin zum Konzil begeben, weil er *«Argwohn erwecke, so ich gerüstet zöge, ... ungerüstet aber nicht ohne Gefahr»* kommen könne. Den damit verbundenen Vorwurf, der Kaiser hintertreibe aus Eigeninteresse das Konzil, parierte dieser mit dem Hinweis, er selbst habe *«Reichsstädte wie Metz, Genf, Lausanne und andere diesseits der Berge gelegene (Städte)»* vorgeschlagen, den Papst aber nicht dafür gewinnen können.[28]

Angesichts dieser propagandistischen wie sachlichen Verschränkung von Macht- und Kirchenpolitik konnte eine Einberufung des Konzils erst glücken, nachdem Karl und Franz I. im Herbst 1544 den Frieden von Crépy geschlossen hatten und die lateinische Christenheit in eine Phase der Ruhe eingetreten war.[29] Das am 13. Dezember 1545 in Trient eröffnete Konzil, also auf Reichsterritorium, wenn auch jenseits der Alpen, konnte Karl als Erfolg seiner beharrlichen Politik verbuchen. Ja mehr noch – «es gibt keinen Papst, der so deutlich wie er (Kaiser Karl V., H. Sch.) als Vater des Konzils von Trient bezeichnet werden könnte.»[30] Als dann kurz darauf der Schmalkaldische Krieg, der uns noch eigens beschäftigen wird, einen triumphalen Sieg über die deutschen Protestanten brachte, schien 1547 endlich der Weg zur Überwindung der Glaubensspaltung und zur Reform der dann wieder einheitlichen lateinischen Christenheit nach den Vorstellungen des Kaisers geebnet.

Das war aber eine flüchtige Hoffnung, weil Paul III. aus Angst vor einem Übergewicht der Spanier bereits im März 1547 das Konzil von Trient auf päpstlichen Boden nach Bologna verlegte. Für die Lutheranhänger war nun eine Beteiligung völlig unakzeptabel, nachdem sie schon das Verfahren der früheren Sitzungsperiode irritiert hatte, dogmatische Kernfragen zu entscheiden, bevor überhaupt die Kirchenreform behandelt wurde. Das war eine herbe Niederlage für Karls Kirchenpolitik, die bei aller katholischen Entschiedenheit stets auf Beteiligung der Protestanten und echte theologische Versöhnung bedacht war. Der Bruch sollte sich nicht mehr heilen lassen, schon gar nicht nach der erwähnten Ermordung des Papstnepoten Pier Luigi Farnese im Sommer 1547. Als Pauls Nachfolger Julius III. das Konzil im Mai 1551 wieder nach Trient berief, da gelang es dem Kaiser zwar, eine Delegation deutscher Protestanten zur Reise nach Oberitalien zu bewegen. Das förderte die kaiserliche Kirchenpolitik aber nicht. Weil die Konzilsväter nicht bereit waren, die in Abwesenheit der Protestanten getroffenen dogmatischen Entscheidungen der ersten Sitzungsperiode nochmals diskutieren zu lassen, verweigerte die protestantische Delegation jede aktive Beteiligung an der Arbeit der zweiten, bis April 1552 dauernden Konzilsperiode.

Bevor wir dieses für Karl so unerfreuliche Konzilsthema verlassen, sei eine kontrafaktische Überlegung erlaubt, also eine Reflexion über Handlungsoptionen, die der Kaiser nicht ergriff, gleichgültig ob er es nicht wollte oder nicht konnte: Theoretisch betrachtet hätte Karl V. den Kirchenstaat durch Säkularisation annektieren und die Päpste auf ihr geistliches Amt als Hohepriester der lateinischen Christenheit beschränken können. Dass dem Kaiserhof eine solche Operation nicht völlig fremd war, zeigt die Übernahme der weltlichen Herrschaft im ehrwürdigen, von dem Missionar Willibrord gegründeten Fürstbistum Utrecht in den Jahren 1528/29 bei Fortbestand des Bistums als rein geistlich-religiöse Institution. Zwar legitimierten die Päpste ihre weltliche Herrschaft, also den Kirchenstaat, mit einem Rechtsakt keines Geringeren als des ersten Christenkaisers Konstantin. Doch die sogenannte Konstantinische Schenkung war längst als Fälschung erkannt, und es hätte dem humanistischen Geist des Zeitalters entsprochen, daraus die realpolitischen Konsequenzen zu ziehen und den Päpsten den ergaunerten Staat zu nehmen.

Martin Luther, der deutsche Rebell, hatte das bereits in den frühen 1520er Jahren nachdrücklich gefordert, als Grundvoraussetzung für die geistig-religiöse Gesundung des Papsttums. Genau das band dem Kaiserhof aber die Hände, sollte er denn – was nicht überliefert ist – je über eine solche Säkularisation des Kirchenstaates nachgedacht haben. Nicht anders Karl selbst. Bei aller machtpolitischen Entschlossenheit und allem realistischen Pessimismus in der Einschätzung der Politik aller Päpste seines Zeitalters, ein solch heils- wie weltgeschichtlich umstürzender Schritt widersprach zutiefst seinem Charakter. Mit der entschiedenen Distanzierung von Luther 1521 in Worms hatte er faktisch eine Garantie für den Bestand des Papststaates gegeben. In der bald aufziehenden Fundamentalfeindschaft der Konfessionen war eine Säkularisation des Kirchenstaates dann völlig ausgeschlossen. Luthers radikale Forderungen sicherten die Existenz des Papststaates für weitere rund dreieinhalb Jahrhunderte.

Der Augsburger «Konfessionsreichstag»

Kehren wir zurück ins Jahr 1530! – Das Konzilsproblem ungelöst und Krieg um Florenz, diese Zugeständnisse an Clemens VII. ließen schon ahnen, dass Glanz und Einheitsdemonstration der Krönungsfeierlichkeiten wohl kaum eine dauerhafte *pax imperialis* begründen würden, die die europäischen Fürsten einigen und zu gemeinsamer Verteidigung gegen die Osmanen befähigen könnte. Unrealistisch auch die Hoffnungen auf eine baldige Kirchenreform, wie sie seit Generationen gefordert wurde, nachdrücklich und zunehmend aggressiv jüngst von den Anhängern des deutschen Augustinermönchs Martin Luther.

Nüchtern betrachtet zog Karl einer offenen, wenn nicht belasteten Zukunft entgegen, als er Ende März Bologna verließ, um über die Alpen nach Augsburg zum Reichstag zu reisen, dem ersten, den er nach Worms 1521 wieder persönlich leiten würde.

Um letzte Abstimmungen über den bevorstehenden Reichstag zu treffen, begab sich der kaiserliche Hof zu Erzherzog Ferdinand nach Innsbruck, wo er Anfang Mai eintraf. Das direkte Gespräch zwischen den Brüdern sollte all jene existentiellen Probleme klären, die Karl schon zu Anfang des Jahres Ferdinand in einem eigenhändigen Brief aus Bologna skizziert hatte.[31] Da zeitweilig auch Maria, die ungarische Königswitwe und Statthalterin der Niederlande, und der ebenfalls verwitwete Schwager Christian von Dänemark anwesend waren, fand zugleich ein Familienrat zur Reglung dynastischer Angelegenheiten statt, der sich vollends ins Europäische weitete, als aus England ein Gesuch eintraf, mit dem Heinrich VIII. versuchte, die durch das Einvernehmen zwischen Kaiser und Papst blockierten Verhandlungen über seine Scheidung von Katharina von Aragon doch noch zu retten.

Dem Dänenkönig, der nach der Vertreibung aus seinem Königreich mit der Familie Exil im flämischen Lier gefunden hatte und nun beteuerte, er habe zum katholischen Glauben zurückgefunden und wolle auch sein Land rekatholisieren, versprach man Hilfe zur Rückeroberung Dänemarks. Das Angebot des englischen Königs zu politischer Zusammenarbeit indes verletzte die Familienehre des Hauses Trastámara und wurde erst gar nicht in Erwägung gezogen. Im Gegenteil, Karl wies gleich in seinem ersten Brief aus Deutschland seine Gemahlin und Statthalterin in Spanien an, die besten Theologen und Juristen des Landes für den Schutz seiner Tante zu mobilisieren. Indem es Heinrich nicht gelang, seine Ehe annullieren zu lassen, hatte der Kaiser als Familienoberhaupt gesiegt. Als Oberhaupt der Christenheit aber hatte er versagt. England ging der katholischen Kirche verloren und Heinrich VIII., wenige Jahre zuvor vom Papst mit der Goldenen Rose als *Defensor fidei* ausgezeichnet, erklärte sich zum *supreme head* der anglikanischen Kirche.

Des Weiteren wurden in Innsbruck Mittel und Wege für die Wahl Ferdinands zum deutschen König vivente imperatore, also zu Lebzeit des regierenden Kaisers, erörtert, beziehungsweise «zum römischen König», wie es Karl in seinem erwähnten Grundsatzschreiben aus Bologna formuliert hatte.³² Angesichts der weitgreifenden Pläne, insbesondere im Abwehrkampf gegen die Osmanen, war es dringend geboten, das dynastische Regentschaftssystem auch in der Mitte Europas zu sichern. Und natürlich waren die Reichstagsangelegenheiten zu beraten, zumal das Vorgehen gegenüber den protestantischen Ständen und die Hilfe gegen die offensiven Türken.

Zu Ende der Innsbrucker Beratungen traf Karl ein bitterer Verlust. Am 5. Juni 1530 starb Mercurino Gattinara, der ein Jahrzehnt lang der kaiserlichen Politik Ziel und Begründung gegeben hatte. Trotz schwindender Kräfte war sein Einfluss auch noch bei den Verhandlungen mit Papst Clemens VII. richtungsweisend gewesen. Sein Tod so kurz vor der ersten großen Bewährung des neu gekrönten Kaisers stellte alle bisherigen Planungen für das Vorgehen auf dem Reichstag in Frage. Mehr noch, er bedeutete den bislang tiefsten Einschnitt in der Regierungszeit, ja in der Biographie des Kaisers – «den Abschluss von Karls innerer Entwicklung».³³ Wie wir sahen, berief der Kaiser keinen neuen Großkanzler, sondern hielt die Regierungsgeschäfte fortan in eigenen Händen, beraten, aber nicht mehr gelenkt durch enge Vertraute.

Entgegen der notorischen Teilnahmslosigkeit gegenüber Bediensteten, selbst den höchstrangigen, von der auch Gattinara zu berichten wusste, scheint Karl am Sterben seines Großkanzlers ganz persönlich Anteil genommen zu haben. Denn angesichts von Gattinaras Erkrankung schob er die dringend gebotene Weiterreise immer wieder auf und verließ Innsbruck erst nachdem der Großkanzler gestorben war³⁴ – eine Geste des Dankes und der Verbundenheit, die Karl öffentlich kaum einmal zu zeigen bereit war?

Am 15. Juni zog der Kaiser in Augsburg ein – mit einer Prozession, die an Repräsentation der Macht und glanzvollem Gepränge der Kaiserkrönung von Bologna nicht nachstand. Allein der Tross der bayrischen Herzöge zählte 500 Pferde! Es galt nichts weniger als das Heilige Reich rituell darzustellen und die kaiserliche Majestät und ihre Herrscherrechte vor der Reichstagsöffentlichkeit symbolisch zu demonstrieren.³⁵ Das war umso wichtiger, als das Reich und seine Fürstengesellschaft inzwischen tief zerrissen waren und der Kaiser sich als die Macht zu bewähren hatte, die über den religiösen Parteiungen stand und die Spaltung zu heilen wusste. Dass dies nur auf der Basis des in den Kernpunkten unveränderbaren traditionellen Glaubens geschehen konnte, hatte Karl bereits 1521 unmissverständlich gezeigt. Und so war es 1530 in Augsburg unausweichlich, dass die protestantischen Reichsstände an der Eröffnungsmesse teilnahmen, allen voran ihr Oberhaupt, der sächsische Kurfürst. Das Reich war und blieb das «Heilige Reich», protestantischer Freiheitsanspruch hin, protestantischer Freiheitsanspruch her. Von der Fronleichnamsprozession konnten sich, wie gleich zu hören, die protestantischen Stände fernhalten, so sehr das den Kaiser empören mochte. Bei der Eröffnungsmesse im Dom hatten sie anwesend zu sein, um ihre weiter bestehende Teilhabe am Reich zu bekunden.

Wie ernst die Rollen auf der Reichstagsbühne zu nehmen waren, sollte gleich das Eröffnungszeremoniell der Messe zeigen: Nach dem Einzug in den Dom kniete der Kaiser am Altar vor dem Sakrament nieder, um zu beten. Daran anschließend sollte er den Segen für seine Person und den bevorstehenden Reichstag empfangen. Berufen, den Segensritus zu vollziehen, war auf dem Gebiet des Reiches der Primas Germaniae, also der Salzburger Erzbischof Matthäus Lang. Anders indes die Lesart Roms, das universell den Vorrang beanspruchte, insbesondere bei allen Sakralakten. So stieß der päpstliche Nuntius Lorenzo Campeggio den zum Segen ansetzenden deutschen Primus kurzerhand vom Altar weg und nahm selbst die Segnung vor[36] – Präzedenzsicherung auf Vatikanisch! Skrupelloses Gerangel um den Vortritt, wie es die Stände auf Reichstagen häufig aufführten; Zeichen der Eitelkeit, vor allem aber Demonstration von Status- und Rechtsanspruch.

Wie der erste Reichstag in Worms sollte auch sein zweiter in Augsburg dem Kaiser am Ende ein gemischtes Ergebnis bringen: erfolgreich in den weltlichen Angelegenheiten, vor allem bei der Organisation und Finanzierung der Türkenabwehr; unerfreulich in der Religionsfrage. Hier kam er keinen Schritt weiter. Im Gegenteil, um die politischen Ziele nicht von vornherein zu gefährden, musste er den lutherischen Ständen Zugeständnisse machen. Und er konnte nicht verhindern, dass sich als Reaktion darauf in der katholischen Mehrheit eine offensiv anti-lutherische Fraktion formierte, also jene verheerende konfessionelle Polarisierung ihren Lauf nahm, von der er selbst gut 20 Jahre später hinweggefegt werden sollte.

Der Reichstag hatte gleich anfangs beschlossen, zuerst die Glaubensfragen, dann die Türkenhilfe zu beraten. Angeführt von Kursachsen, Braunschweig-Lüneburg, Hessen sowie Straßburg, Nürnberg und Ulm als Sprecher von insgesamt vierzehn Reichsstädten konnten die protestantischen Reichsstände schon am 25. Juni nachmittags im Kapitelsaal der bischöflichen Residenz dem Kaiser in lateinischer und deutscher Fassung ihre Bekenntnisschrift übergeben und vom kursächsischen Kanzler Christian Beyer auf Deutsch verlesen lassen. Bis heute macht diese von Philipp Melanchthon in Vertretung des gebannten Luther ausgearbeitete «*Confessio Augustana*» die theologisch-kirchenrechtliche Grundlage des Luthertums aus. Den Protestanten gilt Augsburg 1530 daher als weltgeschichtlicher «Konfessionsreichstag». Entsprechend breit und detailliert ist die kirchengeschichtliche Forschung zu den einzelnen Verhandlungsphasen.[37] Beeindruckend der geschlossene Wille der protestantischen Stände, die europaweit beachtete Reichstagsbühne zur Selbstdarstellung und zur Festigung ihres erneuerten territorialen Kirchenwesens zu nutzen – ungeachtet der Gesprächsbereitschaft, die vor allem der Humanisten-Reformator Melanchthon zum Entsetzen seines fernab auf der Veste Coburg festsitzenden Kollegen Luther zeigte.[38]

Weit komplizierter die Haltung Karls. Bei aller Entschiedenheit im Kern schwankte sie in einzelnen Phasen nicht unerheblich – wegen des Drucks der Hardliner in Rom und unter den katholischen Fürsten, vor allem aber aus taktischen, den politisch-militärischen Zielen unterworfenen Erwägungen. In humanistisch versöhnlicher Weise hatte der noch in Bologna formulierte Ausschreibungstext angekündigt, der Kaiser wolle auf dem Reichstag alle «*ains yeglichen gutbeduncken: opinion und maynung zwischen uns selbs in liebe und gutligkait zuhoren,* (und alle) *zu ainer ainigen Christlichen warhait brengen. Und wie wir alle unter ainem Christo sein und streiten: also in ainer gemeinschaftlichen kirchen und ainigkait zuleben.*»[39]

Das war noch der gemäßigte und verständigungsbereite Geist des Großkanzlers Gattinara, der die Protestanten Hoffnung schöpfen ließ. Umso herber die Enttäuschung, als der Kaiser gleich bei seinem Einzug bestimmte, dass am folgenden Tag, dem Fronleichnamsfest, alle

Fürsten, gleich welcher Glaubensausrichtung, an der traditionellen Prozession teilzunehmen hätten. Woher der Wind wehte, zeigte das strikte Verbot, das der Kaiser sogleich gegen alle von ihm nicht autorisierten Predigten erließ – gerichtet gegen das, «was hier in der Stadt am meisten Schaden anrichtet, die Prädikanten der lutherischen Fürsten», wie er der Kaiserin schrieb.[40] Damit war klar, der Kaiser wollte die traditionellen, von Luther längst in Frage gestellten Riten unangetastet wissen. Von der zugesicherten offenen Meinungsäußerung in Glaubensdingen war keine Rede mehr. Gleichgültig, ob darin die Schwächung des humanistisch-vermittelnden Geistes durch den Tod Gattinaras zum Ausdruck kam oder der Druck der Hardliner in Rom und Deutschland, die «den Kaiser aus einer Schiedsrichterrolle über den Parteien abdrängen und zum Parteigänger der römisch-katholischen Sache»[41] machen wollten – die Wende in der kaiserlichen Politik sollte die folgenden Religionsverhandlungen prägen.

So prallten im Sommer 1530 in Augsburg die Glaubenspositionen unvermittelt aufeinander: Auf die lutherische «*Confessio Augustana*» und die «*Confessio Tetrapolitana*», das vom Luthertum abweichende zwinglianisch-reformierte Bekenntnis von vier südwestdeutschen Reichsstädten, antworteten die Katholiken mit der «*Confutatio*» oder Widerlegung, ausgearbeitet von den notorischen Lutherfeinden Johannes Eck und Johannes Cochläus. Als die protestantischen Reichsstände sich nicht in der Lage sahen, diese Widerlegung anzuerkennen, ihr führender Theologe Philipp Melanchthon vielmehr eine «*Apologie*» der lutherischen Confessio ausarbeitete, die die wesentlichen Aussagen der Augustana bestärkte, war für den Kaiser der Verhandlungsspielraum erschöpft. Er erneuerte das Wormser Edikt und erklärte jeden Widerstand dagegen kurzerhand zum Landfriedensbruch, den das Reichskammergericht zu ahnden hatte.

Versuch einer außerkonziliaren Lösung

Kurzen Prozess ließ sich mit den deutschen Protestanten allerdings nicht machen. Das wurde dem Kaiser bereits beim Abschluss des Reichstages deutlich vor Augen gestellt. Die protestantischen Stände waren dem gemeinsamen Abschiedszeremoniell einfach ferngeblieben.

Damit hatten sie die «Inszenierung von Konsens verweigert, durch die sie sich auf das gemeinsame Ergebnis verpflichtet hätten».[42] So fehlte die gemeinsame Rechtsgrundlage, und die dissentierenden Protestanten sahen sich frei für eigenverantwortliches Handeln. Zudem war – anders als die Inquisitionsgerichte in Spanien und den Niederlanden – das höchste Reichsgericht von den Reichsständen kontrolliert. Karls unnachgiebige Haltung förderte somit die Parteienbildung unter den Reichsständen. Die religiösen und politischen Grenzen zwischen zwei Konfessionsblöcken, deren Grundwahrheiten unvereinbar waren, zementierten sich. Die Feindschaft wurde immer grundsätzlicher und erbitterter. Statt der von vielen erhofften Vermittlung hatte der Augsburger Reichstag von 1530 den universalgeschichtlich folgenreichen Weg ins konfessionelle Zeitalter angebahnt.[43]

In Deutschland wurde der Religionskonflikt zu einem Parteienstreit vor Gericht und zur Konfrontation militärischer Blöcke. Die protestantischen Stände sahen sich mehr denn je von kaiserlicher Gewalt bedroht und schlossen sich im Februar 1531 im thüringischen Schmalkalden zu einem Verteidigungsbund zusammen. Zum offenen Krieg kam es zunächst aber nicht. Denn der Kaiser war weiterhin außenpolitisch durch Frankreich und die Türken gebunden und benötigte gegen sie die Hilfe der Reichsstände. Auf die harten Worte von Augsburg konnten keine Taten folgen. Im Gegenteil, als deutlich wurde, dass Franz I. von Frankreich die Einberufung eines allgemeinen Konzils weiter hintertreiben werde, und König Ferdinand angesichts der erneuten Offensive der Türken auf Entgegenkommen drängte, sah sich der Kaiser gezwungen, auf die Vermittlungsinitiative der beiden altgläubigen Kurfürsten Albrecht von Mainz und Ludwig von der Pfalz einzugehen. Es folgten mehrmonatige Verhandlungen zwischen den beiden Kurfürsten als kaiserliche Beauftragte und den protestantischen Ständen. In dieser Zeit waren die gegen die Protestanten am Reichskammergericht eingeleiteten Prozesse suspendiert. Bemerkenswerterweise mahnte Luther seinen Kurfürsten, dem Kaiser entgegenzukommen, wo nicht der harte Kern der Reformation betroffen war. Am Ende einigte man sich auf den sogenannten Nürnberger Anstand vom 24. Juli 1532, Anstand im Sinne von Stillstand oder Moratorium der gegen die Protestanten ausgesprochenen Maßnahmen. Für den kaiserlichen Gewaltverzicht in Glaubensfragen sagten die protestan-

Karl V., von Lucas Cranach
d. Ä., 1533 – der Politiker
der 1530er Jahre,
gesehen mit dem Blick
des Protestanten.

tischen Stände die Beteiligung an der Türkenabwehr zu. Indes, angeführt vom bayrischen Herzog, lehnte die altgläubige Mehrheit der Reichsstände im Sommer 1532 auf dem Regensburger Reichstag den ausgehandelten Anstand ab. Daraufhin setzte Karl die getroffenen Regelungen aus kaiserlicher Machtbefugnis im Alleingang in Kraft. Zusätzlich veröffentlichte er am 3. August ein Mandat, das einen allgemeinen Reichsfrieden festsetzte und Gewalt aus Glaubensgründen verbot.[44]

Karl musste im Reich lavieren. Ohne Zweifel blieben die Lutheraner für ihn «Häretiker», die zu bekämpfen waren. Ihm rückblickend aber zu unterstellen, dass er bereits seit 1530 nur auf eine Gelegenheit wartete, die protestantischen Reichsstände, wie dann 1547 tatsächlich geschehen, militärisch niederzuwerfen, greift zu kurz. Als weltliches Haupt der Christenheit sah er sich, solange der Papst das Konzil verweigerte, verpflichtet, andere Wege zur friedlichen Wiederherstellung der Glaubenseinheit auszuprobieren. So folgte ein gutes Jahrzehnt «von Versuchen, durch Gespräche zur Beilegung oder Überbrückung der Streitfragen das Auseinanderbrechen der Christianitas anzuhalten und zu einer Einigung zu gelangen».[45] Schwierige Verhandlungen waren nötig, die Parteien überhaupt zu einem solchen «präkonziliaren Gespräch»[46] zu bringen und auch das Einverständnis Roms zu finden. Geführt wurden die Verhandlungen in erster Linie durch den Römischen König Ferdinand, der die deutschen Verhältnisse besser als sein Bruder kannte und zudem besonders auf die Hilfe der protestantischen Stände gegen die Türken angewiesen war. Das letzte Wort hatte aber stets der Kaiser, der sich auch immer wieder direkt einschaltete. In einer Geheiminstruktion an den Reichsvizekanzler Matthias Held skizzierte er im Oktober 1536 drei Möglichkeiten, die Blockade zu überwinden: den Protestanten einen unbefristeten Gewaltverzicht zuzusichern; den Nürnberger Anstand fortzuschreiben; eine nationale Versammlung, also ein «Nationalkonzil» einzuberufen.[47] Mit der erstgenannten Möglichkeit zeigte er sich zu diesem Zeitpunkt sogar bereit, das in Erwägung zu ziehen, was die Protestanten knapp zwei Jahrzehnte später im Augsburger Religionsfrieden von 1555 erreichen sollten, nun aber – wie wir noch sehen werden – ohne Mitwirken des Kaisers. Inhaltlich blieb Karl ohnehin stets vage, im Gegensatz zu seinem Bruder, der gegenüber dem Nuntius Morone ernsthaft die Erlaubnis des Abendmahls in beiderlei Gestalt, der Priesterehe und ähnlicher nicht dem Evangelium widersprechender Dinge verlangte. Karl dagegen vermied jegliche inhaltliche Empfehlung und wollte konkrete Zugeständnisse an die Protestanten ausdrücklich den päpstlichen Theologen überlassen. Es gehe, so ließ er die Herzöge von Bayern in einem Brief aus Toledo wissen, um nichts anderes als darum, die vom gemeinsamen Glauben Abgewichenen *«in der guete zu unser waren cristlichen religion und glauben widerumb zu bewegen».*[48] Das war zwar zur Beruhigung der streng gegenreformatorischen Bayern formuliert, entsprach aber voll und ganz der persönlichen Leitlinie des Kaisers.

Nachdem katholische wie protestantische Reichsstände im Frankfurter Anstand von 1539 Religionsgesprächen prinzipiell zugestimmt hatten, kam es 1541 in Hagenau und wenig später in Worms tatsächlich zu Verhandlungen zwischen den Religionsparteien, die erste unter dem persönlichen Präsidium König Ferdinands.[49] Ein Erfolg blieb jedoch aus. Zwar kamen sich beide Seiten sogar bei der zentralen, bis heute konfessionstrennenden Rechtfertigungslehre erstaunlich nahe, spalteten sich aber umso tiefer über die Sakramentenlehre und die Verfassung der Kirche. Die Versuche einer «außerkonziliaren Überwindung der Kirchenspaltung»,[50] denen Ferdinand wie Karl ein gutes Jahrzehnt lang viel Energie gewidmet hatten, blieben erfolglos. Doch sind sie aufschlussreich für das Bestreben beider Brüder, die Überwindung der für Deutschland wie für das Kaisertum gleichermaßen verheerenden Glaubensspaltung in eigenen Händen zu behalten. Das gilt auch und gerade gegenüber Rom. Dessen Konzilsbereitschaft blieb auch unter dem prinzipiell offenen Papst Paul III. unsicher. Und als das Konzil dann endlich eröffnet war, ließ Rom keinen Raum für einen echten Ausgleich mit den Protestanten zu. Deutlich wird aber auch bereits die Grenze, die der Kaiser selbst für einen Glaubensfrieden nicht bereit war zu überschreiten – gebunden an sein persönliches Gewissen, auf das er sich bereits 1521 in Worms so entschieden berufen hatte, und an die Verpflichtung seines kaiserlichen Amtes auf Bewahrung der Katholizität.

Reichsrechtliche Weichenstellungen jenseits der Glaubensfrage

Die Ausweglosigkeit in der Religionsfrage war aber nur die eine Seite des Augsburger Reichstages. Die in der deutschen, vor allem der protestantischen Geschichtswissenschaft übliche Bezeichnung als «Konfessionsreichstag» beschreibt die Verhandlungen von 1530 einseitig. Neben den langwierigen, eng miteinander verknüpften Debatten über die Religionsfrage und die Türkenabwehr waren in Augsburg eine ganze Reihe weiterer Angelegenheiten behandelt und teilweise langfristig richtungsweisenden Lösungen zugeführt worden. Aufs Ganze gesehen konnte Karl mit Ablauf und Ergebnis der Augsburger Reichsverhandlungen durchaus zufrieden sein.

Dazu hatte er selbst entscheidend beigetragen. Etwa bei der dringend notwendigen rechtlichen Regelung der Geldgeschäfte zwischen Juden und Christen, um die Josel von Rosheim, der Vertreter der deutschen Judenheit, vor dem Reichstag nachsuchte. Das war ein wichtiger Schritt zur Ordnung des Finanzwesens, die auf dem Höhepunkt des frühen Handelskapitalismus immer dringlicher geworden war. Weitreichender noch die Weichenstellung, die nach langem, faktisch mit Karls Wahl zum Deutschen König einsetzendem Ringen zugunsten einer Vereinheitlichung des Straf- und Privatrechts sowie der inneren Ordnung getroffen wurde: Für die seit längerem diskutierte «Halsgerichtsordnung» hatte ein Ausschuss einen Entwurf erarbeitet, der zwei Jahre später mit der Ratifizierung auf dem Regensburger Hoftag Gesetzeskraft erhielt. Fortan war die mit dem Namen des Kaisers direkt verbundene *Constitutio Criminalis Carolina* zwar nicht die einzige Strafprozessordnung im Reich, wohl aber die Richtschnur, an der sich die Juristen der einzelnen Territorien orientierten. Ähnlich die erste neuzeitliche *Policey*-Ordnung des Reiches, die allgemeine Regelungen für die – wie wir es heute nennen – Innenpolitik festlegte, also nicht nur für das Polizeiwesen im engeren Sinne. Karl hatte bereits in der Ausschreibung angemahnt, der Reichstag möge *«gute eynigkeyt und frid, auch sonst gute muntz, policey und wohlfart des heyligen reihs allenthalben ... beschließen»*. Nach intensiven Beratungen verabschiedete der Reichstag am 19. November 1530 ein umfangreiches Regelwerk, das noch in demselben Jahr reichsweit im Druck verbreitet wurde, die *«Romischer Keyserlicher Maiestat Ordnung und Reformation guter Pollicei im Heyligen Römischen Reich Anno MDXXX zu Augsburg uffgericht»*. Die damit eingeleitete Vereinheitlichung des Rechtes und der inneren Ordnung in Deutschland widersprach dem Eigeninteresse der Fürsten und war daher heftig umstritten. Dass sie 1530 die entscheidende Hürde nehmen konnte, war vor allem dem «erklärten Willen des Kaisers» zu verdanken.[51]

Schließlich war auch ein staaten- und mächtepolitisch brisantes Thema erörtert worden, nämlich die rasch voranschreitende Umgestaltung des nordöstlich an das Reich angrenzenden Baltischen Raums, die sich aus dem Zusammenbruch des Deutschen Ordens ergab. Streng genommen überschritt der Reichstag hier zwar seine Kompetenz – bei der vom Kaiser vollzogenen Belehnung des Herzogs von Preußen ebenso wie bei der formellen Aufnahme der Hochstifte Riga, Dorpat, Ösel-Wiek, Kurland und Reval in den Reichsverband. Real- und mächtepolitisch blieben diese Reglungen dann auch weitgehend folgenlos. Doch kam darin das hohe Prestige zum Ausdruck, das Kaiser und Reich auf dem Höhepunkt der Regierung Karls V. in Europa besaßen.

Weitergekommen war Karl auch in der so wichtigen Nachfolgefrage. So konnte er später in seinen Memoiren für die Zeit nach seiner Abreise von Augsburg am 24. November 1530 festhalten:[52]

«*Zu dieser Zeit nahm er Verhandlungen mit den Kurfürsten auf. Denn da der Kaiser wegen der großen Reiche und Territorien, die ihm Gott anvertraut hatte, den Aufenthalt im Reich nicht so lange ausdehnen konnte, wie er wollte und wie es angemessen wäre, betrieb er die Wahl seines Bruders zum Römischen König. Der Reichstag beendet, reisten sie zusammen* (also Karl und Ferdinand) *von Augsburg ab, und der Kaiser sah zum dritten Mal den Rhein und folgte ihm bis Köln, wo wegen der Pest in Frankfurt auf seinen Vorschlag hin die Wahl seines Bruders zum König der Römer erfolgte. Von Köln begab er sich* (Anfang 1531) *nach Aachen, um den genannten König zu krönen.*»

So ganz problemlos war die Wahl allerdings nicht erfolgt. Denn innerhalb des Wahlgremiums gab es teils erhebliche Widerstände.[53] Auch das war eine Folge des ungelösten Religionsproblems. Denn es war der sächsische Kurfürst, der dem Treffen ferngeblieben war und stattdessen über eine protestantische Militärallianz gegen den befürchteten Angriff des Kaisers verhandelte. Die sechs Kurfürsten, die den Kölner Wahlakt Ende Dezember vollzogen, mussten daher eigens Vorkehrungen gegen mögliche Einsprüche Sachsens und daraus resultierende Rechtskomplikationen treffen.[54]

Die Kölner Wahl Ferdinands «vivente imperatore» und seine Krönung am 11. Januar 1531 in Aachen – übrigens die letzte dort, da im Folgenden Wahl und Krönung in Frankfurt vollzogen wurden – waren ein bemerkenswerter Erfolg der innerdeutschen Diplomatie der Brüder, und zwar in dreifacher Hinsicht: So war die Kontinuität gesichert und Schwierigkeiten wie 1519 beim nicht zuvor geregelten Übergang der Krone von Maximilian auf Karl ausgeschlossen. Zugleich erhielt das Reich für die häufige Abwesenheit des Kaisers auf Dauer eine stabile und legitime Regierung. Und sehr bald schon sollte es sich als glücklich erweisen, dass Karl in Konfliktsituationen mit den Reichsständen, die ihm ausweglos erschienen, auf die Erfahrung und das Geschick seines Bruders in Reichsangelegenheiten zurückgreifen konnte.

Flandern, wieder Deutschland und die Rückkehr nach Spanien

Von Aachen aus begab sich Karl «*zum dritten Mal in seine Herrschaften von Flandern, um dort Ordnung in die Staatsangelegenheiten zu bringen, die sich dort ergeben hatten sowohl durch seine lange Abwesenheit wie durch den Tod von Madam Margarete* (am 1. Dezember 1530 durch Wundbrand an einem verletzten Bein, H. Sch.), *über den er während seiner Reise den Rhein hinunter informiert worden war. ... Um alles in beste Ordnung zu bringen, übertrug er die Direktion der Staatsgeschäfte* (also die Statthalterschaft, H. Sch.) *auf die Königin von Ungarn, seine Schwester. ... Mit ihr zusammen ergriff er alle nötigen Maßnahmen. Unter anderem hielt er sein drittes Kapitel des Ordens vom Goldenen Vlies in Tournai ab.*»[55]

Im Januar 1532 erschien der Kaiser wieder in Deutschland, wo die Türkengefahr erneut virulent geworden war. Wie bei der eingangs erwähnten Aufhebung der ersten Türkenbelagerung Wiens im Jahr 1529 allseits befürchtet, unternahm Sultan Suleiman schon drei Jahre später erneut den Versuch, die österreichische Residenzstadt zu erobern. Da die Verteidiger nun besser vorbereitet waren, gelang es fürs Erste, die Osmanen auf Distanz zu halten. Doch blieb Gefahr im Verzug und ein militärischer Gegenschlag unabdingbar. Mit dem erwähnten zeitlich befristeten Religionsfrieden des Nürnberger Anstands gewann der Kaiser im Juli die protestantischen Reichsstände für die Beteiligung an der Türkenabwehr. Im September zog er mit einem beachtlichen Heer von fast 80 000 Mann – neben dem Reichsheer auch italienische, spanische und niederländische Kontingente – dem rund 100 000 Mann starken Osmanenheer entgegen. Es gelang, Baden bei Wien, Graz und Marburg an der Drau zurückzugewinnen. Die erhoffte große Entscheidungsschlacht gelang aber nicht. Denn ehe es zu ernsten Kampfhandlungen zwischen beiden Heeren kommen konnte, zogen sich die Osmanen erneut zurück. So war «*in diesem Moment nichts gegen den Türken zu tun, weil die Jahreszeit zu fortgeschritten war, um an die Rückeroberung Ungarns zu denken*». Anfang Oktober trat der Kaiser den Rückzug von Wien an.

Im Juli 1533 erfolgte ein Friedensschluss, der in diesem Raum für Generationen die Machtverteilung festlegte – der Sultan behielt den besetzten Teil des Magyaren-Reichs und erkannte die Herrschaft des Kaiserbruders Ferdinand über den anderen, nord-westlichen Teil an. Durch Ungarn verlief von nun an die Demarkationslinie zwischen den beiden Weltreichen.

Wiederum hatte Karl den ersehnten Durchbruch verfehlt, von den noch nicht aufgegebenen Kreuzzugsplänen ganz zu schweigen. In Erinnerung blieben ihm ein gefährlicher Sturz vom Pferd mit einer langwierigen und schmerzhaften Wundrose und der «*dritte Gichtanfall*». Von Italien aus, wo er in Bologna nochmals mit Papst Clemens VII. über das Konzil «*ohne jeglichen Effekt*» verhandelte, «*überquerte der Kaiser 1533 zum zweiten Mal das Mittelmeer und begab sich zum dritten Mal nach Spanien. Er ging in Barcelona von Bord, wo ihn die Kaiserin mit dem Prinzen von Spanien* (Philipp) *und der Infantin Maria, seinen Kindern, erwartete. Nach einigen Ruhetagen in dieser Stadt begab er sich nach Monzon, um dort die Cortes seiner drei Reiche von Aragon abzuhalten.*»

Auf der Iberischen Halbinsel trat ihm sogleich auch wieder die Türkengefahr vor Augen – nicht die Reiter- und Janitscharentrupps, die Ungarn und Wien bedrohten, sondern die osmanischen Freibeuter, die von Nordafrika aus das westliche Mittelmeer unsicher machten. An den Küsten von Andalusien und Katalonien bis nach Neapel und Sizilien versetzten ihre plötzlichen Überfälle die Menschen in Angst und Schrecken. Hier Abhilfe zu schaffen war ganz unabhängig von Karls Kaiseramt die Fürsorgepflicht eines Herrschers für seine Untertanen. Die Korsaren hatten sich vor allem in Tunis festgesetzt, dessen Hafen ihnen eine sichere Rückzugsposition gab. Dort mussten sie gestellt, von dort auf Dauer vertrieben werden.

8

TUNIS 1535 –
Auftakt zum Kreuzzug
gegen die Türken?

«Goleta war nur ein Vorwerk (an der Küste vor Tunis), (aber) doch so hoch und so stark, dass es schwer war, ... die fünftausend Türken oder Mauren anzugreifen, worunter es viertausend Bogenschützen gab. Unsere Batterie erzielte dort keine große Wirkung, wie groß und stark sie auch war. Unsere Leute griffen so an, dass sie, nachdem sie zum Angriff hinaufgestiegen waren und dabei von der feindlichen schweren Artillerie und den Bogenschützenabteilungen ziemlich getroffen wurden, auf die Festung kletterten. Der Gegner entfernte sich, ohne sie zu verteidigen. Ich wäre gerne, dem Rat aller folgend, noch in derselben Nacht bis Tunis vorgerückt, aber es war unmöglich.» Erst nach Tagen voller «Schwierigkeiten und Misslichkeiten» und dem Beschluss, «die Expedition abzubrechen», erfolgte ein «Entschlusswechsel (und) ich machte mich Mittwoch, den 20. dieses Monats, auf den Weg nach Tunis, um gegen vier oder fünf Uhr acht Meilen von Goleta und vier von Tunis entfernt ein Lager aufzuschlagen. Es schien Barbarossa (der Korsarenadmiral Chaireddin) richtig, mit mehr als 100 000 Mann einzugreifen, darunter 12 000 bis 13 000 Berittene und mehr als 14 000 Bogenschützen, die uns am Trinken hindern sollten. Es war heiß und beschwerlich, wir waren seit zwei Uhr vor Tagesanbruch bis Mittag auf den Beinen und starben vor Hitze. Wir fanden uns übel mitgespielt, weil uns das Wasser vorenthalten wurde. Dennoch marschierten wir in guter Schlachtenordnung. ... Barbarossa beschießt uns mit seiner Artillerie, wir erwidern ihm. ... Vielen war es so heiß, dass sie lieber am Brunnen gestorben wären als in ihren Reihen. ... Die Feinde fingen sich und beschossen uns mit einigen Stücken ihrer Artillerie. Sie griffen unsere Nachhut an, wobei sie nichts ausrichteten. Dann beendeten sie die Begegnung mit ihrem Rückzug und überließen uns den Schauplatz. ... Meine gute Frau Schwester, es scheint uns, dass Gott *es gefallen hat, die frommen Fürbitten für den Sieg zu erhören ..., und zwar bei einem Feind, der ein mächtiger König zu Wasser wie zu Lande war, und in einer Unternehmung, die nicht so leicht war, dass es keine Schwierigkeiten und defensive Augenblicke gegeben hätte.»*[1]

Der Sieg vor Tunis – Realität und Propaganda

Es war ein sehr persönlicher Brief, mit dem Karl seiner Schwester Maria im Sommer 1535 seinen Sieg an der nordafrikanischen Küste anzeigte – in einer für ihn typischen Mischung von Bewusstsein seiner kaiserlichen Majestät und persönlicher Bescheidenheit. Der Sieg vor Tunis, erfochten gegen den mit den Osmanen verbündeten Korsarenfürsten Khair ad-Din oder, wie ihn die Europäer nannten, Chaireddin Barbarossa, der größte Triumph, den der Kaiser in seinem unermüdlichen Ringen mit dem islamischen Weltreich je erringen sollte. Und da er erfochten wurde, als er selbst erstmals als Kommandant seine Streitmacht anführte – «*da ich als Kommandant ein Neuling war*» –, stand für ihn fest, dass bei den Unzulänglichkeiten menschlicher Entscheidungen Gott selbst ihm Beistand geleistet hatte. Militärisch ausschlaggebend war eine in der Vorfeste Goleta, die den Zugang zur weiter landeinwärts gelegenen Hauptstadt Tunis kontrollierte, überraschend ausgebrochene Meuterei von Gefangenen und Militärsklaven, die das Fort an die Angreifer überlieferten und sich diesen beim Sturm auf die Stadt ihrer Unterdrücker anschlossen. Später, vor den Mauern von Tunis, waren es eben diese ehemaligen Gefangenen, die das islamische Heer handstreichartig umzingelten und zum Abzug zwangen. Noch im Moment des Triumphes durchlebte der Kaiser seine menschliche Unzulänglichkeit und Schwäche und sprach das im Brief an die Schwester unumwunden aus:

«Nach der Einnahme (der Stadt Tunis) ... musste ich mich nach getaner Arbeit ausruhen, und infolge eines Sturzes, der mir am Tag der Einnahme passierte, hatte ich einen Rückfall meiner Gicht; aber ich hatte bei diesem Anfall bessere (Medizin) als damals, als sie mich befiel, als man beim Sturm auf La Goulette (Goleta) dabei sein musste. Gott hat mir ein gutes Pflaster gegeben, um mich gründlich zu behandeln, ich wollte ich wäre ein zulänglicher Mensch, um ihm meinen Dank erweisen zu können.»

Die Türkenkrieger an der Porta Nuova in Palermo, errichtet 1583, um an den Sieg Kaiser Karls V. 1535 in Tunis zu erinnern.

Öffentlich jedoch zeigte man Triumphgesten, die die Bedeutung dieses gottverliehenen Sieges anzeigten. Für Karl war das ein bedeutender Prestigegewinn, erwartete doch die Christenheit von ihrem Kaiser, dass er – wir erinnern uns an die Prophezeiung vor der Frankfurter Wahl 1519 – «die barbarischen Türken ... unterwerfen und dann ein Edikt erlassen wird, dass jeder, der das Zeichen des Kreuzes nicht verehren will, des Todes stirbt. ... Denn der Arm Gottes wird immer mit ihm sein.»[2] Das hatte sich für ihn vor Tunis nun bewiesen.

Vor allem an den von Christen bewohnten Küsten des Mittelmeeres waren die Menschen dankbar und feierten den Sieger mit heroischen Standbildern und Triumphbögen. Der schönste wurde nach Karls Tod an der Porta Nuova von Palermo errichtet, wo er auf dem Rückweg von Tunis in die Stadt eingezogen war – schön durch die gigantischen Türkenkrieger, die auf der westlichen Schauseite gleichermaßen archaischen Schrecken der wilden Fremden wie durch Kaiser und Christengott gefesselte Hilflosigkeit versinnbildlichen. Zahllose Kunstwerke halten das Ereignis für Zeit und Nachwelt fest. Noch in den dreißiger Jahren entstand in der berühmten Brüsseler Werkstatt von Willem de

Pannemaker die Serie von zwölf grandiosen Wandteppichen, gewebt nach den Zeichnungen des Malers Jan Cornelisz Vermeyen. Dieser hatte als Kriegsberichterstatter an der Tuniskampagne teilgenommen und erscheint auf einigen der Teppiche mit seinem Skizzenbuch in den Händen, mitten im Kampfgetümmel auf einem Felsstein sitzend.[3]

Karl V. und Suleiman der Prächtige

Der Tunisfeldzug war Karls erster persönlich geführter Schlag gegen die zu Wasser wie zu Lande nach Westen vorrückenden Türken. Als er im Herbst 1517 die Herrschaft über Spanien antrat, waren im Frühjahr Syrien, Ägypten und Arabien von Sultan Selim erobert worden. Damit waren die Osmanen zugleich zur Schutzmacht über die heiligen Stätten des Islams aufgestiegen,[4] und als Karl im Oktober 1520 aufgrund der Aachener Krönung zum Deutschen König auch zum erwählten Römischen Kaiser ausgerufen wurde, hatte knapp zwei Monate zuvor Suleiman, der Sohn des finsteren Eroberers Selim, in Konstantinopel den Thron bestiegen.

Der neue Sultan war nicht weniger machtbewusst und eroberungsbegierig als sein Vater. Im Unterschied zu diesem war er dazu hoch gebildet. Er strahlte einen kulturellen und höfischen Glanz aus, der ihm sogleich den Beinamen «der Prächtige» einbrachte. Wie auch immer die Türken propagandistisch als blutrünstige Barbaren verzeichnet wurden, mit dem Regierungsantritt Suleimans war offensichtlich, dass das christliche Europa im Osten und Südosten eine militärisch wie staatsorganisatorisch und kulturell moderne Weltmacht zum Nachbarn hatte. Die Berichte über die grausame Kriegsführung der Osmanen waren gewiss nicht aus der Luft gegriffen. In den Grenzregionen versetzten insbesondere ihre schnellen Reitertrupps durch plötzliche Überfälle, Brandschatzung, Raub und Mord die Bevölkerung in Angst und Schrecken. Indes, erinnern wir uns an den Sacco di Roma, so wird deutlich, dass die christliche Soldateska ihnen darin nicht nachstand. Im Gegenteil – dass die Osmanen Moscheen geplündert oder gar Mekka niedergebrannt hätten, davon weiß auch die erbittertste Propaganda ihrer christlichen Gegner nichts zu berichten.

In Sultan Suleiman hatte Kaiser Karl V. einen in jeder Hinsicht ebenbürtigen Gegner. Von den militärischen Auseinandersetzungen zu Land auf dem Balkan hörten wir bereits. Der Türkensieg 1526 bei Mohács hatte in die christliche Abwehrfront eine gefährliche Bresche geschlagen, die nicht nur den Weg nach Wien freigab, sondern auch nach Dalmatien, der für den Handel Venedigs so wichtigen Gegenküste Italiens. Nachdem der Kaiser wiederholt vergeblich versucht hatte, Suleiman, der immer wieder mit gewaltiger Heeresmacht über den Balkan nach Nordwesten vorstieß, vor Wien oder in Ungarn zu stellen, überließ er schließlich die Türkenabwehr zu Lande seinem Bruder Ferdinand und den deutschen Reichsständen. Schon 1530 auf dem Augsburger Reichstag hatte Karl seinen Bruder als «*gemeiner Cristenheit unnd in Sonder Teutscher Nation gegen dem wuetennden Türken vormauer*» gerühmt.

Zu Wasser, auf dem Mittelmeer, aber trugen der Kaiser und Spanien die Verantwortung der Türkenabwehr, zum Teil mit verbündeten italienischen Seemächten, insbesondere Genua. Die Osmanen waren längst auch eine respektable Seemacht, die im Roten Meer und Indischen Ozean der portugiesischen Flotte entgegentrat. Sie verfügten zudem über kartographisches und nautisches Wissen, das sie durchaus in den Stand versetzt hätte, den Europäern gleich über den Atlantik nach Amerika zu segeln.[5] Zwar war die im Frühjahr 1517 nach der Eroberung Ägyptens befürchtete große Flotteninvasion Europas ausgeblieben.[6] Doch war das östliche Mittelmeerbecken mit der Eroberung der Insel Rhodos 1522/23 und der Blockade Kretas nachgerade zu einem *mare clausum* der Osmanen geworden, die die großen internationalen Handelsrouten von Norditalien in die Levante weitgehend kontrollierten.

In der ersten Hälfte der 1530er Jahre, als der Kaiser teils in Deutschland, teils in Spanien gebunden war, spitzte sich auch im westlichen Mittelmeer die Lage dramatisch zu. Dort operierte nicht die osmanische Flotte selbst, sondern muslimische Piratengeschwader im Dienst des Sultans. Als Korsaren oder Freibeuter sahen sie sich völkerrechtlich legitimiert, die Gegner der Osmanen mit Überfällen und Krieg zu überziehen, vorrangig Karl V. und seine spanischen und italienischen Besitzungen. Die Küstenorte Andalusiens, Kataloniens und Italiens sahen sich plötzlichen Überfällen kleinerer Korsarengeschwader ausgesetzt, die ganz ähnlich wie die plötzlichen Reiterattacken in den Dörfern und Städten der Steiermark und Kärntens tief beunruhigten. Und da es sich auch um eine Konfrontation der Religionen handelte, verwüsteten die muslimischen Korsaren auch immer wieder altehrwürdige christliche Heiligtümer wie namentlich die bis auf byzantinische Zeiten zurückreichende Wallfahrtskapelle zur Schwarzen Madonna von Tindari an der Nordküste Siziliens. Zusätzlich zu Besitz und Leben sahen die Menschen durch die Schändung der Kirchen auch die Fundamente ihrer religiösen Sicherheit bedroht.

Die zeitgenössische christliche Propaganda nicht anders als viele spätere Historiker prangerten das als Seeräuberei islamischer Barbaren an. Dabei übersehen sie, dass christliche Freibeuter zur selben Zeit ganz ähnlich verfuhren. Vor allem englische oder niederländische Kaperflottillen lauerten mit königlichen beziehungsweise ständischen Kaperbriefen versehen vor den spanischen Küsten und im Atlantik, um die Schätze Amerikas abzufangen. In den 1520er Jahren kaperte Jean Fleury die spanische Amerikaflotte und raubte Teile des von Cortés verschickten Montezuma-Schatzes. Berühmt dann im 17. Jahrhundert der englische Freibeuter Sir Walter Raleigh und der Niederländer Piet Hein, der die gesamte Silberflotte in einen holländischen Hafen schleppte. In beiden Fällen – denen der osmanischen wie der englisch-niederländischen Freibeuter – war «ihr Geschäft Plünderei, Raub und Sklavenhandel, verbunden mit der Terrorisierung der Bevölkerung».[7] Auch die religiöse Dimension der Übergriffe war ähnlich, wenn die calvinistischen Freibeuter Englands oder der Niederlande bewusst auf die katholischen Heiligtümer ihrer spanischen Gegner abzielten.

Chaireddin der Rote

Die Schlagkraft der muslimischen Freibeuter wurde erheblich gefestigt, als Suleiman 1533 den wohl fähigsten Korsarenkapitän Chaireddin, wegen seiner roten Haarfarbe von den Christen Barbarossa genannt, zum Admiral berief. Khair ad-Din, «Bester des Glaubens», war 1474 auf Lesbos geboren und wuchs mit dem Namen Khizir auf. Sein Vater Yakub hatte als Janitschar im osmanischen Heer gedient und betrieb nun auf der griechischen Insel eine Töpferei. Seine Mutter war die

Chaireddin Barbarossa segelt 1543 mit seiner osmanischen Korsarenflotte in den französischen Hafen Toulon ein, um dort zu überwintern. Gemälde von Matrakçı Nasuh, 16. Jahrhundert.

Witwe eines orthodoxen Priesters. Über die frühe religiöse Erziehung lässt sich nichts sagen. Als er in die Auseinandersetzungen zwischen Kaiser und Sultan eintrat, war er jedenfalls Muslim. Zusammen mit seinem ältesten Bruder Oruk hatte er um 1500 Lesbos verlassen und eine Korsarenflotille aufgebaut, deren vornehmlich im Seegebiet um Sizilien und Korsika durchgeführten Piratenzüge sie binnen kurzem zu Reichtum und politischem Einfluss brachten. In dem zitierten Brief an seine Schwester Maria nennt ihn selbst der standesbewusste Kaiser einen «mächtigen König zu Wasser wie zu Lande».

1516, also ein Jahr bevor Karl den spanischen Thron bestieg, hatten die Brüder ihre Operationsbasis vom östlichen ins westliche Meeresbecken verlegt, und zwar in die Hafenstadt Algier. Die war seit Jahren von einer Bastion bedroht, die die Spanier auf einer vorgelagerten Insel errichtet hatten, um die noch stets gefährdete Reconquista Spaniens auf der nordafrikanischen Gegenküste abzusichern. 1529 gelang es den Korsaren, die spanische Besatzung von der Felseninsel zu vertreiben. Damit war der Hafen Algiers frei zugänglich und Chaireddin – sein Bruder war 1518 ums Leben gekommen – hatte eine gesicherte Operationsbasis gewonnen. Sie verschaffte ihm einerseits Zugang zu dem fruchtbaren Hinterland und damit zugleich zu dem einträglichen Transsaharahandel. Andererseits bot der bestens befestigte Hafen die Möglichkeit zu plötzlichen Überfällen in den benachbarten spanischen Gewässern und ebenso zu raschem Rückzug hinter gesicherte Befestigungsmauern.

Chaireddin trat in formelle Beziehungen zum osmanischen Sultan, der ihn zum Statthalter von Algier erhob und zur Sicherung der Feste Artillerie und mehrere Tausend Janitscharen entsandte. Als Großadmiral der osmanischen Flotte konnte der ehemalige Korsar seinen Operationsraum wesentlich erweitern, erschien im Sommer 1534 plötzlich an den Küsten Süditaliens und stieß bis zu den Stadtgrenzen Roms vor. Auf dem Rückweg nahm er im Handstreich Tunis, vertrieb den Hafsidenkönig al-Hasan und ging daran, die Stadt zum zweiten festen Platz seiner Herrschaft auszubauen.[8] Für Karl V. war das eine doppelte Herausforderung: Nachdem Barbarossas Bruder Oruk die Spanier bereits vor Jahren aus Tripolis vertrieben hatte, war die Kontrolle der Osmanen über Tunis ein weiterer Rückschlag für die Politik, in Nordafrika die spanischen Interessen durch feste Brückenköpfe zu sichern. Zudem waren die Königreiche Neapel und Sizilien akut gefährdet, deren Küsten dem raschen Zugriff des osmanischen Großadmirals offenstanden.

Karls Kriegszug gegen Tunis[9] entsprach somit in erster Linie den Sicherheitsbedürfnissen seiner Untertanen in Spanien, Sizilien und Neapel. Hier wie dort, in Sizilien wie in Andalusien, waren die arabisch-muslimischen Traditionen noch lebendig. So sahen die Christen, alarmiert durch die vielen Predigten über die notwendige Reinerhaltung des christlichen Blutes, mit Angst und Schrecken die Möglichkeit einer Rückkehr des Islams an die europäischen Küsten. Der Bestand des Christentums schien gefährdet. Anders als Generationen zuvor galten islamische Einflüsse nicht mehr als Gewinn, sondern als religiöse und kulturelle Überfremdung. Im andalusischen Spanien ging es gar um Fortbestand oder Zusammenbruch der kulturell noch keineswegs vollendeten Reconquista. Das war die Konstellation, die Karl jenen gewaltigen, weitgehend funktionslosen Palastbau im Herzen der Alhambra in Angriff nehmen ließ, von dem wir im Granada Kapitel hörten, – geplant nicht als Residenz oder Regierungssitz, sondern als ein mächtiges Sicherheitsversprechen gegen eine Rückkehr des Islams. Unter Philipp II. sollte in Spanien die antiislamische Stimmung dann ihren Höhepunkt erreichen und den Reinheits- und Vernichtungswahn der Limpieza-de-Sangre-Politik auslösen, deren verheerende Folgen im dritten Kapitel bereits kurz berührt wurden.

Das Bündnis mit Genua und seinem erfahrenen Admiral Andrea Doria hatte die maritime Operationsbasis des Kaisers beträchtlich verstärkt. Der Feldzug nach Tunis verlangte aber nach weiterer Unterstützung, die dann auch in beeindruckendem Ausmaß gewährt wurde: erheblichen Steuerbewilligungen vor allem der kastilischen Stände; Armeekontingente aus Spanien, Italien und Deutschland; Flottenverbände des Papstes, Portugals und des Johanniterordens, Galeeren, Kampfschiffe und Transporter. Weit über tausend iberische Adelige strömten freiwillig in das bei Barcelona aufgeschlagene Lager der Expeditionsflotte, um an der Seite ihres Königs für das Christentum zu kämpfen, aber sicher auch um der zu erwartenden Beute willen. Als Problem erwiesen sich die Galeerenruderer, von denen gut 150 pro Kriegsschiff benötig wurden. So sprach Papst Paul III. sein Bedauern aus, nur sechs Galeeren schicken zu können, weil er nicht genügend Ruderer auftreiben konnte. Im Kirchenstaat wurden offensichtlich nicht genügend Delinquenten zur Galeerenstrafe verurteilt! Der Kaiser dagegen hatte schon vor Jahren Vorsorge getroffen, indem er den Rat von Kastilien anwies, «*Leute, die nicht direkt für die Galeere verurteilt sind, (zu) gewinnen, dass sie den Dienst übernehmen*»[10] – was immer dabei «gewinnen» bedeuten sollte.

Die Expedition persönlich zu leiten, war für den Kaiser angesichts der unkonventionellen Kriegführung des Korsaren nicht ohne Risiko. Ihm drohten Gefangenschaft, wenn nicht gar der Tod. Der Vorsitzende des Rates von Kastilien, Erzbischof Tavera, riet daher dringend ab: «*Sehet, wieviel von Eurer Person abhängt und wie ihr Euer Königreich hinterlassen würdet, falls Euch, um unserer Sünde Willen, irgendein Unglück träfe. Und falls Euch das nicht rührt, so denkt daran, dass der Sohn Eurer Majestät noch ein Kind ist.*»[11] Größer noch die Angst der Kaiserin, ihn nach nur zwei Jahren wieder außer Landes ziehen zu sehen und zu

Andrea Doria (1466–1560), in jungen Jahren Condottiere und Verbündeter Frankreichs, ab 1522 Admiral Kaiser Karls V., hier um 1550 dargestellt von Jan Massys (zugeschrieben) als leitender Politiker der Republik Genua, zugleich Fürst von Melfi.

einem solch gefährlichen Unternehmen. Der Kaiser ließ sich nicht von seinem Plan abbringen. Er sah sich persönlich zum Heiligen Krieg aufgerufen. So brach er Anfang März von Madrid auf und begab sich nach Barcelona, wo sich die spanische und die genuesische Flotte unter Führung Andrea Dorias versammelt hatten.

Ehe der Kaiser an Bord ging, veranstaltete er an der Küste vor Barcelona eine Musterung seiner spanischen Truppen. Auf den Tunis-Gobelins sehen wir die Revue des kastilischen und portugiesischen Adels, darunter den Infanten Dom Luis von Portugal, den Bruder der Kaiserin. Mit hochgereckten Lanzen, Wappenschildern, prachtvollen Rüstungen und Prunkschabracken der Pferde ziehen sie in militärischer Entschlossenheit an ihrem hoch zu Ross die Parade abnehmenden Kriegsherrn vorbei – und an seinem Sekretär, der in frühbürokratischer Manier einen jeden registrierte.[12]

Ende März stach die Flotte in See. Vor Sardinien traf sie auf die Schiffe des Papstes und des Johanniterordens aus Malta mit den aus

Deutschland und Italien kommenden Truppen, darunter eine Kerneinheit altgedienter spanischer *tercio*-Infanteristen. Das Kommando über die Schiffe übernahm Andrea Doria, das über Reiterei und Fußtruppen unter anderem der junge, bereits vor Wien und in Italien bewährte Herzog von Alba, der damit seinen Aufstieg zum führenden Militär Karls und seines Sohnes Philipp begann. Den Oberbefehl übte der Kaiser persönlich aus. Am 14. Juni nahm die Flotte Kurs auf Tunis – eine gewaltige Kriegsmaschine, wie sie Europa noch nicht an die nordafrikanische Küste entsandt hatte. Die Wetter war sonnig und die Winde bliesen günstig, so dass man schon am nächsten Tag vor La Goletta ankerte. Doch was die Überfahrt leicht gemacht hatte, sollte sich bald als größte Herausforderung erweisen. Schon bei der Ausschiffung, die bei den Pferden Geschick und Geduld verlangte, litt man unter der sengenden Hitze. Vollends zur Qual wurde der Vormarsch auf Tunis, weil der Fuchs Barbarossa alle Wasserstellen mit Bogenschützen umstellt hatte, die jeden Versuch, den Durst zu stillen, mit tödlichem Pfeilhagel vereitelten. Verhindern konnte er den Sieg der zahlenmäßig weit überlegenen Invasionsarmee nicht. Er fügte ihr aber hohe Verluste zu. Vor allem gewann er hinreichend Zeit, seinen Rückzug aus Tunis zu organisieren.

Triumph als neuer Scipio Africanus

Die Vertreibung des muslimischen Korsaren-Admirals aus seiner Festung so nahe an den sizilianisch-süditalienischen Küsten war für den Kaiser wie die lateinische Christenheit ohne Frage ein Grund zur Freude. Doch konnte das als Auftakt zum so häufig angekündigten Generalkreuzzug gegen den Islam gelten, gar als erster Schritt zur Befreiung von Konstantinopel-Byzanz aus der Hand der Osmanen? Als er von Barcelona aus in See stach, scheint der Kaiser solchen Visionen durchaus nachgegangen zu haben. Der schließlich erfochtene Sieg aber, so triumphal man ihn auch feiern mochte, war strenggenommen nur ein halber Erfolg, beschränkt zudem auf das westliche Mittelmeer. Denn die Hoffnung, Barbarossa habe, wie Karl in dem eingangs zitierten Brief an seine Schwester noch hoffen konnte, «*den Durst bezahlt, den er uns zufügen wollte, und gehe daran jetzt zugrunde*», verflüchtigte sich sogleich, als erste sichere Nachrichten eintrafen. Der Osmanenadmiral Chaireddin war als alter Korsar vorsichtig genug, sich dem Vernichtungsschlag des Kaisers zu entziehen und mit einem ansehnlichen Teil seiner Streitmacht die sichere Festung Algier zu erreichen. Ihn dort zu stellen, wurde im kaiserlichen Lager kurz in Erwägung gezogen. Angesichts der fortgeschrittenen Jahreszeit – inzwischen war es Mitte August – und der Berichte der Spione, nach denen Barbarossa wieder über knapp dreißig Galeeren verfügte, *«die er mit einigen Brigantinen und Fusten* (kleinere Segel-Ruderschiffe, H. Sch.) *auf uns ansetzen kann»*, beschloss man, sich nach Sizilien zurückzuziehen.

Im Unterschied zu früheren Eroberungen an der afrikanischen Küste wurde Tunis nicht in spanischen Besitz genommen, sondern dem vertriebenen Hafsidenkönig Muley Hassan zurückgegeben.[13] Ein erstes Zeichen, dass Karl fürchtete, mit weiteren Besitzungen in Afrika seinen Herrschaftsraum zu überdehnen? Man beschränkte sich darauf, in die der Stadt Tunis vorgelagerte Festung La Goletta eine spanische Besatzung mit einer Batterie Kanonen zu legen. Für wie labil der Kaiser die Lage trotz des eben errungenen Sieges ansah, zeigt die Anweisung, *«für alle Eventualitäten für die Sicherheit der Grenzen und Küsten unserer Königreiche fünfzehn Galeeren aus Spanien zur Verteidigung der Grenzen»* zu schicken, verbunden mit der Zusage, nach Ankunft in Sizilien *«noch 25 oder 30 Galeeren zur Küsten- und Grenzwart zurückzuschicken».*[14] Moderne Historiker sehen in dem Verzicht, Tunis direkt in spanischen Besitz zu nehmen, eine wesentliche Voraussetzung für die nur zu rasch einsetzende militärische Wiedererstarkung des Islams im westlichen Mittelmeerbecken. Denn «die Korsaren konnten von nun an (vor Tunis) offensiv operieren».[15] Sechs Jahres später, als er das Versäumte nachholen wollte und auf Algier zog, sollte der Kaiser die Wahrheit dieses Urteils bitter erfahren.

Zunächst kehrte Karl aber als gefeierter Sieger nach Europa zurück und nahm in Sizilien und Neapel endlich die Huldigung seiner Untertanen entgegen. Die kaiserliche Propaganda ließ es sich nicht entgehen, den Nordafrikazug auf humanistische Weise in einen großen antiken und christlichen Deutungshorizont einzuordnen und Karl erstmals als erfolgreichen Miles christianus zu stilisieren.[16] In Neapel nutzte er Ende Februar 1536 die Gelegenheit, der Vermählung seiner vierzehnjährigen Tochter Margarete mit Alessandro de' Medici persönlich beizuwohnen. Er hielt Hof in dem Normannen-Castel Capuano, an dessen Front er zum Zeichen seines Herrschaftsantritts sein Staatswappen mit den Herkules-Säulen anbringen ließ. Wie üblich, beehrte er die Großen des Landes mit seinem Besuch, so den Fürsten von Salerno Ferrante Sanseverino, der im Festsaal seines mächtigen Renaissancepalastes gegenüber dem vornehmen Konvent von Santa Chiara zu Ehren des Kaisers eine Theateraufführung inszenieren ließ. Eine Klientelverbindung wie im Fall der norditalienischen Gonzaga wurde daraus allerdings nicht: Als der spanische Vizekönig Don Pedro Alvarez de Toledo wenig später – ohne Zweifel auf Wunsch des Kaisers – die Inquisition verschärfte, widersetzte sich der freiheitlich gesinnte Sanseverino und ging nach Frankreich ins Exil, wo er zum Calvinismus konvertierte. Sein verwaister Palast fiel schließlich in die Hände der Jesuiten, die an seine Stelle ihre Kirche zur *Unbefleckten Empfängnis Mariens* errichteten. Erhalten blieb die Fassade aus Diamantquadern als mächtiges Zeugnis früher Renaissancekultur in Neapel, nun Zeichen einer radikalen Gegenreformation, für die der Kaiser die Grundlage schuf.

Sein Wille stand auch hinter der urbanistischen Modernisierung und Erweiterung der Stadt, wie sie sein Vizekönig sogleich in Angriff nahm, als er im Westen der Altstadt die *Quarteri spanioli* errichten ließ. Vor allem aber sorgte die kaiserliche Politik auch im Königreich Neapel für den Ausbau des Festungswesens nach den modernsten Erkenntnissen der Festungsarchitektur und Ballistik. Auf dem Vomero hoch über der Stadt wurde das bescheidene normannische Castel zur gewaltigen Festung St. Elmo ausgebaut, über deren Eingangstor ein mächtiger Reichsadler wacht, versehen mit Karls Wappen, der Ordens-Collane des Goldenen Vlieses und einer Inschrift mit der Jahreszahl 1538, die den unbesiegten Imperator und Caesar Carolus feiert.

Anders als bei der Festung, mit der Karl seine Geburtsstadt Gent nach deren Aufstand im Jahr 1540 belegte, um der «*statt zu commandiren*» (Caspar Merian), war St. Elmo nicht primär gegen die Stadt, sondern gegen das Meer gerichtet – um feindlichen Flotten, voran dem Korsaren Chaireddin Barbarossa, Verteidigungswillen zu demonstrieren und sie, falls nötig, mit Kanonen von dem Hafenbecken fernzuhalten. Nicht anders an der apulischen Ostküste, wo Karl in den für plötzliche Überfälle osmanischer Schiffe offenen Hafenstädten die

Eingangstor der Feste St. Elmo hoch über Neapel – Dokument des kaiserlichen Willens, das Königreich wie das westliche Becken des Mittelmeers zu beherrschen.

normannischen Kastelle zu unüberwindlichen Festungen ausbauen ließ, von Bari über Monopoli bis Brindisi, Lecce und Otranto.

Zum Osterfest begab sich der Kaiserhof nach Norden in den Kirchenstaat. Sein Einzug in die Heilige Stadt folgte den Wegen der Triumphzüge, auf denen die Römer ihre Heroen eingeholt hatten – ein neuer Scipio Africanus, Sieger über Karthago. Auch in Deutschland erfuhr man sogleich von diesem Ereignis, etwa durch die noch im selben Jahr in Nürnberg erschienene Darstellung *«Einzug Karls V. in die antike Kaiserstadt Rom»* aus der Feder des Humanisten Christoph Scheurl. Karl selbst versank ganz in der antiken Vergangenheit und berichtete nach Spanien, wie er *«verkleidet durch Rom wanderte und um einen besseren Überblick zu erhalten, das Pantheon bestieg und die opulenten Bauwerke bewunderte»*. Er hat sich wohl nie zuvor oder danach so sehr als wahrer Römischer Kaiser gefühlt wie in jenen Tagen.[17]

Rückkehr in den mächtepolitischen Alltag

Dabei hatte ihn der Alltag längst eingeholt. Nach dem Triumphzug durch Sizilien und Neapel und dem römischen Glanz der trotzig spanischen Überlegenheitsgeste in der Ostermontagsrede 1536 vor Papst, Kardinälen und Gesandten der europäischen Mächte, hatte sich der Imperator dem dritten Krieg mit Franz I. zu stellen.[18] Ein durchschlagender Erfolg wie in Tunis ließ sich da nicht erringen, auch nicht als – erneut unter der militärischen Führung des Kaisers persönlich! – spanische Truppen Ende Juli 1536 in die französische Provence vorstießen. Der Gegner war nicht zu packen. In der leeren, verwüsteten Landschaft, die das Franzosenheer hinterlassen hatte, konnten sich die Spanier nicht lange halten. Verbrannte Erde als Verteidigungs-Cordon – der Rückzug war unerlässlich. Auch im Norden, an den Grenzen zu den Niederlanden, blieben die Kampfeshandlungen letztlich ohne Entscheidung. Der von ihm vermittelte Waffenstillstand von Nizza im Sommer 1538 brachte Papst Paul III. Glanz und Prestige. Allerdings, politisches Vertrauen auf einen dauerhaften soliden Frieden in der Christenheit, der für die Fortsetzung der Operationen gegen Korsaren und Osmanen dringend nötig gewesen wäre, begründete weder der Waffenstillstand noch die darauffolgenden Gesten der Freundschaft in Aigues-Mortes im Juli 1538 oder Januar 1540 in Paris, als der Kaiser auf Einladung des Königs durch Frankreich in die Niederlande zog.

«Falls sich herausstellen sollte», hatte Karl bereits 1538 wenige Tage nach Abschluss des Waffenstillstands von Nizza an seinen Bruder Ferdinand geschrieben, «dass besagter König von Frankreich den Waffenstillstand nicht einhält – dagegen werde ich mich so frühzeitig absichern, wie ich nur kann.»[19] Die Skepsis war wohlbegründet. Denn in den Kasematten der eroberten Festung La Goletta hatten die Kaiserlichen Berge von Kanonenkugeln erbeutet, die mit der französischen Lilie gekennzeichnet waren und somit die heimliche Unterstützung der osmanischen Freibeuter durch Frankreich unwiderlegbar bewiesen.

Chaireddin Barbarossa nutze die französische Rückendeckung und operierte im Ionischen Meer. Dort belagerte er 1537 das venezianische Korfu und verunsicherte mit plötzlichen Überfällen die Küsten Kala-

8. TUNIS 1535

Die Eroberung und Plünderung von Tunis, Bildteppich um 1548/54 von Willem de Pannemaker nach Entwürfen von Jan Cornelisz Vermeyen, 5,15 × 8,06 m, einer von zwölf Tunisteppichen, die sich heute in Madrid befinden.

briens. Von einer Entlastung der Christenheit durch Karls Sieg in Tunis also keine Spur. Das änderte sich auch nicht durch die im Februar 1538 auf Betreiben Venedigs und des Papstes zusammen mit Spanien, dem Deutschen König Ferdinand und den Maltarittern geschlossene Heilige Liga. Denn als deren Flotte sich dem Korsaren-Admiral entgegenstellte, erlitt sie Ende September 1538 in der Seeschlacht von Preveza in nordgriechischen Gewässern eine vernichtende Niederlage. Womöglich hatte ihr Kommandant Andrea Doria gezögert, die Genueser Galeeren zugunsten des Handelskonkurrenten Venedig aufs Spiel zu setzen. Die Vorherrschaft der Osmanen im östlichen Meeresbecken war damit auf Jahrzehnte hin nicht mehr zu brechen. Erst der Kaisersohn Don Juan wusste das zu ändern. Venedig blieb nichts anderes übrig, als sich mit den Türken ins Benehmen zu setzen, um nicht alle Handelsverbindungen in die Levante zu verlieren.

Nicht grundlegend anders die Situation im westlichen Mittelmeer, wo Chaireddin mit verdeckter Unterstützung Franz' I. die Scharte von Tunis längst ausgewetzt hatte. Dennoch war Karl nach Abschluss des Waffenstillstands mit Frankreich im Sommer/Herbst 1538 voller Pläne, einen großen Schlag zu Wasser und zu Lande gegen die Osmanen zu führen. Selbst die Idee nach Art eines Kreuzzugs an der Spitze der christlichen Truppen auf Konstantinopel zu ziehen und die altehrwürdige Stadt der Christenheit zurückzugewinnen, tauchte wieder auf. Bei den persönlichen Gesprächen in Aigues-Mortes scheint Franz I. ihn in diesem «Taumel der Begeisterung»[20] bestärkt zu haben, ohne aber die Verbindungen zur Hohen Pforte abzubrechen. Bei aller generellen Skepsis gegenüber der französischen Vertragstreue wollte Karl ihm hierin offensichtlich glauben.

Im eigenen Haus indes traf der Plan auf äußerste Besorgnis, bei Ferdinand ebenso wie bei Maria von Ungarn. Die Statthalterin der Niederlande schickte dem Kaiser ein Memorandum, das an gedanklicher Schärfe und strategischem Überblick an Margarete von Österreich und den Großkanzler Gattinara erinnert: «*Eure Majestät sind der erste Fürst der Christenheit, aber ein Kampf für diese ist nur dann Eure Pflicht, wenn er mit genügend Mitteln und Aussicht auf Erfolg durchgeführt werden kann.*» Anders als im Fall von Tunis nahe den Häfen Siziliens sei die Logistik eines Zuges in die Levante schwierig und vor allem teuer. Angesichts der stets engen Finanzen sei ein durchgreifender Erfolg erst nach Jahren zu erzielen. Auf die junge Freundschaft mit Frankreich sei ganz und gar kein Verlass. Der Zustand der eigenen Länder verlange auf Jahre hin Ruhe und die Anwesenheit des Kaisers, vor allem die Niederlande, wo Geldern an den Herzog von Kleve überzugehen drohe. «*Und es ist nichts so sicher als dass Eure Majestät vor Gott in erster Linie seinen eigenen Ländern und Untertanen verpflichtet ist.*» Sich selbst in die Schlacht zu werfen, widerspreche aller Verantwortlichkeit – gegenüber der Kaiserin, den Kindern und uns allen, nicht zuletzt dem «*christlichen Glauben, der doch nur an Euch hängt. ... Um Gottes Willen, ich bitte Euch, doch an das zu denken, was Ihr gegen Gott zu tun verpflichtet seid. Ein großer Fürst wie Ihr darf nur siegen, nie besiegt werden.*» Vorrang hätten jetzt die Stabilisierung der eigenen Länder und ein verlässlicher Frieden mit den deutschen Fürsten sowie den europäischen Mächten, auch mit Frankreich.[21]

Das Ende des Kreuzzugsplans und die Katastrophe 1541 vor Algier

Mag diese eindringliche Mahnung der Schwester nachgehallt, mögen die bald danach einlaufenden Berichte über die Niederlage der spanisch-venezianisch-päpstlichen Flotte im Ionischen Meer ihn nachdenklich gestimmt haben, im Verlauf des Jahres 1539 rückte der Kaiser Schritt für Schritt von dem Plan einer Entscheidungsschlacht mit dem osmanischen Heer ab. Dem Botschafter der Republik Venedig Mocenigo eröffnete er im Frühjahr,[22] dass die Türken zu Land nur schwer zu stellen seien, da der Sultan immer wieder einer Entscheidungsschlacht ausweiche und stattdessen seine flinken Reiter zu plötzlichen Überfällen mit Plünderung, Brandschatzung, Mord und Todschlag ausschweifen lasse. Er, Karl, wolle daher im kommenden Jahr einen großen Angriff zur See starten – mit rund 200 Schiffen, mindestens 60 000 Mann und 2000 Pferden, meist als Gespann für die Kanonen, die zu je 100 auf großen niederländischen Seglern transportiert werden sollten. Wenn alles gut vorbereitet sei, könne man direkt auf Konstantinopel zielen, sei die Stadt doch, wie ihm berichtet, leicht zur See von drei Seiten einzunehmen.

In den folgenden Monaten sollte sich jedoch auch dieser Plan zerschlagen. Grund waren einerseits interne Konflikte zwischen den christlichen Mächten, wie sie ja schon 1538 vor Preveza in der Rivalität zwischen venezianischen und spanisch-genuesischen Flottenabteilungen zu Tage getreten waren. Vor allem aber waren die ungeheuren Geldmittel für weitere Mammutunternehmungen nicht aufzubringen. Die Stände waren nicht gewillt, für Aktionen fernab ihrer Länder Steuern zu bewilligen, und der Goldstrom aus Peru floss erst stockend.[23]

Angesichts solcher realpolitischen Barrieren verflüchtigte sich auch die Kreuzzugsidee. Karls Türkenabwehr konzentrierte sich ganz auf das westliche Mittelmeer, wo Chaireddin Barbarossa von Algier aus weiterhin die europäischen Küsten verunsicherte, insbesondere im gegenüberliegenden Andalusien. Die Stände Kastiliens waren daher durchaus bereit, für einen Zug gegen das «Korsarennest» Steuern zu bewilligen. Als Karl im Sommer 1541 den Entschluss zum Schlag gegen Algier fasste, war es nicht mehr der Kaiser, der seiner universellen

Pflicht zur Verteidigung der Christenheit nachkam. Es war der spanische König, der dem Sicherheitsverlangen seiner andalusischen Untertanen Genüge leisten wollte. Diese Wende in der Türkenpolitik sprach er in einem Brief an seine Schwester Maria[24] selbst an: Da berichtet werde, «*dass der Türke* (gemeint ist der Sultan, H. Sch.) *ganz persönlich nach Ungarn kommen wird, wäre S. Mt. an sich um ihrer Ehre willen verpflichtet gewesen, dorthin zu gehen, hat aber nicht die Möglichkeit, die Kosten hierfür zu tragen, ja nicht einmal Geld, um ihren Haushalt über dieses Jahr hinaus aufrecht zu erhalten*». Stattdessen müsse er sich um die Krisen in seinen eigenen Herrschaften, den niederländischen wie den spanischen kümmern, also statt den universellen kaiserlichen den partikularen Verpflichtungen als Herzog von Burgund und König von Spanien nachkommen. In die Niederlande aufzubrechen, um Geldern vor dem Zugriff des Herzogs von Cleve zu sichern, sei erst möglich, wenn er zuvor von den Cortes in Aragon und Kastilien Kontributionen erlangt habe. Wegen der Gefahren vonseiten der osmanischen Flotte und Frankreichs könne er ohnehin nur mit einer Kriegsflotte nach Spanien zurückkehren. So «*hat S. Mt. beschlossen, dabei die Aktion gegen das besagte Algier durchzuführen*».

Nach Abschluss des Regensburger Reichstags von 1541, der erneut die deutschen Religionskonflikte verhandelt hatte, legte Karl im August 1541 in Innsbruck ein paar Tage der Ruhe ein, um aufgelaufene Korrespondenz zu erledigen. Danach zog er über Mailand nach Genua, von dort per Schiff nach Lucca zu einem Treffen mit dem Papst, um Hilfe zu erbitten gegen Frankreich und die eben wieder erfolgreich in Ungarn vordringenden Türken. In seinen Memoiren sollte er später festhalten, er habe rasch erkannt, «*dass die Konferenz keinerlei Resultat bringen werde, und begab sich daher zurück nach La Spezzia im Golf von Genua*».[25] Ganz richtig ist diese Erinnerung allerdings nicht. Denn Papst Paul III. richtete gleich nach dem Treffen in Lucca ein Schreiben an den französischen König, das diesem in unmissverständlichen Worten vorwirft, seine ständigen Kriege gegen den Kaiser förderten die Ausbreitung des Protestantismus und die Eroberungen der Türken, «*zwei zweifellos außerordentlich schmerzliche Verluste für die Christenheit*». Er müsse ihn daher dringend bitten, endlich Frieden mit Karl zu halten.[26] In der Tat eröffnete Franz erst ein knappes Jahr später im Juli 1542 seinen vierten und letzten Krieg gegen den Kaiser, wofür er im Übrigen mit der ihn überraschenden Vergabe des Herzogtums Mailand an Philipp von Spanien und der im Frühsommer 1541 am Po erfolgten Ermordung seines Botschafters Antonio Rincón plausible Gründe ins Feld führen konnte. Sein gegen Algier gerichtetes Unternehmen konnte Karl im Spätsommer 1541 jedenfalls ungestört von Frankreich durchführen.

Von La Spezia aus stach die kaiserliche Flotte nun unverzüglich in See und gelangte über Sardinien, Mallorca und Menorca in der letzten Oktoberwoche an die nordafrikanische Küste, wo sie sich mit dem aus Spanien kommenden Flottenverband unter dem Kommando von Andrea Doria vereinigte. Bereits bei der Überfahrt hatten sie mit schwerer See zu kämpfen gehabt, so dass erfahrene Seeleute den Kaiser vor den zu erwartenden Herbststürmen warnten. Karl wollte aber partout nichts vom Abbruch der Unternehmung wissen. Er hatte von vornherein viel riskiert, als er bei weit fortgeschrittener Jahreszeit von der ligurischen Küste aus in See stach. Doch er war Gefangener seiner Finanznöte, die ihn zwangen von Deutschland aus direkt nach Algier vorzustoßen, statt – wie es die Vernunft geboten hätte – zunächst nach Spanien zurückzukehren und im nächsten Jahr bei guter Jahreszeit Algier anzugreifen. Diese Sparsamkeit sollte den Kaiser teuer zu stehen kommen.

Am 21. und 22. Oktober war eine Landung unmöglich. Erst am 23., einem Sonntag, konnte man es an einer seichten Stelle wagen, die Soldaten, vorwiegend spanische *tercios*, an Land zu bringen. Die Truppen mussten dabei eine weite Strecke durch brusttiefes Wasser waten. Gegen Mittag wurde die See wieder so stürmisch, dass die Ausschiffung der Pferde und der Lebensmittel ausgesetzt werden musste. Die Fußtruppen wurden in erste Scharmützel verstrickt. Als sie sich den Weg zur Stadt freigekämpft hatten und alles «*in gute Ordnung versetzt war, um das Kanonenfeuer auf ihre Mauern zu eröffnen, erhob sich auf dem Meer plötzlich ein solch großer Orkan, dass viele Schiffe untergingen und auch die Armee, die an Land war, schwer darunter litt*».[27] Ihr gingen die Lebensmittel aus, und es fehlten Zelte, die gegen den Sturzregen hätten Schutz bieten können. Schlimmer noch – die Arkebusen (schwere Gewehre) der *tercios* waren wegen des Regens nicht mehr einsatzfähig. Die türkischen Bogenschützen hingegen schossen ungehindert weiter, so dass das Eroberungsheer große Verluste zu beklagen hatte.

Auf dem Meer gingen gut 150 Schiffe verloren samt Mannschaft, Fourage und Waffen, vor allem Kanonen und Munition, mit denen Algier von See aus sturmreif geschossen werden sollte. Die gelandeten Truppen, an ihrer Spitze der Kaiser persönlich, «*organisierten sich so gut es ging, um sowohl dem Wüten des Meeres als den Ausfällen und Angriffen der Feinde zu widerstehen*». Dabei drangen – was Karl in seinen Erinnerungen verschwieg, weil ihm sein persönliches Schicksal in diesem Zusammenhang unwichtig erschien – die für schnelle Überraschungsattacken bekannten muslimischen Einheiten bis ins kaiserliche Lager vor und konnten nur durch den Einsatz der deutschen Elitetruppe zurückgeschlagen werden. Doch «*war das Unwetter schließlich dermaßen, dass der Kaiser zu dem Schluss kam, es sei das beste, sein Unternehmen nicht fortzusetzen und sich auf das Meer zurückzuziehen*». Das war allerdings nicht sofort zu bewerkstelligen. Die Armee musste zwölf Tage die Küste lang nach Osten marschieren, ständig durch feindliche Überfälle bedroht und aus Nahrungsmangel gezwungen, eine ganze Reihe der wenigen Pferde zu schlachten, die man hatte an Land bringen können. Als man endlich wieder Kontakt zur Flotte gefunden hatte, war es wegen eines erneuten Sturms nicht möglich, sich für die Rückfahrt einzuschiffen. Der Kaiser musste noch fast drei Wochen in Bugia (heute Bejaia), weit östlich von Algier in der Kabylei gelegen, auf günstigeres Wetter warten. Erst Anfang Dezember landete er im spanischen Cartagena, nachdem er kurz zuvor bei Mallorca Andrea Doria und die Genueser Galeeren verabschiedet hatte.

Ohne Zweifel war es der Orkan, der Karls Angriff auf Algier in einer Katastrophe hatte enden lassen. Denn angesichts der überlegenen Kämpfer der *tercios* und eines Artillerieparks, der die Stadt trotz der von Chaireddin in den letzten Jahrzehnten angelegten Festung rasch sturmreif geschossen hätte, war ein ähnlicher Erfolg wie sechs Jahre zuvor in Tunis durchaus möglich, ja wahrscheinlich gewesen, hätte der Herbststurm nur einige Tage später eingesetzt. Dem Kaiser wurde der Misserfolg dann auch bald nachgesehen – allerdings mit der Mahnung der Cortes, nun länger in Spanien zu bleiben und sich um die Probleme dort zu kümmern. Eins war aber allen unmissverständlich klar geworden: Auch im westlichen Mittelmeer war auf nicht absehbare Zeit mit Operationen der Korsaren zu rechnen, meist im Bündnis mit Frankreich. «*Man muss vor dem französischen König ebenso oder noch mehr auf der Hut sein, als vor dem besagten Türken, was ein und dasselbe ist»*, stellte Karl resigniert fest.[28] Die damit verbundene Gefahr zeigte sich sogleich im vierten Krieg mit Franz I., als die Flotte Chaireddin Barbarossas plötzlich vor dem savoyardischen Nizza erschien und zusammen mit den Franzosen die Stadt belagerte. Womöglich schlimmer noch war die Verunsicherung der Handels- und Reisewege, die in dieser Zeit über das Meer in der Regel schneller und sicherer waren als über Land. Schon vor dem Debakel von Algier hatte sein Kanzler Nicolas Perrenot de Granvelle in einem Gutachten zur politischen Lage die Notwendigkeit betont, vor jeder Reise des Kaisers zu klären, *«mit welcher Begleitmannschaft S. Mt. würde reisen können»*, da jederzeit der Seeweg zwischen Spanien und Italien *«durch die Flotte des Türken versperrt werden könnte»*.[29]

Eine gemischte Bilanz im Ringen der Weltmächte

In den 1520er und 1530er Jahren hatte Karl V. als erster Kaiser den Willen aufgebracht, der Herausforderung der osmanischen Expansion mit einer groß angelegten christlichen Offensive entgegenzutreten. Das war seit der Eroberung Konstantinopels 1453 und dem damit besiegelten Untergang von Ostrom / Byzanz immer wieder diskutiert worden: im 15. Jahrhundert in den Türkenpredigten des Humanistenpapstes Aeneas Piccolomini / Pius II., jüngst noch 1517 nach dem Fall Kairos durch Papst Leo X. und Karls Großvater Maximilian[30] – stets ohne ein militärisch oder politisch durchschlagendes Resultat. Nachdem der europäische Friedens- und Einheitsplan des Madrider Vertrags von 1526 gescheitert war, hatte Karl ein gutes Jahrzehnt lang versucht, die Aufgabe alleine zu schultern. Im Osten vor Wien und in Ungarn war er den Heeren Sultan Suleimans in eigener Person entgegengetreten. Im westlichen Mittelmeer hate er die Korsaren-Vasallen der Osmanen angegriffen, um sie aus ihren festen Plätzen in Nordafrika zu vertreiben. Selbst im östlichen Becken hatte er in gemeinsamen Aktionen mit anderen christlichen Seemächten die Vormacht der osmanischen Flotte niederzuringen versucht.

Als er den Plan eines Generalangriffs auf dem Balkan aus Geldmangel aufgeben musste und kurz darauf vor Algier scheiterte, war

Sultan Suleiman der Prächtige mit der Tiara-Krone.

allen klar, dass es in der Konfrontation der Weltreligionen und der Weltreiche, dem islamischen der Osmanen und dem christlichen des Kaisers und seiner Casa de Austria, keinen Sieger geben werde. Im Gegenteil – Sultan Suleiman demonstrierte bereits in den frühen dreißiger Jahren in einer kostspieligen Geste, die ihm den Namen «der Prächtige» einbrachte, Gleichrangigkeit mit den Häuptern der lateinischen Christenheit, dem Papst und dem Kaiser: Für eine Unsumme Geldes, von der der stets klamme Kaiser nur träumen konnte, ließ er in Venedig einen mit Perlen und Brillanten besetzten Helm anfertigen, der in vier übereinander liegenden Ringen die Tiara des Papstes imitierte, ja übertraf. Da eine solche Kopfbedeckung für den Herrn eines Reitervolkes ganz unüblich war, stellte er die Krone bei Staatsakten neben sich, vor allem wenn er christliche Botschafter empfing.[31]

Die Rivalität würde fortbestehen und das osmanische Reich Schritt für Schritt zum Teilnehmer des europäischen Staatsystems werden. Und das nicht nur über die französische Bundesgenossenschaft. Auch

König Ferdinand schickte längst eigene Botschafter nach Konstantinopel. Das Bündnis Franz' I. mit den Osmanen konterte man durch ein Gegenbündnis mit Persien, das Suleiman von Osten bedrohte.[32] Die Gelder, die der Kaiser weiterhin Mal für Mal auf den deutschen Reichstagen einforderte, galten der Türkenabwehr, nicht einer Generaloffensive, von einem Kreuzzug ganz zu schweigen. Und als im September 1544 der Friede von Crépy mit Franz I. von Frankreich ihm endlich den Rücken frei machte für eine ungestörte militärische Offensive, da zog der Kaiser nicht gegen die Osmanen, sondern gegen die deutschen Protestanten, nicht gegen den äußeren, sondern – wie er es sah – den inneren Feind der Christenheit. Aus dem Kreuzzug war ein Ketzerkrieg geworden.

Die Türkenabwehr zu Lande hatten der Deutsche König und die Reichsstände zu tragen. Ferdinand war es auch, der nach den beiden ergebnislosen Vorstößen Suleimans auf Wien 1529 und 1532 am 23. Juli 1533 einen Frieden schloss, der in den Grundzügen weit über hundert Jahre Bestand haben sollte. Der Sultan behielt den besetzten Teil Ungarns und erkannte die Herrschaft Ferdinands über den anderen, nord-westlichen Teil an. Durch das Magyaren-Reich verlief von nun an eine Demarkationslinie, die das christliche und das muslimische Weltreich voneinander schied. Eine dem Eisernen Vorhang der jüngeren Vergangenheit vergleichbare Grenze war das allerdings nicht. Vielmehr hielt der Stellungs- und Überfallskrieg zwischen den Reichen an, so dass es immer wieder zu einzelnen lokalen Verschiebungen kam. In der Küstenregion Dalmatiens, wo die ehemalige Zugehörigkeit zum Königreich Ungarn-Kroatien politisch keine Rolle mehr spielte, gelang es 1537 den Osmanen, die als uneinnehmbar geltende Festung Klis zu erobern. Für gut hundert Jahre war die Burg, nur rund zehn Kilometer nordöstlich der von Venedig beherrschten Hafenstadt Split hoch auf einem Felsvorsprung des Dinarischen Küstengebirges gelegen, osmanischer Regierungssitz und Sperrriegel für den Verkehr vom christlichen Dalmatien ins bald weitgehend muslimische Landesinnere. Verkehr und Handel kamen zwischen den Weltreichen nie ganz zum Erliegen. Entgegen den Versuchen des Kaisers und seines Bruders Ferdinand, das osmanische Reich auch wirtschaftlich zu isolieren, zogen christliche Kaufleute regelmäßig von Dalmatien aus über den Balkan bis Edirne und Istanbul. Zunächst vor allem aus den dalma-

AUFTAKT ZUM KREUZZUG GEGEN DIE TÜRKEN? 259

tinischen Besitzungen Venedigs, immer häufiger auch aus der unabhängigen Republik Ragusa (heute Dubrovnik), die auf den türkischen Märkten Venedig ausstach und mit Protektion Spaniens seine Handelsflotte zu einer der größten des Mittelmeers ausbaute. Die religiöskulturellen Gegensätze ließen sich im Alltag überwinden. Zwar drang in den osmanisch beherrschten Gebieten der Islam vor. In den von Serben und Kroaten bewohnten Regionen konnte sich aber das Christentum behaupten, wenn auch bedrängt durch schwere Steuerlast und «Knabenlese», die Zwangsrekrutierung kleiner Jungen, die den Familien entrissen wurden und im osmanischen Heer zu dienen hatten.

Ähnlich die Situation im Mittelmeer und an der nordafrikanischen Küste: Mit dem Verzicht, Tunis als spanischen Brückenkopf in Besitz zu nehmen, fand die Politik seiner Vorfahren ein Ende, die spanische Reconquista auf der nordafrikanischen Küste abzusichern. Stattdessen wurden die dortigen Herrschaften, die sogenannten Barbareskenstaaten, Schritt für Schritt dem türkischen Vasallensystem eingefügt. Auf dem Meer selbst blieb Chaireddin Barbarossa als Korsar und Admiral des türkischen Sultans ein bestimmender Machtfaktor. Karls Flotte konnte ihm nur nachjagen, um für den Augenblick das Schlimmste zu verhindern. Chaireddin, «Held des Meeres», starb hochbetagt im Sommer 1546 in einem der prächtigen Osmanenpaläste am Bosporus. Kein Geringerer als Sinan, der bedeutendste osmanische Architekt seiner Zeit, erbaute ihm ein Mausoleum, vor dem die Flotte bei jeder Vorbeifahrt den Ehrensalut leistete. Erst ein Vierteljahrhundert später, 1572 bei Lepanto im Ionischen Meer, sollte Don Juan de Austria, der Sohn des Kaisers und einer Regensburger Gürtlertochter, im östlichen Mittelmeer die von Chaireddin erfochtene Vormacht der Türken brechen. Auch das wurde zum Mythos, der über Jahrhunderte durch Lepanto-Bruderschaften und Prozessionen in Erinnerung gehalten wurde. – Die Ergebnisse von Karls Osmanen-Politik sind bis heute für die religiösen, politischen und gesellschaftlichen Verhältnisse auf dem Balkan wie in Nordafrika mitprägend.

Wie sehr in der weltumspannenden Politik Karls V. die Hemisphären zusammengerückt waren, zeigte sich gleich nach der bitteren Niederlage vor Algier. Als er Ende Dezember 1541 glücklich wieder spanischen Boden betrat, hatte er sich sogleich den amerikanischen Angelegenheiten zu widmen. Sie hatten ihn ganz ähnlich wie die Abwehr der Osmanen von Anbeginn seiner Herrschaft in Spanien beschäftigt, ohne dass er sie von Grund auf hatte regeln können. Und auch dieses Mal sollte es ihm nicht gelingen, die Diskussionen um eine Verbesserung der amerikanischen Verhältnisse zu Ende zu führen. Denn bereits im Mai 1543 zwangen ihn die mitteleuropäischen Probleme, Spanien wieder zu verlassen.

9

Leyes Nuevas 1542 –
oder der Streit um die Seelen
und das Gold der Indios

«Und kam nach Madrid der Obrist (Hernán Cortés) von der Insel Yukatan oder Neuindien, soll dreimal so groß wie Spanien sein. Brachte 40 Personen mit. Am ersten Augustsonntag (7. 8. 1528) versammelten sich Herzöge, Grafen und große Herren vor dem Kaiser. Der Obrist präsentierte dem Kaiser all ihre Wappen, Schilde und Helme, seltsam und köstlich gemacht aus Vogelfedern, eine subtile Arbeit, wie sie hier noch nicht gesehen wurde, dazu köstliches Kleinod aus Gold wie Schildkröten, Schlangen und andere Tiere, die sie als Schmuck zu tragen pflegen, köstliche, wohlgearbeitete Stücke aus reinem Gold, dazu große Ringe aus Gold, spannbreit und fingerdick, die ihre Frauen an Schenkel und Armen tragen.

Danach vielen sie auf ihren Knien der kaiserlichen Majestät zu Füßen. Es wurde ihnen der christliche Glauben verkündet (fuergehalten), den nahmen sie an und schworen dem Kaiser in ihrer Art einen Eid, dass sie, nach Hause zurückgekehrt, ihre Herren und Völker taufen und im rechten Glauben unterrichten ließen. Sie gehen nackt, haben nicht mehr als ein weißes Tuch um den Leib gebunden. ... Gehen sie auf die Straße, werfen sie einen Mantel über, gemacht aus Vogelfedern und mit kleinen Vogelfedern gefüttert – ein sehr seltsames Werk. ... Und wer ein großer Herr ist, der trägt, zu beiden Seiten der Nase eingesetzt, Edelsteine oder Gold und vorne auf den Lippen große Steine, Diamanten, Smaragde, Saphire und andere, so groß dass sie die unteren Zähne nicht bedecken können. Denn die Steine ziehen ihnen die Lippe herunter. Der Stein ist in das Fleisch gesetzt, mit einem goldenen oder silbernen Nagel durchgeschlagen und im Mund befestigt. ... Es ist ein stämmiges Volk, kurz und dick, ziemlich dunkel und ihr Haar steht ihnen hoch zu Berge, schwarz wie Pferdehaar. Und wenn sie Ball spielen, schlagen sie ihn mit den Hinterbacken, die sehr rund sind, und veranstalten dabei wundersame Sprünge.»[1]

Reichtum und Prestige aus dem amerikanischen «Goldkastilien»

Wie der Kaiser persönlich auf das von Cortés vor dem Hof in Madrid inszenierte Spektakel reagierte, über das der zitierte Brief aus den Kopierbüchern des Nürnberger Humanisten Christoph Scheurl berichtet, darüber sind wir nicht unterrichtet. Für seine Einstellung zu den fast alljährlich einkommenden Nachrichten über die neu entdeckten Weltzonen, ihre Menschen, Landschaften, Tiere, Pflanzen, wundersamen Werkzeuge, Waffen und Bräuche gilt noch stärker als allgemein, dass er der große Schweiger war. Selbst dort, wo er sich in Briefen oder Regierungsanweisungen mit «den Indien», wie die Neuentdeckungen in Amerika noch lange hießen, oder den Expeditionen seiner Schiffe nach Asien befasste, bleibt er in der Regel distanziert, fast bürokratisch: «Über die Neuen Welten, die ihn reich machten, verlor er kaum ein Wort.»[2]

Sicher ist, dass ihn nicht nur der Glanz und das Wunderbare seiner neuen transatlantischen Reiche beschäftigten. Denn die Schau, die Cortés, der nächst Kolumbus wohl bedeutendste der spanischen Entdecker, 1528 Karl und seinem Hof vorführte, war eine Inszenierung in einem langwierigen Verfahren von Anklagen und Rechtfertigungen. Der Herrscher über Kastilien und seinen ständig anwachsenden Besitzungen in Mittel- und Südamerika sah sich seit Beginn seiner spanischen Regierung mit Höhepunkten wie Abgründen der Überseeexpansion konfrontiert.

Als der junge Burgunderherzog im Herbst 1517 die Königsherrschaft in Kastilien und Aragon antrat, bestand der spanische Überseebesitz, der stets nur ein kastilischer ohne Anteil Aragons war, nur aus einigen Inseln in der Karibik. Doch war im Februar dieses Jahres unter dem Kommando von Francisco Hernández de Córdoba eine Flottille von der Ostküste der Insel Kuba aus nach Westen aufgebrochen und hatte im März die Halbinsel Yucatán entdeckt. Ein Meilenstein in der spanischen Eroberung des neuen Kontinents. Denn nun war das mittelamerikanische Festland erreicht und die Tür zu den ungemein reichen Hochkulturen der Maja und Azteken war aufgestoßen.[3] Wenige Monate später erreichte Hernán Cortés Tenochtitlán, das politische und

Der Kampf um
Tenochtitlán 1521 –
Historiengemälde
von Miguel
und Juan Gonzáles,
um 1696 / 1715.

religiöse Zentrum des Aztekenreiches. In einem zähen, mit blutiger Brutalität, Verschlagenheit und selbstzerfleischenden Intrigen innerhalb der Konquistadoren ausgetragenen Ringen wurde das Aztekenreich vernichtet und das Land als Neu-Spanien der Krone Kastiliens unterstellt: Auf den freundschaftlichen Empfang des Aztekenkaisers Montezuma II. folgte die traumatische «noche triste» vom 30. Juni auf den 1. Juli 1520, als der aufs Blut gereizte Aztekenadel mit unbedingtem Vernichtungswillen über die Eindringlinge kam. Die Spanier mussten ihre auf einer Insel mitten im See der Hauptstadt gelegene Bastion aufgeben, die ihnen zur Falle zu werden drohte. Auf der kopflosen Flucht wurden sie nahezu aufgerieben. In einem kaltblütigen Gegenschlag führte Cortés seine Truppen zurück – eine kleine Schar von Spaniern, vor allem aber ein großes Hilfskontingent von Indios aus den von den Azteken unterworfenen Stämmen, die an der Seite der Europäer wieder Unabhängigkeit erlangen wollten. Nach monatelanger verlustreicher Belagerung eroberte diese europäisch-indigene Streitmacht am 13. August 1521 die glänzende, mit rund 200 000 Einwohnern alle europäischen Städte weit überragende Aztekenresidenz Tenochtitlán und machte sie dem Erdboden gleich. Das war das Ende der bedeutendsten autochthonen Hochkultur der Neuen Welt mit einer ausgefeilten gesellschaftlichen und politischen Organisation, mit einer hohen Kultur- und Wirtschaftsblüte. Auch ihre Religion wurde ausgelöscht – mit einem guten Gewissen der Christen, selbst der wenigen, die dem Eroberungswahn kritisch gegenüberstanden. Denn es war der Sieg über blutige Heidengötter, die Menschenopfer verschlangen.

«Goldkastilien» nannte der Volksmund die Westindischen Länder. Bald stand der neue Kontinent durch rasch aufeinander folgende Eroberungszüge den Europäern immer klarer vor Augen – durch Expeditionen nach Norden in Richtung auf die heutigen USA, wo es galt, den Franzosen zuvorzukommen, aber keine Reichtümer zu finden waren (womit die Region für die Spanier rasch uninteressant wurde); vor allem aber nach Westen und Südwesten, spektakulär vor allem Francisco Pizarros Zug über die Anden.

Von all dem erfuhr Karl durch eilends übers Meer geschickte Berichte oder mit Geschenken versehene Delegationen, die das Geschehen und seine Helden natürlich nur ins beste Licht rückten. Cortés wandte sich sogar schon vor Beginn seines eigentlichen Eroberungszuges ins Innere Mexikos an den Kaiser. Denn er hatte die Kompetenzen weit überschritten, die ihm der Statthalter von Kuba Diego Velázquez de Cuélla zugestanden hatte. Und so wollte er sein Vorgehen direkt vom spanischen König legitimieren lassen. Um ihm die Reichtümer des Landes vor Augen zu stellen, schickte er ihm die glänzendsten der Geschenke, die ihm der Aztekenkaiser Montezuma gleich nach Ankunft an der Küste Mexikos als Zeichen der Freundschaft übersandt hatte, dazu fünf Indios von einem der Küstenstämme. Trotz aller Bemühungen des kubanischen Statthalters, die Gesandtschaft nach Spanien abzufangen, erreichten die Schiffe Ende 1519 sicher den Hafen von Sevilla. So konnte Karl die Botschaft von der Entdeckung Mexikos und die ihm übersandten Geschenke in Barcelona entgegennehmen, wo er sich anlässlich seines Herrschaftsantritts im Königreich Aragon befand. Auch von dieser ersten Begegnung mit Zeugnissen der Neuen Welt ist eine persönliche Reaktion des Monarchen nicht überliefert. Doch ist anzunehmen, dass die Berichte den knapp Zwanzigjährigen nicht unberührt ließen. Zwar mögen die niederländischen Humanisten, die zu diesem Zeitpunkt seine Regierung prägten, die Verhältnisse in Übersee kaum richtig eingeschätzt haben. Auch war der Hof vorrangig mit der Vorbereitung der Aachener Krönung beschäftigt. Allen war aber klar, dass die Schätze der Neuen Welt bestens dazu geeignet waren, Europa den unerreichbaren Glanz und die überlegenen Machtmittel des neuen Deutschen Königs und erwählten Kaisers vorzuführen. Zwar wurde ein Großteil des Goldes für den ausstehenden Sold der Truppen und die Finanzierung der bevorstehenden Überfahrt nach Deutschland genommen. Die Kunstwerke aber und die Indios in ihren aufsehenerregenden Federkleidern gingen mit auf den Zug quer durch Spanien nach La Coruña – ein allen sichtbares Zeichen für die weltumspannende Reputation ihres Königs. In Sevilla, Valladolid und später in Brüssel wurden die glänzendsten Zeugnisse der aztekischen Kunstfertigkeit ausgestellt. Welchen Eindruck die Exponate der Aztekenausstellung in Brüssel machten, ist dem Niederländischen Tagebuch Albrecht Dürers zu entnehmen:

> Da «sah ich Dinge, die man dem König aus dem neuen Goldland gebracht hat: Eine ganz goldene Sonne, einen ganzen Klafter breit, desgleichen einen ganz silbernen Mond, ebenso groß, desgleichen zwei Kammern voll Rüstungen der Leute dort, desgleichen allerlei Wunderliches von ihren Waffen, Harnischen und Geschossen; gar seltsame Kleidung, Bettgewand und allerlei wundersame Gegenstände zu menschlichem Gebrauch. Diese Sachen sind alle so kostbar, dass man sie hunderttausend Gulden wert schätzt. ... Ich sah darunter wunderbare, kunstvolle Sachen und verwunderte mich über die subtilen Ingenia der Menschen in fremden Ländern».[4]

Auch als Karl im Sommer 1522 zur Ratifizierung des mit England gegen Frankreich geschlossenen Geheimvertrags zu dem erwähnten Staatsbesuch nach England reiste, führte er eine Auswahl der West-

Mexiko-Stadt, 16. Jahrhundert.

indischen Schätze mit, um dem Königspaar und dem englischen Hof die Reichtümer der neu entdeckten Welten vorzuführen.[5]

In drei ausführlichen Berichten vom Oktober 1520, Mai 1522 und Oktober 1524 unterrichtete Cortés den jungen Kaiser über die voranschreitenden Eroberungen und das Verhältnis zwischen Spaniern und Indios.[6] Im Vordergrund standen stets die grandiosen Möglichkeiten, die sich dem Kaiser und Kastilien in Übersee eröffneten, bis hin zu dem unerhörten Vorschlag, das traditionelle Römische Kaisertum zu einem Weltkaisertum auszudehnen. Auch die Religion berührte der Bericht immer wieder, den Götzendienst der Heiden ebenso wie die Notwendigkeit, den Indios das Christentum durch gute Prediger und Seelsorger zu verkünden. Vor allem das Ende der heidnischen Riten mit ihren blutigen Menschenopfern wird Karl von der Legitimation der Eroberung und selbst ihrer Gewalttaten überzeugt haben. Die sogleich in Angriff genommene Umgestaltung Mexikos zur Hauptstadt seines neu gewonnenen Königreiches Neuspanien war ganz in seinem Sinne. Bald erwuchs aus den Trümmern der heidnischen Aztekenresidenz Tenochtitlán eine gewaltige, der Himmelfahrt Mariens geweihte Kathedrale und zeugte von der die Welt durchdringenden Kraft Spaniens und des Christentums. Sie war mit Bedacht eben dort errichtet, wo der heidnische Haupttempel niedergerissen worden war.

Zur «Aussaat unsers Glaubens, mit der die Seligkeit des Ewigen Lebens verdient werden wird», mahnte Cortés mit Nachdruck die rituelle und seelsorgliche Betreuung sowohl der europäischen Christen wie der Indios an sowie den Aufbau eines ordentlichen Kirchenwesens. Dafür müsse der Kaiser beim Papst entsprechende Vollmachten für zwei Subdelegaten des Heiligen Stuhles erwirken, «einen vom Orden des heiligen Franziskus und den anderen von dem des heiligen Dominikus». Nur so erhielten die Christen, die «so weit vom Sitz der römischen Kirche entfernt leben» die «Mittel der Gewissensberuhigung», derer sie «als Menschen, die so sehr der Sünde unterworfen sind», dringend bedürften.[7] Nötig war eine solche Mahnung kaum. Denn den Katholischen Königen war bewusst, dass für die Integration der Indios wie generell für die Sicherung ihrer Herrschaft in den neuentdeckten Ländern das Zusammenwirken von Staat und Kirche unerlässlich war. Für Karl V. galt das in besonderem Maße. Die Diskussionen über die Christianisierung der Indios und die Errichtung einer kolonialen Kirchenorganisation betrafen nie das Ob, sondern nur das Wie religiös-staatlichen Handelns.[8]

Das Reich der Inkas und die Inseln der Gewürze

Von der Eroberung des Inkareiches und der Erbeutung ihres Goldschatzes erfuhr Karl am 20. Januar 1535 während eines Aufenthaltes im aragonischen Calatayud. Der Konquistador Francisco Pizarro, der es

Cortés gleichtun wollte, war ausgestattet mit einem Ermächtigungsprivileg der Kaiserin Isabella, aktuell Regentin Kastiliens, vom 26. Juli 1529 über die Anden an die Pazifikküste gezogen und von dort hinauf nach Cuzco, der Residenzstadt des Inka-Herrschers. Wie sein Vorbild Cortés hatte er auf verschlagene Art Gold erpresst, das Land dem spanischen König unterstellt und damit zugleich nicht nur das mächtige Inkareich vernichtet, sondern weitgehend auch dessen Kultur. Pizarros Bruder Hernando tauchte in seinem Augenzeugenbericht für Karl die Rolle der Konquistadoren wie die Ereignisse generell natürlich in das edelste Licht. Der Kaiser und sein Hof hörten in wundersamster Ausschmückung von dem glanzvollen Auftritt des Inka, dem märchenhaften Aufzug seines Hofstaates, der Prozession von Tänzern und Musikanten – vor allem aber von Gold und Edelsteinen, die die Reichtümer des mittelamerikanischen Goldkastiliens noch überstrahlten.

Überraschende Nachrichten hatten den Kaiser schon zuvor aus dem Fernen Osten erreicht. Zu Beginn seiner spanischen Regierung und sicherlich noch ganz von seinen Beratern geleitet, hatte er eine Expedition nach Ostasien entsandt. Es ging um den Zugang zu dem bislang ausschließlich von den Portugiesen ausgebeuteten Gewürzmarkt der Molukken. Dort waren reiche Handelsgewinne garantiert, verlockend für Spanien in einem Moment, als man von dem westindischen Gold noch nichts wusste. Am 22. März 1518 war in Valladolid in Karls Namen ein Vertrag mit dem in seiner Heimat in Ungnade gefallenen portugiesischen Kapitän Fernão de Magalhães abgeschlossen worden. Im August 1519 war Magellan, so die deutsche Form seines Namens, mit einem kleinen Geschwader von fünf Schiffen mit rund 250 Mann Besatzung von Sevilla aus in See gestochen. Anders als bislang selbstverständlich, segelte er nicht nach Süden die afrikanische Küste entlang, sondern nach Westen über den Atlantik, dann entlang der amerikanischen Küste nach Süden. Am Ende des Kontinents fand er eine Durchfahrt zwischen dem Festland und dem vorgelagerten Archipel von kleineren und größeren Inseln, die ihn vom Atlantischen zum Pazifischen Ozean führte – die später nach ihm benannte Magellanstraße. Quer durch den Pazifik nach Nordosten segelnd, erreichte die Flotte von Osten her die Gewürzinseln der Molukken und löste damit den im Zusammenhang mit Karls Eheschließung erwähnten Konflikt mit den vorher dort gelandeten Portugiesen aus. Zurück segelte man die übliche Route durch den Indischen Ozean nach Westen, um das Kap der guten Hoffnung herum nach Norden an der Küste Afrikas entlang nach Spanien – die erste Weltumseglung also.

Doch ehe die Flotte die molukkischen Gewürzinseln erreichte, war man auf den Philippinen in einen mörderischen Kampf mit den Einwohnern geraten, die sich einem fernen König nicht unterwerfen und auch nicht seinen Glauben annehmen wollten. Magellan fand dabei den Tod, niedergestreckt von einem Giftpfeil und Lanzenstößen, als er bereits bis zur Brust im Wasser stehend den Rückzug seiner Mannschaft deckte, so jedenfalls der Bericht des Chronisten. Von den fünf ausgesandten Schiffen gelangte im September 1522 ein einziges unter dem Kommando von Juan Sebastián Elcano zurück in den Heimathafen Sevilla. Die Reise von insgesamt 2 Jahren, elf Monaten und zwei Wochen hatten ganze 18 der 250 Seeleute überlebt. Doch Karl konnte der Statthalterin Margarete von Österreich in die Niederlande vermelden, dass der von ihm ausgeschickten Flotte die erste Weltumseglung gelungen sei.

Angesichts der großen Aufgaben, die er sich in Europa vorgenommen hatte, mussten die Berichte aus Asien und Amerika den jungen Kaiser tief beeindrucken, versprachen sie doch große Handelsgewinne und geradezu unermessliche Schätze, die Spanien und seinem König zufließen würden. Die Unsummen, die er auf den europäischen Schlachtfeldern würde einsetzen müssen, schienen gedeckt. Die unsauberen Quellen des Silber- und Goldstroms, der seit den zwanziger Jahren in rasch anschwellenden Wogen Spanien erreichte, werden den Kaiser kaum beunruhigt haben. Wichtig war allein, dass die Staatskasse davon gefüllt wurde – durch das königliche Fünftel, das den Herrschern über das Mutterland traditionell zustand, dazu durch Zollgebühren, gelegentlich auch durch Verstaatlichung privaten Besitzes von straffällig gewordenen Konquistadoren. Von der Heimtücke und Brutalität, mit der die Eroberer die Reichtümer an sich brachten, den Verbrechen gegen Leib und Seele der Indios, seiner ihm neu anvertrauten Untertanen, von all dem ahnte Karl zunächst wohl nichts. Denn darüber schwiegen die Berichte der Konquistadoren natürlich.

Wahrscheinlich wollte er davon auch nichts wissen. Eine sogfältige Lektüre hätte ihn durchaus die abgrundtief dunklen Seiten der Eroberungen in seinem Namen erahnen lassen. Etwa wenn Pizarro den prächtigen und friedvollen Aufzug des Inka in goldener Sänfte und mit Edelsteinen besetzter Kleidung, dazu dessen heiteres Gefolge mit friedlichen Gesängen und Tänzen schilderte und wenig später von dem erbarmungslosen Kampf seiner Soldaten gegen eben dieses gutgläubige Volk berichtet. Doch solche Reflexionen wurden im Keim erstickt durch die Verheißungen von Macht und Reichtum. Gold, Gold und nochmals Gold, das interessierte den Kaiser, seine Räte, den Hof und das ganze spanische Volk in jenen Jahren. Und die Konquistadoren gingen ganz selbstverständlich davon aus, dass sie mit ihren Taten, die ja immer auch den Einsatz des eigenen Lebens bedeuteten, ein Anrecht auf Belohnung erworben hatten, einen Anteil an den erbeuteten Schätzen, vor allem aber die Übertragung von Ländereien und Eingeborenen als Sklaven zu deren Bewirtschaftung.

Wie fast immer, zeigte Karl auch in der Kolonialpolitik wenig Empathie, gegenüber den Leiden der Unterworfenen nicht und auch nicht gegenüber den Strapazen und Verlusten der Konquistadoren. Der erwähnte Brief an Margarete von Österreich über die erste Weltumseglung stellt in sonst selten erkennbarer Selbstzufriedenheit fest: *«Die Flotte, die ich vor drei Jahren zu den Gewürzinseln ausgeschickt habe, ist zurückgekehrt. Sie hat den Ort erreicht, an dem niemals zuvor Portugiesen oder eine andere Nation gewesen sind. Sie haben ein Schiff mitgebracht, beladen mit Gewürznelken und allen anderen Sorten von Gewürzen wie Pfeffer, Zimt, Ingwer, Muskat und Sandelholz. Auf den Inseln befinden sich auch Perlen und Gold.»* Keine Rede vom Verlust der vier nicht in den Heimathafen zurückgekehrten Schiffe; keine Trauer über den Tod so vieler Menschen. Selbst der wagemutige Kommandant Magellan, der ihm das Unternehmen vorgeschlagen hatte, findet keine Erwähnung. Stattdessen unbeirrt der kalte Beschluss: *«Angesichts solcher Annehmlichkeiten, die mir und der ganzen Christenheit zugutekommen könnten, bin ich entschlossen, eine neue Flotte auszurüsten, um sie dorthin zu schicken.»*[9]

Um Recht und Ordnung in den neuen Besitzungen

Es ging allerdings längst nicht mehr allein um Eroberung und Beute. In Spanien, vor allem in Kastilien, war die spätmittelalterliche Staatsbildung so weit fortgeschritten, dass sich unmittelbar mit den ersten

ODER DER STREIT UM DIE SEELEN UND DAS GOLD DER INDIOS 271

Entdeckungen auch die Frage von Recht und Ordnung in den neuen Ländern stellte. Es ging um ihre Zuordnung zur spanischen Krongewalt, um den Aufbau von Gerichten und Verwaltungsinstitutionen sowie nicht zuletzt um die damit engstens verschränkte kirchliche Organisation. Das setzte zunächst einmal die Christianisierung der Indios voraus.[10] Die Katholischen Könige, zuletzt vor allem König Ferdinand von Aragon, hatten bereits die Richtung vorgegeben. Karl musste nur die von ihnen gegründeten Institutionen auf die neuen Gebiete übertragen und den ins Riesige angewachsenen Dimensionen anpassen.

Von Anfang an sah er sich mit dem Grundsatzkonflikt konfrontiert, der die Spanier in den Überseebesitzungen in zutiefst verfeindete Lager spaltete. Auch die für die Überseebelange zuständigen Gremien in Kastilien waren nur zu häufig gespalten, die *Casa de Contratación*, das logistische und kommerzielle Zentrum der Schifffahrt und des Überseegeschäftes in Sevilla, ebenso wie der *Consejo de las Indias*, der Indienrat, den Karl im Zuge der Verwaltungsreformen der zwanziger Jahre aus dem Staatsrat ausgegliedert und zum selbständigen Regierungs- und Verwaltungsgremium für die amerikanischen Gebiete gemacht hatte.[11]

Auf der einen Seite standen die Konquistadoren, die – das ist für das Verständnis der Diskussionen und der Haltung Karls wichtig – keine der Krone oder dem Staat unterstellte Feldherren waren, sondern Abenteurer und profitorientierte Unternehmer eigenen Rechts. Sie holten zwar bei der Krone eine Berechtigung ein, führten die Eroberungs- und Entdeckungszüge aber auf eigene Rechnung und eigenes Risiko durch. Ihre Mannschaften stellten sie unabhängig vom Staat zusammen und waren für deren Unterhaltung und «Entlohnung» verantwortlich, ähnlich übrigens wie in Europa noch im Dreißigjährigen Krieg die Obristen und selbst der Feldherr Wallenstein. Dementsprechend sahen es die Konquistadoren als ihr Recht an, zur Kompensation ihres Einsatzes Land und Leute zu unterwerfen und so viel Erträge wie eben möglich aus ihnen herauszupressen. Dem stemmten sich ihre Gegner, vorwiegend Mitglieder des Dominikaner- und Franziskanerordens, mit religiösen und moralischen Argumenten entgegen. Das war eine kleine Gruppe, die in den Kolonien bitter angefeindet wurde. Doch wusste sie wortgewaltig in Schrift und Rede zu kämpfen und die höchsten Repräsentanten in Staat und Kirche bis hin zur monarchischen Spitze für ihre Sache zu mobilisieren. Seit den letzten Regierungsjahren Ferdinands von Aragon war ihr Wortführer der Dominikanermönch Bartolomé de Las Casas. Nach Art eines alttestamentarischen Propheten rüttelte er die Verantwortlichen in Spanien auf und stellte ihnen die grausamen Ausschreitungen der Konquistadoren und das Elend der Indios vor Augen. Als ein neuer Savonarola predigte er mit Leidenschaft und Zorn und rief die Sünder zur Umkehr auf, solange ihnen Gott noch Zeit dazu lasse. Er verlangte nicht weniger als eine radikale christliche und humane Neuorientierung der Verhältnisse in Übersee.

Es ging ihm vor allem um zwei Dinge: Zum einen um ein Ende der Versklavung der Indios durch die sogenannten Encomiendas. Das war ein inzwischen in Übersee eingeführtes privatrechtliches System, das auf der Zuteilung einer bestimmten Zahl von Indios an einen spanischen Herrn, Großgrundbesitzer oder Unternehmer vor allem in der Zuckerproduktion und Perlenfischerei, beruhte. Die Spanier erhielten dadurch nahezu unbegrenzte Macht über die Eingeborenen, zumal eine staatliche Kontrolle faktisch nicht existierte. Zum andern ging es, für Las Casas noch wichtiger, um die Einrichtung einer Mission, die dazu geeignet war, ohne Zwang und auf Dauer die Seelen der Indios für das Christentum zu gewinnen. Grundsätzliche theologische und staatsrechtliche Unterstützung fanden die Kritiker bei den bedeutendsten Gelehrten in Spanien selbst, voran in der berühmten Rechtsschule von Salamanca, deren Haupt Francisco de Vitoria in seiner bald klassischen Vorlesung «De Indis recenter inventis» (Über die kürzlich entdeckten Indianer) die Problematik staats- und völkerrechtlich betrachtete. Weil mit den *Encomiendas* die materielle Grundlage der arbeitsfreien, adeligen Existenz der Hidalgo-Kolonisten in Frage stand, wehrten diese sich mit allen Mitteln der Verleumdung und Intrige bis hin zu Mord und Morddrohungen. Und da auch das Establishment in Kastilien – den Staatssekretär der Finanzen Francisco de los Cobos eingeschlossen – nicht auf seinen Anteil an Gewinnen aus Übersee verzichten wollte, standen die meist klerikalen Kritiker mit ihren religiösen und moralischen Argumenten weitgehend allein. Sie mussten den König selbst überzeugen.

So sah sich der junge spanische König gleich bei Regierungsantritt nicht nur mit den sagenhaften Reichtümern der Neuen Welt, die ihm die Delegation des Mexiko-Konquistadors Cortés vorführte, konfrontiert, sondern auch bereits mit den scharfen Anklagen gegen die spanische Eroberungs- und Unterwerfungspolitik. Der Dominikaner Las Casas kritisierte unerschrocken die Unmenschlichkeiten und Verbrechen, die er Spanier im Namen des Christentums in Amerika hatte verüben sehen. Er mahnte den kastilischen König, sich der Verantwortung zu stellen, die er vor Gott und der Welt für seine neuen Untertanen trage – für ihre leibliche Unversehrtheit, vor allem aber für ihr Seelenheil. Gleich beim Ausgreifen der Konquista von den karibischen Inseln auf das Festland im Frühjahr 1517 hatte er seine Stimme erhoben und die nach Westen vorstoßende Expedition bezichtigt, ihr Ziel sei nicht Erkundung und Entdeckung, sondern «*Indios aufzugreifen, wo immer man sie finde*», um sie als Slaven zu verkaufen. Im Dezember 1515 hatte Las Casas Gelegenheit, seine Vorstellungen von der notwendigen Verbesserung der 1512 zum Schutz der Indios erlassenen Gesetze in einer Audienz dem spanischen König Ferdinand von Aragon vorzutragen. Als dieser bereits im Januar 1516 starb, nahm er sogleich Kontakt mit der Regierung des neuen Königs auf. Dabei fand er – wie er in seiner Chronik herausstellt – bei «*den Flamen*» wohlwollend Gehör, namentlich bei dem Großkanzler Sauvage und Adrian von Utrecht, Bischof von Tortosa, dem späteren Papst Hadrian VI.[12] Doch auch der Großkanzler starb bereits im Juni 1518 – «*und dies war das zweite Mal, dass in dem Augenblick, da das Heil jener Menschen ganz nahe war, durch Gottes geheimen Ratschluss alles in sich zusammenfiel, so dass es aussah, als wäre alle Hoffnung verloren.*»[13]

In einem war der Dominikaner in der Tat gescheitert – mit seinem Vorschlag, bei den körperlichen Arbeiten in den amerikanischen Kolonien fortan nicht mehr Indios, sondern körperlich kräftigere und widerstandsfähigere Sklaven aus Afrika einzusetzen. Dieser überraschende wie skandalöse Vorschlag bringt ihm immer wieder den Vorwurf ein, den verheerenden Transatlantikhandel mit Schwarzafrikanern wo nicht mitbegründet, so doch gerechtfertigt zu haben. Jahrzehnte später, in denen er selbst in Amerika afrikanische Sklaven eingesetzt hatte, distanzierte sich Las Casas zerknirscht von dieser Idee. Er sei sich «*des Unrechts nicht bewusst (gewesen), mit dem die Portugiesen die Afrikaner einfingen und zu Sklaven machten. Nachdem er dies erkannte, hätte er den Rat um alles in der Welt nicht mehr gegeben, denn es war immer Unrecht, wenn man sie fing, und Tyrannei, wenn man sie zu Sklaven machte; die Neger haben die gleichen Rechte wie die Indios.*»[14]

Der Tod Sauvages ließ Las Casas nicht ins Abseits geraten. Als Kaplan des Königs und formeller Prokurator oder Sachwalter der Indios fand er weiterhin Gehör. Am 10. Dezember 1518 kam es in Barcelona vor dem höchsten Regierungsgremium und unter Anwesenheit des Königs zu einem Streitgespräch zwischen ihm und Bischof Juan Rodríguez de Fonseca, dem Las Casas feindlich gesinnten Vorsitzenden des Indienrates als Sprecher der Konquistadoren-Partei. Unterstützt von den königlichen Hofgeistlichen,[15] konnte Las Casas diese Disputationsrunde klar für sich entscheiden: «*Seitdem wuchs mit jedem Tag sein Ansehen bei dem Großkanzler und dieser berichtete alles dem König, und dieser verstand sich sehr gut mit Bartolomé.*» Als Ergebnis erhielt Las Casas am 19. Mai 1520 in La Coruña, wohin sich der Hof inzwischen begeben hatte, eine von Karl unterschriebene Berechtigung für ein Siedlungsprojekt mit freien Indios, das er ganz nach seinen Vorstellungen gestalten konnte. Am Tag darauf stach die kaiserliche Flotte nach Osten zur Aachener Königskrönung in See. Las Casas hatte noch schwierige Vorbereitungen zu treffen. Mitte Dezember brach auch er auf – nach Westen zu den Neuen Indien. Dort erwartete ihn die erbitterte Feindschaft der Kolonisten, die in einem Siedlungsmodell, das auf freier Arbeit sowohl der Spanier wie der Indios basierte, das Ende all dessen sahen, was ihnen das Leben in Übersee verlockend machte.

So sehr Las Casas in seinem Bericht auch das persönliche Einvernehmen mit dem König betont, Karl war in diesen Monaten noch viel zu weit von den Regierungsgeschäften entfernt, zudem ganz mit der Vorbereitung der Königskrönung und der Ausgestaltung des Kaisertums befasst, als dass er sich seriös mit Westindien hätte beschäftigen können. Detailfragen wie die Verteilung der Sklavenarbeit lagen ihm vollends fern. Darüber war sich offensichtlich Las Casas selbst im Klaren: «*Und wäre der König*», so beschließt er seine Ausführungen zu seinem Spanienaufenthalt 1517–1520, «*gerade zum Kaiser gewählt, nicht in Eile gewesen Spanien aus diesem Grund zu verlassen, – gewiss, Westindien wäre es gut gegangen, und der Kleriker* (also er selbst, H. Sch.) *in seinem Werk nicht wenig gefördert worden.*»[16]

Und in der Tat, für Karl standen in den nächsten Jahrzehnten die

Aufgaben des europäischen Kaisertums im Vordergrund. Selbst auf Cortés' Verlockung, sein Kaisertum auf eine globale Basis zu heben, ließ er sich, wie wir hörten, nicht ein. Dennoch blieb «Westindien», wie man Mittel- und Südamerika noch lange geographisch verortete, auch in all den Jahren, in denen er als Kaiser quer durch Europa zog, präsent – mit seinen Reichtümern, aber auch mit seinen Abgründen, über die die Mönche des Dominikaner- und Franziskanerordens nicht müde wurden, ihn und seine Regierungsgremien zu informieren. Fürs Erste indes sah er keinen Grund, sich in dem Streit für die eine oder andere Seite zu entscheiden. Auf die Reichtümer aus Übersee konnte er umso weniger verzichten, als sein Engagement in Europa mit den regulären Einkünften aus seinen Ländern nicht zu finanzieren war. Und da es auch hier um die Sicherung des Christentums ging – gegen die protestantische «Häresie», vor allem aber bei der Türkenabwehr, sah er seinen Seelenfrieden durch die Zustände in Amerika kaum gestört. Auf die Ermahnungen in Francisco de Vitorias Vorlesung «De Indis recenter inventis» von 1538 reagierte Karl ungerührt mit der Anweisung an Vitorias Ordensvorgesetzten, *«er solle diese Mönche zum Schweigen bringen».*[17]

Verloren waren die Mahnungen der Ordensbrüder aber nicht. Denn seine ausgeprägte religiöse Sensibilität musste Karl über kurz oder lang wachrütteln und unnachgiebig auf die ihm von Gott übertragene Pflicht festlegen, als christliche Obrigkeit, zumal als Kaiser, für das Seelenheil der neuen Untertanen Sorge zu tragen. Das umso mehr, als für ihn feststand, dass die neu entdeckten Länder und ihre gewaltigen Reichtümer ein Geschenk Gottes an ihn und Spanien waren – Gold, Silber, Edelsteine vor allem, aber auch Zucker von den Antillen, Edelhölzer aus den endlosen Waldgebieten, für das aufblühende Textilgewerbe Baumwolle und zum Färben Cochenille, Heil- und Wundpflanzen, an erster Stelle die Sarsaparillawurzel, von der man Heilung der Jahrhundertgeißel Syphilis, hinsichtlich der gesellschaftlichen Wirkung dem heutigen Aids vergleichbar, erwartete. In dieselbe Richtung wiesen die Staatsraison und die Logik, legten die königlichen Beauftragungen an die Konquistadoren doch stets als vornehmste und wichtigste Aufgabe fest, *«die Eingeborenen zum christlichen Glauben zu bekehren durch freundliche Belehrung und Behandlung unter Vermeidung jeder Gewalttat».* Auch an diese und ähnliche juristische Absichtserklärungen hatte Las Casas den Kaiser wiederholt erinnert.[18]

Besinnung auf Gottes Gebot der Menschlichkeit

Die Niederlage vor Algier 1541 rief diese religiöse und politische Verpflichtung dann aktuell wach. Das ganze Unternehmen hatte er – den Ratschlag selbst des Papstes beiseitewischend – darauf aufgebaut, dass über das Wetter allein Gott verfüge und es daher keinen Hinderungsgrund gebe, spät im Jahr nach Afrika zu segeln. Wenn sich die gottbestimmte Witterung so entschieden gegen die kaiserlichen Truppen gestellt hatte, dann musste es einen Grund geben. Es lag nicht allzu fern, ihn in den unchristlichen Verhältnissen in Übersee zu suchen, wie sie die Mönche so drastisch schilderten. Unmittelbar nach dem Fiasko von Algier richtete der Kaiser seine ganze Aufmerksamkeit auf das Schicksal seiner indianischen Untertanen. In den anderthalb Jahren, die er von Ende Dezember 1541 bis Mai 1543 in Spanien verbrachte, sorgte er dafür, dass die Expertenkommissionen, die er zur Beratung der Lage in den Überseereichen eingesetzt hatte, nicht erneut die Probleme unter den Teppich kehren konnten. Im Gegenteil, sie folgten weitgehend den drei Gutachten, die Las Casas eigens für die Beratungen ausgearbeitet hatte, ganz unter dem Eindruck der Horrorbilder von Pizarros Gemetzel in Peru. Das Ergebnis waren die *Leyes Nuevas*, die Neuen Gesetze, die an die Stelle der *Leyes de Burgos* aus dem Jahr 1512 traten und eine grundlegende Neuordnung der Verhältnisse in Amerika im Sinne der Kritiker verfügten.

Karl setzte die Sammlung von insgesamt vierzig Gesetzen am 20. November 1542 in Barcelona in Kraft. Der erste Teil betraf die Reform der Verwaltung und der Audienzgerichte, die um zwei weitere ergänzt wurden, eines für Peru, ein zweites für das Gebiet «*an der Grenze*», nämlich zwischen den heutigen Staaten Nicaragua und Guatemala. Ein zweiter Teil von insgesamt zwölf Gesetzen ordnete die Stellung der Indios neu, und zwar ganz so, wie es die Präambel zu den Gutachten des Las Casas forderte: Als «*Heilmittel für alle Indios in Westindien und für die Art und Weise, wie man es anwenden muss, damit sie Christen werden und ihre Freiheit erlangen ... und es den Konquistadoren nicht gelingt, sie endgültig zu vernichten, gibt es keinen anderen Weg, als dass seine Majestät sie als Vasallen der königlichen Krone unterstellt und sie aus allen Encomiendas befreit und dass man nie mehr einen Indio einem Spanier zuteilt.*»[19]

Die Kernbestimmungen der Neuen Gesetze lesen sich, als hätte sie Las Casas selbst formuliert:

«Weil Unsere vornehmste Absicht und Unser Wille immer auf die Erhaltung und Förderung der Indianer und auch darauf gerichtet war und ist, dass sie in den Dingen unseres heiligen katholischen Glaubens unterwiesen und gelehrt und als freie Menschen und Untertanen, die sie sind, gut behandelt werden, gebieten und befehlen Wir den Mitgliedern Unseres Rates (also des Indien-Rates, H. Sch.), ihre ständige Aufmerksamkeit vor allen Dingen dem Schutz, der guten Regierung und Behandlung der Eingeborenen zuzuwenden und sich zu überzeugen, wie Unsere Vorschriften über die Regierung Indiens und die dortige Rechtspflege ausgeführt werden.

Da eine der Hauptaufgaben, die die Gerichte in Unserm Geist zu leisten haben, drin besteht, ganz besonders über die gute Behandlung und die Erhaltung der Indianer zu wachen, befehlen Wir ihnen, sich ständig über Ausschreitungen und Fälle schlechter Behandlungen zu unterrichten, denen sich Beamte oder Privatpersonen schuldig machen sollten. ... und dass sie gegen Zuwiderhandlungen einschreiten, indem sie die Schuldigen mit aller rechtlich gebotenen Strenge bestrafen.

Wir ordnen an und befehlen, dass künftig aus keinem Grunde, sei es Krieg oder welcher sonst, weder zur Strafe für Aufruhr noch im Wege des Loskaufens (Erwerb von einem vorherigen Besitzer, H. Sch.), noch auf andere Weise, irgendein Indianer zum Sklaven gemacht werde. Wir wollen, dass sie als Unsere, der Krone von Kastilien, Untertanen behandelt werden, denn das sind sie.»[20]

Mit der direkten Unterstellung der Indios unter die Krone Kastiliens, dem Verbot ihrer Versklavung und jeglicher Vergabe an Privatpersonen war das Encomiendasystem theoretisch aufgehoben. Karl hatte sich ganz für die christliche Moralposition entschieden.

Ein halbes Jahr später, im Mai 1543, verließ der Kaiser Spanien und sollte erst nach gut 13 Jahren als abgedankter Monarch zurückkehren. In dieser Zeit standen für ihn ganz andere Aufgaben im Vordergrund. Hinzu kam, dass die spanischen Siedler in Amerika nicht bereit waren, sich widerstandslos die materiellen Grundlagen ihres Herrenlebens entziehen zu lassen. Karl musste seine moralischen Ansprüche hintanstellen und zur Realpolitik zurückkehren, wollte er nicht einen Aufstand oder gar den Abfall der Kolonien und damit das Versiegen der Überseeeinkünfte riskieren. Die waren aber in der Entscheidungsphase des Ringens zunächst mit Franz I., dann mit den protestantischen Fürsten Deutschlands unverzichtbar. Und so wurden die neuen Gesetze schon 1545 entschärft. Dennoch gab der Kaiser bis zu seinem Amtsverzicht sein Interesse an den Verhältnissen in den Überseekolonien nicht auf.

Las Casas gegen Sepúlveda – der erste freie Disput über Kolonialpolitik

Als er Anfang 1548, auf dem Höhepunkt seiner Macht, in Augsburg eine Regierungsinstruktion an seinen Sohn und Thronerben Philipp II. formulierte, widmete er sich ausführlich den inneren Verhältnissen Westindiens. Dabei legte er seinem Sohn die bedrückenden Lebensumstände der Indios, die er selbst nicht grundlegend hatte verbessern können, nachdrücklich ans Herz:

> «Was die Regierung in den Indien anbelangt, so ist es von allergrößter Wichtigkeit, dass Ihr Entschlossenheit und Achtung darauf verwendet, zu erfahren und zu verstehen, wie die Dinge dort stehen, und dass Ihr sie festigt aus Pflichtbewusstsein gegenüber Gott und damit Ihr den gebührenden Gehorsam findet, damit das genannte Indien gerecht regiert, aufgerichtet und bevölkert werde. Dafür müsst Ihr die Unterdrückung durch die Eroberer und durch andere, die dort Ämter haben und Macht ausüben, die sie zum Vorwand für ihre bösen Absichten nahmen und nehmen, abstellen, um den Indianern Schutz und die nötige Erleichterung zu verschaffen. Dadurch werdet Ihr Autorität, Überordnung, Vorrechte und Wissen über die genannten Eroberer und ihre Länder erlangen, wie es sich gebührt, dadurch werdet Ihr das Wohlwollen und die Treue der besagten Indianer gewinnen und erhalten. Der Indienrat aber soll darüber wachen ohne Rücksicht auf Partikularinteressen als eine sehr wichtige Angelegenheit.
> Was die Abgaben der Indios anbetrifft, ... wisst Ihr selbst, dass diese Sache von größter Bedeutung für die Gegenwart und die Zukunft ist, und es wäre gut, wenn Ihr große Sorgfalt auf die Entscheidung darüber verwenden würdet. ... Unterlasst es nicht, sie gut zu prüfen und Euch mit verständigen Männern drüber zu beraten, die kein Eigeninteresse haben, die Angelegenheiten dort kennen, und deren erstes Ziel ... es ist, die königlichen Vorrechte zu bewahren und das Wohl Indiens zu befördern. Wenn Ihr dies beachtet, dann wird die zu erhebende Abgabe mäßig und von möglichst geringem Schaden sein.»[21]

Das war eine Basis, auf der Las Casas weiter für das Seelenheil der Indios kämpfen konnte, und damit zugleich für das Seelenheil der Spanier und des Kaisers. Denn für ihn stand fest: Das Seelenheil eines Menschen zu gefährden, eines Europäers oder Indios, ist eine schwere Sünde. Im Alter von 62 Jahren war er endgültig aus der Karibik nach Spanien zurückgekehrt, ins Dominikanerkloster San Gregorio in Valladolid. Er wurde zum Beigeordneten des Indienrates ernannt, der unter seinem Einfluss im Sommer 1549 dem in Augsburg weilenden Kaiser nochmals eindringlich die verheerenden Folgen des eigenmächtigen Vorgehens der Konquistadoren vor Augen stellte. Es stünde nichts Geringeres als «*das Gewissen seiner Majestät*» auf dem Spiel, das durch das unchristliche Verfahren der Spanier in Übersee «*in größte Gefahr*» gerate. Er rate, zur Abhilfe, «*einen Kreis von Gelehrten – Theologen und Juristen – zu berufen, die klären, wie solche Eroberungszüge in Übereinstimmung mit dem Recht und mit sicherem Gewissen geführt werden müssen*».[22]

Es ist bezeichnend für die Bedeutung, die Karl dieser Gewissensfrage zumaß, dass er, der keineswegs zu schnellen Entschlüssen neigte, dieser Bitte sogleich entsprach. Am 16. April 1550 setzte er weitere Entdeckungs- und Eroberungszüge aus und ließ in Spanien die empfohlene Gelehrtenkommission zusammenstellen. Die erste Sitzungsperiode dieser «Junta der Fünfzehn» dauerte von Mitte August bis Mitte September 1550. Unter den Theologen dominierten die Anhänger von Las Casas – die drei Dominikaner Melchior Cano, Schüler und an der Universität Salamanca Nachfolger des großen Völkerrechtlers Francisco de Vitoria; Domingo de Soto, auch er Professor, dazu zeitweilig Beichtvater des Kaisers, beide erzogen in dem Reformzentrum an der Universität Alcalá;[23] schließlich Bartolomé de Carranza, der uns noch am Totenbett des Kaisers als mutiger Theologe und Seelsorger begegnen wird. Das Gremium präzisierte in einem ersten Schritt das Untersuchungsthema dahingehend, dass zu klären sei, «*in welcher Form der katholische Glaube der Neuen Welt gepredigt und verkündet werde, und auf welche Art und Weise jene Menschen Seiner Majestät, dem Kaiser unterworfen werden können, ohne sein Gewissen zu verletzten*».[24]

Zur Erörterung dieser Grundsatzfrage berief man zwei «Informanten» entgegengesetzter Meinung – als Fürsprecher der Indios natürlich Las Casas; als Sprecher der Gegenseite Dr. Juan Ginés de Sepúlveda. Sepúlveda war 1490 geboren und damit Altersgenosse von

Bartolomé de Las Casas
(1484 / 85–1566).

Las Casas, gehörte aber einem anderen Sozial- und Kulturkreis an – nicht Kleriker, sondern humanistischer Gelehrter, ein «Intellektueller». Auch er war ein Eleve der spanischen Reformuniversität Alcalá, promoviert aber an der italienischen Universität Bologna. Zum Zeitpunkt der Disputation galt er als bedeutendster Humanist Spaniens, Kenner des Aristoteles und Übersetzer seiner «Politik», zudem Hofhistoriograph des Kaisers. Gestützt auf Aristoteles und dessen Barbarenbegriff hielt er der von Las Casas vorgetragenen Position das aus den antiken Schriftstellern entwickelte Argument entgegen, dass die Indios Barbaren seien, des Verstandes entbehrten und von Natur aus Sklaven seien. Durch Kannibalismus und Menschenopfer verstießen sie gegen das Naturgesetz. Um dem entgegenzutreten und sie in eine christlich humane Gesellschaft zu integrieren, seien Krieg und Gewalt erlaubt, ja unerlässlich.

Die Diskussionen über diese gegensätzlichen Standpunkte, deren jeder sich auf die christliche Lehre berief, zogen sich über Tage hin, ohne dass die eine oder andere Seite die Junta ganz für sich hätte einnehmen können. Für April / Mai 1551 wurde eine zweite Sitzungsperi-

Juan Ginés de Sepúlveda (1490–1573), bedeutender Humanist und kaiserlicher Historiograph.

ode des Gelehrtengremiums anberaumt. Eine Einigung ließ sich wiederum nicht erzielen. Der Indienrat konnte daher dem Kaiser kein Ergebnis mitteilen, und schon gar keine Empfehlung aussprechen. Karl hatte damit freie Hand. Auf welcher Seite seine Sympathien standen, zeigt die Tatsache, dass er es bei dem Verbot neuer Entdeckungs- und Eroberungszüge beließ. Er wollte sich mit dem Problem offensichtlich noch einmal grundsätzlich befassen, wenn er in Europa die Protestantenfrage gelöst hatte. Das ist ihm, wie gleich zu berichten, nicht gelungen. Die Entscheidung hatte sein Sohn und Nachfolger zutreffen, der die Entdeckungs- und Eroberungszüge wieder zuließ.

Diese öffentlichen Debatten haben die Lebensbedingungen der Indios nicht grundlegend verbessert. Daher ist es absurd, das Überleben der indianischen Kulturvölker Mittel- und Südamerikas auf die katholische Naturrechtstradition zurückzuführen, die anders als der Protestantismus in Nordamerika die Ureinwohner im spanischen Kolonialsystem geschützt habe.[25] Die katholische Naturrechtslehre wurde im Disput von Valladolid auch und gerade durch Sepúlveda, dem Gegner Las Casas, vertreten. Vor allem aber – die bestialische Natur der

Glücksritter ließ sich durch christliche Moralvorstellungen nicht zähmen, im protestantischen Nordamerika ebenso wenig wie im katholischen Mittel- und Südamerika.

Für die Person Kaiser Karls V., um die es uns hier geht, ist festzuhalten, daß das von ihm eingesetzte Gelehrtengremium und seine monatelangen Diskussionen in Valladolid glänzend das verbreitete Vorurteil widerlegen, nur die Protestanten hätten in den Kontroversen des 16. Jahrhunderts auf Wissenschaft gesetzt, während der Kaiser das freie Denken blockiert habe. Wie kaum ein zweiter Herrscher seiner Zeit war Karl V. bereit, Meinungsunterschiede durch Diskussionen in und vor einem Gelehrtengremium klären zu lassen. An die wissenschaftliche Prominenz, Unterschiedlichkeit der geistigen Positionen, Ernsthaftigkeit und Offenheit der Diskussionen der von ihm nach Valladolid berufenen Versammlung reicht kein vergleichbares Gremium der Zeit heran. Vergleichbares wurde von den Regierungen der protestantischen Kolonialmächte England und Holland nie zugelassen. Stattdessen diskreditierten sie den Kaiser und Spanien propagandistisch mit der – teilweise heute noch erfolgreichen – Schwarzen Legende, die Karl, vor allem aber seinen Sohn zu gewissenlosen Unmenschen machte.

Man wird Kaiser Karl V. gerade in der Frage der Kolonialpolitik nicht absprechen können, dass er sie sich als Gewissensfrage gestellt hat. Er hat sich der religiösen, rechtlichen und sozialen Probleme der Eroberung innerlich angenommen, auch wenn das im Detail nur schwer nachweisbar ist. An der «dezidierte(n) Parteinahme des Kaisers», so einer der besten Kenner der frühen Verhältnisse in den amerikanischen Kolonien, «einerseits für die amerikanische Urbevölkerung und andererseits gegen die Institution der *Encomienda* (also der Zuteilung der Indianer an die europäischen Kolonisten) und die sie verteidigenden Conquistadores ... beeindruckt die humanitäre Sorge eines Regenten für die Mehrheit seiner Untertanen; daneben überrascht die eindeutige Verurteilung und Schuldzuweisung an die Conquistadores.»[26]

Der realpolitische Vorrang Europas

Vor Augen hatte der Kaiser eine Reorganisation der Verhältnisse in Übersee durch eine «bürokratisch-institutionelle Herrschaft», die sich laut Instruktion an seinen Sohn auf «Autorität, Überordnung, Vorrechte und Wissen» des in Europa residierenden Herrschers stützen sollte. «Alle Betroffenen, Beteiligten, qua Amt Zuständigen oder aufgrund von Sachverstand Kompetenten sollten angehört werden, bevor die zuständigen Behörden diese Materialien systematisieren, auswerten und bündeln, bis schließlich dem Kaiser ein alle Facetten widerspiegelnder Bericht mit Lösungsvorschlägen vorgelegt werden kann.»[27] Ein durchdachtes und sachgerechtes Konzept für die gerechte Regierung einer Region, in der das europäische Ständewesen unbekannt war und damit die Untertanen keine etablierte Vertretung ihrer Interessen gegenüber der Krongewalt besaßen.

Realisiert wurde ein solches System, das die Konquistadoren und deren brutale Eigeninteressen eingehegt hätte, zu Lebzeiten des Kaisers nicht. Denn er gab immer wieder anderen, europäischen Aufgaben den Vorrang. Das war unabdingbar, solange die politische und kirchliche Neuordnung nicht gelungen und die osmanische Offensive nicht zurückgeschlagen war. In der Sorge um die Beschaffung der Unsummen, die seine Kriege verschlangen, waren die aus Übersee zufließenden Gelder für Karl nur zu oft der letzte Rettungsanker: *«Sollte uns Gott mit Geld aus Peru segnen, selbst wenn es Einzelpersonen zugedacht ist, müssen wir die Gelegenheit wahrnehmen»*[28] und das Geld der Finanzierung des Kriegs zuführen, so 1535 ein kaiserlicher Appell aus Italien an seine Statthalterin in Spanien.

Nicht nur seine ausgreifenden militärischen Unternehmungen standen und fielen mit der funktionierenden Kolonialherrschaft. Auch die spanische Wirtschaft – in der Forschung lange übersehen – profitierte gewaltig: «Die starke Expansion der kastilischen Wirtschaft wurde vor allem durch Händler in Sevilla, Burgos, Medina del Campo ... betrieben. Sie trieben Handel auf dem gesamten europäischen Kontinent und wurden dank des Überseehandels immens reich. Die Märkte Spaniens und der Neuen Welt zogen Händler und Geschäftsleute aus vielen andern europäischen Regionen an. Da viel Geld im Umlauf war, stieg die Nachfrage nach Gütern ständig und somit stieg auch der Import von Manufakturwaren ständig an. ... So wurde der Reichtum in Kastilien in der ersten Hälfte des 16. Jahrhunderts immer größer. (Erst) das Beherrschen der Ozeane und die neuen ökonomischen Perspektiven, die sich damit ergaben, schienen es möglich zu machen, den Traum einer vereinten Christenheit in die Tat umzusetzen.»[29]

Der Traum der Reinigung und Wiedervereinigung der lateinischen Christenheit hatte für Karl zeitlebens absoluten Vorrang, besonders ausgeprägt in den letzten anderthalb Jahrzehnten seiner Regierung. Dahinter trat die Sorge um das leibliche Wohlergehen und das Seelenheil der Indios zurück. Aus den Augen verloren oder gar mit machiavellistischem Zynismus überspielt hat Karl die Verantwortung für seine amerikanischen Untertanen aber nie.

MÜHLBERG 24. APRIL 1547 –
und der geharnischte Reichstag
von Augsburg 1547 / 48

«Es ist die Key. Mt. den Sonntag Misericordie, den 24. April, zu morgen in Mühlberg ... mit allem Kriegsvolk ankommen, wo der Churfirsten von Sachsen jenseits der Elbe mit etlichen Geschwader Reiter gelegen. Johann Friedrich, der eben zu dieser Zeit Predigt gehört, wollte unsere Ankunft erstlich nicht glauben, sondern hielt uns für ein verlaufenes Volk. Wir haben auf sie mit geringem Feldgeschütz geschossen, sie auch etliche Schüsse auf uns aus Mühlberg gethan, gottlob ohne Schaden. Als die Spanier die Schiffung (eine Schiffsbrücke) *vom Westufer her an die Stadt Mühlberg heranbrachten, da hat er sie zum Teil mit Stroh anzünden lassen. Aber es haben zweien Hispanier sich ausgezogen und ihre Rapier in die Mäuler genommen, sind hinüber geschwommen und haben ein Schiff herüber gebracht. Mittlerweil haben die Husser* (böhmische Einheiten König Ferdinands) *eine Furt durch die Elb gefunden. Alsbald hat die Key. Mt. den ... angriff verordnet und wiewohl die Husser einmal zurückgewichen, so sind doch alle Geschwader samt der Key. Kon. Mt. selbst mit voller Ordnung durch die Elb gelangt. Haben die Churfursteschen, so bereit im Abzug gewesen, mit Gewalt angegriffen und die Knecht* (die Infanterie) *an der 1000 erlegt, der Reiter aber wenig beschädigt oder in Haft gebracht. ... Auf der Locher Heide ist die Niederlage* (Feldlager) *geschehen ... Aber im Nacheilen, welches bis in die Nacht gewähret hat, ist der mehrere Theil erwürget und gefangen worden. Der Tross mit des von Sachsen und anderer mächtigen Herrn Wägen, darauf man viel Gelds und Guts gefunden, hat man im Wald ereilet und geplündert. Ist der Feinde bei drei Tausend, bei unser aber nicht fünfzig nicht tod blieben. Die Husser und Spanier haben sich bei der Beute nicht gesäumet.*

Aber nicht fern haben etliche Hussen und Neappolotanische Reiter den gewesenen Churfürsten angetroffen. Hat sich männlich und tapfer gewehrt, darüber er auch eine Wunden in linken Backen bekommen. Und gesprochen: ‹Ich will mich keinem gefangen geben, dann den Teutschen.› Und sich einem jungen Teutscher Edelmann, Thil von Trot genannt, ... ergeben und demselben zum Zeugnis zwei seine eigenen Ringe zugestellt. ....

Die Neapolitanische Reuter haben ihn genommen und zu dem Obersten Feldhauptmann, Herrn Ferdinanden Hertzog zu Alba, geführt. Darauf ihr May. befohlen, den gefangenen Fürsten für ihre Keys. May. zu bringen. Hertzog von Alba fürchtete aber, ihre Maj. möchte sich in der ersten Hitze und Zorn ungnädig erzeigen. Als aber die Röm. Keys. Maj. darauf bestand, ist der Gefangene vor ihn gebracht worden. ... Als er sich der Key, Maj. nahet, sprach er mit gebogenen Knien: ‹Aller gnädigster Keyser ...›, indem fällt ihm die Key. Maj.in die Rede: ‹Ja, ja bin ich nun gnädiger Keyser?› Sprach der gefangene Fürst: ‹Ich bin Ewer Röm. Key. Mj. Gefangener. Bitte Ewer Key. Mej. um ein fürstlich Gefängnis.› Die Key. Maj. antwortet: ‹Ja wie ihr verdienet habt. Führet ihn hin, wir wissen uns wohl zu halten.›

Die verwundeten Soldaten hat Key. Maj. verbinden und dazu beeidigen lassen, wider Key. Maj. in ewigen Zeiten nicht wieder zu dienen.»[1]

Veni, vidi, Deus vicit –
Triumph des Miles christianus

Die Schlacht von Mühlberg an der Elbe am 24. April 1547, über die hier Augenzeugen berichten, war der größte militärische Triumph, den der Kaiser an der Spitze seiner Heere erfochten hat. Was ihm im Kampf gegen den osmanischen Sultan oder auch gegen König Franz von Frankreich nie gelungen war, das glückte ihm nun unter persönlicher Führung im Schmalkaldischen Krieg gegenüber den deutschen Protestanten. In den Jahren, in denen in Spanien über die Grundlagen der Kolonialpolitik disputiert wurde, eilte der Kaiser in Mitteleuropa von Erfolg zu Erfolg: Im Spätsommer 1543 hatte er den Krieg um das Herzogtum Geldern zu seinen Gunsten entschieden; im Frühjahr 1544 den seit den 1520er Jahren schwelenden Konflikt um Dänemark beigelegt, indem er ohne Rücksicht auf die Wünsche seines vertriebenen Schwagers Christian II. die neuen Machtverhältnisse anerkannte und mit Christian III. Frieden schloss; im September 1544 folgte der außerordentlich günstige Frieden von Crépy, der den letzten Krieg mit Franz I. beendete. Nachdem im Oktober des Folgejahres auch mit den Osmanen ein Waffenstillstand geschlossen wurde, hatte der Kaiser den Rücken frei, in Deutschland die protestantische Fürstenopposition niederzuringen.

Der Schlag gegen den Schmalkaldischen Bund, den Kursachsen und Hessen schon 1531 zur militärischen Selbstbehauptung geschlossen hatten, erfolgte im Juni 1546. Bis zuletzt hatte der Kaiser seinen Entschluss zum Krieg zu verbergen gewusst, wohl auch lange selbst gezögert, ob er wirklich zu Gewalt greifen solle. Noch als er sich im März 1546 auf dem Weg nach Deutschland in Maastricht von seiner Schwester Maria verabschiedete, versicherte er, in Deutschland den Krieg vermeiden zu wollen. Das war, so die Einschätzung von Karl Brandi, «noch immer nicht ganz unwahr. Noch weniger ganz wahr.» Denn schon am 16. Februar hatte er an seinen Sohn nach Spanien geschrieben, mit seinen Friedensgesten wolle er die Fürsten nur täuschen. Sein Entschluss zum Krieg stehe fest.[2]

Die kaiserliche Diplomatie sicherte das Vorgehen mit Hilfs- und Stillhalteabkommen ab. Papst Paul III. sagte Hilfstruppen zu, der Herzog von Bayern, das Haupt der katholischen Reichsstände, garantierte Neutralität. Wichtiger noch, es gelang, Herzog Moritz von Sachsen zur Teilnahme am Schlag gegen seinen Wittenberger Vetter zu bewegen. Dabei nutzte der kaiserlichen Diplomatie die innerdynastische Konkurrenz im Haus Wettin, die auf die Leipziger Erbteilung von 1485 zwischen Kurfürst Ernst mit seinem jüngeren Bruder Albrecht zurückreichte. Die kurfürstliche ernestinische Linie hatte im Wesentlichen Thüringen und die Kurlande um Wittenberg erhalten, die Albertiner als Herzöge die südöstlich gelegene Mark Meißen mit Dresden, das bald zu ihrer Residenzstadt wurde. Die territoriale Aufteilung des Leipziger Vertrags erwies sich im Großen und Ganzen als tragfähig. Doch die hohe kurfürstliche Würde der Wittenberger Vetter erregte bald den Neid der Dresdener Herzöge, ganz ähnlich wie bei den zu kurz gekommenen Zweigen anderer Dynastien, namentlich der Wittelsbacher.

Da das sächsische Herzogtum zudem direkt an Böhmen grenzte, unterhielt Herzog Moritz schon aus Gründen der politischen Absicherung stets gute nachbarschaftliche Beziehungen zu dem böhmischen

Moritz von Sachsen,
Gemälde von Lucas Cranach
d. J., um 1548.

König, Karls Bruder Ferdinand. Politisch wie dynastisch gab es somit gute Gründe, dass sich Moritz dem Heerzug gegen seinen Vetter Kurfürst Johann Friedrich I. den Großmütigen anschloss und sein Territorium als Einfallstor ins nördlich und nordwestlich gelegene Kurfürstentum Sachsen öffnete. Anders die religiöse Seite. Wie sein kurfürstlicher Vetter war Moritz Lutheraner und musste daher in Kauf nehmen, dass ihn seine Glaubensgenossen als Verräter, als «Judas von Meißen» diskreditierten.

Um einer Unterstützung der Schmalkaldener durch andere Reichsstände vorzubeugen, verhängte Karl im Juli 1546 gegen die Führer des Schmalkaldischen Bundes Landgraf Philipp von Hessen und Kurfürst Johann Friedrich I. den Großmütigen von Sachsen, die Reichsacht. Begründet wurde das mit dem Jahre zuvor erfolgten Überfall der Schmalkaldener auf den altgläubigen Herzog Heinrich von Braunschweig und dessen anschließender Kerkerhaft im hessischen Ziegenhain. Heinrich war der letzte bedeutende katholische Fürst Norddeutschlands, zudem Ordensritter vom Goldenen Vlies, dem sich der Kaiser persönlich eng verbunden fühlte. Formell richtete sich der Feldzug gegen die Schmalkaldener, also nicht gegen Häretiker, sondern gegen Aufrührer und Reichsfriedensbrecher. Im Juli 1546, als der Kaiser seine Rüstung noch nicht abgeschlossen hatte, gingen die Protestanten in die Offensive. Das Bundesheer stieß nach Süddeutschland vor und erzielte im Donauraum beachtliche Gewinne. Differenzen zwischen Kursachsen und Hessen über das weitere Vorgehen führten dazu, dass Landgraf Philipp seine Truppen zurückzog und das sächsische Heer zur Sicherung des eigenen Territoriums nach Norden marschierte. Der Süden fiel kampflos an die Kaiserlichen. Mit harter Hand stellte Karl seine Autorität wieder her. Einen reichsstädtischen Gesandten, der die Unterwerfung seiner Stadt anzeigen sollte, ließ er nicht weniger als sechs Stunden auf den Knien liegend um Gnade bitten, ehe er überhaupt bereit war, ihn anzuhören. Ein Vorgeschmack darauf, was seine Gegner zu erwarten hatten, wenn er sie erst zu packen bekam!

Als im September 1546 König Ferdinand von Böhmen ins Herzogtum Sachsen einmarschierte und zusammen mit dem Dresdener Herzog Moritz die kursächsischen Länder bedrohte, sah sich Kurfürst Johann Friedrich gezwungen, zur Verteidigung seiner Länder seine Truppen eilends nach Norden zu führen. Im Frühjahrsfeldzug des Jahres 1547 vereinigten sich Ende März das kaiserliche, böhmische und herzoglich-sächsische Heer bei Eger. Geeint zog die Heeresmacht das Elster- und Muldetal entlang nach Norden auf die Elbe zu. An deren Mittellauf bei Mühlberg überraschten die Kaiserlichen am 24. April das kursächsische Heer und errangen einen großen Sieg, den Dutzende von Flugschriften sogleich im Reich und in Europa verkündeten, darunter Augenzeugenberichte der eingangs zitierten Art.

Entscheidend für die totale Niederlage von Kursachsen war einerseits die kluge Kriegsführung des Kaisers. Dieser hatte seine Soldaten zum rechten Zeitpunkt einen Tag ruhen lassen und im Moment der Schlacht geistesgegenwärtig die Verfolgung des Gegners angeordnet, als dieser sich nach Norden in Richtung Wittenberg zurückziehen wollte. Andererseits waren der kursächsischen Heeresführung gravierende Fehler unterlaufen, angefangen mit der sorglosen Feier des Sonntagsgottesdienstes, als der Feind im Schutz des Frühnebels bereits auf der gegenüberliegenden Seite des Flusses stand. Der Rückzug erfolgte dann überstürzt, ja kopflos, ohne dass an die durchaus

10. MÜHLBERG 24. APRIL 1547

Der Schlag gegen den Schmalkaldischen Bund in der Ruhmeshalle der Farnese-Dynastie – Kaiser Karl V. und der Gran Cardinale Alessandro Farnese, Papstenkel und Kommandant der päpstlichen Hilfstruppen, auf dem Marsch gegen die Häretiker, Fresco von Taddeo und Federico Zuccari, 1559, Palazzo Farnese, Caprarola.

vorhandenen Entsatzkräfte gedacht wurde: «Wo der Hertzog von Sachsen sein *volck* (seine Armee) *bey einander gehabt / hette er mögen solchem gewalt* (der kaiserlichen Truppen) *widerstehen / oder vielleicht obligen* (siegen)» können – so zehn Jahre später die nüchterne Analyse des lutherischen Chronisten Johannes Sleidanus, der – stets um Neutralität bemüht – den inzwischen verstorbenen Johann Friedrich nicht Kurfürst nennt, der er zum Zeitpunkt der Schlacht noch war, sondern Herzog. Er weist ihm also den Titel zu, der ihm später nach Aberkennung der Kurwürde durch das Kriegsgericht noch blieb.[3]

Man versäumte es, sich den von Karl zur Eile angetriebenen kaiserlichen Truppen zu stellen, aber auch Kurfürst Johann Friedrich rechtzeitig im stark befestigten Wittenberg oder an einem anderen befestigten Platz in Sicherheit zu bringen. Mit seiner Gefangennahme in dem knapp nordöstlich von Mühlberg gelegenen Waldgebiet der Lochauer Heide und der kurz darauf erfolgten Unterwerfung Philipps

UND DER GEHARNISCHTE REICHSTAG VON AUGSBURG 1547/48   291

von Hessen war das Oppositionsbündnis faktisch zerschlagen. Der Kaiser hatte freie Hand, die deutsche Religions- und Verfassungsfrage in seinem Sinne zu ordnen. Der politische Protestantismus war ruiniert. Es schien nur eine Frage der Zeit, bis auch die – wie der Kaiser es sah – «deutsche Häresie» geistlich endgültig überwunden war. Die lateinische Christenheit konnte eine Pax Caroli, eine Zeit des Friedens und der Einheit, erwarten.

Grundlage dafür war die nunmehr unbestrittene Autorität des Kaisers – so jedenfalls die spanische Propaganda und Historiographie, die wohl weitgehend Karls Selbstinterpretation jener Zeit zum Ausdruck bringt. Als die kaiserlichen Truppen am Vormittag des 24. April 1547 in Mühlberg mühelos die Elbe überqueren und die Armee des Schmalkaldischen Bundes im ersten Ansturm niederwarfen, hätten – so der kaiserliche Hofhistoriograph Don Luis de Ávila y Zúñiga (1500–1564) in seiner Chronik – alle in der Entourage des Kaisers sich an Caesar und dessen Worte «veni, vidi, vici» erinnert gefühlt. Am Abend, nach der Gefangennahme Kurfürst Johann Friedrichs, habe auch der Kaiser selbst diesen Vergleich aufgegriffen, ihn aber mit der einem christlichen Fürsten gebührenden Dankbarkeit und Demut in «veni, vidi, Deus vicit» abgewandelt.[4] Noch drei Jahre später, in seinen Memoiren, ist er sich der göttlichen Hilfe ganz gewiss: Im Moment der Entscheidung habe der Morgennebel das Elbtal total verhüllt und die Generäle unschlüssig über das weitere Vorgehen gemacht. Doch *der Kaiser überantwortete alles in die Hände Gottes, damit sich dessen Wille erfülle, sei es dass er ihn erhalten, sei es dass er ihn vernichten wolle. Und in seiner großen Barmherzigkeit gewährte Gott mit einem Schlag eine so große Klarsicht, dass man sah, wie sich die Pläne seiner Majestät realisieren ließen.»*[5]

Die religiöse, ja eschatologische Dimension des Sieges über die Protestanten erscheint auch im Schlachtruf der Kaiserlichen «Sant Jago España, Sante Jorge Imperio» – ein Hilferuf also an die beiden Heiligen, unter deren Fahnen die spanischen Ritterorden der Reconquista den Sieg über die maurischen Muslime erfochten hatten, an den Heiligen Jakobus, den Schutzpatron Kastiliens, und an St. Georg, den Drachentöter. Nun sollten sie den kaiserlichen Truppen den Sieg über die Protestanten garantieren. Dass der Triumph über die Häretiker genau auf den Gedenktag für St. Georg fiel, wie der Chronist Zúñiga eigens betont, ließ den überirdischen Beistand der Heiligen umso klarer hervortreten.

Der Kaiser selbst wurde in den religiösen Geschichtsmythos einbezogen: Als er bei der Verfolgung der fliehenden Protestanten «*am Ufer der Elbe ein zerbrochenes Kruzifix liegen sah, hielt er an und sagte: O Christus, gewähre mir die Gnade, die Schmach zu rächen, die man Dir angetan hat.*» Die unermüdlich tätige Propaganda sorgte dafür, dass die Episode vom frommen Kaiser und den bilderstürmenden Sachsen sich rasch über Europa verbreitete. Schon ein knappes Jahr später tauchte sie in der erwähnten Relation des venezianischen Gesandten Nicolo Mocenigo an die Regierungsgremien seiner Vaterstadt auf.[6]

Durch den bald eingetretenen Gegenschlag blieb der Sieg der spanisch-kaiserlichen Truppen vor Mühlberg in der deutschen Geschichte letztlich eine Episode. In Spanien dagegen ging er fest ins Geschichtsbild ein. Die Kampfesszenen an der Elbe mit den heroischen Taten der spanischen Soldaten wurden hundertfach verewigt, auf Miniaturen, höfischen Fayencen, Gemälden oder Graphiken. In Granada hoch oben auf der Alhambra entfaltete sich an dem im Bau befindlichen Kaiserpalast ein gewaltiges Bildprogramm, das Karls Vorstoß auf die Elbe «moralisch (versinnbildlicht) als ein Weg des mühevollen, aber erfolgreichen politischen Kampfes unter Einsatz militärischer Mittel gegen das Böse, der gekrönt wird mit dem Sieg des Guten, welcher ohne Krieg nicht zu erlangen ist».[7]

Die Verbindung zwischen Cäsarenmajestät und Retter von Reinheit und Einheit des Glaubens bringt auch der Lobeshymnus des spanischen Offiziers und Dichters Hernando de Acuña zum Ausdruck, der an den mitteleuropäischen Kriegszügen des Kaisers teilnahm und unter dem Eindruck des Mühlberger Triumphes prophezeite:

> Schon naht sie, o Herr, oder ist sie schon da,
> die gloriose Zeit, in der der Himmel verspricht
> eine Herde und einen einzigen Hirten auf Erden
> nur für uns und für alle Zeiten.[8]

Nicht von Europa ist hier die Rede, sondern von «el suelo», also der Erde schlechthin. Religionspolitik in Europa und Christianisierungspolitik in Übersee werden verknüpft, die Auseinandersetzung mit den Protestanten in Deutschland ist in eine globale Perspektive gerückt.

Schonung des Luthergrabes in Wittenberg und Demütigung des Landgrafen in Halle

Entgegen den Befürchtungen des eisernen Herzogs von Alba hatte sich Karl bei der ersten persönlichen Begegnung mit dem besiegten Kurfürsten Johann Friedrich auf der Lochauer Heide Mäßigung auferlegt, übrigens im Gegensatz zu seinem Bruder Ferdinand, der diesen scharf anfuhr. Rechtlich ging man aber hart vor. Ein Kriegsgericht unter Vorsitz des Herzogs von Alba verurteilte ihn wegen Rebellion zum Tode, womöglich nur zum Schein,[9] um seine Zustimmung zu den geplanten territorialen und ständischen Veränderungen zu gewinnen, konkret für die am Kaiserhof ins Auge gefasste Übergabe Wittenbergs und der Kurwürde an den Dresdener Herzog Moritz. Das sollte Johann Friedrich wenig später in der Wittenberger Kapitulation dann auch nolens volens akzeptieren, woraufhin er begnadigt wurde – zu lebenslanger Haft als «gewesener Kurfürst». Das war aber noch ganz in der Schwebe, als Karl mit Heeresmacht vor der kursächsischen Residenzstadt Wittenberg erschien, knapp hundert Kilometer elbabwärts von Mühlberg gelegen. Angesichts der Gräueltaten marodierender Spanier im Land weigerte sich der Wittenberger Festungshauptmann, dem Übergabebefehl seines gefangenen Landesherrn nachzukommen. Erst auf die Zusage des Kaisers hin, nur deutsche Soldaten in die Stadt zu legen, war man bereit zu kapitulieren.

Karl selbst besuchte das protestantische Gegen-Rom mehrmals von seinem Feldlager aus. Als er *«mit etlichen frembden Herren und viel Trabanten»* an der Stadtkirche vorbeiritt und *«ein Crucifix gemalet sahe an der Kirchen, blösset sein Heubt und die anderen Herren auch»*. Anders als bei der Verneigung vor dem zerbrochenen Kreuz an der Elbe bei Mühlberg ist es diesmal nicht die kaiserliche Propaganda, die diese Episode verbreitet. Sie entstammt dem Erlebnisbericht *«Wie es uns zu Wittenberg gegangen ist»* des Stadtpfarrers Johannes Bugenhagen. Bei allem protestantischen Überlegenheitsgefühl kann sich der nach Luthers Tod neben Melanchthon führende Theologe Wittenbergs dem Respekt vor dem frommen Kaiser nicht entziehen.[10]

Dem lutherischen Kirchenwesen wehrte Karl nicht, konnte und wollte es in diesem Moment auch gar nicht. Denn sein Hauptverbündeter, der Dresdener Herzog Moritz, dem er sich für seine Hilfe verbunden fühlte,[11] war ja Lutheraner. Bugenhagen konnte daher «*in der Pfingstwochen alle tage aus der Pfingsten Historien predigen, was unterscheid* (wo der Unterschied) *ist zwischen unserem glauben und des Bapsts glauben und das keiserliche Kriegßvolck vermanen, das sie solchs wollten trewlich nachsagen, den also leren wir und nicht anders*». Lediglich «*vier oder funff Spanier stunden alle die tage in einem stuel bey dem Atar sahen und hörten zu*» – wohl Angehörige von Karls Leibgarde zur Demonstration der kaiserlichen Autorität. Inhaltlich indes dürften die Spanier kaum etwas von der deutschen Predigt aufgenommen haben.

Der Kaiser selbst begegnete dem Geist Wittenbergs in einer geradezu weltgeschichtlich anmutenden Szene, die ihn an seine Begegnung mit dem rebellischen Mönch vor einem Vierteljahrhundert erinnert haben muss: Den Wunsch, die Stadtkirche zu sehen, verwehrte ihm protestantische Raffinesse – «*aber der Chüster war mit dem Schlüssel nicht für Hand*», stellt sich Bugenhagen arglos. Ihm auch den Zugang zur Schlosskirche zu verwehren, konnte die in Wittenberg anwesende Kurfürstin mit Blick auf ihren gefangenen Ehemann nicht wagen. So trat der Kaiser mit seiner engsten Umgebung vor das Grab Luthers, das wie ein kursächsisches Staatsheiligtum gehalten wurde.[12] – Karl V. als Sieger am Grab des Häretikers,[13] den er seit Worms als Ursprung aller Konflikte in der Christenheit bekämpfte und verachtete – was hätte für einen konfessionellen Hardliner näher gelegen, als an der Elbe nachzuholen, was er vor Jahrzehnten am Rhein versäumt hatte? Und in der Tat soll die radikal antiprotestantische Partei in seiner Umgebung, vor allem Spanier und der päpstliche Gesandte, ihm dringend geraten haben, den seit gut einem Jahr in der Schlosskirche ruhenden Leichnam des Reformators exhumieren und verbrennen zu lassen. Das war das kirchenrechtlich geforderte Verfahren nach einem Ketzerurteil, wenn der Verurteilte inzwischen verstorben war. Vor Jahrhunderten war gegen den englischen Reformator Wyclif so verfahren worden, und zehn Jahre nach dem denkwürdigen Vorgang in Wittenberg ließ Karls Schwiegertochter Maria I. Tudor den Leichnam des nach England emigrierten Straßburger Reformators Martin Bucer ausgraben und zusammen mit seinen Büchern verbrennen.

Der Kaiser am Grab des Reformators, umgeben von ultraorthodoxen Ratgebern, die ihn vergeblich zu erbarmungsloser Härte anstacheln, eine solche Szene schildert das riesige Historienbild des Dresdner Malers Adolf Friedrich Teichs (1812–1860), das sich auf eine mündliche Wittenberger Tradition stützen konnte. In zeitgenössischen Quellen findet sich ein solches Ereignis nicht; doch ist er aufgrund mündlicher Überlieferungen wahrscheinlich.[14] Gleichgültig ob sich eine solche Szene an Luthers Grab tatsächlich abgespielt hat oder nicht, ob in der dramatischen, emotional aufgeladenen Zuspitzung, wie sie der Maler des 19. Jahrhunderts aufbaut, oder in ruhiger, distanzierter Abwägung – Karls Verzicht, die Gebeine des Reformators zu exhumieren (und die Möglichkeit hatte er gehabt), war gleichermaßen politisches Kalkül wie überkonfessionelle christliche Humanität, so wie ein Vierteljahrhundert zuvor seine Weigerung, dem Drängen seiner Berater nachzugeben und dem Augustinermönch das Versprechen freien Geleits zu brechen. Allerdings ist gar nicht ausgemacht – diese durchaus bedenkenswerte Variante soll nicht verschwiegen werden –, dass der Kaiser bei einer Öffnung des Grabes überhaupt Zugriff auf den verstorbenen Reformator hätte nehmen können. Sollte die Aussage «er liegt nicht hier, er wurde weggebracht», die Harriet Beecher-Stowe, die Autorin von «Onkel Toms Hütte», Mitte des 19. Jahrhunderts von ihrer Wittenberger Fremdenführerin hörte, auf einer mündlichen Tradition aus dem 16. Jahrhundert fußen, dann hätte sich der Luthersarg im Moment des Kaiserbesuches gar nicht in der Schlosskirche befunden. Dreiste Erfindung zur Belebung des Wittenberg-Tourismus oder mündlich weitergegebenes Staatsarkanum? Jedenfalls hätte man während der Belagerung durch die kaiserlichen Truppen Zeit genug gehabt, die «Staats-Leiche» aus der Gruft zu entfernen und an einem unbekannten Ort in Sicherheit zu bringen. Bedenkt man die Raffinesse, mit der dem Kaiser der Zugang zur Stadtkirche verwehrt wurde, wird man eine solche Vorkehrung durchaus für realistisch halten. Denn Luthers Grab war längst zentraler Pfeiler sowohl der wettinischen Staatsrepräsentation wie der noch labilen protestantischen Konfessionsidentität.[15]

Als die Sieger nach vierzehn Tagen ihr Feldlager vor Wittenberg abbrachen, konnten die Bürger aufatmen, weil es nun ein Ende hatte, dass «*das getreide auff dem felde auffgefütert und zertretten ward und die Spanier nicht auffhöreten zu morden, zu plündern und zu brennen*».[16] Bis hinauf zur rund 40 Kilometer nordöstlich gelegenen Wiesenburg marodierten die Spanier, wo sie die Burg des in Wittenberg weilenden sächsischen Hauptmanns Brandt von Lindau niederbrannten und von den Bauern erpressten, was sie nur konnten – alles zur damaligen Zeit übliche Operationen einer siegreichen Soldateska. Im Lichte der aufgezogenen konfessionellen und nationalen Fundamentalfeindschaften stilisierte das die deutsche lutherische Propaganda nun zu besonderer Perfidie und Brutalität der katholischen Spanier!

Für den Kaiser ging es um die politische Gestaltung seines militärischen Erfolgs. Das Reich war in seinem Sinne zu ordnen und die Christenheit zu Frieden und Einheit zurückzuführen. Dass ihn irgendjemand daran hindern könnte, war nicht zu erkennen. Über den Status und die Länder des «gewesenen Kurfürsten» Johann Friedrich hatte bereits im Mai 1547 die Wittenberger Kapitulation entschieden: Kurfürstenwürde und die Wittenberger Kurlande gingen an dessen Vetter, Karls Verbündeten Herzog Moritz aus der albertinischen Linie der Wettiner. Die thüringischen Besitzungen, gut 40 % des vorherigen Gesamtbesitzes, verblieben den Söhnen des Abgesetzten. Die ernestinische Line war geschwächt, aber nicht vernichtet.

Welches Hochgefühl in diesen Jahren am Kaiserhof herrschte, zeigt in besonderer Weise das Strafverfahren gegen den zweiten Hauptmann des Schmalkaldischen Bundes. Um der Gefahr einer Sammlung der versprengten protestantischen Kräfte unter hessischen Fahnen vorzubeugen, war der kaiserlichen Regierung daran gelegen, rasch auch Landgraf Philipp auszuschalten. So wurden die im kaiserlichen Feldlager anwesenden Kurfürsten Joachim von Brandenburg und Moritz von Sachsen, letzterer Philipps Schwiegersohn, veranlasst, dem Landgrafen die Unterwerfung anzuraten und ihm einen gnädigen Kaiser, also Milde, wenn nicht Straffreiheit, zuzusichern. Ob das mit oder ohne Wissen des Kaisers geschah, ließ sich in den bald darüber entbrannten Kontroversen nicht feststellen und ist bis heute unklar. Die beiden Kurfürsten sahen sich jedenfalls zu einer solchen Zusage berechtigt, und Philipp vertraute ihnen.

Die Unterwerfungsszene fand am 18. / 19. Juni 1547 in Halle statt.[17] Gedacht als Demonstration kaiserlicher Macht, sollte sie schließlich zu einer schweren Hypothek für Karls Ansehen und Handlungsspielraum werden. Der Landgraf erschien ernst in schwarzem Samt mit einer roten Leibbinde und unterzeichnete als Erstes die von den Siegern diktierte Kapitulationsurkunde, mit der er sich dem Kaiser auf Gnade und Ungnade unterwarf und zusagte, in Hessen alle militärisch wichtigen Festungen schleifen zu lassen. Darauf betrat er den Thronsaal, wo Karl ihn auf einem zeremoniell erhöhten und drapierten Thronsessel sitzend erwartete, eine für jene Jahre typische Selbstinszenierung des Kaisers. Bei der Verlesung der Abbitte für die Widerstandshandlungen durch den hessischen Kanzler lag Philipp selbst an den Stufen des kaiserlichen Throns auf den Knien. Als nach Ende der Verlesung Karl mit unbeweglicher Miene auf dem Thron verharrte und keine Anzeichen machte, die erwartete Gnadenbezeugung nun tatsächlich vorzunehmen, glaubte der Landgraf, der öffentlichen Demütigung sei genug getan. Er erhob sich unaufgefordert und schritt mit ausgestreckter Hand auf den Kaiser zu, um mit ihm den versöhnenden Handschlag auszutauschen. Das war ein zeremonieller Bruch, ein Aufeinanderprallen von Kulturen – der freien Selbstsicherheit des Reichsfürsten und dem auf Distanz und Überordnung beruhenden burgundisch-spanischen Hofzeremoniell, das der Kaiser auch in Deutschland selbstverständlich voraussetzte. Der Kurfürst von Brandenburg, der die kritische Situation erfasst hatte, trat dazwischen. Die zum Kaiser hin ausgestreckte Fürstenhand ergriff der Herzog von Alba und führte den Landgrafen eilends aus dem Thronsaal. Statt der – wie er glauben musste – zugesagten Friedensgeste des Kaisers hatte Philipp eine schmachvolle Demütigung erfahren.

Bei dem anschließenden Abendessen in Albas Quartier scheint sich die Stimmung des Landgrafen zunächst wieder aufgehellt zu haben. Jedenfalls begann er in Gemütsruhe mit einem der anwesenden Fürsten eine Schachpartie. Umso erschütterter nahm er die Nachricht auf, er sei Gefangener des Kaisers und habe nach Abzug des Hofes unter strenger Bewachung in Halle in der «custodie» zu bleiben. Aufgebracht waren auch die beiden Kurfürsten, die sich durch das unerwartete Vorgehen bloßgestellt fühlten. Die – wie sie es sahen – perfide Täuschung lasteten sie dem Kanzler Antoine Perrenot de Granvelle, Bischof von Arras, an, der mit ihnen die Absprache über die Kapitulation des Landgrafen getroffen hatte. Ihm hätten sie nach eigener Bekundung am liebsten «den Kopf gespalten». Fürs Erste mussten sie sich aber schicken. Denn angesichts des Hochgefühls der Kaiserlichen war in diesem Moment jede Widerrede verheerend. Sie zogen mit dem Hof nach Süden und bestürmten den Kaiser und seine Berater wann immer möglich mit der Bitte um sofortige Entlassung des Landgrafen aus der Gefangenschaft, ohne irgendetwas zu erreichen. Wenn sie ihr Drängen nicht aufgäben, so beschied man sie, werde der Gefangene nach Spanien überführt – eine für einen Reichsfürsten ganz und gar unerträgliche Vorstellung! Später, als der Reichstag in Augsburg tagte, hieß der Landgraf in einem fast verzweifelt zu nennenden Versuch sogar seine Ehefrau, die Landgräfin Christine, samt ihren Töchtern vor den Kaiser treten und ihn auf Knien um seine Freilassung bitten. Wiederum ohne Erfolg. Im Gegenteil, Karl war empört über diese Zumutung auf öffentlicher Bühne. Philipp musste sich formell für diese Aktion entschuldigen.[18] Als er wenig später auf eine Festung in den Niederlanden verlegt wurde, kehrte in der Angelegenheit vorübergehend Ruhe ein.

Der Kaiser war sich gewiss, nicht unehrenhaft gehandelt zu haben: In seinen nicht für die Öffentlichkeit gedachten Memoiren widerspricht er den Anwürfen der beiden Kurfürsten, betrogen worden zu sein, entschieden. Der von ihnen gebilligte und von Philipp selbst beschworene Unterwerfungsvertrag von Halle habe ihm das Recht zur Inhaftierung eingeräumt. Wenn sie jetzt das Gegenteil behaupteten, dann sei das «*eine Interpretation des Vertrages nach Ihrem Wunsch*», nicht nach seinem Wortlaut.[19]

All das waren Signale der kaiserlichen Stärke; aber auch Ausdruck politischen Kalküls. Die Gefangenen dienten als Faustpfand gegen die insbesondere in Mittel- und Norddeutschland weiterhin starke protestantische Opposition. Indem man dem aus den Wittenberger Kurlanden vertriebenen Ernestiner die thüringischen Besitzungen ließ, war ein Gegengewicht zu dem neuen albertinischen Kurfürst geschaffen. Als Garant für die Loyalität von Moritz mochte das einmal wichtig sein. Ähnlich das Urteil über den Landgrafen. Die Landgrafschaft blieb unangetastet und konnte von Philipps ältestem Sohn Wilhelm und den Räten regiert werden, nicht selten mit brieflichen Anweisungen des gefangenen Vaters. Zudem war es weise, die Hessen nicht bis zum Letzten zu reizen. Wie wir heute wissen, stellten bereits in jenen Jahren die hessischen Räte geheime Überlegungen über ein

UND DER GEHARNISCHTE REICHSTAG VON AUGSBURG 1547/48 299

Bündnis mit Frankreich an, die knapp fünf Jahre später in den Vertrag von Chambord münden sollten. Darüber wird im Zusammenhang mit der antikaiserlichen Fürstenverschwörung des Jahres 1552 noch ausführlich zu berichten sein.

Wie weit politisches Kalkül und Demonstration der Stärke die Verhandlungen auf dem bevorstehenden Reichstag fördern oder erschweren würden, musste sich allerdings erst zeigen.

Der Höhepunkt der Macht – von Tizian inszeniert

Als Sieger von Mühlberg stand Karl auf dem Gipfelpunkt der Macht, und dies nicht nur durch seinen Triumph über die deutsche Fürstenopposition. Auch in der territorialen Ausdehnung hatte seine Herrschaft den Höhepunkt erreicht – in Italien 1540 mit dem Übergang des Herzogtums Mailand in den unmittelbaren Besitz Spaniens; im Nordwesten mit der 1543 vollzogenen Arrondierung der burgundischen Territorien um das Herzogtum Geldern und das gegenüber Frankreich strategisch wichtige Hochstift Cambrai, nachdem er bereits 1524 Friesland, 1528 die weltliche Herrschaft über das Hochstift Utrecht mit Overijssel sowie 1536 die Provinz Groningen mit Drenthe unterworfen hatte. Nun waren die 17 Provinzen des Leo Belgicus, der burgundischen Niederlande, versammelt, die erst der achtzigjährige Unabhängigkeitskrieg der sieben Nordprovinzen wieder trennen sollte.

Die militärischen Erfolge fanden eine dynastische Krönung in der eingangs im Zusammenhang mit Karls Burgundertum beschriebenen Umbettung seines verehrten Urgroßvaters und Namenspatrons Karls des Kühnen von Nancy ins Herz der niederburgundischen Besitzungen nach Brügge. Auch das als eine göttliche Fügung zu verstehen, fand das Ereignis doch im Jahr 1550 statt, also in Karls fünfzigsten Lebensjahr. Zudem war es das Ergebnis seiner weisen Politik. Denn es war die Herzogin von Lothringen, die die Umbettung tatkräftig vorantrieb, Karls Nichte Christina von Dänemark, die der Kaiser nach dem Tod ihres ersten Gatten Francesco Sforza mit Herzog Franz I. von Lothringen verheiratet hatte. Nach dessen Tod im Sommer 1545 regierte Christine das Herzogtum als Regentin für ihren minderjährigen Sohn Karl.

Im Reich mögen der Kaiser und seine Berater einen Moment lang daran gedacht haben, in ähnlich rigider Weise wie in Spanien oder den Niederlanden die Protestanten einfach zum Katholizismus zurückzuwinken, aus dem Schmalkaldischen Religionskrieg also einen Kreuzzug zur Vernichtung der Häresie zu machen. Eine realistische Option war das aber nicht. Zwar hatten die Führer der Protestanten die ganze Härte kaiserlicher Verachtung und schmachvoller Gefangennahme getroffen, aber als Aufrührer und Landfriedensbrecher, nicht als Anhänger Luthers. Auf den Religionskrieg gegen die Schmalkaldener (denn um einen solchen handelte es sich trotz der rechtlichen und propagandistischen Darstellung als Reichsverfassungskrieg)[20] folgte das Bemühen um einen Religionsfrieden. Da die freiheitliche Verfassung Deutschlands nur eine einvernehmliche Lösung solcher alle Fürsten betreffenden Fragen erlaubte, berief der Kaiser bereits auf den ersten September 1547 einen Reichstag nach Augsburg ein, der – so war man sicher – angesichts der militärischen Stärke den Wünschen des Kaisers willfahren werde. Das war, wie sich bald herausstellen sollte, ein Irrtum. Die antiautoritären Kräfte der Reichsverfassung und der ungebrochene Freiheitswille der Reichsfürsten sollten den Sieger von Mühlberg niederringen. Auf den militärischen Triumph folgte die politische Ernüchterung, schließlich die Peripetie – die Flucht aus dem Reich und die Abdankung in Brüssel.

Eines sollte in Augsburg aber noch blendend gelingen: die künstlerische Darstellung des kaiserlichen Triumphs, die seinem Bild bis heute einen hervorragenden Platz im kulturellen Erbe Europas garantiert. Mit dieser symbolischen Repräsentation der Macht, die in der Fürstengesellschaft kaum weniger wichtig war als starke Armeen, konnten nur die ersten Künstler des Zeitalters betraut werden. Da Papst Paul III. unter keinen Umständen bereit war, auf die Dienste des göttlichen Michelangelo zu verzichten und damit die Ausmalung der Sixtinischen Kapelle zu gefährden, wurde der gut zehn Jahre jüngere Tiziano Vecellio als kaiserlicher Hofmaler in die süddeutsche Reichsstadt berufen. Der inzwischen sechzigjährige Venezianer hatte sich längst einen glänzenden Ruf erworben. Karl selbst hatte ihn vor Jahren mit dem Porträt seiner verstorbenen Gattin beauftragt, nachdem ihm der Venezianer – wir hörten davon – 1532 bei seinem zweiten Aufenthalt in Mantua durch Herzog Federico II. Gonzaga empfohlen worden war. Nun sollte er in den Monaten der Reichstagsverhandlungen Staatsporträts des Kaisers malen, dazu Bilder von Mitgliedern seiner Familie und seines Hofstaates. Auch sollte er das Porträt der Kaiserin Isabella nach Karls Wünschen überarbeiten.

Tizian stellt uns Karl V. auf dem Höhepunkt seiner Macht und seines Einflusses in drei Meisterwerken programmatisch vor Augen. In zwei Porträts, die den Kaiser als Reiterheld von Mühlberg und als Politiker im Lehnstuhl zeigen, und in dem düster melancholischen Bildnis des sächsischen Kurfürsten Johann Friedrich im Moment seiner Gefangennahme auf der Lochauer Heide, im Unglück den Triumph des Kaisers spiegelnd und erhöhend. Das Sitzporträt befindet sich heute in der Münchener Alten Pinakothek; Reiter- und Gefangenenporträt im Prado. Das Wundmal auf der rechten Wange Johann Friedrichs entstellt in der kaiserlichen Interpretation nicht nur das Gesicht, sondern auch und vor allem die persönliche Integrität des «gewesenen» Kurfürsten. Zur gültigen Sicht der Ereignisse konnte das aber selbst die Meisterschaft Tizians nicht machen. Im Gegenteil, für die deutschen Protestanten war gerade diese Gesichtsnarbe Beweis für Johann Friedrichs Beständigkeit im Glauben und die ihm nachgesagte Großmut.

Sitz- und Reiterporträt stehen unübersehbar in einem psychologischen Spannungsverhältnis. Der sitzende Kaiser blickt den Betrachter in altersweiser Nachdenklichkeit an. Hinter ihm öffnet sich die Loggia in eine Landschaft, durch die ein Fluss zieht, Allegorie auf die vergangene Zeit, die nicht zurückkehrt, aber gemeistert wurde. Der Stock, der an einer Seite des Sitzes lehnt, weist auf Karls Krankheit, die Gicht, und zunehmende körperliche Schwäche hin: «Ein melancholischer Kaiser auf den Tod wartend» und bereits ahnend, dass ihm Zeit und Kraft fehlen, «seine Mission zu vollenden».[21] Haltung und wacher Blick sind aber majestätisch gefasst, distanziert die verbliebenen Möglichkeiten kalkulierend. Die Botschaft ist eindeutig – dieser Kaiser wird die Integrität seiner Person und die Ziele, für die er angetreten ist, unter allen Umständen wahren.

Eindeutig ist aber auch, dass die für den Augenblick wichtigste Botschaft das Reiterporträt vermitteln soll. Karl wies Tizian persön-

Karl V. als Miles christianus in der Elbaue vor Mühlberg, Tizian, 1548.

lich an, ihn auf dem am Tag des Sieges gerittenen Pferd und mit genau der Rüstung zu porträtieren, die er vor Mühlberg getragen hatte.[22] Tizians Reiterporträt entspricht haargenau der Erscheinung des Kaisers im Frühnebel der Elbauen, die der Kavalleriegeneral Don Luis de Ávila y Zúñiga in seiner Chronik aus der persönlichen Erinnerung festhielt:

«Sodan kamen der Kaiser und Römische König nebst ihren Geschwadern. Ersterer ritt ein spanisches Pferd von dunkelbrauner Farbe, welches ihm Herr v. Rye, sein erster Kammerherr und Ritter des Goldenen Vließes, verehrt hatte, auf karmesin-rother, mit goldenen Frangen eingefasster Sammtdecke. Er selber trug einen Stahlharnisch mit Vergoldung und darüber nur ein breites, goldverbrämtes Band von karmesinfarbnem Tafft, außerdem eine deutsche Pickelhaube, und kurzen Speer, den Jagdspießen ähnlich.»[23]

Die historische Realität ist auf dem Reitergemälde bis in die Details festgehalten – die norddeutsche Elblandschaft, der 1544 von dem Augsburger Harnischfeger Desiderius Helmschmid angefertigten Reiterharnisch mit dem Porträt der Madonna eingeritzt auf der Brust, die Individualität des spanischen Pferdes samt seinem Zaumzeug und der Satteldecke – beides heute im spanischen Patrimonium und Staatserbe. Und doch ist das Bild durch und durch stilisiert auf eine Botschaft hin: Zum einen als Ausdruck des hohen Prestiges, das die italienische Renaissance edlen Pferden als Statussymbol der Herrscher zuordnet und in Fürstenpalästen wie in Ferrara oder der Sala dei Cavalli des Palazzo del Te in Mantua in Freskenreihen darstellt.[24] Zum andern als christlicher Glaubensritter, der die Heilige Lanze in langer Hand führt, jene Reliquie des Heiligen Römischen Reiches, die in der sakralen Selbstdeutung mittelalterlicher Kaiser eine so bedeutsame Rolle spielte. Der Reiter im Elbtal bei Mühlberg *ist* der Miles christianus oder der Georgsritter im Kampf für die Einheit und Reinheit des Christentums gegen Häretiker und islamische Türken.

In seiner Einsamkeit oder besser in seinem Alleinsein, in einer mystischen Landschaft aus der Dämmerung ins Licht reitend, ist der Kaiser direkt zu Gott, fast eine lutherische Figur. Doch es ist ein singulärer Gottesbezug der Majestät, kein Sinnbild für den Christenmenschen an sich oder gar für die Gleichheit der Gottesnähe eines jeden Getauften, wie sie Luther so nachdrücklich postuliert hatte. Zu der christlichen kommt die antike Symbolik: Das Antlitz Karls nimmt die Kaiserikonographie Roms auf, mit gestutztem Haupthaar und Bart, wie man es von den Büsten der (späteren) römischen Imperatoren kennt. Zu beidem hatte sich Karl selbst bereits seit längerem entschlossen, seit der Kaiserkrönung 1530 in Bologna, als er zugunsten des Cäsarenstils die burgundische Mode lang getragener Haare abgelegt hatte. Die kaiserliche Propaganda der Mühlberger Schlacht bringt den Höhepunkt jenes antik-christlichen Selbstverständnisses, das bereits nach dem siegreichen Tunisfeldzug die Triumphprozessionen in Süditalien und Rom gekennzeichnet hatte.[25] Hier ist das universelle Kaisertum ganz und gar auf Europa bezogen. Von Cortés' Verlockung, es auf die Reiche der Neuen Welt zu stützen, keine Spur. In der Haltung eines römischen Imperators, die Heilige Lanze in der rechten Hand, demonstriert der Kaiser-Reiter seinen Willen und die vor Mühlberg bewiesene Fähigkeit, die Christenheit zu schützen und vor Schaden zu bewahren, vor der Häresie im Inneren wie vor den Angriffen der Ungläubigen von außen.

Spektakuläre Machtdemonstration war auch die am 24. Februar 1548 auf dem Augsburger Weinmarkt vollzogene öffentliche Belehnung des sächsischen Herzogs Moritz mit der Kurwürde. Diese Würde hatte ihm der Kaiser bereits im Herbst 1546 zum Auftakt des Schmalkaldischen Krieges zugesagt, und zum Kurfürsten ausgerufen hatte man ihn am 4. Juni 1547 im kaiserlichen Feldlager vor Wittenberg. Nun erfolgte der feierliche Rechtsakt unter Anwesenheit der Großen des Reiches und einer großen das Geschehen gleichermaßen bestaunenden wie es rechtlich bestätigenden Volksmenge. Unverkennbar war indes die Inszenierung als kaiserliche Machtdemonstration, schon allein durch das gewählte Datum, den 48. Geburtstag des Kaisers. Unter Trompetenschall und Trommelwirbeln zog Moritz von Sachsen in einem Prozessionszug von Reitern und Kapelle auf den Marktplatz, bereits in kurfürstlichem Gewand gekleidet. Dort saßen auf hohem Podest der Kaiser und die Kurfürsten. Nach einem Fanfarensignal stiegen drei Fürsten auf das Podest und baten vor dem Kaiser kniend um die Belehnung des albertinischen Wettiners mit der Kurwürde. Kaiser und Kurfürsten berieten die Angelegenheit und der Reichskanzler, der Erzbischof von Mainz, gab den längst feststehenden Beschluss bekannt. Die drei Fürsten ritten vor den wartenden Herzog Moritz und teilten ihm die Wahl formell mit. Moritz begab sich auf das Podium, geleitet von zehn Fahnenträgern, die ihm als Repräsentation seiner Herrschaften und Rechte die Fahnen seiner Territorien vorantrugen, als Erste die sächsische Kurfahne. Die Belehnung mit dem Kurfürstentum und dem damit verbundenen Amt des Reichserbmarschalls nahm er kniend aus der Hand des Kaisers entgegen. Nach dem Eid auf das Evangelienbuch erhielt er das Kurschwert und war damit ins Kurfürstenkollegium aufgenommen, dem höchsten Gremium des Reiches, das zusammen mit dem Kaiser das Reich repräsentierte.

Formal also ein großes Zeremoniell, das der Kaiser inmitten der das Reich mittragenden Kurfürsten auf erhobener Bühne vollzog, gleichermaßen Repräsentation des Reiches wie Ausdruck kaiserlicher Majestät. Allein, jedem stand vor Augen, dass es allein der Kaiser war, der hier dem Verbündeten aus eigenem Willen Dank für geleistete Kriegsdienste abstattete und zugleich den «gewesenen Kurfürst» Johann Friedrich als Rebellen öffentlich erniedrigte.[26]

Ein geharnischter Reichstag

Die Realität war weit weniger glanzvoll, als es öffentliche Machtdemonstration und Staatsgemälde glauben machen wollten. Die Gesundheit des Kaisers entsprach gar nicht dem straff-militärischen Gestus des Reiterporträts. Zu den ständig drohenden Gichtbeschwerden war in Nürnberg eine schwere Gelbsucht gekommen, die in Augsburg erneut ausbrach und ihn noch plagte, als seine Proposition vor dem Reichstag verlesen wurde. Die Gelbsucht überwunden, «*traf den Kaiser zum vierzehnten Mal ein Gichtanfall, zwar weniger umfassend als die früheren, doch in Wellen bis ins Frühjahr 1548 reichend. Um die Rekonvaleszenz zu beschleunigen, unterzog er sich einer Kur mit einem Heiltrank aus Chinarinde.*»[27]

International und mächtepolitisch war Karls Triumph von dem Zerwürfnis mit Papst Paul III. überschattet, das schon Wochen vor Mühlberg mit dem Abzug der päpstlichen Gelder und Truppen eingesetzt hatte und sich im Sommer 1547 durch die schon erwähnte Ermordung des Papstnepoten Pier Luigi Farnese in Piacenza zu tiefer persönlicher Feindschaft steigerte. Bei den anstehenden religiösen und kirchenpolitischen Regelungen war mit der Hilfe des Papstes nicht zu rechnen, zumal dieser ja bereits im März das Konzil von Trient nach Bologna verlegt hatte. In Deutschland selbst war der Protestantismus alles andere als erledigt. Im Gegenteil, er sammelte im Norden neue Kräfte und zettelte einen gewaltigen Propagandafeldzug an, der den Kaiser auch persönlich tief diskreditierte[28] – als «Metzger aus Flandern», gar als Blutschänder, wie schon im Zusammenhang mit seinen Liebesaffären berichtet.

Vor allem aber war die politische Neuordnung, die er in Augsburg erreichen wollte, weit schwieriger als gedacht. Denn der Verfassungskörper des Reiches, dem er gemäß Reichstagsausschreibung *«zu bestendigem, würcklichem friden, rhue und ainigkeit zu verhelfen»* trachtete,[29] ließ sich nicht nach Art der spanischen Königreiche oder niederländischen Herrschaften umgestalten. Mit leichter Hand war der gordische Knoten der deutschen Religions- und Verfassungsfrage nicht zu zerschlagen. Das Heilige Römische Reich war rechtlich, politisch und kulturell ein schwieriges Gebilde, das freiheitlichste im damaligen Europa. Die Fürsten, gleich welcher Konfession, bestanden gerade im Moment militärischer Überlegenheit des Kaisers auf ihrer rechtlich garantierten Unabhängigkeit einschließlich der Selbstentscheidung über die religiöse und kirchliche Gestalt ihrer Territorialkirchen. Ein gemeinsames Interesse war auch die Einhaltung der von Karl bei der Krönung in Aachen beschworenen Wahlkapitulation, die ihm den Einsatz fremder Armeen auf Reichsgebiet untersagte – eine Bestimmung, die, streng ausgelegt, durch die Allpräsenz der spanischen Soldateska ständig verletzt wurde. Zusammengefasst wurden diese partizipativen Verfassungspositionen in dem Propagandaschlagwort der *«teutschen libertät»*, die es gegen die drohende *«spansche servitut»* zu verteidigen gelte. Unter den Fürsten wie im Volk nahm die Werbewirksamkeit dieser Forderung täglich zu, parallel zu dem rücksichtslos martialischen Auftreten insbesondere der Spanier in Karls Heer. Es war vor allem die Erfahrung im Schmalkaldischen Krieg und während des geharnischten Augsburger Reichstags mit anschließender Interimskrise, die «die Spanier» zum Feindbild schlechthin werden ließ. Mit der religiösen sah man die politische Freiheit der Deutschen bedroht. «Unter den Reichsständen gewann (endgültig) die Sorge Raum, Karl V. könnte sie, von seinen spanischen Beratern überredet und auf spanische Truppen gestützt, auf die Seite schieben und absolut herrschen.»[30]

Auch auf dem Reichstag erschien der Kaiser hoch gerüstet, mit einer militärischen Bedeckung, die fast die Einwohnerzahl Augsburgs erreichte. So sprach man bald von dem «geharnischten Reichstag» und meinte damit nicht nur die Drohung, die über den Verhandlungen lag, sondern auch die alltägliche Präsenz der Soldaten im Stadtbild und die daraus resultierende rücksichtslose Beeinträchtigung des bürgerlichen Lebens. Neben den bald verhassten Spaniern und Italienern trug dazu auch ein Kontingent deutscher Söldner bei, die engere Leibwache des Kaisers. Als sie – so Karl in seinen Memoiren – «*weniger aus schlechtem Willen der Soldaten als aus separaten Interessen einiger Einzelpersonen*» meuterten, «*erregte das mehr Skandal als Gefahr*».[31] Die Bürgerschaft und manch einer der Reichstagsgesandten war gleichwohl alarmiert. Zu Recht, denn Meuterei war – wie der Sacco di Roma von 1527 gelehrt hatte – im Zeitalter der Söldnerheere eine latente Gefahr. Mochten die Soldaten gegenüber dem Kaiser auch «guten Willens» sein, den Schaden hatte das Volk zu tragen – an Besitz, nicht selten auch an Leib und Leben.

Trotz, in gewisser Weise auch wegen der Demonstration militärischer Stärke verlief die vom Herbst 1547 bis Sommer 1548 in Augsburg tagende Reichsversammlung weit widerständiger, als der Kaiser im Moment seines militärischen Triumphes erwartet hatte. Zuletzt konnte er weder die Kirchen- noch die Verfassungsfrage nach seinem Willen ordnen.[32]

Verfassungspolitisch hatte Karl nichts Geringeres im Auge als die Neuordnung des Reiches und damit die Vollendung der seit Generationen diskutierten Reichsreform. Er legte den Reichsständen das Modell eines Reichsbundes[33] vor, das auf den ersten Blick verlockend erscheinen mochte, die Reichsstände bei genauerer Betrachtung aber sogleich den Pferdefuß erkennen ließ. Karl beabsichtigte, in der Reichsreform das Ruder herumzureißen und doch noch einen monarchisch bestimmten Reichsstaat zu etablieren, ähnlich wie es sein Großvater Maximilian I. versucht hatte: «Fast ein volles Jahr hindurch stand es auf des Messers Schneide, ob die fortdauernde Verschiebung des ständestaatlichen Kräfteverhältnisses im Reich zugunsten der großen Territorien nicht doch noch aufgehalten und zugunsten der Krongewalt umgekehrt werden könnte.»[34] Allerdings ging es nicht um einen zentralistischen Einheitsstaat nach dem Muster Frankreichs oder Englands, sondern um eine föderale Konstruktion nach Art bündischer Zusammenschlüsse, wie sie im spätmittelalterlichen Deutschland immer wieder auf regionaler Ebene geschlossen worden waren.

Als Vorbild wird nicht zuletzt der Schwäbische Bund gedient haben, mit dem sich ausgangs des 15., anfangs des 16. Jahrhunderts das Haus Österreich so erfolgreich die Vorherrschaft im Südwesten Deutschlands gesichert hatte.

Mit «einer aufs Höchste gestellten herrscherlichen Autorität» forderte Karl von den Ständen ohne Verbindlichkeit, dass sie sich seinen Vorstellungen von einer neuen Verfassung des Reiches fügten. Alle Reichsstände hatten dem Bund beizutreten, Absprachen untereinander waren verboten, alles hatte über den Kaiser als Haupt des Bundes zu laufen, regelmäßige Steuern waren zu entrichten. Damit würden zentrale kaiserliche Institutionen entstehen, gegen die sich die Stände bislang erfolgreich zur Wehr gesetzt hatten – eine Reichsbürokratie, Reichsgerichte und ein Reichsheer, alle nicht dem Reichstag, sondern dem Monarchen unterstellt. Das musste die Fürstenfreiheit brechen und der in den Territorien begonnenen frühmodernen Staatsbildung einen Riegel vorschieben. An die Stelle der Territorialstaaten würde ein bündisch strukturierter Reichsstaat unter kaiserlicher Gewalt treten. Kein Wunder, dass die Fürsten über die Konfessionsgrenze hinweg energisch gegen diese Art der Reichsreform Widerstand leisteten!

Das war ein kühnes Projekt, das mittelalterlich-bündische Strukturen mit modernen Elementen wie zentralen Rechts- und Regierungsinstitutionen unter dem Kaiser als souveräner Herrschaftsspitze zu verbinden suchte. In der deutschen Verfassungsfrage wies es weit in das 19. Jahrhundert voraus, als man erneut zu dem Bundesmodell griff. Mitte des 16. Jahrhunderts war es unzeitgemäß – veraltet und verfrüht zugleich.[35] Wichtiger noch, der Kaiser selbst war weder bereit noch in der Lage, das verfassungsrechtliche Instrument konsequent gegen die Fürsten und die innerdeutschen Fürstenstaaten einzusetzen. Denn damit wurden ja auch die Machtbefugnisse der habsburgischen Territorien und damit die Hausmacht des Kaisers im Reich beschnitten. Wie so oft siegten schließlich diese Eigen- und Partikularinteressen: Je länger die Augsburger Verhandlungen sich ins Jahr 1548 hineinzogen, umso energischer meldeten sich am kaiserlichen Hof wieder Interessen zu Wort, die sich mit dem Bundesplan kaum vereinbaren ließen. Das galt vor allem für die niederländischen Besitzungen, obgleich für sie von vornherein innerhalb des Bundes ein Sonderstatus vorgesehen war.

In diesem Widerspruch zwischen Reichs- und Hausmachtpolitik gab der Kaiser schließlich selbst den Bundesplan auf. Stattdessen legte er im Februar 1548 dem Reichstag den Entwurf für einen Burgundervertrag vor, der die niederländischen Besitzungen in einem eigenen, den Niederburgundischen Reichskreis zusammenfasste.[36] Das war eine Modifikation der von Kaiser Maximilian I. zu Beginn des Jahrhunderts eingeführten Einteilung des Reiches in transterritoriale Kreise als administrative Einheiten zur besseren Handhabung der Reichsangelegenheiten. Der Burgundische Kreis sollte zwar noch formell dem Reichsverband angehören, von den Reichsinstitutionen aber weitgehend unabhängig bleiben, also eher neben als im Reich stehen. Denn Karls niederburgundische Herrschaften bildeten längst ein eigenständiges Staatswesen, das administrativ, politisch und gesellschaftlich recht homogen war. Zudem hatte sich dort ein kulturelles Zusammengehörigkeitsgefühl herausgebildet – im Hochadel und unter den bürgerlichen Eliten ebenso wie in breiten städtischen und ländlichen Schichten. All das schien auf Konsolidierung und Integration eines großen nordeuropäischen Flächenstaates auf föderaler Basis unabhängig vom Reich hinauszulaufen. Der geplante Reichskreis, der die Besitzungen der Casa de Austria zusammenfassen sollte, die bislang teils dem niederrheinisch-westfälischen Reichskreis zugehörig, teils außerhalb des Reiches gelegen und der Krone Frankreichs lehnspflichtig waren, erschien vorzüglich geeignet, diese Staatsbildung in nur lockerer Anlehnung ans Reich entscheidend zu fördern.

Den Reichsständen blieb das nicht verborgen. Gegenüber dem weitergreifenden Bundesplan sahen sie das aber als ein kleines Übel an. Der Reichstag stimmte nach einigen unbedeutenden Korrekturen im Sommer 1548 dem Vorhaben des Kaisers zu.[37] Für Karl und die Casa de Austria war das ein Erfolg und eine deutliche Verbesserung. In ihren niederburgundischen Provinzen einschließlich der kürzlich im Nordosten gewonnenen Herrschaften ließ sich nun leichter die frühmoderne Staatsbildung vorantreiben. Dass die Niederlande dadurch Schritt für Schritt aus dem Reichsverband ausschieden, galt der nationaldeutschen Geschichtsschreibung des 19. Jahrhunderts als schmerzlicher Verlust, den sie dem Kaiser anlastete. Historisch sachgerechter ist das Urteil der modernen Reichsgeschichtsschreibung, nach dem «es den Erfahrungen der letzten Jahrzehnte besser entsprach, wenn es nun zur Abtrennung der spanisch-niederländischen Herrschaften vom Reich kam».[38]

Dass Karls Erfolg dann rasch verspielt wurde, war die Folge eng miteinander verzahnter dynastisch-staatlicher und kirchlich-religiöser Prozesse und Entscheidungen, die nicht mehr in seiner Hand lagen. Bereits eine knappe Generation nach der Augsburger Entscheidung zerbrach die in Karls Kalkül vorausgesetzte Verklammerung Niederburgunds mit Spanien. Das Land erhob sich gegen König Philipp II., und den sieben nördlichen Provinzen gelang es, den von Karl geschmiedeten spanisch-burgundischen Herrschaftsverband zu verlassen. Als *Republiek der Zeven Verenigde Provinciën* oder Republik der Vereinigten Niederlande wurden sie zu einem eigenen Staat, unabhängig auch vom Reich.[39]

Der große Entwurf einer kaiserlichen Reichsreform war gescheitert. Das war einerseits die Folge des Widerstandes der deutschen Fürsten über die Glaubensgrenzen hinweg. Für den Kaiser selbst war aber wohl die Erkenntnis eines unlösbaren Widerspruchs zwischen Reichs- und Hausmachtinteressen entscheidend. Vor die Wahl gestellt, war er wieder ganz Herzog von Burgund geworden und setzte auf die burgundischen Eigeninteressen statt auf die Verfassungsreform des Reiches. Die deutsch-patriotische Sprache der offiziellen Verlautbarungen des Kaisers auf dem Augsburger Reichstag mag ein Versuch gewesen sein, Karl als «Vater des Vaterlandes» zu stilisieren und dadurch der Freiheitsrhetorik der oppositionellen Fürsten den Wind aus den Segeln zu nehmen.[40] Das war aber Kalkül seiner Berater, nicht die Sprache, die dem Kaiser von Herzen kam beziehungsweise seinen persönlichen politischen Überzeugungen entsprach. Es ist richtig, dass es dem Kaiser in Augsburg nicht «gelungen war, seine Identifikation mit dem Reich deutscher Nation glaubhaft zu bezeugen».[41] Richtig ist aber auch, dass Karl V. eine solche Identifikation persönlich sehr fern lag – als Burgunderherzog, der von den Herrschaften seiner Geburt her nach Süden und Westen ausgerichtet war, wie als König von Kastilien und Aragon, der er inzwischen ganz und gar geworden war. Das Kaisertum war ihm kein deutsches, sondern – wie gerade die Augsburger Repräsentationsporträts belegen – ein römisches. Und es war ein römisches auch darin, dass es emotional Distanz zu den religiös verworrenen Dingen in Deutschland bedeutete und Verwicklungen mit den oppositionellen Ständen verursachte.

Die Konfessionsfrage war nicht weniger vertrackt. Persönlich hatte Karl stets die Klärung der theologischen Differenzen durch ein gemeinsames Konzil aus protestantischen und päpstlichen Theologen gefordert. Angesichts der politischen Differenzen mit Papst Paul III. und der daraus resultierenden Verlegung des Konzils nach Bologna, schließlich im Februar 1548 sogar seine Suspendierung, sah sich der Kaiser in Augsburg gezwungen, in Deutschland die religiösen Verhältnisse ohne päpstliche Autorisierung selbst zu regeln. Dabei schlug er aus kaiserlicher Autorität den Weg einer interimistischen Lösung ein, die in Deutschland gültig sein sollte, bis das wiedereinzuberufende allgemeine Konzil eine Einigung brachte.

Das Augsburger Interim,[42] wie diese Zwischenlösung genannt wird, war im Auftrag des Kaisers im Frühjahr 1548 von einer Kommission katholischer und protestantischer Theologen erarbeitet, von Karls nächsten Beratern redigiert und schließlich von spanischen Theologen approbiert worden. Dogmatisch eindeutig katholisch, wenn auch in manchem auf den evangelischen Geist Rücksicht nehmend, gab das Interim in zwei spektakulären Fragen den Protestanten freie Hand – bei der Priesterehe und beim Laienkelch, der *«communio sub utraque»*, die Kommunion mit Oblate und Wein, die die Papstkirche bereits im 15. Jahrhundert dem Teil der böhmischen Hussiten zugestanden hatte, der in ihren Schoß zurückkehrte. Am 15. Mai 1548 stellte Karl die protestantischen Stände vor die Alternative, entweder zum katholischen Glauben zurückzukehren oder das Interim zu akzeptieren. Angesichts seiner militärischen Stärke gelang es dem Kaiser, das Interim auf den Reichstagsverhandlungen durchzupauken, wenn auch ohne die Zustimmung der größeren protestantischen Fürsten.

Der Kaiser selbst sah im Interim einen Religionsfrieden. Denn es leistete eine Vermittlung im Glaubensstreit, und zwar in jener Phase, in der das von ihm weiterhin dringend gewünschte Konzil noch nicht funktionsfähig war; es verhinderte eine weitere Vertiefung der Glaubensspaltung. Das Interim sollte den Verfall der Einheit dort bremsen, wo der Kaiser ihn am wenigsten brauchen konnte, nämlich im Reich, der für seine universellen Ordnungspläne unverzichtbaren Basis kaiserlicher Macht und *auctoritas*. Moderne Historiker müssen dem aber die Tatsache entgegenhalten, dass das Interim von den katholischen Reichsständen nicht akzeptiert wurde und folglich nur für die Protestanten galt. Es geriet somit «in die gefährliche Nähe eines diskriminierenden Sondergesetzes für – oder besser: gegen – die Protestanten».[43] Hinzu kommt, dass Karl als Oberhaupt des Reiches mit dem von ihm faktisch oktroyierten Interim politisch, vor allem aber rechtlich einen Weg eingeschlagen hatte, den zu gehen noch keiner seiner Vorgänger gewagt hatte. Karl nahm eine «bis dahin nie geahnte Art von Staatskirchenregiment auf Reichsebene»[44] in Anspruch. Damit verletzte er sowohl die Interessen der protestantischen Reichsstände, die längst ein eigenes Kirchenregiment errichtet hatten, als auch die Rechte von Papst und Konzil.

Das Interim, das Interim, der Teufel, der steckt hinter ihm – Karls Scheitern am lutherischen Stadtbürgertum

Der «Burgundervertrag» hat die europäische Verfassungs- und Staatengeschichte nachhaltig geprägt, indem er den Weg freigab für eigene niederländische Staaten außerhalb des Reiches, das spanische Belgien und die nordniederländische Republik. Das Interimskonstrukt dagegen brach rasch in sich zusammen: *«Das Interim, das Interim – der Teufel, der steckt hinter ihm»* – dichteten die antikaiserlichen Pamphletisten Mittel- und Norddeutschlands. Alle Protestanten, in Sonderheit die Fürsten, sollten erkennen, dass die kaiserlichen Einheitsverlockungen sie in den Untergang führen würden. Als Erstes erwies sich dann allerdings, dass der Teufel eher für Karl hinter dem Interim stand.

Streng genommen war die von den kaiserlichen Theologen ausgearbeitete Zwischenkonfession eine Totgeburt. Die auf der Spitze der spanischen Schwerter durchgesetzte Einigung vom 30. Juni 1548 war nur ein Scheinerfolg. In Norddeutschland hatte sich längst der lutherische Widerstand formiert, vor allem in den großen Handelsstädten, viele von ihnen Mitglied der Hanse. Und es waren die Bürger in Allianz mit den lutherischen Pastoren, die diesen Widerstand trugen. Die Ratsgremien dagegen taktierten und waren zur Unterwerfung unter den Kaiser bereit. Die scharf antikaiserliche und antiautoritäre Stimmung der Bürger ist in einer privaten Hamburger Chronik eingefangen: *«als des Papstes Büttel und Bluthund»* habe Karl im Schmalkaldischen Krieg gehandelt. Eine «*grote tirannie*» wolle er errichten, wie schon die Unterwerfung Gents im Jahre 1540 gezeigt habe.[45] Ein solches Schicksal wollten die auf ihre Bürgerfreiheit stolzen Einwohner der lutherischen Städte Nord- und Mitteldeutschlands unter keinen Umständen erleiden. Die Entscheidung über das Interim und die darin enthaltene katholisierende Religionspolitik fiel 1551/52 vor Magdeburg, dem bedeutenden Handels- und Verkehrszentrum. Die Bischofsstadt mit weitreichenden Bürgerfreiheiten hatte sich der Unterwerfungsforderung unter den Sieger von Mühlberg widersetzt. Statt ihren Widerstand zu brechen, was im Frühjahr 1547 gleich nach dem Fall Wittenbergs wohl möglich gewesen wäre, war die kaiserliche Armee nicht nach Nordwesten vor das widerspenstige Magdeburg gezogen, sondern hatte sich nach Süden begeben. So konnte die Elbestadt in den nächsten Jahren all denen als Zufluchtsstätte dienen, die durch die kirchenpolitische Wende aus ihrer Heimat vertrieben wurden. Darunter befanden sich die theologischen Köpfe des radikalen Luthertums, die anders als der verbindliche Melanchthon die Reformation eisern gegen jeglichen Kompromiss verteidigten. Dass Gott mehr zu gehorchen sei als dem Kaiser, das stand für sie allemal fest. Der Kaiser verhängte die Reichsacht über das Widerstandsnest und ließ Magdeburg seit Oktober 1550 durch ein Heer unter dem Kommando seines Bundesgenossen Moritz von Sachsen belagern.

Doch konnte er nicht verhindern, dass Dutzende von Flugschriften zu Ungehorsam und Widerstand gegen ihn aufriefen und diesen theologisch begründeten. Denn in den Monaten der kaiserlichen Belagerung weilte und publizierte in Magdeburg eine ganze Phalanx entschieden lutherischer Pastoren, die sich gegen Melanchthons Kompromisskurs gegenüber der kaiserlichen «Zwangskonfession» stemmten und später «Gnesio-Lutheraner» genannt wurden (von griechisch *gnesios*, «echt», «recht», «rechtmäßig»). Ihre Häupter waren Nikolaus von Amsdorf, Erasmus Alber, Nikolaus Hahn oder Gallus sowie Matthias Flacius Illyricus, wenig später Pastor der lutherischen Untergrundkirche in Antwerpen. Sie machten Magdeburg zur Zitadelle des lutherischen Widerstands, zu «*unseres Herrgotts Kanzlei*», wie die Bischofsstadt im protestantischen Deutschland bald respektvoll genannt wurde.

Hier, im lutherischen Magdeburg stand die Wiege jener protestantischen Widerstandstheorie, die später von Theodor Beza und anderen reformierten Theologen und Politikern Westeuropas zur calvinistischen Widerstandslehre fortentwickelt wurde, und zwar unter Rückgriff auf ihre lutherischen Vorgänger in Magdeburg. Vor allem die 1550 bei dem Magdeburger Drucker Michael Lotter in lateinischer und deutscher Sprache erschienene Schrift «*Confessio et Apologia Pastorum et reliquorum ministrorum Ecclesiae Magedburgensis*» beziehungsweise «*Bekenntnis Untricht und vermanung/der Pfarrherrn/der Christlichen Kirchen zu Magdeburg*», bald kurz «Magdeburger Bekenntnis» genannt, wurde zum Schlüsseltext.[46] Ihre Lehre, dass unteren Magistraten, gemeint war hier der Rat der Stadt Magdeburg, ein Recht auf aktiven, militärischen Widerstand gegen kaiserliche oder allgemein zentrale Macht zukomme, wenn es um die Verteidigung der Religion geht, floss in die Widerstandslehre der westeuropäischen Monarchomachen (Monarchen-, Tyrannenbekämpfer) ein, die somit im Widerstand gegen Karls Religionspolitik wurzelt.[47]

Nach komplexen Verhandlungen zwischen Bürgerschaft und Belagerern, in denen schon nicht mehr sicher zu erkennen war, wieweit Moritz von Sachsen noch die Position des Kaisers vertrat oder bereits seine Rebellion gegen ihn vorbereitete, wurde Anfang November 1551 schließlich ein Vertrag geschlossen, der die Reichsacht gegen Magdeburg aufhob und den kursächsischen Truppen Einzug in die Stadt gewährte. Die Bürgerschaft hatte dem Kaiser und Kurfürst Moritz zu huldigen. Von einer kniefälligen Unterwerfung, wie sie Karl anfangs von allen protestantischen Fürsten und Städten verlangt hatte, war nicht mehr die Rede, und schon gar nicht von der Annahme des Interims. Die Selbstbehauptung Magdeburgs war zugleich das Fanal für das Ende des Interimsprojektes überhaupt. Im Reich war Karls universelle Kirchenpolitik gescheitert. Der Weg war frei für die ersten partikularen Kirchtümer der Neuzeit – die Landeskirchen der protestantischen und das landesherrliche Kirchenregiment der katholischen Territorien.

Der Kaiser war in Deutschland einer Kraft unterlegen, die er noch in Spanien bei der Unterwerfung des Comuneros-Aufstands und in den Niederlanden mit der Bestrafung seiner Geburtsstadt Gent niedergeworfen hatte – dem Selbstbestimmungswillen des Stadtbürgertums, dem libertär-republikanischen Bürgergeist, der in Luthers Theologie der christlichen Freiheit wurzelte.

II

VILLACH, MAI 1552 –

Herabgeschleudert
vom Rad der Fortuna

*Die Rächer der deutschen Freiheit und der widerrechtlich
gefangenen Fürsten*

Vor Magdeburg begann noch in einer ganz anderen Weise das Verderben des Kaisers. Die Belagerung, der die Stadt seit Herbst 1550 in seinem Auftrag und Namen ausgesetzt war, lag in der Hand seines Verbündeten Moritz von Sachsen. Dass dieser vor der Bischofsstadt, die im Schnittbereich der Interessen von Kursachsen und Kurbrandenburg lag, eigene Interessen verfolgte, war Karl durchaus bekannt. Was ihm nicht bekannt war, das waren die Motive, die hinter der ständigen Vergrößerung der kurfürstlichen Belagerungsarmee standen. Auch seine Spione, die in diesen Tagen gerade die protestantischen Teile des Reiches genauestens beobachteten, fanden das nicht heraus. Sie konnten es nicht herausfinden, da der Kurfürst ja formell im Namen des Kaisers handelte, um endlich die Unbotmäßigkeit Magdeburgs zu brechen. Die großen und wohlhabenden Reichsstädte des Südens waren bereits dem kaiserlichen Willen unterworfen worden. Dort hatte der kaiserliche Rat Heinrich Hase die gewohnten Mitbestimmungsrechte der Bürger beseitigt und ein strenges Regiment der Obrigkeiten eingeführt – Räte nach dem Geschmack des Gehorsam gewohnten Kaisers, die in den noch freien Städten Mittel- und Norddeutschlands spöttisch «Hasen Räte» geschimpft wurden.

Der sächsischen Geheimkorrespondenz ist zu entnehmen, dass Moritz längst eine Verschwörung ins Auge gefasst hatte. «In der Sommerhitze des August 1551 fiel dann die Entscheidung zur Erhebung gegen den Kaiser»,[1] also mitten in der Belagerung Magdeburgs. Ziel war die Beseitigung des Kaiserabsolutismus, den er seit den Verfassungsänderungen der Jahre 1547/48 aufziehen sah, und mit ihm die meisten anderen Reichsstände, katholische wie protestantische. Für Moritz kamen zwei weitere Motive hinzu – die Beseitigung des Interims, das zunehmend zur Existenzfrage des Protestantismus wurde, und das Ende der Gefangenschaft seines Schwiegervaters Philipp von Hessen. Beides war für ihn eine Frage von Ehre und Ansehen. Er musste der Beschimpfung als «Judas von Meißen» entgegentreten, die die protestantischen Flugschriften wegen seines Bündnisses mit dem katholischen Kaiser landauf landab verbreiteten. Und er musste deutlich machen, dass er kein Verräter an seinem Schwiegervater war und der unglückliche Rat, sich der Gnade des Kaisers zu unterwerfen, bestens Wissens gegeben wurde. Um den Gefangenen aus dem niederländischen Kastell, in das er inzwischen verbracht worden war, frei zu bekommen, bat Moritz schließlich sogar den spanischen Thronfolger Philipp, mit dem er während dessen Deutschlandaufenthaltes 1550/51 gute Beziehungen unterhielt, um Fürsprache bei seinem Vater.[2]

Die politische Wende des Jahres 1551 wäscht den «Judas von Meißen» im Nachhinein rein. Mehr noch, sie belegt, dass Moritz im Ernst nie daran gedacht hatte, seinen Glauben zu verraten. Als er sich auf die Seite des Kaisers schlug, hatte er ohne Zweifel ein gefährliches Spiel für die protestantische Sache gespielt. Jetzt als sächsischer Kurfürst war er faktisch politisches Oberhaupt der deutschen Lutheraner, auch und gerade, weil deren Schmalkaldischer Verteidigungsbund zerschlagen war. Zudem sah er sich durch seine neue Würde berufen, ja verpflichtet, für die ständische Freiheit und die persönliche Unantastbarkeit der Reichsfürsten, die der Kaiser mit Füßen trat, ins Feld zu ziehen, nahmen die Kurfürsten doch für sich in Anspruch, zusammen mit dem Kaiser das Reich zu verkörpern.[3]

Die Stellung als Kommandant der Belagerungstruppen machte es Moritz leicht, insgeheim eine antikaiserliche Allianz in Deutschland und Europa zu schmieden. Neben Sachsen, Hessen und weiteren unzufriedenen Reichsständen war von vornherein Frankreich eingebunden. Sein Botschafter nahm schon an den frühen Verschwörungsverhandlungen im sächsischen Lochau und in Hessen teil. In Frankreich war inzwischen Heinrich II. seinem Vater Franz I. auf dem Thron gefolgt, jener Franzosenprinz, der als Kind als Geisel in Spanien gefangen gehalten worden war. Nun erhielt er Genugtuung der Revanche. Das formelle Bündnis wurde im Januar 1552 im Loire-Schloss Chambord geschlossen[4]. In Marburg, der Hauptresidenz des gefangenen Landgrafen, erschien sogleich eine Rechtfertigungs- und Propagandaschrift, die den französischen König zum *«vindex libertatis Gemaniae et Pricipum captivorum»* erklärte, zum Rächer der deutschen Freiheit und der gefangenen Fürsten. Das Titelblatt war mit einem Hut und zwei Dolchen geschmückt, den alten Symbolen der Fürstenfreiheit – dem Recht, vor dem Herrscher das Haupt bedeckt zu halten, und, sich mit eigener Hand zu verteidigen. Der Aufruf zum Widerstand als Christenpflicht gegen den Unterdrücker des rechten Glaubens in den erwähnten lutherischen Pamphleten aus Magdeburg wurde ergänzt durch die weltlich-politische Rechtfertigung des Aufstandes als legitimes Vorgehen gegen den kaiserlichen Tyrann, der das freiheitliche Fundament der Reichsverfassung missachtete.

Karl V. befand sich fernab in Innsbruck. Erst Ende 1551 trat ihm dort Zug um Zug das Ausmaß der Fürstenrebellion vor Augen und damit die Gefahr, die seinen Reformplänen, ja der Herrschaft des Hauses Österreich drohte. Zunächst trafen aus dem Norden warnende Berichte kaiserlicher Botschafter ein, wahrscheinlich ausgelöst von Informationen eines Teilnehmers der frühen Verschwörungsverhandlungen, der sich wegen Meinungsverschiedenheiten dem Bund entzogen hatte. Im März blieb Moritz von Sachsen einem verabredeten Treffen in Innsbruck fern und schickte stattdessen ein Schreiben, das die Entlassung der gefangenen Fürsten und die Verfügung eines Konzils gemäß den protestantischen Bedingungen forderte. Damit stand dem Kaiser Anfang März 1552 der Ernst der Lage unzweifelhaft vor Augen. Sein Antwortschreiben versuchte zwar zu beruhigen, machte allerdings in der Sache keine Zusagen. Das militärische Räderwerk der Fürstenrebellion, das Moritz bereits im Februar in Gang gesetzt hatte, ließ sich dadurch nicht mehr aufhalten. Die Lage drohte vollends außer Kontrolle zu geraten, als sich Karl hinreißen ließ, Ferdinand, der ihn zuvor wiederholt mit offenen Worten gewarnt hatte und für die Freilassung der gefangen gehaltenen Reichsfürsten eingetreten war, zu verdächtigen, er stecke mit den Gegnern unter einer

Decke, und dies auch offen in seiner Umgebung aussprach. Würde die bislang so eiserne Achse der Freundschaft zwischen den Brüdern zerbrechen?[5]

Mitte März erfuhr man über sichere Kanäle, dass in Norddeutschland «*an allen orten kriegß leut hin und wider lauffen*».[6] Der nun endlich alarmierte Kaiser fertigte Eilboten nach Spanien ab, um von Philipp rasch Geld und Hilfstruppen zu erhalten. Moritz war inzwischen am 16. März 1552 von Leipzig abmarschiert – mit jenen Truppen, die er vor Magdeburg im Namen des Kaisers versammelt und nach der Kapitulation der Bischofsstadt im November 1551 nicht abgedankt hatte. In Schweinfurt vereinigte er sich mit den hessischen Truppen unter Wilhelm, dem regierenden Sohn des gefangenen Landgrafen. Als Erstes eroberten die Rebellen Anfang April die Reichsstadt Augsburg, mit dem Bankhaus Fugger Karls Finanzbasis und eben noch Bühne seines Erfolges. Parallel zu den Kriegshandlungen leitete Moritz Verhandlungen über die Forderungen der Rebellen ein. Nicht mit dem Kaiser, dem er nicht vertraute, sondern mit dem deutschen König Ferdinand, zu dem er seit langem gute Beziehungen pflegte und den er mit Bedacht nicht einbezogen hatte in die Kriegserklärung an den Kaiser. Mitte April reiste Moritz mit kleiner Begleitung von Augsburg ins oberösterreichische Linz, um dort persönlich mit Ferdinand zu verhandeln. Doch um Zeit zur Klärung von Details und zur Information des Kaisers zu gewinnen, vertagte man sich auf den frühen Sommer nach Passau.

In der Falle – Flucht aus Innsbruck

Zurück in Augsburg brach Moritz Mitte Mai mit dem Rebellenheer auf und stieß über Füssen nach Reutte vor, wo er bei der Ehrenberger Klause die mit der Sicherung des Zugangs nach Tirol betraute kaiserliche Besatzung vernichtend schlug. Der Weg nach Innsbruck war frei. Dort erschien das Rebellenheer allerdings erst mit einer Verzögerung von drei Tagen. Wie die jüngst erschlossene politische Korrespondenz Sachsens beweist,[7] wollte Moritz dem Kaiser Gelegenheit zum Rückzug geben. Denn er habe «*keinen Käfig, der groß genug sei für einen so großen Vogel*».[8] Als Gefangener wäre der erste Monarch der Christenheit für den Sachsen nun doch zu beschwerlich gewesen. Zudem wollte Moritz den Reichs- und Religionsfrieden nicht gefährden, über den er ja mit Ferdinand in Verhandlungen stand.

Karl hatte im April, als er die Nachricht von der Einnahme Augsburgs durch die Rebellen erhielt, sogleich den Versuch unternommen, heimlich aus Innsbruck in die Niederlande zu gelangen. Er musste aber zurückkehren, weil gegnerische Truppen die Pässe in Richtung Norden und Westen kontrollierten. Nun saß er in der Falle. An Widerstand war nicht zu denken, da die vor Mühlberg siegreiche Armee längst abgedankt war. Sie unter Kontrakt zu halten, hätte Summen erfordert, über die selbst der Herrscher über ein Weltreich nicht verfügte. Blieb nur ein Ausweg – die Route nach Süden über den Brenner. So verließ der Kaiser Innsbruck sogleich, als am 19. Mai die Botschaft von der Niederlage seiner Truppen am Pass bei Reutte einging – gegen zehn Uhr abends bei strömendem Regen, begleitet nur von einer kleinen spanischen Leib-Eskorte. Den Weg erhellten notdürftig Fackeln, manche der Spanier ritten zu dritt auf einem Pferd. Es war eine Flucht Hals über Kopf. Das war nicht ganz so dramatisch, wie in der stilisierten Szene des spanischen Hofchronisten Prudencio de Sandoval, nach der der Kaiser die Innsbrucker Residenz durch das eine Tor verlassen habe, als Moritz sie bereits durch das andere betrat. Doch «*erbermliche und schimpfliche*», wie die oberösterreichische Regierung schockiert festhielt,[9] war das Geschehen allemal. Bereits in der Sänfte, denn das Reiten über schwierige Strecken war Karl inzwischen zu beschwerlich, entließ er den «gewesenen sächsischen Kurfürsten» Johann Friedrich aus der Haft.

Für Karl war es neben der militärischen und politischen Bedrängnis, in die er sich durch die Fürstenrebellion plötzlich versetzt sah, eine tiefe persönliche Enttäuschung, ja eine ehrverletzende Schmach. Noch in seinen 1550 diktierten Memoiren hatte er Moritz «*für die guten Dienste, die er Seiner Majestät geleistet, und für den guten Willen und die Zuneigung, die er diesem bewiesen hat*» gelobt. Jetzt, 1552, musste der Kaiser sich eingestehen, dass er zu leichtgläubig gewesen war und sich in dem scheinbar vertrauten Menschen getäuscht hatte. Und diese Erkenntnis kam in einem Moment, in dem der Kaiser wegen der erwähnten Meinungsunterschiede in der Nachfolgefrage sogar argwöhnte, sein

Bruder Ferdinand stecke mit den Aufrührern unter einer Decke. «*So tief ich nur kann*», beschwor die niederländische Statthalterin Maria am 9. April ihren Bruder Ferdinand, «*Vergangenes zu vergessen*» und in «*Bruderliebe so schnell wie möglich zu handeln*», um Karl zu retten.[10] Was immer Moritz an rechtlichen und moralischen Rechtfertigungen vorbrachte, Karl konnte in ihm nur den heimtückischen Verräter sehen. Das war ein emotionaler Schlag, der ihn umso tiefer traf, als er erfolgreich war und damit in der religiösen Selbstdeutung des Kaisers die Abwendung Gottes von seiner Politik zu offenbaren schien. Ähnliches hatte er 1541/42 nach der Niederlage vor Algier durchlebt und mit einer Erneuerung der Kolonialpolitik beantwortet. Eine vergleichbare Reaktion war ihm jetzt nicht möglich. Denn es ging um den theologischen Kern seiner Kirchenpolitik, die er über die Zugeständnisse des Interims hinaus nicht verändern wollte und konnte. Die persönliche Enttäuschung und das kirchenpolitische Dilemma waren entscheidend dafür, dass Karl schließlich vor der neuen politischen Realität resignierte. Entgegen der bislang immer wieder unter Beweis gestellten Standhaftigkeit, auch und gerade in Niederlagen, erlebte Karl jetzt einen persönlichen Absturz, von dem er sich nie wieder ganz erholen sollte.

Anders deuteten natürlich die Gegner des Kaisers die Ereignisse. Für sie war Kurfürst Moritz nun der spätberufene Freiheits- und Glaubensheld, ein vom Verräter Judas zum Vaterlandsretter Gewandelter, vergleichbar dem alttestamentlichen Gottesstreiter Gideon. Eine solche Stilisierung kann heute aber kaum noch überzeugen. Im Ringen zwischen Karl und Moritz trafen zwei Renaissanceherrscher aufeinander, die beide den jeweils anderen wie eine Schachfigur einsetzten: 1547 hatten der Kaiser und König Ferdinand den jungen sächsischen Herzog in einem geschickten diplomatischen Manöver, dem er sich nicht entziehen konnte, ohne sein Herzogtum zu gefährden, an ihre Seite gebracht. In den Jahren danach hielt Karl ihn weiter in Abhängigkeit, indem er sich die Option offenhielt, den gefangenen Johann Friedrich gegen Moritz auszuspielen. Noch die erwähnte Freilassung am Abend der Flucht vor Innsbruck diente diesem Zweck, versuchte Johann Friedrich doch sogleich gegen Moritz reichsrechtlich vorzugehen, um in die wettinische Kurwürde restituiert zu werden. Schließlich sollte auch die Gefangennahme Philipps von Hessen, des Schwiegervaters des Kurfürsten, der Bindung an das Haus Österreich dienen. Denn Moritz hatte sein Ehrenwort gegeben, dass der freiwillig in das kaiserliche Lager gekommene Landgraf nach Unterwerfung unter den Kaiser nicht als Rebell behandelt, sondern begnadigt würde. Dieser Schlinge wusste sich Moritz nun mit ähnlichem machiavellistischem Kalkül zu entwinden, indem er die Kräfte sammelte, die Karl vor den Kopf gestoßen hatte, und das mit einer Verschlagenheit, die den Kaiser hinreichend lange in Sicherheit zu wiegen wusste.

Villach und Passau

Über Sterzing knapp südlich des Brennerpasses, wo man nach drei beschwerlichen Reisestunden den Rest der Nacht verbrachte, ging die Flucht durch das Pustertal auf Lienz und die obere Drau entlang nach Südosten. Nach zehn Tagen erreichte der Kaiser am 27. Mai Villach in Kärnten. Dort residierte er im «Haus am Platz», dem Stadtpalais der Khevenhüllers, jenes Kärntener Adelsgeschlechts, das in diesen Jahren seinen Aufstieg in die österreichische Adelselite antrat. Karl schien seine alte Energie und Willensstärke zurückgewonnen zu haben. Mit ungebeugter Prinzipientreue führte er die Verhandlungen über die religiösen und verfassungsrechtlichen Forderungen der Fürstenerhebung. Gleichzeitig war er unermüdlich mit den finanziellen und logistischen Voraussetzungen eines Gegenschlages beschäftigt. Es war ein schlagkräftiges Heer zusammenzubringen, um Heinrich II. aus der Reichsstadt Metz zu vertreiben, die dieser im Januar besetzt hatte. Sie war zusammen mit dem Reichsterritorium Toul-Verdun der Lohn, den die aufständischen Fürsten dem französischen König für seine Hilfe zugestanden hatten. Eine solche Beschneidung des Reichsgebiets konnte und wollte der Kaiser nicht hinnehmen.

Wie in Linz vereinbart, verhandelten derweil König Ferdinand und Kurfürst Moritz seit Anfang Juni in Passau über die Religionsfrage. Ein erster Vertragsentwurf wurde am 22. des Monats nach Villach geschickt. Karl antwortete ausweichend auf die Forderung nach sofortiger und bedingungsloser Freilassung der Gefangenen – Johann Friedrich hatte er durch Ehrenwort weiterhin gebunden. Eine Duldung des Protestantismus lehnte er rundweg ab.[11] Daraufhin reiste Ferdinand persönlich nach Villach und stellte dem Bruder vom 8.-11. Juli in langen Gesprächen den Ernst der Lage vor Augen. Dabei habe Ferdinand ihn inständig gebeten, so Karl fünf Tage später an seine Schwester Maria,[12] *«den Vertrag anzunehmen, da er keinerlei Anzeichen dafür sehe, dass die Feinde an dem Vertragsentwurf etwas ändern lassen wollen»*, und er, Ferdinand, dringend die Hilfe des Reiches gegen die Türken brauche, *«die bereits in beträchtlicher Stärke in Siebenbürgen und Ungarn eingedrungen sind»*. Er, Karl, habe daraufhin eine Fassung vorgelegt, in der *«die Religionsfrage und die Beschwerden dermaßen umgearbeitet sind, dass die Feinde sie annehmen könnten»*.

In dem Passauer Vertrag, den Karl nach seiner nun gefahrlosen Rückkehr aus Villach am 15. August in München ratifizierte, erhielten die Protestanten die gewünschte Religionsfreiheit, aber nach dem Willen des Kaisers zeitlich begrenzt bis zum nächsten Reichstag. Es war der Sieg der Pragmatiker – des protestantischen Kurfürsten, der nie den Sturz des Hauses Österreich angestrebt und immer eine Brücke der Verständigung im Auge behalten hatte,[13] und des Deutschen Königs. Ferdinand war persönlich nicht weniger entschieden katholisch als sein Bruder. Doch konnte er nach jahrzehntelanger Erfahrung in der Reichspolitik das Chaos ermessen, in das das Reich wie das Haus Österreich stürzen würden, *«käme es wegen der Religionssache zum Bruch»*.[14] Karl selbst jedoch konnte die Brücke des Kompromisses nicht betreten. Es widerstrebte seinem Majestätsbewusstsein, die Fürsten und gar diejenigen, die sich gegen ihn erhoben hatten, als gleichrangige Mitspieler zu akzeptieren, vor allem aber standen dem tief religiöse Sperren entgegen.

In der Reichspolitik war endgültig die Zeit Ferdinands angebrochen. Nur drei Jahre später sollte er auf dem Reichstag von 1555 den berühmten Augsburger Religionsfrieden mit den protestantischen Reichsständen schließen. Damit hatten die Lutheraner dauerhaft Toleranz in Deutschland gewonnen, an Stelle der einen, allgemeinen christlichen Kirche gab es fortan zwei, schließlich sogar drei getrennte Konfessionskirchen. Karls Konzept einer einheitlich reformierten universellen Christenheit war damit endgültig begraben, wenn der Reichstagsbeschluss auch noch vage von Wiedervereinigungsgesprächen ausging.

Kurfürst Moritz indes war an den Augsburger Verhandlungen nicht mehr beteiligt. Er hatte im Sommer 1553 im niedersächsischen Sievershausen den Schlachtentod erlitten, als er den so hart erstrittenen Reichsfrieden gegen den Landfriedensbruch des skrupellos brandschatzenden Kondottiere Albrecht Alcibiades, Markgraf zu Brandenburg-Kulmbach, verteidigte. Auch der Kaiser war nicht beteiligt. Der hatte 1552 im Zusammenhang mit den Verhandlungen zum Passauer Vertrag seiner Schwester Maria gestanden, er sei nicht bereit, «*sich auf Dauer und ohne Heilmittel mit der Häresie ins Benehmen zu setzen*». Daher habe er Ferdinand mitgeteilt, dass er «*zum Wohle Deutschlands und des Königs, seines Bruders, sein Möglichstes tun werde, aber nicht gegen seine Pflicht und sein Gewissen, auch wenn damit alles verloren gehen müßte*».[15] Während des tagelangen Ringens in der Villacher Alpeneinsamkeit hatte er aber bereits den Ausweg aus der scheinbaren Unvereinbarkeit zwischen seiner religiösen Unbeugsamkeit und der Toleranzbedürftigkeit des Reiches gefunden. Die protestantischen Fürsten selbst hatten ihm dazu den Anknüpfungspunkt gegeben. Während der Passauer Verhandlungen hatten sie ihr Erstaunen bekundet, warum «*er sich in der Religionsfrage als derartig schwierig erweist und sich weigert zum Wohle Deutschlands das zu gewähren, wozu er seine Zustimmung erteilt hatte, als es eine Frage seiner persönlichen Angelegenheiten war*». Das spielte auf die von Karl wiederholt eingegangenen «Anstände» an, mit denen er den Protestanten zeitlich befristete Duldung gewährt hatte. Karl konnte und wollte das natürlich nicht leugnen. Dass er das aber aus persönlichem Interesse getan habe, wies er entschieden zurück. Vielmehr seien es immer konkrete Gefahren für das Reich gewesen. «*Seine persönlichen Angelegenheiten hätten ihn niemals dahin gebracht, in der Religionsfrage einen Aufschub zuzugestehen.*» Diese Trennung zwischen persönlicher Einstellung und Sachzwängen war dann der Weg, der sich ihm als Lösung des Dilemmas anbot: Er habe, so offenbarte er sich Mitte Juli 1552 seiner vertrauten Schwester, «*dem besagten König (also seinem Bruder Ferdinand) erklärt, dass er eher Deutschland verlassen würde, um ihm die Möglichkeit zu geben, ein Einverständnis mit den Feinden zu suchen, als etwas zu tun, was der Religion zum Schaden gereichen würde*».[16]

Wieder ein Franzosenkrieg

Im Sommer 1552 war er zu diesem Schritt noch nicht bereit. Vielmehr stürzte er sich gleich, als er durch den Passauer Kompromiss wieder Bewegungsfreiheit gewonnen hatte, in den Krieg gegen Heinrich II. von Frankreich. Das war eine militärisch-politische Konstellation, die seit dem Vertrag von Crépy 1544 überwunden schien. Heinrich II. hatte die Außenpolitik seines Vaters wieder aufgenommen.[17] Im Süden wollte er endlich den seit Generationen angestrebten Einfluss auf Italien durchsetzen und das an Philipp von Spanien verliehene Herzogtum Mailand doch noch für Frankreich gewinnen. Einen ersten Erfolg erzielte er in Siena, wo es zu einem Aufstand gegen die *Cittadella imperiale*, die im Entstehen begriffene kaiserliche Zwingburg, und zur Vertreibung der spanischen Besatzung kam. Nördlich der Alpen ging es um Sicherung und Ausdehnung französischer Positionen gegenüber dem Reich und den Niederlanden. Auf der Grundlage des Vertrags von Chambord ließ Heinrich II. im Frühjahr 1552 unter dem Titel eines «*vicaire d'empire*» die Reichsbistümer Metz, Toul und Verdun besetzen, zeitgleich mit dem Vorstoß seines sächsischen Verbündeten auf Innsbruck. Kurz darauf rückten französische Truppen in das Herzogtum Lothringen ein. Die Regentin, Karls Nichte Christina von Lothringen-Dänemark, wurde vertrieben, ihr gerade neunjähriger Sohn, der Thronfolger Karl III., nach Paris verbracht, um dort zum Gefolgsmann der französischen Krone erzogen zu werden.

Begleitet wurde diese Offensive durch eine massive antikaiserliche und profranzösische Darstellung der Zeitgeschichte in den bereits erwähnten Flugblättern, die Karls Reichs- und Religionspolitik als tyrannische Verletzung der freiheitlichen Reichsverfassung geißelten. Es entstanden Geschichtswerke, die der heroisierenden Geschichtsdeutung der spanisch-kaiserlichen Hofhistoriographie entgegentraten und sie vehement im Sinne Frankreichs korrigierten. Der französische Diplomat Sébastien de Laubespine, Abbé de Bassefontaine, verfasste die «*Histoire de la guerre de Religion entre l'Empereur Charles V et les Princes d'Allemagne, commencée en 1525 et finie en 1547*», eine Gegenschrift zu der weit verbreiteten offiziellen kaiserlichen Darstellung des Schmalkaldischen Krieges aus der Feder des spanischen Reitergenerals und Hofhistoriographen Luis Ávila y Zúñiga. Wird der Kaiser von Zúñiga als vorbildlicher Fürst und universeller Herrscher gefeiert, so erscheint er bei Bassefontaine als Anti-Prinz und Tyrann, der Reichsrecht bricht und taub gegenüber den berechtigten Forderungen der Fürsten ist. Wo der Spanier seinen Herrn als von Gott gesandten Friedensfürst darstellt, der die Christenheit wie die Welt versöhnt und eint, sieht der Franzose in ihm den Verursacher der religiösen und politischen Zerrissenheit Europas. Ist er in der spanisch-kaiserlichen Eigendeutung der Glaubensheld, der unbeirrt am rechten Glauben festhält und schließlich durch beherztes militärisches Eingreifen die Gefahr der Spaltung bannt, so in dem französischen Gegenbild der Hauptverantwortliche für das konfessionelle Chaos, das er mit seinem Zögern 1521 in Worms heraufbeschworen hatte. In der politischen Welt ist er nicht universell verantwortungsvoller Herrscher, wie in der spanischen Staatsideologie oder im dynastischen Mythos der Casa de Austria, sondern Unruhestifter aus Herrschsucht. Indem der französische Diplomat den universellen Kaiseranspruch als Ideologie der Macht darstellt, treten für ihn hinter der kaiserlichen Politik – der Kirchen- wie der Mächtepolitik – als realpolitische Triebkräfte die Partikularität der dynastischen und nationalen, nämlich spanisch-burgundischen Eigeninteressen zu Tage.[18]

Der militärische Vorstoß Moritz von Sachsens nach Süddeutschland hatte den Kaiser gehindert, dem Einfall der Franzosen ins Reichsgebiet sogleich entgegenzutreten. Doch gelang es, in den Niederlanden eine Armee zusammenzustellen, die Frankreich im Nordosten bedrohte. Als Moritz von Sachsen, der Hauptverbündete der Franzosen im Reich, vor dem Letzten zurückschreckte und stattdessen mit Karls Bruder in Friedensverhandlungen eintrat, musste Heinrich II. seine Truppen aus dem Rheingebiet zurückziehen. Karl selbst hatte noch während seines Zwangsaufenthaltes in Villach umsichtig die Beschaffung der für einen militärischen Gegenschlag nötigen Geldmittel in die Wege geleitet. Der rasche Erfolg bewies, dass das Reichsoberhaupt trotz der ihm zugefügten Schmach politisch keineswegs am Ende war: Das Augsburger Bankhaus Fugger, dessen Kopf Anton Fugger der Einnahme der Stadt durch die Aufständischen entkommen war und den Kaiser nach Villach begleitet hatte, gewährte einen Kredit von 400 000 Dukaten. Aus Neapel kamen weitere 200 000 und aus

Kastilien wie üblich der größte Betrag, nämlich 500 000 Dukaten.[19] So ließ sich rasch eine außerordentlich ansehnliche Armee anwerben, die Karl unter das bewährte Oberkommando des Herzogs von Alba stellte. Durch das Herzogtum Bayern und über Augsburg, Ulm und Straßburg, drei Reichsstädte, die ihm während des Fürstenaufstandes treu geblieben waren und die ihm nun mit allen möglichen Mitteln zur Seite sprangen, gelangte Karl Ende des Jahres 1552 vor die Reichsstadt Metz, die er als Erste den Franzosen wieder zu entreißen gedachte.

Doch bei aller militärischen Perfektion, die kaiserliche Armee war nicht mehr die gleiche wie bei ihrem Sieg bei Mühlberg. Vor allem aber war der Kaiser ein anderer: In fünf Jahren war aus dem kraftvollen christlichen Ritter, der das Elbtal beherrschte, ein alter Mann geworden. Die Gichtanfälle häuften sich, und es war gar nicht daran zu denken, dass er noch einmal seinem Heer voranreiten und durch persönliche Kühnheit zum Kampf anfeuern könnte. Am Weihnachtstag 1552 klagt der Kaiser in einem Brief an seinen Sohn Philipp über schmerzhafte Gichtanfälle, die ihn an einer energischen Durchführung der Rückeroberung der Reichsterritorien hinderten, und über die desaströse Finanzsituation, die bereits die Einkünfte der Jahre 1553 und 1554, teilweise sogar bereits diejenigen von 1555 verschlungen habe.[20] Wenige Tage später, am Jahresbeginn 1553, fasste er den Beschluss, die Belagerung von Metz abzubrechen. Damit war «die altburgundische Politik gegen den lothringischen Raum vor Metz zum zweiten Mal zusammengebrochen, wie für Karl den Kühnen vor Nancy».[21] Zugleich war das die Rache Heinrichs II. für die schmähliche spanische Geiselhaft ein Vierteljahrhundert zuvor.

Auch die entschlossene und sachkundige Führung der Belagerungsarmee durch den Herzog von Alba wusste den erbitterten Widerstand der französischen Besatzung unter dem Kommando des Herzogs von Guise nicht zu brechen. Der Kaiser erkannte, dass er die Zügel der Reichsregierung nicht mehr fest zu fassen vermochte – die religiösen nicht und auch nicht die mächtepolitischen. Wie in dem Brief an seine Schwester Maria angekündigt, zog er sich aus Deutschland zurück und begab sich in die Niederlande. Der Krieg mit Frankreich schleppte sich fort, im Grenzgebiet zu den Niederlanden wie in Italien.

Auch auf der Apenninenhalbinsel hatte sich in den letzten Monaten eine politische und militärische Konstellation aufgebaut, die alles in Jahrzehnten politischer und militärischer Mühen Erreichte zunichtezumachen drohte: Im Mai 1555 wurde überraschend Kardinal Gian Pietro Carafa zum Papst gewählt, ein gebürtiger Neapolitaner, der die Spanier und den Kaiser abgrundtief hasste. Das war für die kaiserliche Diplomatie eine schwere Niederlage. Bei Eröffnung des Wahlaktes hatte sie offen bekundet, Carafa sei unter keinen Umständen wählbar, war dann aber nicht imstande, den eigenen Kandidaten durchzusetzen. Paul IV., wie Carafa sich als Papst nannte, ließ seinen «Rachegelüsten» (Volker Reinhardt) gegen Spanien und den Kaiser freien Lauf. Er ging ein Bündnis mit Heinrich II. mit dem Ziel ein, die Spanier nun doch noch von der Apenninen-Halbinsel zu vertreiben. Das konnte aber nur ein Moment der Illusion sein. Denn Spanien war längst die führende Militärmacht des Kontinents. Und so musste Carafa schließlich froh sein, nicht durch die unter Führung des Herzogs von Alba von Neapel her in den Kirchenstaat vordringende spanische Militärmaschinerie einen neuen Sacco di Roma zu erleiden. Im September 1557 schloss er in Cava-Palestrina einen für ihn glimpflichen Frieden ab.[22]

Und im Norden liefen sich alle französischen Offensiven unter wessen Oberkommando auch immer tot. Als das französische Heer im August 1557 vor Saint-Quentin, gut 100 Kilometer nordöstlich von Paris, durch spanisch-englische Kontingente unter dem Befehl des neuen niederländischen Statthalters Herzog Emanuel Philibert von Savoyen vernichtend geschlagen wurde, waren die hochfliegenden Pläne Heinrichs II. gescheitert. Der Friede von Cateau-Cambrésis, 1559 zwischen dem französischen und dem spanischen König geschlossen, restituierte im Großen und Ganzen die alten Besitzverhältnisse. Nicht restituiert wurden allerdings die Reichsterritorien Metz, Toul und Verdun, weil nach dem Amtsverzicht Kaiser Karls V. Reichsinteressen das Verhältnis zwischen Spanien und Frankreich nicht mehr berührten.

Das wirft noch einmal ein erhellendes Licht auf Karls V. Zug gegen Frankreich sieben Jahre zuvor. In der deutschen Nationalgeschichte erscheint die Niederlage vor Metz und der damit besiegelte Übergang der Reichsterritorien Metz, Toul und Verdun an Frankreich als Erosion des Reichsterritoriums, verursacht durch die aufständischen Fürsten, die die Gebiete Heinrich II. zugestanden hatten, aber auch durch den Kaiser, der den Verlust nicht verhinderte. Für Karl indes standen für den Zug gegen Metz andere mächtepolitische und strategische Erwägungen im Vordergrund. Ihm ging es nicht mehr um das burgundische Zwischenreich zwischen Deutschland und Frankreich, die Vision seiner Jugend. Vielmehr dachte er an die militärische Sicherung der Verbindungswege zwischen den südlichen, italienischen und den nördlichen, niederländischen Besitzungen seines Hauses, an die «Spanische Straße», wie diese Zone von den europäischen Kriegsstrategen genannt wurde, nachdem sein Sohn Philipp von Spanien die Nachfolge angetreten hatte. Nicht anders Heinrich II. von Frankreich. Auch er dachte nicht in den nationalen Kategorien des 19. Jahrhunderts, sondern als frühneuzeitlicher Stratege, der durch den – gescheiterten – Vorstoß auf den Rhein und den – gelungenen – Gewinn der drei Bistümer samt der Überführung des Herzogtums Lothringen in den französischen Klientelverband die strategische Position gegenüber dem traditionellen Machtkonkurrent Spanien – nicht Deutschland! – entscheidend zu verbessern versuchte und zuletzt auch tatsächlich verbesserte, wenn auch nicht in dem erhofften Maße.

Genau betrachtet, waren die Kriege in Italien wie im niederländisch-französischen Raum seit Mitte der fünfziger Jahre nicht mehr Sache Karls V., sondern seines Sohnes und Nachfolgers Philipp II. Es waren nicht mehr universalistisch begründete Kaiser- oder Reichskriege, sondern neuzeitliche Mächtekriege, aus denen Spanien für ein rundes Jahrhundert als Hegemonialmacht hervorging.[23]

Kaiser der Endzeit

Das römisch-deutsche Kaisertum war Karl bereits fern gerückt, als er in Villach seinem Bruder Ferdinand freie Hand für Abmachungen mit den protestantischen Reichsständen geben musste. Und es sollte in immer weitere Ferne rücken, als er sich nach der Aufgabe der Belagerung der ehemaligen Reichsstadt Metz im Januar 1553 nach Norden in die Niederlande begab. Es war ihm bewusst, dass er mit seinem universalistischen Konzept, Europa und die Christenheit neu zu ordnen und an die Bedingungen eines neuen Zeitalters anzupassen, gescheittert war. Und da dieses neue Zeitalter für ihn wie für viele seiner Zeitgenossen, allen voran Martin Luther, das Endzeitalter war, wurde Karl in den frühen 1550er Jahren zum «Empereur d'une fin des temps» (Denis Crouzet). Die Anstrengungen und Enttäuschungen drückten sich auch im Erscheinungsbild des Kaisers aus: Der kriegerische Ritter, der seinen Truppen persönlich Richtung und Ziel weist, oder der in sich ruhende Politiker, der mit geistiger Spannkraft den Menschen Frieden, Einheit und Sicherheit zu geben trachtet, existierte nur noch auf den großen Gemälden eines Tizian und auf zahllosen kunstgewerblichen Repräsentationen des kaiserlichen Glanzes. Die reale Person dagegen war in ihren frühen fünfziger Jahren durch Krankheit und Hinfälligkeit gezeichnet: Die angeborene Deformation der Kinnlade und der Lippenpartie, in jungen Jahren durch Spannkraft überdeckt, trat unerbittlich krass hervor. Ebenso die durch den Lebenswandel und die Strapazen des Reisekaisertums früh erworbenen Beeinträchtigungen: Hände und Zehen waren seit seinen frühen dreißiger Jahren von der Gicht deformiert, so dass er inzwischen nur noch schwer gehen und greifen konnte. Hatte ihn bereits 1535 in Tunis ein Gichtanfall schwer beeinträchtigt, so war in den 1550er Jahren an eigenes Eingreifen in militärisches Geschehen nicht mehr zu denken.

Seine Gebrechen brachten Karl aber nicht von seinen notorisch ungesunden Essensgewohnheiten ab, vor allem dem ungezügelten Konsum von Bier, eisgekühlt, wenn es die Umstände ermöglichten, und Unmengen von Wildbret, das die Gicht verschlimmerte. In früheren Jahren hatte sich der Kaiser bei Staatsanlässen wie Reichstagen dem üblichen Zeremoniell der «öffentlichen Tafel» unterzogen, wobei er – wie es der hansestädtische Jurist Bartholomäus Sastrow in seiner Autobiographie schildert – sich von *«jungen Fursten und Graven»* die Speise vorlegen, aber nicht vorschneiden ließ, vielmehr *«Brathferckel oder Kalbskopff ... mit den Vingern von einander brach, die Schüssel unters Kin zog und so naturlich aß, yedoch reinlich unnd sauber, das man seine Lust daran zu sehende hette».* Inzwischen zog es der alternde Kaiser vor, in Abgeschiedenheit zu speisen. Der von Temperament und Erziehung distanzierte Herrscher wurde aufgrund seiner Gebrechen pathologisch menschenscheu. Nur einmal noch ließ er sich zu dem im Volk wie bei den Eliten beliebten Zeremoniell der öffentlichen Tafel bewegen – im Herbst 1556, als er auf seinem Weg nach Yuste in der kastilischen Hauptstadt Valladolid Station machte, um sich vom Hof und seinen spanischen Untertanen zu verabschieden.[24]

Verzweifeln ließ ihn all das aber nicht – weder die Niederlagen und die propagandistischen Angriffe der Franzosen noch die körperlichen Beschwerden. Sein Majestätsbewusstsein und seine Glaubensgewissheit waren ungebrochen. Den neuen, von ihm nicht gewünschten Entwicklungen tatenlos zuzusehen, dazu war er nicht gewillt. Im Gegenteil, er blieb entschlossen, die Zukunft seines Hauses zu gestalten, auch wenn es nicht mehr seine Zukunft sein sollte. Und da sich angesichts der auseinanderstrebenden Kräfte Europas das universelle Modell als ungeeignet erwiesen hatte, war ein anderes Konzept zu verfolgen, um den gottgegebenen Vorrang des Hauses Österreich in Europa und der Welt zu sichern. Denn dass Gott auf seiner Seite stand, diese existentielle Sicherheit hatten ihm auch die Niederlagen und Rückschläge nicht nehmen können. Auf welche Weise die Vorherrschaft der Casa de Austria ohne das Konzept einer universellen Herrschaft gesichert werden konnte, darüber waren bereits seit Jahren Überlegungen im Gange, nämlich im Zusammenhang mit den Kontroversen zwischen Karl und seinem Bruder Ferdinand um die Nachfolgeregelung im Reich.

12

BRÜSSEL 1555/56 –
Zeremoniell des Rückzugs

«Einige von Euch werden sich erinnern, dass am letztvergangenen 5. Januar vierzig Jahre seit dem Tage vergangen waren, wo ich hier in demselben Raume, fünfzehn Jahre alt, von meinem Großvater väterlicher Seite, dem Kaiser Maximilian, die Obergewalt über die belgischen Provinzen empfing. Der bald nachher erfolgte Tod meines Großvaters mütterlicher Seite, Königs Ferdinand des Katholischen, übertrug mir die Obhut über ein Erbe, zu dessen Verwaltung der Gesundheitszustand meiner Mutter zu schwach war. Siebzehn Jahre alt ging ich übers Meer, um von dem Königreich Spanien Besitz zu nehmen. In meinem neunzehnten Jahre wagte ich es, ... um die kaiserliche Krone mich zu bewerben, nicht um meine Besitzungen auszudehnen, sondern um nachdrücklicher für das Wohl Deutschlands und meiner anderen Königreiche, namentlich der belgischen Provinzen wirksam sein zu können und in der Hoffnung, unter den christlichen Völkern den Frieden zu erhalten und ihre Streitkräfte zu vereinigen zur Verteidigung des katholischen Glaubens gegen den Türken.

Ich bin teils durch den Ausbruch der deutschen Ketzerei, teils durch die Eifersucht nebenbuhlerischer Mächte behindert worden, das Ziel dieser Bestrebungen vollständig zu erreichen. Aber ich habe mit Gottes Hilfe nie aufgehört, meinen Feinden zu widerstehen und mich zu bemühen, die mir gewordene Sendung zu erfüllen. Auf den Feldzügen ... bin ich neunmal nach Deutschland, sechsmal nach Spanien, siebenmal nach Italien, viermal nach Frankreich, zweimal nach England und zweimal nach Afrika gekommen und habe damit vierzig (sic) große Reisen gemacht. ... Ich habe achtmal das mittelländische Meer, zweimal die spanische See durchschifft.

Obgleich ich in viele Kriege verwickelt gewesen bin, so habe ich doch keinen derselben gern unternommen und indem ich von Euch Abschied nehme, ist nichts schmerzlicher für mich, als dass ich nicht im Stande gewesen bin,

Euch einen festen und gesicherten Frieden zu hinterlassen. Schon vor meinem letzten Feldzug nach Deutschland war ich in Folge meines beklagenswerten Gesundheitszustandes mit dem Gedanken umgegangen, mich der Bürde der Staatsgeschäfte zu entledigen, aber die Wirren, welche das Christentum beunruhigten, veranlassten mich, meinen Plan wieder aufzugeben in der Hoffnung, den Frieden wieder herzustellen. Und weil ich mich damals noch nicht so schwach fühlte wie jetzt, so hielt ich es für meine Pflicht, der Wohlfahrt meines Volkes zu opfern, was mir an Kraft und Leben noch übriggeblieben war. Ich hatte fast das Ziel meiner Bemühungen erreicht, als mich der plötzliche Angriff des französischen Königs und einiger deutschen Fürsten aufs Neue zu den Waffen riefen. Ich habe gegen meine Feinde getan, was ich vermochte, aber der Erfolg eines Krieges liegt in der Hand Gottes, der Siege gibt oder hinwegnimmt, wie es ihm beliebt. Danken wir der Fürsehung, dass wir keinen jener großen Wechsel zu beklagen haben, die unverlöschliche Spuren zurücklassen. (...)

Mich zurückziehend, bitte ich Euch inständig, Eurem Fürsten (also Philipp II., H. Sch.) *getreu zu sein. (...) Vor allem hütet Euch vor jenen neuen Sekten, von welchen die angrenzenden Länder heimgesucht sind, und wenn die Ketzerei auch über Eure Grenzen eindringen sollte, dann zögert nicht, sie zu vertilgen, oder es wird Euch übel ergehen. Ich für meinen Teil muss bekennen, dass ich mich zu mannigfachen Irrtümern habe verleiten lassen, sei es durch jugendliche Unerfahrenheit oder durch den Stolz des reiferen Alters oder durch eine andere Schwäche der menschlichen Natur; aber ich erkläre, dass ich niemals wissentlich und freiwillig Unrecht oder Gewalt geübt oder andere dazu veranlasst oder ermächtigt habe. (...) Wenn trotzdem Handlungen dieser Art mit Recht mir zur Last zu legen sein mögen, (...) bitte ich diejenigen, welchen ich in dieser Weise zu nahegetreten bin, (...) mir zu vergeben. ... (Sich an Philipp richtend:) Andere Könige schätzen sich glücklich, wenn sie in ihrer Todesstunde ihre Krone ihren Kindern aufs Haupt setzen können. Ich will dieses Glückes im Leben mich freuen und Dich regieren sehen. Meine Handlungsweise wird wenig Nachahmer finden, wie sie wenige Beispiele hat. Aber sie wird gepriesen werden, wenn Du mein Vertrauen rechtfertigst und ... wenn Du fortfährst, der eifrige Verteidiger des katholischen Glaubens und der Gerechtigkeit zu sein, welche die Kraft und das Bollwerk der Herrschaft sind.»*

Das ermüdende Ringen um die Nachfolge oder das Gespenst der «spanischen Sukzession»

Das berühmte Abdankungszeremoniell, das mit der zitierten Ansprache[1] Kaiser Karls V. vom 25. Oktober 1555 im Brüsseler Schloss Coudenberg, der traditionsreichen Residenz der Herzöge von Brabant, seinen verfassungsrechtlichen Anfang nahm, beruhte auf dem ganz persönlichen Willen des Kaisers. Den Entschluss, sich des Kaiseramtes und aller seiner Herrschaften zu entledigen, hatte er freiwillig und ohne äußeren Zwang gefasst. Das war das Ergebnis einer Seelenlage, die sich seit Monaten, wenn nicht Jahren angebahnt hatte. Eine zentrale Rolle spielte die lange und quälende Diskussion über die Nachfolgeregelung – geführt zwischen ihm und dem Deutschen König Ferdinand von der älteren sowie den Häuptern der jungen Generation Philipp von Spanien und Erzherzog Maximilian, dem ältesten Sohn Ferdinands, seit Frühjahr 1549 König von Böhmen (und seit 1562 Kaiser Maximilian II.).

Die Nachfolgeplanung war schon Anfang der 1550er Jahre zur Zerreißprobe geworden. Die Sicherung der Nachfolge war das Kernproblem der frühneuzeitlichen Fürstenstaaten Europas. In besonderem Maße galt das für Karls Herrschaftssystem, das ganz und gar auf die Dynastie zugeschnitten beziehungsweise erst durch diese hervorgebracht worden war. Nachdem Karl V. lange, nach Meinung vieler in Spanien zu lange, mit der Hochzeit gewartet hatte, beschäftigte ihn in den letzten Regierungsjahren die Nachfolge fast permanent. Und da er es – für die Zeit ganz unüblich – nach dem Tod der Kaiserin 1539 ablehnte, eine zweite Ehe einzugehen, konzentrierten sich all seine Pläne auf den einzigen Sohn, Philipp. Ihn hatte er, wie wir hörten, früh in die Pflicht genommen, ohne Rücksicht auf sein kindliches Gemüt dem 12-Jährigen zugemutet, der Beisetzung der Mutter vorzustehen. Wenig später hatte er die Regentschaft in Spanien zu übernehmen, versehen mit der ersten «Instruktion für meinen Sohn Philipp» und beraten von seinem Erzieher Don Zúñiga, dem Kardinal Tavera, dem Herzog von Alba und Francisco de los Cobos. 1540 übertrug der Vater ihm das Herzogtum Mailand; 1542 huldigten ihm die Stände Kastiliens und Aragons. Alles vorbereitende Schritte für eine geregelte Thronfolge in Spanien.

Im Januar 1548, als die Verhandlungen mit den Reichsständen über eine religiöse Interimslösung Fahrt aufnahmen, verfasste Karl seine zweite, nun außerordentlich detaillierte Instruktion für Philipp – «*da sich mir während der vergangenen Mühen wieder gewisse Schmerzen bemerkbar gemacht haben* (Gelbsucht und Gichtanfall während des Augsburger Reichstages, H. Sch.) *und ich mich in der Folge in Lebensgefahr befunden habe und da ich nicht weiß, was mit mir nach Gottes Wille geschehen könnte, schien es mir angezeigt, Euch Ratschläge zu geben für den Fall meines Todes*».[2] Das waren zunächst Richtlinien für die Kirchen-, Innen- und Machtpolitik Spaniens, die Karl dementsprechend mit «Ich, der König» unterschrieb. Aber natürlich hatte Karl zugleich den Zuschnitt seiner Herrschaften insgesamt im Auge, vor allem die Nachfolge im Reich. Hier waren komplizierte, nicht selten auch persönlich schwierige Abstimmungen im Hause Österreich vonnöten, vor allem mit seinem Bruder, dem Deutschen König Ferdinand, der in der Regierung Deutschlands längst ein eigenes politisches Profil gewonnen und an die Ausstattung seiner eigenen Söhne mit Herrschaften zu denken hatte, voran Maximilians, des ältesten, wie sein spanischer Vetter Philipp 1527 geboren.

Die Verhandlungen zogen sich über Jahre hin, ohne dass Karl sich mit seinen Plänen hätte durchsetzen können. In den Monaten des Augsburger Reichstages von 1550/51 spitzte sich die Frage zu einer veritablen Familienkrise zu. Grund war Karls Wunsch, seinem Sohn Philipp das Deutsche König- und Römische Kaisertum zu verschaffen. Die Wiener Linie stand diesem Plan von vornherein ablehnend gegenüber. Vor allem Maximilian, seit kurzem zum König von Böhmen ernannt, verzögerte die Verhandlungen durch immer neue Einwände. Maria von Ungarn, eigens für den Familienrat nach Augsburg gekommen, sah «*den Frieden und die Ruhe unseres Hauses*» auf dem Spiel und beschwor ihren Bruder Ferdinand am 1. Mai 1550 in einem leidenschaftlichen Brief, die Wünsche Karls und Philipps wohlwollend aufzunehmen. Insbesondere möge er für ein freundliches Verhalten seines Sohnes Maximilian Sorge tragen, damit Philipp nicht «*das Ansehen* (den Eindruck) *gewinne, ... dass jener sich über ihn erheben wolle, welches Aussaat seyn könnte für dauernde Feindschaft und Eifersucht, woraus nur Verderben Beider hervorgehen könnte*».[3]

Gefruchtet hat das wenig. Noch Mitte Juni 1550 lobte der Kaiser in seinen Memoiren, die er während einer Fahrt den Rhein aufwärts diktierte, die Zusammenarbeit mit dem Bruder als Säule seiner Herrschaft. Ende des Jahres war er von den mühsamen Familienverhandlungen, an denen schließlich auch die Prinzen Philipp und Maximilian teilnahmen, so abgekämpft, dass er im Dezember 1550 seiner Schwester in der zwischen beiden üblichen Vertraulichkeit bekannte, er könne «*das nicht weiter ertragen, oder ich werde sterben*». Nichts habe ihn so mitgenommen wie die eisig ablehnende Haltung seines königlichen Bruders, nicht einmal die Kämpfe und Irrungen mit dem nun toten französischen König Franz I.[4]

Der Familienvertrag vom März 1551 war dann faktisch ein Diktat des Kaisers, geschrieben in Karls Privatgemächern von seinem leitenden Minister Antoine Perrenot de Granvelle, dem Bischof von Arras.[5] Zunächst sollte Ferdinand, dann Philipp von Spanien, nach diesem dann der – gleichaltrige! – Vetter Maximilian die Kaiserwürde erhalten. Um das der Wiener Linie schmackhaft zu machen, wurde eine Ehe Philipps mit einer von Ferdinands Töchtern in Aussicht gestellt. Die Familie war nicht auseinandergebrochen; das Verhältnis zwischen den Brüdern aber ernsthaft belastet.

Man kann davon ausgehen, dass diese Regelungen weder «von Ferdinand noch von seinem Sohn Maximilian innerlich akzeptiert worden sind». Maximilian, der Hauptleidtragende, zögerte jedenfalls nicht, mit den Reichsfürsten gegen die Nachfolge seines Vetters zu intrigieren.[6] Ohnehin setzte das Projekt die Zustimmung der Kurfürsten voraus, die solchen vorausgreifenden Nachfolgeregelungen stets skeptisch gegenüberstanden, barg das doch die Gefahr einer schleichenden Entwicklung des Reiches zur Erbmonarchie. Im Falle der geplanten «spanischen Sukzession», so das Schlagwort der Historiker für eine mögliche Erbfolge Philipps, kam der schlechte Ruf der Spanier hinzu, den sie sich in Mühlberg, Wittenberg und Augsburg erworben hatten. Kein Reichsstand, auch kein katholischer, war gewillt, die «deutsche Libertät» mit der «spanschen Servitut» zu tauschen. Die Werbung, die Karl und Ferdinand noch im März 1551 bei den Erzbischöfen von Mainz und Köln als den wichtigsten katholischen Kurfürsten einleiteten,[7] half da wenig. Geradezu schädlich war Philipps Anwesenheit auf dem Augsburger Reichstag 1550/51. Denn hier trat den Ständen alltäglich vor Augen, dass sich die verschlossene, ganz und gar herrschaftlich spanisch geprägte Persönlichkeit des Prinzen nicht mit den Freiheitsrechten des Heiligen Römischen Reiches vertrug. Die Venezianischen Gesandten berichteten in die Heimat, viele deutsche Fürsten würden sich lieber mit den Türken arrangieren als den Spanier Philipp zu wählen.[8] Jenseits aller Bedenken gegen die Persönlichkeit des Prinzen kamen hier frühnationale Ressentiments zum Ausdruck, die in einem Spannungsverhältnis zum transnationalen Prinzip der Dynastie standen, das Europa noch auf Jahrhunderte beherrschen sollte. Das zeigte sich auch in Spanien 1555 beim Tod Königin Johannas, der Mutter Karls und Ferdinands, die formell die Herrschaft über die Länder der spanischen Krone innehatte. Da nun auch in Spanien die endgültige rechtliche Erbregelung anstand, verbreitete sich auf der iberischen Halbinsel die Sorge, «der König der Römer» werde nach einzelnen Ländern des Hauses Trastámara greifen.[9] Gemeint war jener Sohn der Verstorbenen, den sich knapp 40 Jahre zuvor viele Spanier als Infant Ferdinando zum Nachfolger Ferdinands von Aragon gewünscht hatten. Inzwischen war Ferdinand ihnen als Erzherzog von Österreich und Deutscher König zum Ausländer geworden, den man in keinem der spanischen Länder als Herrscher akzeptieren wollte.

Die englische Ehe Philipps II. –
die Vision eines katholischen Großreiches
in Westeuropa

Alle weiteren Beratungen über eine langfristig abgestimmte Nachfolgeregelung wurden dann durch die Ereignisse der Jahre 1552/53 zunichte gemacht. Das brüderliche Zerwürfnis hatte sich durch den Gegensatz in der Religionspolitik vertieft. Als Karl Anfang Januar 1553 die Belagerung von Metz abbrach und sich in die Niederlande begab, war die Nachfolge trotz des Familienvertrags von 1551 weiterhin in der Schwebe. In Deutschland und im Reich herrschten 1553/54 «zwei Jahre der Verwirrung»,[10] insbesondere da nicht deutlich war, wie die im Passauer Vertrag festgelegte weitere Verhandlung des Religionskompromisses auf einem Reichstag ablaufen sollte, solange der Kaiser eine klare Festlegung vermied. Karl selbst indes war sich offensichtlich klar geworden, dass er nun ohne weitere Abstimmung mit der Wiener Linie handeln musste. Nur so schien ihm eine Nachfolgereglung möglich, die das Herrschaftssystem der Casa de Austria für die Zukunft sicherstellte.

Die gleich nach Ankunft in Brüssel aufgenommenen Beratungen mit der Statthalterin Maria befassten sich vornehmlich mit der Situation in den Niederlanden, insbesondere mit der wegen des Krieges mit Frankreich wieder einmal kritischen Finanzsituation. Man kam zu dem Schluss, dass der Thronfolger Philipp rasch in den Norden kommen solle: «*Wie ich Ihnen bereits häufig vorgestellt habe*», so ein kaiserliches Schreiben von März 1553, «*ist es nötig, das Vertrauen und die Zuneigung der niederländischen Stände zu gewinnen, indem Sie ihnen durch Ihre Anwesenheit und Ihren Umgang mit ihnen mehr Genüge geben als während Ihres letzten Aufenthalts, als es ihnen nicht möglich war, Sie so gut kennenzulernen wie es notwendig wäre um sie zufriedenzustellen und ihr Wohlwollen zu gewinnen.*»

Im Herbst wurde Philipp in Spanien ein vertraulicher Bericht vorgelegt, der ihm unmissverständlich deutlich machte, dass der Gesundheitszustand seines Vaters die sofortige Abreise in die Niederlande verlange:

«*Nach Ansicht seiner Ärzte kann Seine Majestät nicht erwarten, noch lange zu leben. Denn er wird von einer großen Zahl von Krankheiten geschwächt, vor allem im Winter in Zeiten großer Kälte. Er spiegelt vor, in besserer Gesundheit zu sein, wenn es ihm tatsächlich schlecht geht und eine Gichtattacke seine Glieder, Gelenke und Nerven foltert oder eine Erkältung ihn so schwächt, dass er in den letzten Zügen zu liegen scheint, nicht sprechen kann oder, wenn er spricht, nicht verständlich ist. Die Hämorrhoiden bringen ihn in eine solche Agonie, dass er sich nur mit großem Schmerz und unter Tränen bewegen kann Das alles hat seine gute Laune und die übliche Freundlichkeit aufgebraucht und ihn zum Melancholiker gemacht. ... In manchen Augenblicken weint er und vergießt reichlich Tränen als wäre er ein Kind.*» In dieser Situation «*weigerte sich Seine Majestät irgendjemand zu empfangen, Grande oder Prälat, noch sich mit Akten zu befassen oder ausgefertigte Verordnungen zu unterzeichnen. Tag und Nacht verbringt er damit, seine zahllosen Uhren zu richten oder zu stellen. ... An vielen Tagen liest er die Psalmen Davids oder lässt sie sich vorlesen.*»[11]

Lähmen ließ sich der Kaiser von seiner desolaten Gesundheit und den Anfällen von Melancholie aber nicht. Er reagierte jedenfalls prompt und mit sicherem Gespür, als sich im Sommer 1553 in England überraschend ein Regierungswechsel abzeichnete, der seinem burgundischspanischen Haus die Chance bot, seinen Einfluss entscheidend auszudehnen, unabhängig davon, ob das Kaisertum für seinen Sohn Philipp bereits verloren oder am Ende doch noch zu gewinnen war: Am 6. Juli 1553 starb König Edward VI., Sohn und Nachfolger Heinrichs VIII., im jugendlichen Alter an der Schwindsucht. Zwar tat die protestantische Partei alles, um die Thronfolge seiner notorisch katholischen Halbschwester Maria zu verhindern. Es gelang ihr auch Jane Grey, eine entfernte Verwandte der Tudors, auf den Thron zu bringen, doch nur für wenige Tage. Legitimisten und Katholiken stürzten sie bereits am 19. Juli. An die Stelle der «Neuntagekönigin» trat die rechtmäßige Thronerbin Maria I. Tudor, das erstgeborene Kind Heinrichs VIII. und Edwards Stiefschwester.[12] Als Tochter seiner Tante Katharina von Aragon stand Maria Karl besonders nahe; in den frühen 1520er Jahren kurz sogar als mögliche Gattin. Nachdem die junge Prinzessin wegen ihrer Paptsttreue in Gegensatz zur protestantischen Wende ihres Vaters geraten war und ein isoliertes, ja gefährdetes Leben führte, vertraute sie schließlich nur noch auf den Kaiser und seine Botschafter. Karl durfte sich somit Hoffnung machen, die neue englische Königin in seinem Sinne beraten und beeinflussen zu können – ein für den alternden Monarchen «berauschender Gedanke» (Karl Brandi). Gerade in dem Moment, in dem er in Deutschland mit seinem Versuch, die Protestanten zu rekatholisieren, gescheitert war, bot sich die Möglichkeit, an der Restitution des alten Glaubens in England mitzuwirken. Das eröffnete zugleich die Chance, um das evangelisch infizierte Deutschland einen weiten katholischen Sicherheitswall zu ziehen und dadurch die Häresie einzudämmen – wenn es gelänge, Maria für eine Ehe mit dem seit 1545 verwitweten Prinzen Philipp zu gewinnen.

Kaiser Karl V. verfolgte dieses Eheprojekt mit derselben Skrupellosigkeit, mit der er bereits 1517, fast ein Knabe noch, über seine Schwester Eleonore verfügt hatte: Philipp mit Maria Tudor zu verheiraten, bedeutete einen doppelten Affront gegen das formell befreundete portugiesische Haus Aviz – gegen Don Luis, der sich Hoffnung auf die Hand der englischen Königin machte und das dem Kaiser, seinem Waffenbruder aus dem Tunis-Feldzug, offen gestanden hatte, und gegen die Infantin Maria, mit der Philipp so gut wie verlobt war. Auch dass er erneut den Wunsch seiner Schwester Eleonore, der Mutter eben jener Maria, mit Füßen trat, kümmerte ihn nicht. Als sich die englische Heirat Philipps im Handumdrehen realisierte, war er höchst zufrieden: Der kaiserliche Gesandte Simon Renard, der Maria Tudor bei ihren Kreditgeschäften in den Niederlanden beriet, hatte für das Eheprojekt, das er der Königin im Auftrag des Kaisers am 10. Oktober 1553 vortrug, sogleich ein offenes Ohr gefunden. Bereits am 30. Oktober erfolgte im Kabinett der Königin die formelle Verlobung, procura vollzogen durch den Botschafter. Der Bräutigam, dem der Vater zur standesgemäßen Gleichheit den Königstitel von Neapel übertragen hatte, erreichte England im Sommer 1554 mit einer Flotte von 70 Schiffen und einem großen spanischen Hofstaat, an der Spitze der Herzog von Alba als Oberhofmeister.

Die Trauung fand am 25. Juli in Winchester statt. Wider alle Gerüchte über seine Verschlossenheit und Unberechenbarkeit erwies sich Philipp in den ersten Monaten nicht nur als leutselig gegenüber den englischen Granden, sondern auch als liebend sorgender Ehemann. Allerdings machten die Spanier in England denselben Fehler wie vierzig Jahre zuvor die Burgunder in Spanien: Bald beherrschten Spanier nicht nur den königlichen Haushalt, sondern weitgehend auch die politischen Beratungsgremien. Die Engländer gewannen zunehmend den Eindruck, sie seien nur noch Fremde im eigenen Haus. Die Aversion, die beide Völker traditionell gegeneinander pflegten, wurde zu offener Feindschaft. Massenschlägereien und Gewaltausbrüche gegen Spanier bis hin zu schweren Körperverletzungen und Totschlag häuften sich. Die Lage entspannte sich aber deutlich, als Ende Oktober, Anfang November 1554 der Hof die Schwangerschaft der Königin bekannt gab. Die Zukunft der Dynastie schien gesichert.

In Brüssel sah man die Vision eines großen katholischen Nord-West-Reiches Realität werden. Am 7. Dezember zeigte die englische Königin dem Kaiser in einem persönlichen Schreiben an, dass England unter die Jurisdiktion Roms zurückgekehrt sei, und zwar mit «*offener Zustimmung Unserer Untertanen aller Schichten*». Das schien ein erster Schritt zur allgemeinen Rückführung des lateinischen Europas zur Glaubenseinheit unter päpstlicher Führung und damit zu dem europaweiten Frieden, den der Kaiser so sehnlich wünschte. Marias Eingeständnis, dass dieser Erfolg «*zu einem großen Teil ... der weisen Füh-*

rung meines Herrn», also ihres Gatten Philipps, zuzuschreiben sei, musste Karl nach so vielen Niederlagen und Enttäuschungen besonders erfreuen. Und in der Tat, Philipp hatte hohe spanische Kleriker nach England gebracht, die der päpstlichen Fraktion im dortigen Klerus tatkräftige Hilfe angedeihen ließen, darunter Bartolomé de Carranza, der Beichtvater der Königin, den Philipp wenig später zum Dank auf den erzbischöflichen Stuhl von Toledo erhob. 1558 sollte er eine bemerkenswerte Rolle am Sterbebett des Kaisers spielen. Mit dem Kaiser feierte das katholische Europa zur Jahreswende 1554/55 den Erfolg in England. Pamphlete, Glückwunschschreiben, Lobgedichte, Prozessionen und feierliche Dankgottesdienste priesen die göttliche Gunst und feierten König Philipp als weisesten der Herrscher.[13]

Doch wiederum erwies sich Fortuna als die wankelmütige Göttin, vor der Humanisten und Renaissancekünstler immer wieder warnten. Oder in der dem Kaiser näheren religiösen Sicht: Gottes Walten trat als eine dem Verstand des Menschen unzugängliche Kraft den Wünschen entgegen: In den ersten Monaten des Jahres 1555 wurde Schritt für Schritt deutlich, dass die Zeichen der Schwangerschaft auf einem Wunschdenken der Königin beruhten. In England wurde der eben noch gefeierte Philipp schlagartig wieder zum ungeliebten Fremden, den man zusammen mit seiner Entourage so schnell wie möglich loswerden wollte. In Brüssel musste sich Karl eingestehen, dass Maria Tudor unfruchtbar war und die Vision eines mächtigen Nord-West-Reiches zur Sicherung der spanisch-burgundischen und katholischen Interessen der Grundlagen entbehrte.

Als Maria Tudor im November 1558 starb und im Januar 1559 ihre protestantische Halbschwester Elisabeth den Thron bestieg, wurde im historischen Gedächtnis Englands aus der katholischen Glaubensheldin die «bloody Mary». Mit ihrem Ehegatten Philipp von Spanien wurde sie zur bestgehassten Frau des englisch-niederländischen Protestantismus. Der Kaiser indes sollte das nicht mehr erleben. Er hatte knapp zwei Monate vor seiner Schwiegertochter das wetterwendige Diesseits verlassen. Dass sich die protestantische Elisabeth dem Drängen Philipps versagte, mit ihm eine Ehe einzugehen, verstand sich von selbst.

*Abdankung und Neuaufstellung
der Casa de Austria*

Im Verlauf des Jahres 1555 mit seinen zahlreichen für ihn tief enttäuschenden Wendungen muss Karl den Entschluss gefasst haben, den lange gehegten Abdankungswunsch zu realisieren. Die Abdankung eines Monarchen hatte, wie er in seiner eingangs abgedruckten Rede zurecht betonte, «wenige Beispiele», und auch seine Vermutung erwies sich als richtig, dass sie «wenig Nachahmer finden» werde. Dass ein Kaiser sein Amt niederlegte, war im Europa der Monarchen ein ganz und gar unerhörter Vorgang. Wiederholen sollte sich das erst rund zweieinhalb Jahrhunderte später, als Franz II. im August 1806 die Römische Kaiserkrone niederlegte, allerdings mit dem wesentlichen Unterschied, dass er dadurch nicht auf die Kaiserwürde verzichtete. Vorsorglich hatte er zuvor bereits den Titel eines Kaisers von Österreich angenommen.

Karls Abdankung konnte allerdings nur in einem wohldurchdachten Akt beziehungsweise durch eine Serie aufeinander bezogener Akte geschehen. Denn Karl herrschte nicht über ein einheitliches Reich, sondern über unterschiedliche Königreiche und Herrschaften, die auf je eigenen rechtlichen und kulturellen Grundlagen ruhten. Hinzu kam, dass er trotz aller Spannungen Rücksicht auf die Interessen seines Bruders Ferdinand und dessen Erben nehmen musste und wollte. Die deutsche Königskrone war mit der Wahl Ferdinands Anfang 1531 gesichert. Daraus ergab sich aber nicht automatisch die Nachfolge auch im Kaisertum. Darüber hatte das kurfürstliche Wahlgremium zu entscheiden, und dort waren die Mehrheitsverhältnisse noch nicht geklärt. Zudem war auch der Papst zu berücksichtigen, der weiterhin ein Mitspracherecht in der Kaiserfrage beanspruchte. Karls Abdankung zog sich daher über mehrere Monate und Stationen hin. Da die Kurfürsten sich mit ihrer Entscheidung über einen neuen Kaiser betont Zeit ließen, war sie auch noch nicht definitiv beendet, als er im Spätsommer 1556 Brüssel verließ und sich nach Spanien zurückzog.

Letzte Klarheit verschaffte sich der Kaiser in langen Gesprächen mit seinem Sohn. Philipp hatte die dringende Reise in die Niederlande aus innerenglischen Gründen wiederholt verschoben. Erst Ende

August schiffte er sich ein, trotz innständiger Bitten Maria Tudors, das Land in der schwierigen Situation nicht zu verlassen. Am 8. September 1555 traf er in Brüssel ein und verbrachte die folgenden Tage in Klausur mit dem Vater, «*völlig allein, wobei sie nicht anderes taten als zu reden und von seiner Majestät vorbereitete Papiere zu studieren*», so eine briefliche Notiz des kaiserlichen Geheimsekretärs und Vertrauten Francesco Eraso.[14] Ein nicht unwesentliches Ergebnis dieser Beratungen war der Verzicht Philipps auf die Kandidatur zum Römischen Kaiser, auch nicht als Nachfolger seines Onkels Ferdinand. Damit hatte Karl das Gespenst der «spanischen Sukzession» gebannt, das die Reichsstände schreckte, und auch die innerdynastische Spannung mit seinem Erzherzog Maximilian war gemildert.

Nach einer weiteren Verzögerung durch schlechtes Wetter konnte das Abdankungszeremoniell endlich in den letzten Oktobertagen des Jahres 1555 vonstattengehen. Den Abschluss fand es genau genommen erst am 14. März 1558, als die Kurfürsten in der Wahlkapelle des Frankfurter Kaiserdoms die Abdankung Karls formell annahmen und seinen Bruder Ferdinand als Römischen Kaiser anerkannten.[15] Das war ein halbes Jahr vor dem Tod Karls V. im fernen Yuste.

Von den einzelnen Brüsseler Abdankungsakten gibt es keine offiziellen Protokolle, auch keine Redemanuskripte des Kaisers. Es existieren aber mehrere Augenzeugenberichte, die uns zuverlässigen Einblick in den Ablauf geben, vor allem auch in die hoch emotionale Stimmung sowohl des Kaisers als auch unter den Ständen, Höflingen und Untertanen.[16] Als Erstes legte Karl am 22. Oktober 1555 die Großmeisterwürde des Ordens vom Goldenen Vlies in Philipps Hände. Drei Tage später, am 25. Oktober, folgte der erste große und feierliche Staatsakt im Schloss von Brüssel: Vor den Generalständen der Niederlande übergab der Kaiser die Herrschaft über die burgundisch-niederländischen Provinzen an seinen Sohn. Am 16. Januar 1556 folgte die Übergabe auch der spanischen Königreiche «*mit allen Provinzen und Reichen, die er sowohl in der alten wie in der neuen Welt bisher besessen gehabt*».

Die teils improvisierten Ansprachen des Kaisers bewegten die Hörer sehr, die eingangs zitierte vom Oktober 1555, vor allem aber diejenige zu Beginn des neuen Jahres, in der er deutlich machte, dass er auch der Kaiserwürde entsagen werde. Er habe diese ebenso wenig angestrebt wie die übrigen Herrschertitel. Vielmehr habe er sich von der Welt fernhalten und ganz dem Dienst Gottes leben wollen. Nur die Krankheit seiner Mutter und die lange Kinderlosigkeit seines Bruders Ferdinand hätten ihn dazu gebracht, diesen Lebensplan zu ändern.[17]

Das waren Momente, in denen der Kaiserhof und das Haus Österreich ein letztes Mal für Karl ein großes Zeremoniell entfalteten und ihre europäische Dimension ungebrochen zur Schau stellten. Ein großes Staatstheater, an dem die Ständevertreter und Großen aus Burgund, Spanien, Italien und einige wenige Engländer aus dem Gefolge Philipps teilnahmen. An der Spitze standen Karls Schwestern Eleonore und Maria, die Königinnenwitwen von Frankreich und Ungarn; die Nichte Christina von Dänemark, Herzogin von Lothringen; der Herzog Emanuel Philibert von Savoyen, kaiserlicher Feldherr, den Philipp wenig später als Nachfolger seiner Tante Maria von Ungarn zum Statthalter der Niederlande berief; Erzherzog Ferdinand, der zweite Sohn des Deutschen Königs, als Vertreter der Wiener Linie; des Weiteren der Herzog von Medina, der Graf di Feria, der Marquis di Aguilar, dazu hochrangige Vertreter der spanischen Ritterorden und die Spitzen der kaiserlichen Regierung, angeführt vom Staatssekretär und Kanzler Antoine Granvelle, Bischof von Arras.[18]

Als Karl am 25. Oktober zu seiner Abdankungsrede in den Großen Saal des Brüsseler Schlosses einzog, stützte er sich auf die Schulter des jungen Prinzen Wilhelm von Oranien. Jahre später, als dieser die Revolte gegen Philipp von Spanien anführte, sollte das als Symbol eines tiefen Bruchs gewertet werden – eines Bruchs zwischen der guten Regierung Karls V., des im Land geborenen Herrschers, der ungeachtet seiner weltweiten Pflichten die Interessen des Landes nie aus dem Blick verlor, und der tyrannischen Regierung seines Nachfolgers Philipp II., eines Ausländers, der den Niederländern wesensfremd war. 1555 im Brüsseler Schloss war Karls Geste aber Zeichen kaiserlicher Wertschätzung gegenüber einem der reichsten Hochadeligen seiner burgundischen Provinzen und gegenüber dem rheinischen Grafenhaus, dem er angehörte und das es beim Katholizismus zu halten galt.

Der Monarch musste seine Rede wiederholt erschöpft und innerlich bewegt unterbrechen und sich in einem Armsessel ausruhen. Als er von «*drei Dingen, die jeder tun kann*» sprach, konnte er nur «Bekennen»

nennen, stockte dann und bekundete, dass er «*auf die beiden anderen sich nicht besinnen könne*». Karl habe, so der anonyme Berichterstatter, «*mit höchster Weisheit*» gesprochen. «*Wenn man bedenkt, dass es der mächtigste Mann der Welt war, der mit solcher Demut zu uns sprach, hätte das die Steine zu Verwunderung und Mitleid bewegen können.*»
  Der langwierigen Verlesung der Abdankungsurkunden für jedes der abgetretenen Länder durch die Sekretäre Eraso und Vargas folgte der Kaiser dann wieder aufmerksam. So fiel ihm auf, dass Sizilien nicht eigens genannt wurde, und er verlangte dazu eine Erklärung. Schließlich «*sank der König (also Philipp) auf die Knie und küsste dem Kaiser, der ihn herzlich umarmte, Knie und Hände*». Nachdem die Dokumente unterschrieben und alle anwesenden Rechtszeugen aufgelistet waren, hielt König Philipp eine kurze Dankesrede – «*die man nicht verstand*», so die Bemerkung eines Augenzeugen, die zugleich das Verhältnis der Untertanen zu ihrem neuen Herrn charakterisierte. Zum Abschluss forderte der Kaiser die anwesenden Untertanen auf, ihrem neuen Herrscher die Hand zu küssen, wozu sich diese aber nur bereitfanden, nachdem sie zuvor die Hand des ihnen seit Jahrzehnten vertrauten Kaisers geküsst hatten.[19]

König Ferdinand, der in Augsburg über einen Religionsfrieden verhandelte und am 25. September 1555 zustande brachte, hatte Sorge, das Erreichte könne in sich zusammenbrechen, wenn bekannt würde, dass Karl ohne Abstimmung mit den deutschen Fürsten die Kaiserwürde niederlegte. Er hatte einen fast verzweifelt zu nennenden Versuch unternommen, seinem Bruder in letzter Minute die Abdankung auszureden. Dazu fertigte er im September 1555 eine geheime Delegation nach Brüssel ab. Zusätzlich schickte er Mitte Oktober als Vertreter des österreichischen Familienzweiges seinen Sohn Ferdinand, zu diesem Zeitpunkt Statthalter in Böhmen, wenig später dann Landesherr in Tirol. Ferdinand nahm die Eilpost, offensichtlich weil das schneller, eventuell auch billiger war. Er traf am 22. Oktober in Brüssel ein, also rechtzeitig zum Abdankungszeremoniell für die Niederlande und Spanien. Ungewiss ist, ob er Gelegenheit erhielt, seinem Onkel die Bitte seines Vaters vorzutragen, auf die Abdankung vom Kaisertum zu verzichten. Immerhin hielt man in Österreich den Versuch für so bedeutend, dass die Reise des jungen Erzherzogs auf

Philipp II., Gemälde
von Tizian, 1550.

einem gewaltigen Historiengemälde (um 1560) festgehalten und zur Erinnerung in der Bibliothek des von Ferdinand errichteten Schlosses Ambras ausgestellt wurde.[20]

Karl sprach während des Brüsseler Abdankungszeremoniells den Rücktritt vom Kaisertum nicht aus. Erst kurz vor seiner Abreise aus Brüssel am 3. August 1556 fertigte er eine Abdikationsgesandtschaft nach Deutschland ab.[21] Darin ließ er dem Deutschen König Ferdinand und den Kurfürsten drei Lösungsvarianten unterbreiten: Erstens, er tritt vom Kaiseramt zurück und legt auch den Titel nieder; beides geht auf Ferdinand über – die Variante, die Karl offensichtlich die liebste gewesen wäre. Wenn das nicht akzeptiert werde, könne zweitens Ferdinand *«mitt des keiserthumbs hoheit, dignitet und administration sich beladen»*, der Titel würde aber bei Karl bleiben. Finde auch das keine Zustimmung,

Ferdinand I., Gemälde von Johann Bocksberger d. Ä., um 1550/55.

solle es drittens bei der bisherigen Regelung bleiben, Ferdinand also nur in Karls Abwesenheit «*die administration des heiligen reiches*» übernehmen. Ferdinand konnte sich mit keiner dieser Varianten anfreunden. Er hielt es für unabdingbar, dass zunächst alles beim Alten bleibe und der Kaiser sich vor jeglicher Veränderung mit den Kurfürsten abstimme. In gewohnter Bedachtsamkeit sicherte er sich in den folgenden Monaten die Mehrheit im Wahlgremium. Dabei bewährte sich die Verdichtung der politischen Kommunikation, die während der Regierung Karls V. in Deutschland eingetreten war – sowohl zwischen den Kurfürsten untereinander als auch zwischen den Kurfürsten und König Ferdinand. Im Frühjahr 1558 waren dann die Voraussetzungen dafür geschaffen, dass Ferdinand ins Kaiseramt eingeführt werden konnte.[22] Abgeschlossen war der Übergangsprozess damit aber noch nicht. Denn der Carafa-

Papst Paul IV. erhob Einspruch, der erst Ende 1559 mit der Wahl seines Nachfolgers Pius IV. gegenstandslos wurde. Zu diesem Zeitpunkt war Kaiser Karl V. bereits über ein Jahr tot.

Machtverzicht zur Sicherung des Seelenheils?

Auch wenn die Entscheidung über das Kaisertum noch nicht gefallen war, war es ein beeindruckendes Zeremoniell, mit dem der mächtigste Monarch seiner Zeit im Herbst 1555 und Frühjahr 1556 von seinen spanischen, italienischen und niederländischen Herrschaften zurücktrat. Nicht nur in seiner unmittelbaren Umgebung waren die Menschen tief berührt. Heutigen Lesern wird es nicht anders gehen, wenn sie die seelische Spannweite zwischen Beginn und Ende dieses großen Politikers auf der Sattelzeit zwischen Mittelalter und Neuzeit ermessen. Seine Leistung, diese Diskrepanz seelisch zu verarbeiten, verdient höchsten Respekt. Das innerste Motiv der Abdankung blieb aber eher im Dunkeln. Unverkennbar spielten Alter, Krankheit und die uns heute kaum mehr vorstellbaren alltäglichen Mühen des Regierens eine Rolle. Dass er des Herrschens müde war, hat der Kaiser ja bereits früh selbst bekundet. Hinzu kam eine Abfolge bitterer Enttäuschungen: das Zerwürfnis mit Ferdinand in der Nachfolge- wie in der Religionsfrage; der – in Karls Sicht – heimtückische Verrat des sächsischen Kurfürsten; das Bündnis deutscher Fürsten mit Frankreich, dem traditionellen Feind Burgunds und Hauptkonkurrenten bei der Neuordnung Europas. In den Monaten vor dem Abdankungszeremoniell dann noch einmal Schlag auf Schlag: die Enttäuschung in der englischen Schwangerschaft; die Wahl des Spanien- und Kaiserhassers Gian Pietro Carafa zum Papst im Mai und dessen Allianz mit Frankreich. Alles war wieder in Frage gestellt. Zu den öffentlichen Rückschlägen trat ein privater Verlust. Seine Mutter Juana war im Frühjahr 1555 hoch betagt nach einem Verbrühungsunfall in Tordesillas gestorben. Zwar fühlte sich Karl kaum emotional mit der Mutter verbunden. Doch wird ihr Tod in dieser schwierigen Zeit des Übergangs seine Abschiedsstimmung vertieft haben.

Hätte aber ein Herrscher mit dem in Gott selbst verankerten Majestätsbewusstsein eines Karl V. nicht all diese Unbill ertragen können, ja in Erfüllung seines göttlichen Auftrages ertragen müssen? Dass er der Müdigkeit zu regieren nachgab und seiner Sehnsucht folgte, sich endlich aus den Mühen der politischen und militärischen Kämpfe zurückzuziehen, dafür muss es einen anderen, tieferen Grund gegeben haben. Und der wird in der Religion zu suchen sein, die wie keine andere Kraft Karls Empfinden, Denken und Handeln bestimmte, jetzt nach dem Durchgang durch Höhen und Tiefen des Herrscherlebens stärker denn je. Er hatte es geduldet, dass sein Bruder, der Deutsche König, den in Passau 1552 begonnenen Weg 1555 auf dem Augsburger Reichstag fortsetzte und am 25. September mit den lutherischen Reichsständen den Augsburger Religionsfrieden schloss, der in der Tat richtungsweisend für eine ganz neue kirchliche Ordnung der lateinischen Christenheit werden sollte. Dieser von Karl nie gebilligte Religionskompromiss lag zwar ganz und gar in der Verantwortung Ferdinands. Als Kaiser weiter zu regieren, musste ihn aber mitschuldig machen. Und zeigte es ihm die seit der Flucht von Innsbruck nach Villach nicht abreißende Kette von Rückschlägen und politischen wie persönlichen Verlusten nicht an, dass er sich nicht mehr gewiss sein konnte, als Herrscher auf dem rechten, gottgewollten Weg zu sein? Eine quälende Frage, derjenigen gleich, die vor vier Dezennien sich ein Mönch im Augustinerkloster von Erfurt gestellt hatte: Bin ich auf dem Weg zum ewigen Heil oder zum ewigen Verderben meiner Seele?

Wenn aber ein Weiterregieren das Heil seiner Seele in Gefahr brachte, dann hatte er das Recht, ja die Pflicht abzudanken. Darüber waren sich die Humanisten und Theologen einig. Mit dieser Lehre war Karl groß geworden. Sie stand ihm in den langen Jahren der Herrschaft stets vor Augen. Jetzt zog er die Konsequenz. Der Verzicht Kaiser Karls V. war zugleich ein Akt tiefer Herrscherhumanität in einem Moment, in dem der skrupellose Realismus machiavellistischer Politiktheorie sich in Europa seinen Weg bahnte. Das war ein Rückzug in die private Universalität des Glaubens.

YUSTE 21. SEPTEMBER 1558 –
Sterben in Christo

Die letzte Reise des Kaisers

Mit dem Brüsseler Abdankungszeremoniell, das war dem Kaiser wie den Anwesenden bewusst, schloss sich Karls Lebenskreis, der sich vor vier Jahrzehnten mit dem Aufbruch des jungen Burgunderherzogs nach Spanien geöffnet hatte. Ruhte er damals ganz in der flamboyanten Tradition Burgunds, so standen nun längst Spanien und sein Weltreich im Vordergrund. Zudem waren es die spanischen Reiche, auf die fortan die Herrschaft seines Zweiges der Casa de Austria ruhen sollte. Auch für Karl persönlich waren die niederburgundischen Länder an den Rand gerückt. So war es nur zu natürlich, dass er nach den Brüsseler Abdankungsakten auf die iberische Halbinsel zurückkehren wollte.[1] Doch er konnte nicht sofort aufbrechen. Zunächst waren die Finanzmittel aufzubringen. Zudem wollte sich Karl von seiner Tochter Maria verabschieden, die er nach Menschenermessen nicht wiedersehen würde. Sie war nicht rechtzeitig zur Abdankung erschienen, weil ihr Gatte, König Maximilian von Böhmen, wegen der noch nicht beigelegten Konkurrenz mit seinem Vetter Philipp um die Nachfolge im Reich die Reise nach Brüssel immer wieder verschoben hatte.

Der abgedankte Monarch verließ den Palast seiner burgundischen Vorfahren und bewohnte bis zu seiner Abreise ein kleines, im Schlosspark gelegenes Haus, wie in seinen Kindheits- und Jugendjahren, wenn er von Mechelen zu offiziellen Veranstaltungen und Begegnungen nach Brüssel kam. Nachdem das böhmische Königspaar endlich eingetroffen und die Reise vorbereitet war, brach Karl am 8. August 1556 mit einem Gefolge von rund 150 Personen zu der in Vlissingen bereitliegenden Flotte auf. Ihn begleiteten seine Schwestern Eleonore und Maria, die Vertrauten der burgundischen Kinderjahre, die ihm trotz räumlicher Ferne stets nah geblieben waren und nun das Lebensende mit ihm in Spanien verbringen wollten. Philipp II., der einstweilen in den Niederlanden bleiben sollte, und das böhmische Königspaar gaben ihnen das Ehrengeleit.

Widrige Winde hielten die Flotte bis Mitte September im Hafen fest, auch das eine Erinnerung an den Aufbruch von 1517, als man ganze zwei Monate lang festsaß und die achtzehnjährige Eleonore erstmals erfuhr, was es bedeutete, eine Figur auf Karls Eheschachbrett zu sein.[2] Karl reiste auf dem Flaggschiff «Espiritu Santo» in einer herrschaftlichen Kajüte, die mit Tapeten verkleidet und mit einem Bett ausgestattet war, das die Wellenbewegungen abfing, wohl durch eine Art kardanische Aufhängung. Seine Schwestern waren auf einem eigenen flämischen Segler untergebracht. Insgesamt war die Flotte mit 55 Schiffen sogar ein wenig größer als diejenige, mit der das Spanienabenteuer knapp 40 Jahren zuvor begonnen hatte. Und dass auch dem abgedankten Monarchen Ehre gebührte, machte ein englisches Geschwader deutlich, das die englische Schwiegertochter entsandt hatte, um der kaiserlichen Flotte im Ärmelkanal ein Stück weit das Geleit zu geben. Der englische Admiral begab sich auf das niederländische Flaggschiff und küsste dem Kaiser im Namen seiner Königin die Hand.

Allein, der Unterschied zu jenem ersten Aufbruch stand allen vor Augen. Nicht dass die Stimmung gedrückt gewesen wäre. Dazu war der Imperator emeritus, wie man heute sagen würde, zu erleichtert, von der Regierungsverantwortung entbunden zu sein. Zudem sah er sich zuversichtlich unter dem Schutz Gottes in diesem wie in dem für ihn bald anbrechenden himmlischen Leben. Doch anders als 1517 prägte nicht der hoffungsvolle Aufbruch zu neuer Herrschaft die Reise, sondern das Wissen um die Grenzen aller menschlichen Pläne, auch der eines Weltenherrschers. Ähnlich die beiden Schwestern: Für Eleonore, Leid geprüfte Witwe zweier Könige, werden die Liebesgedanken der jungen Prinzessin allenfalls ein ferner Nachklang gewesen sein. Eine große Erwartung war ihr indes geblieben. In Spanien hoffte sie ihre Tochter Maria wiederzusehen, ihr einziges Kind, nachdem ein Sohn im Säuglingsalter gestorben war. Sie hatte die Infantin vor Jahrzehnten als Kleinkind am portugiesischen Hof zurücklassen müssen, als sie nach dem Tod ihres ersten Gemahls, König Manuel von Portugal, dem Willen ihres Bruders Karl folgend Franz I. von Frankreich heiratete.

Anders Maria von Ungarn, die jüngste der in Mechelen gemeinsam erzogenen Geschwister. Auch sie hatte den Vorrang des ältesten Bruders stets respektiert, auch seine Warnung vor Luther, mit dessen Lehre sie als junge Königin in Ungarn sympathisiert hatte. Für seine Ehediplomatie stand sie aber nicht zur Verfügung. Sie war dem Entschluss treu geblieben, nach dem Schlachtentod Ludwigs von Ungarn keine zweite Ehe einzugehen. Bei aller grundsätzlichen Loyalität, die sie zuletzt im Nachfolgestreit mit Ferdinand bewiesen hatte, war sie die einzige, die dem Kaiser in ihrer ausführlichen Korrespondenz auch immer wieder unliebsame Wahrheiten sagte und vernünftige Entscheidungen forderte. Auch für sie war eine Epoche zu Ende gegangen, in der sie wie Margarete von Österreich, ihre Vorgängerin als Statthalterin, als *femme politique avant la lettre* Herrschaft ausübte und als tollkühne Reiterin und Jägerin manchen Höfling in den Schatten stellte.

Das vierte der Mechelener Burgunderkinder Isabella, auch daran werden sich die Geschwister erinnert haben, war schon 1526 in Gent einer heimtückischen Erkältungskrankheit erlegen, eben 24-jährig und vertrieben aus den skandinavischen Reichen ihres Gatten Christian II. von Dänemark.

Bei dieser letzten Überfahrt wurde die Flotte von einem Sturm an unwirtliches Felsufer getrieben. Doch als Karl am 28. September in Laredo an der baskischen Küste an Land ging, waren kaum Vorbereitungen für seinen Empfang und die Weiterreise getroffen. Spanien wurde von Karls jüngerer Tochter Juana regiert, auch sie eine Dienerin im System familiärer Herrschaft, auf das der Kaiser stets vertraut hatte: Als sie der Ruf ihres Bruders Philipp II. in die spanische Statthalterschaft erreichte, hatte sie eben im Januar 1554 ihren Gemahl, den portugiesischen Thronfolger Johann Manuel, verloren und kurz darauf ihren Sohn Sebastian geboren, auf dem nun die Hoffnungen der Avis-Dynastie ruhten. Sie zögerte nicht, Kind und Portugal zu verlassen, um den Wunsch des Bruders zu erfüllen. In Erwartung der kaiserlichen Flotte hatte sie zwei Repräsentanten des Hofes an die baskische Küste beordert, um einen gebührenden Empfang des abgedankten Monarchen zu gewährleisten. Indes, so sehr er sich als Herrscher stets den zeremoniellen Zwängen unterworfen hatte, nun als Privatmann, als der er sich trotz der noch nicht abgelegten Kaiserwürde verstand, wollte er von Herrschaftsritualen nichts wissen. Sein Sinn stand nach rascher Weiterreise zu seinem Alterssitz in der Extremadura. Ein reitender Bote unterrichtete den Hof in Valladolid von der Ankunft der Flotte. Am 4. Oktober, sechs Tage nach der Landung, traf der Majordomus Luis Mendez de Quijada in Laredo ein und sorgte für einen raschen Aufbruch, zunächst des Kaisers selbst, dann auch der Schwestern, die aus logistischen Gründen im Tagesabstand der Reisegruppe des Bruders folgten.

Es war alles andere als ein bequemer Einzug in einen wohl vorbereiteten Alterssitz. Der Kaiser musste eine Pferdesänfte benutzen, auf unwegsamen Strecken einen speziellen Sessel, den Soldaten trugen. Immer wieder waren Pausen nötig, wenn Karl sich nicht wohl fühlte, etwa weil er zu unbedacht den Speisen und Getränken zugesprochen hatte, die ihm die Regentin entgegenschickte. Ruhe und ein Wärmebecken mussten für Linderung sorgen. Die Etappen waren klein, erst nach 14 Tagen erreichte die Karawane über Burgos und die unwirtliche nordspanische Hochebene die Hauptstadt Valladolid.[3] Ein offizieller Empfang mit anschließendem Bankett und Ball ließ sich hier nicht umgehen, schon um den ihm nachfolgenden Schwestern eine Freude zu machen.

Wiederholt traf Karl Don Carlos, seinen elfjährigen Enkel aus Philipps erster Ehe, der ihm von Valladolid aus eine Tagesreise entgegengekommen war. Das Kind scheint dem Großvater mit keckem Interesse entgegengetreten zu sein, was dieser aber wenig schätzte. Nicht der Enkel und seine Weltneugier interessierten ihn, sondern die Frage, ob Don Carlos ein geeigneter Thronfolger sei. Vor diesem Hintergrund sind seine abfälligen und besorgten Äußerungen über Charakter und Zukunft des Infanten zu sehen, die er an seine Schwester richtete und von dieser an Philipp II. weitergegeben wurden. Dass dadurch die spätere Abneigung Philipps gegen seinen Sohn begründet wurde, mag aber weniger der historischen Wahrheit als dem Mythos geschuldet sein, der bald den unglücklichen Prinzen umgab.

Während die Königinnen in Valladolid blieben, brach Karl am 4. November mit einem verkleinerten Gefolge zum zweiten Teil seines

Rückzuges in die Extremadura auf. Über neun Stationen erreichte er am 12. November das Dorf Jarandilla im Tal unterhalb des Hieronymitenklosters Yuste. Auf der dritten Etappe südlich von Medina del Campo stellte Karl erleichtert fest, dass er nun die Grenzen der höfischen Welt überschritten habe und endlich Zeremoniell oder Besuche nicht mehr ertragen musste. Es blieben die Strapazen des zum Teil sehr unwirtlichen Geländes und des vorwinterlich kalt-feuchten Wetters. Als ein aus Valladolid nachgeschicktes Eiderdaunen-Plumeau ankam, war Karl hocherfreut und ließ sich aus den Federn Jacken und Schlafröcke schneidern. Überhaupt blieb der Kontakt zum spanischen Hof die ganze Reise über und auch danach erhalten, so dass wiederholt Sendungen von Karls Lieblingsspeisen oder auch wichtige Depeschen die Reisegesellschaft erreichten.

Auf der Etappenstation Tornavacas am nördlichen Fuß der Sierra de Gredos ordnete Karl an, statt über die Bischofsstadt Plasencia, wo das verhasste weltliche Gepränge kaum zu umgehen war, einen Gebirgspfad zu wählen, der über den Kamm direkt in die Vega-Ebene nach Jarandilla führte. Der Anstieg war steil, und der Kaiser musste in einem Sessel getragen werden. Als die enge Passhöhe erreicht war und unterhalb das nach Yuste führende Tal wie das gelobte Land der Bibel vor ihm lag, schaute er durch das Felsentor zurück in den waldbedeckten Norden und bekräftigte den vor Jahren gefassten Entschluss, sein Leben in der Abgeschiedenheit zu beenden, mit den Worten: «Ya no pasarè otro puerto» / «Ich werde nicht noch einmal ein Tor / einen Pass durchschreiten».[4] Und in der Tat, mit diesem Durchgang war die Zeit als Reisekaiser endgültig vorbei. Von der Welt abgekapselt war er aber weder auf dieser letzten Reise noch später in der Einsamkeit des Klosters Yuste.

Der Abstieg war problemlos. Die Reisegruppe erreichte am 12. November, einem Mittwoch, spät abends das Dorf Jarandilla. Dort wohnte Karl für die nächsten Monate im Schloss des Grafen von Oropesa. Denn das Haus, das er auf dem Gelände des wenige Kilometer westlich auf der Höhe gelegenen Hieronymitenkonvents Yuste errichten ließ, war noch nicht vollendet. Das durchgehend regnerische und nebelkalte Wetter hielt Karl nicht davon ab, sich in der Sänfte zum Kloster hinauftragen zu lassen, um persönlich den Fortschritt der Bauarbeiten zu überwachen. Der Enthusiasmus des Bauherrn ließ ihn über alle Mängel des Ortes hinwegsehen. Seine Umgebung dagegen wurde immer skeptischer – Graf Oropesa, den die klimatischen und gesundheitlichen Gefahren der Gegend beunruhigten, ebenso der Majordomus Quijada, dem das entstehende Gebäude für ein angemessenes Hofleben zu klein schien. Als Maria von Ungarn in der ihr eigenen unerschrocken direkten Art den Bruder aufforderte, doch noch einmal reiflich zu überlegen, ob er sich wirklich «*an einem so ungesunden Ort wie Yuste*» niederlassen wolle, flammte sein Zorn auf, weniger gegen die Schwester als gegen diejenigen, die ihr den Ort so negativ geschildert hatten. Als Erster kam der vom Hof geschickte Arzt in Verdacht, der – wohl nicht zu Unrecht – Besorgnis über die große Zahl von Kranken in Karls Haushalt geäußert hatte.

Frömmigkeit und Muße

Zahlreiche Quellen unterrichten uns über den Alltag des kaiserlichen Eremiten. Der wohl eindringlichste, weil ohne offiziellen Auftrag rein aus der Beobachtung geschriebene Bericht stammt aus der Feder eines einfachen Hieronymitenmönchs, dessen Identität erst im vorigen Jahrhundert erschlossen werden konnte.[5] Dort lesen wir, wie Karl, wieder in einer Sänfte getragen, am 3. Februar 1557[6] gegen fünf Uhr abends in Yuste ankam und am Klostertor von den Mönchen mit dem *Te Deum laudamus* begrüßt wurde. Von zwei Adligen in einem Tragestuhl in die Klosterkirche bis zu den Altarstufen getragen, erhielt er Segen und Fürsorgegebet des Priors. Den Versuch der Mönche, ihm die Hand zu küssen, wehrte er ab, weniger aus Demut als wegen seiner schmerzenden Gichtfinger.

Nach Verabschiedung einiger flämischer Diener bezog Karl seine Wohnräume mit einer kleinen Schar von Bediensteten, die – wie der Klosterbruder notiert – einem geringen Adeligen, nicht aber dem Kaiser angemessen war. Insgesamt bestand die Umgebung aus rund 50 Personen, die teilweise außerhalb des Klosters im Dorf Cuacos wohnten. Unter der Aufsicht des Majordomus Don Luis Quijada waren für Karls alltägliche Bedürfnisse tätig: zwei Sekretäre, der Flame Willem van Male und der Spanier Martin de Gazetelu; der Arzt Jan van Mathys, ein Holländer; ein Chirurg beziehungsweise Bader; ein

Verwalter; vier adlige Kammerherren; ein spanischer und ein flämischer Lakai; dazu ein Barbier, Metzger und Weinmeister, schließlich Köche und Küchenpersonal. Für Karls umfangreiche Uhrensammlung war der Uhrenmeister Juanelo verantwortlich. Die geistliche und kulturelle Betreuung übernahmen die Mönche, insbesondere als Musikanten und Sänger. «Und mit all dem», so schließt der Mönch seinen Überblick über den Altershof des Kaisers, «war seine Majestät glücklich und extrem zufrieden, mehr als sie es je in ihrem Leben gewesen war, ohne anderes Verlangen, als sich Gott zu widmen, fernab von den weltlichen Aufgeregtheiten.»[7]

Bis zu seinem Tod am 21. September 1558 sollte Karl gut eineinhalb Jahre in Yuste verbringen – nicht wie gelegentlich fälschlich angenommen im Kloster, sondern in einem Haus außerhalb der Klausur. In dieser direkt an die südliche Längsmauer der Klosterkirche angebauten Landvilla bereitete er sich in enger Bindung an das religiöse Leben der Mönche darauf vor, seinem Gott und Richter gegenüberzutreten. Von seinem Schlafzimmer aus konnte er in den Chor der Kirche blicken und an den heiligen Handlungen der Mönche teilnehmen. Allerdings musste er – wie der mit der Unterbringung unzufriedene Majordomus beanstandete – sich verrenken, um die Elevation der Hostie am Altar zu sehen und den Höhepunkt der Messe mit Aufmerksamkeit zu erleben. Schlimmer noch: Wenn die Mönche an einem der gegenüberliegenden Seitenaltäre die Messe feierten, sähen sie den alten Herrn im Bett liegen.[8]

Karl scheint das wenig gestört zu haben. Erstmals lebte der «Reisekaiser» nach dem Mönchsideal der *stabilitas loci*, nach der er sich seiner Brüsseler Abdankungsrede zufolge schon als junger Herrscher gesehnt hatte. Da er sich dazu wiederholt in einen Hieronymitenkonvent zurückgezogen hatte, am längsten im Mai 1539 nach dem Tod der Kaiserin, erscheint es überflüssig, Spekulationen anzustellen, wie Karl gerade auf Yuste als Alterssitz kam.[9] Die Hieronymiten waren traditionell der Hausorden der spanischen Könige, und wo wäre das ersehnte kontemplative Leben ungestörter gewesen als in der Abgeschiedenheit des Klosters San Jeronimo de Yuste in der Extremadura, das er vor Jahrzehnten von Salamanca aus auf Jagdtouren in die südlich gelegene Sierra de Gredos entdeckt haben mag?

Der abgedankte Kaiser lebte gleichsam in geistig-geistlicher Symbiose mit den Mönchen. Wann immer möglich nahm er an ihren Gottesdiensten und spirituellen Übungen teil.¹⁰ Täglich ließ er auf seine Kosten in der Klosterkirche vier Messen lesen, die er von seinem Schlafzimmer aus verfolgen konnte – zu einem dem Priester überlassenen Zeitpunkt je eine für seinen Vater und seine Mutter, eine weitere für die Kaiserin mit Bußpsalmen täglich um acht Uhr, schließlich eine vierte für ihn selbst, der er «*immer beiwohnte, gelegentlich ein wenig verspätet, wenn er schlecht geschlafen hatte*». Donnerstags wurde eine besondere dem Heiligen Sakrament gewidmete Gesangsmesse gefeiert, vergleichbar dem mit viel Musik gestalteten Hochamt des Corpus-Christi-Tages. Da er selbst nicht so früh aufstehen konnte, ließ er einen Adligen in seinem Namen bei dieser Messe assistieren. Fühlte er sich stark genug, nahm er auch an den Bußübungen der Mönche teil, mit Inbrunst bis hin zur Selbstgeißelung.¹¹

Die umliegenden Fürsorgeeinrichtungen unterstützte er mit hohen Geldbeträgen und rettete damit – wie unser Zeuge, der Mönch, dankbar notiert – manchen Unschuldigen, dem angesichts der zu jener Zeit extrem hohen Brot- und Mehlpreise der Schuldturm drohte. In religiösen Fragen von Jugend an skrupulös, wollte er nun im Alter ständig einen Seelsorger zur Hand haben. Als sein Beichtvater Juan de Regla ohne sich abzumelden eine Besorgung machte, verfügte er, dass dieser zukünftig nur nach Erlaubnis außer Hause gehen dürfe, «*da ich nicht wünsche, dass Du mich auch nur einen einzigen Moment verlässt*».¹² Die Probleme, die er mit seinem Seelsorger besprach, reichten bis hin zu Bedenken, ob es gottgefällig sei, Memoiren zu schreiben, ein Problem, das ihn bereits beim Diktat seiner Memoiren 1552 quälte und zu der Bemerkung veranlasste, Gott wisse, dass er sie nicht aus Eitelkeit verfasst habe.¹³

Der alltäglich strengen Askese der Hieronymiten unterwarf sich der Kaiser schon aus Gesundheitsgründen nicht. Seine Appartements waren zwar bescheiden, aber nach Ausweis des detaillierten Nachlassverzeichnisses mit kostbaren Möbeln, flämischen Teppichen und Gobelins, Gemälden sowie einer Bibliothek von rund dreißig Bänden ausgestattet. Ein passionierter Leser war Karl nie gewesen und wurde es auch in Yuste nicht. Am häufigsten wird er noch zu den Gebets-, Mess- und Erbauungsbüchern gegriffen haben, gelegentlich auch zu einer französischsprachigen Bibel. Deren Lektüre hatte er sich von der

Inquisitionsbehörde förmlich erlauben lassen, um auch den Anschein der Heterodoxie zu vermeiden. Cäsars Commentarien und Ávilas «Der Krieg in Deutschland» wird er bei den gelegentlichen Besuchen von Don Luis de Ávila herangezogen haben. Eine vor Jahrzenten erschienene französischsprachige Chronik des Hauses Burgund übersetzte der Kaiser persönlich ins Kastilische und ließ dann die Prosa von einem spanischen Dichter in Verse setzen.

Die Stunden der Muße, die er seit Jahren vermisst hatte, widmete er seinen Uhren, deren unbeirrbar gleichmäßiger Lauf ihn stets fasziniert hatte, wohl nicht zuletzt, weil das zugleich die Regelmäßigkeit und Zuverlässigkeit des Laufs der Gestirne und der göttlichen Weltschöpfung anzeigte. In Yuste mögen sie ihm zudem Sinnbild für seine ablaufende Lebenszeit geworden sein. Die über die Jahre hin zusammengetragene Landkartensammlung ließ ihn Weite und Vielfalt der Herrschaften seines Hauses ermessen.

Daneben war er auch in seinen letzten Monaten mit Stellungnahmen, Erinnerungen und sonstigen Notizen beschäftigt. Das belegen die Positionen «*Memorienbuch mit einer goldenen Schreibfeder*» und «*ein versiegeltes großes Portefeuille mit Papieren für die Prinzessin-Regentin*» in seinem Nachlassverzeichnis.[14] Seine Vorliebe für üppige Mahlzeiten behielt Karl bei, stets gut aus Valladolid oder der Region mit Wild, Fisch und anderen Delikatessen versorgt. Seine Bedenkenlosigkeit vor allem auch beim Trinken kalten Biers ließ Ärzte und Majordomus verzweifeln: Karl sei «*sichtlich der Meinung, dass sein Magen nicht wie der anderer Menschen*» sei.

«*Lebensfülle, (die) niederklingt in meine Ruh*»

Der abgedankte Kaiser gab zwar Anweisung, weltliche Dinge fernzuhalten, damit «*Yuste nicht ein neuer Hof werde*». Doch blieb er Kaiser, bis im Mai 1558 endlich die Nachricht von der Frankfurter Kaiserwahl seines Bruders eintraf. Nun wollte er nur noch mit seinem Namen Karl angeredet werden, denn er sei nun «*nichts mehr*». Das Kaisersiegel legte er ab und ließ Siegel ohne «*Krone, Adler, Vlies und andere Sinnbilder*» anfertigen.[15] Genutzt hat das wenig. Die Regentin Juana behielt die gewohnte Titulatur bei, und auch für seine Umgebung in Yuste blieb er Kaiser.

Es trafen regelmäßig Depeschen aus Valladolid und anderen Regierungszentren ein, die ihn in familiären ebenso wie in politischen und kirchlichen Dingen auf dem Laufenden hielten. Eine Beeinträchtigung seiner Altersruhe sah er darin offenbar nicht. Denn er zögerte nicht, sie sogleich zu beantworten. Bis unmittelbar vor seinem Tod erledigte er seine Korrespondenz gewohnt pflichtgenau. Vor allem Siege oder Niederlagen in dem noch andauernden Krieg mit Frankreich und dem Papst wurden ihm sogleich gemeldet, ebenso die erneute Bedrohung der spanischen Mittelmeerküste durch die osmanische Flotte. Im Mai 1557 erreichten ihn verschlüsselte Depeschen aus Brüssel, mit denen ein Geheimkurier quer durch das feindliche Frankreich gestürmt war. Anfang 1558 erfuhr er von dem Friedensschluss mit dem Carafa-Papst und war ungehalten über die – wie er es sah – schmachvollen Bedingungen, mehr noch darüber, dass der spanische Feldherr Alaba auf Anordnung Philipps dem Papst die Füße geküsst hatte. Selbst die weiterhin angespannten Finanzen Kastiliens und die Prozesse betreffend die notorischen Unterschlagungen amerikanischen Goldes durch andalusische Händler beschäftigten ihn.

Erschüttern konnte ihn all das nicht mehr. Anders im Frühjahr 1558 die Nachricht, dass die Inquisition in Sevilla und Valladolid eine Gruppe von Luther-Anhängern festgenommen habe.[16] Das alarmierte ihn im höchsten Maße, vor allem weil Augustin Cazalla zu den Verdächtigten zählte, der ihm über Jahre hinweg in Deutschland und den Niederlanden als Seelsorger gedient hatte. Wie leicht hätte er da selbst unwissentlich vom Gift der Häresie infiziert werden können! Und hatte er nicht in Spanien und den Niederlanden, wo er anders als im Reich direkt befehlen konnte, von Anbeginn entschieden gegen Luther-Anhänger durchgegriffen? Offensichtlich hatte er in seiner Regierungszeit die Raffinesse der Häretiker unterschätzt. Die Skrupel, die Reinheit der christlichen Lehre nicht angemessen verteidigt zu haben, die ihn die Regierung hatten niederlegen lassen, erfassten ihn aufs Neue. Die Regentin in Valladolid und den König in Brüssel ließ er unverzüglich wissen, wie «*sehr die schwarze Sache, die hier hervorgetreten ist*», ihn empört hat. Sie dürften keinen Moment zögern, «*mit Strenge und schonungsloser Hand die Wurzel des Übels auszureißen*».[17]

Nicht nur Depeschen gingen in Yuste ein und aus. Karl empfing auch immer wieder Besucher, zumal seine Schwestern, die seit Ende 1557 in

Jarandilla das Oropesa Schloss bewohnten, wiederholt auch ihren Gastgeber Graf Oropesa. Hohe politische wie geistliche Persönlichkeiten Spaniens fanden sich ein – der Präsident des Königlichen Rates, Don Pedro Manriques, Prokurator der Cortes, oder der greise Graf von Urueña, der wenige Tage vor Karls letzter Krankheit mit großem Gefolge eintraf, nur um diesem die Hände zu küssen, wie der Haushofmeister erstaunt vermerkte. Häufigster Gast war der Großkomtur des Alcantara Ritterordens Don Luis de Ávila et Zúñiga, Karls Reitergeneral von Mühlberg und Historiograph, der in der nahen Bischofsstadt Plasencia residierte. In vielen der teils langen Gespräche werden die Erinnerungen an die Siege von Algier und Mühlberg oder an den Misserfolg vor Metz im Zentrum gestanden haben. Auch ging es um die Frage, wie die historischen Leistungen des Kaisers der Nachwelt zu überliefern seien. Von den geistlichen Besuchern war Francisco de Borja besonders willkommen. Dieser spanische Hochadlige, in frühen Jahren Mitglied des kaiserlichen Hofes, hatte nach dem Tod seiner Frau 1546 allen weltlichen Herrschaften entsagt und war in den Jesuitenorden eingetreten, dem er in den 1560er Jahren sogar als General dienen sollte. In den langen Gesprächen wird Karl erfreut zur Kenntnis genommen haben, dass zahlreiche Adelige Borjas Vorbild nacheiferten und der Orden sich in Spanien rasch verbreitete.

Zu einem sehr persönlichen Besuch kam es, nachdem Karls Haushofmeister Quijada im Frühsommer 1558 seinen Haushalt vom Familiensitz in Villagarcia nordwestlich Valladolid in das Dorf Cuacos unterhalb von Yuste verlegt hatte. Dona Madalena Ulloa, die Ehefrau Quijadas, machte Karl ihren Antrittsbesuch und stellte ihm einen zehnjährigen Knaben vor – seinen Sohn Juan d'Austria, der, wie wir uns erinnern, in der Familie seines Haushofmeisters als Pflegekind lebte. Wie Karl seinen jüngsten Sohn aufnahm, wissen wir nicht, vor allem nicht, ob er sich als Vater zu erkennen gab. Der Klosterbruder berichtet, dass die Begegnung in einem *«knapp bemessenen Moment nach der Messe»*[18] stattfand. In den Augen des Klosterbruders durfte die Konfrontation mit der Sünde, so lang vergangen sie auch sein mochte, nur kurz und nebenher erfolgen.

Indes, wenn den Kaiser in Yuste Sünden plagten, dann ganz andere als die einer längst abgelegten Fleischeslust. So ist den Berichten eher zu trauen, nach denen er seinen Sohn Juan als Pagen in seiner Nähe hielt und damit seine förmliche Aufnahme in die Casa de Austria anbahnte. Das Geheimnis der Herkunft blieb gewahrt; sein Name findet sich in keinem der vielen zwischen Yuste, Valladolid und Brüssel hin- und hergehenden Briefe. Erst Philipp, der königliche Halbbruder, empfing ihn, dem testamentarischen Willen des Vaters folgend, offiziell bei Hofe und übertrug ihm später, wie wir bereits hörten, das Kommando über die spanische Mittelmeerflotte.

Karl sah sich in Yuste noch mit einem anderen Familienproblem konfrontiert, das in lang zurückliegenden Entscheidungen wurzelte. Es ging um den bereits erwähnten Wunsch seiner Schwester Eleonore, ihre vor Jahrzehnten in Portugal zurückgelassene Tochter Maria wiederzusehen. Weder der portugiesische Hof noch die Infantin Maria selbst zeigten sich zu einem solchen Treffen bereit. Erst als Karl den portugiesischen Gesandten einbestellte, ließ sich ein Weg finden. Das an der spanisch-portugiesischen Grenze anberaumte Treffen wurde für seine Schwester zu einer letzten großen Enttäuschung: Als Eleonore im Dezember 1557 in die Grenzstadt Badajoz reiste, wo das Treffen vereinbarungsgemäß stattfinden sollte, musste sie bei unwirtlicher Witterung bis Ende Januar auf die portugiesische Tochter warten. Schlimmer noch, es wurde die Begegnung zweier sich zutiefst fremder Menschen, die nicht zueinander finden konnten. La Abandonada, die Verlassene, wie die Infantin längst im Volksmund hieß, war inzwischen Mitte Dreißig und sehnte sich nach mehreren gescheiterten Eheprojekten nach einem Klosterleben. Gegen alles Spanische, den spanischen Teil ihrer Familie eingeschlossen, war sie zutiefst aufgebracht, seit Karl V. die abgesprochene Ehe mit ihrem Vetter Philipp im letzten Moment zugunsten der englischen Ehe mit Maria I. Tudor verworfen hatte. All das ließ sie der fremden Mutter mit Hochmut und Distanz entgegentreten. Die höfische Etikette aber wusste sie zu wahren und schickte eine Grußgesandtschaft an ihren Großvater, die mit einer Eskorte von 50 Reitern in Yuste für erhebliches Aufsehen sorgte.

Die tief enttäuschte Mutter brach zu einer Pilgerfahrt quer durch die winterkalte Extremadura auf, um bei der Madonna von Guadalupe Trost zu finden. Seelisch wie körperlich erschüttert und von schwerem Asthma mit hohem Fieber geplagt, musste sie die Reise schon wenige Kilometer östlich von Badajoz in Talavera la Real unterbrechen. Dort starb sie noch im Februar und wurde im nahen Mérida beigesetzt. Ihre letzte Botschaft galt dem Wohl ihrer Tochter Maria, das sie ihrem Bruder Karl ans Herz legte. Ein erschütterndes Frauenschicksal, ein Opfer der ehernen Gesetze der Zeit. Es erfuhr immerhin jene symbolische Überhöhung, die den Zeitgenossen ein Trost war: Als König Philipp von Spanien im Escorial die Grablege seiner Dynastie errichtete, ließ er auch den Leichnam seiner Tante aus Mérida dorthin überführen. So fand auch Eleonore einen Platz im Pantheon ihrer Familie, der sie auf ihre Art ebenso gedient hatte wie ihr kaiserlicher Bruder.

«Jetzt, Herr, komme ich»

Zusammen mit Maria von Ungarn, die Eleonore an die portugiesische Grenze begleitet hatte, betrauerte Karl die ihm seit Kindheitstagen besonders nahe ältere Schwester tief. Die Gedenkmessen, die die Mönche sogleich zu feiern hatten, führten ihm eindringlich die Nähe des eigenen Todes vor Augen. Zu bereuen, welches Leid er ihr als Familienoberhaupt zugefügt hatte, lag jedoch außerhalb seines Gesichtskreises. Umso tiefer das Vertrauen auf das andere, ewige Leben: «Wir waren hinsichtlich unseres Alters nur fünfzehn Monate voneinander entfernt, und in kürzerer Zeit als dieser werde ich wieder mit ihr vereint sein.»[19]

In Wirklichkeit sollte die Spanne nicht einmal mehr die Hälfte des Altersunterschiedes ausmachen. Die harten Wintermonate hatten Karls Gesundheit schwer angegriffen. Im Frühjahr trat eine Besserung ein, im Vordergrund seiner Gedanken stand aber längst die Vorbereitung auf das jenseitige Leben, das er in langen Gesprächen mit Prior und Beichtvater erörterte. Dabei soll er immer wieder selbstquälerisch die Frage nach der hinreichenden Bekämpfung der Häresie aufgeworfen haben und auf die Begegnung mit Luther 1521 in Worms zurückgekommen sein. Er habe, so mündliche Berichte, die sich nach Karls Tod rasch im Land verbreiteten, Luther geschont, weil er ihm sein Wort gegeben und er das in jeder persönlichen Sache für bindend gehalten habe. Nun belaste es seine Seele, weil er durch die Schonung des Häretikers die höhere Pflicht verletzt habe, den Erzketzer wegen seiner gegen Gott verübten Sünden zu vernichten. «Wäre Luther beseitigt worden, so hätte jene Pest erstickt werden können, während sie jetzt mit zunehmender Gewalt sich zu verbreiten schiene.»[20]

Ob man den Berichten über vertrauliche Gespräche, die dem Beichtgeheimnis unterstanden, trauen darf? Fest steht, dass diese späten Skrupel über die Wormser Entscheidung in schriftlichen Quellen, meist Chroniken, erst lange nach Karls Tod auftauchen. Ob sie wirklich so gesprochen wurden, muss ähnlich unsicher bleiben, wie die späten Berichte über Luthers Wittenberger Thesenanschlag vom 31. Oktober 1517. Umso begieriger wurde beides über die Jahrhunderte hin in Kunst und Literatur dargestellt: Luther vor der Wittenberger Schlosskirche als Hammer schwingender Revolutionär; Karl V. in Yuste im Angesicht des Todes, zermartert in skrupulösen Zweifeln über das Seelenheil – sein eigenes wie das der Christenheit insgesamt. Besonders ergreifend im Finale von Ernst Kreneks Oper «Karl V.» der Zwölfton-Dialog zwischen dem Sterbenden und dem Jesuitenpater Francisco Borgia, der – obgleich am Sterbebett nicht anwesend – in der Oper den in Spanien bald allmächtigen Jesuitenorden und den sogleich nach dem Tod des Kaisers einsetzenden unerbittlichen Glauben an die reinigende Kraft der Inquisition vertritt.

KARL: *Von innen zerbricht die mühsam gefügte Welt, eine Kugel von Glas, von innen zerfrisst sie das Gift.* ...

FRANCISCO: *Wie willst du nun entsühnt sein, da sich so klar erweist, wie wenig du die Macht genützt, die Gottes Gnade dir verlieh'n?*

KARL: *Warum gab Gott mir solchen Auftrag und nicht die Kraft, ihn zu vollenden?*

FRANCISCO: *Vermess'nes Fragen! Bereue!*

KARL: *Ja, ich bereue, in Staub erniedrigt, voller Leidenschaft, dass ich nicht besser für den Glauben kämpfte.*[21]

Zuverlässig belegt ist, dass Karl auf den 31. August für sich eine Exequien-Messe anordnete und sich daraufhin am Vormittag der Mönchskonvent und der gesamte in Trauergewändern gekleidete Hofstaat um einen von zahllosen Kerzen erleuchteten Katafalk versammelten. Das war «ein imposantes und völlig neues Zeremoniell (...) – *eine Totenmesse für eine Person, die noch lebte*». Eine tief bewegende Szene sei das gewesen, die mancher als «*Beispiel nahm, zu bedenken, wie er lebt und wie er sterben soll.* ... *Am Nachmittag nahm Karl im Hof vor seiner Villa Platz,*

nach Westen gelegen, dort wo sich die von seinem Uhrenmeister Janelo konstruierte Sonnenuhr und die Fontaine befindet, und ließ sich das Portrait der Kaiserin ... und das Gemälde ‹Gebet am Ölberg› bringen und dachte sie betrachtend lange nach.»[22]
Abschließend ließ er sich auch Tizians Altargemälde heraustragen, das er 1551 in Augsburg in Auftrag gegeben hatte und von Brüssel nach St. Yuste hatte verschiffen lassen. Erst spätere Generationen gaben ihm den Titel «Gloria». Der Künstler hatte es «Trinität» oder «Paradies» genannt. Für Karl aber war es das «Letzte Gericht», so noch die Bezeichnung in dem kaiserlichen Kodizill, dem persönlichen Testament, das alle Besitzungen genauestens zusammenstellte. «Letztes» oder «Jüngstes Gericht» benennt trefflich Karls ganz persönlichen Umgang mit dem Gemälde. Alltäglich sah er aus seinem Schlafzimmer Tizians Vision des Endgerichts – er im Büßerhemd vor dem Thron der Dreifaltigkeit kniend, zusammen mit den beiden vor ihm gestorbenen Frauen, die ihm am nächsten standen, die Kaiserin Isabella und seine Tante Margarete von Österreich. Als er sich am letzten Augusttag des Jahres 1558 nach der vorweggenommenen Totenmesse besonders lang und tief in das Gemälde versenkte, habe das den eben genesenen Kaiser aufs Krankenbett zurückgeworfen, das dann sein Totenbett werden sollte, so der Bericht des Hieronymitenmönchs.

Über die letzten Tage berichten mehrere Quellen, besonders zuverlässig ein ausführlicher Brief des Haushofmeisters Quijada an König Philipp II. Danach traten unerwartet hohes Fieber, Verschleimung der Atemorgane, Angstzustände und Ohnmachtsanfälle auf. Karls ohnehin angegriffener Gesundheitszustand verschlimmerte sich rasch.[23] Wie wir seit kurzem durch die pathologische Untersuchung einer Gewebeprobe der Leiche wissen, war er Opfer der in der Gegend endemischen Malaria tropica.[24] Seinen Ärzten war das natürlich nicht bekannt, und wenn sie die Krankheit diagnostiziert hätten, hätten ihnen die Heilmittel gefehlt. Karl selbst war bereits ganz auf das Jenseits ausgerichtet, legte wiederholt die Beichte ab und empfing das Abendmahl. Seit Anfang September war eine Reiterkette eingerichtet, um die Todesnachricht so schnell wie möglich nach Valladolid zu bringen. Tochter Juana und Schwester Maria baten eindringlich ihn besuchen zu dürfen. Der Kaiser lehnte das ab.

Am 19. September erklärten die Ärzte, keine Hilfe mehr leisten zu können. Die Mönche unter Leitung des Priors und des Beichtvaters de Regla übernahmen die Obhut über den Sterbenden. Das Regiment lag aber weiterhin bei Don Quijada, der die letzte Ölung immer wieder aufschob. Erst als am Abend die Ärzte zur Eile mahnten, ließ er das Zeremoniell zu, und zwar in der von Karl gewünschten Langfassung für Geistliche mit sieben Bußpsalmen, mehreren Bibellesungen und einer Litanei, an der der Sterbende sich noch mit vernehmlicher Stimme beteiligte. In der Nacht wachten die beiden Hieronymiten de Regla und Villalva, die abwechselnd aus der Bibel vorlasen. Am nächsten Vormittag, den 20. September, verlangte der Sterbende, mit seinem Kämmerer Don Quijada allein gelassen zu werden, gab ihm Anordnungen zugunsten seiner Diener und bedauerte, sich nicht mehr mit den ihm vorgetragenen Angelegenheiten seiner Tochter Maria und ihres Ehemannes Maximilian befassen zu können. Mag sein, dass es dabei um die notorischen Sorgen Marias und der Wiener Linie ging, Maximilian könne Sympathien für den Protestantismus hegen.

Über die Sterbestunden gibt es unterschiedliche Darstellungen. Umstritten ist die Rolle des Erzbischofs von Toledo Bartolomé de Carranza, der gegen Mittag des 20. September in Yuste eingetroffen war.[25] Der Bericht des Klosterbruders stellt den Primas von Kastilien als Eindringling dar, dessen Seelsorge der Sterbende ablehnt und stattdessen Zuflucht bei seinem Beichtvater, dem Yuster Mönch de Regla, sucht.[26] Das ist die parteiische Sicht der Hieronymiten, die dem Dominikanerorden Carranzas traditionell feindlich gegenüberstanden. Die Historiker folgen daher zu Recht in der Regel der Darstellung der anderen Anwesenden, die von einer solchen Ablehnung des Kaisers nichts berichten. Zudem hatte Karl die Ankunft des Erzbischofs sehnlich erwartet, der erst kürzlich von Brüssel gekommen war und über den Stand der Dinge dort berichten konnte, insbesondere darüber, wie sich Philipp in dem neuen Herrscheramt bewährte.[27]

Gegen zwei Uhr morgens, es war der 21. September, bat Karl um zwei ihm heilige Gegenstände, die er seit längerem für sein Sterben mit sich führte – um die geweihte Kerze vom Altar Unserer Lieben Frau von Montserrat, jener Madonnenfigur, die den Reichsapfel in der Hand trägt und damit in besonderer Weise als Himmelskönigin erscheint, und um das Kruzifix, das schon zwei Jahrzehnte zuvor der Kaiserin, der Karl sich in den letzten Monaten wieder nahe fühlte, das Sterben erleichtert hatte. Aus dem Munde des von ihm seit langem hoch geschätzten Dominikaners Don Bartolomé de Carranza erfuhr er Trost in dem Hinweis, dass der Kreuzestod Christi die entscheidende Quelle der Gnade sei.[28] Das Kreuz betrachtend, flüsterte er «ja, voy, Señor» / «jetzt, Herr, komme ich».

Carranza, offensichtlich ergriffen und ohne Arg gegenüber den verschlagen lauschenden Kleriker-Brüdern, bestärkte das Vertrauen des Sterbenden mit einer spontanen Ausführung über die allein heilbringende Christusfrömmigkeit: Schauen Sie auf das Kreuz, *«und wenn Sie es nicht sehen können, legen Sie es an Ihr Herz und halten Sie es in Erinnerung und vertrauen Sie diesem Herrn, der für Sie gestorben ist, und seinem Mitleid. Da sich Eure Majestät einige Male für dessen Sache auf Erden einsetzte und aufgrund Eures katholischen Glaubens wird er sich jetzt für die Sache Eurer Majestät gut im Himmel einsetzen. Mit Jesu Hilfe brauchen Sie sich nicht zu fürchten, noch soll Sie der Teufel mit der Erinnerung an Ihre Sünden verwirren, was er in dieser Situation zu tun pflegt. Setzen Sie Ihre Hoffnung in jenen, der für Sie die Sünden bezahlte, denn Eure Majestät als katholischer Christ hat seinen schuldigen Teil schon getan; nach dem Empfang der kirchlichen Sakramente kann ihm nichts Übles mehr passieren.»* Als dem Sterbenden das Kreuz entglitt, hielt es ihm der Erzbischof vor die Augen, so dass Karl unter dem Schutz des Erlösers starb: «*Ay, Jesus!*» / «*Ach Jesus!*», waren seine letzten, vernehmbar gesprochenen Worte.

*Der Tod Kaiser Karls V. und die Wende
in den Konfessionalismus*

Für die fanatischen Konfessionalisten, die im Katholizismus wie im Protestantismus nach vorne drängten, trafen am Sterbelager des Kaisers dogmatisch unvereinbare Welten aufeinander. Der Erzbischof von Toledo wurde wegen seiner angeblich Luther nahen häretischen Worte sogleich vor das Inquisitionsgericht gezerrt. Der Prozess zog immer neue Kreise, angeheizt durch eine pathologische Ketzerjagd, die für Spanien unter Philipp II. charakteristisch werden sollte. Hinzu kam eine tiefe Feindschaft zwischen Klerikern, die in allen Kirchen zu beobachten ist: Der dem Dominikaner feindliche Hieronymit Juan de Regla ging eine unheilige gegen Carranza gerichtete Allianz ein mit dem Großinquisitor und Erzbischof von Sevilla Hernando de Valdés, der Carranza abgrundtief hasste, weil er es gewagt hatte, die im Konzil von Trient verordnete Residenzpflicht auch bei ihm einzufordern. Als häretisch-lutherisch bezichtigte man Carranza vor allem, weil er den Sterbenden mit der Erlösungstat Christi getröstet hatte. Besonders seine Aussage, «Eure Majestät setzt Ihr ganzes Vertrauen auf das Leiden Christi, unseres Erlösers. Alles andere ist lächerlich»,[29] wurde als Verspottung und (protestantische) Missachtung des katholischen Bußsakraments ausgelegt. Nachdem Carranza daraufhin mehr als anderthalb Jahrzehnte in spanischen und italienischen Kerkern verbracht hatte, brachte ihm ein Schiedsspruch Papst Gregors XIII. 1576 bedingte Freiheit – für wenige Tage, bis er an den erlittenen Strapazen starb.[30]

Heute, nach Überwindung des konfessionalistischen Geschichtsbildes, erscheint uns die Todesstunde des Kaisers in einem anderen Licht: So sehr Karl von den ersten Spuren der Häresie in Valladolid und Sevilla auch erschüttert war und zu gnadenlosem Einschreiten des Staates aufgerufen hatte, war er in seinen letzten Minuten, den ersehnten Eingang in eine andere Welt vor Augen, von allen dogmatischen Spitzfindigkeiten weit entfernt. Und so konnte er in der durch Männer wie Adrian von Utrecht und Erasmus von Rotterdam geprägten vorkonfessionellen Religiosität seiner burgundischen Anfänge sterben. Das war die reformfreudige Frömmigkeit der Devotio moderna, die auch Luther vertraut war. Auch die Religiosität des Kaisers prägte eine innige Christusfrömmigkeit. Erinnert sei an die Kruzifixus-Episode von Mühlberg oder die Verehrung des «gemalten Kruzifix» an der Wittenberger Stadtkirche. Auch sein Sterben war von dieser Christus- und Kreuzesfrömmigkeit geprägt. Allerdings hat Karl nie das radikale «solus Christus» der Reformation für nötig erachtet. Sein Glaube wurzelte in der verbreiteten Christusfrömmigkeit des späten Mittelalters, die erst in der aufziehenden Gegenreformation zur evangelischen Häresie abgestempelt und verfolgt wurde. In seinem religiösen Traditionalismus sah der Kaiser keine Notwendigkeit, Christus- und Heiligenfrömmigkeit radikal voneinander abzugrenzen. Er hörte beides mit Zustimmung an – den Hinweis auf die im Opfertod Christi wirksame, alle Sünden vergebende Gnade Gottes ebenso wie den Hinweis auf den Gnadenschatz der Heiligen und die darin enthaltene Mitwirkungsmöglichkeit des Menschen an seinem Heil. In dieser von der konfessionellen Fundamentalfeindschaft noch nicht zertrennten Gemeinsamkeit der Christusfrömmigkeit fand der Mensch und Kaiser im Angesicht des Todes jenen Seelenfrieden, von dem alle Anwesenden tief beeindruckt berichten – der Reformtheologe Carranza ebenso wie seine Gegner, die ihn binnen weniger Tage vor das Inquisitionsgericht brachten.

Auch Tizians Altarbild «Gloria», das Karl als Auftraggeber inhaltlich weitgehend bestimmt haben dürfte,[31] ist kein Bild für einen «Mann der tiefsten mittelalterlichen Frömmigkeit», wie es noch der große Biograph Karl Brandi ganz selbstverständlich einordnete.[32] Und es ist auch kein Vorläufer jener gewaltigen Apotheosen des Barockzeitalters, in denen sich die katholisch konfessionalisierten Fürsten des ausgehenden 16. und des 17. Jahrhunderts verherrlichen ließen, nicht zuletzt Karls Nachfolger im Kaisertum. Es war der Dialog des Menschen Don Carlos mit seinem Gott als Ausdruck der letzten Gewissenserforschung, allerdings in strenger, an die Gesetze der katholischen Kirche seiner Vorfahren gebundener Form. Diese Bindung nimmt nichts weg von der ganz persönlichen religiösen Empfindung als Christ, die dieses Bild ausstrahlt. Und so sehr es richtig ist, dass Karl kein Humanist im strengen Sinne und auch kein demütiger Anhänger der Devotio moderna war,[33] so möchte man doch gerade in der von ihm inspirierten und geliebten himmlischen Apotheose der «Gloria» des Tizian einen Kreis sich schließen sehen, der am Ende zurückkehrt zu den Grundzügen der Frömmigkeitserziehung in der Jugend durch Adrian von Utrecht am burgundischen Hof seiner Tante Margarete in Mechelen. Natürlich ist es nicht jene Devotenfrömmigkeit bürgerlicher Bescheidenheit, wie sie sich im 15. Jahrhundert in den großen und kleinen Städten Niederburgunds entwickelt hatte. Es ist die über alle Standesgrenzen hinweg auf den ganz persönlichen, innersten Lebenskern eines jeden Christen, also auch des Kaisers, abzielende Frömmigkeit, zu der sich Karl auf dem Sterbebett bekennt. Nachdem er Krone, Zepter und Gewänder der irdischen Macht abgelegt hat, kann er auf sie vertrauend als Mensch im einfachen Totenhemd vor das Antlitz seines Richters treten.

Die Stellung Karls und seines Tizianhimmels im Übergang zwischen

«Gloria» oder «Der Sieg der Dreifaltigkeit», Tizian, von Karl in Auftrag gegeben und 1554 vollendet.

Mittelalter und barockem Heiligenhimmel wird durch eine weitere ikonographische Besonderheit unterstrichen: «Anders als Dutzende ähnlicher Darstellungen vor ihm und noch viele danach zeigt der Himmel Tizians keine Märtyrer und Heiligen, keine Jungfrauen und Ordensgründer, auch keine Päpste und Kaiser, außer Karl, seiner Frau und seiner Tante. Da sind nur die Patriarchen und Propheten des Alten Bundes mit der kaiserlichen Familie vereint. Wie ihm seine Hofpanegyriker mit der Berufung auf uralte und ewig neue Kaiserprophetien immer wieder versichert hatten, wird Karl den größten Figuren des auserwählten Volkes gleichgestellt: Moses und Abraham, Noah, David, Saul. ... Ein Kreis, wie ihn Augustinus um 400 vor aller mittelalterlichen Tradition vor Augen hatte. Der Himmel, in den Karl im Totenhemd da eingereiht wurde, ist gar nicht der katholische Kirchenhimmel. Karl kniet mit seiner Familie sozusagen in einem reformierten Himmel, ohne die römisch-katholische Heiligenherrlichkeit. Luther und Calvin hätten gemeinsam mit Karl in einem solchen Himmel ihr Hosianna singen können!»[34]

Wie falsch es ist, Karls «katholische» Frömmigkeit mit der Fundamentalfeindschaft des konfessionellen Zeitalters gleichzusetzen, bestätigt kein geringerer als Philipp Melanchthon, Luthers wichtigster Erbe. Nur kurze Zeit, nachdem sich in Deutschland die Nachricht von Karls Ableben verbreitet hatte, beklagt er sich in einem Schreiben an den reformierten Fürst Joachim von Anhalt, dass Kaiser Ferdinand sich in Prag *«ein antilutherisches Schauspiel»* angeschaut und das offensichtlich gutgeheißen habe – und fügt hinzu *«was Kaiser Karl nie getan hätte».*[35]

Doch ist auch ein anderes unverkennbar: Für Karl war die Sorge allgegenwärtig, durch eine unbedachte Handlung, selbst einen flüchtigen Gedanken vom rechten Glauben abzuweichen und der ewigen Verdammnis anheimzufallen. Um hier einen Ausweg zu finden, konnte und wollte er sich anders als Luther, für den diese Angst ja ebenfalls existentiell war, in den Fragen seiner Seele nicht auf die Kraft seines eigenen Urteils verlassen. Vielmehr war er penibel auf Erfüllung kirchlicher Pflichten wie Beichte und Eucharistie, dogmatisch sicheres Denken und kirchengesetzestreue Riten bedacht. Garantieren konnten ihm das nur untadelige Kleriker, die er in fast krankhafter Sorge in der Nähe haben wollte. Wir hörten von dem Verbot an seinen letzten Beichtvater de Regla, sich je unerlaubt zu entfernen. In den letzten Tagen vor seinem Tod macht sich Karl im Rückblick schaudernd die Gefahren bewusst, denen er in Deutschland im alltäglichen Verkehr mit Protestanten ausgesetzt war. Die Ketzer hätten einen «*Köcher mit so schlagenden und wohlgeordneten Gründen und Beweisen*», dass er als theologischer Laie ihnen leicht hätte verfallen können. «*Wenn nun einer ihrer scheinbaren Beweise in seine Seele Eingang gefunden hätte, wie hätte er wissen können, ob er je im Stande gewesen wäre, ihn wieder auszurotten?*»[36] Erst diese Ängste erklären den Vernichtungswahn seiner letzten Monate und die Mahnung an Sohn und Tochter, auch den Anschein von Häresie unerbittlich auszumerzen.

So ist es kein Rätsel,[37] warum Philipp II. Carranza sogleich fallen ließ, obgleich er ihn wegen dessen Diensten in England und den Niederlanden hoch schätzte und eben noch zum Primas der spanischen Kirche berufen hatte. Dem Auftrag des Vaters folgend, vollzog der neue spanische König selbst eine geistig-ideologische Wende – von einem freien, ideologisch unbelasteten Verhältnis Protestanten gegenüber wie noch 1550/51 in Augsburg,[38] hin zu jenem bedingungslosen Vernichtungswillen, der mit seiner Regierungsübernahme in Spanien einzog. Für alle Welt sichtbar wurde die neue Zeit, als er seine Rückkehr aus den Niederlanden am 8. September 1559 in Valladolid mit dem ersten Autodafé feierte. Sollte er dabei allerdings wirklich geäußert haben, er würde «*mit eigener Hand das Holz herbeitragen, um meinen Sohn zu verbrennen, wäre er ein Ketzer*»,[39] so war das nur eine Wiederholung desselben Versprechens, das Jahre zuvor Paul IV. abgelegt hatte, nur dass der Carafa-Papst dies seinem Vater antun wollte.[40]

Mit dem Tod Kaiser Karls V. war in Spanien die neue Epoche des Konfessionalismus angebrochen. Aus katholischen Reformtheologen wie Bartolomé de Carranza wurden Häretiker. Selbst Erasmus von Rotterdam, der stets Kirchentreue, wurde abgestempelt zum geistigen Wegbereiter der «*pestis Germaniae*». In einer spanischen Enzyklopädie großer Denker wurde sein Bildnis mit kräftigen Federstrichen zerstört,[41] eine *damnatio memoriae*, die das Bild des Humanistenfürsten im katholischen Europa auf Jahrhunderte hin verdunkelte. All das zeigt, wie weit sich Spanien während der Regierungszeit Kaiser Karls V. von der

Reformoffenheit des frühen 16. Jahrhunderts entfernt hatte. Aber es zeigt auch, dass Erasmus seinem kaiserlichen Schüler nicht jene geistig-geistliche Unabhängigkeit hatte vermitteln können, die unerlässlich gewesen wäre, um die Papstkirche von innen her zu reformieren.

EPILOG

Europa vereint in Trauerfeiern

Die dreitägige Trauerfeier für Karl V. in Yuste war ganz kirchlich geprägt: Nach der offiziellen Beurkundung des Todes wurde der Leichnam des Kaisers in einen Bleisarg gebettet, durch das Fenster seines Schlafzimmers in die Klosterkirche herabgelassen und vor dem Hochaltar auf einen Katafalk platziert, über den sich wie sonst bei Thronsitzen üblich ein Prachthimmel spannte. Die Totenwache hielten Mönche aus Yuste und drei benachbarten Klöstern. In nicht endenden Trauergesängen priesen sie den Verstorbenen und überantworteten seine Seele der Gnade Gottes. An jedem der drei Tage las Erzbischof Carranza als Primas der spanischen Kirche eine Totenmesse, an die sich jeweils eine Leichenpredigt anschloss. Tief bewegt waren die Hörer von den Worten Pater Francisco de Villalvas, der selbst am Totenbett geweilt hatte und so authentisch über das fromme Sterben des Kaisers berichten konnte. Im Anschluss an den Trauergottesdienst erfolgte die Beisetzung.[1]

Karl hatte verfügt, in der Kirche des Hieronymitenklosters bestattet zu werden. Ihm war Yuste in den letzten Lebensjahren zur Heimat geworden. Brügge und Dijon, die Grablegen Burgunds, seiner Großmutter Maria beziehungsweise der älteren Burgunderherzöge, die er noch in seinem ersten Testament von 1522 für den Fall seines Todes als Bestattungsort gewünscht hatte,[2] waren längst in weite Ferne gerückt. Verflogen war der Traum, Burgund wiederzubeleben und darauf die Herrschaft seiner Nachkommen zu gründen. Spanien war der feste Anker der Zukunft. Das sollten seine dort zu bestattenden Gebeine symbolisch bekräftigen. Die konkrete Ausgestaltung der dynastischen Grablege war Sache des regierenden Monarchen, also seines Sohnes Philipp II. Fürs Erste war der Leichnam in der Klosterkirche direkt am Altar beizusetzen, und zwar mit der unteren Körperhälfte unter und mit der oberen vor dem Altar, «*so dass der Priester, der die Messe liest, auf* *meine Brust und meinen Kopf tritt».*³ Die Nähe zu den Altären hatte sein irdisches Leben geprägt – nachhaltig bereits in der St. Rombout Kathedrale von Mechelen im September 1507, als er der Totenfeier für den Vater unmittelbar am Altar beiwohnte. Im Tod ging es nun um den Schutz beim Übergang in ein ewiges Leben. Doch Karls Anordnung ging selbst den Hieronymiten zu weit. Bei aller Verehrung für die erhabene Majestät des Verstorbenen, ein Zeichen der Heiligkeit hatten sie an seinem Lebensgang nicht zu erkennen vermocht. So wählten sie für den schlichten eichenverkleideten Bleisarg einen Beisetzungsort in einem nördlich unterhalb des Chores gelegenen Gang.

Gut anderthalb Jahrzehnte nach der ersten Beisetzung in Yuste wurde der Leichnam des Gründers des neuzeitlichen Spaniens in das Staatsmausoleum transferiert, das Philipp II. in der monumentalen Klosterburg El Escorial für den spanischen Zweig der *Casa de Austria* hatte errichten lassen. Mit Karls Gebeinen zogen auch die seiner Schwestern Eleonore und Maria in das neue Pantheon der spanischen Monarchen ein. Die «Burgunderkinder» waren Spanier geworden und dienten in ihren Sarkophagen dem Ruhm der iberischen Königreiche. Nur die früh verstorbene Schwester, Königin Isabella von Dänemark, ruhte zusammen mit ihrem kurz nach ihr gestorbenen Sohn Johann in der burgundischen Heimat, in der Klosterkirche von St. Peter in Gent. Doch auch sie entging nicht den Zwängen moderner Gedächtniskultur. Nachdem Bilder- und Revolutionsstürme den Marmorsarg zerstört hatten, wurden ihre Gebeine 1883 auf dem Höhepunkt des nationalen Identitätskultes in Europa nach Dänemark überführt und in der Krypta des St.-Knud-Domes in Odense neben ihrem Gatten König Christian II. zur letzten Ruhe gebettet.

Die «Spanienkinder» aber, Ferdinand, der die ersten anderthalb Jahrzehnte seines Lebens auf der iberischen Halbinsel verbracht hatte, und Katharina, die Jüngste, die neben der kranken Mutter in Tordesillas herangewachsen war, gingen auswärts eigene Wege: Katharina, Gemahlin König Johanns III. von Portugal, erreichte als Einzige der Geschwister ein hohes Lebensalter. Nach dem Tod König Johanns III. 1557 überwachte sie die Erziehung ihres Enkels, des eben dreijährigen Thronfolgers Sebastian. Sein Vater Johann Manuel von Portugal war bereits vor seiner Geburt gestorben und seine Mutter, die Kaisertochter Juana, war kurz darauf – wir erinnern uns – als Statthalterin nach

Spanien gegangen. Königin Katharina konnte hoffen, dass mit ihrem Enkel Sebastian, der zugleich auch Enkel Karls V. war, Portugal als zweite iberische Weltmacht fortbestehen würde, in dynastischer Allianz mit Spanien, aber selbständig. Erfüllt hat sich diese Hoffnung nicht. Katharina starb 1578 und wurde im Hieronymitenkloster von Lissabon beigesetzt. Noch im selben Jahr fand ihr Enkel König Sebastian I., eben 24-jährig und kinderlos, den Tod – in einer Schlacht in Marokko, wo der Jesuitenzögling mit dem Glaubenseifer seiner kastilisch-aragonischen Urahnen den muslimischen Sultan vertreiben und das Christentum zur Herrschaft bringen wollte. Nachdem mit Sebastians Nachfolger und Großonkel Heinrich I. die Avis-Dynastie ausstarb, fiel Portugal 1580 an Philipp II., den Vetter Sebastians, und wurde über sechs Jahrzehnte von Madrid aus regiert.

Glücklicher dagegen die Geschichte von Karls jüngerem Bruder Ferdinand, Landesherr in Österreich, deutscher König und Römischer Kaiser. Er begründete die deutsche Linie des Hauses Österreich, die erst der Höllensturz der europäischen Monarchien nach dem Ersten Weltkrieg vom Thron hinwegfegte.[4] Ferdinand I. starb 1564 in Wien und wurde neben seiner Gemahlin, der böhmisch-ungarischen Jagiellonin Anna, im Prager Veitsdom beigesetzt. Im 19. Jahrhundert ließ der Historismus den Habsburgermythos als Staatsideologie der Donaumonarchie aufblühen. Rückwirkend wurde auch Kaiser Karl V. eingeschlossen, der erst jetzt zu dem «Habsburgerkaiser» wurde, als der er bis heute in den Geschichtsbüchern Deutschlands und Österreichs erscheint. Damit konnte der deutsche Zweig des Hauses Österreich oder Habsburg, wie er sich nun nannte, jenen europäischen Anspruch erheben, den ihre ungekrönten Nachfahren noch in der Gründungsphase der Europäischen Union vertreten sollten.

Die europäische Weite, die trotz aller Rückschläge der letzten Jahre die Lebensleistung Karls V. ausmachte, spiegelte sich auch in den Totenfeiern für den verstorbenen Kaiser, nach Schätzungen zeitgenössischer Chronisten weit über zwei- beziehungsweise gar dreitausend quer über Europa.[5] In Spanien zogen sich die Obsequien über Monate hin. Angefangen mit der offiziellen Totenfeier in Valladolid, der Hauptstadt Kastiliens, unter Leitung der Regentin Juana, folgten Toledo, Talavera und Sevilla sowie eine Reihe von geistlichen Institutionen, darunter alle Hieronymitenklöster. In den italienischen, niederländischen – auch in den bereits unruhigen Nordprovinzen – und deutschen Herrschaften des Kaisers, aber auch in neutralen und feindlichen Ländern nahm man in einer ganzen Flut von Trauer- und Gedächtnisveranstaltungen von dem Mann Abschied, der eine ganze Generation lang versucht hatte, die auseinanderstrebenden Kräfte des Kontinents durch eine von ihm bestimmte Friedensordnung zu bändigen. In Lissabon feierte die verwandte Dynastie eine besonders aufwendige *pompe funèbre*. In Rom hielt Papst Paul IV. zusammen mit dem Kardinalskollegium die Exequien in der Sixtinischen Kapelle. Auf der Apenninenhalbinsel fand eine ganze Serie weiterer Totenfeiern statt, in den Besitzungen Spaniens wie in den verbündeten oder abhängigen Territorien. Selbst in Paris gedachte man des verstorbenen Rivalen. In London ließ die eben auf den Thron gelangte protestantische Königin Elisabeth von England in der Westminster Abbey eine Totenmesse lesen.[6] Auch außerhalb Europas wurde des verstorbenen Kaisers gedacht, so in Mexiko, wo der spanische Vizekönig Luis de Velasco ein den europäischen ähnliches Trauerzeremoniell veranstaltete, und selbst in Istanbul, wo Sultan Suleiman, der islamische Erzrivale des Verstorbenen, ein Gedenkzeremoniell anordnete.

Das protestantische Deutschland hielt sich abseits. Im Herzogtum Württemberg verkündigte man immerhin Karls Tod von den Kanzeln herab. Das Reich aber gedachte seines abgedankten Kaisers in einem großen zweitägigen Trauerzeremoniell an einem für den Verstorbenen wie für die Trauernden gleichermaßen denkwürdigen Ort: In Augsburg,[7] wo der Reichstag versammelt war, zog am 24. Februar 1559, Karls Geburtstag, die Trauerprozession von St. Moritz zum Dom. Dort würdigte man das verstorbene Oberhaupt des Reichs mit allen gebührenden Ehrenzeichen – den Reichsinsignien, den Wappen seiner Herrschaften, Trauerpferden etc. In den berühmten Harnischfegerwerkstätten der Stadt waren Funeralwaffen angefertigt worden – Kronhelm, Rundschild und Schwert mit Schwertscheide.[8] Angeführt von Kaiser Ferdinand und den Gesandten der Kurfürsten nahm die Reichstagsgesellschaft im Dom mit einer Vigilfeier Abschied, versammelt um das *castrum doloris*, um die mit den Prunkwaffen und Ehrenzeichen geschmückte Trauerburg, die den nicht anwesenden Leichnam symbolisierte. An der Totenmesse des folgenden Tages nahmen die protestantischen Reichsstände nicht teil – Ausdruck des religionspolitischen Dissenses und des ihn einhegenden Kompromisses, der vier Jahre zuvor in eben derselben Stadt als Religionsfrieden reichsrechtliche Gültigkeit erhalten hatte – gegen den Willen des Verstorbenen.

Ganz anders der zentrale Trauerakt Niederburgunds, der bereits knapp zwei Monate zuvor am 29. und 30. Dezember 1558 in Brüssel stattgefunden hatte, die mit Abstand aufwendigste Totenfeier des gesamten 16. Jahrhunderts.[9] Auf eine Friedensregelung zwischen den Konfessionen wie in Deutschland war in den Niederlanden nicht Rücksicht zu nehmen. Im Gegenteil, König Philipp II. bekundete demonstrativ seine Entschlossenheit, das Glaubensvermächtnis seines Vaters zu befolgen und offensiv gegenreformatorisch zu wenden. Damit schloss sich in Brüssel am Ende seines Todesjahres persönlich wie dynastisch Karls Lebenskreis und öffnete sich zugleich ein neues Zeitalter, das nicht mehr das seine war, das er aber entscheidend mit vorbereitet hatte.

Im Kern dem traditionellen burgundischen Totenritual verpflichtet, entfalteten die Brüsseler Trauerfeiern doch ein deutlich anderes Bild als die Totenfeier, die der siebenjährige Karl ein halbes Jahrhundert zuvor in Mechelen für seinen Vater Philipp den Schönen geleitet hatte. Zwar stand auch in Brüssel der Sohn und Erbe im Zentrum des Sakral- und Staatsakts. Eine formelle Herrschaftsübertragung wie 1507 war aber nicht nötig, da er die Regierung bereits vor Jahren übernommen hatte. Nach der Abdankung des Vaters war Philipp im Norden geblieben, um die Herrschaft in den Niederlanden zu festigen und von dem Projekt eines katholischen Nordwestreichs zu retten, was angesichts der Unfruchtbarkeit seiner englischen Ehefrau Maria I. Tudor zu retten war. Das Trauerzeremoniell diente zugleich der Selbstdarstellung des jungen Monarchen sowie der Legitimation seiner politischen Ziele. Im Vergleich zum Trauerzeremoniell für Philipp den Schönen ein halbes Jahrhundert zuvor, war in Brüssel alles größer, großartiger als in der kleinen Nebenresidenz Mechelen, vor allem aber demonstrativer und zugespitzter. Eine Folge der religiösen, kulturellen und politischen Verwerfungen in Europa, die in der Regierungszeit des Verstorbenen eingetreten waren, aber auch der Ausweitung der Herrschaft über Europa hinaus nach Asien und Amerika zu einem Welt-

Spanische Granden mit dem Pferd des Kaisers in der Trauerprozession für Karl V. 1558 in Brüssel, aus: La magnifique et somptueuse pompe funèbre, Antwerpen: Plantin 1559.

reich, in dem – wie bereits die Zeitgenossen staunend registriert hatten – «die Sonne nicht unterging».

Die Trauerprozession vom Stadtschloss hinunter zur Stadt und hinauf zum Hügel der Kollegiatkirche St. Michael und Gudula zog sich über zwei Stunden hin. Im Zentrum schritt Philipp II., umgeben von den Ersten seiner Reiche, Niederländern, Italienern, Deutschen, vor allem aber Spaniern. Die Bedeutung und Wirkung seines Auftritts genauestens kalkulierend, trug er ein Mönchshabit mit übergeschlagener Kapuze und stellte sich damit in den Teil römisch-kirchlicher Tradition, den ein Großteil der Christenheit, darunter auch viele seiner niederländischen Untertanen, am heftigsten ablehnte. Das bekundete zugleich die Bereitschaft, das Christentum zu schützen. Aber nicht in der allgemeinen Form, wie es der Verstorbene fünfzig Jahre zuvor in der Mechelener Stiftskirche beschworen hatte, sondern in der inzwischen in Europa aufgezogenen konfessionalistischen Zuspitzung als Schutz der römischen Papstkirche und als Kampfansage an den Protestantismus. Entsprechend konfessionell formiert war der Auftritt der Ordensritter vom Goldenen Vlies, für die neben den mittelalterlichen Ritterkampf gegen die Heiden die neuzeitliche Bekämpfung der Häresie getreten war. Es folgte ein Zug am Zaum geleiteter Pferde, die auf ihren schwarzen Schabracken jeweils das Wappen eines der von Karl V. beherrschten Länder trugen – eine ungleich größere Zahl als 1507!

Vision einer hegemonialen Weltherrschaft

Die Mitte der Brüsseler Trauerprozession bildete eine Abteilung, die ein ganz neues Element in das alt-burgundische Funeralzeremoniell brachte – die allegorische Deutung der persönlichen Taten des Kaisers in Europa und Übersee durch ein von Pferden gezogen und überreich mit Bildern, Wimpeln und Symbolen geschmücktes Schiff.[10] Neben den einzelnen Siegen und Glaubenstaten war es insbesondere der Hinweis auf seine über Europa hinaus in neue Welten greifende Herrschaft und deren – wie man es noch ganz selbstverständlich sah – Heilsgeschenk an die dort lebenden Menschen. Das repräsentierten vor allem die großen Säulen des Herkules mit Karls Devise *Plus Ultra*, über die Grenzen Europas hinaus, die seit dem Altertum durch die Säulen des Herkules markiert waren, die beiden südlich und nördlich der Meerenge von Gibraltar gelegenen Felsenberge. Die Eroberungen in Amerika werden nicht nur als Ausweitung des Herrschaftsbereiches dargestellt, sondern als universelle missionarische Leistung der Verbreitung des Glaubens. Besonders einprägsam stellt das der Wimpel dar, der an der Mastspitze gleich neben dem Banner des Reiches und des Vliesordens wehte und ein Kruzifix über den Herkulessäulen zeigte.[11]

Es war kein Zufall, dass gerade in der von Philipp II. angeordneten Brüsseler Trauerprozession der maritimen Seite von Karls Herrschaftsleistung eine so hervorgehobene Stellung eingeräumt wurde. Das entsprach der Lebensrealität des Verstorbenen, in der das Wasser nahezu gleichrangig neben dem Land gestanden hatte – bei den militärischen Auseinandersetzungen im Mittelmeer; bei den Entdeckungsfahrten nach Asien und Amerika und den Passagen, die die Reichtümer der neuen Provinzen nach Europa brachte; nicht zuletzt bei den eigenen

Die Brüsseler Trauerprozession: Das Staatsschiff mit den Tugenden Glaube, Liebe und Hoffnung, aus: La magnifique et somptueuse pompe funèbre, Antwerpen: Plantin 1559.

Reisen auf Flüssen, am häufigsten auf dem Rhein, und zur See. Zwölfmal habe er die Unbill des Meeres auf sich genommen, die kleineren Reisen nicht mitgezählt, hatte der Kaiser noch wenige Jahre zuvor beim Abschied von den niederländischen Generalstaaten bilanziert.[12] Vor allem aber war das Schiff im Moment der Brüsseler Exequien eine zeitgeschichtliche Demonstration. Es war Zeichen des Anspruchs auf maritime Vorherrschaft in einem Moment, in dem die Konkurrenz der – im Vergleich zu Portugal und Spanien – jungen Seemächte Nordwesteuropas aufzog. Noch nicht die Gegnerschaft der Holländer, Seeländer und Friesen. Sie waren noch Teil des iberischen Weltreichs. Aber England hatte seine Isolation in der «Silbersee»[13] der nordostatlantischen Randzone durchbrochen und griff die alten Seemächte mit jenem maritimen Elan an, der im 18. Jahrhundert in der berühmten zweiten englischen Nationalhymne «Britannia, rule the waves» gipfeln sollte.

Karl V. selbst hatte noch in seinen letzten Regierungsjahren eine Vision entwickelt, die diesem Wettstreit zur See vorgebeugt hätte, wäre sie dauerhaft verwirklicht worden. Die von ihm arrangierte Ehe zwischen seinem Sohn Philipp und der englischen Königin Maria I. Tudor sollte eine Agglomeration von Ländern schaffen, die sich vom Nordwesten des Kontinents mit England und den 17 burgundischen Provinzen nach Süden über Mailand nach Neapel und Sizilien und nach Westen zur Iberischen Halbinsel erstreckte und die damit bestens geeignet gewesen wäre, die protestantische Häresie in ihren Ursprungsländern einzuhegen und langfristig auszutrocknen. Nicht weniger wichtig die handels- und eroberungspolitischen Konsequenzen: das englisch-spanische Großreich hätte die Kräfte der führenden europäischen Seefahrerstaaten gebündelt und die Länder jenseits des Atlantiks und in Asien einem großen europäischen Unionsstaat zugeordnet, mit weitreichenden Synergieeffekten bei ihrer Erschließung und Ausbeutung.

Allein, diese Vision verflüchtigte sich in den biologischen Zufälligkeiten dynastischer Herrschaft. Wie der junge Burgunderherzog Karl durch die eingangs skizzierten Überraschungen dynastischer Geburten und Todesfälle an sein Weltreich gelangt war, so war es zu Ende seiner Regierung auch ein dynastischer Wechselfall, der seinen Plan eines spanisch-englischen Weltreiches durchkreuzte. Der kinderlose Tod Königin Marias I. Tudor und die Thronfolge ihrer Halbschwester Elisabeth, die sogleich in eine entschieden antispanische und protestantische Politik einlenkte, entzog seiner staatenpolitischen Variante einer friedlichen Neuordnung Europas und seiner beginnenden Weltherrschaft die Grundlage.

Das Englandprojekt Karls V. lässt sich zugleich als Schritt in Richtung auf ein neues Konzept europäischer Staaten- und Weltordnung lesen: Dem alten Kaiser hatte nicht mehr das überstaatliche universelle Kaisertum vor Augen gestanden, das ungeachtet aller Anpassung an die neuzeitlichen Rahmenbedingungen der ideellen Einheitstradition der mittelalterlichen *Christianitas* verpflichtet war, sondern ein Hegemonialkonzept auf der Basis der Interessen von Einzelstaaten, hier konkret von Spanien-Burgund und England, die durch militärische und politische, nicht zuletzt auch handelspolitische Vormacht den Kontinent und die Welt dirigieren sollten.[14] Kurz vor seiner Abdankung hatte Kaiser Karl V., den manche Historiker zu diesem Zeitpunkt bereits für regierungsunfähig halten, Gedankenschärfe und Willensstärke aufgebracht, die Kräfte der neuen Zeit zu identifizieren, und zu versuchen, sie in ein ganz neues Konzept der Sicherung des Vorrangs des spanischen Zweiges der Casa de Austria einzubinden. Karls Nachfolger auf dem spanischen Thron haben ihre Politik ganz auf diesen Paradigmawechsel eingestellt. Gleich nachdem klar war, dass die neue englische Königin Elisabeth nicht zu einer Erneuerung des spanisch-englischen Ehebundes bereit war, lenkte Philipp II., meist in Allianz mit der deutschen Linie seines Hauses, in eine Politik ein, die das Ziel verfolgte, in Europa die Hegemonie Spaniens zu etablieren und so den Kontinent und seine Überseeprovinzen gemäß den Interessen Spaniens und seiner Dynastie zu dirigieren und zu befrieden. Die ideelle Verbrämung durch eine Kaiseridee war aufgegeben zugunsten des nüchternen Prinzips der Staatsinteressen.

Doch nicht anders als das universelle Kaisertum sollte dem Kaiser auch dieses neue Modell der Weltherrschaft zerbrechen. Der Hegemonialanspruch Spaniens wurde von Anfang an von den protestantischen Seemächten in Frage gestellt und bekämpft. Zunächst durch Britannien, seit dem ausgehenden 16. Jahrhundert auch durch die revolutionär von Spanien abgefallene Nordniederländische Republik, schließlich auch durch Frankreich, dem alten Rivalen. Auf dem Kontinent wurde die militärische Dominanz in den großen Glaubens- und Staatenkriegen des späten 16. und der ersten Hälfte des 17. Jahrhunderts niedergerungen. Parallel dazu ging die Vorherrschaft der inzwischen vereinten iberischen Königreiche auf den Weltmeeren zu Ende. Nach dem Triumph Englands 1588 über die stolze Armada drangen englische und niederländische Schiffe Zug um Zug auf dem Nordatlantik sowie im Pazifik zu den Gewürzinseln und den Philippinen vor – nicht zuletzt durch Kaperattacken nach Art der islamischen Mittelmeerkorsaren. Die Niederländer griffen schließlich sogar in Südamerika an, wo sie 1630 die Portugiesen aus Brasilien vertrieben. Statt des spanisch-niederländisch-englischen Weltreiches auf katholischer Grundlage, das sich Karl V. einige Monate lang hatte erträumen können, war eine multipolare Weltherrschaft europäischer Staaten entstanden. Die Gegensätze der frühneuzeitlichen Systeme sind bis heute greifbar, nicht nur an der Grenzlinie zwischen Mexiko und den Vereinigten Staaten.

EPILOG 383

Und die Seelen der Indios? – Hier verblasste das Wirken des Kaisers am schnellsten. Hatte er selbst die Forderungen Las Casas' wohlwollend in der Schwebe gelassen, so traten dessen Mahnungen unter Philipp II. vollends zurück, auch das zum Teil eine Folge der aufgezogenen politischen und religiösen Polarisierung. Darauf deutet auch die Symbolsprache des allegorischen Schiffes im Trauerzug der Brüsseler Exequien hin: Die unter dem prägenden Einfluss des Ordens vom Goldenen Vlies[15] entstandene Bildsymbolik am Mast spitzt die alte burgundische Ritterfrömmigkeit und das vorkonfessionelle Missionsprogramm des Kaisers gegenreformatorisch zu. An die Stelle der humanen Ziele von Las Casas und seinen Mönchsbrüdern trat die Schärfe des inzwischen in Europa, vor allem in den Niederlanden, ausgebrochenen Glaubenskampfes. Das Heil der Indioseelen war fortan dem weltweiten geistigen und politischen Ringen zugeordnet, das zwischen den tief verfeindeten europäischen Konfessionen und Weltanschauungssystemen entbrannt war. Im Innern diente es der Integration der Indios in den katholischen Kolonialstaat, nach außen der Abgrenzung gegenüber den protestantischen Kolonien Nordamerikas.

Ein Europapolitiker der frühen Neuzeit?

So folgenreich sein weltgeschichtliches Wirken auch war, die Spuren Kaiser Karls V. blieben vor allem in Europa präsent: Die Brüsseler Trauerfeierlichkeiten wurden sogleich in Flugschriften und Bilderserien veröffentlicht und über Europa verbreitet. Das war zweifellos neuzeitliche Propaganda zum Ruhm des Verstorbenen und seines Hauses, nicht zuletzt auch zur gegenreformatorischen Festigung der Papstkirche. Zugleich ist es aber auch ein Beleg dafür, dass Kaiser Karl V. noch im Tod ein Herrscher von europäischem Zuschnitt war wie kein zweiter in seiner Zeit. Anders als die Fürsten und Monarchen, die im ausgehenden Mittelalter darangingen, Haupt- und Residenzstädte mit Hofhaltung und Behörden auszubauen, hat Karl nie ein derartiges Regierungszentrum besessen. Er hat Europa vom andalusischen Südwesten bis zu den Grenzen Ungarns und Dalmatiens im Osten, vom englischen Norden bis zum sizilianischen Süden im Sattel und zuletzt in einer Sänfte durchquert – auf Kriegszügen, häufiger noch zur friedlichen Repräsentation in seinen weitgespannten Reichen und Territorien. Kaum ein anderer Herrscher oder Politiker hat bis zur Kommunikationsexplosion unserer Tage so viele Landschaften, Städte und Dörfer besucht wie er.

Als ein historischer Patron Europas gilt Karl V. heute gleichwohl nicht, ganz anders als sein mittelalterlicher Namensvetter Karl der Große, der den modernen Europapolitikern von Anfang an als Identitätsfigur dient, nicht zuletzt, weil sich mit Frankreich, Deutschland, Italien und den Benelux-Ländern die Gründungsmitglieder der Union auf ihn berufen können. Die Erinnerung an den jüngeren Karl war und ist in erster Linie Sache Spaniens, das sich erst später der europäischen Einigung verschrieb. Das Gedenken seines 500. Geburtstags im Jahr 2000 fand dann auch unter Leitung von König Juan Carlos in Toledo statt, mit beachtlicher internationaler Beteiligung, aber ohne besonderes Engagement der Europäischen Kommission. Dabei ist das Gedächtnis dieses frühneuzeitlichen «Europapolitikers» in der Hauptstadt der Union durchaus präsent.

Zwar haben in Brüssel Brände, politische Umbrüche und Großstadtplanung die meisten seiner Spuren längst getilgt. Die Residenz der burgundischen Herzöge lässt sich nur noch archäologisch durch Grundmauerreste metertief unter dem heutigen Königspalast erschließen. Doch findet sich wenige hundert Meter vom Palasthügel entfernt ein großes Zeugnis des geistig-politischen Programms, mit dem Karl V. Europa Frieden und Einheit zu geben hoffte. In der Kollegiatskirche St. Michael und Gudula, heute Kathedralkirche des Erzbischofs von Mechelen-Brüssel und Sitz des Primas von Belgien, ließ der Kaiser in den 1530er Jahren nördlich des Hauptchors die Kapelle vom Heiligen Sakrament errichten, in ihren Abmessungen fast eine eigene Kirche.[16] Gewidmet war sie einem Sakramentswunder, das im späten Mittelalter an dieser Stelle wie an vielen anderen Orten Europas aufgetreten war und die Christenheit erregt hatte: Eine blutende Hostie hatte die Schändung des heiligen Altarsakraments offenbart, die man sogleich den Juden anlastete. In protestantischen Gebieten wurde dieser Kult der Wunderhostien in eben jenen Jahren eingestellt, so beispielsweise die große Blutwunderwallfahrt von Wilsnack in der Prignitz, der der protestantische Pfarrer den Boden entzog, indem er die Bluthostie aus der Monstranz nahm und öffentlich verbrannte. Karl dagegen stärkte in Brüssel die spätmittelalterliche Wunderfrömmigkeit und setzte damit zugleich ein Zeichen für den katholischen Widerstandswillen gegen vermutete Angriffe nicht nur der Juden, sondern auch der protestantischen Häretiker.

Die Brüsseler Sakramentskapelle war zugleich eine symbolische Repräsentation seiner politischen Vision einer einheitlichen Christenheit als Grundlage für das friedliche Zusammenleben der Völker und Herrscher in Europa und der Welt. Das kommt mit besonderer Intensität in den hochstrebenden Buntglasfenstern zum Ausdruck, die der Kaiser der Kapelle stiftete und die sich als programmatische Darstellung seines europäischen Herrschaftskonzepts lesen lassen. Entworfen hat sie – sicher in enger Abstimmung mit dem Auftraggeber – Bernard van Orley, der zu diesem Zeitpunkt führende Künstler Burgunds. Hergestellt wurden sie in Antwerpen in der Werkstatt des Glasmalermeisters Jan Haeck, auch er ein Künstler von europäischem Rang. Noch im 19. Jahrhundert zeigte sich Victor Hugo von der Strahlkraft der Glasgemälde tief beeindruckt – wie von Tizian seien die Figuren, eine vergleichbare Glasmalkunst finde sich in ganz Frankreich nicht.

Die vier erhaltenen beziehungsweise rekonstruierten Fenster zeigen jeweils ein Mitglied des Hauses Österreich und seine im begleitenden Text genannten Herrschaften – Maria von Ungarn mit ihrem Gatten Ludwig II. Jagiello für «*Dalmatia, Croatia, Bohemia, Hungaria*»; Ferdinand mit seiner Gemahlin Anna Jagiello, «*Dei gratia Romae, Dalmatiae et Croatiae Rex, Hispanorum infans, Archidux Austriae*»; Eleonore und Franz I., «*Christianissimus Francorum Rex*»; schließlich im Zentralfenster des Chores der Kaiser selbst zusammen mit der Kaiserin Isabella, versunken in gemeinsamer Anbetung des Heiligen Altarsakraments. Indem auch sein schärfster politischer Widersacher Franz I. von Frankreich in dieses europaübergreifende Familiensystem eingebunden ist, präsentiert die Brüsseler Glasmalerei Karls Konzept der Neuordnung Europas über alle Grenzen der Völker, Länder und Herrschaften hinweg. Und sie zeigt die kulturelle und geistige Grundlage, auf der die Einheit errichtet werden soll: Den einzelnen Personen sind die jeweiligen Schutzheiligen zur Seite gestellt – dem französischen Königspaar der Heilige Franziskus und die Heilige Eleonore; Maria und Ludwig von Ungarn stehen die Gottesmutter Maria und der Heilige Ludwig

Karl V. und Isabella von Portugal sowie ihre Patrone Karl der Große und die Heilige Elisabeth von Thüringen auf einem Glasfenster in der nördlich an den Chor angebauten Kapelle vom Heiligen Sakrament der St. Michael und St. Gudula-Kathedrale von Brüssel – gefertigt 1537 von dem Glasmaler Jean Haeck nach Vorlagen von Bernard van Orley.

von Frankreich bei; das Kaiserpaar untersteht dem Schutz Karls des Großen und der Heiligen Elisabeth von Ungarn. Auf dem Fenster des ungarischen Herrscherpaares wird eigens herausgestellt, dass König Ludwig 1526 vor Mohács «bei der Verteidigung des katholischen Glaubens im Kampf gegen die Barbaren» sein Leben gelassen hatte. Ein grandioses Programm europäischer Einheit auf der geistig-ideologischen Basis eines ungeteilten Christenheitseuropa – beeindruckend in seinem tragischen Widerspruch zum Geist der Zeit, der eben diese Einheit längst in Frage gestellt hatte.

Bereits in den Anfängen des europäischen Einigungsprozesses wurde Kaiser Karl V. gelegentlich als «Galionsfigur für das Schiff der Europabewegung» beschworen, pointiert in dem 1965 in Brügge erschienenen Carolus-Buch des belgischen Staatsrechtslehrers und Historikers Vicomte Charles Terlinden (1878–1972). Mehr gegenwartspolitisches Programm als historische Darstellung, fand es in dem Moment, in dem der europäische Einigungsprozess Fahrt aufnahm, europaweit Beachtung, nicht zuletzt, weil Otto von Habsburg ein Geleitwort beisteuerte. Dieser war zwar kein Nachfahre Karls, aber Angehöriger seines Hauses und Vertreter europapolitischer Visionen, die sich mehr oder weniger direkt aus der Geisteshaltung des frühneuzeitlichen Kaisers speisten, wenn auch modern gewendet. Diese politische Inanspruchnahme und die unübersehbaren geschichtswissenschaftlichen Schwächen riefen rasch den begründeten Widerspruch der Historiker hervor. Der europäische Gedächtniswert Kaiser Karls V. wurde daher durch die Initiative Terlindens und Otto von Habsburgs eher verdunkelt als erhellt.[17]

Programm und Person Karls V. sind kaum als Modell für den modernen Einigungs- und Friedensprozess in Europa geeignet, wie übrigens historisch genau betrachtet auch Karl der Große nicht. Angesichts seiner politisch-herrschaftlichen und sakral-kirchlichen Grundlage kann das in den Glasfenstern der Sakramentskapelle von St. Michael und Gudula so großartig repräsentierte Europakonzept den modernen Europapolitikern in ihren nicht weit von der Brüsseler Kathedrale entfernten EU-Quartieren kaum Richtschnur sein. Zu groß sind die über die Jahrhunderte hin eingetretenen Veränderungen und Brüche – ablesbar übrigens auch am Kaiserfenster, das in den Bilder- und Revolutionsstürmen vernichtet wurde, so dass das heutige Fenster eine Rekonstruktion des 19. Jahrhunderts ist.

Gleichwohl lohnt es sich gerade in dem Moment, in dem der Prozess der europäischen Einigung ins Stocken gerät und sich in den unterschiedlichsten Nationen des Kontinents Widerspruch erhebt, die historischen Erfahrungen näher zu bedenken, die Kaiser Karl V. in der vornationalstaatlichen Welt mit seiner Vision eines vereinten Europas machte. Das mag für die zukünftige Gestaltung eines einigen, friedlichen Europas hilfreich sein – nicht als Blaupause, wohl aber als Reflexion über die Bedingungen eines frühen europäischen Einigungskonzeptes und über die Gründe für sein Scheitern.

Die Einheits- und Friedensidee Karls V. galt einem vorstaatlichen und vornationalen Europa. Die nationalen oder gar nationalistischen Kräfte waren erst in Ansätzen ausgebildet. Die ideelle Basis des Kontinents, die selbst laikal denkende Humanisten wie Erasmus von Rotterdam als *christianitas / eine alle Europäer einende Christenheit* beschworen, hatte sich trotz der internen Spannungen noch nicht aufgelöst. Doch sah sich der Kaiser bei seinem Streben, die europäischen Herrscher und Völker unter der Autorität des christlichen Kaisers in Frieden zu einen, bereits mit Kräften der Separation und der Partikularität konfrontiert, die nicht aufzuhalten waren. Hinzu kam die Bedrohung Europas von außen, durch die Osmanen. Das war eine reale militärische Gefahr, die apokalyptische Ängste weckte, und zwar nicht nur in den direkt betroffenen Zonen auf dem Balkan oder am Mittelmeer. Dieser existentiellen Krise von außen wie im Inneren trat der Kaiser mit einem Einheitskonzept entgegen, das auf die politische Solidarität der transnationalen Dynastien und Herrschaftsträger setzte und ideologisch auf der geschlossenen Glaubens- und «Wertegemeinschaft» der lateinischen Christenheit beruhte. Es fußte auf dem Einheitsappell seines Lehrers Erasmus von Rotterdam, der die Tendenzen der Partikularisierung mit dem Hinweis zu bannen suchte, die einzelnen Völker und Herrschaften Europas *(gentes / Stämme)* würden vom «christlichen Volk» überwölbt, und die christliche Kirche sei ihr gemeinsames Haus *(eadem omneis habet domus)*.[18]

Der Kaiser hatte weder die politisch-staatlichen noch die religiöskirchlichen Umbrüche seines Zeitalters zu verantworten. Er wusste sie aber auch nicht zu mildern oder gar zu heilen. So wie das Einheitskonzept des Humanistenfürsten wirkungslos, weil anachronistisch und den Anforderungen der neuen Zeit nicht gewachsen war. Karl musste mit dem Entwurf der europäischen Einigung ebenso scheitern wie mit dem darauf aufbauenden Konzept gemeinsamer Verteidigung nach außen gegenüber den islamischen Türken. Der gewaltige politische und kulturelle Differenzierungsschub, der das lateinische Europa seit dem späten Mittelalter durchfuhr, hatte mit der Reformation den religiösen Kern erreicht und seine geistige wie institutionelle Geschlossenheit gesprengt. Am Ende seiner Herrschaft hatte Karl V. bitter erfahren, dass diese Differenzierung unumkehrbar war. Sich wie sein Bruder Ferdinand auf die neue Situation einzustellen und rechtliche Kompromisse mit dem einzugehen, was er als grundfalsch ansah, ließ seine tief religiöse Seelenprägung nicht zu. Wollte er der subjektiv empfundenen Schuld entgehen, blieb ihm nur der Rückzug. Die Kräfte der Partikularisierung und Differenzierung, gegen die er zeitlebens angekämpft hatte, gingen ihren neuzeitlichen Gang. Das hatte tiefgreifende Folgen für Europa und die Welt – die Fundamentalfeindschaft der Konfessionen, zeitweilig verschlungen mit den Staatenkriegen, die zunächst die Fürstengesellschaft zu verantworten hatte, seit dem 19. Jahrhundert dann der entfesselte Nationalismus.

Spaltung, fundamentale Feindschaft und Gewaltausbrüche, die zu Ende seines Lebens unübersehbar waren, hat Karl V. nicht gewollt. Ebenso wenig wie der Reformator Martin Luther, dessen Ziel nicht die weltanschauliche Differenzierung und Pluralität Europas war, sondern die einheitliche Reformation der universellen Kirche.[19] Dennoch haben beide die neuzeitliche Entwicklung Europas vorangetrieben. Luther, indem er sich dem Monopolanspruch Roms widersetzte; Karl V., indem er darauf beharrte, dass ein einheitliches geistiges – und das hieß in jener Zeit immer auch und vorrangig – religiöses Fundament unverzichtbar sei, und dadurch entscheidend dazu beitrug, dass sich die Papstkirche im Ansturm der Reformatoren behaupten konnte. Das letztlich unentschiedene Ringen zwischen Kaiser und Reformator führte dazu, dass fortan in der Christenheit und Europa nicht mehr eine, sondern mehrere religiöse Wahrheiten nebeneinanderstanden. Damit war zugleich Freiraum für eine Vielzahl von Definitionen dessen geschaffen, was den geistigen Kern Europas ausmacht, bald auch auf nicht-christlicher und nicht-religiöser Basis. Das bahnte den Weg für ein plurales Europa, das nicht mehr autoritativ zu leiten war. Religiös-weltanschaulich herrschte die Konkurrenz der

Kirchen und bald auch nicht-kirchlicher Vereinigungen; politisch das freie Spiel der europäischen Staaten. Die damit einhergehenden Konflikte und Kriege, Mächte- wie Religionskriege, waren der Preis, den Europa für die Durchsetzung und Behauptung von Freiheit und Pluralität zu zahlen hatte.

Die Niederlage des politisch-religiösen Einheitskonzeptes brachte zugleich Segnungen, ohne die Europa heute nicht wäre, was es in dem halben Jahrtausend seit Karl V. geworden ist, auch und gerade nicht die zivilgesellschaftliche «Wertegemeinschaft». So verweist das Leben Kaiser Karls V. in seiner Schwebelage zwischen dem Nichtmehr und dem Nochnicht auf beides – auf die Friedens- und Einheitsaufgabe, die nach der Selbstzerfleischung zunächst durch den fundamentalistischen Konfessionalismus, dann durch den bedenkenlos egoistischen Nationalismus ohne Alternative ist; und auf die Bewahrung der geistigen, kulturellen, religiösen, in gewissem Maße auch politischen Differenziertheit, ohne die die neuzeitliche Geschichte des Kontinents ebenso verraten wäre wie durch eine Rückkehr zur Wolfsnatur nationalistischer Egoismen. Karls Scheitern in seinem europäischen Einheitskonzept lässt eine der Grundkonstanten Europas hervortreten, der zufolge seine Völker und Staaten keine Hegemonie eines einzelnen Monarchen und schon gar nicht eine alle Länder und Regionen überspannende Einheitsherrschaft, keinen Einheitsstaat dulden. Das galt im Mittelalter, verstärkt dann in der Neuzeit. Und das hat auch heute für den demokratischen Einigungsprozess Gültigkeit.

ANHANG

FORSCHUNGSLAGE UND POSITIONSBESTIMMUNG

Wie kein zweiter Herrscher der frühen Neuzeit schlägt Kaiser Karl V. Historiker und Kunsthistoriker in seinen Bann. Dabei spielt er in der Gedächtnis- und Identitätskultur der Gegenwart nur eine nachgeordnete Rolle. Nach den ersten, weiterhin grundlegenden Quellenpublikationen des 19. Jahrhunderts, etwa des belgischen Staatsarchivars Louis Prosper Gachard oder in Deutschland des Gießener Gymnasiallehrers und Privatgelehrten Karl Friederich Wilhelm Lanz – durchgeführt trotz der Bedenken des großen Ranke! –, war es die 1937 erstmals erschienene Biographie von Karl Brandi, die die internationale Forschung zu Karl V. anregte. 1958 gab das 400. Gedächtnis des Todestages Anlass zu einer Neubewertung, in Deutschland insbesondere durch die Publikationen des Historikers Peter Rassow und des Romanisten Fritz Schalk, beide Professoren der Universität zu Köln. In der deutschsprachigen Geschichtswissenschaft entstanden im letzten Drittel des 20. Jahrhunderts Forschungszentren zu Karl V. in Wien (Heinrich Lutz, mit Schwerpunkt Religions- und Kirchengeschichte), Konstanz (Horst Rabe mit Schwerpunkt Reichsgeschichte, Korrespondenz / Kommunikation) und Hamburg (Rainer Wohlfeil und Horst Pietschmann mit Schwerpunkt Spanien und Kunstgeschichte beziehungsweise Südamerika). In Wien setzte der Lutz-Schüler Alfred Kohler die Karl-Studien fort mit einer grundlegenden Quellenedition, mit Sammelbänden zu Einzelproblemen und vor allem mit einer die Forschungen der letzten Jahre zusammenfassenden Biographie. Neue Einsichten in die strukturellen Voraussetzungen von Denken und Handeln des Kaisers vermittelte Ernst Schulins Abriss «Geschichte eines übergroßen Wirkungskreises», der im Gedenkjahr des 500. Geburtstags zunächst als Vorlesung an der Universität Freiburg i. Br. vorgetragen wurde.

Immer waren auch einzelne Autoren außerhalb der spezialisierten Forschergruppen von Leben und Werk Karls V. fasziniert und haben ihm überzeugende Darstellungen gewidmet. Ein hervorragendes Beispiel ist Peter Lahnstein, in den 1970 / 80er Jahren Präsident des Baden-Württembergischen Verfassungsschutzes, dessen Buch «Auf den Spuren von Karl V.» kein Geringerer als der Wallenstein-Biograph Golo Mann lobend anzeigte (FAZ 26. 5. 1979). – Eine zentrale Gestalt der europäischen oder gar der Weltliteratur wurde Karl V. dagegen nicht. Dabei sind vor allem im 19., gelegentlich auch noch im 20. Jahrhundert recht zahlreiche Romane und sonstige dichterische Gestaltungen über ihn erschienen. Dieses literarische Nachleben des Kaisers hat jüngst die Wiener Historikerin Martina Fuchs gesichtet und in die jeweiligen Zeitumstände eingeordnet.

International beschäftigte sich die starke englische Hispanistik unter Führung von Sir John Elliott und seinen Schülern stets auch mit Karl V. und seinem Zeitalter. Ähnlich die belgische und französische Frühneuzeitforschung, letztere unter anderem durch die populäre Quellenedition von Salvador de Madariaga in der renommierten Reihe «Le Mémorial des Siècles». In Spanien war die Forschung zu Karl V. und seiner Epoche von den ideologischen Vorgaben der Franco-Ära belastet, legte aber gleichwohl international beachtete Darstellungen vor, wie namentlich die Biographie von Manuel Fernandez Alvarez.

Eine Verdichtung der nationalen wie der internationalen Beschäftigung mit dem Kaiser brachte sein 500. Geburtstag im Jahr 2000. In Spanien wurde das Gedächtnis in Verbindung mit dem 400. Todestag seines Sohnes Philipp II. 1998 begangen und gipfelte am 5. Oktober mit einem großen Staatsakt in der Kathedrale von Toledo. Nach der wissenschaftlichen Würdigung durch je einen belgischen, deutschen, österreichischen und spanischen Historiker nahm König Juan Carlos eine politische und kulturpolitische Neubewertung des Kaisers und seiner Politik vor, die sich insbesondere an Mittel- und Südamerika richtete. Die staatliche Gesellschaft zur Durchführung des Jubiläums publizierte eine ganze Reihe von zum Teil opulenten Sammelbänden, meist mit dem Akzent auf dem nationalen Erbe.

Außerhalb Spaniens waren die Gedenkpublikationen international ausgerichtet. So namentlich der gewichtige Sammelband, den der belgische Historiker Hugo Soly mit einer Expertengruppe im Antwerpener Verlag Mercatorfonds in fünf Sprachen vorlegte. Der Sammelband der Österreichischen Akademie der Wissenschaften stellte «Neue Perspektiven seiner Herrschaft in Übersee und Europa» vor. Der von der Südamerikahistorikerin Francesca Cantù und der Neuzeithistorikerin Maria Antonetta Visceglia herausgegebene Beitrag Italiens «L'Italia di Carlo V: Guerra, religone e politica» konzentriert sich auf die militärische, religiöse und politischrepräsentative Erfahrung, die die Apenninenhalbinsel mit dem Kaiser und Spanien machte. Dass mit dem Jubiläum und seiner Publikationswelle das Interesse an Kaiser Karl V. nicht zum Erliegen kam, belegt die jüngst in Frankreich erschienene umfassende Monographie aus der Feder von Denis Crouzet mit überraschenden Perspektiven auf die letzten Regierungsjahre. Und erst jüngst legte Geoffrey Parker, ein herausragender Kenner der Geschichte Spaniens und der europäischen Militärgeschichte, der bereits in der erwähnten internationalen Festschrift des Antwerpener Mercator Fonds das gewichtige Kapitel «Die politische Welt Karls V.» (a. a. O., S. 113–226) verfasst hat, eine Gesamtdarstellung vor – unter dem Titel «Emperor: A New Life of Charles V», New Haven 2019, Yale U. P. In der vorliegenden Biographie konnte diese Darstellung leider nicht mehr berücksichtigt werden.

Wer sich mit Person und Zeitalter Karls V. befasst, ist dieser reichhaltigen Literatur zu Dank verpflichtet. So auch der Autor dieses Buches. Die vorliegende Biographie ist das Resultat seiner intensiven Beschäftigung mit der Entstehung des neuzeitlichen Europas, die erstmals 1999 in einer zusammenfassenden Epochendarstellung mündete – mit dem Titel «Die neue Zeit. Vom Christenheitseuropa zum

Europa der Staaten. 1250 bis 1750», erschienen im Berliner Siedler Verlag. Im Umkreis des Reformationsjubiläums 2017 und der damit in Deutschland verbundenen erneuten Hervorhebung Martin Luthers als Begründer von Neuzeit und Moderne wurde ihm deutlich, dass es für ein unvoreingenommenes Verständnis der Entstehungsgeschichte unserer Gegenwart unumgänglich ist, komplementär zu den Leistungen des Wittenberger Reformators auch die Rolle seines Gegenspielers Kaiser Karls V. zu bedenken.

So fügt sich diese Karl-Biographie zusammen mit den früheren Darstellungen «Martin Luther. Rebell in einer Zeit des Umbruchs» und «1517. Weltgeschichte eines Jahres», die eine erstmals 2012, die andere 2017 erschienen, zu einem Triptychon der aufbrechenden Neuzeit. Mit ihrem Willen, Europa oder die Christenheit nach ihren je eigenen geistigen Prinzipien neu zu gestalten, waren der Reformator und der Kaiser die eigentlichen Gegenspieler des Zeitalters. Papst Leo X. war demgegenüber eher marginal, schon weil er bereits Ende 1521 starb und damit am Ringen um Sicherung oder Vernichtung der Reformation nicht mehr beteiligt war. Karl und Luther dagegen waren seit ihrem Zusammentreffen in Worms im Frühjahr 1521 gleichsam lebenslängliche Kontrahenten im Streit um die kirchliche wie weltliche Gestaltung Europas. Das war nicht nur eine universalgeschichtliche Auseinandersetzung grundsätzlicher Positionen des Denkens und der Lebensgestaltung. Es war ein Streit von bereits globalgeschichtlicher Bedeutung. Denn indem Portugiesen und Spanier immer rascher in neue Weltregionen vordrangen, erfasste in der Regierungszeit Karls V. eine mächtige Welle des Weltwissens den alten Kontinent und erzeugte zusammen mit dem innereuropäischen Aufbruch von Renaissance, Humanismus und Reformation jene kulturelle, gesellschaftliche und politische Dynamik, die die europäische, bald globale Neuzeit hervorbrachte. Indem in dieser wichtigen Phase der europäischen Entwicklung Deutschland und Mitteleuropa primär durch die Reformation, Spanien und Portugal aber eher durch die Begegnung mit den neuen Welten geprägt wurden, hinterließen Reformator und Kaiser je unterschiedliche Traditionen, die beide bis heute in Europa präsent sind.

Wie üblich hat meine Frau Ursula auch Freud und Leid der Arbeit an der Biographie Karls V. mit mir geteilt. Dafür möchte ich ihr auch an dieser Stelle herzlich danken.

Berlin im Herbst 2019

ANMERKUNGEN

Prolog

1 Überblick zur zentralen Stellung Spaniens und der Niederlande im europäischen Wirtschaftsleben der Zeit bei Schilling, Aufbruch, S. 36–82, zur Edelmetallzufuhr S. 65, zu Antwerpen, S. 74 ff.
2 Ausführlich dazu Schilling, Luther.
3 Grundlegend und analytisch tiefdringend zu den unterschiedlichen Karl-Bildern über die Jahrhunderte und Nationen hinweg: Peter Burke, Präsentation und Re-Präsentation. Die Inszenierung des Kaisers, in: Soly, Karl V., S. 393–475.
4 Ausführliche Erörterung am Beispiel Gotthold Ephraim Lessings bei Dieter Hildebrandt, Lessing. Biographie einer Emanzipation, München 1979, S. 258 ff.
5 Crouzet, Charles Quint, S. 8.
6 Rabe, Karl V., S. 14.

1 Gent 24. Februar 1500 – Kind der Freude und der Stolz Burgunds

1 Ovid, Heroides 13,84.
2 Zöllner, Geschichte Österreichs, 8. Aufl., Wien 1990, S. 161; Kohler, «Tu felix Austria», in: ZHF 21, 1994, S. 461–482, hier S. 461 f.
3 So noch Karl V. in seiner Anweisung an den Thronfolger Philipp II. 1543, vgl. Kohler, Quellen, S. 287.
4 Van der Wee, Growth; Marnef, Antwerpen. Traditioneller Überblick zur Geschichte Burgunds: Boehm, Burgund. Umfassende Neugewichtung in den Beiträgen zu Paravicini, La cour, mit gelegentlichem Ausblick auf die Zeit Karls V.
5 Überblick bei Schilling, Aufbruch; Immanuel Wallerstein, Karl V. und die Entstehung der kapitalistischen Weltwirtschaft, in: Soly, Karl V., S. 365–392.
6 Huizinga, Herbst des Mittelalters; Burke, Europäische Renaissance, S. 71 ff.; Schilling, 1517, S. 141–183.
7 Henri Vanhulst, Karl V. und die Musik, in: Soly, Karl V., S. 502.
8 Das Corvinus Graduale, eingeleitet von Elisabeth Soltész, Hanau 1982, Vorwort, S. 13.
9 Dazu ausführlich Helmrath, Die Anfänge der Chormusik.
10 Ausführlich, Schilling, 1517, S. 176 ff.; kunstgeschichtlich detailliert Freigang, Chöre.
11 Freigang, Chöre.

12 L. Boehm, Burgund, S. 177.
13 Parisse, Cinq-centième anniversaire.
14 Zur kontroversen Frage der Präsenz eines Burgunder-Bewusstseins vgl. Vaughan, 500 Years, S. 388. Allgemein zum Einfluss des burgundischen Hofes auf die anderen europäischen Höfe die Beiträge in: Paravicini, La cour, S. 405–784.
15 Belegt durch einen kürzlichen Aktenfund in den heute französischen Archives du Nord, zitiert bei Schlegelmilch, Jugendjahre, S. 22, Anm. 15.
16 Soly / Van de Wiele, Carolus, S. 174 Nr. 14.; Salgado in: Soly, Karl V., S. 30.
17 Blockmans, Zusammenfassung, in: Paravicini, La cour, S. 794 mit Anm. 28.
18 Vgl. die eingehende philologische Untersuchung bei Johannes Schilling, Scrutamini Scripturas. Über eine Aufgabe, in: CAU, Forschungen und Berichte der Christian-Albrechts-Universität zu Kiel 82 (Mai 2016), S. 20–39, hier S. 25–27.
19 Lieven Bautken, in: Gheeraerdt van Salensen, Gand, Gent 1564, zitiert nach Soly / Van de Wiele, Carolus, S. 175, Katalog Nr. 15. Allgemein zur Bürgerkultur in Gent: Arnade, Realms of Ritual.
20 Mia Rodríguez-Salgado in: Soly, Karl V., S. 30.
21 Zu den Kinder- und Jugendjahren Walther, Anfänge, und jüngst detailliert Schlegelmilch, Jugendjahre, der ich weitgehend folge.
22 Zitiert bei Schlegelmilch, Jugendjahre, S. 25.
23 Feinsinnige Charakterisierung durch Wim Blockmans, Margaretha Hertogin van York.
24 Dürer, Tagebuch, S. 98.
25 Zitate Schlegelmilch, Jugendjahre, S. 43, 51.
26 Zitiert aus dem Archiv bei Schlegelmilch, Jugendjahre, S. 83.
27 Lanz, 1844 I, S. 58 f.; allgemein zu Karls Religiosität Schilling, Karl V. und die Religion.
28 Henri Vanhulst, Karl V. und die Musik, in: Soly, Karl V., S. 501–511.
29 Detaillierte Nachweise über die Beziehungen des Erasmus zu den Spitzen der burgundischen Regierung bei Seidel Menchi, Julius Exclusus, S. 45 f.; Bietenholz / Deutscher, Contemporaries, S. 325 f.
30 Text und Übersetzung hier wie im Folgenden nach Gertraud Christian, in: Erasmus, Ausgewählte Schriften, Bd. 5, S. 358–451. Zum politischen Hintergrund vgl. Schilling, 1517, S. 90 ff.
31 Zitiert nach Walther, Anfänge, S. 202.
32 Ausführlich dazu Headley, Gattinara; ders., Imperial Configurations.
33 Brandi, Karl V., S. 23. – Neuere Darstellungen R. de Smedt (Hg.), Les chevaliers de l'ordre de la Toison d'or au XVe siècle: notices bio-bibliographiques, Frankfurt / M. 1994; Ch. Terlinden, Der Orden vom Goldenen Vlies, Wien 1970; G. Girrard Jones, The order of the golden fleece: form, function, and evolution, 1430–1555, Ann Arbor, Mich. 1988; Gert Melville, in: Paravicini, La cour, S. 217 ff. – Allgemein zu den Ritterorden u. a. A. Ranft, Adelsgesellschaften. Gruppenbildung und Genossenschaft im spätmittelalterlichen Reich, Göt-

ANMERKUNGEN ZU DEN SEITEN 42 BIS 61 399

tingen 1994; A. J. D. Boulton, The Knights of the Crown. The monarchical orders of knighthood in the later medieval Europe, 1325–1520, Woodbridge 1987.

34 J. García Oro, Cisneros y la reforma del clero español en tiempo de los Reyes Catolicos, Madrid 1971; P. Tarsicio De Azcona, La elección y reforma del episcopado español en tiempo de los Reyes Catolicos, Madrid 1960; A. M. Rouco-Varela, Staat und Kirche im Spanien des 16. Jahrhunderts, München 1965.
35 Auf diesen «scheinbaren Widerspruch» in der Adels- und Ritterkultur des Spätmittelalters hebt auch ab W. Paravicini, Die ritterlich-höfische Kultur des Mittelalters, München 1994, v. a. S. 108 ff.
36 Alonso Manrique, Memorandum vom 8. März 1516, in: Madariaga, Charles Quint, S. 305.
37 Vgl. dazu Brandi, Karl V., S. 313; zur Rezeption in Deutschland: Kohler, Quellen, Nr. 62. S. 218 ff.
38 Überliefert durch den französischen Literaten Pierre de Bourdeille, Seigneur de Brantôme, zitiert in: Madariaga, Charles Quint, S. 416.
39 Näheres bei Schilling, 1517, S. 176 ff.
40 Madariaga, Charles Quint, S. 170.
41 Schlegelmilch, Jugendjahre, S. 112.
42 Zitiert ebda, S. 66.
43 Das Folgende nach dem Augenzeugenbericht von Jean Lemaire de Belges, detailliert wiedergegeben bei Schlegelmilch, Jugendjahre, S. 355–368.
44 Schlegelmilch, Jugendjahre, S. 433 f.
45 In den einzelnen Stationen ausführlich beschrieben bei Schlegelmilch, Jugendjahre, S. 433–491.
46 Vgl. Gachard, Voyages, Bd. II.
47 Als Miniatur im Codex Vin. 2591 der Österreichischen Nationalbibliothek festgehalten, vgl. Abbildung bei Soly, Karl V., S. 500.
48 Der Ablauf ist quasi notariell dokumentiert in der «Relation de la joyeuse entrée et de la inauguration de l'archeduc Charles à Gand, les 3 et 4 mars 1515» des Genter Stadtarchivs, die der belgische Staatsarchivar Louis Prosper Gachard im 19. Jahrhundert ediert hat. Diesem Quellentext folgt Schlegelmilch, Jugendjahre, S. 456 ff.
49 Vgl. die Beiträge in: Jacquot (Hg.): Les fêtes de la Renaissance, Bd. II; Mitchell, Charles V. as Triumphator.
50 Details bei Tracy, Holland, S. 44 nach Gachard, Voyages.
51 Korrespondenz Karls mit seinen niederländischen Regenten bei Tracy, Holland S. 234, Anm. 57.
52 Topographia Germaniae-Inferioris ... oder Burgundischen Krijse, Frankfurt 1654 (Faksimile Kassel und Basel 1964), S. 175.
53 Konziser Überblick bei Israel, Dutch Republic.

2 Valladolid 23. November 1517 – Ein Europa und die Welt umspannendes Erbe

1 Pelizaeus, Dynamik, S. 55.
2 Brandi, Karl V., S. 64. – In «Liste der Ritter des Ordens vom Goldenen Vlies» bei Wikipedia erscheint die Wahl Franz I. (Nr. 125) allerdings bereits unter dem Ordenskapitel von Middelburg im Jahr 1505, dem letzten unter Karls Vater Philipp dem Schönen.
3 Gwyn, Wolsey, S. 65.
4 Relazione des Vicenzo Quirin von 1506, zitiert nach Walther, Anfänge, S. 203, dort auch der Versuch einer zusammenfassenden Würdigung der «Persönlichkeit Karls V.», der auch die folgenden Zitate entnommen sind.
5 So der venezianische Gesandte Pietro Pasqualigo, zitiert nach Walther, Anfänge, S. 204.
6 Alonso Manrique, Memorandum vom 8. März 1516, abgedruckt in: Madariaga, Charles Quint, S. 307.
7 Brüche und Grenzen in Karls Charakter sind stark herausgearbeitet bei Walther, Anfänge, S. 201 f.
8 Abgedruckt bei Madariaga, Charles Quint, S. 326 ff.
9 Ebd., S. 329 f.
10 Rosenthal, Invention.
11 Ausführlich dazu: Hans-Joachim König: Plus Ultra – Ein Weltreichs- und Eroberungsprogramm?, in: Kohler u. a. (Hg.), Karl V., S. 197–244.
12 Wolgast, Reformatorische Bewegung, S. 39.
13 Brandi, Karl V., S. 64; vgl. auch Hamann, Die Habsburger, S. 76 f.
14 Detailliert Wolgast, Reformatorische Bewegung, S. 39 ff.; ders., Reformierte Konfession.
15 Ausführlich Kohler, Ferdinand I.
16 So der spanische Gesandte Bischof Alonso Manrique in Brüssel in seinem bereits zitierten Bericht abgedruckt bei Madariaga, Charles Quint, S. 305.
17 So Kohler, Ferdinand I., S. 18.
18 Kohler, Quellen, Nr. 1, S. 30; Madariaga, Charles Quint, S. 171.
19 Vital, Premier voyage, S. 135; Kohler, Quellen, S. 30.
20 Fernández Álvarez, Karl V., S. 25. Auch Vital, a. a. O. 133–141.
21 Ausführlich dazu Schlegelmilch, Jugendjahre, S. 497 ff.; Kohler, Ferdinand, 47 ff.
22 Helmut Neuhaus, Römischer König, in: Kohler / Haider / Ottner, Karl V., S. 358. Vgl. auch Seibt, Karl und Ferdinand.
23 Vital, Premier voyage, S. 150ff
24 Das folgende nach den Sitzungsberichten «Cortes de los antiguos reinos de León y de Castilia», zitiert bei Fernández Álvarez, Karl V., S. 28 f.
25 Ausführlich Pelizaeus, Dynamik, S. 154, 162, 216, 239 f.
26 Naegle / Telechea, Geschlechter, S. 595 ff.

ANMERKUNGEN ZU DEN SEITEN 83 BIS 107

27 Pelizaeus, Dynamik, S. 325.
28 Manrique, in: Madariaga, Charles Quint, S. 308.
29 Vital, Premier voyage, S. 139.
30 Headley, Gattinara; Boone, Gattinara; Kodek, Autobiographie, 152 ff.
31 Brief vom 5. März 1519, Kohler, Quellen, Nr. 4, S. 41.
32 Kodek, Autobiographie, S. 158.
33 Dickmann, Geschichte in Quellen, S. 212, übersetzt nach dem Abdruck in der 1915 erschienenen Quellensammlung zu Gattinara von Carlo Bornate.
34 Detailliert zu den Städten Pelizaeus, Dynamik.
35 Sitzungsberichte «Cortes de los antiguos reinos de León y de Castillia», zitiert bei Fernández Álvarez, Karl V., S. 40.
36 Rodríguez-Salgado in: Soly, Karl V., S. 63.
37 Madariaga, Charles, S. 174, zu 1531.
38 Einzelheiten können hier nicht dargestellt werden. Vgl. dazu Walser/Wohlfeil, Zentralbehörden; Schulin, Karl V., S. 53–75; Jorzick, Herrschaftssymbolik, speziell zum Verhältnis König/Staat.

3 Frankfurt 23. Juni 1519; Aachen 23. Oktober 1520 –
Deutscher König und Erwählter Römischer Kaiser

1 Er scheint sogar gewählt worden zu sein, die Wahl aber nicht angenommen zu haben. Detaillierte Quellenbelege dazu bei Cohn, Bribes, S. 25 ff.
2 Ausführlich hierzu Petter, Probleme der deutsch-spanischen Begegnung.
3 So Cohn, Bribes, die wichtigste aktuelle Untersuchung zum «Wahlkampf».
4 Brandi, Karl V., S. 87; einzelne Summen bei Cohn, Bribes, aufgeführt.
5 Wolgast, Reformatorische Bewegung, S. 39 f.
6 Zitate und Resümee nach Cohn, Bribes, S. 27.
7 Notiz des Frankfurter Stadtschreibers, zitiert nach Brandi, Karl V., S. 92.
8 Rüthing, Chronik Bruder Göbels, S. 156 und Anm. 22 mit ausführlichen Belegen zur Literatur mittelalterlicher Kaiserprophetien.
9 Zu vergleichbaren Prophezeiungen und den apokalyptischen Ängsten des Zeitalters Schilling, 1517, S. 11 ff., 184 ff.
10 Daten im Folgenden wie durchgehend nach Vandenesse, Voyages.
11 H. Heusch, Le Sacre de Charles Quint à Aix-La-Chapelle, in: Jacquot, Fêtes, Bd. II, S. 161–168.
12 Abdruck der Wahlkapitulation bei Kohler, Quellen, Nr. 7, S. 53–58, Zitat hier S. 53.
13 Madariaga, Charles Quint, S. 173.
14 Zitiert bei Verhulst, Karl V. und die Musik, in: Soly, Karl V., S. 509.
15 Pelizaeus, Dynamik; Leeb, Brennen für den Glauben; Kohler, Ferdinand I.
16 So Rodríguez-Salgado in: Soly, Karl V., S. 58.
17 Kohler, Quellen, Nr. 41, S. 146–156. Näheres dazu unten in Kapitel 7, Bologna.

18 Ebda, S. 149 und 150.
19 Ebda, S. 151, 153.
20 Ebda, S. 156.
21 Behringer, Merkur, S. 128, Rheinhausen zwischen Freiburg und Offenburg. – Unsere Ausführungen stützen sich im Wesentlichen auf Behringers grundlegende Darstellung zur Geschichte der Post in der frühen Neuzeit.
22 Madariaga, Charles Quint, Mémoires, S. 266.
23 Historisch eindringlich gewürdigt bei Susann Richter, Um die Abdankung des Kaisers zu verhindern – Die bildliche Inszenierung der Postreise des jungen Erzherzog Ferdinand 1555 nach Brüssel, in: Susan Richter, Michael Roth und Gregor Siebert (Hg.): Mediale Präsenz von Herrscherabsetzungen und Herrscherabdankungen, Köln und Wien 2019, S. 21–52. Das Gemälde befindet sich heute im Kunsthistorischen Museum Wien.
24 Vgl unten Kapitel 5, Pavia 1525.
25 Madariaga, Charles Quint, S. 184.
26 In den gegen Ende seines Lebens diktierten Memoiren, in: Madariaga, Charles Quint, S. 181 zum Jahr 1530.
27 So der Bericht des flämischen Rates Hannart, zitiert bei Brandi, Karl V., S. 156. Vgl. allgemein Petter, Probleme der deutsch-spanischen Begegnung.
28 Abdruck des Memorandums bei Kohler, Quellen, S. 181–183.
29 Die Erschließung war Gegenstand eines großen Forschungsprojektes an der Universität Konstanz, vgl. Rabe / Stratenwerth, Die politische Korrespondenz Kaiser Karls V., in: Rabe, Karl V., S. 11–40 (auch im Internet unter Polka_Web.de). Eine auf diesem Material fußende wissenschaftliche Analyse von Karls Regierungssystem bietet Pflüger, Kommissare und Korrespondenzen.
30 Kohler, Quellen, S. 148: Will ich die Dinge «in diesem Brief nochmals eigenhändig» darlegen, «damit Sie es sich besser einprägen und das Ganze noch mehr in den Einzelheiten kennen.» – Vgl. auch den Bericht des venezianischen Botschafters Gasparo Contarini über Karls Korrespondenzgewohnheiten, in: Madariaga, Charles Quint, S. 323.
31 Brief aus dem Feldlager, 25. April 1547, in: Kohler, Quellen, S. 375.
32 So die Beobachtung Contarinis, in: Madariaga, Charles Quint, S. 323.
33 So die Charakterisierung bei Braudel, Karl V., S. 13.
34 Laubach, Reichsvizekanzler Seld, passim, v. a. S. 16–25, 31–40.
35 Walther, Die Anfänge Karls V., S. 209ff.
36 Robert Lee Bireley S. J., Maximilian von Bayern, Adam Contzen S. J. und die Gegenreformation in Deutschland 1624–1635, Göttingen 1975; Ders., Religions and Politics in the Age of the Counterreformation. Emperor Ferdinand II., William Lamormaini, S. J., and the Formation of Imperial Policy, Chapel Hill, NC 1982.
37 Ediert von G. Heine (Hg.), *Briefe an Kaiser Karl V. geschrieben von seinem Beichtvater in den Jahren 1530–1532*, Berlin 1848.

38 Ebd., Brief vom 13. Mai 1530, S. 2 u. S. 347.
39 Solche Kritik findet sich durchgehend, etwa im 3., 21. und 48. Brief, ebd., S. 5 ff., 55 ff., 159 ff. u. a.
40 Briefe vom 1. Sept. und 2. Okt. 1531, ebd., S. 444 und S. 160 bzw. S. 451 und S. 169; ähnlich Brief vom 8. Juni 1532, S. 500 und 247; jeweils spanisches Original und deutsche Übersetzung von Heine.
41 Heine, ebd., S. 444/160.
42 So jüngst mit bedenkenswerten Argumenten Seibt, Karl V., S. 20-26.
43 Heine, Briefe, Brief vom Himmelfahrtstag 1530, S. 5-8; S. 350-352; ähnlich Brief vom 27. Juni 1530, ebd., S. 107.
44 Ebd., Briefe vom 18. Juli 1530, S. 21; 1. Sept. 1531, S. 160.
45 Rabe, Karl V., S. 333.
46 Nuntiaturbericht aus Deutschland, I. Abteilung, Bd. 6, hg. v. L. Cardouns, Berlin 1910, S. 319-321. Zu solchen Gutachten auch der Brief Loaysas vom 18. Juli 1530, in: Heine, Briefe, S. 357 ff. bzw. 18 ff.
47 In einem weiten Rahmen abgehandelt bei Maurice Aymard, Die Minderheiten, in: Braudel, Europa, S. 39-68.
48 Marnef, Antwerpen.
49 Überblick bei Krämer, Vorderer Orient, S. 203 ff., 212; Ben-Sasson, Jüdisches Volk, S. 772 ff.

4 Worms 1521 – Verteidiger der von den Vorfahren ererbten Religion

1 Schilling, 1517, S. 56-65.
2 Detailliert Schilling, Martin Luther.
3 Vgl. Wrede, Deutsche Reichstagsakten unter Kaiser Karl V. Bd. 2, S. 476, Anm. 3 nach einem Bericht Aleanders; Brief abgedruckt WB 2, Nr. 332.
4 Vgl. Wrede, RTA II, Nr. 59A (Löwen, Lüttich), Nr. 63, S. 473, Anm. 1 (Köln, Mainz), Nr. 67, S. 498, Anm. 2 (Löwen, Köln).
5 Ausführlich zum Folgenden: Réthelyi, Mary of Hungary, und Fuchs / Réthelyi, Maria von Ungarn.
6 Luther Werke, Weimarer Ausgabe, Werke, Bd. 19, S. 542-615, Zitat. S. 553.
7 Christian II. an Luther, Zweynarde 28. 1. 1526, Luthers Werke, Weimarer Ausgebe, Briefe Bd. 4, S. 23, 26. Vgl. auch Martin Schwarz Lausten, Die Refomation in Dänemark, Gütersloh 2008, S. 24 ff.
8 Beide Zitate Wrede, RTA II, Nr. 7, Proposition 27./28. Januar 1521, S. 154.
9 So der Prager Reformationshistoriker Martin Wernisch auf einem wissenschaftlichen Kongress an der slowakischen Universität Prešov im Dezember 2017.
10 Ausführlich, auch zur Quellen- und Literaturlage: Schilling, Luther, S. 218 ff.
11 Zusammenstellung der Drucke und Flugschriften bei Wrede, RTA II, S. 569-578, 582 f.; Abdruck der lateinischen und deutschen Berichte ebd., Nr. 79,

S. 540–569 bzw. Nr. 80, S. 569–586 und Nr. 85, S. 599–611; Bericht Vehus, ebd., Nr. 86, S. 611–624; Weiteres auch in der Abteilung «Korrespondenz», Nr. 113 ff., S. 767–953.

12 Ebd., S. 574.
13 Vgl. ebd., Nr. 81, S. 588–594; Brecht, Martin Luther, Bd. I, S. 434.
14 Nach dem Bericht Aleanders, ebd., S. 547, Anm. 1.
15 Zitate in ebd., S. 661–718. – Vgl. Eike Wolgast, Art. Gravamina nationis germanicae, in: TRE 14, 1985, S. 131–134; Heinz Scheible, Die Gravamina.
16 Wrede, RTA II, Nr. 79, 80, S. 581 f. – Modernisierte Fassung bei Dickmann, Quellen, Dokument Nr. 50, S. 119–125 mit Faksimile-Abbildungen der entsprechenden Seiten zweier Flugschriften.
17 Gleich nach seiner Abreise von Worms, aus der Reichsburg Friedberg nördlich Frankfurt rief Luther den Kaiser in einem persönlichen Schreiben nochmals als Schutzherr an, der ihm dazu verhelfen möge, seine Sache «vor unverdächtigen, gelehrten und freien Richtern zu stellen». Näheres dazu bei Schilling, Luther, S. 237.
18 Ediert bei Wrede, RTA II, Nr. 82, S. 594–596, mit Anm. 1. Deutsche Übersetzung auch bei Hans Wolter, Das Bekenntnis des Kaisers, in: Reuter, Worms 1521, S. 222–236.
19 Dieses und die folgenden Zitate bei Wrede, RTA II, deutsche Übersetzung vom Autor. Detailliert und mit Belegen Schilling, Luther, S. 227 f.; jüngst ausführlich als «rhetorisches Moment» analysiert bei Knape, 1521, S. 212–226.
20 Moeller, Zeitalter der Reformation, S. 51.
21 Ebda, S. 52.
22 Erasmus, Die Klage des Friedens, in: Ausgewählte Schriften, S. 394 f.
23 In den frühen 1550er Jahren verfasster Bericht des Chronisten Alonso de Santa Cruz, abgedruckt bei Kohler, Quellen, 136–138, hier S. 138.
24 Schilling, Luther, S. 240 ff.
25 Rassow, Karl V.; Königsberger, Habsburgs and Europe, S. 1. – Inzwischen sind die neuzeitlichen Elemente von Karls Herrschaft in den Vordergrund getreten. Vgl. Lutz, Christianitas afflicta; ders., Römisch-Deutsches Reich; Kohler, Karl V. in NDB Bd. 11, S. 191 f., 211 (mit umfangreichen Literaturangaben).
26 Zu der umfangreichen Diskussion um Karls Kaiseridee, speziell zu Rolle Gattinaras, zuletzt und umfassend Boone, Mercurino di Gattinara. Weiterhin einschlägig: Headley, Emperor and his Chancellor; ders., Erasmus; Kodek, Autobiographie. – In zeitlich und räumlich weitem Zugriff zur frühneuzeitlichen Universalmonarchie: Bosbach, Monarchia universalis.
27 Kodek, Autobiographie, S. 153 f.
28 Ebd., S. 154; Vgl. auch sein oben Kapitel 2, Valladolid, zitiertes Gutachten zu Karls Königs-/Kaiserwahl vom Juli 1519.
29 Zur italienischen, altrömischen Basis bei Gattinara Koenigsberger, The Habsburgs, S. 10.

30 Ausführlich zu der spanischen Tradition Petter, Deutsch-spanische Begegnung, v. a. S. 91 f. und 130 ff.; Peer Schmidt, Spanische Universalmonarchie, 107 ff.
31 Zitiert aus den Akten der Cortes bei Petter, a. a. O., S. 131. – Zur Fortsetzung der Tradition bis ins 17. Jahrhundert Peer Schmidt, Spanische Universalmonarchie.
32 Deutsche Übersetzung nach Hernán Cortés: Die Eroberung Mexikos, übersetzt von Mario Spiro und C. W. Koppe, Frankfurt a. M. 1980, S. 9. – Zum Problem aus Sicht eines Lateinamerikahistorikers weitgreifend Horst Pietschmann: Das koloniale Mexiko als Kaiserreich?, in: Edelmayer u. a., Plus Ultra, S. 487–510.
33 Palabras de su Majestad el Rey, in: Acto Académico. – Eine klug abwägende Diskussion dieses Problems im Rahmen der emphatischen Imperialismus-Diskussion der 1970er Jahre findet sich bei Lehmann, Universales Kaisertum, zu Cortés dort S. 78.
34 Lutz, Christianitas afflicta, S. 28.

*5 Pavia 24. Februar 1525 – Triumph über Franz I.
und ein nicht endendes Ringen um die Vormacht
in Italien und Europa*

1 Brief vom 25. Februar 1525, zitiert nach der deutschen Übersetzung bei Dickmann, Quellen, S. 213 f.
2 Geoffrey Parker, in: Soly, Karl V., S. 221.
3 Ausführlich dazu Schilling, Die neue Zeit, S. 382–454; 515–521.
4 So die Charakterisierung des französischen Königs bei Reinhardt, Leonardo, S. 309, wo auch die Stilisierung zum schöngeistigen Leonardo-Verehrer als nachträgliche Verklärung entlarvt wird.
5 Gute Skizze hierzu Eßer, Die Tudors, S. 36 ff.
6 Tewes / Rohlmann, Der Medici-Papst.
7 Rabe, Deutschland, S. 152.
8 Fueter, Europäisches Staatensystem, S. 286 ff.; Anderson, Origins, 95 ff.; Kohler, Expansion, S. 352 ff.
9 Parker, Military Revolution, Parker, Army of Flanders.
10 Parker, Military Revolution, S. 63.
11 Wohlfeil, Kriegsheld oder Friedenfürst, S. 68.
12 Ausführlich und kenntnisreich Peter Burke, Repräsentation und Re-Präsentation. Die Inszenierung des Kaisers, sowie Fernando Checa Cremades, Das Bild Karl V., in: Soley, Karl V., S. 393–476 bzw. 477–500, jeweils mit zahlreichen Abbildungen.
13 Zitiert nach der deutschen Übersetzung bei Fernández Álvarez, Karl V., S. 54.
14 Dickmann, Quellen, S. 220, Nr. 100.
15 Vgl. Schilling, 1517, S. 237 ff.

16 Dickmann, Quellen, S. 223, Nr. 101, S. 221–223, § XXIII., XXVI.
17 So Dickmann, ebd., S. 221.
18 Zitiert nach Brandi, Karl V., S. 200.
19 Ebda, S. 220.
20 Kohler, Quellen, S. 215 und 217.
21 Zitiert nach Brandi, Karl V., S. 220.
22 Dickmann, Quellen, S. 230, Nr. 106.
23 Leben und Thaten des weiland wohledlen und gestrengen Herrn Sebastian Schertlin von Burtenbach durch ihn selbst beschrieben. Nach der eigenen Handschrift des Ritters urkundlichtreu herausgegeben von Ottmar F. H. Schönhuth, Münster 1858 (Digitalisiert durch Bayrische Staatsbibliothek), S. 7.
24 Brief 11. Januar 1530 an seinen Bruder Ferdinand, Kohler, Quellen, S. 153.
25 Seidel / Silva, The Power of Images, S. 11.
26 Kohnle, Vermächtnis, S. 78 ff., dort auch die folgenden Zitate. In der von den Doria im Hof der Normannen- / Stauferburg errichteten Palastkapelle ist heute eine Gedenkstätte für die ehemalige Doria-Herrschaft eingerichtet.
27 Kohnle, Vermächtnis.
28 Tauber, Palazzo del Te, S. 122.
29 Vgl. Soly, Karl V., S. 203, 440; Brandi, Karl V., S. 290.
30 Soly, Karl V., S. 493.
31 Brandi, Karl V., S. 267; zu Ferrante passim in Brandis Biographie.
32 Vgl. die differenzierte Beurteilung bei Crouzet, Charles Quint, S. 421 ff., die jüngeren italienische Detailstudien zusammenfassend.
33 Kohnle, Vermächtnis, S. 77 f.
34 Brief vom 14. Dezember 1535, Kohler, Quellen, S. 210.
35 Abdruck von Ostermontagrede und Flugschrift bei Kohler, Quellen, Sr. 61 und 62, S. 211–221.
36 Ausführlich dazu Brandi, Karl V., S. 351–354; Fernández Álvarez, Karl V., S. 140–143.
37 Philipp, Ehrenpforten, S. 140 ff.
38 Karl an Ferdinand 23. Juni 1538, Kohler, Quellen, S. 234.
39 Parker, in: Soly, Karl V., S. 172.
40 So in Briefen vom 7. und 9. Juli 1541, zitiert bei Parker, a. a. O., S. 171.
41 Zitiert nach Kohler, Karl V., S. 258.
42 So in seinem Schreiben vom 6. August 1541 an seine Schwester Maria, Kohler, Quellen, S. 267.
43 Ausführlich zu diesem «Paradigmawechsel» Schilling, Konfessionalisierung und Staatsinteressen.

6 Sevilla 10. März 1526 – Liebesdinge und politisches Kalkül der Casa de Austria

1 Solider Überblick im niederländischen Wikipedia-Artikel «Johanna van der Gheynst», eingesehen 23. 4. 2018.
2 So Marias Biograph David Loades, Maria Tudor, S. 20.
3 Reinhard, Unterwerfung, S. 107, dort auch weitere Details zur portugiesisch-spanischen Konkurrenz in Übersee.
4 Headley, Gattinara, S. 48, Anm. 23.
5 Rodríguez-Salgado, in: Soly, Karl V., S. 6.1
6 Instruktion vom 18. Januar 1548, in: Kohnle, Vermächtnis, S. 93.
7 Alva Ezquerra, Der Prozeß der Akzeptanz, in: Kohler / Haider, Karl V., S. 105–122.
8 Vilar Sánchez, 1526.
9 Vilar Sánchez, 1526.
10 Regentschaftsanweisung an seinen Sohn wenige Tage vor seiner letzten Abreise aus Spanien, Palamos, 4. Mai 1543, in: Kohler, Quellen, Nr. 80, S. 280–289, hier S. 287.
11 Wohlfeil, Kriegsheld, S. 66 ff.; allgemein zum Aufenthalt in Granada Vilar Sánchez, 1526.
12 Fernández Álvarez, Karl V., S. 75.
13 Wohlfeil, Kriegsheld, S. 66 ff.
14 Vgl. zum folgenden Vanhulst, Karl V. und die Musik, in: Soly, Karl V., S. 501–511.
15 Ebd., S. 502.
16 Text nach Wikipedia «Mille Regretz». Vgl. auch Vanhulst, a. a. O. S. 511; Ferer, Music and ceremony.
17 Ebda, S. 504.
18 Tauber, Palazzo del Te, S. 109 f.
19 Allgemein zur kulturellen Tradition nackter Frauen in den burgundischen *tableaux vivants* bei Huizinga, Herbst, S. 22.
20 Gachard, Voyages,
21 Brandi, Karl V., S. 453.
22 Nach den Ausführungen im Museum des Palazzo del Te über das heute nicht mehr vorhandene Ballhaus. Zur Rolle des Tennisspiels seit dem ausgehenden Mittelalter vgl. Behringer, Kulturgeschichte des Sports.
23 Bericht der Ärzte, zitiert nach Rodríguez-Salgado, in: Soly, Karl V., S. 69.
24 Hellmut Andics, Die Frauen der Habsburger, Wien 1969, S. 112, gelegentlich selbst in Genealogien.
25 So in seinen Memoiren, Maderiaga, Charles Quint, S. 193.
26 Mémoires, in: Maderiaga, Charles Quint, S. 180.
27 Alfredo Alvar Ezquerra, Der Prozess der Akzeptanz einer fremden Dynastie,

in: Kohler, Haider, Ottner, Karl V., 1500–1558. Neue Perspektiven, S. 105–122, hier S. 116, 119.
28 Rodríguez-Salgado, in: Soly, Karl V., S. 69.
29 Regentschaftsanweisung vom 4. Mai 1543, bei Kohler, Quellen, S. 287.
30 Kamen, Philip of Spain, S. 9 ff.
31 29. Juli 1531, zitiert nach Rodríguez-Salgado, in: Soly, Karl V., S. 69 und S. 512, Anm. 47 sowie nach Majoros, Karl V., S. 93.
32 Näheres bei Kohler, Karl V., S. 86 ff.
33 Folgendes nach Panzer, Barbara Blomberg.
34 Vocelka, Familien, S. 114.
35 Martina und Wilfried Hartmann, Karl der Große und seine Zeit, München 2014, S. 133.
36 Brief, Toledo 2. Mai 1539, zitiert nach Fernández Álvarez, Karl V., S. 140.
37 Kamen, Philipp of Spain, S. 6 ff.
38 Rodríguez-Salgado, in: Soly, Karl V., S. 73.

7 Bologna und Augsburg 1530 – Kaiserkrönung und Konfessionsreichstag

1 Zitiert aus einer der italienischsprachigen Flugschriften bei Soly, Karl V., S. 11 mit Anm. 1 S. 512.
2 Terlinden, Triomphe de Bologna; Mitchell, Triumphator.
3 Relation Contarini, abgedruckt in: Madariaga, Charles Quint, S. 323 ff.
4 Berichtet durch den Chronisten Pedro Mexia, zitiert bei Fernández Álvarez, Karl V., S. 106.
5 Vgl. Brief Karls vom 11. Januar 1530 an seinen Bruder, Kohler, Quellen, S. 149; auch oben S. 107 f.
6 Kohler, Quellen, S. 146.
7 Headley, Gattinara, S. 137 und 138, Anm. 88.
8 Terlinden, Triomphe de Bologna, S. 35 f.
9 Headley, Gattinara, S. 136.
10 Aussage des Papstes berichtet bei Contarini, Relation, in: Madariaga, Charles Quint, S. 323.
11 Abgedruckt bei Kohler, Quellen, Nr. 40, S. 145.
12 Contarini Relation, in: Madariaga, Charles Quint, S. 323.
13 Rede vom 16. September 1528 in der vom Chronisten Santa Cruz wiedergegebenen Fassung, abgedruckt bei Kohler, Quellen, Nr. 37, S. 136. Dort auch die folgenden Zitate.
14 Lettieri, Nove testi sull'ultimo Machiavelli, S. 1089; Reinhardt, Pontifex, S. 527–535.
15 Kohler, Quellen, Nr. 37, S. 137 f.
16 Kohler, Quellen, Nr. 38, S. 139.

17 Ebda, S. 139 f.
18 Heine, Briefe, S. 48–51; 163 f.; auch bei Kohler, Quellen, S. 176 ff., hier S. 177.
19 Vgl. auch Reinhardt, Pontifex, S. 534.
20 Gutachten des Staatsrats und Brief vom 14. Juli 1530, in: Kohler, Quellen, Nr. 44, S. 165 und Nr. 45, S. 165 f.
21 12. September 1530, Heine, Briefe, Nr. XLIX, S. 163 f.; spanisches Original ebd., S. 445 ff.; auch S. 48–51.
22 Zur spanischen Reform vgl. Schilling, 1517, S. 231 ff.; zu Burgund u. a. Headley, Gattinara.
23 Prodi, Il sovrano pontifice.
24 Näheres dazu bei Schilling, 1517, S. 222 ff.
25 Vgl. seine offenen Worte gegenüber Ferdinand bei Kohler, Quellen, S. 148, 153.
26 Im Kapitel 5 Pavia im Zusammenhang mit der Politik Ferrante Gonzagas.
27 Abdruck des Breve: Concilium Tridentinum. Diariorum, actorum, epistularum, tractatum Nova Collectio. Actorum Pars Prima: Monumenta Concilium Praecedentia, Vol. 4, hg. v. d. Görresgesellschaft, Freiburg i. Br. 1904, Nr. 276 und 277. Einordnung in die historische Situation von 1544 bei K. Repgen, Die Römische Kurie und der Westfälische Frieden, Bd. I, 1: Papst, Kaiser und Reich 1521–1644, Tübingen 1962, S. 57–62.
28 Verlautbarungen aus dem Jahr 1535, nämlich aus dem Schreiben König Franz I. an die deutschen Reichsstände vom Februar (Kohler, Quellen, Nr. 56, hier S. 197 f.) und Karls Instruktion für die Antwort seines Bevollmächtigten am Reichstag von April (ebda, Nr. 57, hier S. 203).
29 Zusammenfassend zur päpstlichen Kirchen- und Konzilspolitik: Elizabeth G. Gleason, Catholic Reformation, Counterreformation and Papal Reform, in: Brady, Handbook, S. 317–345, besonders S. 318–328. – Zur Konzilsvorbereitung weiterhin einschlägig H. Jedin, Geschichte des Konzils von Trient, 3. Aufl., Freiburg i. Br. 1977. Speziell zu Karl V.: Rabe, Karl V., S. 317–346.
30 So Schulin, Karl V., S. 175.
31 Abgedruckt bei Kohler, Quellen, Nr. 41, S. 146–156; zum Folgenden auch Brandi, Karl V., S. 252 f.
32 Kohler, Quellen, S. 147 u. a.
33 Brandi, Karl V., S. 240.
34 Headly, Chancellor, S. 139.
35 Im Detail dazu Stollberg-Rilinger, Des Kaisers alte Kleider, S. 93–136.
36 Bericht über Karls Einzug abgedruckt bei Kohler, Quellen, S. 257–160.
37 Vgl. v. a. Iserloh, Confessio; Immenkötter / Wenz, Schatten.
38 Zusammenfassend Schilling, Luther, S. 455 ff.
39 21.1.1530, abgedruckt bei Karl Eduard Förstemann, Urkundenbuch zur Geschichte des Reichstags zu Augsburg, Bd. 1, Halle 1833, hier S. 8. In der Quellenedition «Deutsche Reichstagsakten» befindet sich der 1530er Band noch in Bearbeitung. Vgl. auch Kohler, Quellen, S. 163, Anm. 2.

40 Brief vom 8. Juli, zitiert nach Brandi, Karl V., S. 254.
41 Lutz, Ringen, S. 256.
42 Stollberg-Rilinger, Des Kaisers alte Kleider, S. 133.
43 Zusammenfassend Schilling, Aufbruch, S. 267–312, 379 ff.
44 Nürnberger Anstand und kaiserliches Mandat sind abgedruckt in: Deutsche Reichstagsakten unter Kaiser Karl V., Bd. 10, bearbeitet von Rosemarie Aulinger, Göttingen 1992. Nr. 549 und 557. – Vgl. auch die digitale Zusammenfassung von Andreas Zecherle «Nürnberger Anstand» unter: http://diglib.hab.de/content.php?dir=edoc/ed000227&distype=optional&metsID=edoc_ed000227_nuernberger_anstand_einleitung&xml=einleitungen%2Fnuernberger_anstand_einleitung.xml&xsl=einleitungen/einleitung.xslin.
45 Ausführlich beschrieben bei Laubach, Zur Entwicklung. Das Zitat dort S. 124.
46 Ebda, S. 85.
47 Lanz, Correspondenz, Bd. 2, S. 269–272.
48 Zitiert bei Laubach, Entwicklung, S. 96, 101.
49 Hierzu liegt eine reiche Literatur vor. Einen Überblick bietet Müller, Religionsgespräche; jüngst Laubach, Entwicklung, 110 ff.
50 Laubach, a. a. O.
51 Bulst, Recht, S. 83, dort S. 81–94 weitere Details zusammen mit Literatur- und Quellenangaben.
52 Folgende Zitate aus Mémoires de Charles Quint, in: Madariaga, Charles Quint, S. 181–184 zu den Jahren 1530–1533.
53 Ausführlich behandelt bei Kohler, Antihabsburgische Politik.
54 Vertrag abgedruckt bei Kohler, Quellen, Nr. 49, S. 178 ff.
55 Dies wie die folgenden Zitate aus den Memoiren, a. a. O.

8 Tunis 1535 – Auftakt zum Kreuzzug gegen die Türken?

1 Brief aus Tunis vom 26. Juli 1535, abgedruckt in deutscher Übersetzung bei Kohler, Quellen, Nr. 58, S. 203–205.
2 Vgl. Kapitel 3, Anmerkung 2, Chronik des Bruders Göbel aus dem westfälischen Kloster Windesheim.
3 Vgl. Seipel, Kriegszug, passim, v. a. der Aufsatz von Georg J. Kugler, Der Maler Jan Cornelisz. Vermeyen, S. 41–51; Selbstbildnisse Vermeyens S. 40 und 70.
4 Schilling, 1517, S. 26–64.
5 Schilling, ebd. Zur nautisch-kartographischen Kenntnis der Türken jetzt Susanne Billig, Die Karte des Piri Re'is, Das vergessene Wissen der Araber und die Entdeckung Amerikas, München 2018.
6 Schilling, a. a. O.
7 Revision der traditionellen Sicht bei Krämer, Vorderer Orient, S. 45; Haarmann, Arabische Welt, S. 505 ff. Ein knapper Überblick über die islamische und christliche Seeräuberei im Mittelmeer findet sich bei North, Hafen, S. 103 ff.

ANMERKUNGEN ZU DEN SEITEN 242 BIS 258

8 Haarmann, Arabische Welt, S. 314 ff., 505 ff.
9 Quelle für Tunis und Algier: Collection des voyages des Souverains des Pays-Bas, hg. von Gachard und Pio, Bd. 3, Brüssel 1881, S. 517–570.
10 Brief an die Kaiserin, zitiert nach Fernández Álvarez, Karl V., S. 107.
11 Aus seinem Memorandum, zitiert nach Fernández Álvarez, Karl V., S. 122 f.
12 Vgl. Seipel, Kriegszug, Abb. 14, S. 27;45, S. 63; 88, S. 116.
13 Peter von Sivers, in: Haarmann, Arabische Welt, S. 507.
14 Brief aus La Goulette,16. August an seinen Rat Hannart, in: Kohler, Quellen, Nr. 59, Zitate S. 206. 207.
15 So Peter von Sivers in: Haarmann, Arabische Welt, S. 507.
16 Ausführliche Beschreibung und Analyse der diversen triumphalen Einzüge Karls auf seinem Zug durch Italien 1535/36 bei Visceglia, Viaggio cerimoniale; auch Mitchell, Triumphator, S. 104 ff.
17 Brief vom 18. April 1536, zitiert nach Marta Carrasco Ferrer, Charles V. in Rome. The Triumph of a New Scipio, in: Sociedad Estatal, Carolus, S. 100.
18 Hierzu und zum Folgenden oben Kapitel 5, S. 176 ff.
19 Brief vom 23. Juni 1538, in: Kohler, Quellen, Nr. 66, S. 233–234, hier S. 234.
20 Brandi, Karl V., S. 345.
21 Memorandum bei Brandi, Karl V., S. 346–347.
22 Paraphrase des Berichts an die Serenissima bei Brandi, a. a. O., S. 347 f.
23 Aufstellung zu den kaiserlichen Finanzen bei Brandi, Karl V., S. 383, zum Goldzufluss aus Amerika S. 385.
24 Innsbruck, 6. August 1541. Abgedruckt bei Kohler, Quellen, S. 266 f.
25 Memoiren zu 1542, in: Madariaga, Charles Quint, S. 198.
26 Zitiert nach Parker, in: Soly, Karl V., S. 171.
27 Diese und die folgenden Zitationen nach Karls Memoiren zum Jahr 1541, in: Madariaga, Charles, S. 198 f.
28 Brief, 20. August 1542 an Ferdinand, in: Kohler, Quellen, S. 276.
29 Siena, 28. November 1541, abgedruckt bei Kohler, Quellen, Nr. 78, S. 268–273, hier S. 270.
30 Zu Piccolomini vgl. Helmrath, Humanismus, S. 279ff; zu Kairo vgl. Schilling, 1517, S. 56 ff.
31 Michael Levey, The World of Ottoman Art, New York 1975, S. 65; Gülru Necipoglu, Süleyman the Manificent and the Representation of Power in the Context of Ottoman-Habsburg-Papal Rivalry, The Art Bulletin Bd. 71, Nr. 3, 1983.
32 Schilling, Neue Zeit; ders., Christenheitseuropa; Nicolae Jorga, Geschichte des Osmanischen Reiches, Bd. 2, Nachdruck Darmstadt 1990, S. 83 ff.

9 Leyes Nuevas 1542 – oder der Streit um die Seelen und das Gold der Indios

1 Der Brief wurde erst kürzlich entdeckt. Faksimile und Transkription als Beilage im hinteren Umschlag von Eser, Luther, Kolumbus und die Folgen.
2 Reinhard, Unterwerfung, S. 618.
3 Ausführlich und mit Detailbelegen Schilling, 1517, S. 129–140.
4 Dürer, Tagebuch, S. 38.
5 Geoffrey Parker, in: Soly, Karl V., S. 131 ff.; Fernández Álvarez, Karl V., S, 30, 55; Schilling, 1517, S. 144 f.
6 Deutsche Gesamtausgabe Cortés, Eroberung.
7 Ebda, Dritter Bericht vom Oktober 1524, S. 305.
8 Im Folgenden können nur die Zusammenhänge behandelt werden, die den Kaiser persönlich berührten. Zum Verwaltungsaufbau in Amerika zusammenfassen Pietschmann, Staat, wo auch die Kirche berücksichtigt ist; zur Rolle der Orden auch Gründer, Welteroberung, S. 75–97.
9 Lanz, Correspondenz, Bd. 1, S. 70–73, hier 73, zitiert nach der deutschen Übersetzung bei Nette, Karl V., S. 47.
10 Vorzügliche Darstellung der kulturellen, politischen und mentalitätsmäßigen Zusammenhänge der spanischen Expansion bei Pietschmann, Spanische Kolonisation.
11 Walser/Wohlfeil, Zentralbehörden; erhellend zu der Regierung der Überseegebiete auch Pietschmann, Staat; Brendecke, Imperium.
12 Ausführlich dazu mit deutscher Übersetzung von Zentralstellen der Werke Las Casas Neumann, Las Casas, Freiburg 1990. Dort auch die folgenden Zitate. Des Weiteren Delgado, Hunger und Durst; ders., Stein des Anstoßes. Delgado ist auch Herausgeber einer bei Schöningh, Paderborn, erschienenen Auswahl der Werke Las Casas' in 3 Bänden.
13 Zitiert nach Neumann, Las Casas, S. 94.
14 Ebda, S. 92.
15 Das Gutachten der acht Hofprediger ist abgedruckt bei Dickmann, Quellen, S. 78 ff.
16 Neumann, a. a. O., S. 109.
17 Fernández Álvarez, Karl V., S. 88.
18 Neumann, Las Casas, S. 181; die Instruktion an Cortés, zitiert nach Nette, Karl V., S. 46.
19 Las Casas, Opusculos, zitiert nach der deutschen Übersetzung bei Neumann, Las Casas, S. 179.
20 Zitiert nach deutscher Übersetzung bei Dickmann, Quellen, S. 90 f.
21 Nach der deutschen Übersetzung bei Kohnle, Vermächtnis, S. 92 f.
22 Zitiert nach Neumann, Las Casas, S. 221.
23 Näheres dazu bei Schilling, 1517, S. 231 ff.

24 Zitiert und Folgendes nach Neumann, Las Casas, S. 221 f.
25 So noch in dem durchgehend katholisch apologetischen Zusammenschnitt von Manfred Lütz, Der Skandal der Skandale, Freiburg 2018, S. 166 – Wissenschaftlich solide Erörterung der frühneuzeitlichen Missionsgeschichte bei Angenendt, Toleranz und Gewalt, S. 462–469.
26 Horst Pietschmann, in: Kohler u. a., Karl V., Neue Perspektiven. S. 542 f.; 541.
27 Pietschmann, a. a. O., S. 545.
28 Brief vom 20. Februar 1536, zitiert nach Fernández Álvarez, Karl V., S. 127.
29 Gonzalo Anes y Álvarez de Castrillón in: Acto académico, S. 37.

10 Mühlberg 24. April 1547 und der geharnischte Reichstag von Augsburg 1547/48

1 Zitat aus zwei Berichten über die Schlacht, und zwar von kaiserlicher Seite der Bericht des Herzoglich Albaschen Dieners Hans Baumann einerseits und des (neutralen) Gesandten Straßburgs an Jakob Sturm andererseits, abgedruckt als Anhang bei Held, 1547, S. 130–136 und S. 151–152. Die neuhochdeutschen Texte wurden sprachlich dem Hochdeutschen angepasst und mit sinngebenden Satzzeichen versehen.
2 Zitat und Einschätzung Brandi, Karl V., S. 451.
3 Sleidanus, Warhafftige Beschreibung, S. CCLXXIX.
4 Ávila y Zúñiga, Commentariorum, Liber posterior, S. 124; vgl. auch den Cäsar – Vergleich in dem bei Kohler, Quellen, abgedruckten Auszug, S. 360.
5 Madariaga, Charles Quint, Memoiren S. 256 unten/257 oben; ähnlich S. 263.
6 Abgedruckt in Madariaga, Charles Quint, S. 327.
7 Wohlfeil, Friedensfürst, S. 91, vgl. auch S. 81, 90, 95.
8 Zitiert bei Álvarez de Castrillón, in: Acto académico, S. 37. Der spanische Originaltext dort S. 36:
Ya se acerca, Señor, o es ya llegada
La edad gloriosa, en que promote el Cielo
Una grey y un pastor solo el suelo
por siempre a nuestros tiempos reservada.
9 So die Vermutung von Thomas Klein in der Neuen Deutschen Biographie, Art. Johann Friederich (I).
10 Abdruck des Berichtes als Anhang bei Held, 1547, S. 154–157, Zitat dort S. 157, auch das Folgende aus diesem Bericht.
11 Vgl. Karls Memoiren, in: Madariaga, Charles Quint, S. 261.
12 Vgl. dazu Schilling, Luther, S. 600 ff.
13 Karlheinz Blaschke sieht die Schlosskirche «vom Hauch der Weltgeschichte berührt», weil die Einnahme Wittenbergs für Karl V. «die gleiche symbolische Bedeutung gehabt (habe)... wie die Eroberung Moskaus für Napoleon», vgl. Oehmig, 700 Jahre Wittenberg, S. 37.

14 So Helmar Junghans, Kaiser Karl V. am Grabe Martin Luthers.
15 Schilling, Luther, S. 601 f.; Harriet Beecher-Stowe, Erinnerung an Deutschland. Ein heiterer Reisebericht, hg. und übersetzt von Nadine Erler, Barnstorf 2019, S. 91. Die Verbindung des Reiseberichts des 19. Jahrhunderts mit dem Kaiserbesuch des 16. Jahrhunderts verdanke ich einem Diskussionsbeitrag des ehemaligen Direktors des Lutherhauses Wittenberg, Dr. Martin Treu, der in der Zeitschrift der Luthergesellschaft, Heft 3, 2019 die Wittenbergpassagen von Beecher-Stowes Erinnerungen zu kommentieren gedenkt.
16 Erlebnisbericht Bugenhagen, a. a. O., S. 157.
17 Nach Christian Röth, Geschichte Hessens, Kassel 1856, S. 183 ff.
18 Herrmann, Moritz, S. 103.
19 Abgedruckt in: Madariaga, Charles Quint, S. 263.
20 So auch die Einschätzung von Rabe, Karl V., S. 335, 342. Aufschlussreich auch Karls Brief vom 25. April 1547 an seine Schwester Maria von Ungarn, Lanz, Correspondenz, Bd. II, S. 561–563.
21 Vgl. die kenntnisreiche Interpretation beider Porträts bei Crouzet, Charles Quint, S. 156 ff. mit detaillierten Literaturhinweisen S. 548.
22 Artikel «Herrscherporträt», in: Schule des Sehens.
23 Kohler, Quellen, S. 361.
24 Ausführlich dazu der «Traktat über Pferde» von Leon Battista Alberti, analysiert bei Grafton, Alberti, S. 271–274.
25 Crouzet, Charles Quint, 147 ff.; Visceglia, Viaggio cerimoniale, vgl. oben Kapitel zum Tunisfeldzug.
26 Vgl. Herrmann, Moritz, S. 104; allgemein zur Bedeutung des Reichszeremoniells Stollberg-Rilinger, Des Kaisers alte Kleider, zu Moritz kurz S. 214.
27 Memoiren zu 1547, in: Madariaga, Charles Quint, S. 264.
28 Antikaiserliche Flugschriften vgl. Kohler, Quellen, S. 337 ff. «Metzger aus Flandern» bei Vogler, Kurfürst Johann.
29 Deutsche Reichstagsakten, Der Reichstag zu Augsburg 1547/48, München 2006, Nr. 10, S. 141 ff.
30 Petter, Deutsch-spanische Begegnung, S. 150. – Zahleiche Beispiele antispanischer Propaganda bei Vogler, Kurfürst; Kohler, Quellen, S. 337 ff.
31 Madariaga, Charles Quint, S. 266.
32 Grundlegend für beide Zusammenhänge Rabe, Reichsbund und Interim.
33 Einschlägig Press, Die Bundespläne Kaiser Karl V. und die Reichsverfassung, in: Press, Das Alte Reich, S. 67–127.
34 Rabe, Reichsbund und Interim, S. 367; auch nächstes Zitat, dort S. 168.
35 Vgl. dazu den Artikel «Bund» von Reinhard Koselleck in: ders. (Hg.) Geschichtliche Grundbegriffe, Bd. I, S. 611 ff.
36 Überblick über Entstehung und Folgen bei Arndt, Heilige Römische Reich, S. 32 ff.; ders., Habsburgische Hausmachtpolitik, S. 127 ff.
37 26. Juni 1548, Reichstagsakten Augsburg Nr. 260, S. 2166–2175.

38 Volker Press, Die Bundespläne, zitiert nach Schmidt, «der teutschen nation», S. 142.
39 Ausführlich dazu Arndt, Heiliges Römisches Reich; ders., Hausmachtpolitik.
40 Vgl. die ausführliche Untersuchung der politischen Sprache der Kaiserlichen bei Schmidt, «der teutschen nation».
41 Ebd., S. 141 f.
42 Zum Interim grundlegend die Untersuchungen und Darstellungen von Horst Rabe, Reichsbund und Interim; ders., Zur Entstehung; ders., Karl V. und die deutschen Protestanten, in: ders., Karl V., S. 317–345. Vgl. auch Schorn-Schütte, Interim; Schilling, Karl V. und die Religion, in: Soly, Karl V.
43 Rabe, Karl V., S. 338.
44 Konrad Repgen, Die Römische Kurie und der Westfälische Frieden, Bd. 1, Tübingen 1962, S. 65.
45 Karls Bestrafung seiner Geburtsstadt wurde bereits oben am Schluss des ersten Kapitels beschrieben. – Zitat aus: Des Bürgermeisters Matthias Reders Hamburger Chronik von 1534–53, abgedruckt in: J. M. Lappenberg (Hg.), Hamburgische Chronik in niederdeutscher Sprache, Hamburg 1867, 321–339 – Allgemein zur Situation 1547 C. Mönckeberg, S. 207 f.
46 Ausführlich dazu Kaufmann, Ende der Reformation, S. 157 ff.
47 Zu den Magdeburger Vorgängen liegt eine umfangreiche Literatur vor. Zu den kirchen- und theologiegeschichtlichen Verhältnissen vgl. Kaufmann, Das Ende der Reformation; zu den stadtgeschichtlichen und politiktheoretischen Zusammenhängen Schilling, Stadtrepublikanismus und Interimskrise, in: Schorn-Schütte, Interim, S. 205–232.

11 Villach, Mai 1552 – herabgeschleudert vom Rad der Fortuna

1 Herrmann, Moritz, S. 166.
2 Herrmann, Moritz, 127; Kamen, Philip of Spain, S. 47.
3 Vgl. die magistrale Darstellung von Axel Gotthard, Säulen des Reiches. Die Kurfürsten im frühneuzeitlichen Reichsverband, 2 Bde., Husum 1999.
4 Zu den Ereignissen ab 1552 liegen drei umfassende Untersuchungen vor: Lutz, Christianitas, für die reichs- und kirchengeschichtlichen Zusammenhänge; Crouzet, Charles Quint, für die französische Sicht; Herrmann, Moritz, eine Biographie, die auf der jahrzehntelangen Erschließungsarbeit an der Korrespondenz des Herzogs / Kurfürsten von Sachsen basiert.
5 Ausführlich dazu Laubach, Kooperation und Kollision.
6 Zitiert nach Herrmann, Moritz, S. 186.
7 Herrmann, Moritz, S. 202 ff.
8 Vgl. Fernández Álvarez, Karl V., S. 192.
9 Herrmann, a. a. O., S. 203.
10 Zitiert nach Brandi, Karl V., S. 506.

11 Vgl. Kohler, Quellen, Nr. 108, S. 418–422, Vertragsentwurf mit den Antworten des Kaisers zu den einzelnen Forderungen. – Grundlegend Lutz, Christianitas, S. 88–101; zur Haltung Karls insbesondere S. 96 ff. Jüngst ausführlich aus Sicht des Reichsvizekanzlers: Laubach, Reichsvizekanzler Seld.
12 Brief vom 16. Juli 1552, in: Kohler, Quellen, Sr. 109, S. 422 f.
13 So akzentuiert Herrmann, Moritz.
14 So nach dem Referat der Unterhaltung im Brief an ihre Schwester Maria, in: Kohler, Quellen, S. 422.
15 Dieses und die folgenden Zitate aus dem erwähnten Brief an seine Schwester Maria vom 16. Juli 1552 aus Villach, in: Kohler, Quellen, Nr. 109, S. 422 f.
16 Ebda, S. 423.
17 Die französische Außenpolitik unter Heinrich II. ist vorzüglich skizziert durch Rainer Babel in: Hartmann, Französische Könige, S. 77–85; konkret zu den Ereignissen 1552 v. a. Crouzet, Charles Quint, S. 138 ff.
18 Die Schrift Bassefontaines ist ausführlich beschrieben und im Kontext der zeitgenössischen historiographischen Kontroversen gewürdigt bei Crouzet, Charles Quint, v. a. S. 67 ff. und passim.
19 Zahlen nach Fernández Álvarez, Karl V., S. 193.
20 Zitiert ebd., S. 194.
21 Brandi, Karl V., S. 518.
22 Reinhardt, Pontifex, S. 554–559.
23 Ausführlich dazu Schilling, Konfessionalisierung und Staatsinteressen, S. 6–99; 421–447.
24 Zitat aus der Sastrowschen Chronik, abgedruckt bei Kohler, Quellen, S. 387. Die Gichtanfälle sind in Karls Memoiren minutiös notiert, etwa zu 1532 (Madariaga, Charles Quint, S. 183) und zum Tunisfeldzug 1535, Brief an seine Schwester Maria, in: Kohler, Quellen, S. 205. Zu den Essensgewohnheiten Brandi, Karl V., S. 467 f.; Stirling, Klosterleben, passim, v. a. S. 44 f., dort S. 28 zur öffentlichen Tafel.

12 Brüssel 1555/56 – Zeremoniell des Rückzugs

1 Es existieren keine offiziellen Dokumente über die Abdankungszeremonien. Doch gelten die ausführlichen Berichte über Ablauf und Reden, die der spanische Historiograph Prudencio de Sandoval in seiner Anfang des 17. Jahrhunderts erschienenen *Historia de la vida y hechos del Emperador Carlos V.* überliefert als authentisch. In französischer Übersetzung abgedruckt in: Madariaga, Charles Quint, S. 356 ff. Oben wiedergegeben in der (modernisierten) deutschen Übersetzung bei Stirling, Klosterleben, S. 321–323, auch Kohler, Quellen, S. 466–468.
2 Spanischsprachige Instruktion vom 18. Januar 1548, hier zitiert nach der deutschen Übersetzung bei Kohnle, Vermächtnis, S. 69.

3 Brief abgedruckt bei Kohler, Quellen, Nr. 104, S. 401–403, Zitat dort S. 402. Detailliert zum Verlauf der Augsburger Familienverhandlungen Fernández Álvarez, Karl V., S. 176–183.
4 Lanz, Correspondenz, Bd. 3, S. 20. – Vgl. zur Entwicklung der Beziehungen der beiden Brüder: Laubach, Kooperation und Kollision, in: Fuchs/Rebitsch, Kaiser und Kurfürst, S. 33–50. – Ernst Laubach hat diesem Thema eine Reihe von tiefgreifenden Analysen gewidmet, stets einfühlsam, mit gewissen Sympathien für Ferdinand.
5 Vgl. Braudel, The Mediterranean, Bd. 2, S. 915.
6 Lutz, Christianitas, S. 85.
7 Vgl. entsprechende Anweisung an den Reichsvizekanzler Georg Sigmund Seld, Kohler, Quellen, Nr. 107, S. 409–418.
8 Zitiert bei Braudel, The Mediterranean, Bd. 2, S. 913.
9 So Ruy Gómez de Silva, ein Vertrauter König Philipps II., zitiert bei Mia Rodríguez-Salgado, in: Soly, Karl V., S. 107.
10 So die Charakterisierung der Jahre 1553/54 bei Heinrich Lutz, Christianitas, S. 180.
11 Aus den Zúñiga-Briefen zitiert bei Kamen, Philip of Spain, S. 53 f.
12 Zum Folgenden ausführlich Loades, Maria Tudor, S. 21–257; Kamen, Philip of Spain, S. 53 ff.
13 Vgl. Loades, Maria, S. 230 f.; dort auch der Brief Marias, zitiert aus dem englischen Calendar of State Papers. Zur Rekatholisierung Englands allgemein, dort S. 156–190.
14 Zitiert nach Loades, Maria Tudor, S. 243.
15 Kohler, Ferdinand I., S. 269.
16 Das folgende nach den Augenzeugenberichten über den Abdankungsakt vom 25. Oktober 1555 beziehungsweise 16. Januar 1556, abgedruckt bei Kohler, Quellen, Nr. 119, S. 480–482 beziehungsweise Dickmann, Quellen, Nr. 113, S. 244.
17 Dickmann, Renaissance, Nr. 113, S. 244.
18 So eigens aufgelistet im Augenzeugenbericht bei Dickmann, Quellen, Nr. 113, S. 244. Zum 25. Oktober 1555 vgl. Brandi, Karl V., S. 528.
19 Augenzeugenbericht bei Dickmann, Quellen, S. 245 f.
20 Heute im Kunsthistorischen Museum Wien. Susan Richter hat dieses Gemälde jüngst eindrücklich gewürdigt: Susan Richter, Um die Abdankung des Kaisers zu verhindern – Die bildliche Inszenierung der Postreise des jungen Erzherzogs Ferdinand 1555 nach Brüssel, in: dies., Michael Roth und Gregor Stiebert (Hg.), Mediale Präsenz von Herrscherabsetzungen und Herrscherabdankungen, Köln und Wien 2019.
21 Kohler, Quellen, Nr. 119, S. 480–482.
22 Pflüger, Kommissare S. 338; Kohler, Ferdinand I., S. 264 ff.

13 Yuste 21. September 1558 – Sterben in Christo

1 Zum Folgenden ausführlich Stirling, Klosterleben, mit Dokumentenanhang; Gachard, Retrait et mort.
2 Näheres bei Schilling, 1517, S. 34 ff.
3 Tabelle der Reisetage und Reiseroute bei Stirling, Klosterleben, S. 329 f.
4 Zitiert nach Stirling, Klosterleben, S. 33.
5 Madariaga, Charles Quint, S. 373 f.
6 Ausführlich dazu und zu den folgenden Monaten in Yuste: Relation d'un religieux sur le séjour de Charles Quint, in: Madariaga, Charles Quint, S. 375–413.
7 Ebda, S. 382.
8 So die Kritik des Majordomus Quijada zitiert bei Stirling, Klosterleben, S. 42.
9 Vgl. etwa Stirling, Klosterleben, Nachtrag Nr. 5, S. 330–332.
10 Ausführlich dazu der unter 6 genannte Bericht des Klosterbruders, Relation d'un religieux, in: Madriaga, Charles Quint, S. 387 ff.; Stirling, Klosterleben, S. 181 ff., 90.
11 Stirling, Klosterleben, S. 224, 183.
12 Ebda, S. 384.
13 Memoires, in: Madariaga, Charles Quint, S. 199.
14 Abdruck des Nachlassverzeichnisses bei Stirling, Klosterleben, Anhang, S. 345–349; S. 55 zur Übersetzungsarbeit.
15 Bericht des Klosterbruders, Relation d'un religieux, in: Madariaga, Charles Quint, S. 404; Stirling, a. a. O., S. 187.
16 Vgl. zu Entstehung und Untergang des Protestantismus in Spanien Alain Milhou, Die iberische Halbinsel, in: Venard, Geschichte des Christentums, S. 662–739, hier S. 671–688.
17 Brief 25. Mai 1558 an Philipp, zitiert bei Stirling, Klosterleben, S. 200 f.
18 Bericht des Klosterbruders, in: Madariaga, Charles Quint, S. 386.
19 Zitiert bei Stirling, Klosterleben, S. 175.
20 Nach der Paraphrase der Unterhaltungen Karls mit den Mönchen bei Stirling, Klosterleben, S. 208 f.
21 Textbuch zu Krenek, Karl V., Bayrische Staatsoper 2018 / 19, Libretto des Komponisten, S. 129–149, hier S. 147. Ausführlich, insbesondere zum zeitgeschichtlichen Hintergrund der Oper: Kreneks «Karl V.» Interdisziplinäre Perspektiven.
22 Bericht des Klosterbruders, a. a. O., S. 407; vgl. auch Stirling, Klosterleben, S. 231.
23 Stirling, a. a. O., S. 234–245 beschreibt den Krankheitsverlauf Tag für Tag.
24 J. de Zulueta: The cause of death of Emperor Charles V., in: Parassitologia. 49, Nr. 1–2, Juni 2007, S. 107–109.
25 Vgl. Stirling, Klosterleben, Nachtrag 10, S. 334 f.
26 So der Bericht des Klosterbruders, in: Madariaga, Charles Quint, S. 412.
27 So auch Stirling, Klosterleben, S. 246–2458, dem ich folge. Ausführlicher dazu

Schilling, Karl V. und die Religion, in: Soly, Karl V., S. 312–315; auch Kohler, Karl V., S. 363–367.

28 Durch den gegen Carranza angestrengten Inquisitionsprozess sind wir durch umfangreiche, wenn auch nicht deckungsgleiche Quellen über die Sterbeszene gut unterrichtet. Die zentrale Rolle des Kruzifixes wird von allen Augenzeugen bestätigt. Strittig blieb, was Carranza genau zum Kaiser sagte. Ausführlich dazu M. Mignet, Charles Quint. Son abdication, son séjour et sa mort au monastère de Yuste, Paris 1854. Erst jüngst fand der Inquisitionsfall Carranza umfassende Aufarbeitung bei José Ignacio Tellechea Idigoras, der die umfassende Quellenedition Fray Bartolomé Carranza, Documentos históricos (Archivo documental español), 7 Bde., Madrid 1962–1981, die ausführliche Bibliographie Bartolomé Carranza. Mis treinta años de investigaciones carrancianas, Salamanca 1984, schließlich auch einen detaillierten Bericht über die letzten Lebenstage Karls V., Salamanca 1994, vorlegte. Von seinen zahlreichen Darstellungen vgl. vor allem Tiempos recios. Inquisicion y heterodoxias, Salamanca 1977, und den deutschen Aufsatz ‹Der Prozeß gegen Bartolomé Carranza›, in: S. Seidel Menchi (Hg.), Ketzerverfolgungen im 16. und frühen 17. Jahrhundert, Wiesbaden 1992, S. 87–102. – Ein methodisch und theoretisch breit angelegter interdisziplinärer Vergleich katholischer und protestantischer Christusfrömmigkeit, der die Phasen der Konfessionalisierung berücksichtigt, wäre sehr erhellend. Bekanntlich stand die Kreuzesfrömmigkeit auch im Zentrum der religiösen Erneuerung Ignatius von Loyolas und seines Jesuitenordens, grandios dokumentiert in einer Serie von Passionsdarstellungen des 16. Jahrhunderts in der Ausstellung und dem Katalog R. Baumstark (Hg.), Rom in Bayern. Kunst und Spiritualität der ersten Jesuiten, München 1997, S. 434–463.

29 Zitate aus den Prozessakten bei Tellechea Idigoras nach Kohler, Karl V., S. 366.

30 Ausführlich dazu das Referat der im Archiv der Inquisition überlieferten Zeugenaussage in der berühmten Geschichte der spanischen Inquisition aus der Feder des ehemaligen Generalsekretärs und Archivars der Inquisition J. A. Llorente (1756–1823) in der von mir benutzten englischen Übersetzung des 1817/18 erschienenen französischen Originals: The History of the Inquisition of Spain, London 1826, S. 171–179. Vgl. auch den Neudruck J. A. Llorente, A Critical History of the Inquisition of Spain, Williamstown, Ms., 1967, mit einem instruktiven Vorwort von Gabriel H. Lovett. Zu Carranza und seinem Kreis jüngst auch mehrere Studien von Tellechea Idigoras (wie Anm. 28).

31 Von den zahlreichen Interpretationen sind im vorliegenden Zusammenhang zwei einschlägig: Seibt, Karl V., S. 210–212, und Crouzet, Charles Quint, S. 110–113.

32 Brandi, Karl V., S. 537.

33 Seibt, Karl V., S. 29, S. 219.

34 Seibt, Karl V., S. 212.

35 Melanchthons Briefwechsel, Regesten Nr. 8834, Brief vom 17. Januar 1559. Ich verdanke diesen Hinweis dem Melanchthon-Biographen Heinz Scheible.
36 Überliefert durch Sandoval, zitiert nach Stirling, Klosterleben, S. 209.
37 So Stirling, Klosterleben, S. 302.
38 So Kamen, Philip of Spain, S. 46.
39 Zitiert bei Stirling, Klosterleben, S. 281.
40 Zitiert bei Kühner, Lexikon, S. 125 f.
41 Das durchgestrichene und deformierte Porträt des Erasmus ist abgebildet in dem Katalog «Erasmo en España», S. 205.

Epilog

1 Ausführlich dazu Stirling, Klosterleben, S. 250 nach Augenzeugenberichten und der offiziellen Chronik von Sandoval.
2 Fernández Álvarez, Karl V., S. 55.
3 Stirling, Klosterleben, S. 251.
4 «Ich schrak zusammen: der letzte Kaiser von Österreich, der Erbe der habsburgischen Dynastie, die siebenhundert Jahre das Land regiert, verließ sein Reich!», so Stefan Zweig über seinen Blick in den Hofzug am 24. März 1919 auf der Grenzstation in die Schweiz, der Kaiser Karl I. (1916–1918) ins Schweizer Exil brachte. Stefan Zweig, Die Welt von Gestern. Erinnerungen eines Europäers, 42. Aufl., Frankfurt a. M. 2016, S. 324.
5 Karls Beichtvater in Yuste, Juan de Regla, kommt auf 3700; der Chronist Saavedra auf 2400, vgl. Stirling, Klosterleben, S. 275; zum Folgenden auch Aurnhammer/Däuble, Die Exequien, S. 153 ff., Aufstellung der durch Drucke oder andere Erwähnungen nachweisbaren Trauerfeiern.
6 So Aurnhammer/Däubler, a. a. O., S. 154; anders Stirling, Klosterleben, S. 275: in Alt St. Pauls.
7 Ausführlich dazu Aurnhammer/Däubler, a. a. O., S. 104–116, mit Abbildungen.
8 Heute im Diözesanmuseum von St. Afra.
9 Aurnhammer/Däubler, S. 116–135; Stirling, Klosterleben, 274 ff.
10 Genaue Beschreibung mit Abbildungen bei Aurnhammer/Däubler, a. a. O., 120–132.
11 Ebd., Abb. S. 122.
12 Vgl. oben zu Beginn des 12. Kapitels mit. Anm. 1. – Das jetzige Zitat, das die bevorstehende Seereise nach Spanien bereits mitzählt, nach der Wiedergabe des Sandoval-Textes bei Madariaga, Charles Quint, S. 358.
13 William Shakespeare, König Richard II., 2. Akt.
14 Zu den Steurungskräften «Hegemonie» und «Konfession» im europäischen Staatensystem seit 1550 Schilling, Konfessionalisierung und Staatsinteressen. Zum Ende der spanischen Hegemonie Mitte des 17. Jahrhunderts dort S. 532 ff.

15 Aurnhammer/Däubler, a. a. O., S. 120–130, v. a. 131.
16 Zum Folgenden ausführlich Van Ypersele de Strihou, Kerkschat, S. 99–107.
17 Terlinden, Vicomte Charles, Carolus Quintus, Kaiser Karl V. Vorläufer der europäischen Idee. Mit einem Geleitwort von Otto von Habsburg, deutsche Ausgabe Zürich 1978. – Erschöpfende Auseinandersetzung mit dieser und älteren Inanspruchnahmen Karls V. für die Europaidee bei Wohlfeil, Kaiser Karl V. – Ahnherr der Europäischen Union?
18 Erasmus von Rotterdam, hg. von Welzig, Bd. 5, Darmstadt 1968, S. 394 (aus der *Querela Pacis* / Der Klage des Friedens).
19 Näher entwickelt bei Schilling, Martin Luther.

Europäer in der Neuen Welt
zur Zeit Kaiser Karls V.

BIBLIOGRAPHIE

Vollständigkeit ist weder angestrebt noch angesichts der Quellen- und Literaturfülle möglich. Es werden grundlegende Titel genannt, die zur im Detail weiterführenden Lektüre geeignet sind, sowie Darstellungen, die für die vorliegende Biographie wichtig waren.

Quellen

Abenteuer des Ritters Theuerdank. Kolorierter Nachdruck der Gesamtausgabe Nürnberg 1517, Köln 2003.

Acto académico con motivo de la Commemoración del V. Centenario del Nacimiento del Emperador Carlos V, Toledo 2000.

Aulinger, Rosemarie (Bearb.): Deutsche Reichstagsakten unter Karl V. Der Reichstag zu Worms, Bd. 1, München 2003.

Ávila y Zúñiga, Luis de: Commentriorum Caesare Maximo gesto libri duo, Amsterdam 1549.

Bayrische Staatsoper: Textbuch zu Krenek, Karl V., München 2018/19, Libretto des Komponisten, S. 129–149.

Bey, Horst von der (Hg.): «Auch wir sind Menschen wie ihr!». Franziskanische Dokumente des 16. Jahrhunderts zur Eroberung Mexikos, Paderborn 1995.

Briefe der Dunkelmänner, übersetzt von Wilhelm Binder und hg. von Peter Amelung, München 1964.

Lanz, Carl: Correspondenz des Kaisers Karl V. Aus dem Kgl. Archiv und der Bibliothèque de Bourgogne zu Brüssel mitgeteilt, 3 Bde., Leipzig 1844–1846.

Rüthing, Heinrich (Hg. und Bearb.): Die Chronik Bruder Göbels. Aufzeichnungen eines Laienbruders aus dem Kloster Böddeken, 1502 bis 1543, Bielefeld 2005.

Cortés, Hernán: Die Eroberung Mexikos, übersetzt von Mario Spiro und C. W. Koppe, hg. von Claus Litterscheid, Frankfurt a. M. 1980.

Deutsche Reichstagsakten unter Kaiser Karl V. Der Reichstag zu Augsburg 1547/48, 3 Bde., München 2006.

Dickmann, Fritz (Bearb.): Geschichte in Quellen: Renaissance, Glaubenskämpfe, Absolutismus, Bd. 3, München 1966.

Dürer, Albrecht: Tagücher und Briefe, München und Wien 1969.

Emmer, P. C. (Hg.): Dokumente zu Wirtschaft und Handel der Kolonialreiche, München 1988.

Erasmus von Rotterdam: Ausgewählte Schriften in acht Bänden. Lateinisch und Deutsch, hg. von Werner Welzig, 2. Aufl. Darmstadt 1990.

Gachard, Louis Prosper: Retrait et mort de Charles Quint au monastère de Yuste, 3 Bde., Brüssel 1854 / 55.

Gachard, Louis Prosper: Collection des voyages des souverains des Pays-Bas, Bd. 2, Brüssel 1874.

Gattinara, Autobiographie (vgl. Kodek)

Heine, Gotthold (Hg.): Briefe an Kaiser Karl V. geschrieben von seinem Beichtvater in den Jahren 1530–1532, Berlin 1848.

Hutten, Ulrich von: Deutsche Schriften, hg. von Peter Ukena, München 1970.

Hutten, Ulrich von: Die Schule des Tyrannen. Lateinische Schriften, Darmstadt 1996.

Hutten, Ulrich von: Schriften, Bd. I, hg. von E. Böcking, Bd. I., Leipzig 1859.

Kodek, Ilse (Hg.): Der Großkanzler Kaiser Karls V. zieht Bilanz. Die Autobiographie Mercurino Gattinaras aus dem Lateinischen übersetzt, Münster 2004.

Kohler, Alfred (Hg.): Quellen zur Geschichte Karls V., hg. von, Alfred Kohler, Darmstadt 1990.

Kohnle, Armin (Hg.): Das Vermächtnis Kaiser Karls V. Die Politischen Testamente, Darmstadt 2005.

Lanz, Carl (Hg.): *Correspondenz des Kaisers Karl V.*, 3 Bde. Leipzig 1844 / 46.

Madariaga, Salvador de (Hg.): Charles Quint, Le Mémorial des siècles, Paris 1969.

Merian, Caspar: Topographia Germaniae-Inferioris … oder Burgundischen Krijse, Frankfurt 1654 (Faksimile Kassel und Basel 1964).

Rückkehr der Götter. Die Aufzeichnungen der Azteken über den Untergang ihres Reiches, hg. von Miguel León-Portilla und Renate Heuer, aus dem Náhuatl übersetzt von Angel Maria Garibay, deutsch von Renate Heuer, Köln und Opladen 1962, Neuauflage Frankfurt a. M. 1986.

Schertlin, Sebastian: Leben und Thaten des weiland wohledlen und gestrengen Herrn Sebastian Schertlin von Burtenbach durch ihn selbst beschrieben. Nach der eigenen Handschrift des Ritters urkundlich treu herausgegeben von Ottmar F. H. Schönhuth, Münster 1858 (Digitalisiert durch Bayrische Staatsbibliothek).

Sleidanus, Johannes: Warhafftige Beschreibung allerley fürnemer Händel vnd Geschichten, so sich in Glaubens vnd andern Weltlichen sachen unter Keiser Carolo dem fünfften verlauffen haben, Straßburg 1557.

Vandenesse, Jean de: Intinéraire de Charles-Quint, de 1514–1551, in: Collection des Voyages des Souverains des Pays-Bas, hg. von L. P. Gachard, Bd. 3, Brüssel 1874.

Vital, Laurent: Premier voyage de Charles-Quint en Espagne de 1517 à 1518, in: Collection des voyages des Souverains des Pays-Bas, hg. von Gachard und Pio, Bd. 3, Brüssel 1881, S. 1–305.

Wolgast, Eike (Hg.): Deutsche Reichstagsakten, Jüngere Reihe, Bd. XX, 4 Teilbände, Der Reichstag zu Augsburg 1555, München 2009.

Wrede, Adolf (Bearb.): Deutsche Reichstagsakten unter Kaiser Karl V., Jüngere Reihe, Bd. II, Der Reichstag zu Worms 1521, Gotha 1896, Nachdruck 1962 (RTA II).

Zinkeisen, Johannes Wilhelm (Hg.): Drei Denkschriften über die orientalische Frage von Papst Leo X., König Franz I. von Frankreich und Kaiser Maximilian I. aus dem Jahr 1517, Gotha 1854.

Literatur

Acto académico con motivo de la Conmemoración del V Centenario del Nacimiento del Emperador Carlos V, Reden in der Santa Iglesia Catedral Primada de Toledo, el jueves 5 de octubre de 2000.

Anderson, M. S.: The Origins of the Modern European State System 1494–1618, London 1998.

Angenendt, Arnold: Toleranz und Gewalt. Das Christentum zwischen Bibel und Schwert, Münster 2009.

Arnade, Peter J.: Realms of Ritual: Burgundian Ceremony and Civic Life in Late Medieval Ghent, Ithaka / London 1996.

Arndt, Johannes: Das Heilige Römische Reich und die Niederlande, 1566–1648, Köln 1998.

Arndt, Johannes: Habsburgische Hausmachtpolitik im Vergleich: Die Entstehung des Erzherzogtums Österreich und des Burgundischen Kreises, in: Strosetzki, Christoph (Hg.): Aspectos históricos, S. 119–137.

Aurnhammer, Achim und Friedrich Däubler: Die Exequien für Kaiser Karl V. in Augsburg, Brüssel und Bologna, in: Archiv für Kulturgeschichte 62 / 63 (1980 / 81), S. 101–157.

Behringer, Wolfgang: Kulturgeschichte des Sports, München 2012.

Behringer, Wolfgang: Im Zeichen des Merkur. Reichspost und Kommunikationsrevolution in der Frühen Neuzeit, Göttingen 2003.

Ben-Sasson, Haim Hillel (Hg.): Geschichte des jüdischen Volkes, 3. Aufl. München 1995.

Bennasssar, Bartholomé / Robert Sauzet (Hg.): Chrétiens et musulmans à la Renaissance, Paris 1998.

Bergenroth, Gustav R.: Kaiser Karl V. und seine Mutter Johanna, in: Historische Zeitschrift 20 (1868), S. 231–270.

Bietenholz, Peter G. und Thomas Brian Deutscher (Hg.): Contemporaries of Erasmus. A Bibliographical Register of the Renaissance and Reformtion, 3 Bde., Toronto u. a. 1985–87.

Bitterli, Urs: Die Entdeckung Amerikas. Von Kolumbus bis Alexander von Humboldt, München 1991.

Blaich, Fritz: Die Reichsmonopolgesetzgebung im Zeitalter Karls V., Stuttgart 1967.

Blockmans, Wim: Karel V. Keizer van een Wereldrijk, 1500–1558, 3. Aufl. Utrecht 2017.

Blockmans, Wim: Margaretha Hertogin van York, in: Digitaal Vrouwenlexicon van Nederland, 15. April 2012.

Böck, Matthias: Die Auseinandersetzungen zwischen Wilhelm V. von Jülich-Kleve und Kaiser Karl V. im geldrischen Erbfolgekrieg, in: Herrschaft, Hof und Humanismus. Wilhelm V. von Jülich-Kleve-Berg und seine Zeit, hg. von Guido von Büren, Ralf-Peter Fuchs und Georg Mölich, Bielefeld 2018, S. 149–170.

Boehm, Laetitia: Geschichte Burgunds, 2. Aufl. Stuttgart 1979.

Boone, Marc und Marysa Demoor (Hg.): Charles V in Context: the Making of a European Identity, Brüssel 2003.

Boone, Rebecca: Mercurino di Gattinara and the Creation of the Spanish Empire, London 2014.

Bosbach, Franz: Monarchia universalis. Ein politischer Leitbegriff der frühen Neuzeit, Göttingen 1988.

Brady, Thomas et alii: Handbook of European History, 1400–1600, 2 Bde., Leiden 1995.

Brandi, Karl: Karl V., 7. Aufl. München 1964.

Braudel, Fernand (Hg.): Europa: Bausteine seiner Geschichte, Frankfurt a. M., 1989.

Braudel, Fernand: Karl V. Die Notwendigkeit des Zufalls, aus dem Französischen von Joachim Kalkar, Stuttgart 1990.

Braudel, Fernand: The Mediterranean and the Mediterranean World in the Age of Philipp II, 2 Bde., 2. Aufl. London 1972 / 73 (frz. Original 1949 / 1966)

Brendecke, Arndt: Imperium und Empirie. Funktionen des Wissens in der spanischen Kolonialherrschaft, Köln u. a. 2009.

Bulst, Neithardt: Recht, Raum und Politik. Von der spätmittelalterlichen Stadt zur Europäischen Union, Göttingen 2015.

Burke, Peter: Die europäische Renaissance, München 1998.

Burkhardt, Johannes: Das Reformationsjahrhundert. Deutsche Geschichte zwischen Medienrevolution und Institutionenbildung, 1517–1617, Stuttgart 2002.

Busi, Giulio: Michelangelo. Mito e solitudine del Rinacimento, Mailand 2017.

Busi, Giulio: Lorenzo de' Medici. Una vita da Magnifico, Mailand 2016.

Cantù, Francesca und M. A. Visceglia (Hg.): L'Italia di Carlo V: Guerra, religone e politica, Rom 2003.

Cohn, Henry J.: Did Bribes Induce the German Electors to Choose Charles V. as Emperor in 1519?, in: German History 19, 1 (2001), S. 1–27.

Crouzet, Denis: Charles Quint. Empereur d'une fin des temps, Paris 2016.

Delgado, Mariano: Stein des Anstoßes – Bartolomé de Las Casas als Anwalt der Indios, St. Ottilien 2011.

Delgado, Mariano: Hunger und Durst nach Gerechtigkeit: das Christentum des Bartolomé de Las Casas, Freiburg i. Ü. 2001.

Dürer, Albrecht: Albrecht Dürer 1471–1971, Katalog des Germanischen Nationalmuseums, München 1971.

Einem, Herbert von: Karl V. und Tizian, in: Rassow und Schalk, Karl V., S. 67–93.

Edelmayer, Friedrich u. a. (Hg.): Plus ultra, Festschrift für Alfred Kohler, Münster 2008.

Elliot, John: Imperial Spain 1469–1716, Harmondsworth 1963.

Elliot, John: The Old World and the New, 1492–1650, Cambridge 1970.

Erasmo en España. La recepción del Humanismo en el primer renacimiento español, Ausstellungskatalog Salamanca 2002, hg. von der Sociedad Estatal para la Acción Cultural Exterior.

Eser Thomas und Stephanie Armer (Hg.), Luther, Kolumbus und die Folgen, Welt im Wandel 1500–1600, Nürnberg 2017 (Katalog des Germanischen Nationalmuseums).

Eßer, Raingard, Die Tudors und die Stuarts, 1485–1714, Stuttgart 2004.

Ferer, Mary Tiffany: Music and ceremony at the Court of Charles V. The Capilla Flamenca and the Art of Political Promotion, Woodbridge 2012.

Fernández Álvarez, Manuel: Johanna die Wahnsinnige (1479–1555): Königin und Gefangene, München 2005.

Fernández Álvarez, Manuel: Karl V. Herrscher eines Weltreichs, München 1980.

Freigang, Christian: Chöre als Wunderwerke. Bildinszenierungen, Blickachsen und Materialtranszendenz in der Klosterkirche von Brou bei Bourg-en-Bresse, in: Moraht-Fromm, Anna (Hg.): Kunst und Liturgie: Choranlagen des Spätmittelalters, Ostfildern 2003, S. 59–83.

Fuchs, Martina und Orsolya Réthelyi (Hg.): Maria von Ungarn (1505–1558) Eine Renaissancefürstin, Münster 2007.

Fuchs, Martina: Karl V. Eine populäre Figur?, Münster 2002.

Fuchs, Martina und Robert Rebitsch (Hg.): Kaiser und Kurfürst. Aspekte des Fürstenaufstandes 1552, Münster 2010.

Fueter, Eduard: Geschichte des Europäischen Staatensystems von 1492–1559, München und Berlin 1919.

Gotthard, Axel: Säulen des Reiches. Die Kurfürsten im frühneuzeitlichen Reichsverband, 2 Bde., Husum 1999.

Grafton, Anthony: Leon Battista Alberti. Baumeister der Renaissance, Berlin 2002.

Gründer, Horst: Welteroberung und Christentum, Gütersloh 1992.

Gwyn, Peter: The King's Cardinal. The Rise and Fall Of Thomas Wolsey, London 1990.

Haarmann, Ulrich (Hg.): Geschichte der arabischen Welt, 4. Aufl. München 2001.

Hamann, Brigitte (Hg.): Die Habsburger, Wien 1988.

Hartmann, Peter Claus (Hg.): Französische Könige, München 1994.

Headley, John: Gattinara, Erasmus and the Imperial Configurations of Humanism, in: Archiv für Reformationsgeschichte 71 (1980), S. 64–98.

Headley, John: The Emperor and his Chancellor. A study of the imperial chancellery under Gattinara, Cambridge 1983.

Held, Wieland: 1547. Die Schlacht bei Mühlberg/Elbe. Entscheidung auf dem Wege zum albertinischen Kurfürstentum Sachsen, Beucha 1997.

Helmrath, Johannes: Wege des Humanismus. Studien zu Praxis und Diffusion der Antikenleidenschaft im 15. Jahrhundert, Tübingen 2013.

Helmrath, Johannes und Zhenia Lichten: Die Anfänge der Chormusik am Residenzstift Berlin, in: Kai-Uwe Jirka (Hg.): Berliner Jungs singen – seit 550 Jahren, Beeskow 2018, S. 25–64.

Herrmann, Johannes: Moritz von Sachsen (1521–1553). Landes-, Reichs- und Friedensfürst, Beucha 2003.

Herrscherporträt, in: Schule des Sehens, Kunsthistorisches Seminar, Universität

Hamburg, Einführung in die Politische Ikonographie (http://www.wraburghaus.de/PI0301.htm).

Hocks, Else: Der letzte deutsche Papst. Adrian VI. 1522–1523, Freiburg 1939.

Huizinga, Johan: Herbst des Mittelalters. Studien über Lebens- und Geistesformen des 14. und 15. Jahrhunderts in Frankreich und den Niederlanden, 12. Aufl. Stuttgart 2006 (Erstausgabe 1919).

Huizinga, Johan: Burgund. Eine Krise des romanisch-germanischen Verhältnisses, Darmstadt 1952 (Wiederabdruck eines 1932 und 1933 an deutschen Universitäten gehaltenen Vortrags).

Immenkötter, Herbert und Gunther Wenz (Hg.): Im Schatten der Confessio Augustana, Münster 1997.

Iserloh, Erwin (Hg.): Confessio Augustana und Confutatio, Münster 1980.

Israel, Jonathan: The Dutch Republic, Oxford 1995.

Jacquot, Jean (Hg.): Les fêtes de la Renaissance, Bd. II: Fêtes et cérémonies au temps de Charles Quint, Paris 1960.

Jorzick, Regine: Herrschaftssymbolik und Staat. Die Vermittlung königlicher Herrschaft im Spanien der frühen Neuzeit (1556–1598), Wien und München 1998.

Junghans, Helmar: Kaiser Karl V. am Grabe Martin Luthers in der Schloßkirche zu Wittenberg, in: Lutherjahrbuch 54 (1987), S. 100–113.

Kalkoff, Paul: Der Wormser Reichstag von 1521. Biographische und quellenkritische Studien zur Reformationsgeschichte, München/Berlin 1922.

Kamen, Henry: Philip of Spain, New Haven 1997.

Kamp, Hermann: Burgund. Geschichte und Kultur, München 2007.

Kaufmann, Thomas: Das Ende der Reformation. Magdeburgs «Herrgotts Kanzlei» (1548–1551/2), Tübingen 2003.

Knape, Joachim: 1521. Martin Luthers rhetorischer Moment oder die Einführung des Protestes, Berlin 2017.

Koenigsberger, Helmut: The Habsburgs and Europe, 1516–1660, Ithaca 1971.

Kohler, Alfred, Barbara Haider und Christine Ottner (Hg.): Karl V., 1500–1558. Neue Perspektiven seiner Herrschaft in Europa und Übersee, Wien 2002.

Kohler, Alfred: Antihabsburgische Politik in der Epoche Karls V. Die reichsständische Opposition gegen die Wahl Ferdinands I. zum römischen König und gegen die Anerkennung seines Königtums (1524–1534), Göttingen 1982.

Kohler, Alfred: Expansion und Hegemonie, 1450–1559, Paderborn 2008.

Kohler, Alfred: Ferdinand I. 1503–1564. Fürst, König und Kaiser, München 2003.

Kohler, Alfred: Karl V. 1500–1558, München 1999.

Kohler, Alfred: Karl V., in: Neue Deutsche Biographie 11, Berlin 1977, S. 191–211.

Kohnle, Armin: Reichstag und Reformation. Kaiserliche und ständische Religionspolitik von den Anfängen der Causa Lutheri bis zum Nürnberger Religionsfrieden, Gütersloh 2001.

Koller, Alexander: Imperator und Pontifex. Forschungen zum Verhältnis von Kaiserhof und römischer Kurie, Münster 2012.

Konetzke, Richard: Süd- und Mittelamerika I – Die Indianerkulturen Altamerikas und die spanisch-portugiesische Kolonialherrschaft, Frankfurt a. M. 1965, = Fischer Weltgeschichte, Bd. 22.

Konrad, Felix: Von der ‹Türkengefahr› zu Exotismus und Orientalismus: Der Islam als Antithese Europas (1453–1914), in: Europäische Geschichte Online (EGO), hg. vom Institut für Europäische Geschichte (IEG), Mainz 2010-12-03 http://www.ieg-ego.eu/konradf-2010-de URN: urn:nbn:de:0159-20101025120 [2013–09.10].

Koselleck, Reinhart, Artikel «Bund», in: ders. (Hg.): Geschichtliche Grundbegriffe, Bd. I, S. 582–671.

Krämer, Gudrun: Der Vordere Orient und Nordafrika ab 1500, Frankfurt a. M. 2016.

Kreneks «Karl V.» – Interdisziplinäre Perspektiven. Beiträge des Symposions im Kunsthistorischen Museum Wien 20./21.6., in: Österreichische Musikzeitschrift 55, Heft 8–9, 2000, S. 17–41.

Kruse, Petra (Hg.): Ausstellung Kaiser Karl V. (1500–1558). Macht und Ohnmacht Europas, Wien und Bonn 2000.

Kühner, Hans: Lexikon der Päpste, Frankfurt a. M. 1960.

Lahnstein, Peter: Auf den Spuren von Karl V., München 1979.

Laubach, Ernst: Zur Entwicklung der habsburgischen Überlegungen für eine außerkonziliare Überwindung der Kirchenspaltung bis zum «Religionsgespräch» in Hagenau, in: Archiv für Reformationsgeschichte 109 (2018), S. 83–125.

Laubach, Ernst: Der Reichsvizekanzler Georg Sigmund Seld im Dienst der Kaiser Karl V. und Ferdinand I., Gütersloh 2010.

Laubach, Ernst: Ferdinand I. als Kaiser. Politik und Herrscherauffassung des Nachfolgers Karls V., Münster 2001.

Laubach, Ernst: Kooperation und Kollision: Karl V. und Ferdinand I. zwischen Augsburger Reichstag und Fürstenaufstand, in: Fuchs/Rebitsch, Kaiser und Fürst, S. 33–50.

Leeb, Rudolf., Walter Öhlinger, Karl Vocelka, Hg,: Brennen für den Glauben. Wien nach Luther. Ausstellungskatalog Wienmuseum, Wien 2017.

Lehmann, Hartmut: Universales Kaisertum, dynastische Weltmacht oder Imperialismus. Zur Beurteilung der Politik Karls V., in: Fichtenau, Heinrich und Erich Zöllner (Hg.): Beiträge zur neueren Geschichte Österreichs, Wien-Köln-Graz 1974, S. 71–83.

Leppin, Volker u. a. (Hg.): Johann Friedrich I. – der lutherische Kurfürst, Gütersloh 2006.

Lettieri, Gaetano: Nove testi sull'ultimo Machiavelli, in: Humanitas, N. S. 72, Sept.–Dez. 2017, S. 1034–1089.

Loades, David: Maria Tudor, 1516–1558, München 1982.

Lutz, Heinrich, Reformation und Gegenreformation, 4. Aufl. von Alfred Kohler bearb., München 1997.

Lutz, Heinrich: Christianitas afflicta. Europa, das Reich und die päpstliche Politik im Niedergang der Hegemonie Karls V. (1552–1556), Göttingen 1964.

Lutz, Heinrich: Das Ringen um deutsche Einheit und kirchliche Erneuerung, Berlin 1983.

Majoros, Ferenc: Karl V. – Habsburg als Weltmacht, Graz und Wien 2000.

Marnef, Guido: Tussen tolerantie en repressie: Protestanten en religieuze dissidenten te Antwerpen in de 16de eeuw, in: Hugo Soly und Alfons Thijs (Hg.): Minderheden in Westeuropese steden, Brüssel 1995, S. 189–213.

Marnef, Guido: Charles V's Religious Policy and the Antwerp Market: a confrontation of different interests?, in: Boone / Demoor: Charles V., S. 21–34.

Marnef, Guido: Antwerpen in de tijd van de Reformatie, Antwerpen 1996.

McNally, Robert E.: Pope Adrian VI. (1522–23) and Church Reform, in: Archivum Historicae Pontificiae 7 (1969), S. 253–286.

Metzig, Gregor: Kommunikation und Konfrontation. Diplomatie und Gesandtschaftswesen Kaiser Maximilians I. (1486–1519), Berlin 2016.

Milhou, Alain, Die Iberische Halbinsel; Afrika; Lateinamerika: Kap. 6–8, S. 662–874, in: Marc Venard und Heribert Smolinsky (Hg.), Die Geschichte des Christentums, Bd. 8: Die Zeit der Konfessionen (1530–1620 / 30), Freiburg etc. 1992.

Mitchell, Bonner: Charles V as Triumphator, in: In Laudem Caroli for Charles Nauert, Kirksvill, Mo. 1998, S. 95–112.

Moeller, Bernd: Deutschland im Zeitalter der Reformation, 4., erweiterte Aufl. Göttingen 1999.

Müller, Gerhard (Hg.): Die Religionsgespräche der Reformationszeit, Gütersloh 1980.

Naegle, Gisela und Jesus Telechea: Geschlechter und Zünfte, in: ZHF 41 (2014), S. 561–618.

Nette, Herbert: Karl V., Hamburg 1979.

Neuhaus, Helmut: Das Reich in der Frühen Neuzeit, in: Lothar Gall (Hg.): Enzyklopädie Deutscher Geschichte Bd. 42, 2. Aufl. München 2003, S. 39–43.

Neuhaus, Helmut: Der Augsburger Reichstag von 1530. Ein Forschungsbericht, in: Zeitschrift für Historische Forschung 9 (1982), A. 167–211.

Neumann, Martin: Las Casas, Freiburg i. Br. 1990.

North, Michael: Häfen und Horizonte. Weltgeschichte der Meere, München 2016.

Novos Mundos – Neue Welten: Portugal und das Zeitalter der Entdeckungen, Ausstellungskatalog, Berlin 2007.

Oehmig, Stefan (Hg.), 700 Jahre Wittenberg, Weimar, 1995.

Oestreich, Gerhard: Zur parlamentarischen Arbeitsweise der deutschen Reichstage unter Karl V. (1519–1556). Kuriensystem und Ausschussbildung, in: Brigitta Oestreich (Hg.): Strukturprobleme der Frühen Neuzeit. Ausgewählte Aufsätze, Berlin 1980, S. 201–228.

Panzer, Marita A.: Barbara Blomberg. 1527–1597. Bürgerstochter, Kaisergeliebte und Heldenmutter, Regensburg 1995.

Paravicini, Werner (Hg.): La cour de Bourgogne et l'Europe, Ostfildern 2013.

Parisse, Michel e. a.: Cinq-centième anniversaire de la bataille de Nancy (1477), Actes du Colloque, Nancy 1979.
Parker, Geoffrey: The Military Revolution, Cambridge 1988.
Parker, Geoffrey; The Army of Flanders and the Spanish Road, Cambridge 1972.
Parry, J. H.: Europe and the Wider World, 1415–1715, London 1966.
Pelizaeus, Ludolf: Dynamik der Macht. Städtischer Widerstand und Konfliktbewältigung im Reich Karls V., Münster 2007.
Petter, Wolfgang: Probleme der deutsch-spanischen Begegnung in den Anfängen Karls V., in: Spanische Forschungen der Görresgesellschaft, Bd. 26, Münster 1971, S. 88–151.
Pflüger, Christiane: Kommissare und Korrespondenzen. Politische Kommunikation im Alten Reich (1552–1558), Köln etc. 2005.
Philipp, Marion: Ehrenpforten für Kaiser Karl V.: Festdekorationen als Medien politischer Kommunikation, Münster 2010.
Pietschmann, Hort: Staat und staatliche Entwicklung am Beginn der spanischen Kolonisation Amerikas, Münster 1980.
Press, Volker: Kaiser Karl V., König Ferdinand und die Entstehung der Reichsritterschaft, Wiesbaden 1976.
Press, Volker: Das Alte Reich. Ausgewählte Aufsätze, Berlin 1997.
Prodi, Paolo: Il sovrano pontifice, Bologna 1982 (englische Übersetzung: The papal prince, Cambridge u. a. 1987).
Rabe, Horst: Zur Entstehung des Augsburger Interim, in: Archiv für Reformationsgeschichte, 94 (2003), S. 6–104 ff.
Rabe, Horst (Hg.): Karl V. Politik und politisches System, Konstanz 1996.
Rabe, Horst: Reich und Glaubenskriege. Deutschland 1500–1600, München 1989.
Rabe, Horst: Reichsbund und Interim. Die Verfassungs- und Religionspolitik Karls V. und der Augsburger Reichstag 1547/48, Köln und Wien 1971.
Ranke, Leopold von: Deutsche Geschichte im Zeitalter der Reformation, hg. von Paul Joachimsen, Merseburg-Leipzig 1933.
Ranke, Leopold von: Die römischen Päpste, ihre Kirche und ihr Staat im 16. und 17. Jahrhundert, 5. Aufl., Leipzig 1867.
Rassow, Peter und Fritz Schalk (Hg.) Karl V. Der Kaiser und seine Zeit, Köln 1960.
Rassow, Peter: Karl V. Der letzte Kaiser des Mittelalters, Göttingen u. a. 1957.
Reinhard, Wolfgang (Hg.): Geschichte der Welt. 1350–1750. Weltreiche und Weltmeere, München 2014.
Reinhard, Wolfgang: Ausgewählte Abhandlungen, Berlin 1997.
Reinhard, Wolfgang: Die Unterwerfung der Welt. Globalgeschichte der europäischen Expansion 1415–2015, München 2016.
Reinhard, Wolfgang: Geschichte der europäischen Expansion, Bde. 1 und 2, Stuttgart 1985.
Reinhard, Wolfgang: Globalisierung des Christentums?, Heidelberg 2007.
Reinhardt, Volker: Die Macht der Schönheit. Kulturgeschichte Italiens, München 2019.

Reinhardt, Volker: Leonardo da Vinci. Das Auge der Welt, München 2018.
Reinhardt, Volker: Pontifex. Die Geschichte der Päpste, München 2017.
Réthelyi, Orsolya: Mary of Hungary in Court Context (1521–1531), PhD Central European University Budapest 2010.
Reuter, Fritz (Hg.): Der Reichstag zu Worms von 1521. Reichspolitik und Luthersache, Worms 1971.
Roll, Christiane (Hg.): Recht und Reich im Zeitalter der Reformation. Festschrift für Horst Rabe, Frankfurt a. M. 1996.
Rosenthal, Earl Edgar: The invention of the columnar device of emperor Charles V. at the court of Burgundy in Flanders in 1516, in: Journal of the Warburg and Courtauld Institutes 36 (1973), S. 198–230.
Saville, Marshall H.: The Discovery of Yucatan in 1517 by Francisco Hernández de Cordoba, in: Geographical Review 6 (1918), S. 436–448.
Scheible, Heinz: Die Gravamina. Luther und der Wormser Reichstag von 1521, in: ders., Rolf Decot, Erhard May (Hg.): Melanchthon und die Reformation, Wiesbaden 1996, S. 393–409.
Schilling, Heinz und István Tóth (Hg.): Religion and Cultural Exchange in Europe, 1400–1700, Cambridge 2006.
Schilling, Heinz: 1517, Weltgeschichte eines Jahres, 4. Aufl. München 2017.
Schilling, Heinz: Aufbruch und Krise. Deutschland 1517–1648, 2. Aufl. Berlin 1994.
Schilling, Heinz: Ausgewählte Abhandlungen zur europäischen Reformations- und Konfessionsgeschichte, Berlin 2002.
Schilling, Heinz: Das Papsttum und das Ringen um die machtpolitische Neugestaltung Italiens und Europas, in: Julius II. und Leo X., S. 15–18.
Schilling, Heinz: Die Neue Zeit. Vom Christenheitseuropa zum Europa der Staaten, 1250–1750, Berlin 1999.
Schilling, Heinz: Karl V. und die Religion. Das Ringen um Reinheit und Einheit des Christentums, in: ders.: Abhandlungen, S. 47–120.
Schilling, Heinz: Konfessionalisierung und Staatsinteressen. Internationale Beziehungen 1559–1660, Paderborn 2007.
Schilling, Heinz: Martin Luther, Rebell in einer Zeit des Umbruchs, 4. Aufl. München 2016.
Schilling, Heinz: Veni, vidi, Deus vicit – Karl V. zwischen Religionskrieg und Religionsfrieden, in: Archiv für Reformationsgeschichte 89 (1998), S. 144–166.
Schilling, Johannes, Scrutamini Scripturas. Über eine Aufgabe, in: CAU, Forschungen und Berichte der Christian-Albrechts-Universität zu Kiel, Bd. 83 (Mai 2016), S. 20–39.
Schlegelmilch, Anna Margarete: Die Jugendjahre Karls V. – Lebenswelt und Erziehung des burgundischen Prinzen, Köln 2011.
Schmidt, Georg: «der teutschen nation, unserm geliebten vatterlandt». Sprache und Politik Karls V. im Umfeld des Augsburger Reichstags 1547 / 48, in: Edelmayer, Plus ultra, S. 123–144.

Schmidt, Peer: Spanische Universalmonarchie und «teutsche Libertät». Das spanische Imperium in der Propaganda des Dreißigjährigen Krieges, Stuttgart 2001.

Schnettger, Matthias (Hg.): Imperium Romanum – irregulare corpus – teutscher Reichs-Staat. Das Alte Reich im Verständnis der Zeitgenossen und der Historiographie, Mainz 2002.

Schorn-Schütte, Luise (Hg.): Das Interim 1548/50. Herrschaftskrise und Glaubenskonflikt, Gütersloh 2005.

Schorn-Schütte, Luise: Karl V., Kaiser zwischen Mittelalter und Neuzeit, München 2006.

Schreiner, Klaus (Hg.): Heilige Kriege. Religiöse Begründungen militärischer Gewaltanwendung: Juden, Christentum und Islam im Vergleich, München 2008.

Schreiner, Klaus (Hg.): Laienfrömmigkeit im späten Mittelalter, München 1992.

Schulin, Ernst: Kaiser Karl V. – Geschichte eines übergroßen Wirkungsbereiches, Stuttgart 1999.

Schwaller, John F.: The Expansion of Nahuatl as a Lingua Franca among Priests in Sixteenth-Century Mexico, in: Ethnohistory 59 (2012), S. 675–690.

Seibt, Ferdinand: Karl V. Der Kaiser der Reformation, Berlin 1990.

Seibt, Ferdinand: Karl und Ferdinand, in: Deutsche Brüder. Zwölf Doppelporträts, Berlin 1994, S. 7–28.

Seidel, Max und Romano Silva: The Power of Images, the Images of Power. Lucca as an Imperial City: Political Iconography, München und Berlin 2007.

Seidel Menchi, Silvana: Erasmus als Ketzer. Reformation und Inquisition im Italien des 16. Jahrhunderts, Leiden 1993.

Seidel Menchi, Silvana: Erasmus as Arminius – Bale as the Anti-Rome? Closed and open circles of Humanists Communication, in: Archiv für Reformationsgeschichte 99 (2008), S. 66–96.

Seidel Menchi, Silvana: Einleitung zu ihrer Edition der Schrift «Iulius exclusus», in: Opera omnia Desiderii Erasmi, Leiden und Bosten 2013, S. 1–131.

Seipel, Wilfried (Hg.): Der Kriegszug Kaiser Karls V. gegen Tunis. Kartons und Tapisserien, Mailand und Wien 2000.

Sociedad Estatal para la Conmemoración … de Filipe II. Y Carlos V (Hg.): Carolus, Musei de Santa Cruz Toledo, Madrid 2001.

Soly, Hugo (Hg.): Karl V. 1500–1558 und seine Zeit, Köln 1999.

Soly, Hugo und Johann Van de Wiele (Hg.): Carolus – Charles Quint 1500–1558, Gent 1999 (Katalog der Ausstellung in der Kunsthalle De Sint-Pieterabdij).

Stirling, William, Das Klosterleben Kaiser Karls des Fünften, 2. berichtigte und vermehrte Aufl. Dresden 1858.

Stollberg-Rilinger, Barbara: Des Kaisers alte Kleider. Verfassungsgeschichte und Symbolsprache des Alten Reiches, München 2008.

Strosetzki, Christoph (Hg.): Aspectos históricos y culturales bajo Carlos V / Aspekte der Geschichte und Kultur unter Karl V., Frankfurt a. M. 2000.

Tauber, Christine: Stilpolitik im Palazzo del Te in Mantua, in: Dietrich Erbe u. a.

(Hg.): Politikstil und die Sichtbarkeit des Politischen in der Frühen Neuzeit, Passau 2016, S. 93–127.

Tellechea Idigoras, Ignacio: Asi murió el Emperador: La última jornada de Carlos V, Salamanca 1994.

Tellechea Idigoras, Ignacio: Bartolomé Carranza. Mis treinta años de investigaciones Carrancianas, Salamanca 1984.

Tellechea Idigoras, Ignacio: Fray Bartolomé Carranza, Documentos históricos (Archivo documental español), 7 Bde., Madrid 1962–1981.

Terlinden, Charles Visconte de: La Politique italienne de Charles Quint et le «triomphe de Bologna», in: Jacquot, Fêtes Bd. II, S. 29–44.

Terlinden, Vicomte Charles, Carolus Quintus, Kaiser Karl V. Vorläufer der europäischen Idee. Mit einem Geleitwort von Otto von Habsburg, Zürich 1978 (franz. Erstveröffentlichung Brügge 1965).

Tewes, Götz-Rüdiger und Michael Rohlmann: Der Medici-Papst Leo X. und Frankreich. Politik, Kultur und Familiengeschäfte in der europäischen Renaissance, Tübingen 2002.

Tostmann, Oliver: «Plus Oultre» – Gedanken über die Tunis-Teppichserie nach Jan Vermeyen, in: Zeitschrift für Kunstgeschichte 71 (2008), S. 73–100.

Tracy, James, Holland under Habsburg Rule, 1506–1566, Berkeley u. a. 1990.

Van der Wee, Herman: The Growth of Antwerp Market and the European Economy, Den Haag 1965.

Van Ypersele de Strihou, Anne: De kerkschat van de Sint-Michiels en Sint-Goedelakathedraal te Brussel, Brüssel o. J.

Vaughan, Richard: 500 Years after the Battles, in: Bijdragen en Mededelingen betreffende de Geschiedenis der Nederlanden 95 (1980), S. 377–390.

Venard, Marc (Hg.): Die Geschichte des Christentums, Bd. 8., Die Zeit der Konfessionen (1530–1620/30), Freiburg i. Br. 1992.

Vilar Sánchez, Juan: 1526. Boda y luna de miel del emperador Carlos V. La visita imperial a Andalucía y al Reino de Granada, Granada 2000.

Visceglia, Maria Antonietta, Il viaggio cerimoniale di Carlo V dopo Tunisi, in: Dimensioni e problemi della ricerca storica, Rivista del Dipartimento di Storia «La Sapienza», 2 (2001), S. 5–50.

Visceglia, Maria Antonietta: «Aspettandosi da un papa uno imperatore»: il trionfo romano di Carlo V, in: dies., La città rituale, Rom 2002, S. 191–200.

Vocelka, Karl: Die Familien Habsburg und Habsburg-Lothringen. Politik-Kultur-Mentalität, Wien–Köln–Weimar 2010.

Vogler, Günter: Kurfürst Johann Friedrich und Herzog Moritz von Sachsen: Polemik in Liedern und Flugschriften während des Schmalkaldischen Krieges 1546/47, in: Archiv für Reformationsgeschichte 89 (1998), S. 128–206.

Walser, Fritz: Die spanischen Zentralbehörden und der Staatsrat Karls V., postum herausgegeben von Rainer Wohlfeil, Göttingen 1959.

Walther, Andreas: Die Anfänge Karls V., Leipzig 1911.

Wikipedia (Einzelnachweise nur bei Zitaten oder Übernahme substantieller Positionen)

Winterhager, Wilhelm Ernst: Ablaßkritik als Indikator historischen Wandels vor 1517. Ein Beitrag zu Voraussetzungen und Einordnung der Reformation, in: Archiv für Reformationsgeschichte 90 (1999), S. 6–21.

Wohlfeil, Rainer: Kriegsheld oder Friedensfürst? Eine Studie zum Bildprogramm des Palastes Karls V. in der Alhambra zu Granada, in: Recht und Reich, Festschrift für Horst Rabe, Frankfurt a. M. 1996, S. 57–96.

Wohlfeil, Rainer: Kaiser Karl V. – Ahnherr der Europäischen Union? Überlegungen zum Verhältnis von Geschichte und Tradition, in: Festschrift für Hans-Jürgen Goertz zum 60. Geburtstag, Leiden–New York–Köln 1997, S. 221–242.

Wolgast, Eike: Art. Gravamina nationis germanicae, in: Theologische Realenzyklopädie, Bd. 14, S. 131–134.

Wolgast, Eike: Reformierte Konfession und Politik. Studien zur Geschichte der Kurpfalz, Heidelberg 1998.

Wolgast, Eike: Die reformatorische Bewegung in der Kurpfalz, in: 450 Jahre Reformation in Baden und Kurpfalz, hg. von Udo Wennenmuth, Stuttgart 2009, S. 25–44.

Zulueta, J. de: The cause of death of Emperor Charles V., in: Parassitologia. 49, Nr. 1–2, Juni 2007, S. 107–109.

BILDNACHWEIS

Frontispiz: Peter Paul Rubens nach dem Gemälde von Parmigianino (um 1530): «Allegorie auf Kaiser Karl V. als Weltherrscher», um 1604. Salzburg, Residenzgalerie, © akg-images, Berlin

Seite 16: Meister der Magdalenenlegende, Gemälde, (Ende 15.-Anfang 16. Jh.), Rijksmuseum Amsterdam, © Hermann Buresch / bpk-Bildagentur, Berlin

Seite 17: Werkstatt des Meisters der Magdalenenlegende, Gemälde, um 1495/96, Sammlungen Schloss Ambras, Innsbruck © Erich Lessing / akg-images, Berlin

Seite 21: Claus Sluter und Claus de Werve, © Manuel Cohen / akg-images, Berlin

Seite 27: Gemäldegalerie, Staatliche Museen zu Berlin, © Gemäldegalerie, SMB / Christoph Schmidt / bpk-Bildagentur, Berlin

Seite 29: Gemälde, Musée Condé, Chantilly, © Bridgeman Images, Berlin

Seite 35: Sammlungen Schloss Ambras, Innsbruck, © Erich Lessing / akg-images, Berlin

Seite 39: Werkstatt Petrus Alamire, Museum: Hof van Busleyden, Mechelen, Belgien, © Album / akg-images, Berlin

Seite 53: Louvre, Paris, © Bridgeman Images, Berlin

Seite 60: Kolorierter Kupferstich, Privatsammlung, © De Agostini Picture Library / A. Dagli Orti / akg-images, Berlin

Seite 80: © akg-images, Berlin

Seite 103: WHA / World History Archive / akg-images, Berlin

Seite 113: Staatsgalerie Bamberg, Inv. Nr. 3564, Bayerische Staatsgemäldesammlungen, München, © akg-images, Berlin

Seite 124: Gemälde, Deutsches Historisches Museum, Berlin, Inv. Nr. 1989/1547.1, © akg-images, Berlin

Seite 126: © akg-images, Berlin

Seite 151: Bildteppich Nr. 6 der Serie zur Schlacht von Pavia, Museo e Gallerie Nazionali di Capodimonte, Inv. I. G. M. N. 144489, © Erich Lessing / akg-images, Berlin

Seite 169: Privatsammlung, © akg-images, Berlin

Seite 178: Sala dei Fasti Farnesiani, © Manuel Cohen / akg-images, Berlin

Seite 206: Museo Nacional del Prado, Madrid, © Joseph Martin / bpk-Bildagentur, Berlin

Seite 211: Karl V. und Clemens VII., aus der «Einzugsfolge», © akg-images, Berlin

Seite 228: Gemälde, Museo Nacional Thyssen-Bornemisza, Madrid, Inv. Nr. 1933.7, © André Held / akg-images, Berlin

Seite 237: © Eric Vandeville / akg-images, Berlin

Seite 241: Topkapı Sarayı Müzesi Kütüphanesi (Bibliothek), Istanbul, © De Agostini Picture Library / G. Dagli Orti / akg-images, Berlin

Seite 244: Gemälde, Palazzo Bianco, Genua, © MPortfolio / Electa / akg-images, Berlin

Seite 248: © Heinz Schilling

Seite 250: Patrimonio Nacional, Madrid, © akg-images, Berlin

Seite 257: «Sulimanus Otomanus Rex Turcarum», Kupferstich von Agostino Veneziano, 1535, © akg-images, Berlin

Seite 263: Tafel XX der Serie «Die Eroberung von Mexiko», Museo Nacional de Bellas Artes, Bueonos Aires, Inv. Nr. 6325, © akg-images, Berlin

Seite 266: Kolorierter Stich, 16. Jh., Biblioteca Nazionale Marciana (Nationalbibliothek), Venedig, © De Agostini Picture Library / G. Dagli Orti / akg-images, Berlin

Seite 280: Porträt 16. Jh., Biblioteca Capitular y Colombina, Sevilla, © De Agostini Picture Library / Bridgeman Images, Berlin

Seite 281: Nach einer Radierung aus: «Retratos de Los Españoles Ilustres», veröffentlicht in Madrid, 1791, © UIG / Universal History Archive / akg-images, Berlin

Seite 288: Gemäldegalerie Alte Meister, Dresden, © akg-images, Berlin

Seite 290: Alfredo Dagli Orti / bpk-Bildagentur, Berlin

Seite 302: Hospital Tavera, Toledo, © Joseph Martin / akg-images, Berlin

Seite 345: Museo del Prado, Madrid, © Bridgeman Images, Berlin

Seite 346: Kunsthistorisches Museum, Wien, Inv. Nr. 4386, © akg-images, Berlin

Seite 368: Gemälde, Museo del Prado, Madrid, Inv. Nr. 432, © Album / akg-images, Berlin

Seite 378: Kolorierter Kupferstich von den Brüdern Johannes und Lucas Doetecum nach einer Zeichnung von Hieronymus Cock (aus dem illustrierten Gedenkalbum mit 33 Kupferstichen mit Darstellungen des Trauerzugs), Bibliothèque Municipale, Besançon, © Erich Lessing / akg-images, Berlin

Seite 380: Kolorierter Kupferstich von den Brüdern Johannes und Lucas Doetecum nach einer Zeichnung von Hieronymus Cock, Bibliothèque Municipale, Besançon, © Erich Lessing / akg-images, Berlin

Seite 386: (Ausschnitt), © Bildarchiv Monheim / Andreas Lechtape / akg-images, Berlin

GENEALOGIE

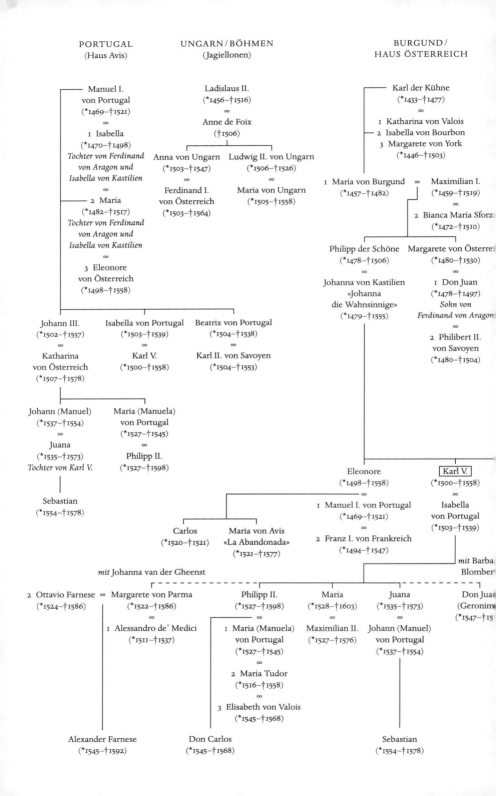

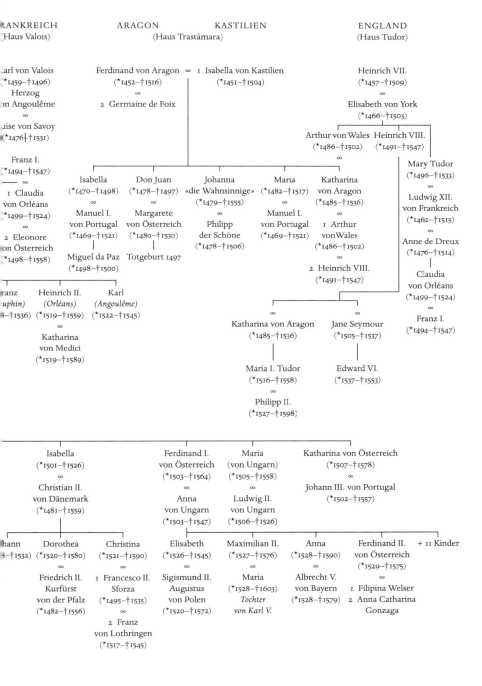

PERSONENEGISTER

Kursive Seitenzahlen verweisen auf Bildunterschriften.

Acuña, Antonio de 85
–, Hernando de 292
Adrian van Utrecht 36, 38, 52, 74, 84, 90 f., 110, 128, 135, 137, 155, 159, 273, 366 f.
Aegidius von Viterbo 168
Aeneas Piccolomini *siehe* Pius II.
Agrippa, Heinrich Cornelius 36
al-Hasan, Hafsidenkönig 242
Alaba, Feldherr 358
Alba, Herzog von *siehe* Álvarez de Toledo, Fernando
Alber, Erasmus 313
Albrecht Alcibiades 323
Albrecht von Mainz 103, 227
Albrecht von Sachsen 287
Aleander, Girolamo 124, 126, 130, 136
Álvarez de Toledo, Fernando, Herzog von Alba 201, 245, 286, 293, 297, 326 f., 333, 339
–, Pedro 247
Amsdorf, Nikolaus von 313
Anna Jagiello von Böhmen und Ungarn 75, 127, 188, 375, 385
Anne de Bretagne 45
Anton II. von Lothringen 27
Aragona, Giulia d' 173
Aristoteles 280
Augustinus 369
Ávila y Zúñiga, Luis de 291, 302, 325, 357, 359
Àvolos, Alfonso d', Marchese del Vasto 181

Barbarossa, Chaireddin (Khair ad-Din / Khizir) 175, 182, 235 f., 240, 241, 242, 245 ff., 249, 251 f., 256, 259
Bautkin, Lieven 32
Beecher-Stowe, Harriet 295
Benedikt XVI., Papst 11
Bernhardino von Pimentel 199
Beyer, Christian 225
Beza, Theodor 313
Blomberg, Barbara 202, 204
Bocksberger, Johann d. Ä. *346*
Boele, Egidius 55
Boeyens, Adriaan Florisz. *siehe* Adrian van Utrecht
Bonnivet, Guillaume Gouffier de 156
Borgia, Francisco 362
Borja, Francisco de 359
Boschetti, Isabella 173
Brandi, Karl 47, 77, 287, 338, 367
Brandt von Lindau, Friedrich III. 296
Bredemers, Hendrik 24, 38, 40
Bucer, Martin 294
Bues, Adrian de 203
Bugenhagen, Johannes 181, 293 f.

Cabezón, Antonio de 195
Caesar, Julius 98, 291
Calvin, Johannes 183, 219, 369
Campeggio, Lorenzo 224
Canis, Cornelius 24, 40
Cano, Melchior 279
Caracciolo, Marinus 124

Carafa, Gian Pietro siehe Paul IV., Papst
Carlos, Sohn Philipps II. 352, 367
Carranza, Bartolomé de 279, 340, 364–367, 370, 373
Castiglione, Baldassare 36, 173
Cazalla, Augustin 358
Cellini, Benvenuto 167
Charles I. von Lalaing, Baron von Montigny 186, 203
Charles II. von Bourbon 167
Charles von Angoulême 176
Chièvres siehe Croy, Guillaume de
Christian II. von Dänemark 128, 181, 205, 222, 286, 351, 374
Christian III. von Dänemark 73, 181, 286
Christina von Dänemark 27, 299, 324, 343
Christine von Sachsen 298
Cisneros, Francisco Jimenez de 42, 57, 68, 76, 84 f.
Claude de France 45
Clemens VII., Papst 66, 137, 155, 165, 167, 170, 172, 174, 176, 203, 210, 212–216, 218, 221, 223, 234
Clouet, Jean 95
Cobos y Molina, Francisco de los 115, 195, 272, 333
Cochläus, Johannes 226
Contarini, Gasparo 210
Córdoba y Aguila, Gonzalo Fernández de 193
Cortés, Hernán 87, 143, 154, 240, 261 f., 264, 266 ff., 273, 275, 304
Cranach, Lucas d. Ä. 124, 197, 228, 288
Crouzet, Denis 14, 329
Croy, Guillaume II. de, Seigneur de Chièvres 37 f., 40, 46, 52 ff., 57, 63 ff., 76 f., 82 ff., 86, 114, 140
–, Guillaume III. de 84 f.
–, Philipp de 53

Domitian 219
Doria, Andrea 165, 171, 174, 243 ff., 244, 250, 254 f.
Dorothea von Dänemark und Norwegen 72 f.
Dürer, Albrecht 36, 80, 265

Eck, Johannes 226
Ecken, Johann von der 130
Edward VI. von England 338
Elcano, Juan Sebastián 269
Eleonore Helena von Portugal 191
Eleonore von Kastilien 31, 33, 35, 37 f., 39, 71 f., 76 f., 85, 161, 176, 205, 338 f., 343, 350, 360 f., 374
Elisabeth I. von England 340, 376, 381 f.
Elisabeth von Thüringen / Ungarn 386, 387
Emanuel Philibert von Savoyen 327, 343
Erasmus von Rotterdam 36, 40 f., 53, 86, 129, 132, 135, 160, 366, 370 f., 388
Eraso, Francesco 342, 344
Ernst von Sachsen 287
Eyck, Gebrüder van 23

Farnese, Alessandro 178, 179, 203, 290
–, Ottavio 203, 218
–, Pier Luigi 175, 219 f., 305
Ferdinand I., Kaiser 11 f., 33, 39, 66, 73–76, 78 f., 83, 87, 102, 104 f., 107 f., 110 ff., 127, 156, 171, 173, 176, 180, 188 f., 202, 212 f., 222, 227, 229 f., 232, 234, 239, 249 ff., 258, 285, 288 f., 293, 317–323, 328, 330, 333–336, 341–348, 346, 351, 369, 374 ff., 385, 389
Ferdinand II. von Tirol 109, 344
Ferdinand II., Kaiser 116
Ferdinand von Aragon 18 f., 46 f., 52, 63 f., 74 f., 77, 142, 153, 161, 187, 205, 271 ff., 331, 336
Ferdinand, Infant von Spanien 194, 199
Fiore, Joachim 117

Flacius Illyricus, Matthias 313
Fleury, Jean 240
Foix, Germaine de 19, 80, 110, 161, 187
–, Thomas de 156
Fonseca, Juan Rodríguez de 274
Franz I. von Frankreich 20, 33, 48, 63 f., 66, 72, 79, 89, 94 ff., 107, 114, 142, 147, 149–152, 154 ff., 158–166, 171 f., 176, 178–184, *178*, 189, 205, 212, 219, 227, 249, 251, 253, 256, 258, 278, 286 f., 317, 335, 351, 385
Franz I. von Lothringen 299
Franz III. (Bretagne) 161 f.
Friedrich II. der Weise (Pfalz) 71 ff., 96
Friedrich II., Stauferkaiser 9
Friedrich III. der Weise von Sachsen 94, 125 f., 130, 134
Friedrich III., Kaiser 26, 30, 191
Frundsberg, Georg von 148, 156, 166 f.
Fugger, Anton 96, 325

Gattinara, Marcurino Arborio di 41, 69, 86, 88 f., 102 f., 103, 114 f., 139 f., 142, 144, 149, 152 f., 163, 213, 223, 225 f., 251
Gazetelu, Martin de 354
Georg von Brandenburg-Ansbach 127
Gheynst, Johanna van der 186 f.
Ginés de Sepúlveda, Juan 279, *281*
Glapion, Johann 130
Göbel Schickenberger 97
Goes, Hugo van der 23
Gombert, Nicolas 24, 40
Gonzaga, Ercole 173 f.
–, Federico II. 110, 172 ff., 196, 301
–, Ferrante 110, 173 ff.
–, Francesco III. 173 f.
–, Guglielmo 173
Gonzáles, Miguel und Juan 263
Granvelle, Antoine Perrenot de 297, 335, 343
–, Nicolas Perrenot de 115, 256

Gregor XIII., Papst 366
Guicciardini, Francesco 215

Hadrian IV., Papst 128
Hadrian VI., Papst *siehe* Adrian von Utrecht
Haeck, Jean 385, *386*
Hahn, Nikolaus 313
Hase, Heinrich 315
Hein, Piet 240
Heinrich d'Albret, König von Navarra 156
Heinrich I. von Portugal 375
Heinrich II. von Braunschweig-Wolfenbüttel 288
Heinrich II. von Frankreich 148, 161 f., 175, 183 f., 317, 321, 324–328
Heinrich VIII. von England 40, 45 f., 64, 94, 98 f., 102, 153, 163, 175, 182, 188, 205, 214, 222, 338
Held, Matthias 229
Helmschmid, Desiderius 303
Hernández de Córdoba, Francisco 262
Herzog von Alba *siehe* Álvarez de Toledo, Fernando
Hobbes, Thomas 163
Hogenberg, Nikolaus 211, *211*
Hugo, Victor 385
Huizinga, Johan 23, 28
Hus, Jan 129, 136

Isabella d'Este 172, 174
Isabella I. von Kastilien 18 f., 33 f., 77, 83 f., 142
Isabella von Aragon und Kastilien 18
Isabella von Dänemark 33 f., *35*, 72, 128, 198, 200, 351, 374
Isabella von Portugal 51, 110, 112, 177, 185, 188, 190–193, 199 f., 205 f., *206*, 268, 301, 363, 385, *386*
Isabella, Tochter Germaine de Foix' 187

Jane Grey 338
Joachim von Anhalt 369
Joachim von Brandenburg 296
Joachim von Fiore 117
Johann (Sohn Ferdinands I. und Germaine de Foix') 19
Johann Friedrich I. von Sachsen, der Großmütige 197, 285, 288 ff., 293, 296, 301, 305, 319 ff.
Johann III. von Portugal 77, 188, 374
Johann Manuel von Portugal 199, 351, 374
Johann von Aragon und Kastilien 18
Johann von Brandenburg-Ansbach-Kulmbach 187
Johann, Sohn Isabellas von Dänemark 374
Johann, Sohn Karls 194, 199
Johanna von Spanien 199, 201 f., 351, 357, 363, 374 f.
Johanna von Spanien, «die Wahnsinnige» 15, 17, 18 f., 30, 33, 73 f., 76 f., 91, 101, 336, 347
Johanna, Tochter Karls 202
Josel von Rosheim 120, 230
Josquin des Prez 24, 195
Juan Carlos, König von Spanien 143, 384
Juan de Austria 202 ff., 250, 259, 359
Juanelo Turriano 355, 363
Julius III., Papst 220

Karl der Große 13, 21, 88 f., 101 f., 135, 204, 210, 212, 384, 386, 387
Karl der Kahle 21
Karl der Kühne 22, 25–31, 27, 33, 51, 88 f., 101, 152, 181, 299, 326
Karl III. von Lothringen 299, 324
Karl III. von Savoyen 177
Karl VII. von Frankreich 151
Karl VIII. von Frankreich 45, 151
Karl von Egmont 181 f., 202

Katharina von Aragon 45, 98, 222, 338
Katharina von Kastilien 33, 39, 77, 91, 374 f.
Kegel, Hieronymus 202
Koller, Alexander 177
Kolumbus, Christoph 16, 262
Konstantin, römischer Kaiser 221
Krenek, Ernst 362

Lang, Matthäus 224
Lannoy, Charles de 147, 158, 161
Las Casas, Bartolomé de 143, 272–281, 383
Latre, Charles de 50, 147, 158, 161 f.
Laubespine, Sébastien de 324
Leo X., Papst 85, 94, 96, 137, 153 f., 160, 167, 217, 256
Leoni, Leone 173
Loaysa, Juan García de 115 f., 118, 202, 216 f.
Lothar I., Kaiser 21
Lotter, Michael 314
Louise, Tochter Franz' I. 64
Ludwig II. der Deutsche 21
Ludwig II. von Böhmen und Ungarn 96, 127, 188, 198, 351, 385, 387
Ludwig V. von der Pfalz 96, 227
Ludwig XII. von Frankreich 45, 151 f., 154, 205
Luis von Portugal 244, 338
Luise von Savoyen 158, 165
Luther, Martin 10, 12 f., 43, 51, 67, 89, 95, 104, 123, 124, 125–138, 126, 141, 167 f., 198, 205, 212, 214, 217, 219–222, 225 ff., 293 ff., 300, 303, 314, 329, 351, 358, 361 f., 365 f., 369, 389
Lutz, Heinrich 144

Machiavelli, Niccolò 164, 217
Maçon, Kardinal 44
Magalhães, Fernão de siehe Magellan
Magellan, Ferdinand 87, 189, 268 ff.

Male, Willem van 354
Manrique, Alonso 43, 68
Manriques, Pedro 359
Manuel I. von Portugal 18 f., 72, 85, 188, 205, 351
Marc Aurel 68
Margarete von Navarra 158
Margarete von Österreich 18, 24 f., 32, 34–38, *39*, 43, 45 f., 49, 52 ff., 58, 65, 67 f., 86 f., 101, 108, 110, 112, 128, 153, 165, 186, 194, 196, 206, 233, 251, 269 f., 351, 363, 367
Margarete von Parma 186, 202 ff., 218 f., 246
Margarete von York 28, 34 ff., 67
Maria I. Tudor von England, die Blutige (Tochter Heinrichs VIII.) 99, 154, 188, 294, 338 ff., 342, 360, 377, 381
Maria von Aragon 188
Maria von Burgund 18, 21, 23, 25–31, *29*, 373
Maria von Portugal 350, 360 f.
Maria von Spanien 113, 199, 234, 349, 364
Maria von Ungarn 33 f., 58, 110, 112 ff., *113*, 127 f., 186, 188, 198, 204 ff., 222, 236, 241, 251, 253, 287, 320, 322 f., 326, 334, 337, 343, 350 f., 354, 361, 363, 374, 385
Marliano, Lodovico de 70
Mary Tudor (Schwester Heinrichs VIII.) 45, 47, 98, 188, 205
Massy, Frans 203
Massys, Jan 244
Mathys, Jan van 354
Matthias Corvinus 16
Maximilian I. von Bayern 116
Maximilian I., Kaiser 18, 26, 28–31, 34, 37, 42, 44 f., 52 f., 58, 66, 72, 75, 87 f., 93, 96 ff., 101, 104, 108, 138, 150, 152, 188, 205, 212, 232, 256, 307, 309, 331
Maximilian II., Kaiser, König von Böhmen 109, 114, 199, 333 ff., 342, 349, 364

Medici, Alessandro de' 176, 203, 218, 246
–, Cosimo I. de' 176, 215
Melanchthon, Philipp 225 f., 293, 313, 369
Memling, Hans 23
Merian, Caspar 59, 247
Miguel da Paz 18 f.
Mocenigo, Nicolo 69, 252, 292
Montezuma II., Aztekenkaiser 240, 263 f.
Moritz von Sachsen 287 ff., 288, 293 f., 296, 298, 304, 313–322, 325, 376
Morone, Giovanni 229
Mota, Pedro Ruiz de la 52, 142
Muley Hassan 246

Narváez, Luis de 195
Nasuh, Matrakçy 241
Nero 219

Ochino, Bernhardino 174
Orley, Bernard van *53*, *151*, *385*, *386*
Oropesa, Graf von 353 f., 359
Oruk, Bruder Barbarossas 241 f.
Otto von Habsburg 387
Ovid 16

Pannemaker, Willem de 10, 237 f., 249
Pappenheim, Ulrich von 100
Pardo de Tavera, Juan 110, 243, 333
Parker, Geoffrey 179
Paul III., Papst 137, 174 f., 177 ff., *178*, 203, 218 ff., 230, 243, 249, 253, 287, 300, 305, 311
Paul IV., Papst 174, 327, 346 f., 358, 370, 376
Philibert von Chalon 215
Philibert von Savoyen 34
Philipp I. von Hessen 205, 288–291, 296 ff., 316, 320

Philipp I. von Kastilien, der Schöne 15, 16, 18, 24, 27 f., 30 f., 33 f., 37, 45 f., 48, 52 f., 74, 78, 97, 108, 185, 191, 377
Philipp II. von Burgund, der Kühne 22
Philipp II. von Spanien 20, 60, 99, 110, 112, 120, 169, 174 f., 180, 184, 186, 191, 199, 201 ff., 205, 207, 234, 243, 245, 254, 278, 310, 316, 318, 324, 326, 328, 332 ff., 342 ff., *345*, 349–352, 358, 360 f., 363 ff., 370, 373 ff., 377 ff., 381 ff.
Philipp III. von Burgund, der Gute 22, 41
Piero Cappon, Niccólo de 215
Pisseleu d'Heilly, Anne de 205
Pius II., Papst 256
Pius IV., Papst 347
Pizarro, Francisco 364, 367 ff., 376
–, Hernando 358
Pomperant, Stallmeister *151*

Quijada, Luis Mendez de 203, 352, 352, 359, 363 f.
Quirin, Vicenzo 65

Raffael 173
Raleigh, Walter 240
Regla, Juan de 118, 358, 362, 364, 366, 370
Reinhardt, Volker 327
Renard, Simon
René II. von Lothringen 26 f.
Rincón, Antonio 180 f., 254
Robert II. de la Marck 153
Rodríguez-Salgado, Mia 190
Romano, Giulio 173, 196
Rossum, Maarten van 182
Rovere, Francesco Maria della 167

Salomon, König 54
Salviati, Kardinallegat 190
Sandoval, Prudencio de 319
Sanseverino, Ferrante 247
Sastrow, Bartholomäus 329

Sauvage, Jean le 40, 52, 82, 86, 114, 273 f.
Savonarola, Girolamo 215, 272
Schertlin, Sebastian 168
Scheurl, Christoph 248, 262
Schulin, Ernst 14
Scipio Africanus 248
Sebastian I. von Portugal 351, 374 f.
Seld, Georg Sigmund 115
Selim, Sultan 238
Selve, Jean de 161
Sforza, Bianca Maria 205
–, Francesco II. 165, 176, 214, 299
–, Francesco Maria 154
–, Ludovico, il Moro 152, 154
Sinan, Architekt 259
Sleidanus, Johannes 290
Sluter, Claus 20
Soto, Domingo de 279
Sturm, Kaspar 136
Suleiman der Prächtige 177, 180, 212, 233, 238 ff., 256 ff., 376

Tadea, Tochter Karls 202
Taxis, Franz von 108
–, Johann Baptista von 108
–, Leonhard 108
Teich, Adolf Friedrich 13, 295
Terlinden, Charles 387
Tizian 10, 67, 157, 173, 179, 185, 196, 206 f., *206*, 299 ff., *302*, 329, *345*, 363, *367*, *368*, *369*, 385
Trémouille, Louis II. de La 156

Ulloa, Madalena 359
Urueña, Graf von 359

Valdés, Hernando de 366
Vargas, Sekretär 344
Velasco, Luis de 376
Velázquez de Cuélla, Diego 264
Vermeyen, Jan Cornelisz 10, *103*, 238, 249
Villalva, Francisco de 364, 373

Visscher, Claes Janszoon 60
Vital, Laurent 77
Vitoria, Francisco de 272, 275

Wallenstein, Albrecht von 271
Weiditz, Hans 80
Weyden, Rogier van der 23, 27
Wilhelm I. von Oranien 61, 215, 343
Wilhelm IV. von Hessen-Kassel 298, 318
Wilhelm V. von Cleve-Jülich-Berg 182

Willibrord, Missionar 221
Wladislaw II. von Böhmen und Ungarn 75, 188
Wolsey, Thomas 64, 153
Wyclif, John 294

Yakub, Vater Barbarossas 240

Zápolya, Johann 180
Zuccari, Federico 290
–, Taddeo 178, 290

ORTSREGISTER

Kursive Seitenzahlen verweisen auf Bildunterschriften.

Aachen 13, 40, 57, 91, 93, 98 f., 102 f., 115, 124 f., 210, 232 f., 238, 265, 274, 306
Ägypten 123, 238 f.
Aigues-Mortes 177 f., 249, 251
Alcalá de Henarez 75, 279 f.
Alcántara 214
Alexandria 160
Algier 157, 201, 241 f., 246, 252–256, 259, 276, 320, 359
Alhambra 158, 192 f., 243, 292
Amalfi 165
Ambras 109, 345
Anchin 30
Andalusien 158, 189, 194 f., 198 f., 234, 239, 242, 252, 383
Antwerpen 9, 22, 55, 96, 99, 108, 120 f., 169, 196, 313, 385
Arabien 238
Aranjuez 106, 158, 201
Arras 49, 297, 335, 343
Artois 22, 161, 166
Asturien 76, 106
Augsburg 12, 66, 96, 108 f., 113, 116 f., 120, 157, 173, 200, 216, 222 ff., 226 f., 229–232, 239, 278 f., 298, 300, 303–308, 310 f., 318 f., 322, 325 f., 334 f., 344, 348, 363, 370, 376

Badajoz 52, 189, 360
Bar 22
Barcelona 86–89, 100, 102, 109, 152, 158, 170, 176, 197, 200 f., 212 f., 218, 234, 243 ff., 265, 274, 276
Bari 248

Bayonne 178
Belgrad 155
Benavente 90
Bicocca 154, 156
Blois 73 f.
Böddeken 97
Bologna 57, 66, 107, 112, 116, 166, 172, 174 f., 195, 199 f., 202, 209 f., *211*, 213–216, 218, 220, 222 f., 225, 234, 280, 303, 305, 311
Bourg-en-Bresse 24
Brabant 22 f., 30, 34, 58, 79, 106, 190, 333
Brandenburg 93, 97, 127, 187, 296 f., 315, 323
Brasilien 382
Braunschweig 225
Breisgau 22, 104
Brenner 319, 321
Brindisi 248
Brou 24 f., 68
Brügge 23, 25, 27, 29, 54, 88, 153 f., 299, 373, 387
Brüssel 10, 30 f., 33 f., 40 f., 43, 45 f., 51 f., 54, 57, 63, 70 f., 74, 84, 99 f., 104, 108 f., 111 f., 114, 117, 151, 184, 201, 237, 265, 300, 333 f., 336 f., 339–345, 349, 355, 358, 360, 363 f., 377–380, *380*, 383 ff., *386*, 387
Buda 11
Bugia (heute Bejaia) 255
Burgos 83, 283, 352
Byzanz 11, 245, 256; *siehe auch* Konstantinopel

Calais 99, 153
Calatayud 267
Calatrava 10, 214
Cambrai 40, 84, 107, 165 f., 170, 176, 213, 299, 327
Canterbury 98
Caprarola 178, 179
Capuano 247
Cartagena 255
Castro Urdiales 83
Cateau-Cambrésis 327
Ceresolo 182
Chambord 299, 317, 324
Champmol 20, 21, 28, 159
Coburg 225
Cognac 164 f., 212
Córdoba 192
Crépy 182, 219, 258, 287, 324
Cuacos 354, 359
Cuzco 268

Dalmatien 105, 239, 258, 383, 385
Dijon 20 ff., 28, 32, 154, 373
Dole 22, 28
Dorpat 231
Dover 153
Drenthe 299
Dresden 287, 289, 293 ff.
Düren 182, 195

Edirne 258
Eger 289
Eisenach 136
Elsass 22
Épila 197
Erfurt 348
Extremadura 201, 352 f., 355, 360

Ferrara 107, 172, 198, 214, 303
Flandern 11, 20, 22 f., 30, 32, 34, 54 ff., 58 f., 68, 79, 106, 166, 233, 306

Florenz 97, 107, 164, 167, 170 ff., 175 f., 215, 218, 221
Frankfurt 88, 93, 95 ff., 100, 125, 142, 229, 232, 237, 342, 357
Friesland 21, 60, 299
Füssen 318

Gelderland 60
Geldern 52, 58, 106, 181 ff., 251, 253, 286, 299
Genf 183, 219
Gent 15, 18 ff., 26, 30 f., 33, 54–57, 59, 88, 99, 123, 128, 178 f., 186, 204, 247, 313 f., 351, 374
Genua 109, 165, 171, 213, 239, 243, 244, 253
Gibraltar 70, 106, 379
Goleta / La Goletta 235 f., 245 f., 249
Granada 19, 48, 120, 189, 192–195, 197, 199 f., 207, 243, 292
Grandson 26
Graz 233
Griechenland 97, 121
Groningen 60, 299
Guatemala 276

Hagenau 229
Halle 296 ff.
Hennegau 22, 37, 148
Holland 14, 22 f., 30, 58, 106, 184, 282

Illescas 161, 189
Innsbruck 107, 156, 222 f., 253, 317–320, 324, 348
Istanbul 121, 158, 258, 376

Jarandilla 353, 359
Jerusalem 97
Jülich 99, 182

Kabylei 255
Kalabrien 106, 249 f.
Kärnten 240, 321

Katalonien 86, 214, 234, 239
Kirchenstaat / Vatikan 44, 94, 119, 137, 155, 164, 170, 172, 176, 183, 209 f., 215 f., 220 f., 224, 243, 248, 327
Kleve 251
Klis 258
Köln 93, 99 ff., 103 f., 124 f., 232, 335
Konstantinopel 238, 245, 251 f., 256, 258; *siehe auch* Byzanz
Korfu 249
Kreta 239
Kuba 262, 264
Kurland 231, 287, 296, 298

La Coruña 90, 98, 265, 274
La Sila 206
La Spezia 254
Laredo 351 f.
Lecce 248
Lepanto 204, 259
Lesbos 240 f.
Levante 22, 239, 250 f.
Lienz 321
Lille 45 f.
Limburg 22, 106
Linz 188, 318, 321
Lissabon 189, 375 f.
Lochau / Lochauer Heide 285, 290, 293, 301, 316
Lombardei 154, 156
Löwen 38, 40, 125
Lucca 171, 253
Lüneburg 225
Lüttich 125
Luxemburg 22
Lyon 44, 158

Maastricht 287
Mâcon 22, 44
Madrid 61, 106 f., 114, 135, 158, 161 f., 164 ff., 184, 189, 201, 214, 216, 244, 249, 256, 261 f., 375

Magdeburg 169, 313–318
Mailand 94 f., 107 f., 110, 148, 152, 154 ff., 161, 163 ff., 170 ff., 175 f., 180 f., 214, 219, 253 f., 299, 324, 333, 381
Mainz 93, 96, 103, 115, 125, 227, 304, 335
Mallorca 254 f.
Malta 244
Mantua 110, 170, 172, 174, 196, 198, 300, 303
Marburg an der Drau 233, 317
Marignano (Melegnano) 152
Marokko 375
Marseille 155
Mechelen 11, 22, 25, 34, 36 ff., 41 f., 48, 51, 68, 88, 99, 106, 128, 186, 194, 206, 211, 349, 351, 367, 374, 377 f., 384
Medina del Campo 283, 343, 353
Meißen 287 f., 316
Menorca 254
Mérida 361
Metz 12, 219, 321, 324, 326 ff., 336, 355, 359
Mexiko 87, 143, 154, 188, 264 f., 273, 376, 382
Mexiko-Stadt 266, 267
Modena 172
Mohács 127, 198, 239, 387
Mojados 78
Molukken / Gewürzinseln 188 f., 268 ff., 382
Monopoli 248
Monzon 110, 234
Mühlberg a. d. Elbe 10, 42, 113, 157, 183, 204, 285 f., 289–293, 299–305, 313, 319, 326, 335, 359, 366
Murten 26

Namur 22, 106
Nancy 26 ff., 30 f., 51, 152, 299, 326
Navarra 64, 84, 105, 152, 156, 179
Neapel 15, 18, 43, 79, 94, 107, 110, 114, 147 f., 151, 155, 157 ff., 161, 165, 170 f., 213, 218, 234, 242, 246 f., 248, 249, 286, 325, 327, 339, 381

Neuss 26
Nevers 22
Nicaragua 276
Nizza 177, 182, 249, 256
Novara 152
Noyon 63
Nürnberg 128, 202, 225, 227, 229, 233, 248, 262, 305

Oberpfalz 72
Ocaña 201
Odense 374
Orléans 178
Ösel-Wiek 231
Osma 115
Otranto 248
Oudenaarde 186
Overijssel 60, 299

Palamós 201
Palermo 237, 237
Paris 13, 21, 33, 150, 161, 164, 178, 180, 205, 249, 324, 327, 376
Parma 156, 172, 175, 186, 202 f., 219
Passau 318, 321–324, 336, 348
Pavia 147 ff., 151, 155 ff., 159, 162, 166, 184, 189 f.
Peru 252, 276, 283
Pest 11
Pfalz 93
Philippinen 269
Piacenza 172, 175, 219, 305
Picardie 22, 45, 154
Plasencia 353, 359
Poitiers 178
Prag 369, 375
Preveza 250, 252
Provence 21, 154 f., 160, 177, 199, 249
Pustertal 321

Ragusa (heute Dubrovnik) 259
Ravenna 172

Regensburg 118, 197, 202, 204, 228, 231, 253, 259
Reggio 172
Reutte 318 f.
Reval 231
Rheinhausen 108
Rhodos 155, 239
Riga 231
Roa 76
Roermond 182
Rom 84, 97, 108, 116, 125–128, 132, 134, 136, 138, 142, 153, 164 f., 167 f., 177, 179, 191, 212 f., 215, 217 f., 225 f., 230, 242, 248, 286, 293, 304, 376
Ronse 55
Roussillon 163

Sachsen 93, 137, 232, 288 f., 316
Saint-Quentin 175, 327
Saint-Quentin 327
Salamanca 90, 272, 279
San Sebastian 162
Santa Chiara 247
Santa Clara 76 f.
Santa Fé 192
Santander 76
Santiago 90, 142, 214
Saragossa 18, 80, 85 f., 88, 103, 108, 189, 197
Sardinien 105, 244, 254
Savona 107
Savoyen 24, 34, 86, 177
Schmalkalden 117, 227
Schweinfurt 318
Sedan 153
Seeland 22, 106
Segovia 158
Senlis 28, 30
Sevilla 9, 115, 189 f., 192, 265, 268 f., 271, 283, 358, 366, 375
Siebenbürgen 322
Siena 324
Sierra de Gredos 353, 355

Sierra Nevada 197
Sievershausen 323
Sizilien 15, 18, 43, 79, 108, 110, 119, 165, 171, 175, 213, 234, 240 ff., 246, 249, 251, 344, 381
Speyer 198, 212
Split 258
St. Elmo 247, 248
Steiermark 240
Sterzing 321
Straßburg 225, 294, 326
Syrien 123, 238

Tajo 106
Talavera 360, 375
Ten Walle 26
Tenochtitlán 262, *263*, 264, 267
Thessaloniki 121
Tindari 240
Tirol 104 f., 109, 318, 344
Toledo 42, 84 f., 90, 106, 110, 116, 143, 158, 190, 205, 207, 229, 247, 340, 364 f., 375, 384
Tordesillas 76 ff., 90 f., 101, 124, 189, 347, 374
Torgau 197
Tornavacas 353
Tortosa 84, 273
Toskana 171, 176
Toul 321, 324, 327
Toulon *241*
Tournai 45 f., 186, 233
Transsilvanien 180
Trient 108, 116, 174, 220, 305, 366
Trier 26, 93, 103
Tripolis 106, 242
Tunis 10, 42, 148, 157, 177, 179, 181, 199, 234–238, *237*, 242–246, 249 ff., *250*, 255, 259, 304, 329, 338

Ulm 225, 326
Urbino 167

Utrecht 36, 38, 52, 60, 74, 84, 90 f., 110, 128, 135, 159, 221, 273, 299, 366 f.

Valladolid 76 ff., 81 f., 86, 90, 106, 108 f., 191, 199, 201, 265, 268, 379, 381 f., 330, 352 f., 357–360, 363, 366, 370, 375
Venedig 22, 40, 97, 108, 155, 164, 170, 172, 176, 210, 215, 239, 250, 252, 257 ff.
Venlo 182
Verdun 21, 321, 324, 327
Villach 321 ff., 325, 328, 348
Villagarcia 359
Villalar 91
Villaviciosa 76
Viterbo 168
Vlissingen 58, 70, 73, 349
Vorarlberg 104

Walcheren 64, 71
Wallonien 22, 54
Wartburg 136
Westindische Inseln 16, 264, 274 ff., 278
Wien 10, 75, 104 f., 114, 211 f., 233 f., 239, 245, 256, 258, 375
Wilsnack in der Prignitz 384
Windsor 153 f.
Wittenberg 95, 123 f., 126–129, 132, 181, 287, 289 f., 293–296, 298, 304, 303, 335, 362, 366
Worms 13, 30, 43, 51, 85, 95, 102, 104, 117, 126, 128 ff., 132, 134–138, 140, 152 f., 186, 198, 212, 216, 221 f., 224, 226, 229 f., 294, 325, 361 f.
Württemberg 376

Yucatán 261 f.
Yuste 12, 118, 196 f., 203, 329, 342, 353–360, 362 ff., 373 f.

Zamora 83, 85, 90
Ziegenhain 288
Zwijnaarde 128

AUS DEM VERLAGSPROGRAMM

HEINZ SCHILLING BEI C.H.BECK

Martin Luther
Rebell in einer Zeit des Umbruchs

4., aktualisierte Auflage, 2016.
728 Seiten mit 51 Abbildungen und 4 Karten.
Hardcover

«Der Goldstandard unter den Luther-Biographien.»
Matthias Matussek, *Focus*

1517
Weltgeschichte eines Jahres

3. Auflage, 2017. 364 Seiten mit 40 Abbildungen und 1 Karte.
Hardcover

«Schillings Weltgeschichte eines großen Moments
zeigt in einer faszinierenden Rundum-Geschichte,
wie viele Neuzeit-Anfänge es gegeben hat:
Das Jahr 1517, das der Autor ein ‹Wunderjahr› nennt,
bekommt wahrhaft Flügel.»
Hermann Rudolph, *Tagesspiegel*

C.H.BECK

FRÜHE NEUZEIT

Bernd Roeck
Der Morgen der Welt
Geschichte der Renaissance
4. Auflage, 2018. 1304 Seiten mit 115 Abbildungen, davon 32 in Farbe.
Hardcover (in Leinen)

Wolfgang Reinhard
Lebensformen Europas
Eine historische Kulturanthropologie
2. Auflage, 2006. 718 Seiten mit 39 Abbildungen.
Softcover

Thomas Kaufmann
Erlöste und Verdammte
Eine Geschichte der Reformation
4. Auflage, 2017. 508 Seiten mit 103 Abbildungen,
davon 58 in Farbe und 4 Karten.
Hardcover

Barbara Stollberg-Rilinger
Maria Theresia
Die Kaiserin in ihrer Zeit
5., durchgesehene Auflage, 2018. 1083 Seiten mit 82 Abbildungen,
davon 30 in Farbe, 1 Karte und 3 Stammtafeln.
Hardcover

Tim Blanning
Friedrich der Große
König von Preußen
Eine Biographie
2019. 718 Seiten mit 32 Abbildungen und 19 Karten.
Hardcover

C.H.BECK